北印2022会计硕士案例论文集

李治堂　彭文伟　主编

BEIYIN 2022 KUAIJI SHUOSHI ANLI LUNWENJI

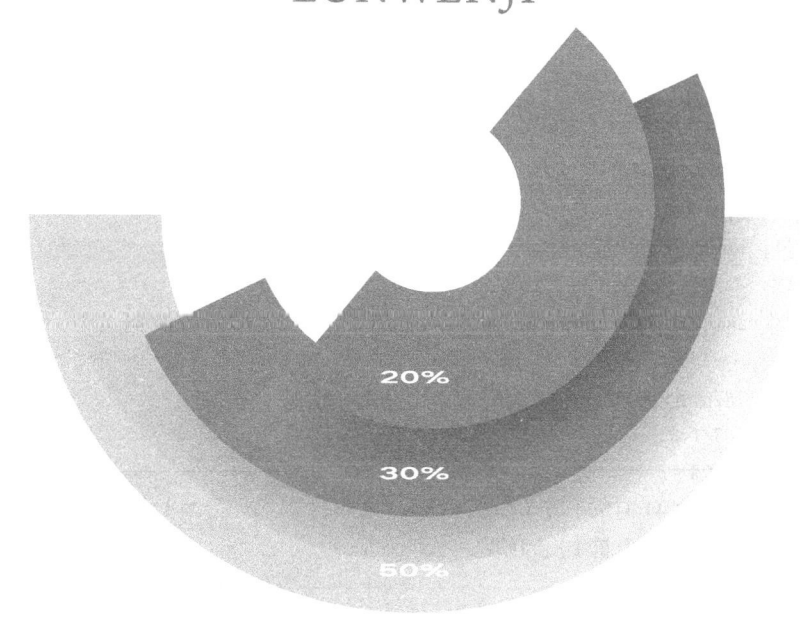

文化发展出版社
Cultural Development Press

·北京·

图书在版编目（CIP）数据

北印 2022 会计硕士案例论文集 / 李治堂，彭文伟主编 . — 北京：文化发展出版社，2022.6
ISBN 978-7-5142-3757-3

Ⅰ . ①北… Ⅱ . ①李… ②彭… Ⅲ . ①会计学－文集 Ⅳ . ① F230-53

中国版本图书馆 CIP 数据核字（2022）第 084466 号

北印 2022 会计硕士案例论文集

主　　编　李治堂　彭文伟

出 版 人：武　赫
责任编辑：李　毅　杨　琪　　责任校对：岳智勇
责任印制：邓辉明　　　　　　封面设计：郭　阳
出版发行：文化发展出版社（北京市翠微路 2 号 邮编：100036）
发行电话：010-88275993　　010-88275711
网　　址：www.wenhuafazhan.com
经　　销：全国新华书店
印　　刷：北京捷迅佳彩印刷有限公司

开　　本：787mm×1092mm　1/16
字　　数：657 千字
印　　张：47.25
版　　次：2022 年 11 月第 1 版
印　　次：2022 年 11 月第 1 次印刷

定　　价：158.00 元
ＩＳＢＮ：978-7-5142-3757-3

◆ 如有印装质量问题，请与我社印制部联系　电话：010-88275720

前言 PREFACE

北京印刷学院是国内唯一所专门为出版传媒全产业链培养人才的全日制高水平特色型高等院校，被誉为业界名校。经过60余年的建设和发展，学校现已成为在印刷与包装、出版与传播、设计与艺术三个领域具有明显优势和特色，工、文、艺、管多学科协调发展的特色高校。北京印刷学院经济管理学院以建设国内一流的传媒管理学院为愿景，努力提升学科建设水平和人才培养质量。经济管理学院现有工商管理一级学科硕士授权点、会计硕士专业学位授权点和传媒经济与管理、文化产业管理等二级学科硕士点。2014年，经济管理学院申报的会计硕士专业学位授权点成功获批，2015年开始正式招生。2018年，本硕士点顺利通过全国会计专业学位研究生教育指导委员会组织的专项评估工作。几年来，学校会计硕士点得到快速发展，办学规模、水平和影响力不断提升。

本专业培养熟练掌握现代会计理论与实务，具有从事会计职业所需的职业道德、专业知识与技能，具有较强的创新精神和实践能力，能够在新闻出版单位及其他企业、事业单位、政府机构从事会计、财务管理、审计等岗位工作的复合应用型高级人才。本硕士点现有教授9人、副教授20人、讲师10人、博士35人，专业教师具有较丰富的会计、审计、财务以及企业管理的经验。本硕士点聘请了来自国内著名高校、出版社、金融机构和大型会计师事务所的70多名专家担任校外导师，实行双导师制培养。本硕士点建设了一批校外实习基地，包括北京致同会计师事务所、北京兴华会计师事务所、中兴财光华会计师事务所、中勤万信会计师事务所、华寅五洲会计师事务所、华普天健会计师事务所、中汇税务师事务所有限公司、中关村科技控股有限公司、机械工业出版社、高等教育出版社、外语教学与研究出版社、电子工业出版社、人民邮电出版社等 30 多家知名企业。

  为了落实专业学位研究生培养模式改革的要求，我们着力强化职业需求导向，突出实践能力培养，注重培养学生综合运用专业知识分析解决实际问题的能力。我们在课程教学、课程考核、实践教学、学科竞赛、论文训练等方面做出综合安排，坚持"理论讲授＋案例分析＋综合训练"的教学模式，鼓励学生进行问题导向性、研究性的学习，在学习过程中发现问题，在分析解决问题中不断提高。本论文集正是学生在学习过程中研究性学习结果的汇集和总结。本论文集共分会计与审计、财务管理与社会责任、财务分析与财务风险、企业战略与行业研究四部分，共收录论文 82 篇，其中会计与审计 16 篇，财务管理与社会责任 25 篇，财务分析与财务风险 27 篇，企业战略与行业研究 14 篇。本书由彭文伟负责组稿和初审，由李治堂统稿和审定。由于作者和编者水平有限，错漏之处敬请读者批评指正。

编者

2022 年 1 月

目录 CONTENTS

第一篇　会计与审计／001

一　雾霾背景下企业碳会计体系构建（沈会泽）／002

二　上市公司商誉减值分析
　　——以掌趣科技为例（王伶珍）／011

三　管理会计信息化问题研究（田琳琳）／019

四　华录百纳股权激励案例研究（谭梦瑶）／026

五　如家连锁酒店战略成本管理研究（王梦琦）／036

六　价值链视角下的集成成本管理实施研究
　　——以中国五矿集团为例（张欣雨　宋志玮）／044

七　YH煤炭生产企业所得税纳税筹划（宋继伟）／053

八　拼多多在电子商务环境中的审计风险探究（陈柳柳）／063

九　关键审计事项披露现状分析与优化研究
　　——以S会计师事务所为例（盛冉）／071

十　兴华会计师事务所审计林州重机失败的原因及应对措施（吴伟萱）／079

十一　欢瑞世纪应收账款内部控制的研究（孙海蒙）／087

十二　欢瑞世纪财务舞弊分析及对策研究（杜雅婷）／095

十三　LK公司财务舞弊的动因分析（邓小宇　陈亮亮）／104

十四　欢瑞世纪财务造假案例研究（王寒晴　刘丹）／114

十五　基于GONE理论的豫金刚石财务舞弊案例分析（鲍鑫子）／122

十六　基于GONE理论视角下东方金钰财务舞弊分析（朱馨宇）／131

第二篇　财务管理与社会责任／139

十七　多元化战略下的昊海生科财务绩效研究（余敏）／140

十八　风险控制视角下的应收账款管理研究
　　　——以瑞可达连接系统股份有限公司为例（康馨元）／148

十九　格力电器营运资金管理能力研究（孙有为）／156

二十　海天味业公司估值（吴车书）／166

二十一　沪港通背景下AH股的联动性（吕婧）／172

二十二　基于价值链的携程盈利模式绩效研究（杨金淑）／184

二十三　平衡计分卡视角下海尔智家并购通用电气绩效评价（冯源源）／195

二十四　企业债务重组方式选择分析（何城霖）／207

二十五　浅析煤炭企业固定资产管理（刘英娜）／215

二十六　社会责任视角下的出版传媒企业采购管理浅析（段青余）／222

二十七　腾讯游戏增值业务的盈利模式研究（李君）／230

二十八　西部超导科创板上市融资效果研究（潘赛）／238

二十九　新冠疫情背景下传媒行业财务绩效研究
　　　——以分众传媒为例（张启晗）／248

三十　疫情下华谊兄弟财务战略矩阵分析（赵红玉）／257

三十一　新三板企业转科创板的效果研究
　　　——以嘉元科技为例（周佳艳）／266

三十二　国企混改研究
　　　——以格力电器为例（张力文）／275

三十三　社群经济下小红书APP盈利模式研究（程妍）／287

三十四　探讨大数据技术在企业绩效管理中的运用（汪燕）／294

三十五　网络直播平台盈利模式探究
　　　　——以虎牙直播为例（任国庆　周琪琪）／303

三十六　政策变化对职业培训机构财务状况的影响
　　　　——以中公教育为例（郭月）／315

三十七　农牧饲渔业上市公司生物资产信息披露问题剖析（韩娜）／324

三十八　雏鹰农牧财务困境的成因分析（赵思敏）／332

三十九　制造业上市公司所得税优惠对企业创新投入的影响研究
　　　　（管华清）／344

四十　利益相关者视角下企业履行社会责任的财务绩效研究
　　　　——以宝钢股份为例（李开玲）／355

四十一　国有文化传媒企业社会责任报告分析
　　　　——以中原出版传媒集团为例（马玮玮）／364

第三篇　财务分析与财务风险／373

四十二　财务报表分析案例研究
　　　　——以金科环境为例（张梓涵）／374

四十三　电子商务背景下苏宁易购财务分析研究（张红霞）／385

四十四　集成电路公司财务报表分析
　　　　——以中芯国际集成电路制造有限公司为例（刘晶）／402

四十五　科创板公司财务报表分析
　　　　——以心脉医疗为例（单译萱）／410

四十六　科创板医药生物企业财务分析
　　　　——以海尔生物为例（李希钰）／420

四十七　企业财务分析及评价
　　　　——以格力电器为例（王湘璐）／428

四十八　新能源科技公司财务报表分析
　　　——以容百科技为例（孙悦）/ 438

四十九　医疗行业财务报表分析
　　　——以佰仁医疗为例（吴昊洋）/ 448

五十　中微公司资产质量分析（牛凌霞）/ 458

五十一　中文在线数字出版集团股份有限公司的营运能力分析
　　　（黄晓妍　陈亮亮）/ 466

五十二　重庆长安汽车股份有限公司营运能力分析（刘丽茹）/ 475

五十三　哔哩哔哩的盈利能力分析（郭静　王寒晴）/ 486

五十四　杭可科技盈利质量分析（马雨晴）/ 495

五十五　基于报表分析的金山办公盈利能力分析（李婷婷）/ 501

五十六　中国国航公司财务数据分析（王茜　刁嘉琦）/ 508

五十七　倍轻松盈利能力及发展潜力分析（罗毅）/ 518

五十八　河南莱赢商贸有限公司盈利能力案例研究（刘丹）/ 529

五十九　美团点评盈利能力分析（高增鑫）/ 539

六十　企业盈利能力的分析
　　　——以伊利实业集团股份有限公司为例（刁嘉琦　王茜）/ 548

六十一　顺鑫农业盈利质量分析及启示（姚宗瑞）/ 558

六十二　阿里巴巴并购的财务风险控制研究（潘婷婷）/ 575

六十三　财务风险管理研究
　　　——以光线传媒为例（王云姣）/ 582

六十四　出版传媒企业财务风险研究
　　　——以凤凰传媒为例（帅婧伟）/ 587

六十五　企业财务风险控制研究
　　　——以宇通客车公司为例（张浩然）/ 594

六十六　唐德影视财务风险分析与防范（仇燕楠）／601

六十七　万科地产的财务风险分析与防范（张琦）／608

六十八　我国民营企业财务风险及其控制（秦莲紫）／614

第四篇　企业战略与行业研究／619

六十九　SWOT视角下的企业发展战略分析
　　　　——以奥飞娱乐股份有限公司为例（张宇）／620

七十　财报视角下的企业经营战略研究
　　　——以华兴源创为例（刘子钰　郑萍）／628

七十一　城市传媒多元化发展现状与启示（晏晓慧）／638

七十二　电影短视频营销的策略研究
　　　　——以抖音为例（郭润泽）／648

七十三　基于SWOT分析的读客文化企业发展战略的选择
　　　　（李秀燕）／657

七十四　企业核心竞争力战略分析
　　　　——以深圳快运通为例（李鸿毅）／666

七十五　青岛啤酒成长性分析及建议（宋志玮　张欣雨）／674

七十六　浅析美国西南航空公司的制胜关键
　　　　——低成本战略（张晓凡）／681

七十七　唐山博爵有限公司团队建设问题研究（沙丽）／689

七十八　融媒体时代出版企业的跨界文创
　　　　——以楚天书局为例（刘雅丽）／696

七十九　我国财政收入规模与结构变化分析（周琪琪　任国庆）／704

八十　北京市数字出版产业政策的文本量化研究（王琳　杨荣）／718

八十一　城市商业银行竞争力评价指标体系构建（沈彤）／729

八十二　出版产业新动能培育的国际比较（朱明静）／737

第一篇 会计与审计

一 雾霾背景下企业碳会计体系构建

沈会泽[①]

摘要：由于近几年全球气候变暖问题越来越严重，沿海地区的陆路面积逐年递减，自然灾害事件频繁发生，碳排放问题已逐渐引起全球人民的关注，而"碳会计"，则成为会计界关注的重点。2014年2月10日，北京首次发布了雾霾橙色预警，雾霾开始成为我国人民关注的焦点；2017年12月15日至22日，我国经历了2017年全年最严重的一次雾霾天气，影响范围覆盖了我国超过25%的国土。国民的日常出行因为雾霾天气的爆发而有了极大的不便，国民的身体健康受到了严重危害，生活质量也不断下降。消除雾霾天气的关键就是发展低碳经济，碳会计体系的不断完善是支撑低碳经济可持续发展的重要保证。正因如此，在我国当前的国情下，建立健全企业碳会计体系，显得尤为重要。

关键词：雾霾天气；碳会计体系；低碳经济

一、碳会计概述

碳会计是一门新兴的会计科学，它基于低碳经济的法律法规，能够对企业碳排放方面的会计事项进行确定、计算、记录和上报，从而得出企业自然资本效率和社会效益。碳会计是会计与环境问题的综合，在各大公司、企业和机构中以碳

---

① 沈会泽，男，会计硕士，研究方向：会计理论。

为主要依据进行会计核算和计量，从而把实际情况转变为更具体形象的报告，不仅能够方便我们评估各种环境问题，更能帮助我们合理地使用资源，反映企业在环境方面存在的问题，从而更加清晰地认识和梳理碳、企业、国民经济三者之间的关系[1]。碳会计作为一个新兴的学术板块可分为三个阶段：排污权会计阶段、碳排放与交易会计阶段和碳会计阶段。

（一）碳会计的概念[2]

碳会计主要由碳汇会计、碳排放会计和碳交易会计三个方面组成。碳汇会计是指对土壤、森林进行碳吸收和固化的核算，碳排放会计是对企业生产经营过程中所排放出的二氧化碳进行核算，而碳交易会计是指对二氧化碳进行买卖、交易的活动。

（二）碳会计的研究目的

碳会计研究的目的是通过低碳会计的实施，有效地降低碳排放量，改善生态环境状况，达到社会效益、经济效益和生态环境效益的统筹发展。

（三）碳会计核算的基本前提

《企业会计准则》中规定了会计核算的基本前提包括会计主体、持续经营、会计期间和货币计量。碳会计的"货币计量"假设与传统会计有所不同。这是因为二氧化碳气体必须先转换成二氧化碳当量，然后才能用货币价值计量，并在碳交易市场上进行买卖。因此，碳会计核算的计量前提是以二氧化碳当量为主，以货币计量为辅。

二、雾霾背景下实施碳会计的必要性

（一）改善环境刻不容缓

近年来，我国大气污染愈加严重，严重危害了人们的身体健康。而出现雾霾天气的主要原因在于企业为了增强竞争力，竞相争夺石油、天然气等资源，含碳的能源被企业大量地消耗，加剧了雾霾天气的出现。为了治理雾霾天气，企业需要承担节能减排的任务，我国在"十二五"规划纲要中明确提出了对企业实施碳税收的紧迫性和增强碳资产理念的认可度。因此，构建企业碳会计体系有利于充分地发挥会计核算职能，从而控制企业的碳排放量，实现节能减排的目标。

(二) 限制高碳企业进入我国

外企在我国设立分厂的一个重要原因是我国人力成本较低；另一个重要原因是对一些高排放的生产经营活动进行转移，将节能减排的重任转移到我国。到目前为止，国家还没有设立相关监控指标，无法对碳排放进行统计，但这些碳排放极大危害了环境，造成了雾霾天气频繁出现。如果建立了适合我国的碳会计体系，企业的碳排放责任就可以通过量化的数字直观地呈现在公众面前。国外的高碳企业要想进入我国，就不得不考虑碳排放量问题。

(三) 会计信息使用者对碳会计信息的迫切需求

在企业的生产经营活动中，碳交易逐渐频繁，一些碳交易市场成立，并成为国际性的交易所。企业考虑到自身发展，应该积极参与碳交易中，研发节能减排技术，主动承担减排的社会责任，会计信息使用者迫切需要企业对碳交易信息的披露。

(四) 促进会计国际化

在市场经济条件下，企业的会计核算不仅要考虑到自身的经济利益，还要兼顾企业所面临的社会责任。构建碳会计体系有利于促进我国会计准则的国际化趋同。

三、雾霾背景下企业碳会计体系构建

我国是全球第二大经济体，同时也是世界最大的碳排放国，为了实现减排任务，从2008年开始我国各地陆续成立了十余家碳交易所。碳减排从一个生态问题，逐渐转变为经济问题，影响到了企业和其他组织的会计实践，碳会计在我国应运而生。

碳会计作为一个企业实施碳减排管理的体系,又被称为碳会计体系。与传统会计相似,碳会计可分为碳财务会计和碳管理会计。碳财务会计是指碳排放权及其交易的会计处理,主要是有关碳会计核算和碳会计信息披露两方面的问题;碳管理会计可细分为碳成本会计和碳战略管理会计,主要涉及碳成本核算、碳减排目标的确认与减排计划的实施等方面的问题。

(一)碳财务会计体系

1. 碳排放权的确认与计量是碳会计的核心

国内外会计学界对于将碳排放权作为企业的一项资产几乎没有异议,但是将碳排放权作为何种资产,学界主要有以下三种观点。

(1)将碳排放权作为存货。

(2)将碳排放权作为无形资产。

(3)将碳排放权作为交易性金融资产。

2. 碳排放权的会计处理[3]

例如,某企业计划近期扩大生产规模向碳排放权交易市场购买了两年期40,000个单位的碳排放权配额,每单位配额的价格是1美元。第一年结束时,该企业的碳排放量相当于15,000个单位的配额。在第二年结束后,该企业的碳排放量相当于5,000个单位的配额。本企业计划将剩余配额出售,当前市场价格为每单位1.1美元。第三年,企业将其出售,出售价格为每单位1.3美元。会计处理如下。

该企业购入碳排放权时:

借:无形资产——碳排放权　　　　　　　　　　　　　　40,000
　　贷:银行存款　　　　　　　　　　　　　　　　　　40,000

第一年结束时:

借:制造费用——碳排放权　　　　　　　　　　　　　　15,000

| 贷：累计摊销——碳排放权摊销 | 15,000 |

第二年结束时：

| 借：制造费用——碳排放权 | 5,000 |
| 贷：累计摊销——碳排放权摊销 | 5,000 |

第二年末时，将未用完的剩余配额转出：

借：可供出售金融资产——碳排放权	20,000
累计摊销——碳排放权摊销	20,000
贷：无形资产——碳排放权	40,000

公允价值变动时：

| 借：可供出售金融资产——碳排放权公允价值变动 | 2,000 |
| 贷：资本公积——其他资本公积 | 2,000 |

实际售出时：

借：银行存款	26,000
资本公积——其他资本公积	2,000
贷：可供出售金融资产——碳排放权	20,000
——碳排放权公允价值变动	2,000
投资收益	6,000

3. 碳信息披露

完善有关碳排放信息披露的法律法规，我国已有的碳排放信息披露的规范文件有《环境信息公开办法》和《上市公司环境信息披露指引》等，但是这些文件的内容不全面，涵盖范围较窄，法律效力不高，我国亟须出台相关法规，强制规定企业披露碳排放核算、碳排放管理和碳减排审计等方面的内容。

制定碳排放信息披露和鉴证准则。我国政府应该根据我国的实际情况制定出适应我国企业碳排放信息披露的披露准则和鉴证准则，作为企业和审计鉴证机构相关人员的行为规范。加强政府对企业碳排放信息披露的监管。法规政策的实施离不开政府的监督和管理，颁布碳排放信息披露法律法规的同时，政府应成立相应的监管部门来监管企业的碳信息披露情况。

（二）碳管理会计体系的构建[4]

上述的碳财务会计体系主要是对碳排放交易的确认、计量及披露，是企业碳会计体系的重要组成部分。此外，企业碳排放交易的成本核算、管理和控制也是至关重要的，这是碳管理会计体系所关注的问题，所以碳管理会计体系理应包括在碳会计体系之内。

1. 企业的碳排放成本内部化的必要性

碳排放成本是指企业在采购、生产、存储和销售过程中为解决和补偿碳排放造成的环境污染和生态破坏所需的费用之和。碳排放具有外部效应，即企业在造成污染环境的情况下获得收益，但是环境的治理责任却由社会承担，所以目前的碳排放成本属于外部成本，其造成了产品价格扭曲和市场失灵，这也是造成碳排放外部效应的根本原因，且低碳产品和高碳产品在价格上没有区别，因此消费者缺乏购买低碳产品的动因。要发展低碳经济，构建环保型社会，就必须消除碳排放成本的"外部效应"。因此成本核算体系中加入碳排放成本核算，将企业的碳排放成本内部化，将极大地促进企业减排。

2. 碳成本核算管理

碳成本核算管理主要包括核算管理的对象、目标和方法。碳成本核算管理的对象是碳排放成本，目标是准确反映企业发生的碳排放情况。碳成本核算管理的方法有制造成本法、作业成本法和生命周期成本法，企业需根据效益最大的原则选择适合的一种方法，也可以综合几种方法进行核算。另外，从碳成本管理角度看，企业还要在成本分类、购买决策、成本分配和成本控制等环节进行碳成本管理。企业应做到：在成本控制时注重碳成本削减；在做购买决策时把设备的碳排放量作为一个重要的决策因素；为便于管理，把碳成本细化为直接成本、间接成本等项目；在成本分配时，将与碳排放有关的成本归类累计；最后，在评估组织流程业绩时，找出可改进之处，尽力完善组织流程，满足碳排放标准。

3. 碳排放战略管理

除了对企业进行碳排放成本管理外，企业的碳管理会计体系还包括碳排放战略管理。碳排放对企业战略管理的影响无处不在，企业在进行战略管理的同时也应该把碳排放这一因素考虑进去，从而作出正确的战略决策。具体体现在：制定企业经营政策时，应主要围绕碳成本展开；把低碳理念融入企业文化中，在碳成本管理中寻求可持续的提升；生产消费者青睐的生态环保型产品从而形成企业的竞争优势等。碳排放成本核算、成本管理和战略管理这三部分综合形成了一个系统的碳管理会计体系。

4. 碳管理会计人员的参与

碳管理会计体系的构建需要管理会计人员的参与。目前企业会计人员的专业水平可能达不到碳管理会计的要求。首先，管理会计人员没有拥有设计企业碳排放量核算方法的能力，因而无法进行全面的成本分析（包括碳成本）；其次，管理会计人员也不具备设计一套碳会计计算、分析和报表编制程序的能力，无法帮助管理层对企业各项减排措施的效果作出有效评估。这就要求管理层和会计人员积极转变观念，树立全方位、全过程的低碳环保理念。只有管理层真正重视节能减排，碳会计才能落到实处。除此之外，会计人员须提高自身的专业素质和专业技术水平，加强对碳会计理论知识的学习，还要能用理论联系实际，将碳会计真正应用到企业当中。

四、针对新形势下我国企业碳会计体系构建的新策略

1. 制定中国低碳发展路线图

近年来，北、上、广、深等城市的多家试点碳交易所相继建成，其他各省市也在落实碳交易平台的建设。然而，大多数碳交易平台存在地方性、分散性的缺

点，组织和运行模式也不尽相同，积极制定完成中国低碳发展的宏观战略，系统提出我国低碳发展的路线图，并尽快组织建立全国性质的碳排放权交易市场，从而对各地的碳排放交易平台起到领导和示范的作用。通过对碳交易机制的持续改进与创新，不断提高运行效率，保证全国各碳排放交易平台的健康、快速、规范发展和进步，最终使有限的环境资源得到最佳配置。

2. 强化碳会计理论基础研究[5]

事实上，我国的碳会计研究远远落后于西方国家。这迫切需要我们将低碳会计理论和我国现有的资源状况联系起来，与此同时不断深入我国碳会计理论研究。除此之外，我们应当合理运用并且积极学习西方国家碳会计理论的研究成果，结合我国国情，建立有中国特色的碳会计理论体系。

3. 完善碳会计法规制度

建立健全碳会计相关的法律法规是碳会计有效实施的法律保障。明确规定碳会计确认与计量，从而为企业会计人员对企业进行碳会计处理提供理论依据。除此之外，完善相关的碳信息披露制度，为企业碳信息披露的细致程度提供一个标准。碳会计法律法规的完善和制定，使得不能客观、全面、及时披露碳会计信息的企业受到制裁，从而更好地开展低碳服务和管理工作。

五、总结

我们偶尔会生活在雾霾的不安中，可是在不安过后，冷静下来思考造成雾霾的原因，寻找治理雾霾的方法，才是当务之急。碳会计的出现，无疑为社会发展、经济进步指明了另一条道路。全面建立碳会计体系，切实有效地实施碳核算，使整个社会发展中产生的碳消耗数字化和可控化，才能合理地计划和使用资源。与此同时，我们对新资源进行积极探索和深入的科学研究，从而为建立一个绿色的环境友好型社会而不断努力奋斗。

参考文献：

[1] 王爱国. 我的碳会计观 [J]. 会计研究，2012(5).

[2] Kristin Stechemesser, Edeltraud Guenther. Carbon Accounting: A Systematic Literature Review[J]. Journal of Cleaner Production, 2012.

[3] 刘美华，李婷，施先旺. 碳会计确认研究 [J]. 中南财经政法大学学报，2011(6).

[4] 肖序. 低碳经济下企业碳会计体系构建研究 [J]. 中国人口·自然与环境，2011(21).

[5] 沈志蓉，霍卫杰. 雾霾背景下企业碳会计体系构建 [J]. 财会通讯，2015(1).

二 上市公司商誉减值分析

——以掌趣科技为例

王伶珍[①]

摘要：近几年，并购成了企业扩大规模、提升竞争力的一种重要手段。但随着并购的增多，并购商誉也随之增加，很多并购公司商誉减值的风险也就随之加大，尤其是对于实施高溢价并购的上市公司更为明显，这对公司今后的发展有很大的影响。因此，本文以掌趣科技为例，对其并购商誉减值的原因、经济后果进行了阐述，并提出了合理的建议，希望能够为我国上市公司商誉减值问题提供一些借鉴。

关键词：企业并购；商誉减值；减值原因；掌趣科技

一、引言

在我国很多企业对商誉进行减值的测试不及时，最后积累了巨额的商誉，这些商誉使得公司存在潜在的风险，随时都可能影响到公司的业绩和发展。而且在近些年，A 股市场上有大量的企业计提了巨额商誉减值，尤其是在信息技术行业，商誉减值现象更为普遍。因此，本文对掌趣科技的商誉进行了分析，以了解其商誉减值的形成过程、原因以及带来的经济后果，从而进一步了解公司的商誉。

---

① 王伶珍，女，会计硕士，研究方向：会计。

二、文献综述

国内学者对商誉减值的原因和经济后果进行了大量的研究。崔永梅和张英（2014）分析了商誉减值对股价的影响，提出偶尔的商誉减值不会对股价产生较大影响，但频繁地进行商誉减值就会影响到股价，最终会影响到公司的价值[1]。钱本成（2018）提出了商誉的减值不但会影响到公司的财务状况，还会影响到公司的融资能力。当商誉发生减值时，投资者就会感受到公司的负面情况，从而降低对企业进行长期投资[2]。林子昂和钱淑琼（2019）通过对天神娱乐商誉的减值进行分析，认为商誉减值会很大程度地影响公司的股价，其违背了市场投资秩序，因此建议相关机构应该制定一些措施来减少商誉减值带来的问题[3]。

三、掌趣科技商誉减值案例分析

（一）掌趣科技公司概况

北京掌趣科技股份有限公司简称掌趣科技，成立于 2004 年 8 月，并于 2012 年 5 月 11 日在深圳证券交易所挂牌上市，它是我国第一家做手机游戏上市的公司。公司的主营业务是游戏开发、代理发行和运营维护，自上市后，掌趣科技不断并购有潜力的公司，实现了资源的整合，提高了市场占有率，成为行业中的领军企业。

根据掌趣科技 2020 年财务报告显示，掌趣科技在 2020 年达到了 17.89 亿元的营业收入，同比增长 10.65%，其主要原因是海外新上线的自研游戏市场表现较佳；归母净利润 3.17 亿元，同比下降 12.83%，主要原因是计提商誉减值的影响。

（二）掌趣科技商誉减值的形成

掌趣科技自 2013 年以来，逐步走上并购的发展道路，其中影响最大的是并购了动网先锋、上游信息、玩蟹科技和天马时空。其中，掌趣科技在 2013 年 2 月和 10 月分别并购了动网先锋和玩蟹科技 100% 的股权；在 2013 年 10 月并购了上游信息 70% 的股权，在 2015 年 2 月以 36,364 万元并购了剩余 30% 的股权；在 2015 年 2 月还并购了天马时空 80% 的股权，并于 2018 年 12 月以总对价 25,000 万元并购了剩余 20% 的股权。

随着掌趣科技一系列的并购，公司的商誉不断增加，从而积累了巨额的商誉，与 A 股上市的其他公司相比，商誉占净资产的比值很高，也说明了掌趣科技很可能会面临一定的财务风险。在 2018 年时，掌趣科技大幅计提商誉减值损失，对公司业绩有很大的影响，同时也让人们开始质疑掌趣科技计提商誉是否合理，引发了各界的广泛关注。

(三) 掌趣科技商誉减值的原因分析

1. 并购价格较高

掌趣科技为加快公司的发展，提高市场占有率，提升其竞争力，连续地进行了并购，而对于技术创新类公司，其拥有大量的无形资产，在对无形资产进行评估时，更可能会高估被收购方的账面价值，从而形成了高额的商誉，增加了商誉减值的风险。

由表 2-1 可以看出，掌趣科技在并购这四家公司时，没有准确评估出被并购方的价值，收购价格都远高于账面价值，这种支付的高额对价形成了较大的商誉，也就造成了掌趣科技后来的巨额商誉减值。

表 2-1 掌趣科技溢价收购情况

并购标的	收购价格 / 万元	账面价值 / 万元	形成商誉 / 万元	并购溢价率
动网先锋	81,009.00	5,115.68	71,966.14	1,483.54%
上游信息	81,400.00	2,201.42	72,104.87	3,597.61%
玩蟹科技	173,900.00	5,984.80	152,798.64	2,805.69%
天马时空	267,760.00	7,986.24	261,155.46	3,252.77%

资料来源：经掌趣科技历年公告整理而得。

2. 未兑现业绩承诺

在掌趣科技并购这四家企业时，都对其有较高的预期，签订了较高的业绩承诺。然而，由于近几年智能手机的普及，对于动网先锋和上游信息这种以页面游戏为主的公司造成严重打击，而且，从2018年以来，国家相关部门不断整改网络游戏，使得并购的这四家企业的业绩大幅下降，不能很好地完成之前的业绩承诺。在市场环境、政策管控以及企业自身经营状况的影响下，标的企业业绩承诺完成不达标，掌趣科技需要对其并购商誉进行减值测试。

3. 并购后整合效应不佳

掌趣科技并购的目的是在提升自己的技术开发和运营能力的同时提高经营规模，从而提高业绩使公司竞争力提升。然而，从企业的经营情况来看，掌趣科技的目标显然没有真正实现，主要是由于其没有注重技术升级和人才培养，并购后没有修正技术漏洞与经营管理的缺陷，使得其与被并购企业人才流失，这也显示出管理层没有真正意识到技术开发与运营管理的重要性。此外，由于游戏市场更新换代较快，如果公司没有足够的技术投入来跟随时代变化，就会很快面临经营困难，而掌趣科技在完成企业并购后，没有进行有效的经营整合，技术开发投入的时间和成本不足，发挥不了资源整合效应，从而产生了商誉减值迹象。

4. 存在盈余管理动机

根据我国的会计准则规定，公司每年都应对并购商誉进行减值测试，然而，掌趣科技并没有遵循这个规定，从图2-1可以看出，掌趣科技在2018年所有业绩承诺结束后一次计提了33.8亿元的巨额商誉减值准备，这使得公司的业绩发生了大变样。

在业绩受损、预期业绩承诺无法实现的情况下，掌趣科技运用了商誉减值的手段对利润进行了操纵，使得其能在既不损害大股东利益，也不会使经营业绩脱离现实，而且还能够在以后年度来弥补亏损的情况下，创造出业绩连年增长的趋势。掌趣科技的商誉减值并不能反映公司真实的会计信息，而是变成了高管和股东们操纵利润、减持套现的方法，这是一种管理层为获取自身利益而形成的盈余管理动机。如果不及时加强商誉减值问题监管，那么这会导致很多公司进行效仿，破坏会计准则。

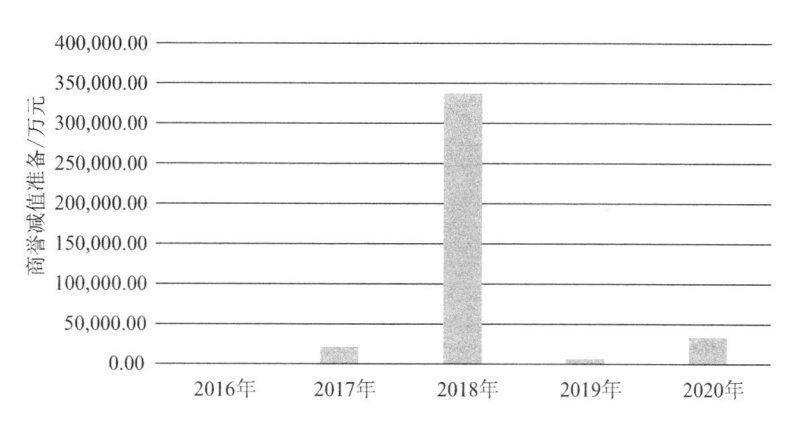

图 2-1 掌趣科技 2016—2020 年商誉减值准备

资料来源：掌趣科技 2016—2020 年年报。

5. 董事会及高管存在问题

掌趣科技的董事会中，独立董事的数量较少，董事会成员大多能直接对公司的并购和事项进行决策，这很容易使公司高层受个人利益的驱动，做出不利于企业发展的建议和方案。此外，掌趣科技在 2016 年时，董事会及高管有较大的变动，管理层以及核心团队离职，使得企业经营管理的风险加大，也暴露出了其在经营管理方面存在的问题。而且，掌趣科技的股东不断地减持手中的股份，这违背了股东持有企业股票的初始目的，也影响了公司的治理制度，不利于公司的长远发展。

（四）掌趣科技巨额商誉减值经济后果研究

1. 商誉减值对业绩的影响

在 2018 年时，掌趣科技大额计提减值准备，导致了公司净利润亏损了 30.95 亿元，为更好地分析掌趣科技商誉减值造成的后果，笔者查阅了掌趣科技近 5 年的净利润和营业收入，如图 2-2 所示。

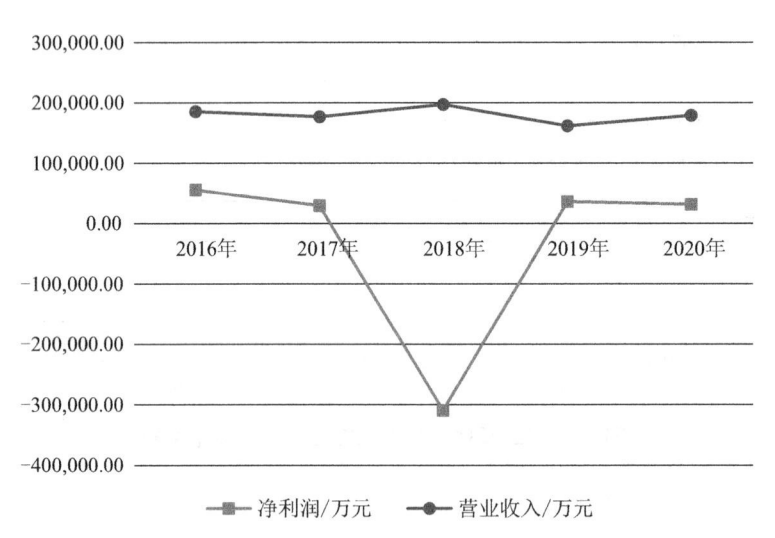

图 2-2 掌趣科技 2016—2020 年营业收入与净利润

资料来源：掌趣科技 2016—2020 年年报。

从图 2-2 中可以看出，掌趣科技的净利润与营业收入并不相关，净利润呈现"V"形，主要是由于 2018 年的大额计提减值准备，在商誉减值后，在 2019 年实现了盈利，但其盈利状况是通过商誉减值来调节的，2018 年的这种一次性计提商誉减值损失，成功形成了商誉出清，释放了商誉减值的风险。不过，如果不能很好地管理被并购企业以及妥善处理好商誉减值带来的影响，那么公司的利润很可能会继续下降，虽然 2019 年净利润上升，但是掌趣科技仍存在 20 亿左右的商誉，而且商誉的巨额减值也降低了投资者的投资意愿，随着市场竞争的加大，掌趣科技之后的发展仍存在较大的不确定性。

2. 商誉减值对股价的影响

掌趣科技连续的高溢价并购，扩大了公司的规模，同时也提升了公司在市场中的竞争力，不过，这种远高于账面价值的并购给公司带来了较大的商誉减值风险。大多数人将商誉减值视为公司的负面信息，随着掌趣科技大额商誉减值，各投资者便意识到公司存在潜在风险，从而导致了股价的下跌。在掌趣科技披露

2018年业绩预告的第二天,股价便跌停至3.02元,创了历史新低。不过在2019年2月1日,股价便呈现"V"形的增长趋势,降低了商誉减值对公司股价的负面影响,掌趣科技这种一次性大额计提商誉减值损失扭转了公司的不利局面,使股价完成了触底反弹。

(五)针对掌趣科技商誉减值问题的建议

1. 合理确定并购价格

在进行并购的过程中,企业要客观真实地评估被并购方的价值,但由于存在不能全面了解相关信息,以及评估人员专业能力不足等原因,使得评估的结果不同于真实价格,当高估时便容易形成商誉。为避免出现这种情况,并购方就应当尽可能选择专业能力较强的评估团队,多了解被并购方情况,得出合理的评估结果,进行正确的决策。

2. 注重公司并购后的资源整合

企业在完成并购后是否能够真正给公司带来利益,取决于被并购企业的能力以及企业对被并购方经营管理的效率。对于掌趣科技这种高新技术企业,无形资产是公司经营管理的主要内容,对于其并购的企业,要加强后续管理,加大投入,确保被并购企业与公司发展前景相匹配,从而享受协同效应给企业带来的利益,同时也避免了商誉的大幅减值。

3. 加强外部监管

目前,有关商誉信息披露的要求还不够完善,企业商誉信息披露不规范很可能影响到投资者的利益,也不利于管理层的决策,因此应加强对公司的监管,督促各公司积极披露相关商誉信息。掌趣科技的大股东在并购后,不断减持公司的股份,实施套现,严重损害了公司的利益。因此,监管部门也需要加强对企业并购的管理,严厉制止大股东的套现行为,制定相关的管理制度,对违规行为及时给予惩罚,避免大股东通过盈余管理手段损害小股东以及公司的利益。

四、结论

本文通过对掌趣科技商誉减值的研究，可以得出导致商誉减值的原因可能有被并购方未完成业绩承诺、收购价高于账面价值以及对被并购方没有进行很好的管理等，这都是公司需要改进的地方。一个公司在进行并购后往往会伴随着巨额的商誉风险，因此，对于一家上市公司，在并购时需要多了解被并购方的情况，加强对被并购方的管理，合理进行商誉的减值测试，同时，也要加强对相关信息的披露。对于监管部门，证券市场需要进一步加强与完善制度，规范各企业的商誉减值事项，尽可能地避免管理层操纵利润。

参考文献：

[1] 崔永梅，张英. 企业合并商誉及其减值的价值相关性研究[J]. 会计之友，2014(23)：64-68.

[2] 钱本成. 浅谈上市公司并购重组商誉减值风险[J]. 财经界，2018(2)：29-30.

[3] 林子昂，钱淑琼. 商誉减值的市场反应——基于天神娱乐商誉减值计提的案例分析[J]. 商业会计，2019(12)：40-43.

三 管理会计信息化问题研究

田琳琳[①]

摘要：现如今管理会计不断发展，已经成为社会关注的主要话题。本文是针对近年来发表的一些管理会计信息化相关文献所作，通过学习了解得知，如今管理会计工作与信息化相结合，其工作的进行离不开信息化，因此人们更加重视信息化问题。近年来，随着经济全球化、信息化技术的发展，管理会计信息化发展直接影响着企业的发展。企业的管理会计工作决定了企业日后的战略决策。本文在查阅文献和相关数据的基础上针对管理会计信息化问题进行了研究。

关键词：管理会计；管理会计信息化；管理会计信息系统

一、引言

管理会计对于企业发展而言，是其工作中的重要组成部分，与企业的整体运营息息相关。在当今社会，信息科技的不断发展，也让人们离不开信息技术，管理会计的工作同样也离不开信息化技术，管理会计信息化使得企业的内部管理活动从核算职能转向管理职能，利用互联网大数据信息，使财务工作和其他工作相融合，对企业的计划、控制、决策和评价发挥了巨大的作用。利用现代数据信息技术手段，管理会计工作更加高效进行，从而有效降低风险，提高员工的工作效率，同时可以保障决策的正确性，使工作质量提高，进而使业务能够得到有效处理，

---
① 田琳琳，女，会计硕士，研究方向：管理会计。

从而实现资源有效利用。研究管理会计信息化问题，对于企业乃至社会的发展至关重要，无论是对于企业内部的管理还是企业外部的竞争力都具有极其重要的意义。

二、文献综述

我国管理会计信息化发展经历了不同的阶段。首先，张宏等（2005）[1]运用传统管理会计的思想，通过运用ERP系统搭建预算、成本和获利能力几个部分分析管理会计模块。张丽（2007）[2]指出ERP可以整合企业内部的物流、资金流和信息流，实现有效的管理会计运行。之后，边志新（2012）[3]在文章中指出管理会计信息化可以使企业竞争力增强，提高企业内部管理层的决策。崔慧敏（2015）[4]在文章中写到大数据对于企业建立管理会计信息系统发挥了不可替代的巨大作用。

通过对文献以及学者的研究结论进行整理，发现我国管理会计信息化发展日益完善，但是应用在实际工作中，仍然存在很多问题，我国想要使信息化得到更好、更长远的发展，就要学习它国的经验，取其精华，弃其糟粕。学习其他国家的优秀之处，可以使我国更快立足于国际先进行列，提高国际竞争力。本文在研究管理会计信息化的同时，找出其所存在的问题并找到适合其的解决方法，使我国企业在应用时避免出现短板，使企业核心竞争力更强。

三、管理会计信息化建设过程中存在的问题

（一）系统不够完善

张继德等（2014）[5]曾提出管理会计理论和企业经营机制不相融合的问题，管理会计信息化发展程度与企业的管理水平密切相关，管理会计信息化系统没有得到熟练应用，企业的管理水平偏低，管理会计信息化的发展程度就不够成熟。吴忠生（2017）[6]指出管理会计信息系统由全面预算管理、作业成本管理以及费

用控制三个部分组成。这些都应用在实务工作中,但都存在一些缺陷,这些系统都是基于核算型会计软件系统产生的数据,很难提供更加细节化的信息。另外,这些系统工具是根据国外的实践经验而设计,适合国外的企业发展,运用到我国实际生产中时,却没有考虑到我国国情的发展,导致无法在我国管理会计信息系统中应用。我国管理会计软件刚得到初步发展,涉及领域也不多,应用的企业也只有极少部分,企业具有管理功能的软件少之又少,无法满足企业日常工作需要,因此也会使管理会计的发展止步不前。

(二) 发展环境不稳定

我国管理会计起步较晚,发展速度缓慢,其发展环境并不稳定。企业外部经济环境方面,国家的相关体系并不完善,国家的经济发展趋势为计划经济转向市场经济,这个过程正在日益完善,逐渐成熟,因此信息化建设必然会受到外部环境影响。企业的内部环境方面,企业管理者对于信息化的应用认识不够,对于信息化软件的操作能力也不够,如果没有有远见的领导者,不懂得会计理论知识,又不能重视信息化应用,信息化建设很难在企业管理中体现其价值;企业信息化技术、设备发展缓慢也会阻碍管理会计信息化发展。另外,企业的经营模式和责任控制也会影响管理会计应用,如企业内部控制体系不完善,员工绩效考核不严格等,都会限制管理会计信息化的发展,从而限制企业的发展。

(三) 企业人员能力不足

目前,在我国企业中从事财务工作的人员有很多,根据徐习景等(2018)[7]论述,从事财务工作的人员达到1,300万人以上,大约有80%的人员从事会计相关职业,而这部分人员中,只有少部分人员是高技能人才,其他人仅仅具备基础简单的会计知识,而相关实践能力却不具备,因此,我国高技能会计人员缺口很大,甚至达到百万之众。另外,高校对于学生的培养远远不够,管理会计信息化专业涉及管理学、会计学以及计算机信息技术等多门类学科,而高校的学习都是单学科分开培养,很难找到适合企业发展的复合型人才,会计人员只掌握基础会计理论知识，不能结合企业的战略文化以及不能熟练运用计算机软件系统，会使信息化的发展受到严重阻碍，甚至会因其实践能力不够而影响企业的发展，企业只是响应国家的号召发展管理会计信息化，却没有相应的高技能人员，只是打着信息化的招牌势必不会有所发展，只会阻碍社会的进步。

（四）信息安全风险高

我国管理会计信息化发展也存在信息泄露风险。一是在信息系统方面，由于管理会计涉及的数据资源属于企业的重要机密若企业出现信息系统不健全，内部控制不完善等问题，会导致企业数据泄露，难以保障信息数据的安全，如果让行业内竞争对手得到，更会造成严重后果；二是在企业人员方面，很多高层人员属于高端人才，如今人才的选用至关重要，若企业人才选用不当或是人才受到利益诱惑而被蒙蔽，被竞争对手所利用，使企业重要资源丢失，将会是企业重大灾难。对于企业而言，有可能面临破产或重组，因此，企业要重视信息安全问题，避免因信息泄露而给自身造成影响。

四、管理会计信息化建设对策

（一）技术支持

想要解决信息化建设问题，首先要建立适合企业发展的管理会计信息化发展机制，要给管理者和会计人员有效的激励，能够使人员各尽其职，使企业各部门之间相互协调，共同配合，更好地利用信息化建设为企业带来经济价值，提升核心竞争力，获得竞争优势。其次要完善管理会计信息系统，要设计好能搜集资源、处理信息、分析数据、实现资源共享一体化的信息系统。在软件设计时，要设计出适合大众企业发展且能满足企业所需的软件，要有利于企业对信息进行搜集、处理，企业每天要面对大量的财务数据，技术完善可以给企业决策提供准确的数据支持，这样才能使管理会计信息化建设更好地发展。

（二）营造良好环境

企业想要进一步建设管理会计信息化，就要营造良好的外部环境和内部环境。其外部环境主要有政治、经济和社会三个方面。这三方面影响着企业的外部变化，加快市场经济的转变和完善相关法律法规，可以有效提高管理会计信息化的建设，使管理会计信息系统得到有效运转。其内部环境方面，要提高管理人员对信息化的重视，信息化发展十分重要，社会的进步要依靠信息化的发展，不断对其从思想上进行改变，只有从根本上改变管理者及其财务相关人员的想法，才能更好地保障信息化建设内部实施；同时企业的技术要不断完善，设备也要不断更新，要让硬件设施的发展跟得上信息化建设的步伐；企业的内部控制体系要不断健全，建立符合企业制度的内部结构，相关制度也要在建立后做好监督管理，保障其顺利实施，形成科学合理的建设机制，才能提高信息化效率，保证管理会计信息化发展顺利进行。

（三）人才培养

人才培养是企业发展的重要组成部分，要从根本上解决人才匮乏的问题，就要从高校入手，我国的高校要培养出多学科共同发展的创新型人才，要使学生在掌握好基础知识的同时，不断开展实践活动，使学生的理论知识与实践有效结合，在实践中成长更能快速提高学生的能力，学校要着重培养管理会计型人才，要将管理会计学科加入学生的学习中，使学生充分学习相关理论知识，认识到管理会计的重要性，同时也要不断加强信息技术的学习，未来的工作大多涉及信息技术，只有掌握信息技术的人员才能为企业所需。企业在不断引进人才的同时，也要对内部员工进行培训教育，建立监督机制以及奖惩制度，不断优化企业内部人员的理论知识，提高技能水平，并对其做好定期考核，确保企业工作人员的能力达标。这样才能帮助企业建设管理会计信息化，更好地为企业服务。

（四）加强监督和管理

想要有效解决信息风险问题，一是要建立信息安全防线。企业的数据信息非常重要，信息泄露造成的后果非常严重，想要做出正确的管理决策，就要保证数据的真实可靠。管理会计信息化发展过程中最重要的就是建立信息安全防线，企业要对防火墙建设进一步完善，定期检查并维护系统漏洞，避免有黑客入侵。做好及时的防护，完善公司内部网络，同时可以给每个员工配备特定的计算机，用公司内网进行工作联系，并且给公司计算机进行严格加密，避免内部文件被拷取和盗用。另外，可以对各台计算机进行分开处理，防止企业造成连续信息泄露，及时做好应对风险的防范措施。二是要制定严格的人才选用制度。要明察秋毫，妥善用人，慎重选择高技能人员，做好人员监督和管理，对于各级员工，也要制定相应的奖惩制度，做到奖罚分明，进一步促进企业发展，提高管理会计信息化建设的安全性。

五、结论

随着经济的发展，信息化技术逐渐得到普及。信息化技术的运用成为企业必不可少的工作，因此企业要充分认识管理会计信息化的重要性，使企业由内到外、由下到上都能运用信息化解决问题，信息化技术贯穿企业整个经营发展中，才能使其发展更加完善、成熟。本文通过对管理会计信息化问题进行研究，对其有了初步的认识，在信息化建设过程中，仍然存在很多问题，比如系统不完善，发展环境不稳定，人员能力不够等，这些问题阻碍了信息化的发展，也制约了企业的进步。通过简单分析其发展过程中存在的问题从而提出解决方法。首先要完善信息系统，相关硬件设备也要完善；其次要营造良好环境，公司内部环境和外部环境都要统筹建设好；再次对人才的培养也要重视，人才是发展的关键，人才的发展才能促进企业的发展；最后企业也要做好监督管理，对企业内部人员也要严加防范，防止因信息泄露给企业造成无法挽回的损失，希望通过本文的研究可以帮助企业解决管理会计信息化发展过程中的问题。

参考文献：

[1] 张宏，刘向东，徐峰. ERP 中的管理会计体系探析 [J]. 山东工商学院学报，2005（2）：64-68.

[2] 张丽. 从 ERP 的实施看管理会计的重要性 [J]. 中国高新技术企业，2007（2）：60+73.

[3] 边志新. 管理会计信息化探讨 [J]. 经济研究导刊，2012（20）：123-124.

[4] 崔慧敏. 浅析大数据时代下管理会计信息系统在企业中的建设 [J]. 商场现代化，2015（10）：177-178.

[5] 张继德，刘向芸. 我国管理会计信息化发展存在的问题与对策 [J]. 会计之友，2014（21）：119-122.

[6] 吴忠生. 我国管理会计信息化发展路径与推动策略研究 [J]. 财会通讯，2017（22）：14-16.

[7] 徐习景，彭荣. 管理会计信息化建设中的问题与对策 [J]. 科技经济市场，2018（3）：40-43.

四　华录百纳股权激励案例研究

谭梦瑶[①]

摘要：近年来，越来越多的上市公司采取股权激励的手段来激发员工的积极性，提升企业的经营绩效。本文通过研究华录百纳的股权激励方案、实施过程与结果，分析股权激励在提升华录百纳经营绩效、降低代理成本等方面所产生的影响，为影视行业其他的上市公司提供了启示：企业在实施股权激励计划时，要结合自身的实际情况，充分考虑市场的变化，合理制定股权激励方案，提升企业在行业中的竞争力。

关键词：股权激励；代理成本；华录百纳

一、引言

股权激励是将企业的股权发放给公司员工作为奖励的一种激励手段，它作为一种把鼓励和约束结合在一起的中长期激励体制，能够使公司的员工参与到企业的决策中，与管理层和各个股东共同分享企业经营带来的利润，共同承担企业发展中潜在的风险。有助于企业吸引人才，鼓励人才，留住人才，从而提升企业治理的效率和经营业绩。对于影视行业来说，与其他行业相比最大的不同就是"轻资产，重人才"，影视行业中的上市公司最关注的就是如何使人力成本得到最充

---

① 谭梦瑶，女，会计硕士，研究方向：财务管理。

分的使用，如何让企业的员工为公司创造更大的价值。所以，对于影视行业的上市企业来说，股权激励是很好的激励手段。

二、文献综述

国外学者 Jensen（1976）认为分离公司的经营权和所有权会使代理人和委托人之间产生委托代理关系，因为委托人和代理人所追求的利益并不相同，所以会产生代理成本，企业可以通过股权激励计划来减少利益冲突，从而降低代理成本[1]。Hamid Mehran（1995）通过分析 153 家上市公司的股权结构和经营绩效，认为企业绩效与代理人所持有的股权比例成正比[2]。

国内学者李晓雪、黄淑颖（2021）发现实施了股权激励计划的上市公司其盈利能力与增长能力均高于行业的平均水平，而激励对象、方式与行权条件等要素的制定，对于身处不同生产周期，或者拥有不同发展战略的企业来说，会产生不同的激励效果[3]。林丽萍等（2015）通过分析创业板上市公司的股权激励计划的实施情况发现，水平较高的股权激励实施比水平较低的股权激励实施效果要好；与股票期权相比，企业采用限制性股票的激励方式效果更好[4]。

三、华录百纳股权激励案例分析

华录百纳在 2019—2021 年共实施了两次股权激励计划，本部分首先叙述了华录百纳的公司简介；其次，对华录百纳第一期股权激励计划的实施过程与结果进行了论述，分析了第一期股权激励计划在吸引人才、留住人才、降低企业代理成本和提升经营绩效等方面所发挥的作用；最后，叙述了第二期股权激励计划的实施过程与实施结果。

（一）华录百纳公司简介

华录百纳成立于 2002 年，是我国首个由央企控股的影视文化上市公司，于 2012 年在 A 股市场上市，连续四届获得"全国十佳电视剧出品单位"的称号，连续八届被评为"国家文化出口重点企业",代表作有《汉武大帝》《建国大业》《你好,李焕英》等。

2018年,华录百纳的原控股股东华录文化产业有限公司将其所持有的17.55%的公司股份,以每股12.626元的价格,转让给了盈锋集团,自此,华录百纳的控股股东变成了持有最高企业股份的盈锋集团,华录百纳完成了从"国有"到"民营"的转制。

在完成转制之后,华录百纳分别于2019年和2021年实施了两次股权激励计划,以此提升企业的经营绩效和行业竞争力。第一期的股权激励计划,对于提高企业经营绩效来说起到了正向的作用,降低了企业的代理成本;第二期的股权激励计划由于还没有到归属期,具体的激励效果有待验证。

下面,对华录百纳的股权激励计划进行具体的分析。

(二)华录百纳的第一期股权激励计划

1. 股权激励的目的

2019年4月,华录百纳发布了股权激励计划公告,公告中提出企业实施股权激励的目的是更好地吸引人才、留住人才,调动企业董事、管理人员和核心人员的积极性,将企业管理者的利益和经营者的利益结合在一起,共同促进企业的进一步发展。

2. 股权激励的方案

(1)激励方式。华录百纳的第一期股权激励计划包括股票期权和限制性股票,与股票期权相比,限制性股票具有更强的约束性,由于股票自授予日起就已经被激励对象所持有,在持有期间,股票的涨跌会直接影响激励对象的利益,因此能够更好地实现企业利益与个人利益的捆绑。

(2)股票期权的来源与数量。华录百纳第一期股权激励计划股票期权所涉及的股票来源为A股普通股,共授予激励对象3,500.00万股,占企业股本总额的4.31%,行权价格为每份期权6.33元。

(3)股票期权的激励对象。股票期权的激励对象为企业的核心人员共28人，通过企业发布的详细名单可以发现，激励对象涉及企业宣发、财务、行政等各个部门，分配情况如表4-1所示。

(4)限制性股票的来源和数量。华录百纳第一期股权激励计划限制性股票所涉及的标的股票来源为A股普通股，共授予激励对象500.00万限制性股票，占企业股本总额的0.62%。

表4-1　股票期权分配情况表

激励对象	获授的股票期权数量/万份	占授予股票期权总数的比例/%	占目前股本总额的比例/%
核心业务（技术）人员（28人）	3,500	100	4.31
合计（28人）	3,500	100	4.31

资料来源：华录百纳对外披露公告。

(5)限制性股票的激励对象。华录百纳限制性股票的激励对象包括企业董事与企业的高级管理人员共3名，分配情况如表4-2所示。

表4-2　限制性股票分配情况表

姓名	职务	获授的限制性股票数量/万份	占授予限制性股票总数的比例/%	占目前股本总额的比例/%
方刚	董事长	250	50	0.31
张静萍	董事、财务负责人	150	30	0.18
李倩	董事会秘书	100	20	0.12
合计（3人）		500	100	0.61

资料来源：华录百纳对外披露公告。

(6)行权/解除限售条件。华录百纳第一期的股权激励计划行权/解除限售的条件除了对企业业绩有要求以外，对激励对象的个人业绩考核也包含在其中。其中，对企业业绩考核的要求是第一个行权/解除限售期2019年的净利润不低于1.1亿元，第二个行权/解除限售期2020年的净利润不低于1.32亿元。对激励对象的个人业绩考核，企业划分了4个不同的级别，按照不同级别授予激励对象不同的额度。

3. 股权激励计划实施结果

根据华录百纳的信息披露，企业第一期股权激励计划的完成情况如表 4-3 所示。

华录百纳在第一个行权/解除限售期完成了企业的目标业绩，解锁了全部额度，但是在第二个行权/解除销售期只完成了目标业绩的 90%。

表 4-3　第一期股权激励计划完成情况表

行权/解除限售期	业绩考核目标	完成情况
第一个行权/解除限售期	企业 2019 年净利润不低于 1.1 亿元	企业 2019 年净利润为 11,379.24 万元，不低于 1.1 亿元，满足行权/解除限售条件
第二个行权/解除限售期	企业 2020 年净利润不低于 1.32 亿元	企业 2020 年净利润为 12,397.29 万元，完成情况 100%>R>90%，可行权/解除限售额度的 90%

资料来源：华录百纳对外披露公告。

4. 第一期股权激励计划实施效果评价

（1）业绩指标完成情况，如图 4-1 所示。

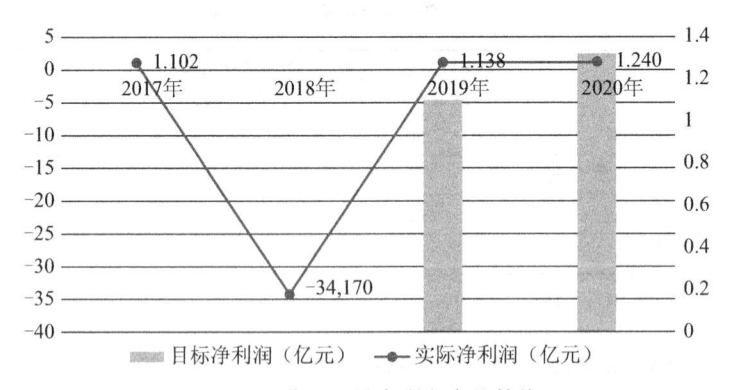

图 4-1　华录百纳净利润变化趋势

资料来源：华录百纳年报。

由于"影视寒冬"，华录百纳 2018 年的综艺节目、营销收入急剧下降，同时企业的部分影视项目因为未到确认收入的时间点而导致相关营业收入减少，这些因素致使华录百纳的净利润与 2017 年同比出现了大幅度的下滑。在第一个行权期内，华录百纳实现了目标业绩，净利润同比增加了 103.33%；在第二个行权期内，虽然没有达到目标业绩，但是净利润与 2019 年同比实现了小幅度的上涨。净利润增加的原因很大程度上由于整个影视行业的"回暖"，但是与 2017 年相比也出现了小幅度的提升，说明华录百纳的股权激励计划在一定程度上促进了激励对象的积极性，提升了企业的经营业绩。

（2）人才资源。

华录百纳第一期股权激励计划中授予股票期权的激励对象共有 28 名，而两个归属期以后可行权的对象只剩下了 19 名。在股权激励期内，先后有 9 名员工选择了离职，这说明利用股权激励计划留住人才的方式并不理想，企业应该选择更好的激励方式来提高员工的忠诚度，以期留住人才。

在吸引人才方面，华录百纳在实施股权激励前后的员工构成情况如表 4-4、表 4-5 所示。

表 4-4 2018 年华录百纳员工构成表

学历	员工人数	所占比例 / %
研究生及以上	40	18.52
本科	131	60.65
专科	36	16.67
其他	9	4.16
合计	216	100

资料来源：同花顺 iFinD。

表 4-5 2020 年华录百纳员工构成表

学历	员工人数	所占比例 / %
研究生及以上	38	25.50
本科	78	52.35
专科	31	20.81
其他	2	1.34
合计	149	100

资料来源：同花顺 iFinD。

由表 4-4、表 4-5 可以看出，华录百纳的员工构成在股权激励期间发生了一定的变化，研究生及以上学历的员工数量在员工总人数中所占的比例有所上升，但是员工总人数下降较大，说明华录百纳的股权激励计划并没有起到吸引人才的作用。

（3）代理成本。

参考代鑫怡（2021）的研究，企业的代理成本采用管理费用率和总资产周转率来进行衡量[5]，如图 4-2 所示。

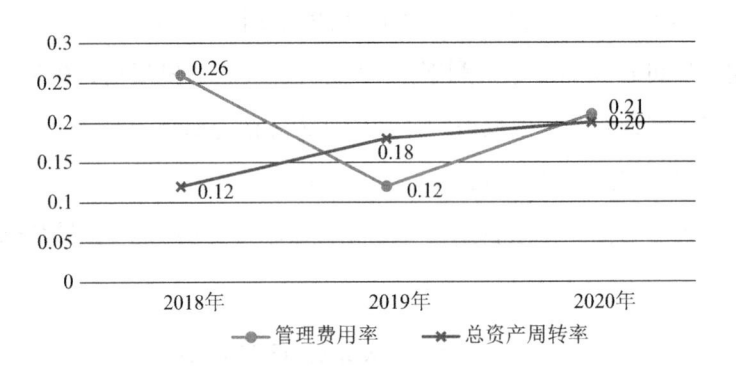

图 4-2 华录百纳管理费用率与总资产周转率变化趋势

资料来源：同花顺 iFinD。

由图 4-2 可以看出，华录百纳在 2019 年实施了股权激励计划之后总资产周转率在股权激励期间呈上升趋势，其管理费用率与 2018 年相比有所下降，2020 年虽然与 2019 年相比略有上升，但是总体上还是呈下降趋势，说明股权激励计划对于降低企业的代理成本来说起到了正向的作用。

（4）盈利能力。

将华录百纳的净资产收益率与行业的平均值进行比较，结果如图 4-3 所示。

由图 4-3 可以看出，华录百纳 2019 年的净资产收益率与 2018 年相比大幅提升，2020 年略有下降，在股权激励实施期间总体上呈现上升趋势，且高于行业的平均水平，说明企业的盈利能力在股权激励期间有所提高，股权激励对促进员工的积极性起到了一定的作用。

总的来说，华录百纳的第一期股权激励计划在一定程度上降低了企业的代理成本，提高了企业的盈利能力，但是在吸引人才、留住人才方面没有发挥出很好的作用，激励计划尚存在一些缺陷。

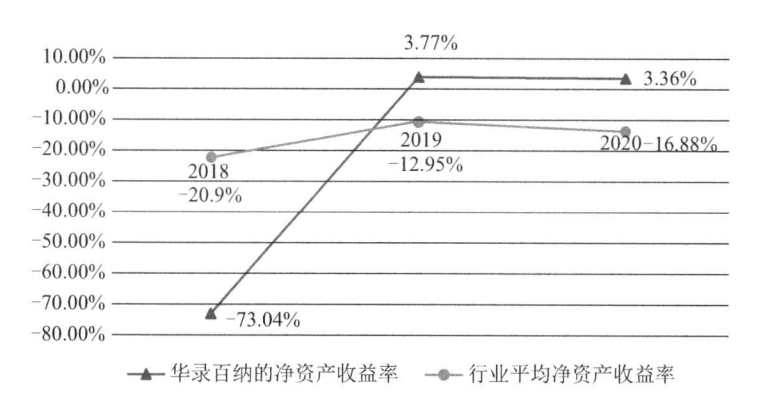

图 4-3　华录百纳净资产收益率与行业平均值对比

资料来源：同花顺 iFinD。

（三）华录百纳的第二期股权激励计划

1. 股权激励的方案

第二期股权激励的方案与第一期相比有些许变动，主要变动如下。

（1）股权激励的方式。与第一期相比，华录百纳的第二期股权激励方式只推出了限制性股票，授予包括企业董事与核心技术人员在内的 43 人 4,000 万股 A 股普通股股票，约占企业股本总额的 4.35%。

（2）解除限售条件。华录百纳的第二期股权激励计划分为三个归属期，每个归属期的解除限售条件与第一期相比由净利润变成了净利润增长率和营业收入增长率两者满足其一即可。除此之外，对于个人业绩的考核与第一期相比变成了 5 个考核等级，每个等级所对应的可行权比例也有所调整，细化了对员工的业绩要求，一定程度上增强了对员工的约束。

2. 股权激励计划实施结果

由于华录百纳的第二期股权激励计划于 2021 年 3 月刚刚实施，是否能够达到目标业绩还不得而知。通过分析华录百纳 2021 年的上半年度财务报告，企业 2021 年上半年度营业收入同比增长 755.04%，净利润同比下降 86.36%，股权激励计划解除限售条件是营业收入增长率与净利润增长率满足其一即可，因此企业有极大的可能达成目标业绩。

四、总结与启示

（一）结论

对于影视行业的上市公司来说，如何有效地提升人力资源的效率，使其为企业创造更多的价值，是企业应该关注的重点之一。而股权激励作为一种将员工个人利益与公司整体利益联系在一起的激励手段，可以有效调动人才的积极性和创造性，完善治理机制，提升经营业绩。

本文通过研究华录百纳股权激励计划的实施过程与效果得出以下结论：华录百纳的第一期股权激励计划对于提升企业的经营绩效，降低企业代理成本来说在一定程度上发挥了作用，但是在留住人才、吸引人才方面的效果并不理想；华录百纳的第二期股权激励计划相比于第一期来说，在激励方式与解锁条件方面有所变化，企业有极大的可能达到目标业绩。

（二）启示

影视行业受市场与政策的变化影响较大，企业在实施股权激励计划时，要充分考虑到市场上潜在风险与政策的变动，结合企业自身的实际情况，紧跟市场需求的变化，合理制定股权激励的方式，业绩考核的目标等。除此之外，企业也可以采取其他有效的人才激励手段，比如为员工设立育才基金、改善员工治理体系、为员工提供良好的学习机会等，以此提升企业在行业中的竞争力，使企业更好更快发展。

参考文献：

[1] Jensen Michael C, and Meckling William H. . Theory of the Firm：Managerial Behavior, Agency Costs and Ownership Structure[J]. Journal of Financial Economics, 1976, 3(4)：305-360.

[2] Hamid Mehran. Executive Compensation Structure, Ownership, and Firm Performance[J]. Journal of Financial Economics, 1995, 38(2)：163-184.

[3] 李晓雪，黄淑颖. 国企控股上市公司股权激励对业绩影响的研究[J]. 企业文明，2021(11)：80-81.

[4] 林丽萍，蔡永林，廖妍. 创业板上市公司股权激励效果实证研究[J]. 财会通讯，2015(3)：49-51+59.

[5] 代鑫怡. 影视上市公司的股权激励研究——以华策影视为例[J]. 经营与管理，2021(11)：46-50.

五 如家连锁酒店战略成本管理研究

王梦琦[①]

摘要：随着酒店行业的竞争日趋激烈，经济型酒店需注重成本管理，才能在竞争中降低成本，增加效益，获得长期竞争优势。在此背景下，传统的成本管理方法已无法满足酒店行业的日常管理需要，而战略成本管理是在原有的传统成本管理方法的基础上综合考虑多种因素，为决策者提供更可靠的成本信息。本文从战略定位、价值链以及战略成本动因三方面构建如家连锁酒店战略成本管理体系，分析如家连锁酒店战略成本管理存在的问题，提出相应的改进措施，为其他经济型酒店提供一定的参考价值。

关键词：战略成本管理体系；价值链；战略定位；战略成本动因

一、引言

在旅游业的带动下，"服务舒适，价格适中"的经济型酒店快速发展起来，因其更吻合当下大众的消费水平和习惯，所以受到青睐。但目前我国酒店业的成本管理仍存在弊端，传统的成本管理方法不适应当前竞争环境的变化[1]。因此，需要构建一套符合自身企业发展的战略成本管理体系[2]，全面加强成本管理，提高成本控制水平，从而赢得长期竞争优势。

---

① 王梦琦，女，会计硕士，研究方向：资本运营。

二、如家连锁酒店战略成本管理体系构建

（一）如家连锁酒店SWOT分析

1. 优势

如家酒店集团在美国纳斯达克上市，作为国内第一个在海外上市的酒店业品牌，这意味着给集团旗下的如家连锁酒店（以下简称"如家"）带来了更多的资金投入；其遍布全国的大部分城市，拥有连锁经营优势和市场占有率。如家拥有一套完整的信息维护系统，包括前台、物流、财务等，保证酒店运行顺畅，同时酒店采取多渠道的订房方式，为客户提供便捷的服务以及保证客源的输送。

2. 劣势

如家过度关注自身的发展规模、盈利能力、加盟流程，具有浓厚的商业化气息，忽视了企业文化建设，随着其他经济型酒店的出现，导致如家的入住率逐渐降低；员工的学历层次较低，员工的能力过于单一，需要雇用更多的员工，导致酒店的人力资源成本过高。

3. 机会

居民收入的增长，促进了旅游业的发展，增加了如家的客流量，国内市场的需求日益增长；由于如家自身品牌的优势显著，促使众多小型酒店纷纷加盟如家，给如家扩大酒店规模、提升品牌影响力带来了机会。

4. 威胁

近年来，速8酒店、格林豪泰、汉庭、锦江之星已成为如家连锁酒店的最大竞争对手，一些小众宾馆也在不断地改善入住环境和服务水平，进入经济型酒店的行列中；一些星级酒店由于利润空间受到挤压，被迫将目标指向中端消费者同时调低价格，导致相同目标的如家在吸引潜在消费者上处于劣势地位；此外，随着房屋租赁成本和人力资源成本的上涨，如家提高服务价格，部分消费者会认为这样做不符合经济型酒店的标准[3]。

通过对如家连锁酒店的 SWOT 分析，发现如家目前正处于快速上升阶段，具有很大的竞争潜力，但也受到竞争对手的威胁。总而言之其优势大于劣势，如家连锁酒店需要利用自身优势，采用成本领先战略来把握发展机遇，从而在竞争中得到发展。

（二）如家连锁酒店价值链分析

1. 内部价值链分析

在市场营销方面，如家连锁酒店专注于成本低且效果佳的户外广告牌营销和在线平台营销方式，在各大旅行网站上发布信息，使顾客能在线了解酒店的服务，也开通了网上订房系统平台，方便顾客在网上享受便捷的预订服务。在基础设施建设方面，如家通常采用租赁普通住房或厂房来设定经营场所，并装修成标准客房，缩短了开业时间，巧妙缩短投资回收期[4]。在人力资源管理方面，经济型酒店客房数与员工数比例在 1∶0.4，要求员工具备较高的能力和素质。在技术开发方面，如家已经建立一套信息技术系统，保证运作的顺畅以及顾客订房的便捷。在采购方面，如家控制采购领域成本，比如在满足顾客使用需求下采购分量较小的肥皂，另外用瓶装的洗发沐浴用品代替袋装，可以让顾客按需所取使用。

2. 外部价值链分析

加强与供应商的合作。如家与供应商保持良好的合作关系，在选择供应商时，进行多次对比选择最优供应商，提高采购质量；如家也重视与原料等供应商的合作，方便与供应商协商原材料供应问题，维护供应商之间的关系，保证供货的及时和稳定。

关注顾客满意度。如家的经济收入主要来源于客户，客户作为如家的下游价值链，其满意度和入住数量等都影响着整个酒店的收入。关注顾客的满意度，可以吸引消费者，也能在不降低顾客满意度的情况下去找寻降低成本的方法，如家制定顾客投诉处理流程，在客房以及酒店的前台都放置顾客意见调查表，以便时刻关注顾客的需求情况。

了解竞争对手的价值链。如家研究同行业标杆酒店的价值链，从中借鉴它们的优点，对于缺点进行反省并及时避免。

（三）如家连锁酒店战略成本动因分析

1. 结构性成本动因分析

在规模经济上，如家采用连锁化的经营方式来获得规模经济效益，且如家单体酒店在有限的房屋面积上通过增加可出租房屋的数量来分摊总成本，实现最终降低成本、增加利润的目的。在整合程度上，如家缺乏提高整合程度的策略，其收入局限于客房方面，在餐饮方面获取较少利润，但是如家提高整合程度需要大量的资金。在学习和溢出上，学习降低酒店的单位成本，从而降低酒店的整体成本，学习的输入指企业和内部员工经过学习来增加企业的价值；而学习的输出就是溢出，指别的公司学习到本企业内部管理方法和相应的知识。对于如家而言，通过学习使员工更好地解决顾客的问题，提高顾客的满意度；通过向同行业优秀的竞争对手学习，提高服务质量；通过培训来提升员工的服务能力，提高顾客满意度。在地理位置上，酒店的地理位置不仅影响酒店各地房价、税收政策，也影响劳动力供应情况、交通便捷所导致的客流量等，而如家的店面多在城市的主干道，靠近火车站或旅游景点附近，交通便利客流量稳定。

2. 执行性成本动因分析

在各价值链之间的关系方面，如家酒店拥有预订系统，在一定程度上降低价值链的活动成本，但内部员工缺少一个沟通的平台，不利于信息交流，影响信息传递以及酒店的服务质量；对于如家酒店外部的联系，如家与原料供应商的交货协商还存在不足，就交货数量、时间等还需协调。在员工的向心力方面，首先员工使用酒店的物料消耗量多，以及电器利用率低；其次当员工所处的工作环境不好，会影响员工的工作状态以及工作完成程度，这不仅会增加酒店的成本，还会影响顾客的满意度。在全面质量管理方面，企业必须全面管理所有的成本，以确保低成本的基础上提高质量。如家集团为特许经营的单体店提供一系列的服务，如酒店的取地选址、装潢设计以及装修等。如家的所有经营酒店执行统一标准的客房规范化服务，使得消费者感受到酒店的统一服务体系，提高顾客对酒店的认可度[5]。

三、如家连锁酒店战略成本管理存在的问题

如家连锁酒店作为经济型酒店的特点之一是经济实惠，因此管理层关注的核心是如何节约酒店的成本。通过分析如家连锁酒店目前的成本管理现状，发现存在以下问题。

（一）管理模式适应市场经济不灵活

如家没有一套适合自己的成本管理模式，总体的成本管理意识薄弱。企业内部过于将制度形式化，导致公司的制度并不能起到管理和监督的作用。如家的考核制度所考核的对象是以部门为单位，并不能很好地落实到员工个人，而绩效通常是与工作奖励联系，这样以部门为单位，对各个员工的影响很小，使得如家的绩效考核形同虚设，不能起到晋升、激励员工的作用，绩效考核就失去了意义。

（二）关注显性成本，忽略隐性成本

在总成本中，租赁成本和人力资源成本是两个最重要的显性成本。为了缩短投资回收期，投资者一般选择租赁房屋进行装修后对外出租，但是由于目前经济形势的变化，住房价格的上涨和房屋租赁的成本增加，这大大影响了如家的总房租租赁成本，同时日常经营如家连锁酒店所需要的服务人员以及管理人员较多，人力资源成本也随之增加。如家连锁酒店在日常经营过程中过于关注显性成本，从而导致对隐性成本的忽视，缺乏对信息传递成本等隐性成本的管理。同时如家也忽视交易成本的影响，比如合作维护发生的成本、与供应商谈判发生的商务成本等。但是对于一个经济型酒店来说，降低交易成本才能使酒店价值的实现更加顺利，因此如家需要采取一定的措施来关注隐性成本，降低交易成本。

(三）对人员专业化素质的重视不够

在如家的员工中，博士及硕士占比为 0.0064%，而中专及以下占比为 61.63%。职工的受教育程度偏低，当工作分派到下属各级时，由于基层员工对于成本控制和管理能力还没有概念，员工成本管理意识薄弱，没有认识到人力资源的重要性，从而导致对隐性成本的忽视，无法达到成本管理的目标。由于如家受成本控制的影响，其需要的是一人多岗的全能型人才，而接受这种培训的职工大多输送到高级酒店，如家不能满足这些高级人才的需求，以至于如家面临人才不足的境况。如家为了满足日常的经营需要，招聘大量能力单一的员工，内部人员缺乏交流与沟通，造成人员配置不协调。此外，对员工的岗位培训力度不够，造成员工的工作效率低，不仅降低服务质量也会增加相应的人力资源成本。因此，如家应该重视员工的专业化素质问题。

四、如家连锁酒店实施战略成本管理的措施

在讨论如家连锁酒店的战略成本管理体系以及成本管理存在的问题后，针对实施成本管理，建议如下。

（一）适应新常态，调整成本管理模式

若想适应新形态，首先，如家连锁酒店就必须对目前的成本管理模式进行适当的调整，制订一系列可行的工作计划，以督促日常工作的完成，更好地实现成本管理。其次，对于市场环境的变化及时做出调整，以提高酒店的社会效益、经济效益以及各方面的盈利指标。最后，建立一套有效且符合自身的考核制度体系，每一项考核指标都要求准确且科学，每一项考核制度都落实到员工个人，与员工的绩效、晋升等福利挂钩，起到考核的作用，并实施工作量化，使酒店的高层管理人员能够更多地了解员工们的工作状态，更清楚酒店的各项计划完成情况。

（二）协调与合作者的关系

经济型酒店的社会性质使得酒店与供应商和其他经济实体之间的关系密不可

分，因此他们只能与供应商保持良好的合作关系，才能保证酒店的正常且持续经营。加强与合作者的交流，通过与旅游公司协商来获取更大的客流量，通过与供应商交流来获得稳定实惠且质量高的原料及货源，通过设置酒店会员以维持与老客户合作的长期关系并吸引新客户的加入，有利于稳定客流量。加强与上游价值链合作伙伴和下游价值链消费者的合作，不仅有利于降低交易成本和采购成本，还可以增加酒店的收入，从而增加利润。

（三）重视人才队伍建设与人员配置

如家的劳动力需求较大，因此员工工资是总成本的主要部分，需要加强人才队伍建设，从而降低人力资源的成本。首先，拓宽人才获取的渠道，通过与猎头公司合作，让猎头公司在全国范围内挑选精英输送到酒店；与高校进行合作，定期开办春秋季招聘会，通过网申、笔试和面试来挑选优秀毕业生担任储备人员。其次，控制员工数量与客房的比例，合理配置人员，加强对员工专业素质的培训，建立一套完整的培训体系和规范的培训制度，把员工培养成一职多能的人才；同时建立酒店内部人员信息交流系统简化管理流程，优化内部员工的分配及协作的体系，达到减少员工数量的目的，降低不必要的人力资源成本。

五、结论

目前，如家连锁酒店的成本管理不太能适应外部竞争，更多地表现在束缚酒店战略发展以及提高竞争优势上。首先，实施战略成本管理，是获取和维持长期竞争优势的必要途径，战略成本管理是站在更高的角度去进行成本控制，如家酒店只有掌握战略成本管理，才能占领竞争优势的高地。其次，要优化内外部价值链，就要识别和整合价值链上的各方力量。对于上游的供应商加强沟通，建立并维持长期合作关系；对于下游的顾客，要时刻关注顾客满意度；对于竞争对手，要始终关注彼此的动态，以便采取应对措施。最后，提高员工整体素质，促进全体员工参与。只有充分挖掘员工的潜力，增加员工的参与度，调动员工的积极性，才能更好地为酒店服务，更好地降低酒店成本。

参考文献：

[1] 李庆辉. 酒店行业成本管理存在的问题与对策 [J]. 财富生活，2021(10)：67-68.

[2] 何万能. 基于价值星系的战略成本管理模式构建 [J]. 财会通讯，2019(1)：45-48.

[3] 曹慧. 如家酒店市场营销策略研究 [J]. 营销界，2019(48)：162+164.

[4] 韩鑫，陶勇. 浅谈如家快捷酒店服务营销战略 [J]. 现代经济信息，2014(15)：391.

[5] 焦瑞. 基于价值网络的经济型酒店战略成本管理模型构建 [J]. 财会通讯，2016(20)：74-76.

六 价值链视角下的集成成本管理实施研究

——以中国五矿集团为例

张欣雨[①] 宋志玮[②]

摘要：随着我国生产能力和科学技术的发展，企业之间的竞争已经延伸到了生产经营的各个环节。现代企业要想在这样的大环境中生存发展，就要改变传统的成本管理模式，采用科学合理的成本管理模式，形成特有的竞争优势。而价值链视角下的集成成本管理则为企业提供了一种新的成本管理模式，它使企业在降低成本的同时确保产品质量不下降，使企业能够形成特有的竞争优势。本文选取中国五矿集团有限公司作为研究对象，针对其早期价值链结构存在的问题，从采购、生产和营销三个方面来阐述集成成本管理实施的具体步骤以及实施的效果，从而为其他企业加强成本管理提供相关的现实参考及借鉴。

关键词：价值链；集成成本管理模式；作业成本法

一、引言

在新的经济环境下，企业现行的成本管理方式面临着严重的挑战。如果公司想要提高竞争力，则需要从价值链的角度使用集成成本管理思想来管理公司。虽然现如今价值链成本的管理模式已经成为相关领域学者们讨论的热点话题，然而，

---

① 张欣雨，女，会计硕士，研究方向：财务管理理论与实务。
② 宋志玮，女，会计硕士，研究方向：财务管理理论与实务。

实际上，只有少数几家公司将目标成本法应用在价值链的某个特定环节中，抑或是将作业成本法应用在价值链的某一环节。它们往往是将某一种成本管理方法应用在价值链的某个环节中，而不是使用价值链视角下集成成本的管理方法。因此，本文从价值链角度出发介绍中国五矿现阶段实施的集成成本管理模式在采购、生产、营销三个方面的实施途径，并分析其实施效果，得出此种模式在中国五矿的实施已经小有成效，并利用该模式为其他企业提供参考，从而找到适合其发展的集成成本管理方法。

二、文献综述

国内学者对价值链理论和集成成本理论进行了深入的研究和探讨。其中，陈洁根据增值思想对企业价值链的重要环节进行了研究，提出了价值链环节增值有助于企业的发展，企业要重视并加强对价值链增值环节的管理[1]。王跃堂提到价值链集成成本管理可以运用融合的思想将企业自身与其上下游企业联合在一起，减少交易产生的障碍，从而在整体上实现动态化与最优化[2]。周红峰基于价值链视角，以中国五矿集团商业模式变革为节点来进行对比分析，探究中国五矿的线上线下协同经营的商业模式[3]。张炜提出根据集成成本控制思想，在责任成本方面，企业可以从材料的采购以及产品的制造等方面来进行分析，并根据目标成本把生产的各阶段分解为责任成本，从而对成本进行控制[4]。赵振龙认为基于价值链视角下建立起的成本控制方式有利于企业对成本进行核算、管理和控制，从而加强成本的管控，提高企业的效益[5]。

三、中国五矿价值链结构与成本管理存在的问题分析

（一）公司简介

中国五矿集团有限公司在1950年成立于北京，它是由两个世界500强公司中国五矿和中冶集团战略重组而成，该公司的主要业务包括金属、矿物的开发、

生产、贸易和综合服务，同时从事金融、房地产、物流业务，它是一家大型企业集团，由在世界各地运营的许多公司组成。

（二）早期价值链结构与成本管理存在的问题

自中国五矿成立以来，就已经形成了"供应商—中国五矿—客户"的价值链模型（如图6-1所示）。在此价值链模型下，中国五矿成本管理存在着严重的问题。在采购环节上，存在缺乏对成本支出的详细记录，采购人员的素质不高、采购谈判没有技巧等问题，在生产环节上，由于其产品生产过程的复杂性，仅采用单一的成本核算方法无法反映成本的构成，那就无法对成本进行预算、监控和考核。在营销环节上，由于营销成本是决定公司收入与利润的重要因素，而中国五矿的成本管理模式已无法满足企业的需要。此时企业要通过销售成本与客户关系的管理，来提高企业的影响力，利用品牌形象来拓宽销售渠道，从而降低营销成本。

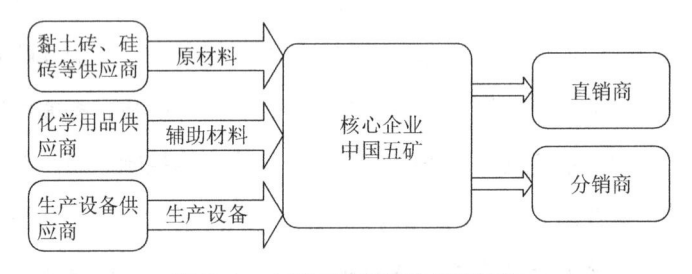

图 6-1 中国五矿早期价值链结构

资料来源：公开资料整理。

四、价值链视角下集成成本的实施

（一）采购集成成本管理实施

1. 重构采购作业运作流程

中国五矿通过对采购作业进行分析，消除之前的无效作业，改进原来的低效作业，合并原来的相似作业，采用作业成本法来对采购作业链进行了重构，即对采购的流程包括供应商的选择、合同的签订、订购货物、运输原材料、检验入库、仓单收据这一完整流程进行重构与确认，改进采购作业链。把采购活动确定为上述的一个流程时，也就确定了采购作业流程中的资源成本，同时也确定了每个购进活动的目的与其资源的消耗。

2. 建立采购作业成本库

采购的方法由单一采购变为集中批量采购。中国五矿按照资源消耗动机对作业进行分类来建立成本库，分为单位级作业成本库、批量级作业成本库、采购材料与采购维护级作业成本库。其中单位级作业成本库主要包括与采购直接相关的活动，如采购员工的工资和福利、采购原料支付的价款等；而批量级作业成本库则是指与批量采购有关的活动。由此，中国五矿确定了其成本分类的方法，也根据企业自身的经营情况建立了作业成本库。

3. 确认成本动因

进行作业成本法就是要对每一项作业的成本来进行划分，但是，要想揭示每一个作业的真正成本，我们需要先确定该作业所消耗的资源。在这里中国五矿选择了通过激励的因素来对资源成本进行分配，从理论上来说，成本与其动因并不是一一对应的，但中国五矿为了对其进行归集，规定了成本池与动因是一对一的关系，所以要找出对成本影响程度最高的因素作为其动因。这样一来，也便于进行计算，其计算公式为当前采购总成本/总采购成本动因＝单位采购作业成本，因此要计算该对象所要承担的成本，只要再乘以采购作业量就可以得出。

（二）生产集成成本管理实施

1. 设定目标成本

在目标成本设定上，由该企业高层管理人员来进行商议确定。在对企业自身的情况以及对企业的战略进行分析和对市场的情况包括原材料的价格、企业的生产能力、产品市价等进行研究后，对企业关于多种能源消耗的目标成本预算进行了设定，同时为企业设定了最优的成本目标。在此基础上，把责任成本法与标准成本法相结合，将五矿公司的生产部划分为多个小组，把目标成本具体到每个组，每个组再把责任具体到每个人，使得目标成本能够更好地完成。与此同时，采用标准成本法对企业的成本进行核算，并对成本信息进行多次的审核，确保企业可以及时掌握目标成本的完成情况。

2. 控制目标成本

中国五矿通过建立起一套完备的动态成本预警系统，把每个责任中心都纳入其中，把相关信息和数据也上传到此系统中，用来控制与监督目标成本的完成情况。通过使用先进的科学技术来进行资源的共享，使每个责任中心都可以实时看到原材料耗用，产品完成数量、质量以及成本的变动等情况，从而来严格约束全体员工的行为，控制好目标成本，使目标成本能够顺利完成。

3. 考核目标成本

在目标成本的考核上，中国五矿是围绕责任成本来进行的，采用自上而下的方式来设定成本考核方案，把所有生产成本的情况都纳入其中，由主管部门牵头，各个部门互相协调，从而确保考核到每个责任小组以及每个人。与此同时，中国五矿的高层会定期召开会议，对供应情况、成本数据、销售收入、利润率等进行分析总结与思考，从而使得目标成本的实施落到实处。该企业也因此以价值链为基础，与其上下游企业建立了良好的关系，从而达到了缩减成本的目的。

（三）营销集成成本管理实施

1. 销售成本管理

中国五矿在对成本构成的复杂性、投入的多变性等进行了综合考虑后，利用作业成本法来对原有的成本核算方式进行改进。具体的措施如下：首先，把企业的营销活动作为作业成本法的中心，即市场中心、促销中心、交易中心、物流中心、渠道中心以及售后中心。企业通过干预这六个中心来达到降低成本的目的。其次，在成本动因的选择上，由于客户本身的特点即不确定性与复杂性，单一的成本动因无法满足需要，于是企业选择了职工工作工时、权重以及业务发生的次数来作为成本动因。企业根据这些成本动因来对营销过程进行分析，从而来确定企业理想的营销成本。最后，中国五矿根据营销成本与营销目标之间的关系，对营销成本进行分析，区分出增值营销操作和非增值营销操作，把那些无益于企业营销的非增值营销操作取消。根据不同操作中心的活动，来对经营战略、资源需求、销售目标等进行调整，实现了实时对营销成本的监督。

2. 客户关系管理

在客户关系管理方面，中国五矿一方面充分利用大数据时代的特点来对客户的数据进行分类和关联分析，不断完善企业的信息系统，为企业营销时机的选择提供信息支持，实现了精准营销，减少了不必要的营销支出。另一方面企业在营销部成立了专门的机构，用来调查客户的满意度情况。通过设立出一系列关于调查客户满意度的指标，来加强与客户的交流，收集客户对产品提出的建议，并据此来开展相应的营销宣传活动。这样一来使得企业在增强客户满意度的同时，能够根据客户的需求、市场的变化来及时调整生产计划，更好地实现资源的合理配置。

五、价值链视角下集成成本实施的效果分析

（一）采购环节实施效果分析

中国五矿把作业成本法应用到了采购环节后，使中国五矿及时地了解、控制、调整与评价采购成本，采取相应的措施对采购成本进行科学的调整，解决了之前存在的成本核算不科学的问题，加强了成本的控制，使企业解决了早期采购环节存在的问题，让采购成本得到了有效控制，如图6-2所示，我们可以看到企业为了获取利润在采购环节上付出的成本越来越少，企业的盈利能力逐年提高。

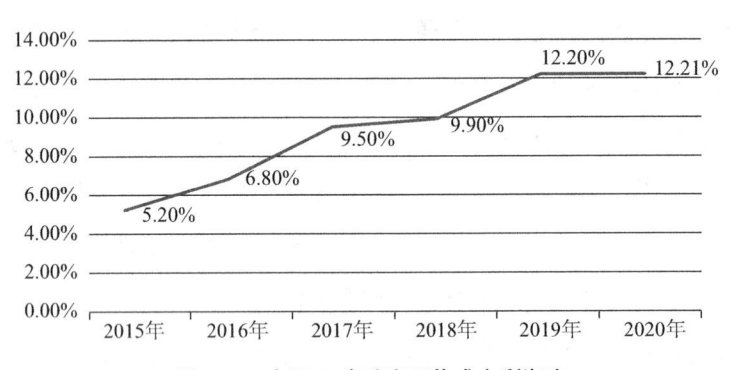

图 6-2　中国五矿采购环节成本利润率

资料来源：公司年报。

（二）生产环节实施效果分析

在生产环节，中国五矿通过采取以目标成本法为核心的集成成本管理方式，包括设定目标成本、控制目标成本、考核目标成本等一系列措施，解决了早期生产环节存在的成本高、次品率高以及生产对接不及时等问题。在降低成本的同时，也扩大了企业的利润空间，使得生产成本得到了合理的控制与科学的核算。由于 2015 年企业在生产环节实施以目标成本法为核心的集成成本管理方式，使得在 2016 年企业的毛利率达到了 5.48%（如图 6-3 所示），反映出了生产成本在营业收入中的比重大幅度下降，成本费用得到了有效的控制。从而扩大了企业的利润空间，提升了企业的核心竞争力。

（三）营销环节实施效果分析

中国五矿在营销环节通过销售成本管理与客户关系管理来推行集成成本管理模式，不仅解决了早期销售成本过高的问题，也使企业建立了与客户的友好合作关系，加强了与客户的交流，增强了客户的满意度，在 2015 年实施集成成本法后，客户的满意度稳定在了 87% 左右，并且在拓宽了销售渠道的同时，降低了企业的营销成本（如图 6-4 所示），自此，营销成本在总成本所占比重也逐年下降，说明企业对成本费用控制能力加强，与此同时，也提升了企业的品牌效应与社会知名度，增强了企业核心竞争力。

图 6-3　中国五矿毛利率

资料来源：公司年报。

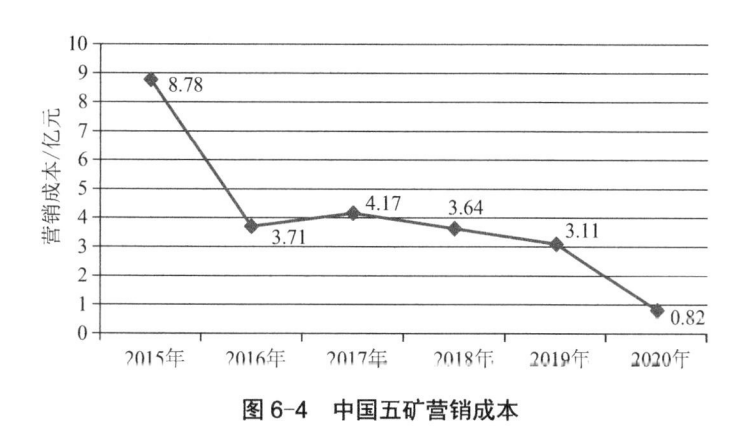

图 6-4　中国五矿营销成本

资料来源：公司年报。

六、总结

通过对价值链视角下的集成成本在中国五矿的实施路径与结果进行分析，可以发现其为中国五矿缩减了成本开支、提升了经济效益，有利于其进行科学的成本控制，提升经济效益，推动企业的发展。因此，可以得出价值链视角下的集成成本管理模式在该企业实施效果良好。与此同时，该模式也为其他企业改进其自身成本管理模式提供了参考与借鉴意义。

参考文献：

[1] 陈洁.价值链成本管理之优势及在作业会计中的应用[J].现代财经，2006，26(6)：76-79.

[2] 王跃堂.基于价值链的集成成本管理系统[J].华东经济管理，2011，25(9)：127-130.

[3] 周红峰.O2O商业模式变革与价值链重构研究——以格力电器和中国五矿集团为例[J].经营与管理，2018，36(2)：2733.

[4] 张炜.集成成本观下企业项目成本控制优化思考[J].财经界（学术版），2020，38(16)：82-83.

[5] 赵振龙.基于价值链的企业财务成本管理与控制研究[J].经贸实践，2018，18(3)：95.

七 YH 煤炭生产企业所得税纳税筹划

宋继伟[①]

摘要：煤炭是我国基础的战略能源，煤炭行业的健康发展关乎国家命脉。随着国民环保意识的不断加强、国家去产能进程不断加快，经济增长方式逐步实现集约化、精细化，煤炭产品市场逐渐萎缩，我国的税收虽然经过一系列的改革，但对于煤炭企业来说整体税负依然很重，煤炭企业生存环境恶劣。企业所得税作为主体税种，涉及生产经营的各个环节，它的税源大，税负弹性也大，具有较大的税收筹划空间。通过对 YH 煤炭企业产品销售、设备购买和使用、相关人员现状进行分析，根据煤炭行业特征和相关税法规定，提出安置残疾人就业、加速设备折旧、分期确认收入以及加强纳税筹划意识和专业技能等建议。

关键词：煤炭企业；纳税筹划；企业所得税

一、理论综述

（一）纳税筹划概念

纳税筹划的理论不断推进完善，关于纳税筹划的概念，很多国内外学者从不同角度给出了定义，但尚无一个统一的纳税筹划定义。在参考多个具有代表性、较权威的纳税筹划定义后，发现其观点的共同之处在于：(1) 目的都是减轻纳税人税负；(2) 都强调遵守相关法律法规。

---
① 宋继伟，男，会计硕士，研究方向：所得税筹划。

其内涵的区别之处在于：（1）纳税筹划的主体是否包括征税方；（2）最终目的是最大化降低税负还是税后收益最大化[1]？

研究在基于纳税筹划主体仅为纳税人、不包括征税方的设定下，对于纳税筹划给出以下定义：纳税人在遵守法律法规的前提下，以企业价值最大化为目标，并且受国家相关税务政策和诸多影响因素，将较合理的纳税统筹规划制度，充分地运用到企业在投资、筹资和生产经营所涉及的纳税环节中的行为。

（二）纳税筹划特点

纳税筹划有三个特点：合法性、筹划性、风险性。

合法性。区别于偷税漏税以及钻税收法律漏洞、打税收政策的擦边球的避税行为，合法性是纳税筹划的根本内涵之一，遵守法律的节税行为才可以称为纳税筹划。它符合税法立法精神。纳税人应该深刻理解和掌握税法，及时更新税务知识储备，不断调整筹划方案，避免与现有税法冲突[2]。

筹划性。在经济社会中，企业的纳税义务通常发生在运营之后，企业的实际经营行为发生时，应缴税额就已经同时确定，若再对应纳税额进行规划，很可能被税务机关视为违法行为。这就决定了企业的纳税筹划行为一定是前瞻性、筹划性的。企业应聘请专业的财税人员，根据企业的具体情况和最新的税法法律政策，做出合理高效的筹划方案。

风险性。企业在实施纳税筹划的过程中，受到内外诸多因素的影响：财务人员水平、企业生产经营活动、行业形势、国家政策和法律等，这些事先无法预测的变量的发生可能使企业纳税筹划的预期效果与实际效果不符，给企业带来法律、名誉、实际效益的不确定后果，具有一定的风险性[3]。

二、YH 企业所得税纳税筹划现状

（一）企业概况

YH 煤炭公司成立于 1997 年，注册资本 1.08 亿元，现有员工 2 万名，是一家复合型的资源工业企业。公司确立了"强化企业根基产业的煤炭、积极拓展附属产业煤"的发展路线，产业链下的化肥、化工企业均以煤为生产原料，各产业相辅相成具有整合优势。公司位于山西最大的煤田沁水煤田的腹地，具有很大的资源优势。煤炭年生产能力750万吨。主要产品无烟煤是山西省名牌产品。储量大，煤质好，煤层厚，开采容易，成本低，"三高，两低，一中等"（高发热值、高机械强度、高碳含量，低灰分、低硫，中等可磨性指数）。近年来，由于其卓越的业绩和稳步快速的发展，公司的每一步都受到了广大投资者的认可，其综合实力被评为"中国煤炭工业百强企业"，获得"全国五一劳动奖"，获得"山西省优秀企业""山西省结构调整先进企业"等荣誉。

YH公司近两年经营状况良好，2018年营业收入同比增长18%，净利润同比增长11%，所得税费用也随之增长。

（二）企业主要税种税负概况

1. 企业税负水平分析

YH企业主要涉及5个税种，分别是增值税、城市维护建设税、资源税、企业所得税、教育费附加。具体计税依据和税率如表7-1、表7-2所示。

表7-1 YH企业主要税种计税依据和税率

税种	计税依据	税率
增值税	应纳税增值额	17%
城市维护建设税	应纳增值额和营业额	7%、5%、1%
资源税	按煤炭产品销售额	8%
企业所得税	本公司和子公司的应纳税所得额	25%、15%
教育费附加	应纳增值额和营业额	3%、2%
其他税项	—	据实缴纳

资料来源：企业财务提供。

表 7-2 YH 企业 2016—2018 年的税负水平及比重

项目	2016 年	2017 年（增减比）	2018 年（增减比）
营业收入 / 万元	288,844.07	549,180.11（↑ 90%）	649,908.43（↑ 18%）
税金及附加 / 万元	21,105.88	32,594.06（↑ 54%）	41,048.70（↑ 26%）
所得税费用 / 万元	177.08	30,017.56（↑ 16800%）	34,378.45（↑ 15%）
税金及附加占营收之比	7.3%	5.9%	6.3%
所得税占营收之比	0.06%	5.5%	5.3%
合计占比	7.36%	11.4%	11.6%

资料来源：企业财务提供。

其中 2016 年所得税费用为 177.08 万元，与后两年差距较大的原因见注[①]。

由表 7-2 可知，YH 企业三年来的所得税及其他税费支出都逐年增长，煤炭企业本就成本费用较高，近年来"去产能"的大环境下生存环境进一步被压缩，以 YH 企业 2018 年为例，税金及附加占营业收入比值为 6.3%，所得税占营收比例为 5.3%，合计为 11.6%，税收负担较重导致公司资金净流出，直接影响公司的经济利润。

2. 企业所得税税负分析

（1）近三年企业所得税费用变化情况分析。

根据表 7-2 近三年所得税费用的余额及增减比作图如下：

根据图 7-1 我们可以看到，企业所得税在 2017 年涨幅较大，2018 年涨幅约为 15%，2016—2018 三年 YH 公司企业所得税累计为 64,573.1 万元。

（2）企业所得税费用的计税依据和核算过程。

纳税人的应纳税所得额是企业所得税的征缴依据。由于会计制度和税法的相关规定不同，会计准则下的会计利润并不是应纳税所得额，计算时应加以区别。

[①] 2013—2015 年，山西政府为促进企业减负，落实结构性减税政策及各项税收优惠政策减免税。作为"营改增"减税政策主要受益者的煤炭、钢铁、电力等重工业，其中 2016 年山西省以煤炭行业为主的采矿业抵扣减税 10.56 亿元，因此 YH 企业当年所得税金额较少。

（单位：万元）

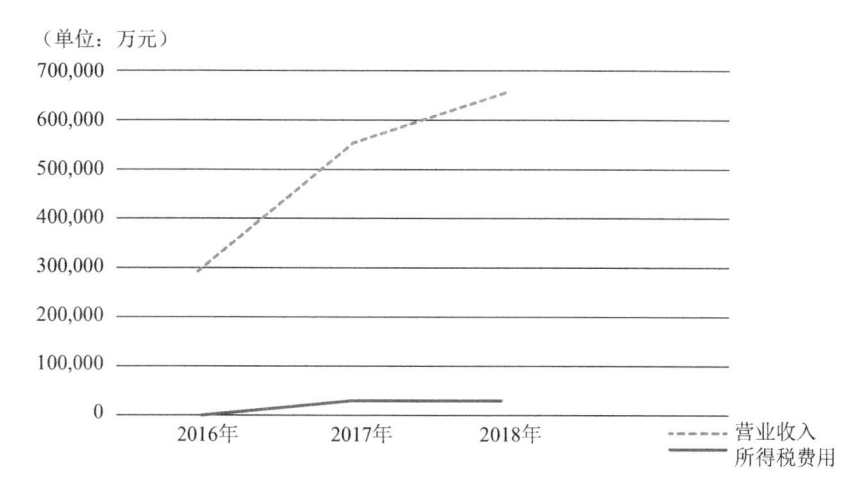

图 7-1 YH 企业 2016—2018 年所得税费用及营业收入变化

资料来源：企业财务提供。

企业应纳税所得额的确定为总收入 - 不征税收入 - 免税收入 - 各项扣除 - 以前年度亏损。

其中：不征税收入包括罚款，依法征收且计入财务控制的行政费用，政府资金以及国务院指定的其他免税收入。

免税收入是政府债券的利息收入，符合条件的居民公司的股息、红利和股票投资收入以及符合要求的非营利性收入。

各项扣除为 2018 年修订版的税法文件规定的与企业获取的收入直接相关且实际发生的支出，包括成本、费用、税金、亏损和其他支出[4]。

所得税税率：母公司所得税适用税率为 25%，满足高新技术企业判定标准的子公司享受优惠减免为 15%。

YH 公司在缴纳企业所得税时，需按照相关规定每年纳税一次，每季度预缴一次，并在年底结清这笔款项，多则退少则补。

（三）YH公司所得税纳税筹划现状分析

1. 收入现状分析

销售收入是煤炭企业占比最大的支柱收入。目前 YH 公司有一定的收入筹划措施，该公司将其先前的全额付款和全额信贷销售信用政策更改为多个分期付款，并逐步收款的信贷销售，从而导致纳税时间有效延迟，提高了资金利用率。但是这种改变只针对一部分收入，收入方面还有更多的筹划余地。企业应该根据自身经营状况、资金周转现状以及对生意客户的关系和信誉做出评估，灵活选择销售方案，全面、合理地推移收入的确认时间，并且选择多样化的货款结算方式，达到尽量推迟纳税义务发生的目的[5]。

2. 机械设备现状

固定资产的折旧额由该资产的估计使用寿命、估计的残值净额和提取的折旧储备确定。上述因素将根据公司选择的折旧方法而有所不同。根据惯例，公司会根据相应固定资产的使用经验和设备情况等做出预估，选择适用的折旧方法[6]。常用的折旧方法有直线计提法、工作量法、双倍余额递减法和年数总和法。其中，加速折旧法包括双倍余额递减余额法和年数总和法。

YH 公司的固定资产主要是制造和运营过程所需的机器和建筑物，如水泵、移动式压缩机、割煤机、采煤机、混合机、离心机、通风机、绞车、办公计算机等。表 7-3 是 YH 企业固定资产折旧方法。

表 7-3 YH 企业固定资产折旧方法

类别	折旧方法	折旧年限 / 年	残值率 / %	年折旧率 / %
房屋建筑物	年限平均法	20～30	5	3.17～4.75
机械设备	年限平均法	10～14	5	6.79～9.50
工具器具	年限平均法	5	5	19.00
运输工具	年限平均法	5	5	19.00
电子设备	年限平均法	3	5	31.67
家具	年限平均法	5	5	19.00
仪器仪表	年限平均法	5	5	19.00

资料来源：吴涛. 企业所得税的纳税筹划 [J]. 探索研究，2009（12）.

由表 7-3 可见 YH 公司选择年限平均法对其固定资产进行计提折旧，这种方法会计处理较为方便，计算出的每期折旧额是一定的，而其不足也很明显：煤炭企业很多大型设备长期处于高负荷运转和高腐蚀的环境中，设备损耗较大且每年实际耗用差别都较大，再加上企业近年是盈利状态，完全可以依照政策缩短折旧年限，但企业并未考虑到，其实是摒弃了一部分资金时间价值，加重了企业负担。

（四）纳税筹划存在问题的原因

YH公司靠近煤田，获取了资源优势，但同时也地处五线城市，旗下的煤矿也有设立在村子里的。因此其经济环境、文化环境上都对纳税筹划有不良影响，具体有以下两点原因。

第一，管理层缺乏对纳税筹划的重视。YH企业每年都会请会计师事务所和税务师事务所做财务审计工作，公司的管理层对公司的税收筹划没有深入了解，有些人认为税收筹划是避税和违法的。因此，公司在制订决策计划时很少考虑税收成本，财务人员也不会在没有授权的情况下去做纳税筹划的工作，导致企业纳税筹划工作进度停滞不前。

第二，缺乏税务方面的专业人才。纳税筹划对财务人员的要求较高，需要掌握系统的税务知识，同时深刻理解并不断更新税务法律和政策的知识储备[7]。YH企业的财务人员多从当地招聘，平均学历和素质较低，加上企业也缺乏对财务人员的相关培训，导致缺乏专业知识去支撑其做纳税筹划工作。

三、YH企业所得税纳税筹划方案

（一）就业安置筹划

煤炭企业中存在一些对技术和全面身体素质要求较低的岗位，可以雇用残疾人员。例如，YH企业计划以每人每年4万元雇用操纵运输皮带和仓库管理人员共15人，在采用残疾人员的方案下，公司税前可抵扣的金额=15×4×（1+100%）=120（万元），可以多抵扣60万元，节约的所得税额为60×25%=15（万元）。这样一方面解决了企业的用人问题；另一方面承担了部分社会责任，也为企业带来了实际的优惠。

（二）高损耗资产加速折旧

YH 企业长期以来一直使用年限平均法计提折旧，现以一台价值 500 万元，使用年限 5 年，预计净残值 5% 的生产设备为例，采用不同的折旧方法计算来对比节税效果。表 7-4 是原方案节税额。

表 7-4　原方案节税额

折旧年度	折旧方法	计提折旧额 / 万元	税率	节税金额 / 万元
2018	年限平均法	95	25%	23.75
2019	年限平均法	95	25%	23.75
2020	年限平均法	95	25%	23.75
2021	年限平均法	95	25%	23.75
2022	年限平均法	95	25%	23.75
合计		475		118.75

资料来源：张婷. 浅析企业所得税纳税筹划 [J]. 财经界（学术版），2017（16）:122[7]。

计提折旧额为 $500 \times 0.95 \div 5 = 95$（万元）

节税金额为 $95 \times 0.25 = 23.75$（万元）

由于煤炭生产设备长期处于高强度工作的状态，现使用加速折旧的方法进行计算。表 7-5 是加速折旧方法节税方案。

表 7-5　加速折旧方法节税方案

折旧年度	折旧方法	计提折旧额 / 万元	税率	节税金额 / 万元
2018	双倍余额递减法	200	25%	50
2019	双倍余额递减法	120	25%	30
2020	双倍余额递减法	72	25%	18
2021	双倍余额递减法	41.5	25%	10.375
2022	双倍余额递减法	41.5	25%	10.375
合计		475		118.75

资料来源：梁叶芍. 中小企业所得税筹划的五种方法 [J]. 纳税筹划，2010（2）[5]。

根据数据计算年折旧率为 2÷5×100%=40%

2018 年折旧额 =500×40%=200（万元）

节税额 =200×0.25=50（万元）

2019 年折旧额 =（500-200）×40%=120（万元）

节税额 =120×0.25=30（万元）

2020 年折旧额 =（500-200-120）×40%=72（万元）

节税额 =72×0.25=18（万元）

2021 年折旧额 =（500-200-120-72-25）÷2=41.5（万元）

节税额 =41.5×0.25=10.375（万元）

2022 年折旧额 =（500-200-120-72-25）÷2=41.5（万元）

节税额 =41.5×0.25=10.375（万元）

对比可知，加速折旧后企业应缴的所得税税额未变，但企业在购买设备的当年可以多产生节税金额 50-23.75=26.25（万元），第二年可以多产生节税金额 30-23.75=6.25（万元），即企业可以在早期少缴纳所得税，有效获得这笔金额的货币时间价值，对企业的资金流转和使用大有裨益。

四、结语

近年来绿色能源蓬勃发展，作为传统能源的煤炭行业的生存空间进一步被压缩，税务支出的有效筹划是获取竞争优势的重要环节，同时煤炭作为目前的支柱能源，煤炭企业的良好运营与国民经济的稳定休戚相关，因此对煤炭企业所得税纳税筹划的研究有很大的必要性[8]。针对 YH 企业现状的分析发现其存在的问题，从政策优惠、固定资产和设备、收入以及加强纳税筹划意识和专业技能等方面提出了建议。经济总量大、业务复杂的煤炭生产企业开展纳税筹划有一定的复杂性，同时由于财务资料和本人对理论知识的认知等限制，对 YH 企业的所得税纳税筹划仅做了初步研究，提出的对策也是抛砖引玉。期望本文的建议能在企业之后的纳税筹划中起到帮助作用，也希望企业可以持续改善税务管理中的不足，在愈加激烈的市场竞争中成为佼佼者。

参考文献：

[1]　苏春林. 纳税筹划 [M]. 北京：北京大学出版社，2005.

[2]　唐腾翔，唐向. 税务筹划 [M]. 北京：中国财政经济出版社，1994.

[3]　蔡昌. 契约观视角的税收筹划研究 [D]. 天津：天津财经大学，2007.

[4]　吴涛. 企业所得税的纳税筹划 [J]. 探索研究，2009(12).

[5]　梁叶芍. 中小企业所得税筹划的五种方法 [J]. 纳税筹划，2010(2).

[6]　朱宁顺. 企业税务筹划风险分析与对策研究. [J] 商场现代化，2017(24).

[7]　张婷. 浅析企业所得税纳税筹划 [J]. 财经界（学术版），2017(16)：122.

[8]　吴晨霞. A煤炭公司企业所得税纳税筹划研究 [D]. 西安：西安石油大学，2019.

八　拼多多在电子商务环境中的审计风险探究

陈柳柳[①]

摘要：随着5G时代和物联网的快速发展，为电子商务发展带来了良好的发展环境。然而，在其快速发展的过程中，也产生了很多风险和问题。作为电商界的一颗冉冉升起的新星，拼多多只用了3年时间，就成功在美国上市，目前已成为中国四大电子商务巨头之一。因此，本文借助审计模型，对拼多多可能存在的重大错报风险和检查风险进行研究，并找出其中的问题进行分析，给出解决方案。

关键词：电子商务；审计风险；拼多多

一、引言

拼多多是我国四大电商巨头之一，销售目标定位在我国三线、四线城市，和阿里巴巴同属于平台式电商企业，主要通过平台帮助商家实现交易来获得商家支付的各类广告费、服务费以及佣金等。平台凭借着低佣金率吸引很多商家入驻，同时采用"砍价"和"红包优惠"吸引了很多消费者，其活跃度已经超过了京东和阿里，成为电商界的一匹黑马。

拼多多于2015年正式上线，用3年的时间在美国完成了上市。2020年底，拼多多活跃的平台买家有7.88亿，已经超过了阿里巴巴。而且拼多多的年度活跃用户从2019年的510万增至860万，年增长率达到惊人的69%。作为一家典

---
① 陈柳柳，女，会计硕士，研究方向：审计。

型的社交电商，与传统公司甚至一般电商企业存在较大差异，但根据成本效益原则，会计事务所进行审计时一般仍会采用和传统企业相同的审计程序，而且审计人员很难在短时间内熟悉了解电商企业管理流程，不易发现其中容易产生舞弊的环节，这给审计工作带来巨大挑战和审计风险。所以本文将通过对拼多多的详细研究，达到降低注册会计师的审计风险，提高审计效率和效果的目的。

二、审计风险

审计风险是由于审计人员出具不正确的审计意见产生的，包括误拒风险和误受风险。由图8-1可知，审计风险主要包括重大错报风险和检查风险两部分，其表达式为审计风险 = 重大错报风险 × 检查风险。其中重大错报风险主要包括固有风险和控制风险，这与企业经营状况和内部控制有很大关联，以及企业的外部控制环境都应该受到应有的关注,这一部分风险注册会计师无法降低,属于客观风险，需要企业本身的账表情况是正确的，内部控制施行是有效的；检查风险是指注册会计师由于自身能力有限，把审计风险降低到可接受程度后仍未发现的风险，这属于主观风险，注册会计师可以通过扩大样本量、优化审计程序等方法来降低。

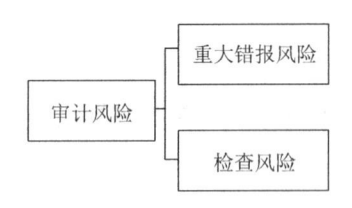

图 8-1　审计风险模型

资料来源：陈汉文. 审计学（第2版）[M]. 沈阳：辽宁人民出版社，2006[1].

三、拼多多的审计风险分析

（一）拼多多的重大错报风险

拼多多的重大错报风险包括外部环境和被审计单位的内部环境，如单位性质、会计政策、经营风险、财务业绩以及内部控制这五个方面[2]。拼多多本身属于社交电商，其单位性质明显，会计政策和财务业绩符合规定，所以其重大错报风险主要体现在外部环境风险和拼多多内部的经营风险以及内部控制风险上，外部环境风险上主要是指电商企业普遍存在电子系统安全问题；拼多多的经营风险是风险导向型的核心要素。

1. 拼多多的外部环境风险

随着经济全球化的发展，电子商务企业的供应商和销售方相关信息都储存在计算机系统里，如果电子系统发生问题，整个供应链将会产生严重影响。拼多多的订单信息和所有的电商企业一样也都输入在相应的财务系统和 ERP 软件中，信息流、资金流、物流都储存在计算机网络中，因为网络具有动态性，易遭病毒入侵，平台内的信息极易被篡改、泄露，存在很大的安全隐患[3]。拼多多由于参与企业众多，数据信息量巨大，平台对客商信息加密措施并不完善，如果对其支付信息保护不妥当，可能导致账户资金被盗取，给企业带来严重的经济损失，甚至面临不法分子的利用，对客商信息的保密性造成很大的威胁，从而造成审计证据缺乏真实性和可靠性，影响审计的最终结果。

2. 拼多多的经营风险

拼多多规模扩张，产品质量难以保障给企业带来重大风险。拼多多从上线以来，就不断大幅扩张市场，同时拼多多还创建了拼多多果园，将农产品直接配送到消费者手中，提升供应链的效率和效果。但由于拼多多和中心化电商平台不同的是采取"爆品经营策略"，销售目标主要集中在三线、四线城市的低消费人群，通过商家提供优质产品，并由拼团模式以去中心化的方式，让买家购买，但对商家的产品并未能实现有效监督，迫于成本和低价战略，拼多多往往会降低准入"门槛"，不像京东采取严格的准入制度和惩罚措施，在这样松散的制度下，企业产品的质量安全和信用等级程度都不能保证，甚至造成了大量经济处罚，给企业经营带来巨大风险，也对消费者身体健康产生了威胁。同时入驻拼多多的很多商家为增加销量，获得流量，会产生刷好评、虚假发货的现象，这对拼多多企业的信誉产生了影响，也对企业未来的发展极其不利。

拼多多巨额亏损给企业带来风险。拼多多和阿里巴巴、京东等其他平台相比，收取的佣金费和服务费都很低，均为 0.06%，虽然交易额巨大，2020 年拼多多总营收为 594.91 亿元，与 2019 年的 301.41 亿元相比增长了 97%，但是，拼多多还是没有摘掉"亏损"帽子，2020 年拼多多亏损达到 71.79 亿元，而 2019 年净亏损为 69.67 亿元。同时，拼多多在研发方面投入迅猛，将扩招 2,000 名技术工程师，专注于算法设计和开发，在需求端利用分布式 AI 技术了解用户需求，在供给端创造"农货中央处理系统"和"新产品实验室"，不断优化供应链环节。虽然拼多多采取的措施是顺应未来趋势发展的，但却会产生巨大的经济消耗，对企业造成严重的经济压力。如果企业长期处于净收入亏损的状态，也会对企业进一步融资和扩大规模产生不利影响。

3. 拼多多的内部控制风险

拼多多内部控制也存在明显风险。一是拼多多平台线上入驻审核"门槛"低，交易流程简单。拼多多对于入驻在其平台的店铺手续极其简单，仅需上传身份证、一张商品照片等简单材料即可完成注册，缺乏对店铺的信用评估和持续跟踪调查，存在极大的安全隐患。二是拼多多管理层和监管层有重合，部分职位没有做到相关职务分离，可能存在舞弊的风险。

（二）拼多多的检查风险

拼多多的检查风险主要指拼多多的审计主体风险问题，拼多多的审计主体风险主要包括审计人员的能力和相关审计软件的使用、审计证据的搜集以及跨境上市与审计的差异等问题。

在对拼多多进行审计时，不仅要求审计人员具备审计财务报表的能力，而且要求审计人员拥有一定操纵计算机的能力。同时由于事务所成本与效益原则的约束，审计专业软件缺乏，这对审计工作造成了很大难度和风险。同时，审计人员在审计拼多多时需要借助工具，尤其是特定审计软件的使用[4]。但在审计拼多多时仍采用普通的审计软件，这可能导致其中的问题不易被发现，从而影响整个审计结果的正确性，所以研发适合的审计软件尤为重要。

拼多多函证程序不易实施，且审计证据不足。拼多多商家大多规模较小，但数量繁多，在审计时主要查看电子销售合同和函证，但由于数据信息量过大且分散，成本过高，审计人员无法对合同一一审查，其中虚增收入也很难被发现，因此存在较大的风险。并且拼多多全部采用电子支付手段，和传统的纸质资料不同，电子资料容易受到系统影响，很容易被改变，所以企业的货币资金错报风险系数会提高，对审计工作结果的正确性加大了难度。

拼多多在美国上市，并交给美国会计事务所安永进行审计，但由于其会计账务系统并不完善，缺乏专业的会计人员处理账务，并且近日公司CFO徐湉因为个人原因辞职，这给财务工作带来了困难。同时拼多多的财务报表信息在未上市之前按照中国会计准则制作，这与美国会计准则存在很多区别，在计算营业收入、净利润等重要指标方面差异较大，给审计报告的出具带来巨大困难。

四、拼多多审计风险的应对措施

（一）拼多多重大错报风险应对措施

1. 外部环境风险的应对措施

由于网络环境存在虚拟性、动态性等特点，监管难度较大，所以我国网络环境比较混乱，政府应大力整治网络环境，为我国电商企业营造一个良好的环境。一方面，政府应完善相关法律法规，加强对个人和企业的信用评估，实行实名制，根据企业的表现来限制或鼓励企业继续经营；另一方面，政府应加大资金投入来维护我国的计算机网络系统，同时投入大量资金来进行系统研发与升级，尤其是在大数据与云计算方面，减少系统受到泄露、入侵的概率[5]。此外，拼多多也应注重维护系统安全，提高客户准入"门槛"，并建立自己的客商信息和信息数据库，及时更新和核对客商信息，维护客户信息不受侵犯，并建立好自己的防火墙，保障数据安全与准确。

2. 经营风险的应对措施

拼多多在进行企业规模扩张的同时，也应注重企业发展的质量，不能单纯追求企业增长的速度和规模。一个企业获得发展最重要的因素是企业的诚信，单纯靠低价吸引客商只是暂时的，如果有一天拼多多的价格提升，原有的客户也会离开。所以为了拼多多的持久发展，其应注重入驻产品的质量，严格按照我国刚颁布的《中华人民共和国电子商务法》，提高商家入驻标准，尤其是产品质量的检测，严格禁止企业为获得销量和业绩而恶意刷单的行为，禁止不符合标准的商家入驻，并不定时地进行检查已入驻商家的产品和定期地举行打假活动，在每季度结束或年终时对企业信用进行评估，做好奖惩方案，对产品出现问题的商家要及时处理。

虽然拼多多的交易额很大，营业收入也呈现上升趋势，但由于其成本过高，其净利润亏损较大，对企业融资和进一步发展产生不利影响。所以拼多多可以减少线上线下的广告推广费用和研发费用，并相应地根据平台成本提高佣金，减少企业的经济压力。同时，拼多多2018年才在美国上市融资，近几年可以减少企业股东分红，来增加企业的所有者权益，从而间接地提高企业利润。

3. 内部控制风险的应对措施

拼多多成立年限短，但发展迅速，公司治理结构、组织结构等都不完善，其内部控制方面也存在很多缺陷，应作出以下几点改变。首先，应该建立完整有效的组织结构，相应扩大董事会和股东大会的权力，充分发挥监事会的权力，做到不相容职位的分离；其次，加强对员工的培训，让他们深入了解电商企业的优势和风险，尤其在维护数据安全方面，同时加强对本职位的了解，做好本职位的同时，兼顾和其他部门的沟通联系，共同维护整个供应链的安全；最后，加强对中小企业的监管，制定出一套中小企业的入驻标准和流程。坚决杜绝为了扩大企业的用户量，就降低准入标准，让一些有问题的商家参与进来的行为，最后只会损失公司自己的利益。同时拼多多应制定出一套合理的评估体系，跟踪调查平台上商家的经营情况，确定是否存在经营违法行为，做好奖惩措施，对那些本身产品存在问题，但却通过刷单获得好评，欺瞒消费者的行为进行处罚，情节严重者应当关闭其网点，终止其继续交易。

（二）拼多多检查风险的应对措施

会计事务所应鼓励员工积极考取注册会计师证，并请专业的审计软件研发机构给员工进行免费培训，教给他们审计软件如何正确使用，培养复合型人才。目前电商环境下普遍存在信用缺失的问题，需要相关法律法规对其严格约束，也需要注册会计师利用其职业判断和相关知识出具正确的审计报告，以供投资者使用[6]。

由于拼多多的商家具有规模小和数量多的特点，在审计过程中无法对电子销售合同逐一查看或一一采取函证程序，所以审计工作人员对拼多多审计时必须有专业软件的应用，才能完成对大数据和电子证据的追踪。由于会计师事务所成本限制，不可能对各类企业都研发专用的审计软件，且通用审计软件研发难度大，缺乏专业研发人员，由于审计业务的保密性和特殊性又无法完全把业务外包给系统研发专业单位。在审计电子商务的过程中，合理有效的审计软件是必不可少的，所以注册会计师应积极主动地联系国家相关管理机构，并聘请相关专业人士，共同促进审计软件的研发和施行，改善电子商务的审计技术和方法。

拼多多的销售目标大部分是中国三线、四线城市，其财务人员处理账务时也会参考中国会计准则，但由于它在美国上市，并由安永会计事务所进行审计，所以会存在一些差异，需要拼多多公司高薪聘请具备专业能力且最好对美国会计准则也有深入了解的财务人员，来减少会计和审计的差异。

五、结语

随着直播带货风潮的兴起，电子商务逐渐在我国经济发展中扮演着越来越重要的角色。由于电子商务与传统零售企业存在很大区别，所以对电子商务的审计也存在很大风险和挑战，这需要审计人员从审计环境、审计对象和审计人员三个方面进行详细研究，找出合理的应对措施来规避审计风险，提高审计质量。

本文通过对拼多多这一典型社交电商的研究，借助案例分析方法和审计模型，通过对风险导向型审计思维的应用，并不断查看其财务报表及财务指标，找出拼多多在审计过程中可能存在的经营风险、内部控制风险以及审计主体风险，并探究其产生的问题以及原因，最后制定出解决方案，这对其他电子商务审计以及整个电子商务环境规范化都有借鉴意义。

参考文献：

[1] 陈汉文. 审计学（第2版）[M]. 沈阳：辽宁人民出版社，2006.

[2] Amr Kotb，Alan Sangster，David Henderson Journal of Apppplied Accounting Research，Emeraid Journal [J]. 2014(7)：86-87.

[3] 崔慧敏. 云电子商务的安全审计问题探讨 [J]. 财会通讯，2021(11)：135-139.

[4] 元媛. 电子商务企业审计风险防范策略探析 [J]. 财会通讯，2018(10)：94-97.

[5] 白东蕊. 电商企业审计风险分析与防范——以京东为例 [J]. 财会月刊，2018(5)：137-141.

[6] 屠黎炯. 电子商务环境下审计风险防范探析 [J]. 财会学习，2018(1)：144.

九 关键审计事项披露现状分析与优化研究

——以 S 会计师事务所为例

盛舟[①]

摘要： 本文利用文献搜集法对于国内外关于关键审计事项披露进行了综合概述，之后结合相关理论，综合分析 S 会计师事务所披露的现状，再利用案例分析法针对具体案例进行分析，研究出其存在的问题，进而提出优化关键审计披露的措施，从而严格规范审计范围，不断稳定审计市场秩序，为有效执行新的审计报告准则创造一个有序的环境，使得审计报告对于投资者的作用得以充分发挥。

关键词： 关键审计事项；信息披露；审计报告

一 引言

审计报告改革这一课题长期以来受到国际审计界的密切关注，各国学者也对此做了大量的研究，现行的审计报告有着悠久的历史，其主要特点是形式统一、语言精准、书面内容简短，表达的信息十分有限。但随着经济的发展，很多大型企业经营异常复杂，尤其是舞弊在大型企业中很常见。因此，有必要提高审计报告的质量，加强信息含量，这一新的认识在所有国家都得到了广泛认可。国际上在 2015 年首次发行了新的审计报告准则，这为我国审计改革做出了贡献，也是

---

① 盛舟，女，会计硕士，研究方向：审计与内部控制。

推进我国进行审计改革的主要外界原因。在这种背景下,我国2016年进行了新的审计改革,第二年,若干会计师事务所对上一年的审计工作以及审计报告的出具已经完成,并且带有关键审计事项段。

二、文献综述

国外学者对于关键审计事项的披露进行了充分的研究。Doxey(2017)的研究内容为关键审计事项披露的内容与投资者决策之间的关系,分析结果表明,如果审计人员对于关键审计事项披露的评价较好,年报使用者则会相信其具有高度的独立性,管理层的可靠程度也将得到提升,该企业存在重大错报的可能性较小,因此,该公司可能将获得投资者更多的资金[1]。Christensen(2014)整合了关键审计事项的研究,最终确定了收到非标准关键审计事项的投资者相较于收到较为确定的关键审计事项的投资者来说,更有可能结束对该公司的投资[2]。

近些年,我国众多学者也开始探究关键审计事项的现状。柳木华和董秀琴(2018)在前人研究的基础上,明确了2017年审计准则改革后的现状,她的看法是这一年的关键审计事项披露较为标准,同时也有所保留,披露的形式类似,且审计人员相比于别的认定,更重视计价和分摊,绝大部分使用非表格形式,但这种形式不太直观[3]。袁敏和谢萌(2018)对关键审计事项披露进行多方面研究,结果发现形式标准化导致了信息的增加量不足,不完整、不全面的索引使信息认知整体上存在偏差问题,在审计应对中没有体现出因为审计结论而引起的披露信息量不足的问题[4]。

三、S会计师事务所关键审计事项披露案例分析

(一)S会计师事务所简介与样本选取

1. S会计师事务所简介

1986年S会计师事务所诞生,发展至今,员工有2,600余人,是国内首批拥

有证券职业资质的事务所。其总部坐落在首都北京，并在济南、昆明、乌鲁木齐、合肥、香港和南京等多个城市设有分部。在过去，S会计师事务所的发展迅速，已经合并了12家机构，如今，S会计师事务所越做越大、越做越强，成了国内较具名望的会计师事务所之一。

2. 样本选取

本文剔除无法表示意见的审计报告后，最终获取了S会计师事务所发表的42份审计报告，该数据是从2018年度、2019年度、2020年度近三年该会计师事务所对其主要客户出具的审计报告中选取出来的。

(二) S会计师事务所关键审计事项披露现状分析

1. 关键审计事项的披露数量总体情况

本文根据该会计师事务所官网中公布的已上市客户，找到其审计报告，自行统计得出，如表9-1所示，在一共42份有可用信息的审计报告中，共披露了106项，平均披露了2.52项，且披露的数量大多为两项，这表明S会计师事务所整理披露数量中规中矩，较为保守。

表 9-1　S会计师事务所2018—2020年关键审计事项披露分行业数据

包含的行业类型	行业数量	披露数量	披露平均数
制造业	28	69	2.46
供应业	3	6	2
建筑业	2	5	2.5
信息传输、软件和信息技术服务业	6	15	2.5
批发和零售业	1	2	2
总计	40	97	2.43

资料来源：公司官网。

如表9-1所示，S会计师事务所近三年来针对制造业的披露总量最多，达到了69项，这可能与制造业公司的数量较多有关，对于批发和零售业的披露数量较少一些，仅为两项。而从披露的平均数来看，行业之间平均披露数量差异不大，均为两项左右，这说明，近三年来 S 会计师事务所披露数量比较稳定，对于每个行业披露的数量也比较谨慎。

2. 关键审计事项的确认原因

我们先对确认原因是否足够详细进行分析，接着对于同类型的确认原因进行分析。

（1）对于确认原因是否详细进行分析。

本文通过粗略统计确认原因的字数，并进行分析，得出以下结论。

第一，本文通过搜集数据，观察到 S 会计师事务所对于关键审计事项披露的确认原因大多数在 100～200 字，尤其是对于收入确认和资产减值确认，100～200 字的占比更高，总体来看，披露的内容较为详细。第二，确认的类型不同，描述的详细程度也就会有所不同。第三，本文选取部分近三年 S 会计师事务所出具的审计报告对比发现，不同的年份对于相同类型确认原因披露的详细程度有些类似。

（2）对于同类型的关键审计事项的确认原因分析。

本文通过研究发现 S 会计师事务所对同类型关键审计事项，在不同被审计单位之间披露的确认原因具有一定的相似性。比如把收入确认为关键审计事项时，披露的确认原因多为：其是公司的一个重要指标，风险较高，对利润有较大的影响；资产减值事项的确认原因多为：进行测算时需要运用重大会计估计和判断，金额重大。

多数情况下，不同公司同一类型披露的确认原因相同，这虽然减少了审计的工作量，但却缺少了一定的针对性。

3. 关键审计事项的披露类型

（1）S 会计师事务所关键审计事项披露类型的总体情况分析。

S 会计师事务所关键审计事项披露涉及多种类型，主要包括收入确认、固定资产减值、商誉减值、金融资产估值、交易性金融资产、其他六大类。

通过统计搜集的数据来看,即使类型数目很多,但是类型高度集中。以收入为例,S会计师事务所对于收入确认的认定次数很多,认定理由也很多,发展情况不同的企业会有不同的理由。

综上所述,我们可以得出,S会计师事务所披露的类型众多,但类型高度集中,而且相同类型可能存在不同的披露原因,这应视被审计单位的发展情况而定。

(2)S会计师事务所披露类型分行业分析。

本文在统计数据时发现,S会计师事务所对于关键审计事项的披露具有一定的行业特性。例如,房地产开发项目可变现净值估计为房地产业披露次数较高的关键审计事项,而金融行业披露较高的审计事项为金融资产估值。

4.关键审计事项的形式

S会计师事务所近三年披露的审计报告中,大部分采用新型的表格进行披露,除此之外,其索引没有一致的位置,有的是在说明披露的具体原因之前,有的是和具体原因一起披露,仅有一小部分对索引的具体内容披露。

(三)S会计师事务所关键审计事项披露存在的问题

通过上述分析,发现了S会计师事务所存在以下问题。

1.披露的形式太过于标准化

经过前面分析我们发现,在披露应对措施时,应对措施大致相同,没有针对性。大多涉及检查内部控制、函证等措施。

2.披露的完整性不足

由于关键审计事项的披露并非是审计内容的简单重复,因此,如果投资者想要知道某公司管理层怎么处理这些事项,就要将相关内容通过索引的形式引出财务报表附注。本文发现S会计师事务所披露的收入确认、资产减值类等事项时,存在索引比较单一、不完整的情况。例如,S会计师事务所对被审计单位"汇鸿集团"收入确认索引不完整。先是没有说明索引的详细内容,然后是索引内容较少，只对收入具体金额进行了索引批注，对相关的会计估计和判断并没有说明，这不利于未来使用者的使用。

3. 关键审计事项披露的数量较少

相关研究表明，在相同审计意见、相同行业的基础上，一个企业负债率的大小与其关键审计事项披露的数量有很大关系[5]，这也恰恰说明了企业的某些风险可以通过关键审计事项披露的多少来判定。我们应该根据行业内不同公司的具体性质，考虑到非常规企业存在的风险，来确定其披露数量。我国的关键审计事项的披露一般来说 3 项比较合适[6]，但近三年 S 会计师事务所关键审计事项披露数量平均为 2.43 项，低于 3 项，因此，相对来说其披露数量较少。

（四）存在问题的原因分析

1. 注册会计师与被审计单位管理层缺乏有效沟通

二者可能缺乏较为敏感的信息沟通，此时一些被审计单位的管理层不同意将这一敏感信息披露出来，在披露信息的选择上不一致，从而可能导致披露的事项较少或者多为较常规的事项。

2. 注册会计师自身职业判断不准确

S 会计师事务所审计人员在运用经验判断对关键审计事项进行选择和披露时，没能从未来使用者的角度看问题，没有认识到怎样披露关键审计事项才能让其价值充分发挥，忽视了未来使用者的需求，也没有考虑为预期使用者提供更多的信息，所以审计人员为了规避风险，为了保护自身，没有提供更多的有效信息。

3. S 会计师事务所质量控制体系不完善

S 会计师事务所对关键审计事项的识别和披露的全过程缺少完善的监督，监督制度不完备导致质量审核中有诸多问题，如审核人员对被审计单位的具体情况很少有深入了解，只对披露的关键审计事项相关描述进行审核，还有些审计人员由于项目太多，时间精力不足，审核最终成为一种形式，使得披露的事项中存在不规范、无索引、内容披露不完整等很多表面问题。

四、优化关键审计事项披露的建议

（一）加强与被审计单位治理层的沟通

如果存在被审计单位不愿意披露的信息，S会计师事务所审计人员应当保持应有的独立性，劝说被审计单位公开相关信息，如果他们的担心仅限于该事项的某些方面，则与该事项有关的某些信息或许不太顾忌，在这时，管理层或许会同意公开披露有关信息。普遍认为，披露信息越多，公开信息越多，信息不对称的影响就会减少，就会越符合更多人的利益。但如果审计报告披露该事项所造成的反面影响大于公众利益所带来的好处，那么该事项允许不在审计报告中披露。

（二）提高自身职业判断能力

一是积极参加S会计师事务所为提高审计人员判别能力而组织的各类培训[7]，如关键审计事项准则培训、职业道德培训、内部控制培训等，不断提高职业判断能力；二是向公司其他具有丰富审计经验的人学习，观察他们是如何确定关键审计事项，如何与管理层沟通的，分析其工作底稿，学习他们的思考策略；三是在与被审计单位管理层沟通时，要始终做到具有高度的独立性，公平公正，必须严格遵守审计人员的职业道德；四是做出的审计判断应该明确清楚地写在工作底稿中，以便与审计人员进行讨论和评估。

（三）健全会计师事务所审计报告监管体系

首先，S会计师事务所应当建立相关制度和文件，对于披露是否令投资者获取有效信息、描述是否合适，评审组应进行具体讨论，如果发现披露得不够充分，应立即要求项目经理进行纠正，必要时重新审计。其次，事务所必须有一套完整、健全的内部控制制度[8]，根据新出现的审计问题，要在审计过程中进行适当的调整。除此之外，审计人员在进行项目审计时，要注意对项目的质量进行监控，考核工作要涉及多方面。并且要做好审计报告的审查工作，为今后的审计报告积累丰富的经验。

五、结论

通过研究 S 会计师事务所近三年披露的审计报告，本文对其从披露数量、形式、确认原因方面进行了分析，得出 S 会计师事务所关键审计事项的披露在数量上处于中规中矩的水平，数量相对较少，类型上高度集中于收入确认和资产减值两方面，确认原因和应对方式上重复程度较高，可能存在一定的模板，审计人员在披露中也没有表达出个性化信息。想要发挥出关键审计事项真正的作用，还需要监管部门、注册会计师和会计师事务所多方面的努力。

参考文献：

[1] Reid LC，Doxey，Li C，Neal TL. Impact of Auditor Report Changes on Financial Reporting Quality and Audit Costs：Evidence From the United Kingdom [J]. Working Paper，2017(26)：222-223.

[2] Christensen BE，Glover SM，Wolfe CJ. Do Critical Audit Matter Paragraphs in the Audit Report Change Nonprofessional Investors Decision to Invest？[J]. Auditing，A Journal，2014(16)：179-180.

[3] 柳木华，董秀琴. 关键审计事项的披露特点——基于 2017 年上市公司新式审计报告的统计分析 [J]. 证券市场导报，2018(11)：12-19.

[4] 袁敏，谢萌. 关键审计事项相关问题研究——以建造合同收入确认为例 [J]. 中国注册会计师，2018(8)：74-78.

[5] 卓悦，解博清，鲁玉香，等. 农林牧渔行业关键审计事项披露情况研究 [J]. 经济研究导刊，2020(8)：140-143.

[6] 刘芯伊，赛金英. 新审计报告准则下关键审计事项披露研究——基于国际"四大"事务所审计报告的分析 [J]. 商业会计，2020(2)：25-31.

[7] 李玉丰. 新审计报告准则实施的价值和影响因素分析 [J]. 现代营销，2019(11)：176-176.

[8] 李萌萌. 大信会计师事务所关键审计事项披露分析与改进研究 [D]. 保定：河北大学，2020.

十　兴华会计师事务所审计林州重机失败的原因及应对措施

吴伟萱[①]

摘要：本文通过中国证监会对北京兴华会计师事务所的行政处罚决定，分析会计师事务所屡次审计失败的原因，并提出相应的应对措施。文章概述了审计失败的定义，利用中国证监会发布的行政处罚公告分析审计失败的原因并针对注册会计师方面提出对审计失败的应对措施，并提供一些可行性的建议。

关键词：财务造假；审计失败；审计的独立性；注册会计师职业道德

一、兴华对林州重机审计失败的案例介绍

（一）公司简介

1.林州重机集团股份有限公司

林州重机集团股份有限公司（以下简称"林州重机"）始创于1982年。现已发展成为国内一家集铸钢锻压业务、能源装备制造、煤矿运营服务、融资租赁服务、军工装备制造于一体的能源装备综合服务企业，是一家跨地区的集团公司，现有六家全资子公司、三家控股子公司、四家参股子公司。其综合实力居全国同行业前列。

---

① 吴伟萱，女，会计硕士，研究方向：审计实务。

2. 北京兴华会计师事务所

北京兴华会计师事务所目前是中国前20强会计师事务所之一，公司业务涉及审计、评估、咨询等各个领域，拥有国有大型企业审计资质、证券期货相关业务审计资质、金融相关业务审计资质、司法鉴定资质。自1992年成立以来，北京兴华会计师事务所在股票发行与上市、企业重组、公司改制、国企审计及财务咨询等专业服务方面具有极强的实力和出色的业绩，目前已有上市公司客户30余家。已成为国内颇具影响力的知名会计师事务所之一。

(二) 林州重机财务舞弊事项及手段

林州重机2017年度报告财务数据虚假。2017年2月，林州重机与兰州中煤签订了采购合同，流程及账务处理如图10-1所示。

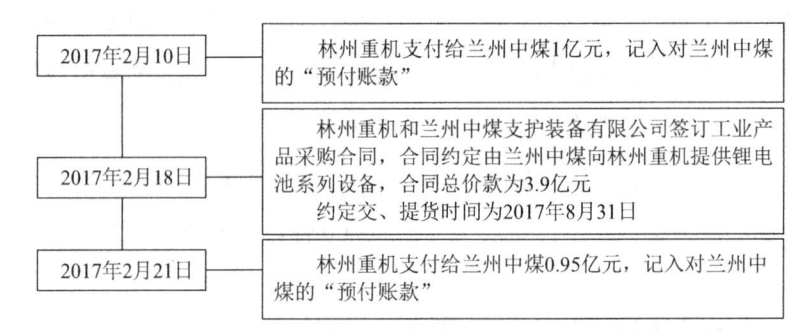

2017年2月10日	林州重机支付给兰州中煤1亿元，记入对兰州中煤的"预付账款"
2017年2月18日	林州重机和兰州中煤支护装备有限公司签订工业产品采购合同，合同约定由兰州中煤向林州重机提供锂电池系列设备，合同总价款为3.9亿元 约定交、提货时间为2017年8月31日
2017年2月21日	林州重机支付给兰州中煤0.95亿元，记入对兰州中煤的"预付账款"

图10-1 林州重机与兰州中煤发生交易事项及相关会计处理

当年期末林州重机将预付给兰州中煤的预付款项全部转化为对全资子公司朗坤科技的"应收账款"，并对子公司相关业务进行调整，导致合并报表虚增"在建工程"，虚减"财务费用"，虚增的"利润总额"占当期披露合并利润总额的比例为48.72%。经查，朗坤科技将1.95亿元"其他应付款"转入"在建工程"时，并没有收到由兰州中煤提供的设备实物，也没有相关物流单据与发票。最终导致林州重机合并资产负债表虚增"在建工程"2.07亿元，合并利润表虚减"财务费用"1124万元。

(三) 兴华会计师事务所导致审计失败的工作缺陷

首先,此案件中的签字会计师本应按照审计准则的要求推进相关工作开展,但实际上并未深入参与到项目中,没有到现场指导与监督审计助理的工作,在复核时也仅是复核部分会计科目的电子底稿,在这种情况下仍出具标准无保留意见的审计报告。其次,审计人员在执业过程中,审计程序执行不到位,没有获取充分适当的审计证据,具体见表10-1。

表 10-1 审计人员在执行审计程序时存在的缺陷

在建工程方面	未发现记入朗坤科技"在建工程"的 1.95 亿元尚未取得发票
	仅获取了未附任何附件的记账凭证
	设备盘点清单上没有盘点人与审计人员的签字及盘点日期
资本化利息方面	未关注到朗坤科技"在建工程"中计提的资本化利息与母公司抵减的"财务费用"(母公司同时确认应交增值税销项税)未合并抵销

资料来源:中国证监会处罚公告。

二、审计失败的原因分析

(一) 未能关注被审计单位财务数据的异常

审计人员在审计工作中,应当了解被审计单位以前年度财务数据和本年同行企业财务的平均水平,并与本年被审计单位财务数据进行对比,对于数据差异较大的部分应当保持警觉的态度,多加关注。然而,兴华会计师事务所在对林州重机审计时,忽视了被审计单位合并报表中在建工程、利润总额和净利润的数据存在重大异常。

文章随机选取了与林州重机同是深圳 A 股中小板上市的同行业企业。所选取的企业中,2017 年的在建工程项目均未过亿元,而林州重机却高达 3.78 亿元,与其 2016 年在建工程项目相比增长了 589.65%,具体见表 10-2。审计人员应当对此异常情况保持警惕,检查在建工程存在的合理性和真实性,以降低审计风险。

表 10-2　林州重机与同行业其他企业 2016 年至 2017 年在建工程项目金额对比

企业名称	2016 年	2017 年
林州重机	5,482.09 万元	3.78 亿元
山东威达	3,350.41 万元	2,012.02 万元
天桥起重	—	32.83 万元
金轮股份	1,936 万元	3,376 万元
方正电机	1.083 亿元	5,480 万元

资料来源：iFinD 数据库。

(二) 未获取充分的审计证据

在当年的资产负债表日，林州重机将预付款项 1.95 亿元转为对全资子公司林州朗坤科技有限公司的"其他应收款"。朗坤科技确认为对林州重机的"其他应付款"，并将"其他应付款"1.95 亿元转入"在建工程"科目。审计人员在了解到子公司财务报表上出现"在建工程"项目后，应当确定"在建工程"是否真实存在，实地盘点"在建工程"所需的机器设备以及原材料等资产。

然而，朗坤科技报表项目中的 1.95 亿元"在建工程"事实上并未收到由兰州中煤提供的设备实物，也没有相关物流单据与发票，设备盘点清单上没有盘点人与审计人员的签字及盘点日期。审计人员在没有获得审计证据的情况下就断定报表中所披露"在建工程"的金额是准确而且恰当的，违背了审计准则对于审计证据充分性和适当性的要求，最终导致审计失败的发生。

(三) 专业胜任能力不足

在合并财务报表的编制步骤中，要求编制调整分录和抵销分录，其中包括：应当将利息费用与利息收入相互抵销。但是此案例中，林州重机所确认的"财务费用"与其子公司确认的"其他应付款"未进行合并抵销。

审计人员在审计过程中未能发现合并报表编制存在的缺陷，说明审计人员对会计相关知识不够了解，不清楚合并报表编制时需要抵销哪些项目。社会审计的作用之一便是监督被审计单位财务报表所列示的项目及金额是否真实可靠，能够参与监督工作的前提便是对被监督对象有充分的了解和认识。因此，审计人员必须要掌握会计和审计两门学科的精髓。如果连财务报表的编制流程都没有清晰的认知，那么更无从谈起对财务报表项目监督工作的有效性。

（四）签字注册会计师形同虚设

审计工作底稿是对审计人员工作的记录，对于工作底稿的复核是保证审计工作质量的重要步骤，会直接影响最终所出具的审计报告的准确性。因此，注册会计师应当重视对审计工作底稿的复核，以降低审计风险。然而，在此案件中，签字注册会计师却仅仅复核了部分会计科目的电子底稿，便签署了标准无保留意见的审计报告。而且，审计助理在工作时难免会有经验不足或者对相关事项考虑不周的情况，签字注册会计师作为审计报告的负责人，应该切身参与到审计工作当中，更应该对应有事项的真实性、完整性以及合理性进行审核和评估。

然而，此案件中的签字注册会计师在明知自己是项目负责人的情况下，未到现场指导与监督审计工作。工作态度如此敷衍，体现了其职业道德的缺失。这种缺失让"签字注册会计师"的职位形同虚设，必然会导致审计失败的发生。

三、审计失败的应对措施

（一）对异常的财务数据保持警惕

造成此次审计失败其中一个重要原因是：林州重机在建工程项目金额大幅波动，且与相同规模同行企业相差甚多这些异常现象未能引起审计人员的警惕。

在审计工作过程中，审计人员需要对被审计单位历年间的财务数据有一定的认识，倘若企业某项财务指标相比以前年度发生非常增长或是非常减少，那么注册会计师应当对此异常情况给予充分的重视，了解企业盈利的原因，分析其合理性。与此同时，注册会计师对被审计单位所处行业整体的盈利水平也要有所了解。通过横向和纵向比较的方式能够在一定程度上降低审计风险。

（二）重视审计证据的获取

审计人员需要摒弃存在即合理的逻辑思维，认真执行审计程序。正如本案例中，子公司朗坤科技的"在建工程"在报表上确实"存在"，但是如果注册会计师进行实地盘点，立即会发现"在建工程"并没有实物的支撑，即存在并不合理。况且，在一些情况下，信息的缺乏也可以构成审计证据，比如案例中设备盘点清单没有盘点人员签字，在建工程尚未获得发票。这些情况作为审计证据可以提醒审计人员该项在建工程存在的真实性有待考证。

（三）加强签字注册会计师的职业道德建设

签字注册会计师是项目的直接主管人员，需要对所出具的审计报告负责。在本案中，林州重机2017年报的审计报告中明确写明"注册会计师对财务报表审计的责任"，并由两位签字注册会计师签字确认，应承担相应的责任。然而，两位审计报告的主要负责人在对被审计单位审计时，未深入参与到项目中，没有到现场指导与监督审计助理的工作。这体现了签字注册会计师职业道德的缺失。

由此，签字注册会计师应当提升自身的职业道德水平，解决审计工作中所面对的重大问题，履行自己作为负责人应尽的责任和义务，追踪审计业务的进程，为最终出具的审计报告负责。

（四）提升专业胜任能力

审计人员的专业水平是审计报告质量的重要保障，在形成最终审计意见的过程中，审计人员需要运用各种相关的业务知识[1]。在本案中，审计人员对于企业合并财务报表的编制原则以及相关会计的合并处理流程不够熟悉，不了解在企业合并报表中需要抵销哪些项目。审计与会计并非两个毫无关联的学科，审计是建立在有一定会计知识的基础之上的。审计人员应当先学会会计制度和会计准则，了解如何进行账务处理后，才能够预测被审计单位容易产生舞弊现象的环节，从而发挥审计经济警察的监督职能[2]。

因此，审计人员需要依据最新的会计政策和审计准则不断更新自己脑中的知识库，同时，审计人员需要迎合现在的信息科技社会，学会使用电子技术来完成审计工作，以此提高审计工作的质量和效率，为被审计单位提供更优质的审计服务。

四、结论

本文对兴华会计师事务所审计林州重机失败的原因进行了分析，并提出相应对策后，得到以下结论：

首先，造成审计失败的原因是多方共同造成的[3]。对于审计主体来说，审计人员在工作中敷衍了事，会计师事务所也不存在有效的质量管理体系。对于被审计单位来说，企业虚增资产，虚减费用，以此提高营业利润。但从根源上来讲，无因便无果，是由于企业的财务造假才直接引起审计的失败。基于以上的情况，企业财务舞弊，会计师事务所对于审计的质量不够重视，注册会计师不勤勉尽责，各种因素共同作用相互影响，最终导致了审计失败的发生。

其次，想要防止审计失败的发生需要多方的努力。就审计主体而言，注册会计师在执行审计工作时，对异常情况要保持警惕，遵守职业道德，并有一定的社会责任感。就被审计单位而言，在编制财务报表时，坚决不做假账，不伪造财务信息，将企业最真实的一面展现给社会公众。

因此，只有在各界共同的努力和影响之下，才能提高审计质量，达到财务报表审计工作的效果，实现审计存在的意义。最大限度地降低审计失败的发生，促进资本市场稳定、健康、良性发展。

参考文献：

[1] 李耿瑶. 注册会计师审计失败因素及防范研究——以众华会计师事务所为例[D]. 北京：北京交通大学，2020.

[2] 黄珍文. 审计失败的成因分析与治理对策 [J]. 中国审计信息与方法，2002(4)：20-21.

[3] 魏敏哲. 审计失败的成因及防范策略分析 [J]. 中国集体经济，2020(7)：65-66.

十一　欢瑞世纪应收账款内部控制的研究

孙海蒙[①]

摘要：应收账款是企业资金管理的重要组成部分，对于企业的经营发展来说具有重要的作用，但有很多企业疏于对应收账款进行管理，增加了企业的风险，不利于企业的发展。本文先从理论着手对应收账款内部控制（以下简称"内控"）的五要素进行了简单的阐述，然后用理论结合实际案例，分析了欢瑞世纪在应收账款的内部控制中存在的信用管理薄弱、跟踪报告未严格落实、缺乏必要的内部控制措施、缺少信息与沟通及内部监督等问题[1]。最后从内控视角出发对存在的问题提出了优化对策，旨在为完善企业应收账款内控问题提供参考与借鉴[2]。

关键词：应收账款；内部控制；风险管理

一、引言

现如今，应收账款已经成为影响企业稳定发展的重要因素之一，但大多数企业常常会忽视应收账款的管理，所以对应收账款的内控问题进行研究是非常有必要的。从内控视角出发，找到企业在发展过程中存在的问题，协调各部门之间的关系，对企业自身获得可持续的有效发展有很大的借鉴意义[3]。

---

① 孙海蒙，女，会计硕士，研究方向：企业会计。

二、文献综述

(一) 国外研究现状

西方发达国家在研究内控制度的理论方面占据着领先地位，在研究内控问题上有着较为完善的理论依据，这为我国内控的研究奠定了良好的基础，因此我国学者在研究公司的内控问题上也有很多人借鉴了国外专家的优秀研究成果或实际案例，随后总结出适合我们国家发展的理论研究成果。

Jacoby et al. 的研究表明应收账款的内部控制可提升报表利润的真实性，通过完善此内部控制可提高公司资产流动性，降低应收账款的坏账率。

Abuhommous & Mashoka 通过梳理赊销对应收账款回收的主要影响，提出了有针对性的解决方法和控制举措，同时也说明了健全信用管理制度的重要性。

(二) 国内研究现状

高深通过实证研究，全面分析了企业应收账款发生风险的原因主要归结于企业内部控制管理不完善，说明了企业应该监督和完善企业内部控制的各个环节[4]。

赵欢欢从内控角度研究中小企业普遍存在的问题是如何形成的，为加强中小企业日常运转的稳定性，提出了相应的对策和建议。

(三) 研究现状述评

虽然国内学者对我国企业应收账款的内控研究已经提供了很多经验，但我国仍是处于发展中阶段，有很大的提升空间。就我国企业的当前情况而言，还有很多企业并不注重内部控制的管理。本文以欢瑞世纪为例，针对其应收账款内部控制情况展开研究分析，研究结果可以丰富应收账款内控的理论成果，为欢瑞世纪完善自身内控制度提供参考，同时对行业内其他企业提供借鉴。

三、内部控制的五要素

内部控制是指企业与其各个部分之间相互制约、相互依存的一种制度体系。

当今的内控规范借鉴了美国的内控框架和本国的基本国情,内控规范要求企业所实施的内部控制包括以下五个要素。

1. 内部环境

内部环境是内控实现的基础,对内控的顺利实施起着至关重要的作用,但内部环境常常会被企业管理层所忽略,所以在企业实施内控的过程中需要充分考虑内部环境,处理好发展与控制的关系,让内部控制不断适应企业业务的多样性和多变性。

2. 风险评估

企业在经营过程中会面临着各种各样来自内部或外部的风险,如果想要合理控制风险,那么就需要对企业自身进行风险评估,识别其在自身发展过程中可能面临的风险[5]。

3. 控制活动

控制活动是指企业依据风险不同而采取的应对策略,管理层对此发出指令和采取应对措施进而避免风险发生的一种途径。控制活动分布广泛,在各个职能及部门之间都会存在,是指令和信息处理得以准确传达的直接表现。

4. 信息与沟通

信息与沟通是指组织在经营管理过程中收集、传递与内控相关的信息,使经营管理者能够更加及时准确地接收完整的信息。信息与沟通是内控得以有效实施的重要条件,在企业的日常运营过程中需要收集各类信息并对其进行筛选分析,提取出其中有用的信息,进行整合以便后期进行运用[6]。

5. 内部监督

内部监督是指企业通过持续性的日常监督或定期不定期的审查,评估企业在一定期间内内部控制运行状况和运行效率的过程。

四、欢瑞世纪应收账款内部控制存在的问题分析

本部分将以内部控制的五要素为理论基础，在研究欢瑞世纪内控时发现其主要在风险评估、控制活动、信息与沟通、内部监督四大方面存在问题。因此在本部分的叙述中将欢瑞世纪应收账款在内控方面存在的问题归为了两大类，分别是风险评估与控制活动、信息与沟通及内部监督，文章主要从这两方面展开叙述，旨在全面分析欢瑞世纪在内部控制中存在的问题。

（一）缺乏有效的风险评估与控制活动

1. 企业信用管理薄弱

控制应收账款规模需要严格执行信用管理制度，建立完善的资信审批制度，加强过程监督执行。通过研究欢瑞世纪的问题不难发现，其在管理法律环境建设之中处于一个落后的状态，缺少完备的投资风险评估团队，相关的信用管理体系还不完善，领导人员对于应收账款的信用意识仍旧存在非常大的不足，这些问题最终都会导致公司内部出现恶性循环，使公司对应收账款的信用管理缺乏有效的管理制度，最终带来更大的应收账款风险。

2. 应收账款跟踪报告未严格落实

欢瑞世纪近几年应收账款的账期越来越长，逾期情况经常发生。一方面，是由于影视行业的特殊性，影视行业的投资金额大、回款周期长，导致影视行业应收账款回收难度大大增加[7]。另一方面，在经济形势下行以及近两年疫情的影响，一些企业经营不善，导致资金紧张，无法到期回款，从而造成逾期甚至坏账。而且欢瑞世纪未设置应收账款定期报告制度，未能进一步进行跟踪评估，也导致管理层无法按时进行应收账款管理。等到应收账款到期再去催收，客户很可能已经失去了偿付能力，从而形成坏账损失。此外，由于欢瑞世纪属于影视行业，其投资金额是否可以收回不仅受到影视作品拍摄及正常播出的影响，还受到其后期播放量的影响。

3. 缺乏必要的内部控制措施

欢瑞世纪未针对其内部单位的应收账款内控管理体系明确责任，致使其权责不明也是导致其公司产生问题的原因之一。由于内部单位的赊销受管理人员主观性影响较大，通过在对欢瑞世纪进行研究的过程中发现，其没有专业的风险评估部门，应收账款的预期缺乏考评机制导致其预期的责任无法落实到个人，内控的监管力度不够，所以内部单位的应收账款余额越来越大。除此之外，虽然欢瑞世纪管理体系完整，但实际控制人依旧还是属于个人，本该起到监管作用的董事会和监事会成员并未发挥其本该发挥的作用，因此其监管体系形同虚设，其内部监管体系也完全失效了[8]。

（二）信息沟通与内部监督薄弱

企业之间的信息沟通在企业经营过程中占据着非常重要的地位，各部门之间是否能够进行有效沟通也影响了整个企业的办公效率。欢瑞世纪属于影视行业，企业在进行运营的过程中各个部门之间的工作是循序渐进、相互联系的。宣发工作需要依靠前期的拍摄成果作为基础，在这之中如果一个部分有问题，那么将大大影响后续的进程，影响人力与物力[9]。如果问题无法得到及时的解决，还很容易产生矛盾，造成很多潜在的不良后果。由此可见，是否能进行有效沟通也是企业在经营过程中需要关注的问题。

五、应对欢瑞世纪应收账款内控问题的对策

在文章前面的部分中已经分析了欢瑞世纪在应收账款内部控制中存在的问题，本部分依旧以内部控制的五要素为理论基础，结合欢瑞世纪的实际情况及文章第四部分中所分析的欢瑞世纪在内控方面存在的问题，在风险评估与控制活动、信息与沟通及内部监督两大方面展开叙述并提出相关的意见和建议，以期帮助欢瑞世纪通过有效的内部控制来使公司获得稳步发展。

（一）加强风险管理和控制活动的规范性

1. 严格执行信用管理制度，优化各部门职能分工

欢瑞世纪在管理过程中应该加强对应收账款的管理，建立完善的信用管理部门，综合分析各项信息，对信用评级较高的企业采取优惠的财务政策。在与合作方签订合同建立合作前，首先对其进行信用评级，在合作过程中，对应收账款的收回情况进行实时追踪，最大限-度上避免坏账的发生。将催收应收账款的监督人与执行人进行分工，由监督人定期反映客户的回款进度与账户异动情况，执行人负责收款活动，两方相互制约，避免从中出现舞弊及造假情况。

2. 健全应收账款的跟踪催收机制

在对欢瑞世纪的研究过程中发现公司缺少对应收账款的跟踪管理措施，并未对应收账款的回款情况进行追踪调查，所以加大了形成坏账的风险。公司自身可以根据不同企业与欢瑞世纪的频繁性与诚信度灵活地采取不同的催款措施。对于未收回的金额，可以采取加收利息的方式进行催收，让欠款企业按时结付尾款。

3. 完善内控管理措施

将公司内部单位的应收账款管理工作作为内控体系建设的重要内容，明确部门之间的责任与分工，严格审核在应收账款的管理过程中是否做到了权责分明，监督其对于坏账是否做到了及时、正确处理，是否按照合理的比例对坏账进行计提。除此之外，在内控管理过程中也应当确认应收账款的真实性，认真核对相关的业务账目，对相关的流程进行监督检查。

（二）提升信息管理和内部监督水平

在当今社会，有效地掌握信息对于提高内部控制的效率起着至关重要的作用。因此欢瑞世纪更需要去构建内部控制信息平台，充分利用信息技术，对企业经营过程中相关信息及问题进行收集和整理。关注自身应收账款的账龄，避免存在应收账款账龄过长的情况。除此之外，应收账款在欢瑞世纪的日常管理中占据举足

轻重的位置，所以欢瑞世纪应该加强对应收账款内部控制的监督，做好部门之间的分工，保证审计部门人员的独立性，不受其他部门的干扰[10]。加强内部控制监督，加强审计问题的整改追踪，建立整改追踪汇报机制，及时考核、及时调整，提升内部控制行为的有效性。加强其信息披露，增加企业的公信力与透明度，注重自身内部控制的评价，使监督更具有针对性。

六、结束语

应收账款的内部控制对企业的发展起着至关重要的作用，然而欢瑞世纪在内控方面有着很大的问题。所以企业自身必须加强内部控制，积极寻求解决之道，完善内控措施、制定管理体系、加强员工素质[11]。只有企业全体上下齐心协力，从内控视角找出自身存在的不足，及时进行完善，企业才能从严峻的竞争之中拔得头筹，屹立于行业领先地位[12]。

参考文献：

[1] 邱静，席千雅，李昆. 注册制改革下 IPO 公司机会主义行为：动机与治理——基于欣泰电气退市的案例 [J]. 财会通讯，2020（2）：3-7.

[2] 李晶. 内控视角下企业应收账款管理存在的问题及对策 [J]. 投资与合作，2021（11）：50-51.

[3] 林钦. 企业财务管理中应收账款的内部控制策略分析 [J]. 营销界，2021（35）：101-102.

[4] 高深. GF 公司应收账款内部控制问题探讨 [D]. 南昌：江西财经大学，2018.

[5] 刘金金. 我国上市公司内部控制质量与盈余管理相关性的实证研究 [D]. 南京：南京财经大学，2012.

[6] 王桂莲. 基于 ERP 系统环境的企业内部控制研究 [J]. 财会学习，2021（23）：195-196.

[7] 刘方丹. 影视行业审计难点及对策——以欢瑞影视为例 [J]. 现代经济信息，

2019(21)：151-152.

[8] 王旭.欢瑞世纪应收账款内控分析[J].经营与管理，2022(11)：1-10.

[9] 陈琳.RF医药公司应收账款内部控制研究[D].武汉：中南财经政法大学，2020.

[10] 石磊廷.S公司销售与应收账款内部控制研究[D].西安：西安理工大学，2020.

[11] 陆艳丽.从内控视角探讨企业应收账款的管理研讨[J].商场现代化，2021(17)：144-146.

[12] 张瑞容.从内控视角探讨如何加强企业应收账款管理[J].现代营销，2021(8)：146-147.

十二　欢瑞世纪财务舞弊分析及对策研究

杜雅婷[①]

摘要：中国整体经济的发展带动了资本市场迅速扩张，资本市场的有序公平是支撑企业健康运营的关键，然而财务舞弊问题层出不穷，严重影响我国资本市场的良好发展。本文以欢瑞世纪财务舞弊案为例，基于 GONE 理论分析其造假动因，从多角度分析上市公司财务舞弊的危害，最后从不同主体层面提出了多元的防范对策。

关键词：财务舞弊；造假动因；舞弊防范

一、引言

最近几年，公司财务舞弊事件不断地出现在公众面前，公司为了获得更多的经济利益，选择用造假的方式掩盖公司的实际情况。本文根据上市公司财务舞弊的文献，基于 GONE 理论，以欢瑞世纪公司为例，对公司财务舞弊进行分析。本文从不同角度分析了公司财务舞弊给多方带来的危害，并对市场中的财务舞弊现象提出了针对性的防范措施[1]。

二、欢瑞世纪财务舞弊事件概述

2016 年，欢瑞世纪借壳星美上市成功，而就在 2019 年 7 月欢瑞世纪收到了

---
① 杜雅婷，女，会计硕士，研究方向：企业管理。

中国证监会重庆监管局下发的《行政处罚事先告知书》。处罚书显示，欢瑞世纪在 2013—2016 年进行了财务造假[2]。在此之后，欢瑞世纪对公司 2013—2018 年度利润进行了有关调整，如表 12-1 所示。

表 12-1 2013—2018 年度调整利润变动表

年份 指标	调整前净利润/万元	调整金额/万元	调整后净利润/万元
2013	2,950.40	−2,581.32	369.08
2014	5,113.40	1,734.67	6,848.07
2015	17,128.29	352.40	17,480.69
2016	26,506.26	−1,950.75	24,555.51
2017	42,163.50	−1,417.50	40,746.00
2018	32,328.58	0.00	32,328.58
合计	126,190.43	−3,862.50	122,327.93

资料来源：来自巨潮资讯网。

欢瑞世纪的造假金额达上亿元，违法时间持续较长，影响了其在资本市场的信用水平。此次欢瑞世纪的财务造假事件被揭露之后，其公司市值更是从 400 亿元跌到了 40 亿元。

三、基于 GONE 理论的财务舞弊动因分析

GONE 理论又可以被称作四因素理论，即贪婪因素、机会因素、需要因素和暴露因素。企业进行财务舞弊与这四个因素密不可分，它们对于企业进行财务舞弊的影响程度几乎是相同的。因此，本文从 GONE 理论的角度出发，对财务舞弊动因进行分析研究[3]。

（一）贪婪因素

当企业管理者无法坚持道德底线，为了过度追求利益时，就会通过不同的违法手段来满足一己私欲。欢瑞世纪想要获得更高额的利润就要跻身进入资本市场，

在借壳泰亚上市失败之后，终于在2016年借壳星美实现了成功上市。但成功的背后是公司为了顺利地实现借壳上市而募集更多的资金，公司便通过对财务数据造假的方式实现公司更高的估值。

(二) 机会因素

1. 内部原因

公司内部控制和治理结构存在问题。2011年欢瑞世纪变更为股份有限公司，它的股权结构经过了多次调整，但总体上公司仍是由陈援、钟君艳夫妇100%控制的。在2016年欢瑞世纪完成借壳上市后，陈援和钟君艳夫妇拥有对整个欢瑞世纪的控制权，其余股东的股权则相对分散。

这样不够完善的股权结构给造假者提供了可乘之机。董事会和监事会在企业经营管理的过程中无法对拥有绝对控制权的股东产生制衡与限制。在连续几年出现股东和关联方占用资金而不进行披露的情况下，这样的内控制度和治理结构是形同虚设、存在缺陷的。

2. 外部原因

欢瑞世纪在2013—2016年连续四年进行财务造假，这期间一直是天健事务所为欢瑞世纪提供审计业务，审计程序中却没有针对这类问题提出质疑，并出具了无保留审计意见，这在一定程度上给欢瑞世纪的相关人员实施财务舞弊提供了机会。很多会计师事务所为了降低工作成本，将审计程序由繁入简，没有针对不同的企业进行审计程序上的调整。

(三) 需要因素

1. 借壳上市需要

在公司完成借壳上市之后，其融资能力就会持续增加，获得资金的成本进而降低，因此要实现借壳上市成了欢瑞世纪进行财务舞弊的重要原因。欢瑞世纪面临着资金告急的情况，公司正常的资金款项无法做到及时回收，因此影视文化企业要想成功走向资本市场,解决现金流是首要需求,通过借壳上市的方式,公司能够更快获得更多的资本支持来推动自身发展。

星美联合公司出现的连续亏损、经营不佳的情况,这给欢瑞影视提供了契机,也成了它借壳上市的目标。按照国家规定,公司上市需要具备连续三年盈利的条件,为了达到这一标准,欢瑞世纪选择了进行财务造假。

2. 业绩承诺需要

在实现上市后,欢瑞影视的原股东与欢瑞世纪签订对赌协议,在协议中承诺了 2016 年、2017 年和 2018 年净利润额。2016 年、2017 年欢瑞影视按照标准完成业绩承诺,但在 2018 年,欢瑞影视的业绩承诺未能完成[4]。而 2018 年是欢瑞世纪借壳上市业绩承诺期的最后一年,欢瑞世纪选择采取了财务造假的非法手段来粉饰报表。表 12-2 为欢瑞影视业绩承诺累计完成情况。

表 12-2　欢瑞影视业绩承诺累计完成情况

年份\指标	归属于母公司所有者的净利润			扣除非经常性损益后归属于母公司的净利润		
	实际盈利/万元	承诺数/万元	完成率	实际盈利/万元	承诺数/万元	完成率
2018	32,509.60	36,800.00	88.34%	28,651.92	34,300.00	83.53%
2017	39,280.86	29,000.00	135.45%	37,588.57	27,000.00	139.22%
2016	26,952.59	24,100.00	111.84%	25,420.38	22,300.00	113.99%
累计完成	98,743.05	89,900.00	109.84%	91,660.87	83,600.00	109.64%

资料来源:来自新浪财经。

(四) 暴露因素

欢瑞世纪为获得更多利益通过虚增营业收入的方式而进行财务造假,这已经构成了公司上市中的欺诈行为,但是其最终缴纳的罚款与 10 多亿元的股票溢价超额价差收入相比微乎其微。这表明我国现有的规章制度无法让违法者望而却步,有关部门应提供更加完整的法律法规,限制市场经营者的行为,能够从根本上杜绝这类行为的发生。

四、基于欢瑞世纪的财务舞弊危害分析

（一）对国家宏观经济的危害

按照我国会计准则的标准，企业应该履行定期提供会计报告的职责。企业提供的正确有效的财务信息有助于国家财务部门做出恰当的决策，有助于国家整体的宏观调控。相反，企业的财务舞弊行为会导致相关部门得到的会计信息失真，这样上报给国家部门时也就失去了其真实性。欢瑞世纪为了达到目的而采取了一系列手段构成了财务舞弊，它掩盖了上报会计信息的真实性，同时也给国家相关部门的工作造成了阻碍。

（二）对公司的危害

1. 公司经济利益及声誉

从短期来看，公司投资者可以起诉公司并索赔，许多律师事务所在财务舞弊案件中采用了"先诉讼后付费"的模式，这种形式召集了大量在公司财务舞弊案中遭受损失的投资者集中起来进行起诉。欢瑞世纪在财务舞弊的索赔案中面对大量投资者的高额索赔，也遭受了巨大的损失。

长远来看，当时的欢瑞世纪造假案因为公司中的艺人热度造成了较高的市场关注度，这样高的新闻热度给公司的信誉方面造成了较大的负面影响。欢瑞世纪积攒了多年的大量客户也在此次舆论压力之下流失，许多高流量艺人与其解约，在市场中可以获得资源的能力与空间不断缩小。

2. 企业经营及决策

公司真实的财务状况和经营成果无法通过被粉饰过的虚假财务数据传达到公司管理层。在财务舞弊没有被揭发之前，公司管理层往往将大量精力放在掩盖真实数据捏造虚假数据上，不会将工作重心放在如何对公司进行有效管理上。这样循环往复的结果就是问题的长期积累以及盲目决策，管理者无法基于虚假的财务信息对公司未来发展做出合理预测。

(三) 对投资者的危害

如果企业公开的财务信息是缺乏真实性的，就会给企业投资者带来巨大损失。公司的投资者往往分散在各地，且较难实现之前提到的集中诉讼，这也提高了他们索赔时的时间和人力成本。如此一来，投资者会对企业的诚信度产生质疑，从而降低对企业的投资积极性，这种现象必然影响公司的经济发展。

五、基于欢瑞世纪财务舞弊的防范对策

(一) 完善相关法律及惩罚制度

我国的证券法律制度规定：发行人公告的证券发行文件中隐瞒重要事实或编造重大虚假内容顶格处罚为 2,000 万元人民币。然而，许多公司因为财务舞弊等欺诈手段获得的经济利益是巨大的，法律规定的顶格处罚 2,000 万元人民币罚款自然也就变得微乎其微不值一提了。想要让有关法律对公司起到约束作用，不妨可以将 2,000 万元罚款定为下限，而上限可以根据舞弊情节的轻重情况而定，这样就大大限制了财务舞弊者的获利可能性。

许多会计师事务所在审查企业财务报表的过程中都因为失职给企业提供了便利，使得企业蒙混过关。因此，证监会及相关部门应该加大对会计师事务所在处理审计工作过程中帮助公司进行财务造假的惩罚力度，以此来督促从业人员坚守职业道德，提高审计能力。

(二) 加强会计师事务所监管

1. 提高注册会计师审计能力

会计师事务所应着重考核工作人员的专业技能，经常开展专业培训，提升工作人员的专业水平。作为注册会计师，也应该注意职业道德教育，培养良好的职业责任感，树立正确的观念，坚决抵制金钱诱惑，坚持维护市场积极良性发展。在开展审计工作时，注册会计师应保持客观公正独立的立场，对被审计单位提供

的资料要保持合理的怀疑，保证审计程序的真实有效[5]。

2. 注重审计复核

有效的审计复核有助于提高审计质量，面对财务舞弊事件频发的情况，会计师事务所可以成立专门的审计复核小组，对审计工作的各个环节都进行严格的审查和复核，审计质量应该是审计师进行审计工作的首要标准。

（三）加强从业人员职业道德教育

加强对管理者的职业道德教育可以有效减少财务舞弊的发生。欢瑞世纪正是因为管理者的贪婪和缺乏职业道德才走上了财务舞弊的道路，因此，企业要注重提高管理者的思想觉悟，对管理者进行有效的内部监督，制定赏罚分明的制度来约束管理者的行为。

会计从业人员除了要提升专业水平之外，更应该加强对相关法律的学习，将职业道德精神深入内在，严格遵守职业道德标准，坚守原则。企业应该定期对会计从业人员进行培训，注重其职业道德的培养，强调从业人员遵纪守法的重要性，在工作中不断增强法律意识。

（四）完善公司内部治理管理体系

1. 优化股权结构

以欢瑞世纪为例，公司中存在着股权高度集中的问题。实现股权结构的多样化，更加有利于科学决策，保证各项决定的公平客观性。公司也应该多多听取中小股东以及职工代表的意见，将股权及表决权分散，在公司决议时，股东的表决权不通过股东份额的多少来决定，中小股东在参与决策时也应该受到同等对待，他们的权利也应当受到保护。

2. 改善内部制度

各公司的监事会对公司各项日常活动进行监督，是公司实现有效治理的关键所在。可以说公司出现财务舞弊的现象，是企业内部监事会职能失效的结果[6]。

企业要改善监事会运营机制，加强监事会日常监管力度，充分发挥监督职能，履行监督权力。

另外，公司还要完善内部控制制度。企业要根据自身的运营情况制定合理有效的内部控制制度，然后还要针对已经存在问题做出相应的调整和补救。企业要调整人力资源制度，在选聘人才时应该更注重职业道德，保留高素质人才，在工作中可以多实行公司奖励机制，达到激励员工的作用。

3. 制定合理发展战略

企业应该制定合理的发展战略推动公司良性发展。对于较为成熟的企业来说，要根据整体的行业大环境制定有效的贴近公司的发展战略，降低公司经营风险，拓宽行业市场，提高自身竞争力，推动公司稳定运营。于欢瑞世纪而言，古装剧一直是它营业收入的重要部分，而近来的市场政策导致古装剧大量积压，因此调整公司发展战略对于欢瑞世纪来说十分必要。

（五）丰富市场融资方式

许多公司进行财务舞弊的动机之一都是进行融资，欢瑞世纪也是如此。欢瑞世纪采用股权融资的方式，向外界发行股票来大量融资，为了能够在较短时间内实现目标获得经济来源，相关人员采取财务造假的方式表明其公司已经达到上市的标准。如果市场中有更多的融资方式让公司实现自己的融资需求，帮助非上市公司解决资金困难，就可以有效地减少市场中财务舞弊现象的出现。

（六）完善群众监督举报机制

市场中的财务舞弊举报机制并不完善，因此完善群众监督举报机制十分有效。虽然政府有出台相关奖励政策，但缺少相应的规范指导，民众对财务舞弊现象举报的积极性并不高。对此，政府应该完善举报文件的规范性，合理利用有效资源，符合条件的举报线索应该予以奖励，恶意举报的民众也应该受到相应的惩罚。

六、结语

欢瑞世纪为了能够推动企业自身的发展，不惜选择财务造假的方式达到目的。这种做法确实实现了短期的目标，但从长远的角度来看，财务舞弊的方式阻碍了公司的发展。欢瑞世纪财务舞弊事件的曝光给各个公司起到了警示作用，内部控制制度以及相对完善的发展战略无疑是上市公司发展中最为重要的一环。同时，在欢瑞世纪财务舞弊事件中，会计师事务所也十分关键。上市公司和政府及其他行政机关都应该对此引以为戒，在后续的市场监管中认真履行职责，让公司与市场的闭环形成良性循环。

参考文献：

[1] 柯贤正. 财务舞弊的途径、危害及防范对策——以欢瑞世纪为例 [J]. 全国流通经济，2020(35)：187-189.

[2] 景雪妍，李国政，潘颖利. 欢瑞世纪财务造假案例分析 [J]. 广西质量监督导报，2021(4)：111-112.

[3] 黄月菡，陈庆杰. 上市公司财务舞弊手段及其审计研究 [J]. 科技和产业，2021，21(10)：197-202.

[4] 许菲珈，程腊梅. 欢瑞世纪财务造假动因分析及启示 [J]. 中国管理信息化，2021，24(19)：9-10.

[5] 王礼东. 企业财务舞弊手段与治理研究 [J]. 经济研究导刊，2013(9)：125-126.

[6] 王志亮，段晓君. 基于GONE理论的财务舞弊案例分析及应对 [J]. 商业会计，2021(5)：84-87.

十三　LK 公司财务舞弊的动因分析

邓小宇[①]　陈亮亮[②]

摘要：21 世纪以来，我国上市公司财务舞弊等诸多造假行为呈现多样化、隐蔽化，严重扰乱了资本市场秩序，并且对许多企业投资者造成了严重的经济损失。在证监会的严格监管下，财务舞弊现象虽有所减少，但是仍有发生舞弊事件，且影响十分严重。因此，鉴于上市公司财务舞弊的影响以及危害，本文基于舞弊三角理论对 LK 公司财务舞弊动因进行了深入剖析，旨在识别 LK 财务舞弊的主要手段，找出 LK 财务舞弊的动因，有助于从源头出发减少财务舞弊行为，为证券市场的投资者们提供一个健康的投资环境。

关键词：财务舞弊；舞弊三角理论；上市公司

一、引言

近年来，上市公司财务舞弊的形式让人眼花缭乱，涉案金额之大、牵扯利益方之深、涉案人员之多、涉嫌区域范围之广，使得财务舞弊行为极大地危害了资本市场的健康和可持续发展，仍然是一个亟待解决的问题。而 LK 公司的财务舞弊事件正是众多舞弊事件中较为典型的案例，受到了社会和广大群众的关注，为此，其舞弊动因值得探讨和思考。

---

① 邓小宇，男，会计硕士，研究方向：企业战略管理。
② 陈亮亮，男，北京印刷学院经济管理学院教师，研究方向：企业战略管理。

二、财务舞弊概念

20 世纪前期，以美国为代表的证券市场便已处于繁盛时代，而我国的证券市场还处于逐步完善的阶段。因此，目前国外对于财务舞弊动因的相关研究比我国更加成熟且完善。

美国内部审计之父 Lawrence b.Sawyer[1] 在《内部审计》一书中强调的导致金融欺诈的三个因素是异常的必要性、及时性和健全性。随后，美国注册审核师协会的创治人 Albrecht 在此基础上进行补充，在原有的理论基础上舞弊三角理论应运而生。

而国内学者主要认为财务舞弊的动因以内部和外部因素为主。何朝妮[2]认为财务舞弊的内部原因包括内部审计和治理不善、公司管理层缺乏合作与协调、核心能力以及企业文化的滥用；外部原因主要是市场竞争压力大、外部监管和监督不力以及经营环境不利。王珂、朱爱萍[3]则认为财务舞弊的内部原因是公司高级管理人员的贪婪及其所导致的公司内部组织结构的缺陷；外因是违规成本低、缺乏审计、监管机构监管不力。

与国外相比，我国目前在探讨和研究财务舞弊动因的研究成果相对匮乏，尽管外国学者提出的理论比较成熟，但其研究成果集中以科学技术和管理方法为主，并不完全适用于我国目前的财务舞弊情况。因此，我们必须有针对性地分析我国的实际情况，找到舞弊的真正动因。

三、LK 公司财务舞弊案件始末

2020 年 1 月 31 日，美国浑水公司公开发布了一份做空 LK 公司的报告，明确指出 LK 公司于 2019 年通过虚增营业收入和财务费用支出等手段进行财务舞弊，并指出其商业模式存在重大缺陷。这直接导致 LK 公司股价当天下跌 10.74%，下降幅度最大为 26.51%。

2020 年 2 月 3 日，LK 公司通过发布公司文件，否认做空报告中的全部指控。

2020年4月2日，LK公司公告称，经专家委员会初步调查分析结果发现，最早可在2019年4月发现公司伪造交易行为，LK公司于当日股价下跌75.57%。

2020年6月27日，LK公司发布公告再次称公司会在2020年6月29日暂停纳斯达克股票交易，并准备进行纳斯达克的退市；与此同时，中国区的4,000多家线下门店仍持续经营。

四、LK公司财务舞弊的主要表现

（一）股权异常集中

LK公司位于福建省厦门市，由前神州优车公司首席运营官钱治亚创办，各股东持股状况如表13-1所示。

表13-1 各股东占已发行普通股比例

股东	占已发行普通股比例
陆正耀	30.53%
钱治亚	19.68%
Sunying Wong	12.34%
黎辉	11.90%
刘二海	6.75%

资料来源：雪球网。

值得注意的是，LK公司的资本团队和管理团队，本质上脱胎于神州优车团队及其背后的资本力量，具体关系如图13-1所示。可以说LK公司没有陆正耀就无法成功上市，LK公司的商业模式与陆正耀创办的神州优车的商业模式极为相似，都从根本上采用了自己的技术制造产业风口、引进风险资本、砸钱融资拓展产业规模、上市公司套现四个步骤。

从神州租车一直到LK公司，陆正耀先后扶持三家公司上市。陆正耀、刘二海、黎辉三人共同形成了经营"神州系"并成为LK公司的巨额资金来源的坚实铁三角。以上多种行为均表明LK公司的股权存在着异常集中的情况。

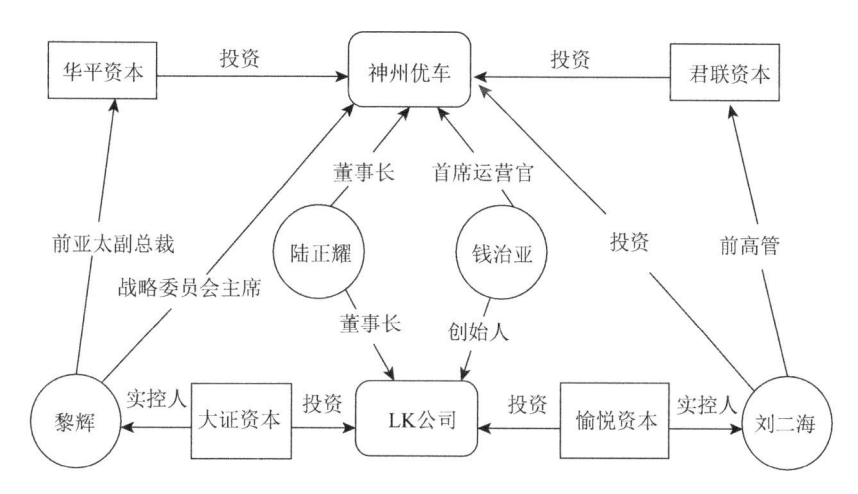

图 13-1 LK 公司及神州优车资本状况

资料来源：wind 数据库。

（二）资产变动异常

LK 公司 2017 年、2018 年出现连续净亏损，直到 2019 年，LK 公司的资金依然严重短缺，为了筹集更多的资金，LK 公司不得不将其收入进行"美化"。图 13-2 为 LK 公司营业收入及营业利润。图 13-3 为 LK 公司存货及存货周转率。

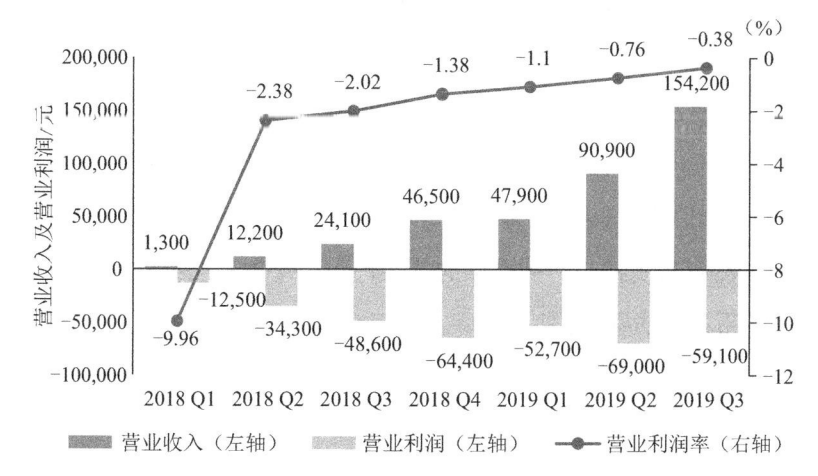

图 13-2 LK 公司营业收入及营业利润

资料来源：wind 数据库。

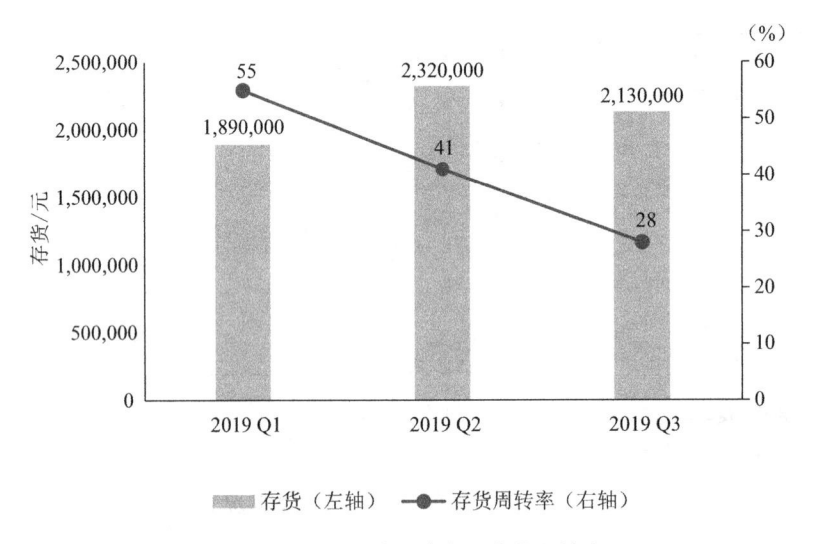

图 13-3　LK公司存货及存货周转率

资料来源：wind数据库。

通过图13-2可以清晰地看出LK公司的收入在2019年迅速增加，但反观图13-3，不难发现LK公司的存货始终维持在200万元左右，根据相关关系，收入增加，销量也会呈比例增长，公司需采购大量材料满足生产，因此会导致存货的增加，而LK公司的存货反而有下降的趋势。而从存货周转率的角度可以观察到，LK公司2019年的存货周转率从55%下降到28%，对于一个正处于不断扩张阶段的新兴产业来说，不但没有储备，反而较快的变现速度难免让人产生质疑。

此外，浑水公司的做空报告还表明，股权质押风险极大可能存在于LK公司，LK公司存在将其股权以转移至其他融资机构等方式获取了大量资本，从而有效缓解压力。虽然股票质押是一种合法的行为，但由于加大质押比重，而导致LK公司有虚增货币资金的嫌疑。

由图13-2可知，LK公司2018—2019年的营业利润率均为负数，但一直呈上升趋势，说明LK公司的盈利能力在一定程度上有所提高。盈利能力的提高和LK公司2018—2019年度迅速增长的收入密切相关，根据相关数据进行分析和调查发现，LK公司营业收入的迅速增长存在着以下问题。

第一，虚增销量。据披露，LK 公司 2019 年第三季度的业务收入和销售额同比虚增 69%，第四季度营业额同比虚增 88%。由于 LK 公司采用线上下单，下单后会自动生成取餐码，原则上取餐码以订餐顺序逐一递增，但 LK 公司为增加数量，任意增加编号。据悉，平均每个门店每天夸大 106 笔订单。

第二，虚增价格。LK 公司 2019 年第三季度市场调查结果表明，只有 18.9% 的消费者支付过每杯超 15 元的价格，大多数产品以市价的 28%～38% 出售。但 LK 公司称，63% 以上的顾客每杯咖啡支付超 15 元，63% 的物品以零售价格的 50% 以上出售。因此，可知 LK 公司存在虚增价格来舞弊的行为，且金额较大。

第三，减少订单量。LK 公司每笔订单的商品数从 2019 年第二季度的 1.38 降至 2019 年第四季度的 1.14，商品的价格和名称固定不变，却改变了数量，用这种手法再一次减少了商品支出，从而增加利润。

第四，将支出转为收入，即伪造支出再通过虚增收入填补，达到账面不变的效果。LK 公司夸大 2019 年第三季度的广告支出，比例超 150%，达到 3.36 亿元，通过虚构广告支出交易转出现金，再通过关联交易转入公司账户，并将其体现在收入中。

（三）隐瞒关联交易

首先，浑水公司解释称神州租车旗下子公司与 LK 公司之间有虚假交易嫌疑，并且 LK 公司与其关联方虚构经济业务，把自有的资金通过银行直接转移至氪动益维，且多次重复，将原来 LK 公司流出的资金再次以营业收入的方式重新转入 LK 公司，即表现为收入的增加。

其次，LK 公司将收购宝沃汽车的 1.37 亿元资金直接以销售方式转移至关联方公司，同时 LK 公司还以可转债等多种方式共筹资了 8.65 亿元资金，用于开发和扩展线上商业模式，该商业模式下需要大量咖啡机，而咖啡机正好来自关联方公司。因此，可以推测 LK 公司通过向关联方公司购买咖啡机的方式进行了系列套现活动。

2019年8月23日,王百因以95%的股份注册了一家专门生产咖啡机的公司,并且还从事生产和销售经营以及加工咖啡等各类食品的主要原材料,与LK公司的产品链高度一致。另外,王百因还临时出任中成世纪供应链管理有限公司的法人,其主营业务是提供生鲜食品和优质原材料。从地理位置上来看,它们都位于LK公司总部附近。但LK公司并未在年报中详细披露和说明这些关系,可能会侵犯投资者的利益。

最后,通过将2019年第二、第三季度LK公司的现金流和经营成果相结合,可知LK公司的经营成果显著增加,营业收入大幅度提高。与此同时,第二、第三季度的现金流入比上一季度显著增加,但在现金流量表中,经营现金流量一直呈负数,有可能存在利用关联方制造虚假收入的情况。如图13-4所示。

图13-4 LK公司经营、融资、投资现金流变化趋势

资料来源:wind数据。

通过观察图13-4可知,LK公司2018—2019年的经营现金流都为负数,这说明LK公司在经营上的现金流出大于现金流入,由此得知LK公司经营所花费的实际现金较大。但反观LK公司的发展历程,公司正处于快速成长与发展的上升期,不断地扩大自身的规模,销售量、销售额也在迅速地增加,这就说明了LK公司很有可能存在由于业绩的压力导致产生虚假销售等违法行为。再对比

LK 公司的融资现金流和投资现金流，不难发现其融资现金流基本为正，而投资现金流大多为负，2019 年第二季度尤其明显，这说明 LK 公司很大程度上是依赖于外部融资来缓解公司内部资金紧张的问题，而这一行为，无形中制造并隐瞒了关联交易。

五、LK 公司财务舞弊的动因分析

针对上文介绍的 LK 公司财务舞弊的主要表现，结合舞弊三角理论，将从三个因素着手具体剖析 LK 公司财务舞弊的动因。

（一）压力因素

1. 业绩目标实现困难

LK 公司由于门店扩张迅速造成了巨大的资金成本投入，其低价竞争和价格歧视策略，公司无足够的手段固定忠实客户，无足够能力吸引新客户，直接导致公司亏损严重，因此 LK 公司完成业绩目标的压力变大。LK 公司的营业收入已经无法有效地涵盖居高不下的费用和成本，这使得其门店陷入无法盈利的亏损状态，也就形成了 LK 公司高管实行财务舞弊行为最直接的动因和压力来源。

2. 强烈的上市融资需求

为了确保和支持上市公司增加融资的需求，LK 公司只能编造故事，人为制造信息不对称，以吸引更多的投资者。2018 年 LK 公司完成 A、B 两轮融资，融资金额共计 4 亿美元。2019 年 4 月 18 日，LK 公司通过"B+"轮融资，再次获得 1.5 亿美元的注册资本。然而，多轮融资未能帮助 LK 公司彻底解决财务问题，商业模式的先天缺陷导致 LK 公司难以真正实现盈利。

（二）机会因素

1. 内部控制失衡

2020 年 4 月 5 日，LK 公司关于其首席运营官和部分下属伪造公司财务报表的事件，做出了承认声明，称公司将认真反思，并进一步加强内部控制。企业内部控制体系环环相扣，LK公司的内部控制很可能在某一环甚至多环都出现了漏洞，从而使得财务造假行为得以进行却没有被阻止。

此外，LK公司不设置收银台、通过手机端收费的商业模式为其财务舞弊提供了舞弊的基础，也为其"跳单"操作并修改营业利润创造了机会。

2. 外部监管薄弱

从外部监管角度来看，LK公司主要受政府和社会的监督：在政府监管方面仍然存在缺乏灵活性的问题，对LK公司多次欺诈行为的反应较慢。社会监管中，有关做空机构的研究结果调查报告及公开销售股份的潜在风险也给LK公司提升信息质量带来了额外的压力。

（三）借口因素

1. 管理层存在侥幸心理

LK公司管理层存在着较大的侥幸心理，道德水平也令人堪忧，并且多次发生过类似的财务舞弊现象，LK公司的现状和发展方式类似于之前神州租车、神州优车的情况，因此有理由相信LK公司的高管早已经在内心将自身舞弊行为合理化，管理层诚信合规意识薄弱，职业操守败坏。

2. 企业缺乏诚信经营观念

LK公司管理层并没有树立诚信的价值观，不仅没有有效地传达公司的价值观或道德规范，反而在公司连年亏损、扭亏无望的现状下，以"为了公司能够正常稳定地发展""为了能够获得融资"等说辞作为LK公司高管实施财务舞弊行为的借口。即使浑水公司已经指出其财务舞弊行为，LK公司依然选择发布公告进行否认，这表明公司严重缺乏诚信经营的价值观。

六、结论

通过分析 LK 公司的财务舞弊案件，根据现有的研究理论，可以发现 LK 公司的财务舞弊行为是压力、机会和借口三个因素结合在一起的结果：LK 公司的压力源于收入无法有效覆盖居高不下的成本，使得门店长期处于亏损状态；机会是由于 LK 公司利用登记系统的便利在纳斯达克成功上市，只要上市前公司相关指标符合要求，政府监管就很难快速发现它的舞弊行为；而借口出自于 LK 公司的高管，他们早已经在内心将自身舞弊行为合理化，希望通过 LK 公司的快速增长能够再现神州租车和神州优车上市套现的"成功经验"。

参考文献：

[1] Lawrence b. Sawyer. 索耶内部审计 [M]. 北京：中国财政经济出版社，1993.

[2] 何朝妮. 财务人员进行财务舞弊的动因分析——来自东芝公司的资料 [J]. 时代金融，2016(8)：48-49.

[3] 王珂，朱爱萍. 基于舞弊 GONE 理论的财务舞弊动因与防范对策研究——以九好集团为例 [J]. 商业会计，2017(14)：44-46.

十四　欢瑞世纪财务造假案例研究

王寒晴[①]　刘丹[②]

摘要：随着我国资本市场的不断发展，许多企业获得了快速发展，但在资本市场快速发展的过程中也出现了财务造假的问题。2012年，我国资本市场迎来了借壳上市高潮，于是我国开始不断出台规章制度对借壳上市进行规范。欢瑞世纪是在2016年新规出台后少数成功借壳上市的企业，但在上市后发现了其存在财务造假行为。本文通过查阅借壳上市和财务造假的相关文献，对相关理论进行梳理总结形成本文理论基础。结合欢瑞世纪实际情况，首先对欢瑞世纪财务造假过程进行分析；其次对财务造假动因、对其所产生的后果进行了分析；最后根据此财务造假事件对上市公司、审计机构等提出了建议。

关键词：欢瑞世纪；财务造假；借壳上市

最近几年上市公司财务造假事件一直受到广泛关注，财务造假扰乱了资本市场秩序，让广大投资者失去了对市场的信心。虽然现在证监会也在不断出台关于财务造假的规定，但是财务造假事件仍然屡禁不止。

一、文献综述

（一）国外文献综述

关于财务造假动因的研究，美国学者Bologna G.Jack、Lindquist Robert J.和

[①] 王寒晴，女，会计硕士，研究方向：财税理论与实务。
[②] 刘丹，女，会计硕士，研究方向：内部控制。

Wells Joseph T.（1993）提出 GONE 理论，认为财务造假动因包括贪婪、机会、需要和暴露因子[1]。Mary L.（2015）认为，财务造假主要受到公司高管受教育水平的影响[2]。Basil AN.（2017）认为，公司内控薄弱、经营状况不佳是导致上市公司出现财务造假的主要动因[3]。

关于财务造假治理研究，Benita G, Annukka J（2013）认为，财务造假是否发生与上市公司的股权机构有关，并且提出，合理的多个大股东并存可以在一定程度上抑制财务造假行为的出现[4]。Harland Prechel 和 Theresa Morri S（2014）认为，增加对财务造假的惩罚力度可以有效避免财务造假的发生[5]。Shamsi E.（2015）提出，外部审计单位和企业之间应该保持一定的距离[6]。

（二）国内文献综述

关于财务造假动因研究，田冠军、姚楠（2016）认为，财务造假现象与上市公司高管的风险接受程度和贪婪习性有关[7]。李花果（2017）认为，国内上市公司股权分配普遍存在一家独大的现象，这种股权结构更易导致财务造假[8]。

关于财务造假治理研究，黄倩雪（2014）提出，应当加强审计机构对上市公司的监督作用，加大市场监管[9]。田田、张根文、张王飞（2016）提出，市场监督部门对于财务造假的态度与财务造假是否发生有着密切关系[10]。田宁（2019）提出，增强审计监督，强化监管和处罚力度等是防范财务造假的重要手段[11]。周萍、项军（2020）提出，必须加强对审计人员的业务能力和自身素养的培养，制定更有效的审计程序，及时发现造假迹象，减少造假行为[12]。

二、欢瑞世纪简介及造假过程

（一）公司简介

欢瑞世纪成立于 2006 年 9 月，其行业分类属于文化、体育和娱乐业。欢瑞世纪是一家主营影视剧投资、制作、发行的公司，属于我国相对知名的一家影视娱乐公司，该公司着眼于年轻观众市场，旗下主要有任嘉伦、秦俊杰、颖儿等知名艺人，代表影视作品有《大唐荣耀》《盗墓笔记》等。

（二）欢瑞世纪财务造假过程

根据证监会的行政处罚决定书，欢瑞世纪 2013—2016 年均存在财务造假行为，该行为主要目的是可以成功借壳上市。

首先，2013 年欢瑞世纪对《古剑奇谭》和《微时代之恋》的收入事项进行了提前确认，2014 年 6 月《古剑奇谭》母带交接完成，按照规定，收入确认时间应为母带交接完成当日，而欢瑞世纪收入确认时间为 2013 年 12 月；对于《微时代之恋》，欢瑞世纪与腾讯公司签订的合同于 2014 年 2 月 10 日生效，然而欢瑞世纪在 2013 年 12 月就确认了版权转让收入，由此可见，欢瑞世纪确认收入的时间不符合会计准则规定，通过虚增营业收入的方式进行财务造假。其次，2014 年欢瑞世纪对《少年四大名捕》同样存在提前确认收入的问题；欢瑞世纪 2012 年曾与浙江天光地影签订合同，同年 12 月欢瑞世纪支付给浙江天光 520 万元，并计入预付账款，按照合同规定，2013 年 12 月应将该款项转入其他应收款，并计提坏账准备，但直到 2014 年 12 月，欢瑞世纪才将 520 万元转入其他应收款，因此欢瑞世纪通过推迟计提应收账款坏账准备的方式进行了财务造假。再次，2015 年陈援、钟君艳将自有资金通过多次转手，将该资金伪装成 2013 年上海轩叙应该支付给欢瑞世纪的款项 850 万元，通过虚构收回应收款项来少计提坏账准备，这一虚构行为使得欢瑞世纪 2015 年少计提坏账准备 425 万元。最后，2016 年，欢瑞世纪采取了与 2015 年大致相同的方法，虚构其收回上海轩叙应收账款 1,700 万元，虚减坏账准备 467.5 万元[13]。

欢瑞世纪通过造假 2013—2016 年财务数据，达到了上市"门槛"要求的"过去三年"条件，使得其在 2016 年借壳星美联合成功上市。

三、欢瑞世纪财务造假动因分析

（一）上市和完成业绩承诺的需求

由于欢瑞世纪所处行业的特殊性以及多部影视剧同时开拍，经常出现资金告急的问题,因此欢瑞世纪打算借壳上市是为了解决现金短缺的问题,以此获得更多的资本来支持其业务和自身的发展。但在此次借壳过程中,欢瑞世纪出现了当红演员解约等危机,使真实财务数据不能达到上市要求,所以为了能够顺利上市,不惜利用财务造假来实现利润虚增。

同时由行业特殊性所决定,影视公司在前期需要投入大量资金,且只有在影视剧播出后才能实现资金回笼,造成应收账款占比大的问题;同时广电总局下达的"限古令"对主要营收为古装剧的欢瑞世纪影响很大,造成其有许多古装剧"只拍不播"的情况,导致欢瑞世纪的高存货现象。基于以上两点原因,欢瑞世纪危机增加,为了可以完成业绩承诺,通过提前确认影视剧收入来粉饰报表。

在上市后,欢瑞影视原股东与欢瑞世纪签订对赌协议,承诺2016—2018年三年的净利润额达到目标,若未完成承诺,欢瑞影视原股东应按利润补偿协议进行补偿。公告显示,前两年欢瑞世纪实现了业绩承诺,而在2018年只完成了83.53%[14]。表14-1为欢瑞影视业绩承诺累计完成情况。

表14-1 欢瑞影视业绩承诺累计完成情况

年份	归属于母公司所有者的净利润			扣除非经常性损益后归属于母公司的净利润		
	实际盈利数/万元	承诺数/万元	完成率	实际盈利数/万元	承诺数/万元	完成率
2018	32,509.60	36,800.00	88.34%	28,651.92	34,300.00	83.53%
2017	39,280.86	29,000.00	135.45%	37,588.57	27,000.00	139.22%
2016	26,952.59	24,100.00	111.84%	25,420.38	22,300.00	113.99%
累计完成	98,743.05	89,900.00	109.84%	91,660.87	83,600.00	109.64%

资料来源:新浪财经网。

(二)股权结构存在问题

欢瑞世纪是由陈援、钟君艳合资创立的"夫妻店",自成立以来,虽然股权结构发生多次变动，但一直以来都是由二人实际控制的。公司上市前，二人分别担任公司的董事长和董事及总经理等职位。上市后，二人及其一致行动人持有公司 30.15% 的股权，但其余股东股权较为分散且有些股东并不参与公司经营管理，所以二人仍然对公司拥有实际控制权。不合理的股权结构为管理者进行财务造假提供了便利条件，并且也使得董事会和监事会基本形同虚设，他们难以制衡拥有绝对控制权的股东。因此，由于陈援、钟君艳二人始终拥有对欢瑞世纪的控制权、执行权和监督权，这导致企业的内部控制、治理结构几乎无法起作用。

（三）审计机构失职

会计师事务所审计人员未保持应有的谨慎也给欢瑞世纪财务造假提供了可能。一方面，欢瑞世纪在 2013 年和 2014 年提前确认了版权转让收入和影视播放收入；另一方面，欢瑞世纪与播出方签订的合同中存在某些情况可以解除合同的约定，欢瑞世纪却全额确认了收入。在审计过程中，会计师事务所并未提出异议，给出了无保留意见。正是由于首次造假的"成功"行为，欢瑞世纪在接下来的几年继续进行财务造假。在此期间会计师事务所没有尽到自己应有的职责，没有做好市场把控，间接纵容了财务造假行为[15]。并且目前会计师事务所与被审计单位之间存在一定雇佣关系，所以会计师事务所想要完全保持独立性存在一定困难，这也会对审计质量造成影响。欢瑞世纪提前确认收入情况如表 14-2 所示。

表 14-2 欢瑞世纪提前确认收入情况

项目	时间	提前确认金额 / 万元	年度提前确认合计 / 万元	当年确认营业收入 / 万元	提前确认占当年收入比例
《古剑奇谭》	2013 年	5,052.83	6,939.62	20,091.26	34.54%
《微时代之恋》		1,886.79			
《少年四大名捕》	2014 年	2,789.43	2,789.43	29,420.49	9.48%

资料来源：欢瑞世纪年报。

四、欢瑞世纪财务造假治理建议

(一)进行变革,缓解经营压力

1. 调整公司战略

企业战略是企业为了实现其目的,在对内部资源和外部环境分析的基础上,制定的方针政策。欢瑞世纪财务造假事件中,公司因经营不善、业务受阻产生了财务造假的想法,管理层没有系统进行战略分析,及时调整公司经营战略是其中的一个原因。

欢瑞世纪一直以古装剧见长,营业收入中古装剧占据了主要地位,2016—2019年,由古装剧带来的收入占到了59%。古装剧比例过高为公司经营带来了隐患,一旦古装剧不再受到追捧或政策变化,公司发展会受到严重影响。2015年,"限古令"的出台导致欢瑞世纪大量积压古装剧,经营压力剧增,这也是其进行财务造假的动因之一。在此情况下,欢瑞世纪就应当调整经营战略,调整业务结构,扭转业绩。

首先,公司应转变观念,拓展其他影视剧类型,均衡发展。其次,顺应整个影视行业调整的大环境,收缩业务,加强与爱奇艺等网络平台的合作。最后,加强公司认可度,拓展外部艺人资源。

2. 拓宽融资渠道

部分公司想要上市但是存在融资难的问题,欢瑞世纪也不例外。但我国证券市场上市有严格的"门槛",小部分公司可以成功上市,非上市公司普遍面临"融资难"问题。在此背景下,一些公司不惜通过财务造假实现上市,若想减少财务造假的发生,有关部门应当积极开辟各种融资渠道。

首先,发展债券市场和新三板市场,为企业提供更多的融资平台,缓解企业现金压力,丰富我国融资体系。其次,企业自身应当提升偿债能力和盈利能力,完善内部管理,发展自身优势,形成行业内的竞争优势,提高信用等级,进而提高融资能力。最后，发展现有的银行信用体系，目前来说我国国有银行的服务角色定位仍以中大型企业为主，这使得中小企业融资难，因此应当注重对中小企业影响更大的中小型银行，加快中小型银行的发展，更好地为中小型企业提供融资服务。

（二）完善企业股权结构

企业必须建立适合自己发展的、完善的股权结构，不完善的股权结构会为财务造假提供便利。因此要适当进行分散股权，避免"一家独大"现象出现。就欢瑞世纪股权结构来看，陈援、钟君艳夫妇持有 30.15% 的股份，虽未达到 50% 的绝对控股比例，但公司有部分股份被贾乃亮、李易峰等艺人占有，他们并不参与公司决策，这导致公司实际经营决策权仍在陈援、钟君艳夫妇手中。使得他们可以利用对公司的控制权，指使财务人员违反规章制度，进行财务造假，危害其他股东权益。所以，在这种情况下，为了加强对部分大股东的约束，防止他们利用其控制权进行财务造假，有必要对股东结构进行调整和完善，如大股东向不持有公司股份的人转让部分股权，从而达到稀释其股权的目的。与此同时，中小股东也应该积极参与到公司经营活动中来。

（三）提升会计师事务所审计能力

在此案例中，欢瑞世纪连续四年财务造假，且造假手段也并不是特别复杂，但北京兴华会计师事务所仍然连续四年出具了标准的无保留意见，这是第三方审计机构的失职。

因此应当提高会计师事务所整个行业的行业质量，避免一些会计师事务所为了维护和客户的长期合作，降低审计标准。在开展审计业务过程中，会计师事务所要始终保持中立立场，以统一的标准来对待每一家被审计公司。此外，会计师事务所应该注重培养审计人员的职业道德，对审计人员进行定期的职业道德培训[16]。

参考文献：

[1] Bologna G. Jack，Lindquist Robert J，Wells Joseph T. The Accountant's Handook of Fraud and Commercial Crime[M]. State of NewYork：John Wiley & Sons，1993(1).

[2] Mary L. Accounting Fraud，Auditing，and the Role of Government Sanctions in China[J]. Journal of Business Research，2015(6)：33-39.

[3] Basil A N. Corporate Governance and CEO Pay：Evidence From UK Travel and Leisure Listed Firms[J]. Tourism Management，2017(60)：21-26.

[4] Benita G，Annukka J. Perceived Importance Ofred Flags Across Fraud Types[J]. Critical Perspective on Accounting，2013(24)：44-61.

[5] Harland Prechel，Theresa Morri S. The Effects of Organizational and Political Embeddedness on Financial Malfeasance in the Largest U. S. Corporations：Dependence，Incentives，and Opportunities[J]. American Sociological Review，2010(3)：331-354.

[6] Shamsi E. The Effect of Change in Auditor's Opinion on Timely Disclosure of Financial Information[J]. Accounting and Economics，2015(3)：200-209.

[7] 田冠军，姚楠. 农业上市公司财务舞弊审计风险识别与控制[J]. 财会通讯，2016(19)：93-95.

[8] 李花果. "欣泰电气"财务舞弊案例研究[J]. 财会通讯，2017(10)：5-7.

[9] 黄倩雪. 财务舞弊与内部控制关系分析及建议[J]. 中国内部审计，2014(11)：27-29.

[10] 张根文，田田，张王飞. 注册会计师审计失败与财务舞弊处罚研究——基于财务欺诈聚集理论[J]. 财会通讯，2016(34)：8-10.

[11] 田宁. 舞弊公司审计师变更及治理研究——以欣泰电气为例[J]. 财会通讯，2019(4)：99-103.

[12] 周萍，项军. 上市公司审计失败现状、成因及规避措施——基于2008—2018年证监会处罚决定的统计分析[J]. 会计之友，2020(2)：141-145.

[13] 朱松涛. 上市公司财务造假案例分析[D]. 南昌：南昌大学，2021.

[14] 柯贤正. 财务舞弊的途径、危害及防范对策——以欢瑞世纪为例[J]. 全国流通经济，2020(35)：187-189.

[15] 许菲珈，程腊梅. 欢瑞世纪财务造假动因分析及启示[J]. 中国管理信息化，2021，24(19)：9-10.

[16] 罗燕. 欢瑞影视借壳上市财务造假案例研究[D]. 长春：吉林大学，2020.

十五　基于 GONE 理论的豫金刚石财务舞弊案例分析

鲍鑫子[①]

摘要：2021 年初的第一雷就是豫金刚石财务舞弊，连续多年的财务信息披露不实。同时，在 2020 年中的 9 个交易日内，豫金刚石的股价涨幅超 1 倍，成了市场口中的"妖股"。本文基于财务舞弊的手段和动因，通过运用 GONE 理论来对其进行深入的分析，从内部决策和外部监督等方面来提出一些建议。

关键词：GONE 理论；豫金刚石；财务造假

一、引言

近年来，公司财务造假的事件时有发生，对此，投资者失去了投资的信心，同时企业的品牌形象也受到影响。更为甚者，危害到社会的经济秩序和发展。虽然有关部门对公司财务造假加大了惩罚的力度，提高了违规成本，但是此类事件仍然无法杜绝。

2020 年底，豫金刚石突然"暴雷"，大股东"金蝉脱壳"，公司诉讼成堆，2019 年、2020 年连续两年利润亏损，公司不得不进行退市风险警告，股票名

---

① 鲍鑫子，女，会计硕士，研究方向：财务管理。

称也变更为""ST金刚",公司业绩迷雾重重。与此同时,在2020年12月31日,证监会披露豫金刚石存在重大财务造假的行为,公司所披露的信息存在严重不实。

因此,本文对上市公司豫金刚石财务造假进行分析,分别从贪婪、机会、需要、暴露四个角度来对豫金刚石财务舞弊的动因进行讨论,并提出相关建议。希望对防范上市公司财务舞弊提供一些帮助。

二、文献综述

(一) 国外对于GONE理论的研究

国外对于GONE理论的研究最早开始于20世纪60年代,在20世纪90年代趋于成熟。在20世纪70年代,加拿大学者Lindquit Robert提出冰山理论,从结构和行为来分析财务舞弊的动因。1986年美国的会计学家W. S. Albrecht认为压力、机会和借口会导致财务舞弊的发生。随后,Bologna G.Jack.和Wells Joseph T.[1]等人在1993年提出,他们将GONE理论划分为四部分,分别是G、O、N、E,代表着贪婪、机会、需要、暴露,并且彼此之间相互作用,由此构成了企业进行财务舞弊的原因。在随后的发展中,2015年,Bologua和其他学者又将GONE理论的四个因子拓展为五个因子,提出了风险因子。由此,GONE理论逐渐成了分析企业财务造假的相关理论之一。

(二) 国内对于GONE理论的研究

在国内,2015年,学者卢馨、李慧敏、陈烁辉[2]基于2001年到2013年的108家受到证监会处罚的公司,针对公司的财务舞弊行为进行研究。学者发现高级管理人员的表现与公司财务舞弊的发生有着密切的关系。2020年,文炳洲、焦少杰[3]基于2008年至2017年受到证监会处罚的公司,对财务舞弊的动因进行研究,并发现动因呈现多维度的现象。

三、基于 GONE 理论的豫金刚石财务舞弊案例分析

（一）豫金刚石财务舞弊案例回顾

1. 豫金刚石公司介绍

2004年12月，郑州华晶金刚石股份有限公司（股票简称"豫金刚石"）成立，是一家主要从事超硬材料及其制产业链专业研究、生产和销售为一体的高新技术企业。公司于2010年3月在深圳创业板上市。同时，豫金刚石拥有与人造金刚石有关的自主知识产权，博士后工作分站以及经中国合格评定国家认可委员会认可的检测中心。其产品不仅应用于电子电器领域，而且还延伸至国防、医疗机械等新兴领域。

2. 豫金刚石财务舞弊案例

2020年12月31日，中国证监会发布相关调查报告，认为在2016年至2019年，豫金刚石存在信息披露不实的问题[4]。2016年末的货币资金余额达到了38.76亿元，同比增长667.52%，但2017年第一季度又出现了明显的下滑。同期豫金刚石在持有大量资金的情况下，短期负债项目余额并未减少，而且长期应付款5.23亿元大幅增长。不仅如此，2017年营业收入出现异常增长，仅在第四季度就增加了5.56亿元。在2019年的年报被披露后，豫金刚石仅收到监管部门的年报问询函和多篇关注函。直至2019年的审计报告才提出保留意见，公司的3名独立董事对审计报告表示质疑，证监会才开始进行系统性的调查。

（二）豫金刚石财务舞弊手段分析

1. 虚构采购交易，形成虚假资产

在2016—2019年，豫金刚石通过虚构采购交易，并且在交易的过程中并未开具相应的税收发票，没有办理验收的相关程序，由此向销售方支付价款，但实际向实际控制方郭留希转移资金。仅在2019年豫金刚石披露的财务报表中形成了62,813.33万元的虚假存货、40,645.00万元的虚增固定资产和82,141.81万元

的虚增非流动资产，共计185,600.14万元的虚假资产，占当年披露的总资产的19.55%。如表15-1所示。

表15-1 2016—2019年豫金刚石虚增非流动资产情况

指标＼年份	2019	2018	2017	2016
虚增非流动资产总额/万元	82,141.81	11,612.27	13,838.14	11,838.14
当年资产总额/万元	949,357.94	942,496.17	910,714.13	881,693.13
所占比例	8.65%	1.23%	1.52%	1.34%

资料来源：巨潮资讯网。

2. 虚构销售收入，虚增营业利润

2017—2019年，豫金刚石及其子公司采取虚构销售的方式，向河南金利福珠宝有限责任公司、深圳市佑爱珠宝有限公司等企业销售饰品类产品，向河北锐石钻头制造有限公司、鄂信钻石新材料股份有限公司等企业销售非饰品类产品，借此虚增利润。如表15-2所示。

表15-2 2017—2019年豫金刚石虚构销售收入情况

指标＼年份	2019	2018	2017
虚构销售收入/万元	31,371.52	21,239.49	3,972.24
当年营业收入总额/万元	95,544.62	124,018.08	134,190.69
所占比例	32.83%	17.13%	2.96%
虚增利润总额/万元	700.22	5,710.43	5,486.34
当年披露利润总额/万元	-516,942.04	12,975.15	26,155.57
所占比例	0.14%	44.01%	20.98%

资料来源：同花顺数据。

3. 未按规定披露担保事项

2016—2019年豫金刚石为其实际控制人和关联人进行担保的事项多达34起，

累计金额为 413197.44 万元 [5]，但是并未在当年的财务报表中进行披露，致使 2016—2019 年的利润虚增，如表 15-3 所示。

表 15-3　2016—2019 年以豫金刚石为关联方的未披露担保情况

指标＼年份	2019	2018	2017	2016
关联担保数量/起	5	20	7	2
关联担保金额/万元	13.02	166.28	58.90	175.00

资料来源：同花顺数据。

（三）豫金刚石财务舞弊动因分析

1. 贪婪因子

豫金刚石进行财务舞弊的一大原因是将资金转移至公司实际控制人郭留希处，2016 年至 2019 年，郭留希是公司的董事长，决定和指导了豫金刚石的全部违法行为。郭留希为了一己之私和对金钱的渴望，通过虚构销售交易和采购交易来转移交易资金，并且多次累计占用公司资金，导致公司的货币资金流动性出现短缺危机。

同时企业内部高管出现不作为现象。刘国炎作为公司的财务总监、会计机构负责人，参与实际控制人占用公司非经营性资金事项；李国选主管公司的销售业务，但是却参与公司的虚构交易；张建华负责验收工作，但并未对相关的固定资产进行验收。

2. 机会因子

（1）内部决策问题。

豫金刚石主要经营人造钻石、金刚石的相关业务，但在近几年，郭留希却改变公司的经营策略，开始进行股权投资和规模扩张。2012 年 8 月成立郑州高新科技企业加速开发有限公司，出资控股河南顺源宇祥铝业科技有限公司；直接或间接投资设立河南世纪天缘生态科技有限公司等。但这几家公司接连陷入债务危机，经营困难，使得豫金刚石因为其提供担保而受到牵连。

（2）外部监督问题。

在2018年豫金刚石的财务出现异常时，有关部门没有进行合理的介入，当豫金刚石财务舞弊被曝光之后，警方并未对此进行立案。

豫金刚石的审计机构——亚太会计师事务所针对2017年和2018年的年报出具无保留意见的审计报告，针对2019年的年报出具保留意见的审计报告。由此可知，亚太会计师事务所对于豫金刚石虚构销售业务和采购业务等并没有进行系统性的调查，没有遵循相关的会计职业道德和审计流程。同时，会计师事务所是由公司进行选聘的，保持相对独立是有一定难度的。

3. 需要因子

（1）企业经营不善，市场波动较大。

从2017年开始，豫金刚石的经营就出现了问题，净利润开始下滑。2018年，A股市场整体较为低迷，豫金刚石所在的人造金刚石产业也并没有发挥其相应的优势，公司的营业收入同比下降19%，净利润更是下降了58%。由于市场需求变化较快，行业竞争加大，公司一时难以作出相应的调整，找出合适的营销策略。

（2）国家援助无法彻底纾困。

豫金刚石的融资方式大多采取股东担保或是信用担保。2017年5月，豫金刚石利用股权质押的方式向郑州银行进行融资，此举融资了7.6亿元。但在2018年豫金刚石股价下跌，其下跌的幅度最大达到了70%，一度触及平仓线。随后2019年，郑州银行又向豫金刚石发放了3.4亿元的贷款。虽然增加了企业的现金流动性，但是豫金刚石的问题没有得到根本性的解决。

（3）公司存在大量的借款担保及诉讼案件。

豫金刚石近几年被大量的诉讼事件缠身，并且在公司所涉及的案件之中，多为金融借款纠纷和借贷纠纷，同时公司的实际控制人、股东、子公司频繁地作为借贷的担保方，但最后资金大部分流向了郭留希。截至2020年10月，公司账面上可用的流动资金仅余134万元，但是短期借款却达到13亿元。截至 2020 年 11 月，公司所披露的诉讼案件作为被告的共达到 64 起，涉及金额为 48.12 亿元。

4. 暴露因子

一方面，亚太会计师事务所与豫金刚石合作长达四年，虽然审计财务报告的负责人有所变化，但是在 2016—2018 年却没有对豫金刚石的财务问题有所察觉，这就在一定程度上使豫金刚石存在一定的侥幸心理；另一方面，证监会对于公司财务造假的惩罚力度较小[6]，对郭留希罚款 1,500 万元，同时终身市场禁入。对于公司其他的高管人员分别罚款 5 万元至 300 万元，对于情节严重的刘永奇、刘国炎、张超伟分别采取 10 年的市场禁入措施。但是这相比于高管从公司舞弊中所获得的利益有些微不足道。

（四）豫金刚石财务舞弊的责任归属

1. 公司内部的管理层监督失效

在豫金刚石财务舞弊的过程中，主要的管理人员参与了全过程，董事长策划舞弊的方式方法，其他高层不仅不履行自身的职务，反而从中协助。由此体现公司内部的监督机制存在重大的问题，监事会的职责基本形同虚设，管理层凌驾于监事会之上[7]。而且公司所披露的财务报表存在重大的错误，内部控制的过程中并没有发现该错报，独立董事无法及时获得财务数据，反舞弊的程序无效。由此，公司的管理层依旧是财务舞弊的主要责任方。

2. 公司外部审计机构披露失真

会计师事务所的主要职责就是将公司的真实情况进行反映。但是在豫金刚石财务舞弊的案例之中，亚太会计师事务所并没有针对豫金刚石 2016—2018 年的财务数据进行严格的审核，使得公司形成了大量的虚假资产。注册会计师并没有履行自身的职责，遵守会计职业道德。由此，作为外部审计的一方，会计师事务所也应对本次豫金刚石财务舞弊承担相应的责任。

3. 公司财务报表使用者利益受损

财务报表的使用者主要是公司的股东和外部的投资者，由于公司业绩的突然"变脸"，使得投资者和股东的损失巨大。由图15-1可知，公司高管为了一己之私，最终是由公司的股东和投资者来承担相应的后果。

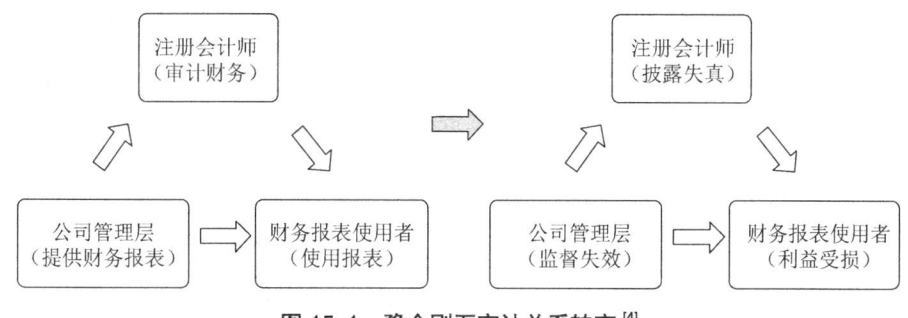

图 15-1　豫金刚石审计关系转变[4]

资料来源：张旭超."长生生物"财务舞弊案例研究——基于GONE理论的视角[8].

（五）防止公司财务舞弊的相关建议

1. 完善内部管理机制

在公司内部应避免一家独大的现象，每一个股东都应具有话语权和监督权，股东之间相互牵制[9]。与此同时，应根据公司的实际经营状况和市场的供需状况来确定符合自身情况的战略，不可"我行我素"。

2. 加强外部监督系统

会计师事务所的相关负责人严格遵守自身职业道德和对于公司财务流程的审核。同时，要建立负责及惩罚机制，对于审计案子的负责人采取负责到底的制度，如若发生问题，应追查相应的负责人。

3. 加强管理人员的道德素质教育

管理层的价值观和责任感直接影响到一家企业的发展方向和决策。如果管理人过于重视自身的利益,那么就会通过舞弊手段来获取不正当利益。因此加强管理层人员的道德素质教育不能只是空喊口号,应当将其摆在重要的位置,树立正确的价值观维护企业的长久发展。

4.加大惩罚力度,提高违规成本

相关部门应加大对于公司财务造假的处罚力度,提高公司财务造假的成本,使其"退而远之"。并且对于一些上市的公司,若进行财务造假轻则罚款,重则要求其退市,采取严格的惩罚机制。同时降低投资者的维权成本,维护投资者的利益。

参考文献:

[1] Bologua G. J., Lindquist R. J. & Wells J. T. Accoutant's Handbook of Fraud and Commercial Crime[J]. Jone Wiley & Sons Inc, 1993: 20-81.

[2] 卢馨, 李慧敏, 陈烁辉. 高管背景特征与财务舞弊行为的研究——基于中国上市公司的经验数据[J]. 审计与经济研究, 2015, 30(6): 58-68.

[3] 文炳洲, 焦少杰. 利益驱使、中介背书与上市公司财务舞弊——基于2008—2017年证监会处罚公告书[J]. 财会通讯, 2020(23): 47-51.

[4] 证监会通报豫金刚石信息披露违法案件调查情况[EB]. 中国证券监督管理委员会网站, 2020-12-31.

[5] 程丹. 长期系统性造假!证监会定性豫金刚石涉重大财务造假涉案金额巨大!股价曾7天疯涨130%,何事作妖? [EB]. 券商中国, 2021-01-01.

[6] 田冠军, 姚楠. 农业上市公司财务舞弊审计风险识别与控制——基于GONE理论的多案例分析[J]. 财会通讯, 2016(19): 93-95.

[7] 纪欢丛. 基于GONE理论的皖江物流财务舞弊分析[J]. 经营管理者, 2017(27): 66.

[8] 张旭超. "长生生物"财务舞弊案例研究——基于GONE理论的视角[J]. 中国注册会计师, 2019(7): 117-119.

[9] 张丽君, 冯丽丽, 胡海川. 财务舞弊动因及经济后果研究——以康美药业为例[J]. 商业会计, 2021(22): 73-80.

十六　基于 GONE 理论视角下东方金钰财务舞弊分析

朱馨宇[①]

摘要：如今资本市场快速发展，防范公司的舞弊行为显得更加关键。国家针对各公司经营管理情况制定了相应规章制度，但财务舞弊的案件仍层出不穷。企业财务舞弊的做法，不仅会侵害企业内部各方利益相关者的合法权益，贬低了公司价值，而且还会破坏市场经济的正常运作秩序，导致市场经济发展逐渐偏离健康发展轨道。本文将根据 GONE 理论，对东方金钰的财务舞弊案件展开详细分析，从而就企业如何更好地预防财务舞弊问题提供了若干意见。

关键词：东方金钰；GONE 理论；财务舞弊

一、引言

随着资本市场的发展驶入"快车道"，我国的市场经济也在不断蓬勃发展，许多企业也关注到我国市场的巨大潜力，参与发展，但仍有一些企业与行业道德和市场秩序背道而驰，为谋取私利不择手段，因而我国企业财务舞弊的现象仍屡见不鲜。通过中国证监会发布的行政处罚决定书可以发现，自 2011—2020 年，每年都有许多上市公司因涉嫌财务造假行为而被查处，且经中国证监会公布的被

---

① 朱馨宇，女，会计硕士，研究方向：资本运营与财务管理实务。

查处公司金额也几乎连年递增。企业财务舞弊的行为严重侵犯了广大投资者的合法权益，扰乱了证券市场交易秩序[1]。本文以东方金钰为例研究其财务造假的手段及动因，并提出相应的防控措施。

二、GONE 理论

G.J.Bologna 于 20 世纪 90 年代初提出的"GONE"理论，相对其他的舞弊理论研究，GONE 理论的分析方式更加全面。此理论主要包括 4 个要素因子：贪婪（Greed）、机会（Opportunity）、需要（Need）和暴露（Exposure）。贪婪因素主要指财务人员或企业的负责人员自身的道德观和价值观，是否能抵挡住外界的诱惑[2]；机会和需要则与舞弊三角论中的机会和压力是类似的；暴露是在舞弊三角论基础上新增的，是客观存在的，与企业所面临的行业状况、市场环境以及企业组织架构等外部因素相关。

三、东方金钰财务造假案例回顾

1. 公司简介

东方金钰股份有限公司（以下简称"东方金钰"）于 1993 年成立，并于四年后在上海证券交易所成功上市。其是我国翡翠玉石行业中上市最早的企业，在业内享有很高的声誉。东方金钰紧抓发展时机，实现了从原石采购、自主研发至批发零售、特许经营、产业金融服务等一体化的经营模式。享有"翡翠第一股"称誉的东方金钰，在资本市场和终端消费市场中也得到了广大投资者和消费者的青睐，不仅拥有翡翠原石上游产业链较大的掌控能力，而且也逐步在全国实现了终端零售，并获得了许多荣誉。

2. 东方金钰财务造假被揭露至退市的过程

东方金钰于 2004 年起便开始了原石囤积，截至 2017 年已耗巨资 45.58 亿元，同时随着这些原石堆满仓库，债务的雪球也越滚越大，而这些产品的销售情况却远不如预期，公司也陷入了财务造假的风波中。自 2018 年开始，东方金钰逐步开始出现未能到期清偿的债务，并存在着巨额的玉石存货，开始引起证监会的关注。经查，自 2016 年到 2018 年，东方金钰在财务上已存有严重的造假问题。曾经市值几近 300 亿元的东方金钰，最终于 2021 年 3 月 11 日迎来了其在 A 股市场上的最后一个交易日，伴随着退市整理工作的完成，2021 年 3 月 17 日 *ST 金钰正式被摘牌。

四、东方金钰财务舞弊的手段

1. 虚构销售交易

东方金钰孙公司瑞丽市姐告宏宁珠宝有限公司（以下简称"宏宁珠宝"）于 2016 年 11 月成立，在此成立不久后，该公司即成为东方金钰的造假工具，与东方金钰串通勾结，从而进行财务造假。具体而言，宏宁珠宝一共控制了 19 个银行账户，并通过这些账户实现资金的虚假流转。这 19 个银行账户分为三个部分，第一部分为张国梅等 6 人的名义客户银行账户；第二部分为邵银丽、方月华等 7 名自然人的中转方银行账户；而第三部分为宝占明等 6 人的名义供应商银行账户。

宏宁珠宝通过控制上述账户，将几近 47,930 万元的虚构销售流转额，通过相对应的名义中转方和供应商账户而转入名义客户账户，而后再控制上述客户账户支付销售款项，使得资金回流至宏宁珠宝，从而构成资金闭环以达到舞弊目的[3]。

2. 虚构采购业务

东方金钰为了使涉案资金以更合理更顺利的方式实现资金回流，宏宁珠宝于 2016 年、2017 年伪造与李干退等名义供应商之间的采购合同从而虚构采购交易。其向名义上的供应商支付了 81,818.12 万元的采购款，且将该款项几近二分之一的部分通过中间方转入了名义客户的账目中。由此可见，东方金钰通过其控制的宏宁珠宝虚构采购交易的资金流以及相关采购合同业务等而伪造销售，从而进一步达到虚增应收账款的目的。

五、基于 GONE 理论视角下东方金钰舞弊动因分析

1. G："贪婪"因子往往深深扎根于上市公司财务舞弊的根源之处，是道德水平底下的表现。本案例中管理层缺乏诚信度和职业道德水平低，想要获得超过自身能力范围之外的钱财及其他利益，从而虚构交易事项，使得资金闭环回流到自己手中，从而满足自身贪婪的心理，因而在企业财务方面做出舞弊的行为。

2. O："机会"因子的存在使得逐利者有了可乘之机，高层管理人员拥有较高的权力，如果没有对其权力加以监督约束，那么他便有了适时机会通过非法财务手段进行舞弊而满足自身利益。本案例中，东方金钰实属家族式经营企业，赵宁身为实际控制人，兼任法定代表人和董事长之职，除此之外他还兼任宏宁珠宝总经理一职。东方金钰公司所有者和管理者高度重合，权力集中，这不利于公司的管理和监督，同时，委托方作为信息的使用者，无法获得高质量的会计信息，则控制人会有更大的权力和空间进行利润操纵行为，成为其隐瞒真实业绩、加强自身控制权的重要手段，从而给东方金钰的财务造假行为创造了机会。

3. N："动机"因子是会计行为产生的关键。一直以来东方金钰虽耗费巨资投入大量翡翠原石，但是其实际发生的销售情况却不容乐观。存货比重不断增高，营业收入总额不断趋于下降，负债突增明显且现金流极度紧缺，具体表现为以下两点。

（1）盈利能力持续下降，2016—2018 年东方金钰盈利能力情况如表 16-1 所示。

表 16-1　2016—2018 年东方金钰盈利能力情况分析表

年份 指标	2016	2017	2018
净利润 / 亿元	2.51	2.31	-17.18
销售收入 / 亿元	65.92	92.77	29.61
销售利润率 / %	3.80	2.49	-58.02

资料来源：公司年报。

(单位：亿元)

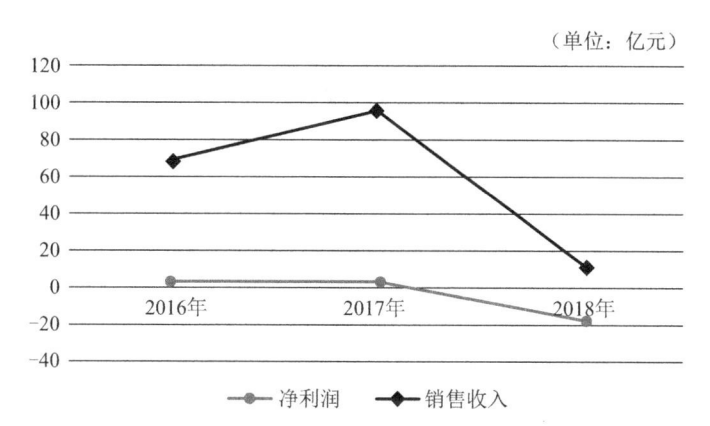

图 16-1 2016—2018 年东方金钰盈利能力变动

资料来源：公司年报。

如图 16-1 所示，东方金钰在 2016 年至 2018 年的净利润出现大幅度下降，2017 年至 2018 年尤为突出；同时其 2016 年至 2018 年的销售利润率分别为 3.80%、2.49%、-58.04%，整体下滑趋势较大。由此可知，东方金钰近年来销售状况不佳，盈利能力出现急剧下降，因此存在伪造销售业务、虚增利润以防止被 ST 甚至退市的动机。

（2）偿债压力持续升高，2016—2018 年东方金钰偿债能力情况如表 16-2 所示。

表 16-2 2016—2018 年东方金钰偿债能力情况

年份 指标	2016	2017	2018
流动比率	1.92	2.03	1.23
速动比率	0.66	0.22	0.07
资产负债率	0.68	0.74	0.87

资料来源：公司年报。

如表 16-2 所示，东方金钰 2016—2018 年的短期偿债能力严重不足，在短期债务方面面临着较大的压力。且在该期间东方金钰的流动比率和速动比率均呈现出大幅下降的趋势，2018 年的下降情况尤为突出，由此可知其短期偿债能力逐渐趋于减弱态势。东方金钰在这三年间，债务压力大，企业流动性危机较为突出，根据2016年年报资料显示，曾披露向其股东"兴龙实业"借款20亿元资金，且在此后一年，发行了7.5亿元的公司债券，弥补流动性缺陷。然而，巨额的融资仍不能解决其偿债危机，在2018年，东方金钰出现债务危机，无法清偿到期债务，导致债权人诉讼等事项。由此，东方金钰为使收入、利润等业务指标达到预期目标，从而以虚构交易业务、虚增收入和利润等手段进行财务舞弊。

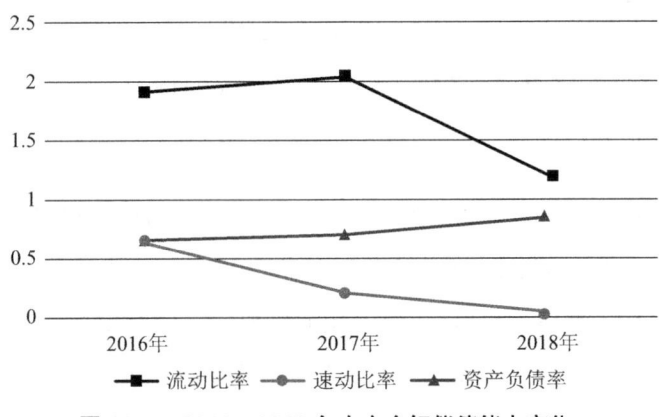

图16-2 2016—2018年东方金钰偿债能力变化

资料来源：公司年报。

4. E："暴露"因子包含两个方面，即舞弊行为暴露和披露的可能性和企业由于舞弊而受惩罚的程度[4]。一方面，注册会计师身处独立第三方，对揭露舞弊行为有很重要的作用，其应独立于被审单位，但是本案例中的实际情况却是审计委托者和被审计对象是重合的，并不能起到应有的监督作用；另一方面，企业财务舞弊行为获得的预期收益较大，但违规成本却较低。东方金钰虚增利润高达3.58亿元，但是根据证监会相关行政处罚决定书显示，东方金钰惩处金额仅有60万元，虽然60万元已经是证监会对上市公司财务造假的最大处罚金额，对各高层管理人员也处以3万元至30万元的罚款，但是相对于造假收益来说，这些罚款微乎其微。

六、防止企业进行财务舞弊的对策和建议

1. 国家要加强相关立法建设

财务舞弊现象频发，究其根源还在于相关违规成本低，违规惩罚力度小。国家应当从根源入手，加大舞弊违规的成本及违规惩罚的力度。当企业违规成本提高，惩罚的力度加大时，那么企业实施财务舞弊的可能性就会降低，如此才能真正扼制住舞弊源头。如今国内财务舞弊相关法规还需完善，违规惩戒的力度也是有限的，仅凭道德约束是远远不够的，严格健全法治体系，加大违规惩罚措施才是长久之良计。

2. 强化上市公司信息披露监管

现行的法制法规对于上市公司的信息披露要求并不够具体，仍需要不断地加以细化完善，上级监管部门要进一步加强对上市公司信息披露的监管力度，对上市公司信息披露范围、真实性及合法性加以重点关注。此外，对于上市公司内部来说，加强信息披露可以使监管层及时了解企业的运营动态，也能对股东的行为起到一定的约束作用，进而更好地避免内幕交易与财务造假行为。

3. 加强股东间的约束

控制股东行为约束，要加强各股东之间彼此的约束，大股东要加强对自己的道德约束，在承诺期间不应该支持炒作利好条件来随意操纵股价，获取非法利益，东方金钰大股东在2014年初谋划到2015年初定增成功后，控股股东之间恶意串通，安排公司发布转增股，以及公司设立互联网加珠宝产业平台等利好公告，使得上市公司的股价直接跃上高位，其间大股东在高位将股票抛出，获利近10亿元。为了避免这种情况发生，应该加强对大股东的监管和行为的约束，对其作出的损害投资者利益的恶劣行为严惩不贷。

4. 引导投资者理性投资

由于信息不对称的影响，即使是公开信息的市场信息，也需要我们去分辨其

真实度和可信度。对于普通投资者来说，不能盲目跟从，追涨杀跌，要合理了解上市公司的运营情况，根据实际的盈利发展能力来做出相对准确的判断。投资时需将关注重点放在公司管理团队、公司盈利能力和经营状况、公司合法合规性上，及时结合实际情况判断数据是否有反常不合理之处，综合考虑，理性决策。一个企业的合法合规性，需要明白法律法规是一个公司正常运转的底线，也是企业长盛不衰的根本，但在资本的驱动下，部分企业可能会选择铤而走险，这时候就需要投资者通过中国裁判文书网等渠道了解拟投资企业的潜在风险，尽可能避开有违法倾向或是已经违法的企业。

七、结语

本文主要基于"GONE"理论视角，从东方金钰财务舞弊的手段及动因方面进行了分析，并就东方金钰的财务舞弊行为提出了相应的防范建议。如今上市公司财务舞弊的现象广泛存在于世界各个国家，要想得到全面且有效的治理，还需多方努力。通过东方金钰财务舞弊案例，深刻映射出防范财务舞弊不仅需要具备合理的公司内部治理结构，更需要社会监督和相关法律的约束，此外，还要注重对投资者的引领和教育，只有这样才能在最大限度内减少财务舞弊现象发生，真正保护各方合法权益，促进资本市场在健康轨道上稳步发展，从而推动国家经济良性循环。

参考文献：

[1] 张一平，杨英. 基于 GONE 理论的财务舞弊分析——以瑞幸咖啡为例 [J]. 中国管理信息化，2021(24)：12-13.

[2] 隆丹. 基于 GONE 理论视角下欣泰电气财务舞弊案例分析 [J]. 国际商务财会，2021(8)：47-51.

[3] 叶钦华，叶凡，黄世忠. 收入舞弊的识别与应对——基于东方金钰交易造假的案例分析 [J]. 财务与会计，2021(15)：36-40.

[4] 刘瑜. 基于风险因子理论的财务舞弊问题防治研究 [J]. 中国集体经济，2021(26)：139-140.

第二篇　财务管理与社会责任

十七　多元化战略下的昊海生科财务绩效研究

余敏[①]

摘要：企业战略的成功与否，取决于一定时间的资源配置规模和人力结构，更多地取决于一个企业对已有战略资源进行有效配置和合理运用，以及实施恰当的企业竞争优势战略的能力，企业财务报表中揭示的财务状况正是战略制定和实施的最终结果体现，本文通过对昊海生科进行财务分析，发现其多元化战略实施效果并不理想，企业应该结合自身情况，决定是否开展多元化经营。

关键词：多元化；竞争战略；资产结构

一、引言

多元化经营是大部分企业成长的首选之路。为使企业快速发展，同时突破原来单一业务的束缚，许多企业通过投资、并购等方式进行多元化经营。但是，多元化经营在帮助企业扩大规模的同时，也伴随着风险与挑战。部分企业进行非相关多元化，跨界开展新业务、盲目进入不熟悉领域，不仅不会带来新的业务增长，反而可能拖累了公司整体财务绩效，抑制了企业进一步发展。因此，关于多元化经营效果的研究不能一概而论，需结合企业自身情况做出具体分析。

[①] 余敏，男，会计硕士，研究方向：资本运营与财务管理实务。

二、文献综述

郑蔚等（2016）考察了经济多样性与企业财务绩效的关系，结果表明多元化程度的增加有助于企业财务绩效的提高[1]。杨利云（2019）以2012年至2017年沪深市及A股多家上市公司企业为重点研究对象，钻研了多元化经营与企业财务管理绩效的直接关系。本文作者特别指出，现阶段企业多元化生产经营已经发展成为我国企业不断扩大内部生产经营规模、分散经营风险并不断寻求新的高效益经济增长点的一种重要途径。本文作者从企业盈利管理能力、营运管理能力、发展经营能力、职工福利及企业纳税管理能力五个不同维度研究构建企业财务管理绩效综合能力评价标准体系，并运用主成分分析法求出其载荷因数。结果表明，多元化经营能够有效提高财务绩效水平[2]。陈含桦（2020）采用最小二位数乘法公式分析我国零售企业多元化模式经营与实体企业财务管理绩效的直接影响，研究分析结果表明，零售企业可以进行适度多元化来提高企业核心竞争力[3]。

总结研究理论结果可知，多元化经营有助于企业施展协同效应，扩展相关企业规模，提升企业综合竞争实力；采用多元化经营模式会有效分散企业运营单一业务的风险，提高企业整体抗压和风险适应能力。

三、案例分析与发现

（一）企业概况

1. 公司概况与股权结构

上海昊海生物科技有限公司（以下简称"昊海生科"，股票代码：A股代码688366，H股代码06826）成立于2007年，2015年于港股上市，2019年于A股科创板上市，主要从事眼科、医美、骨科及普外科的医疗器械的生产、研发与销售。

公司股权相对比较集中，蒋伟、游捷夫妇为公司的实际控制人，共控股41.66%。核心管理层成员均有持股，其中董事长侯永泰、总经理吴剑英分别持有3.41%的股权，见图17-1。

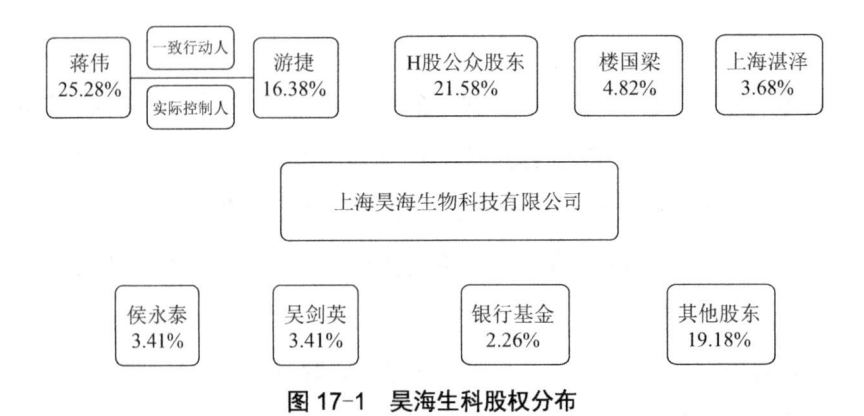

```
┌─────────┐ ┌──────────┐  ┌─────────┐  ┌─────────┐  ┌─────────┐  ┌─────────┐
│  蒋伟   │─│一致行动人│─│  游捷   │  │H股公众股东│ │ 楼国梁  │  │ 上海湛泽 │
│ 25.28%  │ └──────────┘ │ 16.38%  │  │ 21.58%  │  │ 4.82%   │  │ 3.68%   │
│         │ ┌──────────┐ │         │  │         │  │         │  │         │
│         │─│实际控制人│─│         │  │         │  │         │  │         │
└─────────┘ └──────────┘ └─────────┘  └─────────┘  └─────────┘  └─────────┘

                    ┌──────────────────────────┐
                    │  上海昊海生物科技有限公司  │
                    └──────────────────────────┘

  ┌─────────┐      ┌─────────┐      ┌─────────┐      ┌─────────┐
  │ 侯永泰  │      │ 吴剑英  │      │ 银行基金 │      │ 其他股东 │
  │ 3.41%   │      │ 3.41%   │      │ 2.26%   │      │ 19.18%  │
  └─────────┘      └─────────┘      └─────────┘      └─────────┘
```

图 17-1 昊海生科股权分布

资料来源：同花顺 IFinD。

2. 业务模块与分布结构

昊海生科以医用透明质酸钠和玻璃酸钠、医用几丁糖为代表的生物医用材料为核心，通过逐步收购眼科、医美行业的相关企业，进行了眼科全产业链的布局。主要产品及其用途，见表 17-1。

表 17-1 昊海生科产品线

领域	产品线	用途、特点
眼科	人工晶状体	用于白内障手术
	视光材料	矫正近视
	眼科粘弹剂	白内障、青光眼等多种眼内手术
	其他眼科产品	眼科手术麻醉、润眼液、细菌性结膜炎等
骨科	玻璃酸钠注射液	用于退行性关节炎等疾病，能够保护患者的关节软骨
	医用几丁糖（关节腔内注射用）	
医美及创面护理	玻尿酸	非手术类的美容诊疗项目
	重组人表皮生长因子	对受损皮肤进行再上皮化，恢复表皮生长
防粘连与止血	医用几丁糖（防粘连用）	作为隔离物防止手术粘连
	医用透明质酸钠凝胶	
	医用胶原蛋白海绵	可降解、快速止血、进行组织填充、加速并促进伤口愈合

资料来源：根据昊海生科 2020 年报整理。

3. 公司战略与经营业绩

（1）公司战略。

昊海生科在眼科及医美领域经过并购重组，通过技术创新，资源整合，提供优质价美的国产医疗产品，立志于成为世界生物医用材料领域的领军企业。

（2）经营业绩。

自 2016 年以来，昊海生科通过一系列并购，营业收入迅速增长，尤其在眼科领域的收入快速增长，据同花顺数据显示，2017 年眼科产品收入同比增长 354.35%，2019 年达到峰值 7.1 亿元，占公司整体收入的 44.49%，主要四个产品线收入占比在 2020 年达到顶峰 98.51%。2020 年由于疫情冲击，导致公司收入与 2019 年相比全方位下滑，虽然主要产品线占整体收入比例均无太大变化，但眼科及医美产品收入下滑严重，超过公司整体下滑水平。虽然收入增长，净利润增速却小于收入增速，2019 年在没有疫情影响的情况下，净利润增长 -17.29%，详见图 17-2、表 17-2、表 17-3。

表 17-2　昊海生科 2016—2020 年营业总收入及净利润

项目	2020 年	2019 年	2018 年	2017 年	2016 年
营业总收入/万元	133,242.70	160,433.39	155,845.27	135,444.75	86,121.23
同比/%	-16.95	2.94	15.06	57.27	—
净利润/万元	22,633.85	37,637.66	45,507.93	40,001.11	31,062.67
同比/%	-39.86	-17.29	13.77	28.78	—

资料来源：同花顺 iFinD。

表 17-3　昊海生科 2019—2020 年产品收入构成

产品线	2020 年 金额/万元	2020 年 占比/%	2019 年 金额/万元	2019 年 占比/%	同比增减/%
眼科产品	56,564.21	42.49	71,280.07	44.49	-20.65
骨科产品	33,165.87	24.91	35,946.17	22.43	-7.73
医疗美容与创面护理产品	24,198.05	18.17	30,041.79	18.75	-19.45

续表

产品线	2020 年 金额 / 万元	2020 年 占比 / %	2019 年 金额 / 万元	2019 年 占比 / %	同比增减 / %
防粘连及止血产品	17,234.48	12.94	18,968.41	11.84	-9.14
其他产品	1,982.50	1.49	3,996.04	2.49	-50.39
合计	133,145.11	100.00	160,232.48	100.00	-16.91

资料来源：2020 年公司年报。

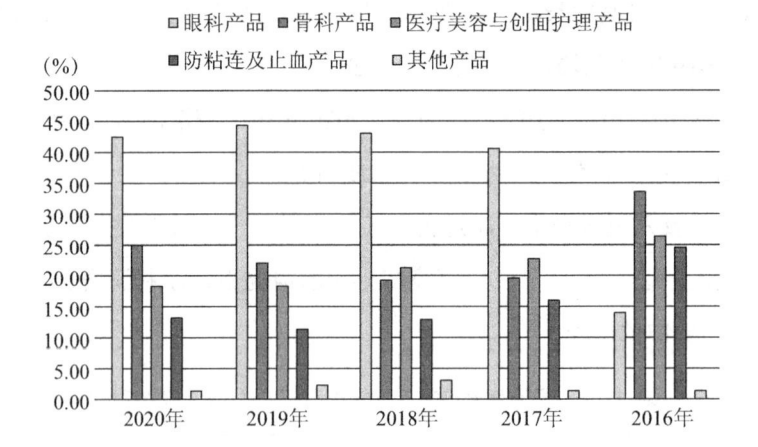

图 17-2 昊海生科 2016—2020 营业收入构成

资料来源：同花顺 iFinD。

（二）企业多元化战略的财务分析

（1）企业资源配置战略分析。

以母公司的资产结构为基础来识别企业资源配置战略，作为一种战略分析，可以对资源的分类进行简化处置，即在资产总额中，不属于投资性资产的均可视为经营性资产。

投资性资产主要是指企业通过购买其他企业的股权、债权等方式在对外投资过程中占用的相关资源，本文采用的是预付款项、其他应收款、其他流动资产、其他非流动资产项目来表示投资性资产。昊海生科 2019 年、2020 年的投资性资产占合并报表总资产的比例分别为17.16%、26.11%，可以得出其企业战略为经营主导型战略，见表17-4。

表17-4 投资性资产　　　　　　　　　　　　　　　　　单元：万元

指标\年份	合并报表（1）	母公司报表（2）	合并报表小于母公司报表（投资方向子公司提供非入资资源）（3）=（2）-（1）	投资性资产占合并报表总资产的比例
2020	8,056.55	166,410.00	158,353.45	26.11%
2019	10,713.69	107,739.81	97,026.12	17.16%
2018	21,694.93	2,349.54	—	—

资料来源：同花顺iFinD。

（2）对外控制性投资的资产扩张效应分析。

一般认为，控制性投资的资产扩张效果系数越大，表明企业控制性投资的扩张效果越明显[4]。昊海生科2018—2020年的扩张效果系数连续下降，2019年、2020年降至1以下，说明企业通过控制性投资，并没有达到资产扩张效应，见表17-5。

表17-5 控制性投资的资产扩张效果　　　　　　　　　　单元：万元

指标\年份	控制性投资所实现的资产扩张规模（1）	控制性投资所占用的资源（2）	扩张效果系数（3）=（1）/（2）
2020	115,694.91	278,192.87	0.42
2019	168,625.14	217,816.56	0.77
2018	137,839.60	109,294.24	1.26

资料来源：同花顺iFinD。

（3）企业经营竞争战略分析。

本文使用核心利润与营业收入相对比来反映企业从事经营活动的业绩成效，使用经营性资产报酬率来反映企业在经营活动中的盈利能力。

昊海生科2018—2020年的三个指标，核心利润率、经营性资产周转率、经营性资产报酬率，均大幅低于医美龙头爱美客与国产眼科人工晶体龙头爱博医疗，多元化的经营并未能形成协同效应，昊海生科需要重新思考企业的竞争战略，是进行成本领先战略，抑或是差异化战略，以缩小企业在未来的竞争中与行业龙头的差距，见表17-6。

表17-6 经营性资产报酬率

年份	昊海生科 核心利润率	昊海生科 经营性资产周转率	昊海生科 经营性资产报酬率	爱美客 核心利润率	爱美客 经营性资产周转率	爱美客 经营性资产报酬率	爱博医疗 核心利润率	爱博医疗 经营性资产周转率	爱博医疗 经营性资产报酬率
2020	6.57%	0.27%	1.77%	66.44%	0.27%	17.94%	39.98%	0.24%	9.60%
2019	18.69%	0.34%	6.35%	60.83%	0.93%	56.57%	35.48%	0.32%	11.35%
2018	24.33%	0.36%	8.76%	43.59%	0.75%	32.69%	13.87%	0.30%	4.16%

资料来源：同花顺iFinD经整理后得出。

（4）母子公司业务关系分析。

昊海生科母子公司分别向市场提供产品或者服务，双方业务关联度较低。母公司报表中的种类经营性项目，如利润表中的营业收入、营业成本、税金及附加、销售费用、管理费用、研发费用等总规模与合并报表的总规模有着显著差异。昊海生科利润表（部分）如表17-7所示。

表17-7 昊海生科利润表（部分）

年份 指标	2020 合并	2020 母公司	2019 合并	2019 母公司	2018 合并	2018 母公司
报表类型	合并	母公司	合并	母公司	合并	母公司
营业总收入	133,242.70	38,811.90	160,433.39	39,939.03	155,845.27	35,750.25
营业总成本	114,086.62	37,198.01	123,646.67	34,216.83	111,486.42	32,501.96
营业成本	33,400.41	10,408.83	36,399.93	7,886.77	33,438.57	8,288.55
税金及附加	962.00	446.53	925.62	307.25	1,192.60	441.94
销售费用	55,572.72	22,386.70	54,412.89	18,559.90	49,507.62	18,122.87
管理费用	21,416.41	5,389.40	26,655.55	7,277.29	24,035.52	5,011.57
研发费用	12,647.41	3,648.06	11,607.60	3,737.37	9,536.97	3,311.76

资料来源：同花顺iFinD。

四、结论及启示

昊海生科在多元化的过程中采取的是经营主导型战略,但是控制性投资的资产扩张效果不佳,经营性资产报酬率各自大幅低于行业龙头,母子公司各自分别向市场提供服务,未体现并购的协同效应,昊海生科的多元化并购之路走得并不顺畅,需要对自身战略进行反思,以期在未来能够达成企业既定战略。

将资产负债表项目及其关系与企业的战略和管理结合起来,在企业战略的制定与实施中寻找影响企业财务状况的根本因素,从而向信息使用者传递相对更真实、全面的财务状况信息。

参考文献:

[1] 郑蔚,郑坚顺. 多元化战略、多样化环境与上市公司经营绩效关系的实证检验[J]. 统计与决策,2016(13):163-166.

[2] 杨利云. 多元化经营、冗余资源吸收能力与工业企业财务绩效[J]. 财会通讯,2019(27):87-90.

[3] 陈含桦. 零售企业多元化对财务绩效的影响分析[J]. 商业经济研究,2020(23):169-172.

[4] 张新民,钱爱民. 财务报表分析:理论与实务[M]. 北京:中国人民大学出版社,2021.

十八　风险控制视角下的应收账款管理研究

——以瑞可达连接系统股份有限公司为例

康馨元[①]

摘要：本文通过对瑞可达连接系统股份有限公司（以下简称瑞可达）2016—2020年的各项财务指标分析识别应收账款方面存在的问题，对坏账风险、恶意购买风险、资金链断裂等风险提出强化应收账款管理风险控制，设置应收账款管理部门、完善信用销售机制、避免冒险销售等策略，为公司获得更好的可持续发展提供参考。

关键词：瑞可达；风险控制；应收账款管理

一、引言

中国正处于经济快速发展时期，我国企业也搭乘顺风车蓬勃发展，但数量的增多导致竞争也越发激烈，生产商为了争夺有限的资源不得不采取信用销售的方式吸引客户，而这也大大增加了公司资金链断裂、坏账等风险。本文以瑞可达为例，从内部控制理论、信用管理理论出发通过财务报表分析法研究公司的经营状况，并对如何进行风险控制从而降低应收账款的风险，提高应收账款的效率等问题提出可行性建议。

[①] 康馨元，女，会计硕士，研究方向：资本运营与财务管理实务。

二、理论基础

（一）内部控制理论

内部控制是指企业内部运用有效的管理办法达到利益最大化这一目的。邓春梅（2018）提到内部控制已成为企业不可或缺的综合性管控手段，成为支撑企业发展壮大的基础管理理念和手段之一[1]。刘一衡（2021）表明内部控制就是要管理和防范企业内外部各类风险的发生[2]。

（二）信用管理理论

企业通过一定的方法降低坏账风险，从而让企业价值最大化，满足可持续性发展。刘芝琳（2018）表明在企业业务销售活动中，赊销比例增加，必然会导致风险增加，但不必然导致坏账增加，所以进行信用管理能大大提高企业获利能力[3]。孙书宇（2020）表明企业通过赊销方式获取利润的同时也要承受一定的坏账损失，所以需找到信用风险和获利的平衡点，实现风险最小利润最大目标[4]。

三、瑞可达公司简介与应收账款现状

2006年1月11日瑞可达连接系统股份有限公司在苏州市创立，公司致力于高新科技产业，拥有百余种专利技术，集研发、生产、销售为一体，其连接系统、微波组件等可用于数据通信、新能源汽车的零件售卖全球。公司经营状况良好，其产品数量与种类也逐年增多，瑞可达应收账款余额随之增加，但其回款效率却不容乐观，大量的欠款逾期甚至坏账严重影响公司的经营业绩表现。"瑞可达高企应收账款仍未破局"等话题成为行业舆论热点，对股价也有所影响，不得不利用股权转让募资补充流动资金。中兴通讯、扬子江汽车等主要客户未按调解协议还款、无法收回事件屡屡发生，近年来坏账准备占应收账款余额比例平均高达15%。行业竞争激烈，其多个客户陷入资金困境，重要客户变为逾期客户，前五大客户频繁变动，应收账款连年增加，不仅会占用运营资金，还会增加坏账损失风险，影响公司未来发展。

四、瑞可达应收账款风险识别与分析

本文按照风险识别、风险评估、风险应对、风险监督的顺序首先找出瑞可达公司目前存在的问题，并对此风险进行评估，提出合理化建议，便于企业管理者进行监督与反馈。风险管理流程如图 18-1 所示。

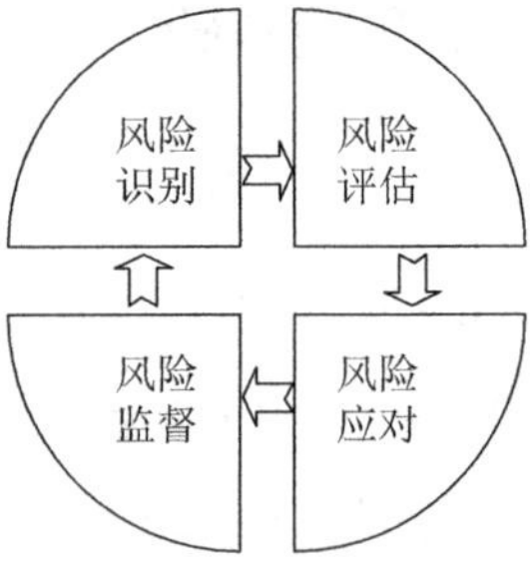

图 18-1 风险管理流程

资料来源：公开资料整理。

（一）瑞可达应收账款风险识别

财务报表分析法是风险识别的常用方法之一，本文结合实际经营状况，进行财务数据分析，这种定性与定量相结合的方法较为客观，能如实反映企业经营状况，凸显存在不足。

1. 应收账款与主营业务收入

瑞可达 2016—2020 年应收账款与主营业务收入比例如表 18-1 所示。

表 18-1 瑞可达 2016—2020 年应收账款与主营业务收入比例

指标＼年份	2020	2019	2018	2017	2016
应收账款／万元	20,246.70	23,047.82	23,792.74	20,263.38	15,485.98
营业收入／万元	61,038.75	50,837.65	44,997.27	42,036.40	30,750.95
比值／%	33.17	45.34	52.88	48.20	50.36

资料来源：同花顺 iFinD 金融数据终端。

通常来说应收账款与营业收入的比值越小表明企业现金流越好，由表 18-1 可以看出 2016—2019 年比值一直在 50% 上下浮动，即便到了 2020 年有所下降，也为 33.17%，企业有近四分之一的款项未到账，资金回收率低，将会承受较大的资金压力。这一比值同时也表明公司应收账款催缴方面存在问题，放任买家拖欠货款，当业务结束公司未及时沟通，或是采取一定手段督促货款回收。

2. 应收账款周转率

瑞可达 2016—2020 年应收账款周转率如表 18-2 所示。

表 18-2 瑞可达 2016—2020 年应收账款周转率

指标＼年份	2020	2019	2018	2017	2016
应收账款周转率 / %	1.847	1.498	1.321	1.501	1.725
应收账款周转天数	194.9	240.3	272.5	239.8	208.7
存货周转率 / %	3.934	3.612	3.342	3.305	3.577

资料来源：同花顺 iFinD 金融数据终端。

应收账款周转率是考查公司应收账款变现能力的关键指标，企业会追求较高的应收账款周转率，回款越多，企业面临的风险越小，坏账概率就越小。根据表 18-2 相关数据可以看出，2016—2018 年应收账款周转率逐年下跌，2019 年至 2020 年出现较大幅度的上涨，但相比于其他均值而言还是较低。通常来讲应收账款周转天数越短越好，能够避免坏账，企业设置的标准值为 100，由表 18-2 可以看出，由于瑞可达产品与行业的特殊性，导致应收账款周转天数与标准值相比多出两倍以上。峰值出现在 2018 年，主要由于瑞可达 2018 年第一大客户银隆新能源正处于财务困境，近 2,500 万元应收账款未能收回，到 2019 年末又增加 700 万元，坏账风险大大增加。瑞可达的存货周转率有逐年上涨的趋势，为了提高库存商品的流动性，将大量的积压商品变现，瑞可达采取较为激进的销售策略，盲目扩张产品销售数量，而降低信用销售的底线，或可导致坏账风险。

3. 应收账款占流动资产比例

瑞可达 2016—2020 年应收账款占流动资产比例如表 18-3 所示。

表 18-3 瑞可达 2016—2020 年应收账款占流动资产比例

指标＼年份	2020	2019	2018	2017	2016
应收账款 / 万元	20,246.70	23,047.82	23,792.74	20,263.38	15,485.98
流动资产 / 万元	75,017.17	65,536.43	61,677.22	57,985.61	47,899.63
比值 / %	26.99	35.17	38.58	34.95	32.33

资料来源：同花顺 iFinD 金融数据终端。

应收账款与流动资产二者比值越小，表明公司可以使用的流动资金就越多，瑞可达在 2016—2020 年比值在 26.99%～38.58%，比重较大。虽然收入增多，但随着应收款项的增加可能带来资金周转方面的困难，流动资金的不足可能导致资金链断裂，产生重大风险。

4. 应收账款账龄

瑞可达 2016—2020 年应收账款账龄如表 18-4 所示。

表 18-4　瑞可达 2016—2020 年应收账款账龄表

账龄与占比	2020 年	2019 年	2018 年	2017 年	2016 年
1 年内 / 万元	19,219.98	21,532.67	22,666.71	20,738.12	15,922.6
占应收账款余额比例	91.51%	89.80%	94.26%	97.06%	97.55%
1—2 年 / 万元	1,452.98	1,919.6	1,302.3	613.92	399.45
占应收账款余额比例	6.92%	8.01%	5.42%	2.87%	2.45%
2—3 年 / 万元	168.37	483.25	77.95	13.76	0
占应收账款余额比例	0.80%	2.02%	0.32%	0.06%	0.00%
3 年以上 / 万元	161.26	43.33	0	0	0
占应收账款余额比例	0.77%	0.18%	0.00%	0.00%	0.00%
应收账款余额 / 万元	21,002.59	23,978.85	24,046.96	21,365.8	16,322.05

资料来源：同花顺 iFinD 金融数据终端。

根据表 18-4 数据可知，瑞可达账龄 1 年内的应收账款最多是在 2017 年，占比为 97.06%，账龄 1—2 年的应收账款比例最高在 2019 年，为 8.01%，账龄 2—3 年的应收账款比例最高在 2019 年，为 2.02%，而 3 年以上的应收账款数额与占比在 2020 年最多，说明瑞可达应收账款账龄逐渐增加，几年都未能将拖欠的账款收回，坏账风险大大增加。1 年期内为最好回收的阶段，而应收账款的比率却逐年下降，公司未采取有效措施催缴账款，导致易回收变为难以回收，公司也因此增加了催缴成本。

综上所述，瑞可达在应收账款管理方面存在以下几点问题。首先是坏账风险，公司在实行赊销商品时采取一个较为宽松的政策，同时在后续催缴回款阶段的积极性也不高，没有实质性的对回款不及时这一问题进行解决，导致公司常年存在大量应收账款，坏账风险大大增加。其次是恶性购买风险，由于企业通过赊销政策吸引了大批客户，而对客户的资质进行审核时标准较低，可能会出现恶性买家由于瑞可达的宽松政策而故意拖欠货款，延长资金为本公司使用的时间。也可能出现买家本身就无法承担巨额货款，但由于赊销政策将风险转移给瑞可达，如果获利那么收益为本企业，如果投资失败，商品全部积压库存，但由于未偿还资金，对本身也没有较大损失，拖延时间甚至拒绝还款，最终使瑞可达不得不采取折扣还款等形式，减少还款金额，甚至出现应收账款变为坏账的情况。最后瑞可达或面临资金链断裂风险，流动资金是企业平稳运转的必要条件之一，为公司的正常生产提供保障，企业想要获得可持续发展就必须保证流动资金的充足，如果流动资金不足引起的某一环节被迫终止，就破坏了整体的顺延规律，如果不能及时补充资金促进运转，就可能出现不能及时提供商品等情况，使企业信誉受损，无法进行正常投资，进而影响企业良好发展。

（二）瑞可达应收账款风险评估

风险成因包括管理者意识淡薄，公司的工作中心放在发展上，追求数量而忽略了质量的重要性，管理者将应收账款的管理责任推给财务人员，应收账款的回款因没有有力的支持而难以进行。管理机制不完善，公司的现有结构没有专门针对应收账款的部门，导致不能落实责任到个人，效率低下。市场信用政策不完善，缺乏有力的惩罚机制，导致部分人受利益驱动故意拖欠货款，这种信用缺失的情况普遍存在会造成市场秩序的混乱，影响经济发展。

根据瑞可达 2020 年年报显示，信用减值损失 2020 年度较 2019 年度变动较大，主要系公司 2019 年度应收账款计提坏账金额较大所致，资产减值损失 2020 年度较 2019 年度变动较大，主要系公司 2019 年度计提的存货跌价损失和商誉减值金额较大所致。报告期内，公司未发生对持续经营能力有重大不利影响的事项，不存在影响持续经营能力的重大不利风险[5]。

综上所述，公司如果继续执行目前的应收账款政策，将会提高坏账风险，从而影响公司价值。虽然短期内不会对公司造成重大影响，但从长期看来行业受政策的影响变化较大，加之公司管理者意识淡薄、管理机制不完善等原因，应收账款仍然成为公司的一大隐患。

五、瑞可达应收账款风险应对与监督

（一）设置应收账款管理部门

提高财务人员水平。设立分析人员，加强专业培训，落实责任到个人，进行专业资金风险评控，及时发现与追回应收账款，减少坏账带来的损失。客户分级管理也是提高应收账款回收率的重要手段之一，根据以往信用情况，及时调整信用等级。通过适当放宽赊销条件与谨慎赊销，严格控制赊销金额进行动态平衡。合理利用管理系统，如国家企业信用信息公示系统、中国人民银行征信系统，可以帮助财务部门详细了解客户的信用情况，从而评定合适的等级，制定合理的信用销售政策。公司也可以运用内部系统针对本公司进行定向规划，内部系统可详细记录以往交易情况，对出现过不良记录的客户单独重点标注，设置一键综合分析等功能为分析人员提供参考。

（二）完善信用销售机制

销售前期甄选保理商与客户时应多方面综合考虑，严格审核各项相关资料，确保应收账款质量，通过进行保理融资方式将风险转移给保理机构也是降低坏账风险的合理方法。销售中期要及时与客户沟通，保证产品质量，尽量做到双方满意，积极跟进了解客户无法还款的原因，及时解决问题。定期核对账目，对期限与金额进行分析建立提前预警。销售后期如果出现逾期应收账款，不能允许赊销客户拖延下去，这会对本公司资金流动产生不利影响，赊销的资金也可能由于时间价值、汇率变化等而贬值，侵害了公司的利益。所以催缴人员应加大力度，不能松懈致使客户成为"无赖"。最后坏账审批管理应追根溯源，总结经验，避免此类事件再次发生，对于工作疏忽的相关工作人员给予一定处罚，只有责任落实到个人才能保证整体的效率与质量。判断是否应计提时，要保证信息的准确性，避免片面因素就简单定义为坏账。

（三）避免冒险销售

对于暂时无法支付全额货款的客户要谨慎销售，避免只追求销售业绩铤而走险，要对无法全额支付或按比例支付客户进行实际走访观察等必要了解，确保后续的正常回款。

（四）瑞可达应收账款风险监督

公司有关部门还应实时跟踪可能发生的风险，保证策略的有效性，进行及时反馈与改正，充分借鉴并吸取风险管理中的经验与教训。

六、结语

加强应收账款的管理是避免财务风险的重要组成部分，瑞可达应明晰自身短板，重视应收账款管理工作，可用设置应收账款管理部门、完善信用销售机制、避免冒险销售的方法减小或规避坏账风险、恶意购买风险、资金链断裂等风险，从而获得更好的持续发展。

参考文献：

[1] 邓春梅.IT治理、内部控制与企业绩效关系研究[D].重庆：重庆大学，2018.

[2] 刘一衡.Q公司内部控制风险评估研究[D].秦皇岛：燕山大学，2021.

[3] 刘芝琳.SG公司赊销信用风险管理研究[D].西安：西安石油大学，2018.

[4] 孙书宇.基于信用管理视角下S电子公司应收账款管理研究[D].沈阳：沈阳大学，2020.

[5] 瑞可达2020年年度报告［R］.苏州：苏州瑞可达连接系统股份有限公司，2020.

十九 格力电器营运资金管理能力研究[①]

孙有为[②]

摘要：营运资金是保证企业正常周转的根本。传统的营运资金管理忽略了营运资金各种资本要素之间的相互关系，以及各个要素与总体营运资金之间的内在关系。而基于供应链的营运资金管理重新审视了资金流转的过程。在理论分析的基础上，本文使用案例分析，从格力电器传统的营运融资管理理论、供应链前沿理论和不同的渠道视角下分析了格力电器的营运资本管理现状。此外，针对其存在的一些问题提出了相关解决方案，以期进一步提升其营运资金的周转和管理效率，同时，尽可能地弥补传统的营运资金使用管理模式存在的不足。

关键词：营运资金；供应链；渠道管理；格力电器

一、引言

企业的营运资金状况好坏对其日常的生产经营有一定的影响，充足的营运资金是保证企业正常运转的必要条件。如果营运资金管理不善，可能会引发股东股份减值等一系列后果。本文以家电巨头格力电器为例，对其营运资金管理能力进行研究，目的在于通过财务指标的分析，提出当前格力电器营运资金方面存在的

---

① 基金项目：北京印刷学院平台建设项目：互联网信息内容第三方审核模式研究（项目编号：Ef202004）。
② 孙有为，女，会计硕士，研究方向：资本运营与财务管理实务。

问题与建议，从而提升品牌竞争力，进一步提高格力电器的市场份额。

二、文献综述

企业经营业绩的提高，很大程度上取决于其内部的供应链体系是否完善健全。根据兰丽娟[1]的研究，供应商的集中程度能够对企业营运资金管理产生十分积极的协同效应。程新生、侯煜程[2]提出，建立供应链战略联盟可以促进多方互利共赢，从而提升营运资金周转效率。

新的渠道理论的提出给予了营运资金管理方面一些新的启发，有助于企业在整个供应链中更为高效地管理资本。张先敏、于洋[3]以分析渠道管理为原理，在要素和路径上全面审查格力电器和海尔的营运资金管理，从管理机制和业务模式两方面，详细分析两者之间产生不同绩效的原因。马建威、高云青、杨眉、刘静[4]分别从采购、生产、营销等4个视角进行营运资金管理分析。张海啸、张波[5]发现营销渠道的资金管理会由于多种多样的营销方式产生不同的转变。以使用信息化技术的万科为案例进行分析，其根据不同客户的个人需求，从不同的角度与客户创建沟通渠道。

肖梅崚、揭莹[6]认为积极维系客户关系可以使营销产品更好的获利，从而更好地实现公司价值。

邱枫、付惠冉、李凯华[7]研究发现，良好地运用应收账款质押政策能够使企业增加自有资金、减少融资成本，同时显著减少营运资金管理不善带来的不良后果，从而提高公司绩效水平。

三、格力电器营运资金管理能力现状

（一）格力电器简介

珠海格力电器成立于1991年，是一家集研发、生产、销售、服务于一体的国际化家电企业，连续9年入选《财富》杂志"中国企业100强"。格力电器的目标是为全球消费者提供高科技和高质量的空调产品。凭借 6,000 多项技术专利，格力独立开发了一系列国际领先产品，弥合了行业差距，成了从"中国制造"到"中国创造"的典范，得到了国际家电行业的普遍认可。

格力电器作为全球空调领导者，在过去的二十年间完成了一个朝向国际家用电子消费品公司的转型，从年产值不到两千万元的小型工厂成长为多元化的国际产业集团。格力电器在推进品牌形象的过程中，坚持推陈出新。考虑到各个阶段的市场需求不同，针对不同的细分市场，不断为品牌注入新的想法。

（二）"互联网+"理念下对家电行业的影响

随着互联网时代的来临，电子商务不断蓬勃发展，我国已进入移动消费时代。2019 年中国电子商务市场规模继续保持世界领先地位，服务功能和应用水平也在不断提高。2011—2019 年电子商务市场交易额统计及增长情况如图 19-1 所示。

图 19-1 2011—2019 年电子商务市场交易额统计及增长情况

资料来源：商务部《中国电子商务报告 2019》。

《中国电子商务报告 2019》显示，技术已得到了广泛应用，当下的消费需求模式也朝着以满足个性化体验的方向转变。随着"互联网+"这一概念的出现，促进了互联网与传统制造业相结合，在这一大背景下，对于传统家电最大的影响就是促进了它们的转型与升级。完全集中式的渠道模式曾经使格力尝到了甜头，但在新形势下，凸显出格力缺乏灵活性和转型困难的问题，逐渐出现库存过剩、周转率低、人工成本高等的渠道劣势。随着电子商务的不断普及，格力开始尝试进军互联网，从连锁加卖场转型为线上加线下，从入驻天猫到自建电商。2015年，格力建立了全新的销售平台，通过在信息和服务的各个方面提供利润共享，以及线下和线上利润的全面整合，为消费者提供更方便、更快的消费者体验，同时提高企业的管理水平和工作效率。除了2015年，格力电器的净利润在2019年和2020年也有短暂的下滑，不仅由于其内部的营运资金管理存在一定问题，还受疫情这一外部宏观因素的影响。尽管如此，但由于其在渠道方面不断进行深度改革和互联网化，从整体来看，其利润仍呈现稳步增长的态势，其改革的优势也在不断地显现出来。2013—2020年格力电器净利润变动情况如表19-1所示。

表19-1 2013—2020年格力电器净利润变动情况

年份	2013	2014	2015	2016	2017	2018	2019	2020
净利润/亿元	108.70	141.55	125.32	154.64	224.00	262.03	246.97	221.75

资料来源：自行整理。

（三）基于供应链视角下的营运资金管理分析

营运资金等于流动资产减去流动负债。从表19-2中可以看出，格力电器的营运资金总体上有所增加，其流动资产明显大于其流动负债。这表明格力在短期债务中具有很高的信誉度，并有足够的资金来履行其资本还款义务。

表19-2 格力电器营运资金基本情况　　　　　　　单位：亿元

指标＼年份	2018	2019	2020
流动资产	1,997.11	2,133.64	2,136.33
流动负债	1,576.86	1,695.68	1,584.79
营运资金	420.25	437.98	551.54

资料来源：自行整理。

以下将从四个方面分别分析格力电器营运资金的管理能力，首先是偿债能力，其次是营运能力，再次是盈利能力，最后是成长能力。

1. 偿债能力

格力电器偿债能力指标如表 19-3 所示。

表 19-3　格力电器偿债能力指标

指标 年份	2018	2019	2020
流动比率	1.27	1.26	1.35
速动比率	1.02	0.96	1.05
资产负债率	63.10%	60.40%	58.14%

资料来源：自行整理。

通常认为，流动比率必须大于 2，以确保公司的高偿付能力以及公司生产和运营的平稳运转。速动比率维持在 1:1 比较正常。在我国，过去的经济（新冠疫情暴发之前）处于快速增长时期，银行贷款利率仍然相对较高，并且公司之间的并购活动不活跃。因此，公司的资产负债率保持在 70% 左右是合理而不可避免的。

从表 19-3 可以看出，格力电器近 3 年的流动比率维持稳定，在 2020 年略有上涨，但都低于正常范围；速动比率维持在 1 左右；资产负债率在不断降低。由上述数据分析得出：偿债能力维持稳定，负债资产占比维持稳定。格力电器的流动比率较低，说明企业有大量的长期投资，但略有回升，说明有部分投资开始收回。流动比率低，不意味着企业的财务状况一定不好，结合速动比率和资产负债率来看，两者指标良好，说明短期偿债能力较强，整体的还款能力强，所能从外部取得的用于发展的资金较为容易。

2. 营运能力

格力电器营运能力指标如表 19-4 所示。

表 19-4 格力电器营运能力指标

指标＼年份	2018	2019	2020
存货周转率/次	7.56	6.51	4.78
应收账款周转率/次	29.2	24.44	19.50
营业周期/天	59.91	70.04	93.76

资料来源：自行整理。

库存周转率的正常值通常为3，通常使用较高的数字来反映库存周转率。应收账款周转率越高，应收账款流动性越强，公司对应收账款的管理水平也越好。表19-4显示，在过去三年中，库存周转率和应收账款周转率在不断下降，商业周期在不断增长。通过分析以上数据，我们可以得出结论：运营能力是稳定的，资本占用明显在恶化。格力电器的库存和应收账款周转速度非常快，但有所减缓，这表明占用的资金额有些不合理。漫长的商业周期也表明，该资金的周转速度缓慢，流动性不强。

3. 盈利能力

格力电器盈利能力指标如表 19-5 所示。

表 19-5 格力电器盈利能力指标

指标＼年份	2018	2019	2020
销售净利率/%	13.31	12.53	13.25
销售毛利率/%	30.23	27.58	26.14
净资产收益率/%	33.36	25.72	18.88

资料来源：自行整理。

销售净利率的正常水平在20%～30%，用以衡量企业在一定时期销售产品获取收入的能力。销售毛利率主要要看市场价与进价的差额，常规流通企业税后毛利率在30%左右为合理。净资产收益率体现权益产生的收益水平，该指数的值越高，投资回报率越高。

表 19-5 显示，过去三年的毛利率和净资产利润率均有所下降，尤其是净资产利润率已经显著下降；销售净利率保持稳定，大约为 13%。由上述数据分析得出：格力电器的主营获利能力有较大削弱。其净资产收益率虽在正常范围内，但表明自有资本盈利能力逐渐变弱，该现象与负债总额的增加有一定联系。

4. 成长能力

格力电器成长能力指标如表 19-6 所示。

表 19-6　格力电器成长能力指标　　　　　　　单位：亿元

指标＼年份	2018	2019	2020
净利润	262.03	246.97	221.75
扣非净利润	255.81	241.72	202.86
营业总收入	2,000.24	2,005.08	1,704.97

资料来源：自行整理。

从表 19-6 可以看出，近 3 年的净利润、扣非净利润和营业总收入都有所下降。由上述数据分析得出：格力电器的成长能力明显恶化，该公司已从扩张转为收缩。

四、格力电器营运资金管理中存在的问题

（一）营运资金筹资政策过于激进

格力电器负债规模如表 19-7 所示。

表 19-7　格力电器负债规模

指标＼年份	2018	2019	2020
流动负债 / 亿元	1,576.86	1,695.68	1,584.79
负债总额 / 亿元	1,585.19	1,709.25	1,623.37
流动负债 / 负债总额	99.47%	99.21%	97.62%

资料来源：自行整理。

从表 19-7 可以看出，2018—2020 年流动负债与总负债的比都非常高，2018 年更是高达 99.47%，表明格力电器主要以流动负债作为融资支撑，这种激进的筹资方式使得流动负债占的比重较大，导致企业的资金成本降低，营运资金占用问题加重。激进资金政策是一项高利润的营运资金筹集政策，不仅可以满足临时流动资产的资本要求，而且可以解决某些永久资产的资本要求，但同时其风险性也相对较高。而更加频繁的资金筹集，增加了相关困难和风险，形成了一个恶性循环。

（二）营运资金占用过高

影响采购渠道资金的主要因素是存货、预付账款、应付票据及应付账款。由于前两个因素影响了采购渠道的营运资金，因此格力可以减少库存量，加强库存管理并减少供应渠道中的流动性份额，从而加快流动性；后两个要素的增加会减少采购渠道中流动资金的份额，因此及时与供应商沟通，与他们建立良好的合作关系是十分必要的。

五、加强格力电器营运资金管理能力的对策

（一）营运资金融资多元化管理

近年来，格力主要利用贸易信贷和短期贷款等一系列激进的融资方式进行行业发展壮大，这种举措可以以较低的成本筹集到大量资金，但同时也给企业带来了很高的风险。作为一个在家用电子消费产品市场上成熟的制造商，格力电器有潜力适当减少商业贷款，并选择更多不同的融资方式。除了商业信用融资、建立信任机制等非正式渠道营运资金融资外，还有一些正式融资渠道可以作为融资方式。例如，短期借款、低成本营运资本融资等。

（二）丰富供应商关系网络并降低营运资金占用

与供应商树立起良好的合作关系，不仅有利于提高采购渠道营运资金的周转

速度，同时，对于营运资金周转效率的提高也是不可缺少的条件。如果企业与供应商的关系良好，那么其购买的原材料的质量在很大程度上是较好的，对于公司获得的信贷政策也有着积极的作用。

（三）加强客户关系管理并充分利用电商平台

良好的客户关系管理有助于在企业和分销商之间建立长期、稳定和可靠的关系，从而使企业更容易从分销商那里获取有关客户需求的信息。进入互联网渠道发展也并不意味着放弃传统渠道，而是更有效地利用多种技术，基于大数据的运用来满足多样的客户需求。格力积极推动互联网渠道的发展，在合理有效的区域内，结合传统渠道（线下经销商、旗舰店）的优势，形成了三大在线电子商务平台，完善了订单分配策略，增强了线上和线下的销售能力，形成二者之间的协同效应。

六、结论

本文讨论了格力电器营运资金的管理和改进问题，从供应链和渠道管理的视角对格力电器营运资金管理分别进行评估，发现了不足之处并提出了针对性的提升意见。随着中国经济开始实现正增长，格力电器需结合当前情况，及时调整整体战略，实现企业价值最大化。

本文试图通过对格力电器近几年财务数据的比较和绩效评估，来发现并改善供应链上经营活动的营运资金管理中的缺陷，以期提高其营运资金管理能力，增强战略管理能力和可持续性发展，提高市场竞争力。

参考文献：

[1] 兰丽娟. 零售企业供应链管理与经营绩效提升——基于营运资金管理效率的调节效应[J]. 商业经济研究, 2021(8): 106-109.

[2] 程新生, 侯煜程. RS公司基于供应链营运资金管理的优化研究[J]. 会计之友, 2019(6): 69-76.

[3] 张先敏，于洋. 格力电器营运资金管理绩效提升策略研究——基于与青岛海尔的对比分析 [J]. 会计之友，2017（2）：47-52.

[4] 马建威，高云青，杨眉，刘静. 渠道视角下淮海集团营运资金管理优化 [J]. 财务与会计，2019（22）：75-76.

[5] 张海啸，张波. 基于三维分析法的营运资金管理研究——以万科为例 [J]. 财会通讯，2019（35）：63-67.

[6] 肖梅峻，揭莹. 基于价值链的企业营运资金管理问题探究 [J]. 财会通讯，2018（8）：62-66.

[7] 邱枫，付惠冉，李凯华. 应收账款质押政策对公司绩效的影响研究——基于营运资金周转视角 [J]. 财会通讯，2018（26）：50-53.

二十　海天味业公司估值

吴车书[①]

摘要： 伴随着稳定的业绩，海天味业的市值节节攀升，6年时间增长近7倍。尤其在2019年股票市场拥抱必选消费的趋势下，海天味业的市值在2019年11月8日超过3000亿元，达到历史最高点，超过伊利股份和双汇发展两大食品饮料龙头市值之和。不过，我国调味品行业的高速成长期已过，增速已逐步趋缓。本文通过ROE、PE值、现金流折现法等来分析海天味业的股票投资价值和市场估值，分析未来增长驱动力。

关键词： 股价；公司估值；现金流折现法

一、引言

调味品是居民日常所需要的东西，是厨房的必需品，所以它的市场需求是十分平稳的。作为国内调味品行业的绝对龙头，海天味业自2014年上市以来，每年的营收和净利润增速均未低于两位数，每年的净资产收益率都不低于30%。

二、文献综述

Patricio aylwin fischer（1906）首次从收益与资本的关系角度提出了资本价值

[①] 吴车书，男，会计硕士，研究方向：会计理论。

理论,这是最早的企业价值评估理论。他提出,资本价值的本质来源是企业未来现金流的现值,因此,企业并购中目标企业的价值似乎应该取决于企业未来现金流的折现值。

三、海天味业相关数据分析

根据同花顺数据,2020年4月8日,该公司被列入沪市交易最活跃的10只股票之一,在沪市交易总量中排名第六。其中,买入1.37亿美元,卖出2.69亿美元,净卖出1.32亿美元,净销售额占当天库存总成交量的17%。其销售净额上个月涨了20%,上榜沪股通8次。外资累计净买入12亿美元近两个月上涨19.53%。近年以来上涨18.41%,2020年内外资累计净买入12.31亿美元,截至2020年4月8日收盘,海天味业流通市值为3437亿美元。

2020年4月8日的收盘价为127.30美元。

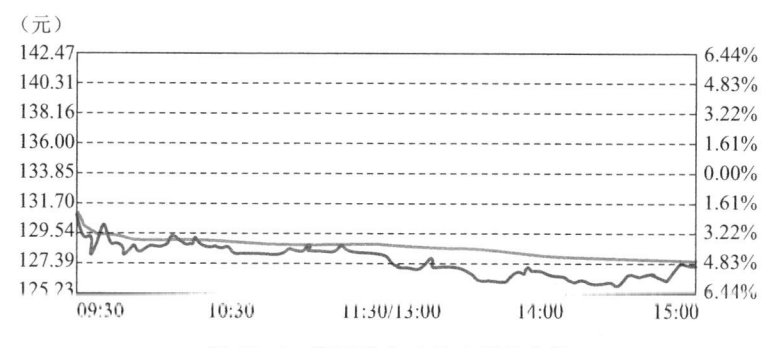

图20-1 海天味业4月8日收盘价

注:波动幅度较小的线代表股票实时价格,波动较为曲折的线代表股票实均价格。

资料来源:东方财富网。

(一)现金流折现法

一个企业的自由现金流可以理解为一个企业的经营活动,扣除所有费用后,可以自由分配的资金。海天味业在2020年的经营活动的净现金流量增长率是

5.83%，它的投资活动现金流量净额为 1.69 亿美元，净营业现金流为 599 亿美元。自由现金流为 58.21 亿美元。贴现率，指的是把将来的货币的价值转变成今天的价值。在给企业估值的时候，就要把未来的现金流打一个折扣折算到现在，也就是折现率。

在 2020—2024 年，海天味业会保持 15% 左右的增长，在之前的几年数据中海天味业都保持了 15%～20% 的增长率，取其较低的增长率比较保守些。5 年以后的增长率，15% 这样的增长率不可能持续，所以给出一个 5% 的永续增长率，也就是在未来会永远以 5% 的速度增长下去。确定增长率之后，还有确定贴现率，折现率按照 8% 来算，如果增长率为 15%，2024 年的现金流为 58.21×（1+15%）^5=117 亿美元。

如果 2020 年到 2024 年增长率为 15%，折现率为 8%，永续增长率为 5%，那么公司的价值（永续现金流）就是 117×（1+5%）/（8%-5%）=4,095 亿美元。

这一计算及结果主要取决于两个方面的影响：第一个是增长率；第二个是贴现率的数值。增长率的变化会受到宏观环境的影响，这是系统分析；还有公司营运的影响，也是企业本身承担的风险。如果增速远远超过 15%，或者下滑到 10% 以下，那么公司的价值都会偏离这个估值水平。除了增长率的变化，折现率的计算也比较复杂，只要贴现率发生一点变化，估值也会差别很大。如果对增长率和贴现率的估计不准确，其结果就会受到影响。

（二）基于ROE分析

股本回报率是公司税后利润除以净资产的百分比。这是衡量其资产效率的标准。指数值越高，投资回报越高。这个指标反映了自有资本产生净收益的能力。股本回报率也是衡量公司长期盈利能力的最佳标准。如果是在估值较为稳定且 ROE 较高，大概率可以获得比其他行业更高的收益。海天味业 9 年平均 ROE 值为 33.72%，对于未来取 30% 估值，回本年限可以接受为 10 年。

2019 年年报每股净资产为 6.0 元左右，那么十年后海天味业的每股净资产为（1+30%）^10×6≈83 元。

（三）PE值

海天味业 PE 走势如图 20-2 所示。

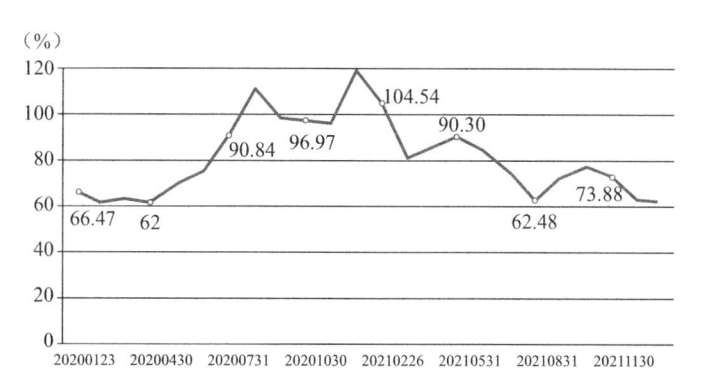

图 20-2　海天味业 PE 走势图

资料来源：价投派。

海天味业上市时间虽然还没超过 10 年，但是自上市以来，它的预估市盈率约为开始时的 39 倍。现在它的价值基本上是过去的 78 倍。从这张估值走势图，可以清晰地看到：2020 年至 2021 年海天味业公司的估值再创新高。在此之前，它也曾连续数年估值在 30 倍上下徘徊。

同时，好的估值，肯定离不开好的增长率作为支撑，过去十年，海天味业的净利润增长率，远远高于营收增长率。这代表了海天味业个别产品的利润率一直在上升。20% 以上的年化平均净利润增长率在该行业中具有优势。海天味业目前来看，它的每股收益为 20 美元，折合下来约为 127 元人民币。

四、行业分析与业务分析

根据国家统计局数据显示，2012—2018 年，调味品、发酵制品制造行业销售收入从 2,098 亿元发展至 3,427 亿元，年复合增长率 8%。酱油行业零售市场收入从 400 亿元提升至 746 亿元，年复合增长率为 10%。自 2020 年以后，调味品增速逐渐放缓，正处于产品不断细分与升级、集中度不断提升的发展阶段。但是，我国每人的平均消费提升空间是非常大的，而且产业规模会有较大的进步空间。同时在消费升级大趋势下，提价、产品升级等都会带来行业均价的上移，量价齐升依旧是未来行业主旋律。调味品对于居民来说是必须要使用的。

（一）关于海天味业主要业务

酱油：海天味业的酱油销量独占鳌头，相对于其他品牌遥遥领先。2018年，海天酱油产量192万吨，占行业整体份额约18%。2019年，酱油市场占有率推测为20%左右。

蚝油：据2019年第四季度亚洲快速消费者市场洞察报告显示，蚝油成为中国大陆地区家庭消费增长迅速产品类型之一，其中渗透率位列第一。以及2016年的海天蚝油类。可见，它的蚝油业发展迅猛。按照2018年行业市场规模，2019年，该公司占有48%的市场份额，其市场份额折合人民币为14亿元。

调味酱：2009年至2019年，海天味业公司调味酱收入从5.15亿元增至20.92亿元，主要产品有黄豆酱、拌饭酱、海鲜酱、辣酱等，黄豆酱2015年就已是超过10亿元的超级大单品，调味酱业务对黄豆酱依赖较大。海天味业如果想要调味酱获得持续的增长，需要开发新的大单品。

（二）数据分析

根据资料所示，海天味业的营收、毛利率、净利率是逐年提升的，三费稳定。这说明了公司转移成本涨价能力很强，主要通过提价实现营收增长。毛利、净利率与三费相比处于很高的水平，说明海天味业管理水平很优秀，同时从侧面说明具有一定的品牌溢价以及较高的资产周转率，并且海天公司渠道优势明显，产品品牌搜索度高。净营运资本常年为负，且绝对值不断走低，这说明公司在其行业上下游中非常强势，具有一定的话语权。从公司一直采用的销售政策也能看出海天味业公司经济实力较强。

五、海天味业未来业绩增长的驱动力

针对今后的发展，海天味业表示坚定走以调味品为主业的路子不改变，继续推动公司保持持续、健康、稳定的发展势头，继续巩固公司在调味品行业的龙头地位，进一步扩大在酱油、蚝油、酱料的领先优势，加快培育和建立料酒、醋、复合酱等潜力品的发展。利用好海天的平台和优势资源，全力加快新业务的拓展，不断构筑新优势。

海天味业的未来该如何发展，应慎重考虑以下几个因素。第一，行业增长。调味品行业虽然增长放缓，但仍将持续增长。第二，行业集中度将不断提高，海天味业将抢占更大的蛋糕，产能小，技术落后的小公司将被淘汰出局。调味品行业仍处于发展期，与啤酒、乳制品行业相比，行业集中度较低，伴随行业逐步成熟，龙头行业份额提升空间大。调味品行业目前处于发展期，行业集中度较低，调味品行业展现一超多强的分布格局，行业巨头市场份额未来将逐步扩大。料酒和醋是比较好的看点。而海天味业生产的食醋浓度较低，在食醋行业的市场占有率不到10%。中国有四大名醋，各地方品味有很大的差异，目前还没有一个全国性的品牌。海天味业收购镇江丹和醋业，是否能有所成就仍有待观察。第三，在食品调料领域进一步下沉网上销售。目前，该公司在线销售份额仍然较低，具有较大的潜力可以挖掘。第四，国际市场的开拓。日本酱油龙头企业龟甲万60%以上都是海外销售，而海天味业公司的产品目前几乎都是国内销售。当公司进入了成熟期，开拓国际市场势在必行。

参考文献：

[1] 方行.浅析企业价值评估[J].技术经济与管理研究，2005(2)：63-64.

[2] 朱银萍.对企业价值评估问题的探讨[J].铜业工程，2006(2)：76-78.

[3] 胡玄能.谈企业价值的估价方法[J].北京市经济管理干部学院学报，2001(4)：25-31.

[4] 袁泽沛.论企业价值评估与全面价值管理[J].武汉大学学报，2002(3)：312-318.

二十一 沪港通背景下 AH 股的联动性

吕婧[①]

摘要：随着世界的经济联系越来越密切，经济的全球化成为当今时代发展的潮流。AH 股的双重上市在中国更是一种普遍现象。本文以股市的联动理论为基础，分析了沪港通对沪港股市联动性产生影响的逻辑机制，并给出了沪港通渠道的波动传导路径，然后运用计量经济学方法从实证角度进行分析，从而了解沪港通对两地之间价格的波动和溢出的影响。通过研究，发现沪港两地的市场是具有联动性的，香港股市对上海股市是有着直接或者间接的引导作用的，两地的关联性也很高。针对上述结论，将进一步研究沪港通的运作机制、加强监管合作、建立早期预警机制，建立多种信息披露渠道，对加强两地市场之间的监管与合作等方面提出对策建议。

关键词：沪港通；联动性；实证性

一、引言

随着经济的发展，世界上的各个国家也在一定程度上对金融市场的管制放松了不少，主要是为了增强金融市场之间的交易活跃性和紧密性，这就是联动性的特点。我国的资本市场在 2002 年的时候有了 QFII 制度，从此我国开始进入开放

---

① 吕婧，女，会计硕士，研究方向：管理金融会计。

式的系统，加强了外国和内地市场的联系。在 2014 年，发布联合公告的时候，正式开通了沪港通，它是我国资本市场伟大制度建设之一。

沪港通就是上海证券交易所（以下简称上交所）和香港联合交易所（以下简称联交所）进行技术联结，让两个地方的投资者通过本地的证券公司或经济商交易，范围是对方交易所上市的股票。股票市场联动就是说在不同的或者是相同的股票市场之间，存在着较强的关联性和同步运动趋势。同时，在发生什么突发事件时也是会牵连到整个系统，这也会对两股市的联动关系产生影响[1]。

沪港通的开通表明我国资本市场终于不再是关闭的，开始逐步受国际上的影响，政府也制定相应的政策和一些调控手段来有利于改革。本文主要就是通过"沪港通"的推出给两地所带来的影响来进行研讨，以经济一体化理论、资产组合理论、有效市场理论为基础，从不同方面分析市场之间联动的作用原理及传导过程。得出的结论有利于在政策的制定上把握好尺度，评价实施的效果，使得政策的完善和其他领域中可以更科学地实施。

二、文献综述

在这三十几年中，接二连三地发生着股市暴跌、货币危机、金融风暴、金融危机、债务危机以及中国股灾，使得我们开始关注市场不同的情况所出现的联动性。通过计量经济学，研究者们也开始利用数学计量模型研究市场的联动效应。

（一）国内研究现状

对于我国的学者，他们对股市联动性分析主要就是内地和香港的股市以及与欧洲等国家之间的联系，通常是利用定量或者定性两种方法去分析。本文主要是内地和香港之间联动性关系，通过波动性、收益率等方面进行分析。

胡坚在 1994 年从理论上对 A、B 股市联动效应进行解释。

王娟花、王烷尘两人用协整分析，将 A、B 两股日收益率进行实证。从而得知 A、B 股市之间互相独立，但是又有滞后和引导关系。

刘湘云、高明瑞他们二人把资本市场的开放作为分隔的点，对中国的沪深和美国股市之间波动溢出进行研究，研究的阶段不同，它们之间的联动程度也不同。

符明恺是通过上证、香港恒生、恒生国企去分析内地和香港之间的联动性，从而得知它们之间的联动性是很早就存在的，并且两地之间的影响也是非常明显的，从而它们之间的联动性也变强了。

（二）国外研究综述

相对于中国来说，外国的资本市场很明显是比中国早发现的，而且发展快，股票市场几乎已经发展成熟了，对股票的关联性研究也有很多。

对于国外来说，最早的研究是在 1972 年，Agmon 将四个国家的股价股指周收益率和月收益率当成研究的对象进行实证，最后发现一国股价的变动会影响其他三个国家，从而证明了不同股市之间的联动性。

Granger 首先利用协整概念，其次又用非平稳序列，通过研究分析知道了非平稳序列间很有可能是长期均衡存在的，也把非平稳时间序列的协整理论提了出来，为世界各地的股票市场的变化奠定了理论基础。

Toned 把 Granger 的理论应用于股票市场，研究日本和芬兰之间的股市情况，最后证明了它们彼此之间是可以相互影响的。

Bhar 和 Nikolova 将"金砖四国"的股票市场作为研究对象，其他国家之间影响是较强的，相对来说中国和其他国家之间的影响是最弱的，这也说明增大了投资机会。

三、沪港通背景下 AH 股联动的分析

（一）经济联系机制分析

随着内地经济的加速，香港与内地之间的经济以及贸易联系得更为密切，在

国际上的地位也有了明显的提高，而且内地对香港地区的影响明显增强。这不仅可以提高香港在国际上的地位，也充分加快了我国内地市场对外开放的速度。沪港通开通后，为我国内地和香港两地之间的贸易、证券等方面的发展创造了机会。

（二）内地在港上市企业联系机制分析

在 1993 年时，我国出现了首只 H 股，这也说明我国内地的企业开始在香港上市了。香港是国际金融的中心，在香港上市不仅方便快捷，而且成本也很低，这使得很多投资者选择在香港上市。从而也提高了我国内地的影响力和地位。

从理论方面出发，A 股和 H 股有很多相似的点，但是内地和香港股市还有一定区别。随着经济的发展，制度不断完善，两地之间合作也日益紧密，A 股和 H 股也逐渐紧密起来，联动性也逐渐增强[2]。

四、沪港通背景下 AH 股联动性的实证分析

（一）VAR模型

在我们确定要使用 VAR 模型之前是要确定最佳滞后阶数的，包括两种渠道：LR 与 AIC 和 SC 信息准则。如果我们选择 AIC 和 SC 信息准则，不能同时满足 AIC 和 SC 检验，因此 LR 检验法是我们最后的选择。（其中 H 为恒生数据的收益率，L 为上证数据的收益率）表 21-1、表 21-2 分别是恒生指数数据和沪深指数数据。

表 21-1　恒生指数数据

	置信水平	t 检验值	概率（Prop）
增广 Dickey-Fuller 检验统计量		-42.65291	0.0000
测试循环值：	1% 水平	-3.433500	
	5% 水平	-2.862818	
	10% 水平	-2.567497	

表 21-2　沪深指数数据

	置信水平	t 检验值	概率（Prop）
增广 Dickey-Fuller 检验统计量		−42.21040	0.0000
测试循环值：	1% 水平	−3.433514	
	5% 水平	−2.862824	
	10% 水平	−2.567500	

为了解沪港两市的联动关系，我们可以观察下表中的 VAR 模型结果。通过观察与分析我们看到了 Prop 的值小于 0.05，或在 1%、5%、10% 水平下的临界值大于假设的值，因此我们可以知道它是拒绝原假设的，这也证明了平稳。沪港通开通之后两地股市 VAR 模型估计结果如表 21-3 所示。

表 21-3　沪港通开通之后两地股市 VAR 模型估计结果

	H	F
H(−1)	0.033935	0.014761
	−0.02289	−0.02701
	[1.48246]	[0.54652]
H(−2)	0.005776	0.11272
	−0.02288	−0.02699
	[0.25245]	[4.17587]
F(−1)	0.017308	0.040646
	−0.01933	−0.02281
	[0.89533]	[1.78212]
F(−2)	0.005372	−0.039813
	−0.01933	−0.0228
	[0.27796]	[−1.74603]
C	0.000138	8.84E−05
	−0.00027	−0.00031
	[0.51853]	[0.28160]
R-squared	0.001715	0.01229
Adj.R-squared	−0.000371	0.010226①

① 注：(1) −1 和 −2 分别表示滞后 1 期和滞后 2 期；(2)"[ ]"中指的是 t 检验值；(3) 根据 LR 检验结果，滞后阶数选为 2 阶。

通过沪港两市 VAR 模型的结果,把之间的联动关系制成了表方便观察。从表 21-3 中可以看出当上证指数的收益率作为可以变化的量时,恒生的滞后 1 期影响效果强于 2 期,滞后 2 期的系数为 0.005372,t 检验值是 0.27796,由于 t 值过小因此不能通过检验。而出现相反的情况时即恒生作为那个可以变化的量,上证的滞后 1 期影响效果同 2 期变化相反。滞后 1 期的系数是 0.014761,t 值大约为 0.54652,滞后 2 期的系数是 0.11272,t 值是 4.17587。根据 t 值,并不能判断它们都可以通过检验。但可以看出来它们二者的拟合度和调整拟合度值挺小的,因而拟合度值我们可以忽略不考虑。

(二)脉冲响应函数

沪港通开启前后沪港股市脉冲响应函数图如图 21-1 所示。

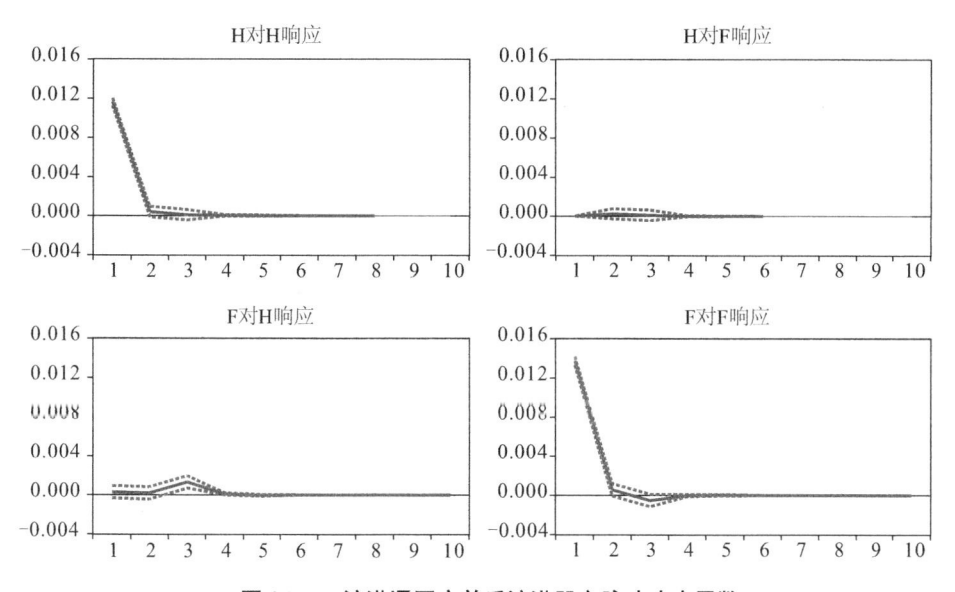

图 21-1 沪港通开启前后沪港股市脉冲响应函数

通过政策开通前后时期观察上述四张图,从而得出结论。

(1)沪港股市收益率对自身信息的反应。

①上证指数。

如果给恒生指数一个正向的冲击,其第一期响应为 0.14 左右,在 $t=3$ 时达到最小值，到达 -0.01，之后又回归于 0。在 $t=4$ 时，在 0 附近进行轻微的波动后归于平稳。

②恒生指数。

在这一阶段，如果给上证指数一个正向的冲击，其对自身信息的反应较为微弱，在第一期大约为 0.12，在 2 期达到最小。在 $t=2$ 期之后，其累加的脉冲响应函数保持逐渐趋于稳定。

（2）上证指数收益率对恒生的正向冲击反应。

最初始的时候并没有什么大的波动，之后慢慢上升，在 $t=2$ 时上升到最高，收益率将近上升了 0.0025 个单位。随后走势下降，在 $t=4$ 时对它的反应消失。从时间方面来看，脉冲作用时间是有点短的。

（3）恒生指数收益率对上证的正向冲击反应。

起步时候观察 $t=1$ 时期就上升到了最大，计算出收益率增加了 0.0075 个单位，随后走势下降。在 $t=3$ 时开始减弱，在 $t=4$ 后就趋于平稳了。同样地它的作用时间也比较短[3]。

（三）方差分解

在 VAR 模型的基础上更深入地分析两地股市联动性的动态效应，从而得出如表 21-4、表 21-5 所示的表格。

表 21-4　沪港通开通之前上证指数收益率对恒生指数收益率的方差分解

Period	S. E.	H	F
1	0.010714	0.436869	99.56313
2	0.010716	0.457872	99.54213
3	0.010768	1.420488	98.57951
4	0.010769	1.422524	98.57748
5	0.010769	1.425453	98.57455
6	0.010769	1.425571	98.57443
7	0.010769	1.425585	98.57441

续表

Period	S. E.	H	F
8	0.010769	1.425587	98.57441
9	0.010769	1.425587	98.57441
10	0.010769	1.425587	98.57441

表 21-5　沪港通开通之后上证指数收益率对恒生指数收益率的方差分解

Period	S. E.	H	F
1	0.015929	1.170022	98.82998
2	0.01599	1.73596	98.26404
3	0.01602	1.817552	98.18245
4	0.01602	1.819937	98.18006
5	0.016021	1.821026	98.17897
6	0.016021	1.82103	98.17897
7	0.016021	1.821037	98.17896
8	0.016021	1.821037	98.17896
9	0.016021	1.821037	98.17896
10	0.016021	1.821037	98.17896

从上表可以看出在沪港通开通前后，上证指数受自身市场冲击的影响最大，开通之前达到99.6%，开通之后达到98.8%。在表中可以发现，恒生指数对它的贡献从1.1逐渐增加到1.8，上证受到的影响和变化不仅仅来自自身，还有别的因素。通过汇总可知，香港股票市场对上海市场的作用在逐渐增强但不是非常明显；而上海市场对香港的作用非常大且很明显。

表 21-6　沪港通开通之前恒生指数收益率对上证指数收益率的方差分解

Period	S. E.	H	F
1	0.011744	100	0
2	0.01178	99.48083	0.519172
3	0.011802	99.48261	0.517391
4	0.011802	99.48121	0.51879
5	0.011802	99.48117	0.518827

续表

Period	S. E.	H	F
6	0.011802	99.48117	0.518832
7	0.011802	99.48117	0.518833
8	0.011802	99.48117	0.518833
9	0.011802	99.48117	0.518833

表 21-7　沪港通开通之后恒生指数收益率对上证指数收益率的方差分解

Period	S. E.	H	F
1	0.011495	100	0
2	0.01152	99.72708	0.272921
3	0.01153	99.72584	0.27416
4	0.01153	99.72323	0.276773
5	0.01153	99.7232	0.276801
6	0.01153	99.72319	0.276814
7	0.01153	99.72319	0.276815
8	0.01153	99.72319	0.276815
9	0.01153	99.72319	0.276815
10	0.01153	99.72319	0.276815

从表 21-6、表 21-7 中可以观察到恒生指数受自身市场冲击的影响最大达到 100%，恒生指数对它的贡献从 0 逐渐增加到 0.28%。在两表中可以发现，恒生的影响也同上证一样，不仅仅是自己本身也有别的影响。所以，香港股票市场对上海的作用也有增强的趋势但并不明显；而上海市场对香港的作用非常大也非常明显。

（四）动态相关系数多元GARCH模型（DCC-GARCH）

通常我们在进行 DCC-GARCH 分析时，其检验的方法分别是 ARCH-LM 检验和残差平方相关图这两种检验，我们只需要选择其中一种方法即可，其检验结果如下。

（1）初步分析。

从下图中，我们了解到Q统计量是非常显著的，AC和PAC的值在滞后期内都是不为0的，而且它们都拒绝了原假设，从而我们可以得知它们存在条件异方差性。

Autocorrelation	Partial Correlation		AC	PAC	Q-Stat	Prob
		1	0.025	0.025	1.2256	
		2	0.016	0.015	1.7304	
		3	0.021	0.020	2.5733	
		4	0.017	0.016	3.1434	
		5	0.007	0.005	3.2367	0.072
		6	−0.030	−0.031	4.9620	0.084
		7	0.047	0.047	9.2282	0.026
		8	0.027	0.026	10.690	0.030
		9	0.041	0.039	13.935	0.016
		10	0.031	0.027	15.755	0.015

图 21-2　上证指数收益率残差平方的自相关和偏自相关系数

Autocorrelation	Partial Correlation		AC	PAC	Q-Stat	Prob
		1	0.026	0.026	1.2198	
		2	0.014	0.013	1.5445	
		3	0.016	0.016	2.0120	
		4	0.014	0.013	2.3343	
		5	0.005	0.003	2.3701	0.124
		6	−0.028	−0.029	3.7464	0.154
		7	0.043	0.044	6.9122	0.075
		8	0.040	0.039	9.7390	0.045
		9	0.043	0.041	13.016	0.023
		10	0.030	0.027	14.620	0.023

图 21-3　恒生指数收益率残差平方的自相关和偏自相关系数

（2）DCC-GARCH模型估计结果。

从图21-4可看出，在沪港通开启后，两只股票都是只有正的动态相关系数，而在中间时期，它们的相关系数都发生了明显减少，总体来看它们的动态相关性波动都是在一定的范围之内。由此，我们也可以知道它们之间的相关性波动还是比较稳定的。

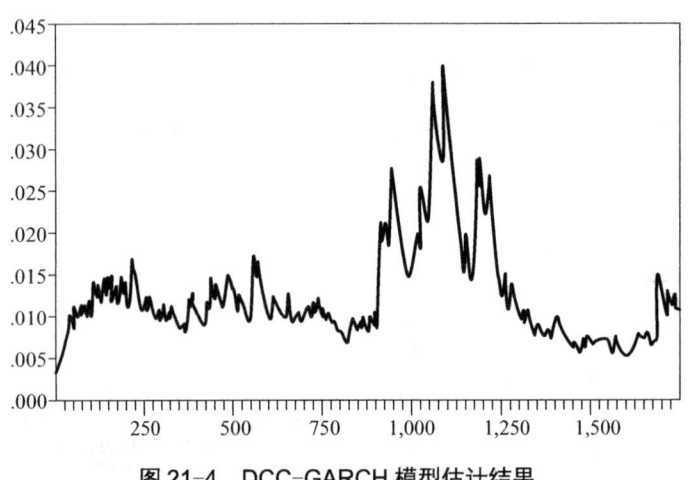

图 21-4 DCC-GARCH 模型估计结果

五、主要结论与对策建议

(一) 结论

通过一系列的研究和分析，可以清楚了解到沪港通背景下 AH 股的联动性，结论可以总结为以下两点。

(1) 收益率的相关性。从以上作出的实证分析，两地股市的收益率在沪港通前后的相关系数出现了上升情况，这也证明了它们之间的联动性。不论从哪方面看，由不显著变成显著，说明上股对港股的作用影响扩大了，沪港通开启后沪港两市的联动性增强。

(2) 关于收益率波动的相关性。政策开通前，两地的相关系数不仅增强而且还比较稳定。总而言之就是在政策开启后两地的关联性增强了，开启之后两地股市的关联值明显地增加了，说明当期因素对后期波动的作用明显提高[4]。

(二) 对策建议

沪港通开启后优点多过缺点，进一步证明了中国在国际市场的地位有了明显上升。我们要继续努力提高我国在国际中的地位，也可以在制度实施的基础上借鉴之前成功的经验持续走互联互通道路。

（1）进一步放松对资本市场的管制。我国内地的对外开放不仅仅可以分散风险，还可以提高我国对投资者的吸引力。我国政府可以进一步打开资本市场，并且不断改善这类机制，让我国的资本市场进一步地融入资本市场全球化。

（2）增加类似沪港通这种机制的建立。在传导途径时，两地之间贸易、经济等的流动，使得沪港通这类机制不但扩宽投资渠道，引进大量资金，还可以满足国民的需求，推动我国资本市场的改革，从而提高我国的国际地位，促进我国经济的发展。

（3）加强监管合作和建立早期预警机制。防范金融风险，完善信息披露制度，保证证券市场的公开与透明以及继续加强投资者教育，建立多种信息披露渠道，加强两地市场之间的监管与合作并提出对策建议[5]。

参考文献：

[1] 李驰．基于沪港通背景的我国AH股溢价现象的实证研究[J]．市场周刊．2019（2）．

[2] 王梓琪．沪港通背景下A+H股的市场联动性研究[J]．时代周刊，2018，51（2）：129-138．

[3] 马运佳．沪港通开通后A+H股两市股价联动性实证研究[J]．时代金融，2018（11）：1-10．

[4] 严宏伟、崔继刚．同时开市背景下AH股的股价联动性分析[J]．中国外资，2018，27（5）：66-77．

[5] 赵子谊．基于"沪港通"的沪港股市联动性研究[J]．金融研究，2018（11）：76-86．

二十二　基于价值链的携程盈利模式绩效研究

杨金淑[①]

摘要：在借鉴和综合国内外研究成果的基础上，本文运用对比分析法和案例研究的方法，基于价值链的视角和盈利模式的五个要素详细阐述了携程的盈利模式，并深入分析了在线旅游行业的龙头企业——携程旅行网盈利模式下的财务指标，发现了携程在盈利模式方面的不足之处，以此来探索线上旅行企业转型的可行道路以及向同行业的企业发展提供借鉴。

关键词：在线旅游；盈利模式；绩效

一、引言

伴随着居民收入水平的持续改善，人均 GDP 不断上升，旅游需求也在增加。随着互联网在中国的普及，人们从旅游产业的角度开始了新的探索，在线旅游迎来了历史性的时刻。巨大的市场环境和人们不断强烈的需求，吸引了大量国内外企业的加入。作为"互联网+旅游"联合行动的产物，在线旅游产业从客户的在线旅游需求出发，通过互联网将大量的旅游信息提供给消费者，为人们提供更多的旅游选择。产业研究报告显示，中国 2021 年上半年旅游总收入达 1.63 万亿元，虽然与近几年的高增长率相比增速有所放缓，但随着移动互联网的持续普及和推

[①] 杨金淑，女，会计硕士，研究方向：会计理论与实务。

进，旅游行业在线市场普及率将持续上升。在国内市场趋于稳定状态下，拥有"国内优势"的国内企业和从海外来的企业如何持续生存，如何发展是今天业界的共同课题。

本文分为四个部分。首先对携程公司的现状进行了详细的描述，包括公司的股权及结构，盈利模式和公司的战略。然后详细阐述了盈利模式的五个要素，这些要素是紧密联系在一起的，不可分割。接着将盈利模式和企业的财务指标相结合，共同作用以此来评价企业的绩效。最后一部分是针对上述分析发现的优缺点进行了总结，如产品细分不够，下沉市场满意度不够，并针对这些问题提出改善的建议和措施。

二、文献综述

盈利模式通常按照利益相关者划分，包括公司的利润结构和成本结构，以及与之相对应的利润目标，是指在一个给定的业务系统中价值链的所有权和结构。利益相关者之间存在着利润分配结构，以此为前提的企业利润的一种表达方式就是盈利模式。简单地说，盈利模式就是企业实现盈利的机制，是用什么样的机制或模式来实现盈利。利润结构是指一个公司在市场竞争中逐渐形成的特定的利润业务结构，以及相应的商务结构。韦美膛（2021）将盈利模式与直播电商相结合[1]。杨可可（2021）将管理会计的方法运用在企业盈利模式的研究上[2]。申学惠（2021）深入研究了盈利模式在影视行业中的运用[3]。杨林（2019）将盈利模式与轻资产相结合[4]。刘臣平（2019）将盈利模式运用到新能源汽车行业中[5]。

价值链和盈利模式是紧密相关的，因为盈利模式本质上是为了企业实现收益而形成的具有价值的价值链。企业只有正确地识别公司价值链，以消费者的需求为导向，保持核心竞争力优势，才能抓住企业实现盈利的机会。

三、携程旅行的盈利模式与绩效

(一) 公司现状

1. 公司概况与股权结构

携程公司于 1999 年在中国上海成立,到 2020 年在全球拥有 45,000 名员工,目前在中国 95 个城市和 22 个海外城市设有分公司。2010 年携程在两岸三地发展全球化发展战略。从 2014 年起,开始投资北美市场。2015 年,携程完成对去哪儿的收购,成为中国旅游市场的在线旅游之王。2016 年 1 月,携程对印度最大的旅游公司 MakeMyTrip 进行战略投资,完成了在印度的扩张。2016 年 11 月,该公司投资英国票务搜索平台天巡网,为全球票务市场奠定了基础。作为全球领先的在线旅游综合服务公司,携程成功在整个高技术产业和旅游业完成了整合,成了为客户提供全方位的旅游咨询服务的公司。在 2016 年,它布局了新的零售网站,线下商店已经达到 8,000 家,居于行业的顶端,开始了传统旅游与互联网整合的新模式。携程网已经发展了 20 多年,目前拥有很多优势。服务规模和资源规模是携程的核心优势之一。

由于新冠疫情的冲击,携程的股权结构发生了很大的改变。截至 2021 年 10 月 20 日,携程目前的实际控股人为范渊,持股比例为 16.40%,相比 2020 年有小幅度的减少。携程的第一大股东是范渊,第二大股东为阿里巴巴,宁波安恒投资合伙企业(有限合伙)为第三大股东。携程旅行网十大股东如表 22-1 所示。

表 22-1 携程旅行网十大股东

序号	股东名称	持股数量/股	持股比例/%
1	范渊	10,018,362	12.81
2	杭州阿里创业投资有限公司	8,008,337	10.24
3	宁波安恒投资合伙企业(有限合伙)	5,000,000	6.39
4	嘉兴市安恒投资管理合伙企业(有限合伙)	4,999,990	6.39
5	交通银行股份有限公司	3,629,600	4.64

续表

序号	股东名称	持股数量/股	持股比例/%
6	高华-汇丰-GOLDMAN，SACHS&CO.LLC	3,158,574	4.04
7	葛卫东	2,760,772	3.53
8	MERRILL LYNCH INTERNATIONAL	2,417,096	3.09
9	JPMORGAN CHASE BANK，NATIONAL ASSOCIATION	1,432,423	1.83
10	Janchor Partners Limited	1,233,674	1.58

资料来源：公司年报。

2. 盈利模式

多年来，携程的产业链布局一直有涉及产业链的上、中、下游。在产业链的上游，携程主要包括入股和自营两种形式。携程于2007年开始布局旅行社，也在销售度假商品后，致力于加入线下门店。据业内估测，2020年市场交易规模非常接近线上。携程在2016年持有中国东方航空10%的股份。2018年，自己创立的酒店集团"丽呈"成立。在产业链的中游，携程专注于平台上的供应商产品，此外，为开拓国际市场，与Booking Holdings积极深化合作。在下游产业链上，携程在旅游论坛上不断努力，2013年，携程正式收购酒店点评网站驴评网。携程目前主要的盈利模式有分销模式，通过在线上平台分销交通住宿产品获得利润。此外，还会在App页面显示广告、排行榜等信息来获得利润。

3. 经营业绩

携程集团在2021年3月4日发布了第四季度及全年财务业绩，财报截至2020年12月31日。财报显示，2020年全年，携程的营业收入为183.27亿元，同比下降49%，净亏损32.47亿元，2019年同期净利润为70.11亿元。第三、第四季度的净利润共26亿元，其中第四季度的净利润为10亿元，可以看出，携程在2020年下半年由于疫情好转以及业务调整，已经开始扭亏为盈，第三季度的净利润甚至超过了2019年同期。携程在财报中也表明，在2020年的第四季度，经营业绩受到了新冠疫情的负面影响，但由于中国的疫情得到了有效控制，国内业务复苏，故国内营业收入占了收入的绝大部分。

2020年第四季度，携程的营业收入为47.65亿元，同比下降40%，环比下降9%。其中，住宿预订业务的营业收入达到了22.44亿元，同比下降24%，环比下降9%；交通票务业务的营业收入为16.99亿元，同比下降51%，环比下降11%；旅游度假业务的营业收入为2.62亿元，同比下降67%，环比下降20%；商旅管理业务的营业收入为3.07亿元，同比下降17%，环比增长9%。

把携程2020年四个季度的业绩分开来看，在前两个季度，携程饱受疫情冲击，第三季度走向复苏，并实现单个季度的首次盈利，第四季度业绩进一步盈利，营收同比降幅从第三季度的48%收窄至40%。这得益于国内疫情快速得到控制，旅游消费复苏，从而酒店和机票业务得到了增长，火车票业务和其他面向国内的旅行产品也在持续复苏。

携程在财报中指出，2020年营收的绝大部分是中国国内的业务，中国疫情的控制使得国内消费复苏，旅游业也有着强劲复苏，国内机票消费在这个阶段依然有着同比正增长；国内酒店GMV（Gross Merchandise Volume）成交总额也保持同比正增长，中高档酒店的预订消费依然有着良好增长。携程近年财务数据如表22-2所示。

表22-2 携程近年财务数据

时间 指标	2021年第三季度	2020年第四季度	2019年第四季度	2018年第四季度
营业收入/万元	4,611,900	4,765,300	4,430,200	4,443,300
利润总额/万元	1,262,600	1,505,000	1,208,700	1,439,100
净利润/万元	1,192,500	1,380,300	1,064,200	1,285,100

资料来源：携程季报。

（二）盈利模式构成要素

1. 利润点

携程的盈利对象是末端旅游消费的用户，以此为盈利点。作为国内最大的在线旅游企业，携程拥有丰富的旅游资源可以提供给客户，它能够提供全平台60多种的旅游产品和服务，可以涵盖客户从准备到出行的旅游全生态，目前还开发了"拿去花"和"借去花"的消费贷款产品。现如今，人们的出行需求更追求个性化，携程既有能满足大众口味的打卡式旅游产品，又有小众的旅游服务，能够极大地丰富用户的需求。

旅游产品往往有着一些不可避免的痛点。针对旅游产品痛点，携程推出了"六重旅游保障"，包括全球应急救助、旅游保险服务等，给用户带来了良好的保障体系。呼叫服务中心是携程领先业内的一项产品服务，这项服务使得客户可以非常便利地获得旅游咨询和救助等。此外，携程还针对地域特色，推出了本土化的平台体验，比如在中国出境游市场日渐成熟的今天，客户可以通过熟悉的中文界面及场景购买国外的各个旅游产品和服务。

2. 利润来源

酒店预订、地面交通、机票预订是携程目前主要的利润来源。如图22-1所示，从整个旅游行业来看，携程从创立到如今，与同行业其他企业对比，酒店预订一直是它的主要业务，这部分业务占到了整体营收的40%～50%，2020年携程集团这部分的市场份额接近60%。纵观携程的历史数据，在收购去哪儿后，其整体营收水平达到峰值，随后伴随着美团推出"低端酒店"策略，携程的营业收入处于持续回落状态。尽管在中高端酒店业务方面，携程依旧保持着龙头地位，但是随着美团推出的点评业务的诞生，在中低端酒店的市场上，携程原本的优势不复存在。

目前国内的酒店市场主要由标准住宿和非标准住宿两类市场构成。标准住宿是携程的优势，也是其主要的业务收入来源，标准住宿指的是传统酒店，包括低端快捷酒店和中高端星级连锁酒店，其中携程占绝对优势的是中高端酒店部分，这部分是携程的大部分利润来源。非标准住宿包括客栈、民宿、公寓、独立精品酒店等，通常是由个人或商业机构运营的。"非标准住宿"往往房源不集中，并且房型个性化程度高，所以年轻群体是它的主要目标客户。

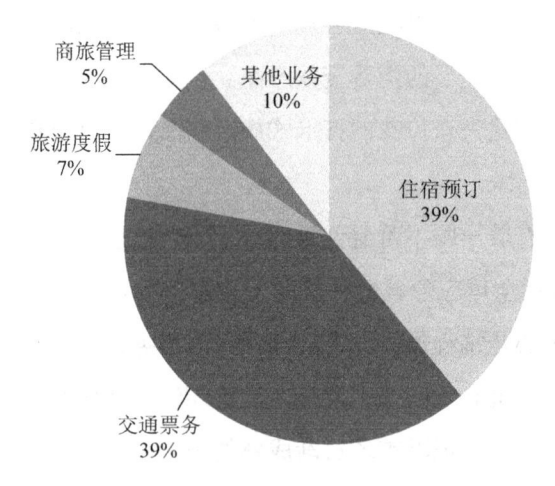

图 22-1　2020 年携程主营业务构成

资料来源：公司年报。

为了创造盈利点，携程曾试图开拓广告付费业务以及进行产品搭售，但都适得其反，产品搭售重创了携程的品牌口碑，广告付费业务也收效甚微，如今，在索引网站搜索"携程"关键词，很大概率得到的关联词是"携程退票""携程道歉"等负面词条。

针对地面交通、飞机票、船票等业务，携程集团几乎只是代售，毫无利润可言，只有在购票高峰时才能通过收取抢票费获得一些收入。不过值得一提的是，随着国内市场对于租车包车消费的认可度提升，携程这方面的业务也得到提升，目前业务量覆盖了大部分一线、二线及热门旅游城市，收购一嗨后其市场份额也得到了进一步的增长。

3. 利润杠杆

除价格战外，携程也会在软件页面推送配套增值服务。这些增值服务不但能给公司带来极高的利润率，也能为客户提供便利。以购买交通服务常常增值的保险为例，虽然航空意外发生的概率极低，但很多人还是会购买此项增值服务，许多保险公司如平安、人寿等旗下的 7 天航空意外险售价仅 1 元,而携程平台上航空意外险 30 元起。携程会作为代理商与保险公司分成,一般情况下,可以拿到保费金额的八成以上。携程通过已有的市场份额,搭售配套增值服务获得的利润比佣金还高。搭售配套增值服务作为携程最直接的营收利润来源,对业绩有着很大贡献。

在技术支持方面,携程网使用大量资金进行创新,研发线上与线下结合的支付手段和后台操作系统。其后台操作系统与呼叫中心处于行业领先地位,可以为线上与线下结合的支付手段提供保障,保证系统的正常运行。

4. 利润屏障

携程在行业内具有先发优势。除携程外,最早的一批线上旅游预订公司还有艺龙,它与携程网同时期存在,现已被携程收购,但用户往往会有先入为主的思想,会更愿意使用更早进入市场的企业的服务,这些企业会自然地吸引更多的用户使用它们网站的服务。因此,那些进入时间更晚、规模较小的企业,要想吸引用户使用它们的服务的难度更大,需要付出更多的成本。

携程在行业内还具有资源优势。规模扩大化效应能为携程保持长期核心竞争优势。由于携程拥有绝对优势的客户流量和强大的品牌影响力,很多的旅行社和商户都愿意与其进行合作,对应的上游供应商往往具有话语权,他们有大量的资源可以作为旅游项目来开发。2013 年,携程网迎回了创始人梁建章,因此走上了投资扩张之路。从此之后,携程加大了对行业领域内相关企业的投资,以此来维持市场的高占有率。

(三)盈利模式的财务指标分析

1. 盈利能力

通过表 22-3 可以看出,携程的盈利能力呈现出先上升后下降的趋势。2020 年以前,携程旅行一直保持着较高的盈利能力,这与携程在行业内优秀的利润源是分不开的。2020 年,新冠疫情的到来给携程带来了沉重的打击,一直到 2021 年,处于后疫情时代下的携程并未完全走出来。面对困难，携程也有积极改善盈利模式，但效果一般。2020 年，新冠疫情暴发，携程的现金流出现困难，不断有客户取消订单，同时，携程的净资产收益率、销售净利率、营业利润率和总资产净利率都有很大幅度的下滑。

表 22-3 携程网近三年盈利能力指标

年份\指标	净资产收益率 / %	销售净利率 / %	总资产净利率 / %	营业利润率 / %
2020	−3.19	−17.85	−1.69	−18.48
2019	7.37	19.62	3.63	23.34
2018	1.28	3.54	0.59	4.84

资料来源：同花顺 iFinD。

2. 偿债能力

从表 22-4 可以看出，携程网近三年的流动比率和产权比率一直保持一个稳定的状态，基本在 1 左右浮动，这说明携程旅行网的资产流通较好，拥有偿还短期借款的能力。长期债务与营运资金比率也可以反映出企业的短期偿债的能力，同时可以预示着企业未来对于长期借款的偿还能力的保障。携程旅行网的长期债务与营运资金比率近三年不断下降，这说明携程的抗风险能力还有待提高。

表 22-4 携程网近三年偿债能力指标

年份\指标	流动比率 / %	产权比率 / %	长期债务与营运资金比率 / %
2020	0.99	0.85	−76.30
2019	0.98	0.90	−19.68
2018	1.15	1.12	2.67

资料来源：同花顺 iFinD。

3. 营运能力

如表 22-5 所示，携程网近三年的营运能力有所波动，在 2020 年出现一定幅度的下滑，并且下滑的幅度较大，与同行业的企业比较也不具有优势。整体来看，携程应收账款、固定资产的周转率要大于流动资产的周转率，说明携程对于应收账款和固定资产较为重视，企业内部管理有所加强。

表22-5 携程网近三年营运能力指标

指标 年份	应收账款周转率/%	流动资产周转率/%	固定资产周转率/%	总资产周转率/%
2020	3.11	0.29	3.07	0.09
2019	5.36	0.48	5.94	0.18
2018	5.49	0.39	5.27	0.17

资料来源：同花顺 iFinD。

4. 成长能力

一个企业的成长能力反映出这个企业能否长期稳定地经营下去，携程网近两年的业务遭受了很多挫折和失败，营业利润率和净资产收益率呈现出负值的状态，盈利模式的转型减缓了疫情对于企业的冲击，总体来说未来还是有稳定发展的。携程的总资产不断增长，说明携程未来可期。

(四) 结论与启示

1. 结论

携程的盈利能力和营运能力有所下降，但携程在成长能力方面展现出较好的优势，有较强的潜在发展能力。携程的盈利模式在同行业中带来了许多竞争优势，但同时也存在着一些问题。携程的利润点同质化问题严重，没有新意和创新的部分。在线上旅行网站刚刚兴起的那段时间，人们对于携程旅行充满新奇和好奇，但是同样的模式被去哪儿网、驴妈妈等线上平台复制，携程在盈利模式上的竞争优势逐渐减弱。

2. 启示

从本文对于携程的盈利模式、经营状况的分析来看，携程一贯采取"赢不了就收购"的政策，从成立到发展，携程一直在收购去哪儿、同程、艺龙等多家线上售票服务企业。携程即使拥有强大的资金来源，经过快速扩张后也会出现亏损。虽然，被收购企业间的竞争正在激化，但是携程网没有致力于调整。现在，作为龙头企业，携程网要由高速发展向高质量发展转变，逐渐放慢横向发展速度。对于收购，按照自己的情况对市场进行调查和计划，对现有的盈利点认真经营，提高营业收入，减少营业费用。

参考文献：

[1] 韦美膛. 直播电商背景下媒体盈利模式的创新与拓展 [J]. 传媒，2021（15）：77-78.

[2] 杨可可. 管理会计与公司盈利模式创新 [J]. 纳税，2021（14）：70-71.

[3] 申学惠. 光线传媒的盈利模式及优化研究 [D]. 重庆：重庆工商大学，2021.

[4] 杨林. 价值链视角下海澜之家轻资产盈利模式问题研究 [D]. 天津：天津财经大学，2019.

[5] 刘臣平. 新能源电动汽车分时租赁盈利模式研究 [D]. 北京：中央民族大学，2019.

二十三　平衡计分卡视角下海尔智家并购通用电气绩效评价

冯源源[①]

摘要：自 1984 年我国首例海外并购以来，海外并购已经逐渐成为企业在国际市场获取优质资源、实现全球性扩张和可持续发展等战略性目标的重要手段，因此对上市公司海外并购进行绩效研究具有重要意义。2016 年，海尔智家将目标锁定美国通用电气，并最终以 55.8 亿美元实现并购。本文采用平衡计分卡（BSC），从财务指标、客户、内部业务流程、学习与成长四个维度对海尔智家并购前后进行绩效研究，评估并购行为是否实现协同效应，最后根据研究结论为其他家电行业海外并购提供有参考价值的建议。

关键词：海外并购；绩效研究；平衡计分卡

一、引言

并购一般是由经营状况良好的企业通过购买股权或收购资产等方式对目标企业进行兼并收购的行为，最终组合成一家企业。其目的就是通过并购实现资源整合，降低企业内部交易成本，从而获取更高的利润水平。家电行业作为一项民生工程，不仅衡量着我国千万家庭的幸福指数，其发展更是备受国家关注。近年来，

---
① 冯源源，女，会计硕士，研究方向：财务管理。

在需求增长乏力、互联网经济高速发展以及家电市场日趋饱和的情况下，家电行业的竞争异常激烈，海外并购成为其扩大市场竞争力、谋求新增长点的必经之路。海尔智家收购美国通用电气是2016年我国家电行业最具代表性的一笔海外并购案例，因此本文选取此次并购事件进行绩效研究。

二、文献综述

绩效研究的方法有多种，包括头脑风暴法、事件研究法、专家评分法和平衡计分卡（BSC）等，其中平衡计分卡克服了传统财务分析短期行为，将战略与绩效进行了有机结合。李哲君（2005）建立了包含股东、消费者、供应商、员工等多角度的平衡计分卡评价体系[1]。陈木坤、齐中英（2006）将平衡计分卡进一步改进，从财务、经营协同、管理协同、学习与成长四个维度构建平衡计分卡评价体系[2]。

针对海尔智家并购通用电气的案例分析，王蓉（2018）运用事件分析法进行绩效评估，发现此次并购对海尔智家的股票产生了正面影响[3]。蒋礼蔚（2020）运用平衡计分卡进行绩效研究，发现并购后海尔智家在经营和管理方面产生了良好的协同效应，但在财务整合方面效果还不是很明显[4]。肖欣怡（2020）从财务、经营、管理三个方面构建了评价指标体系，得出海尔智家在三方面都实现了协同效应[5]。郑爽（2020）以平衡计分卡为主要评价方法，采用EVA作为财务维度指标，有效规避了管理层短视行为[6]。

由于绩效评价方法选择不同，不同学者在数据处理、评价标准方面存在差异，因此对并购绩效研究结论也不一致。本文选用海尔智家并购通用电气，将平衡计分卡评价体系运用到此次并购中，多维度评价此次并购活动。

三、基于平衡计分卡的并购业务绩效评价

（一）财务指标维度

财务指标维度主要是分析传统的财务管理指标，即偿债、盈利、营运和成长

四个方面，本文主要从中选取 12 个指标进行分析，直观反映企业是否实现财务协同效应。

（1）海尔智家偿债能力数据如图 23-1 和表 23-1 所示。

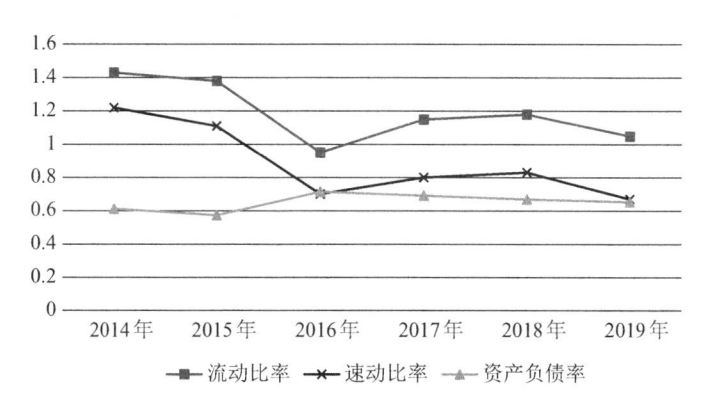

图 23-1　2014—2019 年海尔智家偿债能力指标折线

资料来源：同花顺 iFinD。

表 23-1　2014—2019 年海尔智家偿债能力指标

指标＼年份	2014	2015	2016	2017	2018	2019
流动比率	1.43	1.38	0.95	1.15	1.18	1.05
速动比率	1.22	1.11	0.70	0.80	0.83	0.67
资产负债率/%	0.612	0.573	0.714	0.691	0.669	0.653

资料来源：同花顺 iFinD。

从图 23-1 和表 23-1 可以发现，海尔智家流动比率和速动比率逐年下降，变动趋势一致，在并购当年均达到了最低，资产负债率居高不下，在并购当年甚至超过了 70%。通过总体分析可以得出，海尔智家的此次并购给企业短期偿债能力还是带来一定程度的负面影响，其流动比率和速动比率短期的急剧下降可能是由于并购耗资巨大，并且是通过现金方式完成此次并购，导致企业流动资金减少。2016 年海尔智家资产负债率上涨幅度最大，同比上升 14.1%，主要原因是海尔智家此次并购大部分交易金额通过贷款获得,致使海尔智家长期负债增加,债务压力增大。但是 2016 年后,企业的各项指标都向好发展,说明企业在并购后进行了较好的资源整合,财务状况逐渐好转。

(2)海尔智家盈利能力数据如图 23-2 和表 23-2 所示。

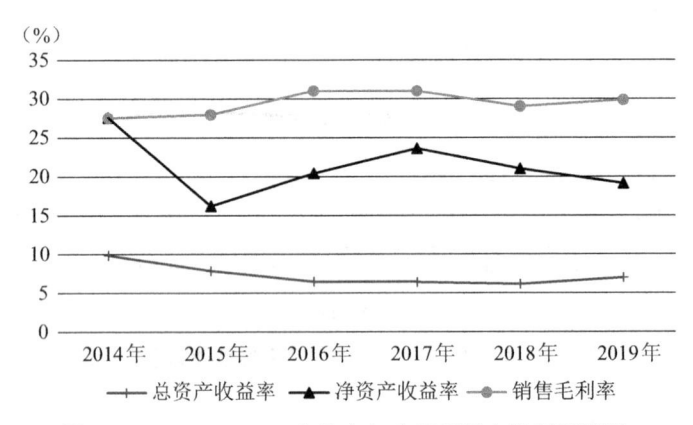

图 23-2　2014—2019 年海尔智家盈利能力指标折线图

资料来源:同花顺 iFinD。

表 23-2　2014—2019 年海尔智家盈利能力指标

年份 指标	2014	2015	2016	2017	2018	2019
总资产收益率 / %	9.84	7.85	6.46	6.40	6.14	6.97
净资产收益率 / %	27.58	16.22	20.41	23.59	21.00	19.12
销售毛利率 / %	27.52	27.96	31.02	31.00	29.00	29.83

资料来源:同花顺 iFinD。

从图 23-2 和表 23-2 可以看出,在并购前销售毛利率缓慢上升,在 2016 年达到最高值后又小幅下降。通过 2016 年年报可知,并购通用电气仅半年时间就贡献收入 258.34 亿元,使毛利率提高近 2%,在 2017—2019 年虽然出现下降,但基本处于稳定水平。海尔智家的总资产收益率 2014—2018 年逐年下降,尤其在 2015—2016 年下降幅度较大,主要原因是此次并购使海尔智家的总资产发生大幅上涨，导致企业总资产收益率下降。此外，净资产收益率在2015年下降到最低值后出现了攀升，说明投资者投入资产获得的利润增加，有助于企业吸引更多投资者投资。

（3）海尔智家营运能力数据如图23-3和表23-3所示。

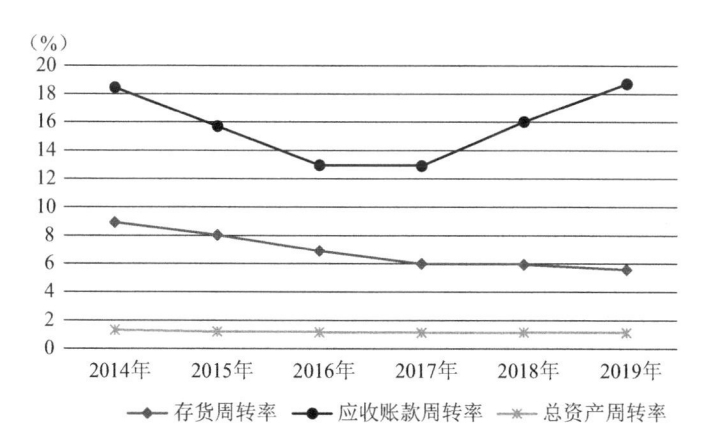

图 23-3　2014—2019 年海尔智家营运能力指标折线

资料来源：同花顺 iFinD。

表 23-3　2014—2019 年海尔智家营运能力指标

指标＼年份	2014	2015	2016	2017	2018	2019
存货周转率 / %	8.92	8.02	6.90	5.98	5.93	5.57
应收账款周转率 / %	18.45	15.69	12.95	12.90	16.02	18.72
总资产周转率 / %	1.31	1.19	1.15	1.13	1.15	1.13

资料来源：同花顺 iFinD。

由图23-3和表23-3可知，海尔智家的存货周转率逐年下降，2017年后下降趋势有所缓减，说明企业存货积存，同时并购通用电气也带入部分存货，但是也反映出企业存货管理并不是很突出。应收账款周转率在2014—2017年持续下跌，主要原因表现为：一方面，家电行业普遍采用赊销方式进行销售，所以应收账款账面价值大；另一方面，并购通用电气后，其应收账款也纳入企业财务报表，致使其应收账款周转率偏低。2018年后，企业应收账款周转率显著提升，说明企业资金管理效率提高。海尔智家的总资产周转率一直处于比较平稳的状态，虽然在2016年并购后出现小幅下降，是并购导致企业总资产增加所致，但波动幅度较小，可以看出海尔智家作为发展成熟的家电企业，其资金管理水平较高，营运能力逐渐恢复。

（4）海尔智家成长能力数据如图23-4、表23-4所示。

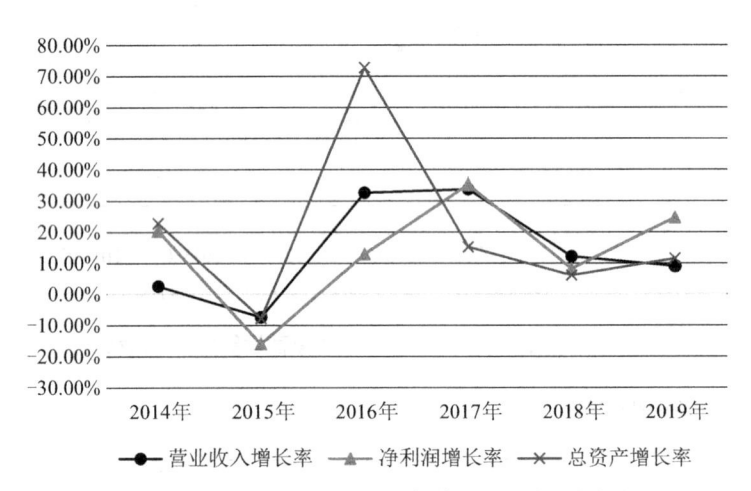

图23-4 2014—2019年海尔智家成长能力指标折线

资料来源：同花顺iFinD。

表23-4 2014—2019年海尔智家成长能力指标

指标＼年份	2014	2015	2016	2017	2018	2019
营业收入增长率/%	2.51	-7.41	32.59	33.68	12.17	9.05
净利润增长率/%	20.37	-15.99	12.93	35.18	8.22	24.59
总资产增长率/%	22.77	-7.76	72.79	15.21	6.07	11.52

资料来源：同花顺iFinD。

2015年由于我国房地产企业的低迷，导致家电行业的刚性需求降低，海尔智家也不例外，海尔智家的三项成长能力指标都降到最低值，甚至出现了负增长。

2016年并购通用电气后,给企业贡献了较多的收入,同时也引起总资产急剧上升,因此营业收入增长率、净利润增长率和总资产增长率都在并购当年呈现大幅上涨,但是这种上涨趋势仅维持了较短时间,在2017年后各项指标都发生了下跌,即使在2018年出现回升,但三项指标水平仍低于并购当年,但总体情况较并购前有所好转,说明此次并购有利于海尔智家的成长。

总之,通过以上四个财务管理指标对海尔智家财务维度进行剖析可以得出,此次并购在一定程度上还是给企业带来了损失,一些财务指标在并购当年甚至出现异常波动,但是经过资金的充分利用和资源的有效整合,企业的各项指标都在逐渐恢复到正常水平。说明此次并购在短期内还是给企业带来了经济效益,但是对企业长远发展的影响仍需要经过时间的考验。

(二) 客户维度

客户不仅能为企业创造利润,还可以为企业转型升级提供动力和方向,市场占有率作为客户维度的一个分支,通过分析市场占有率可以评估其综合竞争力,从而进一步对企业并购绩效进行探讨,所以本文选取市场占有率作为客户维度指标进行分析。2014—2019年海尔智家全球市场占有率变化趋势如图23-5所示。

图23-5　2014—2019年海尔智家全球市场占有率变化趋势

资料来源:2014—2019年海尔智家财务报表。

根据图 23-5 可知，海尔智家的市场占有率在 2016 年并购通用电气后较 2015 年有所回升，并在之后的三年连续上升，说明此次并购不仅获得了技术，实现优势互补，促进其在国内市场的发展，同时还提升了市场占有率，有利于海尔智家扩大其国际市场的竞争力，实现全球化战略。

（三）内部业务流程维度

对企业内部流程的绩效评价，主要是以并购前后期间费用的变化作为指标进行分析，得出结论。数据如图 23-6、表 23-5 所示。

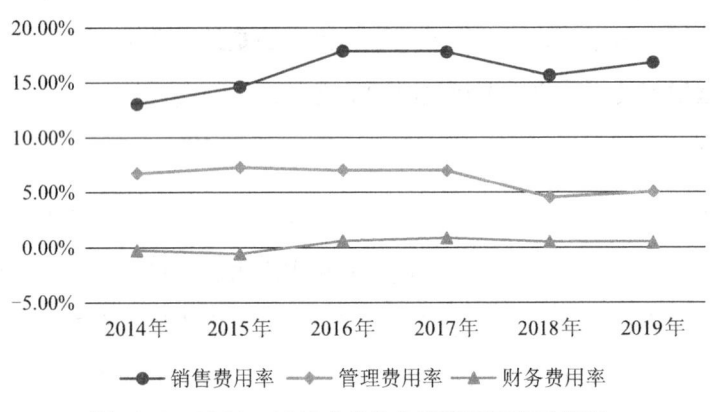

图 23-6　2014—2019 年海尔智家费用率变动情况

资料来源：同花顺 iFinD。

表 23-5　2014—2019 年海尔智家费用率

指标＼年份	2014	2015	2016	2017	2018	2019
销售费用率 / %	13.04	14.60	17.85	17.76	15.63	16.78
管理费用率 / %	6.75	7.30	7.04	6.99	4.54	5.04
财务费用率 / %	-0.26	-0.56	0.61	0.87	0.51	0.44

资料来源：同花顺 iFinD。

通过图 23-6 和表 23-5 可知，海尔智家的管理费用率总体处于缓慢下降趋势，说明企业管理费用支出较少，管理效率高。并购后企业的管理费用率整体低于并购前，说明企业内耗减少，内部管理控制水平提高，表明企业进行了有效的内部资源整合。海尔智家销售费用率在2014—2016年持续上涨，根据海尔智家2015年和2016年年报中对销售费用增长的解释，可以总结为：（1）公司在强化卡萨帝高端品牌、渠道建设以及基于市场竞争环境变化加大市场用户交互投入；（2）公司收购通用电气后，通用电气分部的销售费用自收购日后并入企业。2017—2018年企业销售费用率降低，说明并购为企业带来了新的客户群，营业收入的增长超过销售费用增长幅度。2014年和2015年的财务费用率处于负增长状态，主要是企业利息收入所致，2016年海尔智家财务费用率大幅上涨是由于并购的交易资金来源很大一部分是举债所得，因此并购当年财务费用增加，而并购完成后，在2018年企业财务费用率逐渐回落，说明企业缓慢调整资金结构，完善资源整合。

（四）学习与成长维度

学习与成长维度主要是从人员构成和研发费用支出方面进行探讨，从而对企业可持续发展能力进行客观评价。

1. 人员构成

由表23-6可知，海尔智家员工受教育程度自2014年起逐年提高，本科及以上学历的员工占比不断上升，说明企业十分重视高素质人才，并且上涨趋势在并购后更加显著，说明了并购为企业注入更多高学历人才，也表明海尔智家在并购后吸纳更多高层次人才加入团队，有利于企业的研发创新。

表23-6 海尔智家员工受教育程度

教育程度类别＼年份	2014	2015	2016	2017	2018	2019
本科及以上／人	11,893	12,899	15,218	16,148	21,275	24,175
占比／%	21.91	20.22	20.41	21.00	24.33	24.23
专科／人	9,826	16,030	17,535	18,702	22,641	25,346
中专及以下／人	32,567	34,873	41,817	42,046	43,531	50,236
合计	54,286	63,802	74,570	76,896	87,447	99,757

资料来源：2014—2019年海尔智家财务报表。

2. 研发费用

根据图 23-7、表 23-7 可以看出，海尔智家的研发费用逐年上涨，尤其是在并购通用电气后，上涨幅度较大，而且研发费用在营业收入中的占比也明显增加。并购通用电气为企业注入优质的研发团队，海尔充分利用团队进行新的研发，从而提高企业的市场竞争力。

图 23-7　2014—2019 年海尔智家研发费用投入及占比变化趋势

资料来源：2014—2019 年海尔智家年报。

表 23-7　2014—2019 年海尔智家研发费用情况

指标＼年份	2014	2015	2016	2017	2018	2019
研发费用 / 亿元	24.00	24.61	32.49	45.89	53.98	62.67
研发费用占营业收入比例 / %	2.70	2.70	2.70	2.88	2.94	3.12

资料来源：2014—2019 年海尔智家年报。

四、基于平衡记分卡的家电行业海外并购建议

通过上述四个维度分析，发现并购虽然给海尔智家绩效带来了有利的影响，但是也遭受到了损失，因此本文对家电行业海外并购提出了以下几点建议。

首先，企业在进行并购前要综合评估企业的各项财务指标，全面了解被并购

企业整体情况，在确保企业能够承受举债带来的财务风险的情况下再决定是否进行并购。并购后要尽快对公司的制度进行调整，让新的团队更好地融入企业。并购可以为企业带来更多优秀的成员和先进的研发技术，这是保证企业可持续发展的基础，合理安排员工可以提高企业生产效率。

其次，不要盲目寻求协同效应。并购虽然可以给企业在资源、市场等方面带来竞争优势，但是也会给企业带来较高的财务费用和存货。因此要对并购前后各个方面进行评估和调整，如果盲目追求并购，扩大企业管理范围，可能会导致企业经营管理效率降低。

最后，并购后企业要从长远利益出发，全方位考虑企业发展方向，明确企业战略目标，充分利用并购所带来的资源，提高自身研发能力。家电行业的发展与民生息息相关，因此企业要关注市场需求，努力创造新的需求，在能力允许的情况下企业之间可以强强联手、资源共享，充分体现并购的价值。

五、总结

本文运用平衡计分卡，从财务指标、客户、内部业务流程、学习与成长四个维度对此次并购的绩效进行了研究，发现并购后海尔智家在客户、内部业务流程、学习与成长方面产生了良好的协同效应，但是在财务方面，由于资源整合效果在短期未能表现出来，还需要企业后期发展对其进行评价。

平衡计分卡对企业并购绩效研究，可以从并购前后综合立体分析，监督企业并购活动，从而发挥平衡计分卡动态分析作用。

参考文献：

[1] 李哲君.基于平衡计分卡的并购绩效管理[J].上海经济研究，2005(12)：5.

[2] 陈木坤，齐中英.基于改进平衡记分卡的企业并购绩效评价[J].统计与决策，2006(21)：156-157.

[3] 王蓉.青岛海尔并购通用电气绩效实证分析[J].合作经济与科技,2018(6):107-109.

[4] 蒋礼蔚.平衡计分卡视角下海尔并购通用电气绩效研究[J].经济与社会发展研究,2020(9):3.

[5] 肖欣怡.海尔并购通用家电的协同效应研究[J].市场周刊,2020:91-92.

[6] 郑爽.基于平衡计分卡的家电企业海外并购绩效评价[D].郑州:河南农业大学,2020.

二十四　企业债务重组方式选择分析

何城霖[①]

摘要：新债务重整规定，去除了"债务人发生财务困难"和"债权人做出让步"两个大前提，并重新将旧债务重整规定为：在不改变交易方的前提下，将关于债务清偿的具体日期、数额和途径等，或由债权人与债务人各方协商，或法院裁定，以重新达成协议的交易。按照新准则的规定，文章分别从债权人和债务人的角度，结合案例分析四种不同的债务重组方式，指出每种方式的优缺点，建议企业在选择债务重组方式时结合自身的实际情况，选择适合企业自身发展且债务双方均认可的重组方式。

关键词：企业；债务重组；债权人；债务人

一、引言

企业举债筹资有两大优势，一是节税；二是减轻财务压力。此外，还能优化企业的资本结构，提高经济效益、达到企业价值最大化的目标。而过分举债也可能使公司资金链断裂，给公司造成更大的财务风险，进而面临财政困难。所以，合理举债是企业实现长期发展目标的重要保证。当企业无法按时偿还债务时，债务各方之间可协议实施债务重整，一方面，可以帮助债权人缓解还款压力；另一

---

① 何城霖，男，会计硕士，研究方向：会计理论。

方面，债权人也能将损失降到最低。

2019 年，财政部针对市场形势发生重大变化，重新制定了财政部的债务重组规定，自 2019 年 6 月中旬开始生效。新旧准则从定义到账务处理上都发生了较多变化，本文研究目的在于按照新准则的规定，阐述不同重组方式下的账务处理，介绍不同重组方式的优缺点，并对企业选择不同重组方式提出相关建议[1]。

二、债务重组定义及方式

（一）债务重组定义

债务重组是指在不变更交易方的情形下，经债权人与债务人协商或法院判决，以偿还债务的日期、数额及方法等，重新签订合同的交易。这就是说，只要改变了原还款要求的，债务重组过程中设定的还款要求与原约定不同，即为债务重组。

（二）债务重组方式

1. 以资产清偿债务

债务人可以以将其资产转移给债权人，以偿还债务的方法。欠款人为偿还债务所需要的资本，主要包括：现金、存货、固定资产、无形资产等。但如果以等量的现金偿还债务，则不构成债务重组。

2. 债务转为资本

债务人将其债务转为资产，同时债权人将其债权转为股权的方式。如果债务人已通过转移协议，将应付可转换公司债券转为资产，则构成了一般情况下的债务资本，但不作为债务重组处置。

3. 修改其他债务条件

减少债务本金、降低利率、免除未付利息等。

4. 以上三种方式任意组合

通过上述三种方法任意组合的重组形式。

(1) 将部分债务以资产偿还，而剩余部分将转为资产；

(2) 将部分债务可以资产偿还，而剩余部分则调整其他的债务条款；

(3) 将部分债务转为资产，而剩余部分则调整其他的债务条款；

(4) 将部分债务以资产偿还，部分转为资产，而剩余部分则修改其他债务。

三、新准则下债务重组的会计处理与利弊分析

（一）以资产清偿债务

1. 债权人的会计处理

在新准则中，如果债务双方选择使用现金清偿债务，是按收到的金额入账，将实收与应收的差额计入投资收益。另外，债务双方也可能选择以无形资产、固定资产、存货等非现金流动资产来实施债务重整，此时取得非现金流动资产的入账价值将与购入资产的初始计量原则相同，即根据放弃资产的公允价值和使资产达到预期可使用状态的相关税费之和入账。

2. 债务人的会计处理

新准则要求，对非现金资产进行的债务重组不再按照公允价格计算，而是按照转让负债的账面价值来确认，并将重组过程中产生的损益直接计入资产处置损益，而不是计入营业外收入。

3. 对债务双方的利弊

其优点是债权人可以直接取得资产，风险和成本相对较低；缺点是增加债务人的财务负担和偿债压力。

（二）将债务转为资本

1. 债权人的会计处理

债务重组时，债务人也可以选择把公司负债变成股权融资，实质就是债务人

用股权抵债。如此，债权人可将其作为一种"购进"来进行会计处理，但关于对联营和合营企业的投资成本，则必须以放弃债权的公允价格和可直接归属的有关税费之和入账，并以所取得资产的入账价值和应收账款的账面价值之差，列入当期损益中。

2. 债务人的会计处理

选择以债务转换资本的方法实施债务重组，但针对债权人来说，其会计处理方法和以资产清偿债务方法的会计处理方式有所不同，债务转换为权益工具需要以公允价值为计量原则。假设债务人企业为上市公司，则公允价值应该以债务重组日的股票价格确定；如果债务人公司为非上市企业，并且股票发行无活跃的二级市场，那么股票的公允价值以估值来确定。在一般财务处理过程中，债务人可以将已增发股本的总面值确定为资产，以债务重组日股权的公允价值与股本价值之间的差价作为股本溢价，同时作为资本公积。另外，发行股票的公允价值与应付账款账面价值之间的差额作为投资收益[2]。

3. 对债务双方的利弊

其好处是有效地降低债权人的财务压力，同时又为债务人提供了新的融资途径，可以增进双方企业的合作伙伴关系；其弊端是债权人无法直接收回资金，造成资本被浪费，未来的投资收益情况决定债务方的经营情况，具有相当的经营风险和不确定性。

(三) 修改其他债务条件

1. 债权人的会计处理

选择以改变一些债务条款来偿还债务，或采取降低本金、延长偿债年限、降低债务利率等方法，调整有关的债权或债务条款，形成重组债权和重组债务关系。各方可以改变一项或者多项的欠款内容来共同重组债权，在这种情形下，债权人应该按照修改债务条件后的债权公允价值作为重组债权的入账价值，并将应收账款的账面价值和重组债务后的公允价值之间的差额，先冲销资产减值准备，再计入当期损益中。

2. 债务人的会计处理

债务双方可以利用或修改其他法律规定方法实施或重组债权（债务），而债权人的会计处理方式和债务人之间是互相对应的，此类修改应遵循金融工具准则的相关规定。重组债务后债务方的入账价值是调整条款后的债务公允价值，而原应付款项与新构成债务之间的差额应该确认为当期损益[3]。

3. 对债务双方的利弊

优点是债权人做出的让步条件可以减轻债务企业的偿债压力，同时债权人尽早收回账款，可以避免一再拖延产生更大的坏账风险；缺点是债权人修改还款条件通常会做出让步，从而损失一部分利益。

（四）以上三种方式任意组合

1. 债权人的会计处理

债务双方采用的混合方法来进行债务重组时，首先债权人要按照互联网金融工具原则的规定，来确认已接受的财务资产的价格，其次再用放弃债权的公允性价格减去已接受的财务资产价格，然后再把二者之间的差价向其他资产加以分摊。一般来说，欠款人将分别用收取的现金资产、非现金资产（无形资产、仓库财物、固定资产等）的利率、放弃债权或获得股权时的公允价格来冲减应收账款的账面余额，进行账务处理时还需要冲销已经计提的信用减值准备，最后将超出部分确认为当期损益。

2. 债务人的会计处理

债务方选择以混合方法重整旧债务时，应当按照新准则规定的有关条款，分别按公允价值计算权益工具的价格，按账面价值计量转换出非现金负债的价格。在实际操作中，如债务各方都改变了其他债务条款，则把改变债务条款后的价格视为重组债务的入账价值。

3. 对债务双方的利弊

好处是比较灵活，债务人能够把部分债务用资产清偿，或者部分债务变成了资产，同时债权人还可以选择延期收回或者降低利率等多种方式结合。因此，这种方式也是现实操作中运用最为广泛的重组方式。弊端是组合方式的债务重组过程较为烦琐，操作麻烦，确认的债务重组收益往往缺乏相应的现金流，加大了利润分配决策的难度。

四、企业选择债务重组方式的建议

（一）企业自身的财务状况

债务人公司在与债权人协议债务重组时，首先必须考虑公司本身的财务状况。如果公司目前的运营环境必须拥有较多现金资本，或公司本身的大部分资金已被占有，公司存在着很大的财务压力，在这种情形下，债权人应该选择以现金资产来清偿债务的重组债权方式，而不建议债权人企业接受以非现金资产进行重组债权的方式。由于该种方法公司不仅没有获得短期内可以随意流转的资本，反而有可能由于将固定资产、无形资产等非现金资产投入生产运营中而耗用更多的流动资金。对于债务人而言，同样需要考虑当前自身的财务状况，若债务企业当前流动资金紧缺，则应当与对方协商采用债务转资本或者以非现金资产清偿债务。

（二）债权人回收债务的风险

当债权人与债务人决定采用债务重组时，也需要充分考虑账款收回需要承担的风险。例如，债权人企业希望全额收回债权，不想做出让步，而选择带利息延期偿还，在这种情况下，就需要考虑到对方公司的盈利能力有多大概率在短期内偿还全额账款，如果情况并不理想，那么企业就有可能因为延期而造成损失。所以，为防止公司面临收回欠款的风险，债权人公司可能选择将非现金流动资产或者各种方式有机地结合的债务重整方法。尽管非现金流动资产的变现方式功能意义不大，但是如果用于抵债的设施和工厂还能够用于增加企业的产能规模，就可以算是一物尽用。如果公司并没有进一步扩张规模的计划，也可能选择将非现金资本对外租赁或是出售。综上所述，为最大限度地减少经营风险，并及时结束高风险债务关系，债务人也可能考虑用现金以外的方法进行债权的重组。

（三）实行债务重组的各项费用

债权人公司在选定债务重组方法时，还需要考虑重组过程中会发生的各项费用。例如，在以实物资本抵债过程中会产生的运输费、仓储费用、入库费用、咨询及资产评估费用等，这笔费用在重组中也是不容忽视的。有些大型设备的迁移和组装需要耗费大量的人力和财力，重组时双方都需要计算这笔费用在债权（债务）中的占比情况。如果债权人想避免承担大量相关费用，则可以选择以现金资产或者债务转为资本方式来进行重组债权。

（四）债务人的付款风险

在进行债务重组时，债务人企业可以选择即期清偿债务、延期清偿债务、将债务转为资本，而不需要清偿债务或者将以上几种方式随意进行组合清偿债务，每种方式下债务人企业需要承担的付款风险都是不同的。一旦债务公司选择即期清偿债务或以组合的方式，将会导致公司收入与费用的现金流量迅速下降和生产用资下降，这将会加大公司短期内的风险；若债务公司选择延迟偿债的方法，必须预估公司日后的盈利情况是否会在一定期限内产生相应的现金流量，如果没有，那么公司选择延迟偿债将会加大公司未来的还款风险和压力。所以，在充分考虑公司的偿债风险后，债务公司可能选择债务转投资或其他与之相结合的偿债方法。

（五）债权企业对债务企业的控制情况

债权融资与股权筹资二者不仅性质不同，对公司实现的控制力也不同。一旦债务双方将债务转为权益资本或者与其相结合的方式，原本公司的债权人将会变成债务公司的股东，从而影响到债务公司或者原有股东对公司的控制权。而一旦各方都是用改变其他债务条款，或是以资产清偿债务等方式实施债务重组，从表面上来说，债权人对债务人公司的控制力并不会产生直接影响，不过在实际情形中，债权人公司在作出让步的同时，也往往会增加某些限制性条款，这些条款可能间接性影响债务公司的控制权。

五、结束语

综上所述，新准则与2006版准则在债务重组的定义和会计处理方式上均产生了较大差异。总的来说，新准则的改变是顺应我国市场经济环境变化的，对债务重组的适用范围更大，会计处理流程更简便，也使得会计核算更精准，在一定程度上，有利于规避别有用心的企业钻空子。本文顺应了债务重组准则的变革，对债权人和债务人之间的会计处理过程做出了总结，并根据案例进行分析，以及分析不同重组方式的利与弊，最后提出建议：企业在需要进行债务重组时，应该结合自身实际情况并且充分考虑实施债务重组后对企业的影响，与对方协商达成一致，选择"双赢"的债务重组方式。

参考文献：

[1] 涂红星，陈婧. 企业债务重组方式选择探究 [J]. 湖北理工学院学报（人文社会科学版），2021，38(6)：28-33.

[2] 蔡代展. 探讨企业债务重组中的会计处理 [J]. 今日财富（中国知识产权），2021(3)：198-199.

[3] 李金茹. 新旧债务重组准则会计处理比较分析 [J]. 商业会计，2021(15)：27-31.

二十五　浅析煤炭企业固定资产管理

刘英娜[①]

摘要：固定资产在煤炭企业中占有重要地位，其数量多、种类杂、价值不一，极易发生资产管理及财务核算的混乱，所以其管理的重要性可见一斑。煤炭企业应明确划分固定资产的界限，找到管理所出现的问题，完善并落实对煤炭企业中固定资产在管理方面的制度，从而使其更好地发挥作用，保障煤炭企业的可持续发展。本文主要是针对煤炭企业固定资产管理现状出现的一系列问题，通过对固定资产的概念、分类和特点的认识，进行分析并提出管理建议，对进一步提升固定资产管理水平，促进煤炭企业科学发展具有深远影响。

关键词：煤炭企业；固定资产；管理；问题；建议

一、引言

当今，由于改革开放制度的持续深化，再加上科技的飞速发展，煤炭企业实现了经济效益的逐步提升，随着各种技术的更迭完善，从而保证了企业在生产方面的安全问题，而且如今的煤炭企业开采趋势良好，所以，煤炭企业的发展重心放在了固定资产的管理上面。企业只有合理利用资源，提高资产使用率，才能充分发挥固定资产在企业中的优势，反之管理不当，会对煤炭企业的生产经营和煤炭开采产生不利的影响，而且还会增加企业的成本和支出，降低企业活力，从而失去了煤炭企

---
① 刘英娜，女，会计硕士，研究方向：企业管理。

业的竞争优势。可见固定资产在煤炭企业中占据重要地位，对其管理也要更加重视。因此企业不得不采取有力措施，加大对固定资产有效管理力度，从而全面提升管理水平，增强煤炭企业经济发展动力，使其在市场竞争中处于不败地位。

二、文献综述

我国的煤炭企业固定资产规模大，种类多，改进固定资产，提高其使用效率，才可以使企业资产保值增值[1]，获得生机与活力。基于固定资产在煤炭企业中的重要地位，本文通过查阅文献，总结出各类学者对固定资产管理的研究办法，系统地分析了煤炭企业固定资产在管理中存在的问题和缺陷，由此针对性地对煤炭企业的固定资产管理问题提出解决措施。

三、煤炭企业固定资产的概述

（一）固定资产定义

固定资产的目的是参考企业所持有的非货币资产来制造商品、提供劳动服务、租赁或运营及管理，其使用期限往往会大于 12 个月，其包括房屋、建筑、机械以及机械在内的特定标准。运输手段、其他器具及生产还有作业相关工具的固定资产，这些统统都是企业占比较大的劳动生产手段，在企业中拥有相当重要的地位。

煤炭企业固定资产的种类划分复杂，而且其规格各异，用途各异。只有正确地对固定资产进行分类，才能进一步强化对固定资产管理，并且科学合理地对其进行核算，发挥其更佳的作用。煤炭企业固定资产按现行制度主要分为生产经营用固定资产、非生产经营用固定资产、未使用固定资产。

（二）煤炭企业固定资产的特点

1. 流动性大，更换频繁

由于煤炭企业生产的特殊性，其工作地点不固定，一般在井下，而且再加上地质结构的特殊性，煤层会随着开采的移动而移动，没有固定点。所以，煤炭企业的固定资产灵活性很高，更迭频繁，且价值不一致、消耗时间也不尽相同，可见其在划分上的标准和其他类型的企业不能同日而语。

2. 数量多，种类杂

煤炭企业特有的规格小的机器设备，都是其开采工作指定需要用到的设备，且这些设备数量繁多，种类复杂，再加上它们的可使用期限相对不长，在使用过程中很灵活，所以需要频繁更换[2]，可见煤炭企业固定资产的复杂性。上述设备包括小型发电机、功率小的变压器、水泵、自救器、井下矿车、平板车、低压防爆开关、瓦斯检验器、煤电钻、风镐及矿灯等。

四、煤炭企业固定资产管理存在的问题

（一）固定资产管理制度不够完善

众多煤炭企业都有一些管理弊端，包括固定资产在管理方面的制度不全面、管理流程不合格、资产考核制度空缺或不成熟等问题。例如，在安排购买、到货检验、机器装卸、使用中进行保管和护理、资产调配以及最后资产清算的过程中会暴露管理弊端[3]。煤炭企业的管理层一般会加大在考核指标方面的控制，如一些常见的关于生产数量、费用成本、盈利能力等的分析。固定资产的绩效考核办法在其管理成效甚至于是否拥有升值空间等方面没有太多经验，不能对其进行可靠的计量。因此，只有固定资产的生产效率以及运营能力发挥到极致，才能说明煤炭企业对固定资产进行了有效合理的治理。

（二）购置投资环节存在的问题

1. 固定资产投资规模大，企业负担重

根据中国煤炭协会2021年上半年煤炭经济运行情况通报，煤炭开采和洗选业固定资产投资额累计同比增长10.6%，可见煤炭企业对于固定资产的投资逐年增大。一方面，煤炭企业新投资的固定资产，束缚于当前的生产技术水平，其资

产利用率往往不能最大限度发挥，却花费了不少成本，则投资效果可想而知。而在另一方面，如果在煤炭企业收支不平衡的情况下，那么由于资产折旧以及资产投资规模扩大而产生的多余的费用成本，也会加重企业原有的财务负担[4]。

2. 设备购置计划与生产计划的匹配问题

由于煤炭企业工作场所比较特殊，需要在井下作业，所以，煤炭企业一般会按照在矿井下面的设计，以及他们的安全生产计划进度，提前准备相应的设备及计划。往往他们安排的标准，是依据煤炭开采的产量加上对地质结构的了解，最后再对生产计划进行合理规划。但在实际操作中，计划赶不上变化，由于地质构造的不确定性，原煤的开采计划很有可能与实际的变化不太相符，所以上述的设备计划应该具有灵活性，适时而变。反之，计划变更不及时，极有可能造成机器设备频繁更替，成为闲置资产，从而为企业造成不可避免的损失。

(三) 实物资产管理中存在的问题

由于煤炭企业的工作场所与其他企业不尽相同，集中在井下进行工作生产，自然其生产工具的聚集地也分布在矿井之下，主要包括那些勘测、采煤、开矿等大型机器设备以及一些小型的矿灯、防尘口罩等设备。由企业的特殊性导致管理也得个性化，这些设备的分布情况很广加上井下作业的特殊性，会容易加大煤炭企业对其固定资产的集中管理跨度，给企业带来不必要的负担。然而还会有部分的闲置资产得不到妥善的治理，一部分原因还是来自企业对于实物资产管理制度的不到位，没有充分考虑企业的特殊性，从而没有制定切实合理的管理规章制度，加大了企业的管理难度[5]。

五、对煤炭企业固定资产管理的建议

(一) 完善煤炭企业的固定资产管理体系，健全固定资产管理制度

为固定资产的管理工作打好坚实的基础，对于固定资产的会计核算，要从设备的初始工作以及管理的程序入手，包括资产的规划、收购、检验、贮藏、运用、

护理、拆除、收回等过程，对治理框架进行划分；对于固定资产内部的基础管理，需要加强对其的财务控制，以及建立合理规范的内部制度，争取对固定资产管理做到全程透明化、规范化、合理化。

强化资产清查力度，完善固定资产现场动态治理制度，合理制定机器设备的责任目标，加强对资产实物的管理与运作，以及对机器设备的产量要求进行进一步的提高，减少固定资产在使用方面的费用，加强机器设备的使用效率，从而降低煤炭成本，实现煤炭企业效益的进一步增长[6]。要及时调整或者停用技术陈旧落后、使用周转率低的固定资产，通过出售的方式，所获得的其他收益，可以用来购进新型资产或升级原有资产，提高其使用效率，进一步全面完善其内在技术构造以及生产效率，这样才能更好地激发市场潜能，将煤炭企业的优势充分发挥出来。

（二）提高对固定资产管理的认识，有效加强固定资产管理

对于煤炭企业的管理高层来说，首先要清楚知道其管理的作用，他们要做好表率，从源头抓起，提高煤炭企业整体的认知水平，其次也要看清当前的实际形式，牢牢掌握市场发展的秘诀，对其进行切实的管理。而且，高管也要对外在的经营流程全面掌握，主要是对于资产在生产运营等程序上的了解，同时也包括其生产数量以及类别等详细情况。对于员工来说也是一样的，多一些宣传了解的形式，发散新鲜有趣的话题，调动员工积极性，从而让他们有更加不一样的认知，但其核心还是为了从内部进行宣传突破，提升各部门的管理，让员工对该项工作有更加不一样的体验，改变刻板印象，更加清晰明确地知道该如何对其进行管理[7]，强化认知，并且要深刻理解其内在含义，重视对固定资产的管理。

（三）严谨核算，避免出现账实对应不上的问题

煤炭企业必须规范相应的制度，争取每个人都落实到位，有确切的职能目标。要根据固定资产定义，结合企业自身实际情况，找到可以和本企业相契合的管理办法，严格划分固定资产，以固定资产的分类方法、折旧方法、折旧年限、寿命长短以及折旧率为根本准则，对其进行核算。

　　谨防出现账簿与盘点实物出现误差较大的尴尬局面，明确企业资产的真实状况，深入了解其管理弊端，各部门必须严格落实到位，根据实际情况设立贴合各部门的监督政策，合理安排工作，要监督固定资产的治理、购买、入账、利用、核算等，保证固定资产管理的时效性。将盘库的作用发挥出来，提升固定资产的使用效率[8]，还要善于吸取经验教训，这样才能将丰富的经验应用在后续的生产中，为煤炭企业的生产提供更好的服务。

六、结语

　　正是因为固定资产在整个煤炭企业中占据重要地位，再加上其使用频繁、种类很多、周转速度也不快等特点，所涉及的部门广泛，这很容易造成在生产运营过程中的管理失误或者疏忽。煤炭企业的经济命脉以及发展前景，主要由企业对固定资产的投资规模以及对其利用率来决定。一般来说，由于煤炭企业的特殊性，其固定资产不仅包括地上常见的流动性不强的资产，还有最为重要的地下机器设备，这是不同于其他企业的。因此，对煤炭企业来说，最为重要的就是加强对井下机器设备的核算及维护，这样才有利于日常的管理和更好地生产，从而进一步提高设备的使用效率和安全性能，更好地为企业安全生产提供强有力支撑。在当前形势下，煤炭企业必须加强制度创新，采取有效措施，依靠合理的制度以及数字化时代的信息优势，提升固定资产的管理水准，建立一个针对性的信息管理平台，为煤炭企业的资产管理创建一个良好的环境，方可促进煤炭企业的可持续发展。

参考文献：

[1]　赵宇强. 国有煤炭企业固定资产管理存在的问题及对策思考 [J]. 国际公关，2019（10）：199.

[2] 张芳. 煤炭企业固定资产管理精细化的对策 [J]. 财会学习，2019(35)：192–193.

[3] 张青仙. 煤炭企业固定资产管理存在的问题及对策分析 [J]. 现代经济信息，2015(21)：250-250.

[4] 刘艳平. 固定资产及低值易耗品的管控及措施分析 [J]. 企业改革与管理，2018(9)：105-106.

[5] 方秀芹. 工业企业固定资产管理中存在的问题及解决对策 [J]. 企业改革与管理，2019(13)：125-130.

[6] 李晓萍. 加强煤炭企业固定资产管理的具体措施分析 [J]. 现代经济信息，2016(27)：230-230.

[7] 吴丽. 制造企业固定资产管理存在的问题及对策探究 [J]. 商讯，2020(15).

[8] 蔡伟伟. 事业单位固定资产管理的问题及对策 [J]. 财会学习，2020(9).

二十六 社会责任视角下的出版传媒企业采购管理浅析[①]

段青余[②]

摘要：采购管理作为企业管理的重要组成部分，与企业经营成本及产品质量密切相关，同时，出版传媒企业作为社会文化传播中介，承担着更多的社会责任。本文以企业社会责任理论视角出发，对出版传媒企业采购管理中存在的问题进行分析，并从原材料采购、内容选择、印刷厂选择、采购人员选择等角度结合数字传媒与数据分析等提出相关建议，旨在增强出版传媒企业社会效益的基础上优化采购管理。

关键词：出版传媒企业；采购管理；社会责任

一、引言

采购作为企业生产经营的起点，从原材料到固定资产，不仅决定着企业的生产成本，同时在一定程度上决定着企业产品的质量。出版传媒企业同样有着自己的物质产品，同时与传统制造企业不同，出版传媒企业的产品具有文化属性，不管是新闻资讯传播、学术成果展示，还是知识科普，无不向社会公众或是特定对

[①] 基金项目：北京市社会科学基金项目：基于第三方内容审核服务的互联网内容生态治理体系构建研究（项目编号：20XCB009）。
[②] 段青余，女，会计专硕，研究方向：财务管理。

象输出一定的文化或价值观，尤其在互联网新媒体的迅速发展下，出版传媒企业本身也有可能作为传播内容的一部分，因此出版传媒企业对于社会效益应当更加注重，积极履行更多的社会责任。基于此，对于出版传媒企业的采购业务在原有基础上提出了新的要求。

二、文献综述

1. 采购和采购管理

采购从狭义上讲就是买东西，即企业根据自身生产经营的需要通过制订采购计划，并审核该计划，挑选供应商，经过谈判确定采购价格和交货时间等相关条件，由此签订采购合同，并按照合同要求收货付款的一系列活动。广义上讲，采购除了包括购买，还包括租赁、交换和征收等途径来取得相关物资的使用权，进而满足企业的需求。

采购管理则具有管理的基本职能，包括计划、组织、指挥、协调和控制，而目的是为保障企业正常经营活动所需物资的供应。企业采购管理是综合的管理，包括对信息、决策、人员、资金和物资的管理，目的在于控制和协调各种资源以便保证企业生产经营活动的正常进行。

1982年彼得·德鲁克曾强调采购管理对于企业的巨大价值。2018年Guiu, Scfura认为高标准管理是对采购流程优化的关键环节[1]。2016年Lerina Aversano, Carmine Grasso, Maria Tortorella加强了信息化对于采购流程的支持，为实现高标准、高要求的采购过程提供了基础保证[2]。2019年姚士忠指出物资采购是企业与市场的信息接口，科学的采购管理制度和流程安排可以大大提高企业的运作效率，同时，物资采购管理水平通常与企业经济效益、市场竞争力等指标表现出正相关[3]。

2. 企业社会责任理论

亚当·斯密的"看不见的手"不仅是市场经济的理论基础，同时也是社会责任理论的基础。古典经济学理论认为，企业尽到自己的社会责任仅仅是使资源配置达到经济效率[4]。到18世纪末，西方企业对于社会责任的看法悄然发生了改变，一些企业主们开始捐助学校、教堂和穷人。而到了19世纪之后，两次工业革命在促进了生产力发展的同时也产生了消极的影响，受"达尔文主义"思潮的影响，许多企业开始追逐市场竞争，希望自己成为市场竞争中的强者，不承担社会责任，同时对相关供应商和员工极尽剥削。在1924年关于企业社会责任的理论被英国学者欧利文·谢尔顿正式提出，他认为企业的社会责任包括满足产业相关的各种人群的需求，也包括道德因素，本质上是关注社会的弱势群体，以促进社会的平等发展。20世纪70年代，美国经济发展委员会指出，企业主动承担社会责任，可以使公司经营更加灵活高效。2004年，经济合作与发展组织（OECD）修订了《公司治理准则》，将"利益相关者"的界定范围进行了扩展，指出企业有责任保护利益相关者的利益。至此，企业社会责任包括创造利润，承担对于股东和员工相关法律责任，以及对消费者、社区和环境承担一定责任，在生产经营过程中要对人的价值给予更多关注。

企业的社会责任贯穿于企业发展的各个环节，采购环节作为重要一环也不例外，尤其作为负有价值传播使命的出版传媒企业，更应该积极履行社会责任。因此，本文将出版传媒企业的采购管理与企业社会责任相融合，探索新形势下出版传媒企业采购相关问题及对策。

三、出版传媒企业在社会责任下的采购问题

（一）原材料采购及印刷厂服务采购问题

对于出版传媒企业来说，其原材料主要是纸张、油墨和辅助材料，其中的纸张、油墨和印刷厂服务采购对于企业的采购管理来说，除了要进行采购成本和质量的控制问题外，社会责任视角下对其提出了更高的要求。首先是对于读者即消费者来说，纸张的色彩常常对于视力保护不够友好；其次是纸张厚度对于不同类

型书籍的匹配度，如即时阅读型的报纸杂志，过于厚的纸张存在一定浪费，而对于常常需要翻阅或是收藏类书籍其纸张和油墨的耐磨损度和可保存性可能不够。而最重要的一点是，纸张、油墨和印刷厂的印刷过程是否符合国家所提倡的环保要求，如何才能更加符合绿色可持续发展的要求。

（二）出版物内容采购问题

党的十九届五中全会中强调了推进我国社会主义文化强国建设的重要性，出版传媒企业作为完成这一目标任务的重要载体和中介，对于其出版物的价值观审核提出了更高的要求。如今，信息的飞速发展，国际文化交流通道更加畅通，对于出版传媒企业来说不仅是机遇期，同时也是挑战，意味着其将面临着更多的监督，同时出版内容所产生的影响也将更大。内容审核不严格的问题便显得更加突出，一些价值观有争议的内容常常给社会带来巨大争论和不良影响，同时，对于内容知识版权识别和保护的缺失，不仅打击了相关学者的研究积极性，同时也给企业信用带来损失，作为中国企业的一分子，也会给国家形象造成影响。

（三）采购人员专业素养及道德问题

采购人员不仅是价格的谈判者，也是质量和内容的筛选者。首先对于采购价格和质量方面，常常存在采购价格高于市场价格或是质量劣于行业平均质量的问题，这其中常常是由于采购人员吃回扣，或是和供应商合谋等原因造成的，这就涉及了采购人员的道德素质问题。此外，对于质量和内容的筛选，则涉及对采购人员的专业知识的要求，而实际中采购人员由于缺乏对于纸张特性的了解，会出现与目标形式不匹配的问题。同时，对于出版内容专业知识的缺乏，容易增加后期审核编辑人员工作量并且增加发生出版问题的风险。对于市场敏感度的缺乏也会造成采购成本高和内容风险的发生。因此，由于采购人员素质道德水平的缺失，会影响企业对于社会责任的履行。

（四）数字融媒体出版下的内容准确性问题

近年来，数字融媒体的迅速发展，也给企业带来了潜在的隐患，不管是公众号、官方微博还是官方 App，其内容传播的速度与纸质媒体相比更加迅速。同时，互联网的记忆性也放大了这样的影响，即使企业在发现问题后第一时间进行删除处理，也已经被网络所留存。最近的几件大事件发生时总有一些为人所熟知的平台和媒体为了抢占流量而发出了未经核实的内容，不仅会遭受网友的指责，更重要的是对于作为一个传媒企业的信任度将下降，即使事后进行公开道歉，也将对企业形象造成不可挽回的损失。

四、出版传媒企业在社会责任下的采购问题的解决建议

（一）提高对于原材料和印刷厂选择的环保标准

企业应当在采购纸张和油墨等原材料时，紧紧依靠国家提出的环保要求和对于绿色可持续发展的倡议，选择更加环保可循环利用率高的纸张和印刷技术，同时，选择印刷过程中污染排放小的印刷厂，这在未来将是大势所趋，同时也是出版传媒企业从实际行动践行社会责任——环保责任的要求。例如，选择再生纸做印刷纸张，不仅促进了废纸的二次利用，同时保护了森林资源；还可以选择纳米纸，提升了纸张性能的同时还可降解。印刷厂的环保技术近年来也在不断提高，选择新型的印刷机可以在印刷过程中有效节约纸张，同时新技术可以降低印刷过程中的动力消耗，后期清理耗材也会节省很多。虽然对于环保材料和工艺的严苛要求看上去会增加寻找成本，但长远来看，"绿色出版"终将是出版传媒企业的必然目标，随着环保技术的提升，也在后期为企业节省更多的成本。

还应建立健全供应商评价体系，除了对传统的信誉度、产品质量等项目进行评估，还应该将其创新产品能力和环保水平纳入考虑项目，完善相应的体系算法，综合评估选择适合的供应商。

（二）增强出版内容价值观和专业性匹配度

新时代新形势下，出版物内容所承载和输出的价值观要紧贴时代要求，向社会公众传播符合时代思想的观点，为国家分担弘扬民族精神的责任，坚持正确的

舆论导向，把好文化传播的第一道关。在对出版内容筛选时，要选取那些承载社会正能量，对社会和谐发展有促进作用的内容，传播"为时而著，为事而作"[5]的作品，及时向社会公众输出国家最新动态与建设成果，以及对于人民群众身边的优秀事迹积极宣传，并弘扬他们身上可贵的精神品质，努力营造积极向上的社会氛围。同时实施舆论监督的作用，对于现实中存在的一些丑恶的现实，经过确认后敢于将其揭露在公众面前，但要注意对出版物内容范围的把握，同时对于内容评论的态度要端正，不可选择过于夸张和偏离现实的内容，更不可将舆论走向带向错误的方向。

同时，社会责任要求对于内容的采购要具有专业性，对于一些未经证实和持有怀疑和争议的内容物要谨慎选择，避免向社会及专业读者传播可能的错误内容，以便为目标读者提供匹配度更高的作品，传播更具创新的观点，这也是为社会增强创新活力，增强国家文化软实力的贡献所在。

（三）提升采购人员专业素养及道德水平

提高采购人员专业素养，可以有助于以上两点的建议的实施。通过提升采购人员对原材料的了解度和市场价格等因素的敏感度，可以增强采购人员的议价能力，同时增强对于采购资料的质量把控，另外，通过提高采购人员的专业能力，对促进相关材料市场深入发展和规范发展是一种促进作为，也是间接履行社会责任的一种方式。

提高采购人员的道德水平，更加符合社会主义价值观的要求，有利于促进市场健康发展，同时可以间接为消费者提供更好的阅读和购买体验。其中最需要杜绝的是采购人员与供应商合谋，拿取采购回扣等问题，可以通过在筛选采购人员时设立相关筛选标准，如排除和供应商具有特殊关系的人员，还可以将员工的社会评价列入其中，增强对采购人员的把控。建立采购分工制约监督体系，将采购权限分工，并将相关部门专业人员纳入其中，同时实行随机轮岗制。例如，在采购小组中同时安排生产部门和产品部门人员，在为采购人员筛选把关的同时，可以逐步增强采购人员对相关知识的了解，更重要的是使采购的选择及决策权不再集中在一人或是一部分人手中，有效避免徇私舞弊的行为发生，降低企业成本的同时也为纠正社会风气做出了贡献，有助于良好市场环境的形成。

(四) 运用大数据分析提高数字出版传播下的内容准确性

企业可以请专业人员建立更加专业的数据信息库，将各方面的信息进行汇总并筛选与核查，运用此信息库可以对将要发布的信息进行再次核实，如果存在较大可疑性则应当拒绝发布。这一平台不仅可以对出版内容进行筛选核查，同时也可用在以上几点建议中，可以通过数据库对采购材料进行筛选，同时也可以捕捉到新材料和新技术；还可以对采购人员的业务进行异常数据分析，以便发现采购人员在业务中可能存在的疑点，加强对于采购人员的监督管理。数据分析还可运用于对内容的反馈以及反向助力于企业的内容选择。通过对于阅读量和传播量及付费量等数据的分析，捕捉用户的阅读体验和喜好度，去增加或筛选部分板块和内容。

五、结语

企业的发展离不开良好的社会环境为其保驾护航，社会的稳健发展也需要企业的积极贡献。在经济和社会发展越发多元化的今天，社会责任对于企业来说有了更深远的价值和更高的要求。就出版传媒企业而言，其社会责任有其特殊性，通过对作为生产经营第一环节的采购环节进行优化，提高对于原材料和印刷厂选择的环保和技术创新标准，增强出版内容价值观和专业性匹配度，提升采购人员专业素养及道德水平，运用数据分析提高数字出版传播下的内容准确性，增强原材料采购等的科学性，加强对于采购人员业务的监督管理，可以使出版传媒企业在新的发展形势下降低经营风险，更好地履行其社会责任。本文中由于对出版传媒行业了解的有限性，建议和措施存在不足，还望批评指正。

参考文献：

[1] Guiu，Segura. Including Management Criteria for Hazardous Drugs in the Drugs Procurement Process [D]. Research in Social and Administrative Pharmacy，2018.

[2] Lerina Aversano，Carmine Grasso，Maria Tortorella. Managing the Alignment Between Business Processes and Software Systems [D]. Netherlands：Information and Software Technology，2016.

[3] 姚士忠. 强化企业物资采购管理的措施与方法分析 [J] 企业改革与管理，2019（13）：35+69.

[4] 亚当·斯密. 国富论 [M]. 严复，译. 北京：商务印书馆，2016.

[5] 郭冠华，聂震宁. "书人忧者，为国为民"出版人应具有社会担当[EB/OL]. 人民网.（2020-07-31）. http：/culture. people. com. cn/n1/2020/0731/c1013-31805267. html.

二十七　腾讯游戏增值业务的盈利模式研究

李君[①]

摘要：伴随着中国的互联网技术在不断地发展，网络游戏对我国经济产生了越来越大的影响。而腾讯的游戏发展非常迅猛，它通过与对方合作的方式，自主研发推动自己发展。同时，腾讯游戏增值业务的盈利模式对企业发展有着重要的影响，也推动了中国网络游戏发展。所以，对腾讯游戏增值业务盈利模式的分析对中国网络游戏的发展有着重要的意义。本文采用文献研究法、数据分析法、理论分析法、案例分析法来研究腾讯游戏增值业务的盈利模式，对腾讯游戏财务报表进行深入研究。同时，通过国内外相关理论和文献的研究，为本文的研究奠定基础。

关键词：增值业务；腾讯游戏；盈利模式

一、引言

互联网在中国发展了大概有 20 年的时间，从刚开始不成熟的阶段到现在的互联网技术较为成熟了。这个时候，随着人们的需求发生变化，越来越多的网络游戏公司加入了市场。可以知道的是，游戏模式的发展是从单机发展成网络游戏，而增值服务从游戏时间的计费到如今的游戏时间完全免费，转向对会员和道具收

---

① 李君，女，会计硕士，研究方向：会计理论。

费的盈利模式。巨大的市场空间和丰厚的利润吸引腾讯游戏代理公司进入网络游戏产业[1]。

二、文献综述

吴晨光（2010）认为中国网络行业不具备竞争力的原因是因为企业的手段不足和自主创新研发技术不足。国内网络游戏产业主要是代理别的国家的游戏，通过这样的方式来赚取利润，所以我国的网络游戏产业停滞不前。同时，不正当的竞争也会使中国国内的网络游戏产业发展受到阻碍，不利于中国网络游戏的发展和创新。不正当竞争包括非法不正当竞争、名誉诽谤、外挂等。李大凯（2012）为网络游戏盈利模式分析，他认为消费选择因素是行业不同层面基本矛盾的根源。林凡（2018）认为网络游戏盈利模式与商业模式虽然是存在着一定的差别的，但是同时也有着很大的联系。盈利模式是解决如何实现盈利，是企业获取利润的途径。但是好的盈利模式容易被模仿，所以企业要培养新的盈利点来提高自身的竞争能力。

三、网络游戏产业定义及增值服务

1. 网络游戏的定义

网络游戏是指游戏用户通过计算机互联网进行电子游戏，是以游戏操作服务器和游戏用户计算机为处理终端，以游戏客户端软件作为信息的交互窗口。网络游戏的主要目标就是能够让游戏用户进行娱乐活动、休闲活动、进行交流并且能够通过游戏来取得虚拟成就。

2. 网络游戏的增值服务

网络游戏增值服务是指游戏时间长度收取额外费用的服务。比如会员充值、充值虚拟金币、购买虚拟物品、购买特殊道具、角色名称修改卡片等，这些都是网络游戏的增值服务。除了这些充值服务，增值服务还包括游戏的周边产品，举例来说，《王者荣耀》推出的小妲己人工智能产品，还有网络游戏加速器和加速包等，都属于网络游戏的增值服务的范畴。

总结来说，具体的增值服务类型有以下几个：虚拟物品类、周边产品类、代练类、外挂插件类、交易平台类。交易平台类是指能够让游戏用户在平台上进行网络游戏的虚拟商品等增值产品进行交易。收入来源包括佣金和广告费[2]。

四、以腾讯游戏为例的盈利模式分析

（一）腾讯游戏增值业务

腾讯游戏最开始的时候，是以玩游戏的时间来计费的，腾讯游戏第一次推出的一款游戏，名字叫作《QQ幻想》，《QQ幻想》这个游戏主要是提供q币点卡。比如说用户每玩一个小时则需要付四毛钱，是靠时长来赚钱的。但是在这个时候基本上很多的游戏正从以时间来收费的时代跨入游戏时间免费的时代，网络游戏行业的盈利模式发生了很大的变化。所以腾讯游戏在这个时候跟随了这种潮流，也快速地跨入了游戏时间免费的时代。同时，网络游戏的时间虽然是免费的，但是毕竟企业是要来获得利润来维持自身的经营的，所以腾讯游戏跨入这样的一种盈利模式之后，是以增值业务为主要的收入来源的。所以腾讯游戏涉及的竞技类游戏开始从道具，虚拟货物，购买虚拟皮肤，会员充值，增加多种会员类型等，开启一项业务，多种收费方式的增值业务盈利模式战略[3]。

（二）腾讯游戏增值业务盈利模式的要素

1. 利润点

企业向顾客提供的产品和服务是利润点，即经营项目。腾讯游戏最主要的利润点就是一个方面——增值业务，这占据了腾讯游戏盈利的75%。腾讯游戏从

2003年创建以来就不断地根据市场变化和客户需求在更新。游戏是免费的，但是底线是利润。就比如说《王者荣耀》里面的皮肤改名卡等都需要充人民币。《天天跑酷》，买道具需要钻石，各种VIP身份会拥有更多的特权。腾讯游戏的用户基数是非常庞大的，而腾讯游戏总是时不时推出一些消费额度较低的产品，会让游戏玩家们更愿意在网络上消费，这样一来积少成多，腾讯游戏的盈利也变多了。这是企业获得增值利润的重要手段[4]。

2. 利润对象

利润的对象仅仅是购买者。腾讯游戏的用户规模与用户的购买能力决定了企业的获利能力，利润对象不仅需要自主开发，还需要进行后期的维护。根据一项对全球手机游戏行业的调查，超过65%的游戏玩家是年轻人。腾讯游戏根据市场需求和市场变化对游戏市场进行了细分，拓展利润对象。而且腾讯企业的QQ用户基数大，用户都是比较早投入进去的，这样一来，腾讯游戏的游戏玩家也会相对来说更多。

3. 利润来源

利润来源是企业获得利润的方式和来源。对于腾讯企业来说，利润来源是保证企业盈利能力可持续性的关键。对于腾讯企业的网络游戏增值业务，它的利润源主要是来源于会员虚拟货物、皮肤、充值改名卡、广告费用等。同时，腾讯游戏扩展企业的利润源主要是靠电竞直播和游戏周边等来创造的利润。现在比较火的电竞直播App，比如虎牙直播、斗鱼TV等，都获取了不少的利润。

4. 利润屏障

利润屏障是一种抵御同行竞争的重要措施，利润屏障不仅可以保证企业的盈利能力的持久性，还能保障网络游戏的安全问题。并且利润屏障决定了同行山寨同款游戏的难易程度。腾讯游戏是网络游戏产业中的龙头企业，那么腾讯游戏的利润屏障主要是表现在先进的技术，精练的技术人员。目前为止，腾讯游戏的专利已经有好几千个了，而且它还具有庞大的资本优势，这都构成了腾讯游戏增值业务的强大的利润屏障。

5. 利润杠杆

利润杠杆是企业为吸引顾客购买而生产产品和提供服务的一系列相关活动。腾讯的利润杠杆在于与韩国游戏制造商建立合作关系。还有一个就是通过电竞直播增加游戏用户与增值业务的线上流量。另外就是腾讯游戏也在尝试拓展海外发展业务，这些年也投资了很多国外公司，比如动视暴雪等。腾讯游戏通过拓展海外业务，扩大收入，保持其盈利能力的持久性[5]。

（三）腾讯游戏增值业务盈利模式的财务分析

本文在各大数据平台上收集了腾讯公司 2015 年到 2019 年的财务报表，如表27-1、表 27-2 所示，以便研究腾讯游戏增值业务的盈利模式情况。

表 27-1　腾讯 2015—2019 年资产负债表　　　　单位：百万元

报告期 指标	2019-12-31	2018-12-31	2017-12-31	2016-12-31	2015-12-31
报表类型	年报	年报	年报	年报	年报
非流动资产	781,461.59421	577,996.555331	376,226	246,745	151,440
流动资产	283,515.90696	247,751.45028	178,446	149,154	155,378
流动负债	268,096.94982	231,037.243585	151,740	101,197	124,406
净流动资产/ （负债）	—	—	267,06	47,957	30,972
非流动负债	251,184.32307	188,174.918789	125,839	108,455	60,312
少数股东权益 （借）/贷	62,647.04871	37,316.791827	21,019	11,623	2,065
净资产/（负债）	—	—	277,093	186,247	122,100

资料来源：公司年报。

表27-2 腾讯2016—2020年损益表　　　　　　　　单位：百万元

报告期 指标	2020-12-31	2019-12-31	2018-12-31	2017-12-31	2016-12-31
报告类型	年报	年报	年报	年报	年报
营业额	73,880.646576	54,082.114416	45,660.515962	237,760	151,938
除税前盈利/（亏损）	27,589.991698	15,681.8336	13,794.208718	88,215	51,640
税项	3,049.394323	1,936.864128	2,114.705086	−15,744	−10,193
除税后盈利/（亏损）	24,540.597375	13,744.969472	11,679.503632	72,471	41,447
少数股东权益	42.606002	369.540832	184.719095	961	352
股东应占盈利/（亏损）	24,497.991373	13,375.42864	11,494.784537	71,510	41,095
股息	—	—	—	—	5,052
除税及股息后盈利/（亏损）	—	—	—	71,510	36,043
基本每股盈利（仙）	258.150000	141.280000	121.720000	759.800000	438.300000
摊薄每股盈利（仙）	253.230000	138.230000	120.150000	749.900000	432.900000
每股股息（仙）	—	—	—	88.000000	54.564500
销售成本	39,928.873788	30,067.264064	24,907.727202	−120,835	−67,439
折旧	—	—	—	−4,850	−3,699
销售及分销费用	5,173.717322	3,066.988224	3,538.575359	−17,652	−12,136
一般及行政费用	10,364.139875	7,661.163424	6,063.167006	−33,051	−22,459
利息费用/融资成本	1,208.753733	1,091.277872	681.781387	−2,908	−1,955
毛利	33,951.772788	24,014.850352	20,752.78876	116,925	84,499
经营盈利	28,235.978383	17,014.072736	14,258.853904	90,302	56,117
应占联营公司盈利	562.767048	−240.961264	217.136201	730	2,549

资料来源：公司年报。

根据上述所调查整理出来的腾讯公司资产负债表以及损益表，可以很容易地发现，2015年到2019年，腾讯公司的流动资产占总资产比出现了比较典型的变化。2015年此比率大约为50%。从2016年开始到2019年，流动资产占总资产的比率已经远远低于50%了。腾讯企业自身的盈利模式是向多元化方向发展的，所以在2014年以后，腾讯企业开始加大力度发展了增值服务业务，尤其是腾讯的网络游戏。所以这也致使在2014年以后，腾讯企业的毛利大大增加，其实主要是对于网络游戏的增值产业投入更多了,而网络游戏的增值服务这一块很容易就能获取利润。

1. 腾讯游戏主要盈利模式分析

腾讯游戏的网络广告业务是比较赚钱的,随着信息传播的发达,广告业务的形式多种多样,遍布许多领域。根据调查到的数据显示,腾讯游戏具有很强大的用户覆盖能力,而且广告业务资源丰富,涵盖面又很广。由于腾讯企业对于用户信息的掌握较为充分,掌握的时间又很长,所以腾讯游戏可以很好地深入了解游戏用户的消费习惯等,充分发挥广告业务的资源,赚取更多的利润。

比如说腾讯推出来的微信小游戏,如欢乐五子棋《跳一跳》等,是很受欢迎的游戏,微信小游戏虽然说不能卖虚拟道具和虚拟皮肤,却是可以靠广告植入来实现盈利的。

2. 财务杠杆分析

财务杠杆是指普通股每股收益的变化大于存在债务引起的息税前收益的变化。财务杠杆不仅给企业带来了利益,也带来了一定的财务风险。因此,分析财务杠杆是为了企业顺利发展进而进行研究的重要任务。

在正常情况下,股权乘数是企业的债务状况。资产负债比率越高,股本乘数就越高。腾讯公司的资产负债率是呈上升的趋势的,权益乘数也是不断上升的。这是因为,腾讯企业在加大研发能力的投入,并且不断地收购游戏研发公司,同时对于增值业务加大开发力度。在线游戏占腾讯收入的很大一部分。但是网络游戏是一个更新速度很快的行业,而且研发成本与研发支出往往都很高,所以腾讯游戏的财务风险也很高。

那么总的来说,腾讯游戏的增值业务现在的盈利模式主要就是会员加道具销售,这些都为腾讯的财报带来了较为可观的业绩。但是研发能力仍然是腾讯最大的问题,腾讯游戏应该要把重心放在自主研发上,把控产业价值链的上游,这样才会获取更多的利润。

表 27-3　腾讯财务杠杆分析指标

年份 \ 指标	权益乘数	资产负债率
2015	2.51	60.2%
2016	2.13	53.0%
2017	2.00	50.1%
2018	2.15	52.0%
2019	2.04	53.4%

资料来源：公司年报。

五、结论

本篇论文通过一系列的数据调查和阅读文献，对腾讯游戏增值业务的盈利模式进行了全方位的研究和分析。通过分析，总的来说，腾讯企业的游戏的盈利模式还是很完善的，无论是在营运开发方面还是营销手段方面，都已经比较完善和成熟了，并且它的营业收入较为稳定也较为持久，偿债能力是较强的。腾讯游戏通过上文所详述的盈利模式的五个基本要素的战略展开，抓住了客户群的需求，总体来说已经是较为成熟的盈利模式了。现如今，中国的网络游戏用户人口基数是很大的，同时，也有越来越多的不同年龄段的人参与到网络游戏当中，并且很多人或多或少都开展了各种业务的网络游戏增值服务。同时中国的游戏购买者消费能力是比较强的，因此网络游戏增值业务这一块对我国经济的影响是比较重要的，因此各个游戏商都要把握住这　块才能实现可观的利润。

参考文献：

[1] 肖杰.单机游戏的二次开发 [J].电脑知识与技术，2016，8(5)：98.

[2] 包乌云.竞技类网络游戏盈利模式研究——以《英雄聪明》为例 [J].新闻世界，2015，7(1)：30-69.

[3] 亚德里安·J.斯莱沃斯基.发现利润区 [M].北京：中信出版社，2007.

[4] 王世颖.游戏让世界更美好 [M].北京：电子工业出版社，2014.

[5] 黄卫伟.A公司互联网游戏盈利模式提升研究 [D].上海：华东理工大学，2014.

二十八　西部超导科创板上市融资效果研究

潘赛[①]

摘要： 在梳理科创板和企业融资效果相关文献的基础上，本文以西部超导公司为研究对象，对其上市融资状况进行归纳，从外部环境和企业内部两个层面分析企业选择科创板上市的动因，运用数据研究总结西部超导科创板上市的融资规模、融资风险和融资获利能力等方面的效果。研究发现，科创板优化国内市场融资环境，增强市场流动性和稳定性，企业选择科创板上市能为其带来正面效应。

关键词： 科创板；西部超导；融资动因；融资效果

一、引言

科创板的诞生为我国中小企业提供一种独立于主板的上市融资渠道，推动了我国科技创新型企业的发展。众多学者对科创板的市场表现和规范制度进行研究，而科创板的融资现状这一方面与其他板块的差异以及企业选择科创板上市的融资效果还鲜有深入探讨，对科创板融资效果进行分析有利于丰富对科创板市场的研究，为科创板待上市的中小企业带来借鉴意义。本文所研究的西部超导材料科技股份有限公司（以下简称西部超导）成立于2003年，主要经营高端钛合金材料、高性能高温合金材料以及超导材料的研发、生产和销售，2019年7月在上海证交所科创板上市。

[①] 潘赛，女，会计硕士，研究方向：财务管理。

二、文献综述

科创板是我国新兴的独特交易市场，它的设立引起国内学者谈论的热潮。葛丰（2015）认为科创板是联系、统一各类金融市场的标志，科创板的适时推出，是适应和引领市场经济新常态的必要举措[1]。李倩倩（2016）以新三板挂牌的所有信息技术行业为样本，认为企业的价值和经营绩效的提升可以通过企业私募股权融资或者扩大企业规模[2]。张晖（2018）则以人人公司为例，对其上市之后的融资成本、融资规模、融资风险以及融资结构四个方面进行融资效果分析[3]。

三、西部超导科创板上市融资动因分析

（一）外部因素分析

1. 国内中小企业融资渠道窄，相对"门槛"高

一般而言，除内源融资外，中小企业首选融资方式是银行贷款，但因为社会信息共享平台不成熟，借贷双方信息不对称，即使企业拥有雄厚的实力和强大的发展能力，银行也可能会因为对方企业信誉或者出于自身风险考量，相应地对中小企业的贷款条件较为苛刻，难以提供借款或贷款担保，中小企业的融资可获得性被抑制。因此通过银行、互联网等金融机构和平台并不能为我国中小企业拓宽融资渠道，科创板的兴起优化了国内市场的融资环境。

2. 科创板实行注册制，大大提高融资便利性

近年来，新三板挂牌公司的数量和金额都大幅下降，说明其融资能力有限，而转板至主板市场或创业板市场往往都需要较长的时间和更多的要求，另外，中小企业筹集的资金数额由于受到发行定价的限制也是较为有限的。此时科创板作为新兴起的板块，实行注册制，选择在科创板上市的企业从申请到上市一般只需要半年到一年的时间。

西部超导作为科技型中小企业，亟须得到更多的融资以满足自身发展需求，

科创板的出现减少了投资者的信息获取成本，提供了一个自由、公正、便利的交易平台，尤其注册制的特点较其他板块而言吸引力更大，更利于企业融资和股票交易。

（二）内部因素分析

1. 企业运营发展与技术创新需要

西部超导所处的新材料行业是资金、技术密集型产业，因此需要投入大量的资金在产品的研发和生产运营环节。公司近五年来固定资产投入如图28-1所示。在2014年至2018年，公司的固定资产投入呈现大幅度增长，随着规模的扩大，西部超导需要有效的外部融资来满足企业自身成长发展需要，同时还要积极开拓市场，保持稳健运营管理，从而提升公司整体的实力。

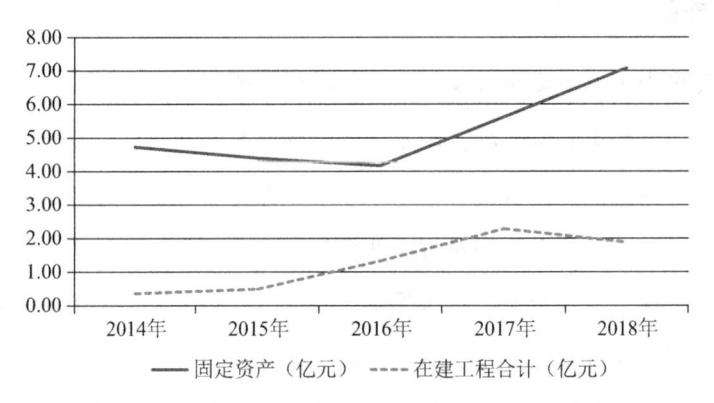

图 28-1　2014—2018 年西部超导固定资产投入统计

资料来源：同花顺 iFinD。

另外，西部超导是一家科技创新型企业，在其生命周期的成长阶段，科研能力是评判公司价值的一项重要指标，需要引进更多的人才和技术来启动新的项目，加大技术创新步伐。如表 28-1 所示，西部超导的研发费用总额一直在增加，整个公司的研发人员占比达到 20% 以上，足以体现出其对科研能力的重视。此时为推动市场竞争力的提升，需要更大规模的融资加强资金流动，跟进研发投入，而新三板并非是公开发行股票的形式，其流动性不足，所筹集到的资金不足以应对企业的高速发展和研发投入，西部超导还是需要选择市场化程度高的科创板以有效扩宽公司的融资渠道，推动公司发展。

表 28-1　西部超导公司研发指标

指标＼年份	2016	2017	2018
研发投入总额 / 亿元	0.64	0.88	0.91
其中：资本化研发投入 / 亿元	0.01	0.02	0.02
资本化研发投入占研发投入比例 / %	1.38	2.13	2.05
研发投入总额占营业收入比例 / %	6.53	9.10	8.32
研发人员数量 / 人	157	166	164
研发人员数量占比 / %	23.72	23.61	21.27

资料来源：同花顺 iFinD。

2. 企业降低融资风险需要

西部超导为满足日常生产经营所需的流动资金量较大，贷款规模也一直处于较高水平。随着规模扩大到一定程度，银行贷款在其发展阶段中提供了良好的支持和保障，而高额的利息却也大大提高了公司的财务成本。如表 28-2 所示，西部超导利息支出占营业利润的比例在逐年上升，2016 年—2018 年均在 20% 以上，会直接影响到公司的经营业绩。同时，2018 年底，西部超导的资产负债率甚至上升到了 50.44%，过高的资产负债率可能会使其面临资金链断裂导致无法及时还贷的风险。因此，适当控制银行贷款规模，通过募集资金偿还部分银行贷款和补充流动资金可以提升公司财务稳健性。

表 28-2　西部超导利息支出与营业利润

指标＼年份	2016	2017	2018
利息支出 / 万元	4,083.5	4,019.8	4,769.9
营业利润 / 万元	18,055	15,831	14,734
利息支出占比 / %	22.62	25.39	32.37

资料来源：公开资料整理。

四、西部超导科创板上市融资效果分析

(一) 融资规模分析

西部超导是全国首批科创板上市公司之一,如表 28-3 所示,2015 年和 2016 年在新三板挂牌融资,发行股数合计 2,000 万,远低于 2019 年在科创板上市融资规模。且与新三板发行股票均为受限股不同,公司在科创板上市之后受限流通股限制时间到期,可进入市场流通,股票有通过市场反应来增值的可能,从而增加企业的价值以及股东财富。

表 28-3 西部超导融资情况

发行场所	发行时间	发行股数/万	发行价格/元	股本/万
新三板	2015-7-21	1,500	15	22,500.00
	2016-10-21	5,00	15	7,500.00
科创板	2019-7-22	4,420	15	66,300.00

资料来源:choice 数据库。

通过选取与西部超导同类公司的首发上市数据进行对比,我们可以看出,西部超导在科创板上市发行数量较多,且发行价格较高,整体股本远高于西部材料和宝钛股份。西部超导发行首日涨跌幅达到 34.1%,股价虽相对不太稳定但属于正常现象,也是一种积极的体现,加上国家政策对科创板的重视度高、社会公众对于其敏感性强,近年兴起的科创板股票市场要明显活跃。西部超导与同行业公司首发对比如表 28-4 所示。

表 28-4 西部超导与同行业公司首发对比

公司	发行时间	发行场所	首发数量/万	发行价格/元	首日涨跌幅/%
西部超导	2019.7.22	科创板	4,420	15.00	34.10
西部材料	2007.7.26	深交所	2,300	8.48	-8.93
宝钛股份	2002.4.12	主板	6,000	5.40	9.00

资料来源:choice 数据库。

(二) 资本结构及偿债能力分析

根据西部超导近年来由新三板转到科创板上市的特点,首先对西部超导资本结构情况以及权益资本所占的比重进行分析,2014 年西部超导新三板挂牌上市之后,进行两次非公开发行股票,资金总量大幅增加,权益资本的比重也呈现上涨趋势,2017 年和 2018 年没有再发行股票,权益资本趋于稳定,但至目前总体上仍保持 50% 以上的比例,与对应的负债的比重相比,二者渐渐持平。2019 年 7 月公司在科创板上市之后公开发行股票,企业靠银行等金融机构借款的需求降低,减少同样金额下应支付的利息,从而变得更依赖于股东权益。数据见表 28-5、图 28-2。

表 28-5 西部超导资本结构情况

指标\年份	2014	2015	2016	2017	2018	2019	2020
资产总计 / 亿元	20.34	24.07	33.15	35.00	39.94	48.03	55.40
负债合计 / 亿元	13.01	13.65	14.00	15.41	20.15	21.88	26.53
所有者权益合计 / 亿元	7.33	10.42	19.16	19.60	19.79	26.15	28.87

资料来源:同花顺 iFinD。

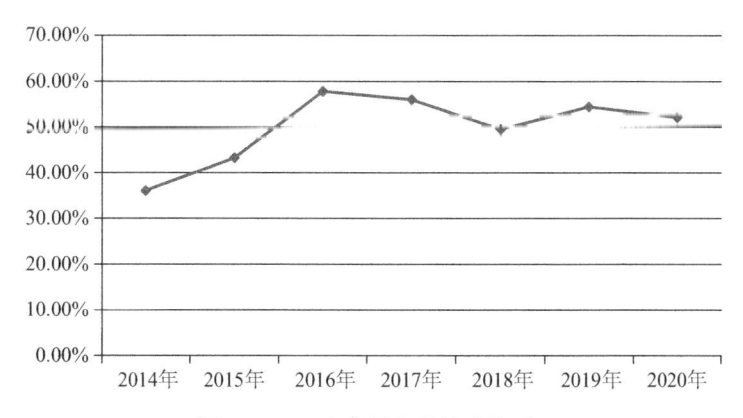

图 28-2 西部超导权益资本比重

资料来源:同花顺 iFinD。

公司仍处于发展阶段，稳健合理的资本结构更有利于降低经营成本和债务风险。表 28-6 为 2014—2020 年西部超导融资结构，西部超导短期借款主要以信用借款和抵押借款为主，新三板上市之后，信用借款大幅增加，随之会使公司在银行等金融机构的信用度增加，表明其对企业实力的肯定。科创板上市之后，短期借款由 6.61 亿元增长到 10.33 亿元，2020 年短期借款占比达到了 24.11%。权益性资金融资占比有所提升，因为所需支付的利息下降，会导致财务成本有所降低。同时长期借款虽然在金额上逐年增加，比例却是有所降低的，2019—2020 年仍维持在 8.52% 左右。虽然长期负债率不会增加企业的短期偿债压力，但指标的降低表明公司资本结构有所改善，长期偿债能力增强。

表 28-6　2014—2020 年西部超导融资结构

指标	年份	2014	2015	2016	2017	2018	2019	2020
短期借款	短期借款/亿元	4.39	4.64	6.37	7.74	8.04	6.61	10.33
	短期借款占比/%	31.00	26.25	23.15	26.55	25.87	18.48	24.11
长期借款	长期借款/亿元	2.43	2.79	1.98	1.82	3.25	3.00	3.65
	长期借款占比/%	17.20	15.81	7.21	6.25	10.45	8.39	8.52

资料来源：同花顺 iFinD。

（三）现金流及潜在融资风险分析

2014—2018 年西部超导在扩张过程中固定资产和在建工程都有大幅增长，加之公司对其科研方面的重视，越来越多的项目涌现，表明企业在成长，发展速度较快，公司的资本支出较大，这意味着需要大量的现金流来维持企业的经营和投资活动。

如图 28-3 所示，在西部超导科创板上市之前三年中，每年企业经营活动产生的现金流都是净流入的状态，2019 年和 2020 年经营活动产生的现金流转变为净流出，同时投资活动产生的现金流保持着净流出的状态，总体向下发展趋势明显。有了科创板上市带来的融资支持，西部超导增加了企业的经营支出，加大了科研投入，使得自身经营活动正常运转和保持财务状况稳定，降低经营风险。图28-3 为西部超导现金净流量变动图。

图 28-3　西部超导现金净流量变动

资料来源：同花顺 iFinD。

2015—2016 年西部超导在新三板挂牌并进行两次非公开发行股票后，负债率下降，资金流通性增强，公司有足够的资金去促进稳定运转，财务风险降低。在 2017 年没有定向增发之后，公司的资产负债率有所升高，但仍处于较为稳定的范围，说明这段时期对企业的财务杠杆和风险起到一定的积极作用。2019 年在科创板上市，进行公开发行股票，此时大量的权益性资金的流入，使得公司借款的需求降低，且由于科创板实行注册制，大大提高了融资便利性，西部超导股价呈现稳定增长，公司在目前及未来融资的整体风险降低。数据见表 28-7。

表 28-7　西部超导资产负债分析

指标＼年份	2014	2015	2016	2017	2018	2019	2020
资产 / 亿元	20.34	24.07	33.15	35.00	39.94	48.03	55.39
负债 / 亿元	13.01	13.84	14.00	15.41	20.15	21.88	26.53
资产负债率 / %	63.97	57.47	42.22	44.02	50.44	45.55	47.89

资料来源：choice 数据库。

(四) 盈利能力及收益质量分析

净资产收益率主要体现出股东依靠权益能有怎样的收益能力，也能展示出企业运用自有资本的成果。这里将其作为评价西部超导科创板上市筹集资金运用效率的评价标准之一，也可以用于分析公司的收益能力。2015 年挂牌上市后公司的净资产增加，净资产收益率上升，然而之后的几年连续下降，说明其盈利能力并没有明显的提高。直至 2019 年科创板上市后，公司新增的股东权益也为企业带来了巨大收益，使得整体盈利能力有所上升。

总资产净利率和权益乘数的共同变动引起净资产收益率的变动，而西部超导的总资产净利率受销售净利率和总资产周转率这两个因素的影响。西部超导的销售净利率在 2016 年之后一直是下降状态，科创板上市后迅速增长，达到近年来最高水平，这说明公司上市对销售收入和利润具有积极作用。而总资产周转率在两次上市阶段保持较稳定的趋势，说明西部超导总资产净利润的变动主要是因为公司销售收入和净利润的变动，在科创板上市后，经营效果显著，盈利能力提升，融资效果明显。西部超导历年收益性指标见表 28-8。

表 28-8 西部超导历年收益性指标

指标＼年份	2014	2015	2016	2017	2018	2019	2020
净资产收益率 / %	13.33	16.06	11.04	7.5	7.04	7.04	13.79
权益乘数	2.78	2.59	1.99	1.8	1.96	1.96	1.92
销售净利率 / %	12.59	15.5	16.31	14.77	12.3	10.61	17.5
总资产周转率 / %	0.36	0.4	0.34	0.28	0.29	0.33	0.41
总资产净利率 / %	4.57	6.19	5.57	4.19	3.57	3.49	7.15

资料来源：choice 数据库。

五、结论与启示

西部超导是科创板首批上市的中小企业之一，本文从内部、外部角度剖析其此举的重要动因，将其在新三板挂牌后转板于科创板上市的前后效果在融资方面作纵向对比，还总结了公司科创板上市之后的融资规模、风险及获利状况，得出以下结论：第一，科创板的兴起优化了国内市场的融资环境，拓宽了中小企业融资渠道；第二，新三板无法满足处于成长阶段后期中小企业的发展需求，适时选择科创板上市能够有效地解决新三板企业的发展"瓶颈"；第三，科创板上市能为企业带来正面效应，市场流动性、融资水平会大幅提升。

通过本文研究，我们可以得出一些启示。一是优质新三板企业应主动转板；二是我们要稳步推广注册制；三是中小企业应加强自身能力的提升，才能更好于科创板成功上市，获得更好的融资利益。

参考文献：

[1] 葛丰. 科创板是适应、引领新常态的必要举措之一 [J]. 中国经济周刊，2015(33)：3.

[2] 李倩倩. 中小企业私募股权融资效果研究 [D]. 合肥：安徽大学，2016.

[3] 张晖. 互联网公司境外上市融资效果分析——以人人公司为例 [J]. 财会通讯，2018(26)：21-24.

二十九　新冠疫情背景下传媒行业财务绩效研究

——以分众传媒为例

张启晗[①]

摘要：新冠肺炎疫情的冲击，使得我国传媒行业受到不小的影响，传媒企业的财务管理也产生了诸多变数。但分众传媒在疫情冲击下，通过新消费品赛道高速增长，却实现了 2020 年及 2021 年前二季度营业利润率、销售利润率、每股收益等多方面的增长，展现出强劲的复苏态势。论文通过对分众传媒财务报表的分析，研究疫情对其绩效带来的影响，提出降低期间费用、掌控消费者核心传播位置、品牌化运作等增强企业竞争力的建议。

关键词：传媒行业；财务绩效；分众传媒股份有限公司

一、引言

新冠疫情的暴发使得我国经济社会的发展受损程度严重。2020 年初，全国电影院关闭 175 天，分众传媒公司影院媒体暂停营业。2020 年营业收入为 4.78 亿元，较上年同期减少 75.90%。其他传媒企业在疫情期间大都出现现金流紧张、市场供求下滑严重等问题，部分传媒企业甚至有经营困难和破产的风险。光线传媒注销了其控股的东阳光线影业有限公司；芒果传媒注销了其全资控股的北京天

[①] 张启晗，男，会计硕士，研究方向：财务绩效研究。

娱传媒有限公司。行业寒潮下许多业内老牌公司都在断臂求生。

而分众传媒在新冠疫情这样的市场环境下却出现了营业利润提高的现象，分众传媒2020年营业收入为120.97亿元，与2019年相比下降0.32%；净利润40.04亿元，同比上升113.55%。分众传媒在新冠疫情大环境下为什么能出现逆势增长值得探讨研究。

论文分析了新冠疫情前后分众传媒公司的财务绩效，希望通过对财务绩效指标的对比分析，挖掘出影响分众传媒公司盈利的重要影响因素，并从中得到一些启示，为传媒行业的发展提供有益参考。

二、新冠疫情对分众传媒公司的影响

（一）影院暂停及税费减免导致的成本下降

2020年度，分众传媒营业成本较上年同期减少22.03亿元，降低了33.13%。成本降低的原因主要是：一是根据《财政部税务总局关于电影等行业税费支持政策的公告》，2020年开始免征了文化事业建设费，2019年6月30日以前营业税金及附加中的文化事业建设费为按营业收入增值税计费销售额的3%征收，2019年7月1日起减半按1.5%征收，因此公司2020年营业税金及附加比上年少了2.19亿元，降幅为77.39%；二是疫情期间，各地影院停业所以没有影院媒体租赁成本，2020年公司影院业务的租赁成本较上年减少了10.39亿元，降幅为81.73%。此外，由于2020年客户回款情况改善，导致公司信用减值损失同比减少52.02%。

（二）深耕广告业务增加效益

2021年以来，公司旗下子公司分众晶视与博纳影业、中影影投签订独家合作协议，从2021年1月1日起代理这两家公司的旗下影院映前广告业务。2021年分众晶视影院优质影院数量超过1,900家，其资源的覆盖超过290个城市，媒体网络连接13,000多块大银幕，估计公司银幕媒体市占率超过17.2%，公司的生活圈媒体网络覆盖了30多个主要城市。其中，公司电梯海报媒体中自营设备约

168.8 万台，覆盖国内约 130 个城市；公司电梯电视媒体中自营设备约 68.3 万台，覆盖国内 108 个城市、中国香港特别行政区以及韩国、泰国、印度尼西亚等国的 30 多个主要城市[1]。

（三）改进客户结构增加营收

从客户结构看，日用消费品、互联网客户是分众传媒再次来到高光时刻的推手。消费品与互联网的营收占比从 2017 年的 42.61%（其中日用消费品营收占比 19.76%、互联网营收占比 22.85%）增至 2020 年的 64.76%（其中日用消费品营收占比 37.18%、互联网营收占比 27.58%）[2]，尤其日用消费品一跃成为分众广告的最大品类。日用消费品，是我们在任何时刻都无法替代的。而且疫情使得居家隔离的人们更加依赖互联网，直播带货、线上广告更是借此疯狂发展。

三、分众传媒有限公司财务绩效分析

（一）偿债能力分析

公司短期偿债能力指标分析如表 29-1 所示。

表 29-1　公司短期偿债能力指标分析

时间 指标	2021 年第三季度	2021 年第二季度	2021 年第一季度	2020 年	2019 年
流动比率	1.4505	1.8568	2.2920	2.7214	3.1357
速动比率	1.4491	1.8544	2.2900	2.7203	3.1345
现金比率	0.6023	0.8245	1.1551	1.1403	1.0517

资料来源：同花顺 iFinD。

由表 29-1 可以看出，流动比率与速动比率两个指标从 2019 年到 2021 年第三季度，呈下降趋势，显著下降的原因与其他应付款项目有关。结合财务报表，2020 年该数据为 1,561,738,028.43 元，2021 年第二季度和第三季度分别为 2,977,862,030.49 元和 4,331,092,469.31 元，增长了 13.54%，如前文所言，经历了

2020年的业务寒冬及广告业务的增加,可能会导致其他应付款不断增加。单看这三个指标能从单一的方面反映公司的偿债能力,应在下文结合应收账款周转率等指标进行其他角度分析。

对于速动比率指标正常为1,而分众传媒在2019年速动比率高达3.1345,即便在2020年略有下降,依旧很高,因为传媒企业极少有存货积累,所以速动资产高于其他行业。相较于其他传媒企业,分众传媒的速动比率其实是偏低的,因为分众传媒为了发展其楼宇媒体需要购入大量电梯广告位以及电子屏幕,这皆成为该公司的存货,这也导致其速动资产小于其他传媒公司。公司长期偿债能力指标分析如表29-2所示。

表29-2 公司长期偿债能力指标分析

长期偿债能力指标 \ 时间	2021年第三季度	2021年第二季度	2021年第一季度	2020年	2019年
资产负债率	36.32%	29.39%	24.46%	20.21%	25.05%
产权比率	57.03%	41.61%	32.38%	25.32%	33.42%
权益乘数	157.04%	141.62%	132.38%	125.33%	133.42%

资料来源:同花顺iFinD。

由表29-2可以看出,分众传媒有限公司2020年资产负债率下降了4.84%,说明该公司企业债务负担略有减少,这可能跟2020年疫情期间影院关闭业务量骤减有关。由于资产负债率较低,分众传媒有限公司的长期偿债能力依然较强。同时2020年其产权比率、权益乘数都有所下降,说明该公司2020年期末资产对负债的依赖性减小。而在2021年前三个季度这三个指标都有明显增加说明企业的负债有所增加,主要是因为财务报表中应付股利这一科目的增加,企业应付股利的增加除了股利政策的影响,还与该季度的利润密切相关,查阅报表可知相较于2020年,2021年第三季度该企业净利润增长了102.13%,而净利润的变化与公司深耕广告业务增加效益以及其较为激进的财务政策有密切关系。利润方面的分析将在下文盈利能力分析中进行详细描述。

（二）营运能力分析

公司营运能力指标分析如表 29-3 所示。

表 29-3　公司营运能力指标分析

时间 指标	2021 年第三季度	2021 年第二季度	2021 年第一季度	2020 年	2019 年
应收账款周转率 / %	3.43	2.16	1.01	3.11	2.67
存货周转率 / %	274.44	194.59	172.82	1,015.39	1,827.91
流动资产周转率 / %	0.89	0.62	0.32	1.06	1.03
固定资产周转率 / %	0.79	0.53	0.30	1.38	0.64
总资产周转率 / %	0.42	0.29	0.15	0.60	0.64

资料来源：同花顺 iFinD。

由表 29-3 可以看出，2020 年分众传媒有限公司的应收账款周转率、流动资产周转率、固定资产周转率等都有一定程度的增长，而到了 2021 年先是大幅下降继而是持续上升。因为这三个指标涉及平均应收账款、平均流动资产、平均固定资产的概念，所以就要将疫情前 2018 年的数据加入对比，这么一来，疫情导致的应收账款、流动资产、固定资产下降便表现在 2020 年三项周转率上升之中。季度的营业收入与前一年的营业收入是无法相提并论的，因此相比于 2020 年，2021 年第一季度应收账款周转率、流动资产周转率、固定资产周转率都很低，但随着时间的推移，营业收入逐渐上升，仅仅三个季度的营业收入就达到了 2020 年全年的营业收入。其中的原因不仅在于疫情导致的 2020 年收入下降，还在于公司拓展了业务，调整了客户结构。

2020 年存货周转速度减慢了，这主要源自其销售成本的下降。疫情使得影院关闭，省去了发片的成本，再加上国家有关征税的优惠政策，销售成本自然降低，而到了 2021 年，该公司为发展大量囤积存货，使得其存货周转率远远小于 2020 年（关于存货与营业成本方面的分析可见下文盈利能力分析）。

2020 年总资产周转率与 2019 年相比基本不变，这说明企业固定资产结构基本合理且并未改变。结合流动比率变化可知：2020 年疫情，分众传媒加快应收账款周转速度以回笼资金，增加流动资产。总体来讲，在2020年资金的利用率良好，营运能力变强。而2021年前三季度，虽然营运能力指标低于2020年，但这几项指标在逐步增加，实际上公司的营运能力正在逐步增强。

（三）盈利能力分析

公司盈利能力指标分析如表29-4所示。

表29-4　公司盈利能力指标分析

指标＼时间	2021年第三季度	2021年第二季度	2021年第一季度	2020年	2019年
营业利润率	50.47%	49.99%	48.05%	41.99%	19.50%
销售净利率	39.86%	39.79%	38.24%	33.07%	15.29%
每股收益/元	0.1054	0.2008	0.0948	0.28	0.13

资料来源：同花顺 iFinD。

由表29-4可以看出，分众传媒有限公司2020年的盈利能力指标相比2019年全部上升，这都是公司持续经营和发展能力增强的表现。通过对分众传媒2020年、2019年的利润表观察，可以发现该公司2020年营业收入仅为12,097,106,052.76元，相比于2019年的12,135,948,050.91元，没有升高，反而有所降低。但2020年的利润总额却是5,047,372,309.32元，远高于2019年的利润总额2,348,164,983.35元，这一切源于其营业总成本的下降。首先疫情的到来使得影院关闭，不发行影片，也省去了发片的成本，同时对线上观影的需求加大，使得深耕线上业务的分众传媒获利不少[3]。因此营业收入有下降但不多，营业成本从2019年的6,649,604,127.87元降到了2020年的4,446,949,111.19元。此外，2019年7月1日起根据国家有关优惠政策减半按1.5%征收，故公司税金及附加科目从2019年的2,256,255,903.67元降到了2020年的2,150,276,113.07元。收入小幅下降、营业成本大幅下降，这也是导致其盈利能力上升的主要原因。

到了2021年前三个季度，该企业的盈利能力指标不仅高，还有持续上升的趋势。因为相比于2020年面对疫情的保守策略，该公司在2021年的发展策略更加激进。2021 年分众传媒仅三个季度便达到了 11,148,130,888.50 元的营业收入，这已经与前两年的年度营业收入相近，其中 2020 年第三季度的营业收入就达到 7,875,458,353.44 元。如此大幅的收入增长除了日用消费品与互联网客户大增导致的客户结构的改进，还有就是疫情使得居家隔离的人们更加依赖互联网，直播带货、线上广告更是借此疯狂发展。

至于该公司每股收益的下降，论文认为这也是与其激进的发展策略有关，分众传媒在 2021 年大力度举债，其中 2021 年第一季度到第三季度的负债分别为 6,061,998,851.46 元、7,776,966,602.22 元和 8,583,520,655.01 元。而 2020 年和 2019 年该公司的负债分别为 4,373,745,746.45 元和 4,680,727,668.11 元。2021 年其负债上升也导致了资产负债率、产权比率、权益乘数等偿债能力指标的上升。这些指标越高，说明其偿债能力越低。而投资者总是偏好高偿债能力的企业，认为这样的企业更稳健。因此，投资者对于分众传媒的偏好便降低，股价也就下降了，每股收益也随之下降。

除此以外，相比于 2020 年，2021 年大幅度增长的存货也可证明该公司的激进发展策略。分众传媒 2019 年的存货为 4,190,856.88 元，2020 年的存货为 4,373,745,746.45 元，然而到了 2021 年分众传媒的存货量翻了倍，2021 年第一季度至第三季度的存货分别为 9,683,798.21 元、16,008,977.81 元和 10,835,085.77 元。其原因是分众传媒旗下子公司分众晶视从 2021 年 1 月 1 日起代理了博纳影业、中影影投公司的影院映前广告业务，这使得大屏幕需求增加，从而使大屏幕存货大量增加。

总的来说，分众传媒有限公司在疫情来临时采取了保守的发展策略，虽然没有大力开拓市场，但降低了成本且持续对客户结构进行调整。2021 年分众传媒依靠低成本与合理的客户结构保证，再与多家公司签订独家合作协议以开拓市场，提高了营业成本，从而营造了持续高净利率高收益率、盈利水平持续增长这一利好局面。

四、建议与启示

（一）给分众传媒的建议

提高资产负债率。可以看出 2021 年第三季度分众传媒的资产负债率已经有向 40% 靠近的趋势。公司 2020 年短期借款为 5,031.07 万元，2019 年为 5,060.96 万元，短期借款数基本不变。企业可以多多考虑长期借款，同时也可以购买楼宇、影院以增加固定资产的占比，在财务经营方面寻求最优解。

降低存货。公司相关部门应该安排好生产与销售，着力出售产成品，防止存货积压。而且作为一个传媒公司，存货压力仅来源于安装大屏幕所用的原料与器械，再加上其极高的存货周转率，分众传媒可以寻找靠谱的原料来源，每年向其预订一定数量的大屏幕材料，再按季度拿。如果需求加大，就按季度增加订单。这样就可以让存货成为产业链上游公司的负担。

拓宽新业务。笔者认为分众传媒每股收益下跌的原因是激进的发展策略使得分众传媒在 2021 年大力度举债，从而导致了偿债能力指标的上升。这些指标越高，说明其偿债能力越低，投资者对其偏好也就越小。对于这种情况分众传媒应积极拓宽新的业务，给人民展现公司积极的一面。

（二）分众传媒公司财务绩效分析的启示

2019 年至 2020 年因疫情原因我国广告市场不景气，而分众传媒的盈利能力却在 2020 年与 2021 年持续上升。其经验可以借鉴，作者认为传媒行业应该从以下几个方面有所思考。

（1）降低成本，做好预算的管理。疫情来临时可以削减不必要的业务与低收入的子公司，以求断臂自保。

（2）抓准时机，开拓市场，增加效益。疫情带来行业寒潮后许多客户有一段空窗期，我国传媒公司应当趁着这段时间争夺客户，将企业的发展指向更大的方向。

（3）调整企业经营方式与客户结构。如今市场竞争激烈，没有符合当下市场的客户结构就无法生存。所以公司需要对客户结构、价格结构、产品结构与区域结构做出相应的调整。如今从互联网客户手中赚的钱已经成为必不可少的一部分收入，所以要因地制宜调整经营方式，跟上时代的潮流与风口[4]。

参考文献：

[1] 张少武. 分众传媒盈利能力分析 [J]. 合作经济与科技，2021(5)：138-139.

[2] 孙峰. 新零售时代分众传媒的发展模式浅析 [J]. 出版广角，2020(12)：71-73.

[3] 曹颖. 分众传媒成为消费创新领域的晴雨表 [J]. 商业观察，2021(26)：11-13.

[4] 李逸伦. 分众传媒经营模式研究 [D]. 北京：北京印刷学院，2020.

三十　疫情下华谊兄弟财务战略矩阵分析

赵红玉[①]

摘要：在疫情的影响下企业面临的财务风险加大，影视企业该如何定位自身的发展阶段，作出怎样的战略决策，是本文所要研究的问题。本文以华谊兄弟为例展开研究，采用财务战略矩阵的研究工具，反映出华谊兄弟在疫情的影响下，公司的财务战略处于什么阶段，并据此作出怎样的决策。本文选取华谊兄弟传媒股份有限公司 2016 年至 2020 年的数据，对模型进行分析，分析其在疫情下财务战略中存在的问题，帮助企业提出解决措施，也给同行业其他公司以经验和启示。

关键词：财务战略矩阵；战略选择；华谊兄弟

一、引言

面临疫情的冲击，影视行业的风险与危机显现，资金融通可能受到限制，企业可能面临转型的决策，这就需要对企业的财务战略进行分析，了解企业所处阶段的财务战略情况，并据此作出决策，探索合适的财务战略。所以本文主要研究的问题是，在疫情的冲击之下华谊兄弟面临着怎样的风险？财务战略存在哪些弊端？如何对其投资、融资战略进行改进？本文将运用财务战略矩阵分析该企业在疫情下的财务战略处境，并提出一些解决措施，帮助企业发展运行，也可以给影视行业其他企业以启发和指导。

---

① 赵红玉，女，会计硕士，研究方向：财务管理理论与实务。

二、理论基础

（一）财务战略矩阵

财务战略矩阵是通过计算公司的比率差值并根据这些差值的正负在四个象限中标注出来，它注重的是对企业价值的创造，有助于指引管理者进行合理的成本控制。每个象限都代表着不同的业务特点以及公司的发展阶段，纵轴用来衡量业务单元为企业创造价值的能力。如果该比率大于零，则说明业务单元为企业创造了价值，反之就是损害了公司的价值。横轴表示的是企业的增长率差幅，主要用来衡量业务单元为销售增长提供现金的能力，如果该比率大于零，则说明为了销售增长所需要的现金超过了在不发新股、不借外债、不改变财务政策下，营业额所能达到的最大增长率，此时表明该业务单元的现金是短缺的。反之，表示现金剩余。财务战略矩阵如图30-1所示。

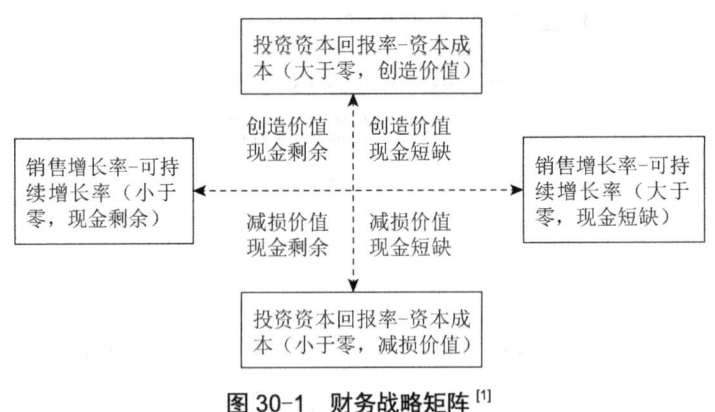

图 30-1　财务战略矩阵 [1]

资料来源：参考文献 [1] 闫华红，孙明菲. 可持续增长下的财务战略研究——基于高新技术企业的实证据.

在第一象限中，资本收益率差幅大于零，也就是说该业务单元投资资本回报率超过资本成本，说明投资有效，为企业创造了价值。但是增长率差幅大于零，则说明企业销量较大，产品供不应求，营业收入带来的资金流入不能完全满足企业销售所需要的资金消耗，如生产成本等，此时出现现金短缺现象。在这种情况下，企业可以通过并购企业，获取资本金，也可以通过缩小经营规模，降低销售增长率，使之与可持续增长率平衡。

在第二象限中，该业务单元既创造了价值，又出现现金剩余的现象，处于稳定发展阶段。此时的企业可以利用充足的资金进行投资，为企业获取更多资金流入，扩大业务规模。

当公司处于第三象限时，虽然能够创造充足的现金流支撑企业自身业务的发展，但是这些业务的发展会损害公司的价值，一旦公司处于这个阶段，说明该公司已经快处于衰退时期了。此时企业可以进行业务重组，开创更多具有价值创造能力的新业务，或者通过有效营运资本管理等方法提高资产周转率，提高原有业务的盈利能力。

在第四象限中，该阶段的业务非但无法为企业创造价值，而且还难以创造丰富的现金流供企业自身的发展，此时已经处于衰退时期了。如果企业找不到更有价值的业务，只能出售该业务单元的业务，全面退出该业务，将损失降到最小。

（二）华谊兄弟关键参数计算

EVA= 调整后的营业利润－调整后的资本总额 × 加权平均资本成本；

权益资本成本率 = 市场风险溢价 ×β 系数 + 无风险收益率；

债务资本成本率 = 长期借款占比 ×5 年期贷款利率 + 短期借款占比 ×1 年期贷款利率；

加权平均资本成本率 = 债务资本成本占比 × 债务资本成本率 + 股权资本成本占比 × 股权资本成本率；

可持续增长率 = 销售净利率 × 总资产周转率 × 留存收益率 × 权益乘数；

实际增长率 =（本年主营收－上年主营收）÷ 上年主营收入。

三、华谊兄弟的财务战略矩阵构建

本文通过构建华谊兄弟 2016 年至 2020 年的财务战略矩阵图，对比分析出

2020 年的财务状况,并根据该公司所处的阶段提出一些建议以及解决方案。

一是债务成本。本文采用中国人民银行公布的 2016—2020 年一年期和五年期的贷款利率作为公司短期借款和长期借款的基准利率。数据如表 30-1 所示。

表 30-1　华谊兄弟 2016—2020 年资本成本计算

指标 年份	短期借款权重	短期贷款 基准利率	长期借款权重	长期贷款 基准利率	债务资本成本率
2016	39.17%	4.35%	60.83%	4.75%	4.59%
2017	19.49%	4.35%	80.51%	4.75%	4.67%
2018	11.25%	4.35%	88.75%	4.75%	4.71%
2019	74.07%	4.35%	25.93%	4.75%	4.45%
2020	62.05%	4.35%	37.95%	4.75%	4.50%

资料来源:同花顺数据库。

二是无风险收益率[2]。本文采用的市场收益率、无风险收益率以及贝塔系数数据均来源于同花顺软件。数据如表 30-2 所示。

表 30-2　华谊兄弟 2016—2020 年股权资本成本计算

指标 年份	市场收益率	风险溢价	无风险收益率	贝塔系数	股权资本成本率
2016	6.43%	4.93%	1.50%	1	6.43%
2017	9.17%	7.67%	1.50%	0.99	9.09%
2018	12.02%	10.52%	1.50%	0.99	11.91%
2019	8.49%	6.99%	1.50%	0.98	8.35%
2020	5.37%	3.87%	1.50%	1.01	5.41%

资料来源:同花顺数据库。

由表 30-3 可以看出,除了 2017 年,其他年份的 EVA 值均是负数,从整体来看,华谊兄弟这几年税后净经营利润不能够弥补其发生的资本成本,该公司的投资很有可能是无效的,投资所带来的资金难以覆盖支出的资本成本,损害了企业的价值。

表 30-3　华谊兄弟 2016—2020 年 EVA 值计算表

指标＼年份	2016	2017	2018	2019	2020
净利润/万元	99,395.2	98,704.6	−90,891.7	−404,044.6	−107,549.9
财务费用/万元	28,083.6	29,010.8	32,888.4	32,300.3	25,146.6
研发费用/万元	0	0	4,795.7	6,397.4	748.8
资产减值损失/万元	7,446.1	27,990.1	138,205	269,255.7	44,007.3
递延所得税负债本年增加额/万元	−49,501	−8,744.71	−314.8	−206.04	−155.88
减：递延所得税资产本年增加额/万元	7,843	4,733.05	16,702.24	−17,348.4	−671.1
减：营业外收入/万元	11,464.7	26,984.9	6,836.9	7,051.2	11,840.1
加：营业外支出/万元	390	1,072.9	911.8	2,017.3	1,003.5
税后经营净利润/万元	66,506.2	116,315.74	62,055.26	−83,982.74	−47,968.58
资本总额/万元	1,263,921	1,337,641.06	1,129,547.9	775,014.06	671,405.16
债务资本成本率	4.59%	4.67%	4.71%	4.45%	4.50%
股权资本成本率	6.43%	9.09%	11.91%	8.35%	5.41%
加权资本成本率	6.02%	8.16%	10.82%	6.93%	4.99%
EVA/万元	−9,581.84	7,164.23	−60,161.83	−137,691.22	−81,471.70
价值情况	损害	创造	损害	损害	损害

资料来源：同花顺数据库。

表 30-4　华谊兄弟 2016—2020 年增长率计算表

指标＼年份	2016	2017	2018	2019	2020
销售净利率	28.37%	25.01%	−23.36%	−184.02%	−71.70%
总资产周转率	19%	20%	20%	15%	15%
利润留存率	87.50%	91.57%	100.00%	100.00%	100.00%
期初权益乘数	1.67	2.02	1.91	1.92	1.91
实际增长率	−9.55%	12.64%	−1.40%	−42.34%	−33.14%
可持续增长率	8.55%	10.20%	−8.19%	−34.64%	−20.54%
增长率差幅	−18.10%	2.44%	6.79%	−7.70%	−12.60%

资料来源：同花顺数据库。

基于以上四个表格中的信息,本文构建出了华谊兄弟的财务战略矩阵图,并且根据图中的信息重点分析该公司在疫情之下的财务状况,并且将从融资、业务选取、投资、成本管理这几个方面提出建议。华谊兄弟财务战略矩阵图如图30-2 所示。

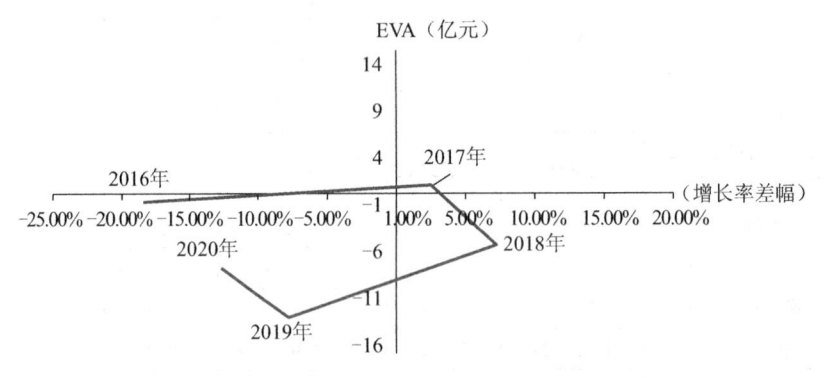

图 30-2　华谊兄弟财务战略矩阵图

资料来源:根据同花顺数据计算得出。

根据以上表格中的数据,可以得出华谊兄弟 2016 年至 2020 年的财务战略矩阵分析图,从图 30-2 中可以看出,2019 年与 2020 年,华谊兄弟均处于第三象限,一般来说,该象限的业务特征是 EVA 与增长率差幅均小于零,虽然能够创造充足的现金流支撑企业自身业务的发展,但是这些业务的发展会损害公司的价值,从 2018 年至 2019 年,在财务战略矩阵上由现金短缺转变为现金剩余,说明公司的盈利状况较差,而且一旦公司处于这个阶段,说明该公司已经快处于衰退时期了。面对这种会损害公司价值的业务,就应该重新构建,如果无法重新构建,应果断放弃。如果当年无法进行有效投资,应该将营运资金以外的资金提前归还股东,以此缓解来年的股利支付压力。

但是华谊兄弟 2019 年与 2020 年的销售增长率与可持续增长率均为负数,说明 2019 年的销售额比 2018 年有所下降,2020 年的销售额比 2019 年又有所下降,说明这两年的销售情况处于越来越差的状态。2019 年的可持续增长率为 −34.

64%，主要的原因是由于 2019 年的疫情，使得 2019 年底的影视上映受到了巨大的冲击，而春节期间是电影上映获益最丰富的时期，这个时候为了抗疫采取封锁措施，使得销售净利率下降为-184.02%，而可持续增长率受到销售净利率的影响，所以 2019 年可持续增长率相对于 2018 年来说，在利润留存率、总资产周转率与权益乘数变化不大的情况下，由于销售净利率降低了 160%，所以可持续增长率也产生了较大幅度的降低，2020 年也是如此。

四、华谊兄弟财务战略对策

（一）融资战略

自从华谊兄弟上市以来，截至 2019 年 8 月，共发行 15 次短期融债券，筹得资金共计 74 亿元人民币，除了使用短期融资债券，也利用担保贷款等方式进行融资。2018 年华谊兄弟净资产亏损 9 亿元，和 2019 年初即将到期的 22 亿元借款，使华谊兄弟陷入困境。由此可见华谊兄弟近十年采取的是激进型融资策略[3]，因此为了扭转这种恶劣的局面，可以采取保守型融资策略，比如采用发行股票、股东投资、留存收益等内源性融资方式。

（二）业务选取策略

由于 2020 年的上半年受疫情的影响，企业几乎都是封锁状态，影视行业也很难进行影片制作，而且消费者也受疫情的影响，减少了去影院看电影的次数，所以华谊兄弟的电影业务收入将会受到很大的冲击，那么在疫情隔离期间，人们居家不外出，可以通过将之前库存的电视剧作品投放于电视台中，缩小电影业务的规模，扩大电视剧以及综艺等可以居家就能观看的业务规模，以此来达到提升经营利润的目的。

（三）投资战略选择

从图 30-2 可以看出 2019 年至 2020 年华谊兄弟处于第三象限，该象限的业务单元投资回报率低于资本成本率,所以应采取措施提高投资回报率,来达到创造价值的目的。企业可以通过重组价值链剥离一些经济增加值较低的活动[4],来提高企业的投资回报率,也可以选取有效的投资组合进行投资。由于疫情期间,电影院开放时间较不稳定,而且2020年上半年基本全国人民居家隔离,年轻的消费者往往通过手游来消磨时间,此时,华谊兄弟可以投资手游公司,以此来使企业的投资效用更大;另外,由于疫情暴发得太突然,在全球没有研制出疫苗的时候,华谊兄弟可以投资医药行业,因为在研发疫苗的期初需要很大的研发投入资金,但是一旦研发成功,这将是全球性的业务规模,所以投资医药行业也是华谊兄弟在疫情封锁期间的一个很有效的投资决策。

(四)成本管理策略

华谊兄弟可以建立科学的全面预算管理体系。由于在激烈的市场竞争中,影视产品的同质化较为严重,如果想要提升企业的竞争力,可以通过降低作品拍摄的成本,在同样作品质量的标准下,成本的降低可以使企业在同一个市场环境下拥有更强的竞争力,所以根据华谊兄弟的作品制作特色进行科学的成本预算,帮助华谊兄弟控制成本。

五、结论与启示

在疫情的影响之下,通过财务战略矩阵这一工具分析华谊兄弟的财务状况得出,华谊兄弟在2019年末与2020年(疫情期间)的业务处于财务战略矩阵第三象限,这个象限的业务特点是,虽然能够创造充足的现金流支撑企业自身业务的发展,但是这些业务的发展会损害公司的价值,一旦公司处于这个阶段,说明该公司已经快处于衰退时期了,而华谊兄弟这两年的销售增长率大幅下降,主要是疫情影响了春节档的电影上映和疫情封锁居家隔离,使得电影业务收入大大减少,进而影响销售增长率。此外该阶段的 EVA 值均小于零,说明该公司的投资并非有效，损害了公司的价值。所以华谊兄弟应该采取措施提高经营净利润，提高投资的有效性，可以充分利用网络带动实体娱乐创收，提升差异化从而提升企业的竞争力。

参考文献：

[1] 闫华红，孙明菲. 可持续增长下的财务战略研究——基于高新技术企业的实证数据 [J]. 经济与管理研究，2011(2)：94-102.

[2] 鲍克祥. 华谊兄弟战略转型中的财务战略研究 [J]. 财会通讯，2019(8).

[3] 李凡. 上市公司融资偏好分析——以华谊兄弟为例 [J]. 纳税，2018(5)：153-156.

[4] 曹伟，叶明，赵璨. 财务战略矩阵在企业中的应用探讨——以华润三九为例 [J]. 会计之友，2012(7)：38-40.

三十一　新三板企业转科创板的效果研究
——以嘉元科技为例

周佳艳[①]

摘要：新三板是定位于中小企业的股票交易市场，随着科创板的创立，许多原先在新三板注册的企业转板到科创板。本文以嘉元科技为例分析新三板企业转科创板的效果，分析过程从嘉元科技的财务指标和非财务指标两方面展开。其中财务指标分析了偿债能力、营运能力、盈利能力和成长能力。非财务指标分析了转板前后融资情况和企业研发能力。分析结果表明，转板给嘉元科技的偿债能力、盈利能力、成长能力、融资和研发能力带来了正面效果。

关键词：科创板；转板；效果分析

一、引言

2019年科创板登陆我国A股市场引起了强烈的关注。为很多原本在新三板登记却想要上市A股的企业提供了一种新的上市途径。本文中的嘉元科技就是这样的原新三板企业。嘉元科技早在2017年就准备从新三板转至创业板上市，然而却始终没有进展。科创板的设立为其提供了一个新的途径，嘉元科技抓住了这个机会并成功通过科创板上市。为了深入了解新三板转科创板的效果如何，能否给企业带来正面影响，本文将通过对嘉元科技的财务指标和非财务指标的分析来进行判断。

[①] 周佳艳，女，会计硕士，研究方向：财务管理。

二、文献综述

国内学者贺川（2011）通过研究发现转板可以提升定向融资的金额，同时还能优化企业的资源配置，促进企业发展[1]。同时罗党论等（2019）也得出了相似的结论，新三板企业申请在 A 股上市会产生转板效应，通过研究样本发现新三板企业公告上市会使短期股价提升，同时转板提高了企业定向增发融资的额度，因此企业应该根据实际发生情况和融资需求，顺利改板到合适的市场[2]。

郭玉洁（2018）以康斯特为案例，发现转板满足了企业对流动性的需求以及改善了公司治理水平和企业形象[3]。陈彦百和吴一凡（2021）以奥飞数据为案例，发现转板提升了每股收益的稳定性[4]。梁亚萍（2017）以"东土科技"为案例，发现转板可以增加股东财富，提升企业发展能力和优化企业治理结构。同时还提出企业转板失败很大可能是没有选对合适的时机，所以企业转板应该选择恰当的时机[5]。蒋鑫鹏（2019）对合纵科技进行分析指出转板改善了公司的财务绩效，提升了企业的偿债能力、成长能力和盈利能力，原因在于转板扩大了融资规模、提升了企业商誉[6]。

三、案例分析与发现

嘉元科技成立于 2001 年 9 月，于 2019 年 7 月 22 日在科创板挂牌上市，成为全国首批 25 家在科创板上市挂牌的企业之一。

嘉元科技是一家从事各类高性能电解铜箔研究、生产和销售的高新技术企业，主要产品为超薄锂电铜箔、极薄锂电铜箔及 PCB 用标准铜箔产品，是国内高性能锂电铜箔行业领先企业之一，与国内众多知名锂电池生产龙头企业建立了长期战略合作关系，并成为其锂电铜箔的核心供应商。

（一）转板原因和过程

1. 嘉元科技转板原因

嘉元科技最早在新三板注册，然而在一段时间之后，因流动性匮乏、融资乏力和估值折价等问题,对企业融资产生影响,导致嘉元科技无法在新三板市场中完成企业目前的融资需求和未来的发展规划,因而嘉元科技开始谋求转向其他板块。

嘉元科技本想通过创业板上市,却迟迟没有成功。在嘉元科技谋求创业板上市途中,科创板的设立给其提供了一个新的上市途径,于是嘉元科技改变了原本的战略,转而谋求通过科创板上市。

2. 嘉元科技转板过程

2017年8月,嘉元科技聘请金元证券辅导公司在创业板进行上市,但一直没有实质性进展。2018年科创板被提出,2019年3月25日,嘉元科技将金元证券换为东兴证券并拟从科创板上市。同年4月10日,嘉元科技向上交所提交科创板上市申请。2019年7月4日,上交所同意嘉元科技首次公开发行股票注册。同月的22日,嘉元科技从新三板正式转入科创板。

(二)嘉元科技转板效果分析

1. 财务指标分析

(1)偿债能力分析。

偿债能力主要反映企业资金在面临短期或长期债务时能否进行偿还。偿债能力分为短期偿债能力和长期偿债能力。嘉元科技2016—2021年前三季度短期偿债指标如表31-1所示。

表31-1 嘉元科技2016—2021年前三季度短期偿债指标

时间 指标	2021年前三季度	2020年	2019年	2018年	2017年	2016年
流动比率	3.3270	7.0640	43.9802	1.7921	1.0173	0.9621
速动比率	2.3523	5.4387	37.5603	1.3057	0.5199	0.5437

资料来源:同花顺iFinD。

流动比率一般以2为界限,速动比率则以1为界限。从表31-1中可以看出,2016年至2018年,嘉元科技的流动比率和速动比率逐步上升,但是在这几年间流动比率皆小于2，速动比率也只有2018年大于1，其余两年都小于1，因此可以得出这三年，嘉元科技的短期偿债能力偏弱。而转板的2019年，嘉元科技的流动比率与速动比率皆得到了巨大的提升。具体原因是嘉元科技为转板募集了一笔较大的资金，到了年底因为距离募集资金时间较短，因而公司还未将资金投入各种计划，所以就导致了流动比率与速动比率的大幅提升。到了2020年和2021年前三季度可以看到流动比率与速动比率比起2019年发生了巨大的回落，然而虽然发生了回落，但是与转板前相比短期偿债能力仍要强不少。嘉元科技2016年至2021年前三季度长期偿债指标如表31-2所示。

表31-2　嘉元科技2016—2021年前三季度长期偿债指标

指标＼时间	2021年前三季度	2020年	2019年	2018年	2017年	2016年
产权比率	0.67	0.12	0.04	0.44	0.52	0.36
资产负债率	40.02%	10.56%	4.15%	30.59%	34.03%	21.77%

资料来源：同花顺iFinD。

一般情况下，产权比率越低表示企业财务状况越好。企业一般会将产权比率的数值设定为1。资产负债率一般应在40%～60%。资产负债率太低说明企业运用资金的能力较差；越高说明企业风险越大。

从表31-2中可以看出嘉元科技2019年的产权比率达到了一个特别小的数值，2020年虽然有所回升但是和转板前相比仍是较低的，2021年前三季度虽然产权比率数值上升较大，但仍低于1，说明长期偿债能力较强。同时，企业2016年至2020年的资产负债率都小于40%，特别是2019年，由于当年公司为了转板补充了大量资金，导致资产大幅上涨。2020年这个数值稍微得到了提升，2021年前三季度比起转板前，资产负债率达到了标准水平。

（2）营运能力分析。

营运能力能够判断企业当前能否健康运转。嘉元科技2016—2021年前三季度营运能力指标如表31-3所示。

表 31-3　嘉元科技 2016—2021 年前三季度营运能力指标

时间 指标	2021 前三季度	2020 年	2019 年	2018 年	2017 年	2016 年
应收账款周转率 / %	8.1165	9.5222	13.3890	12.1679	14.6811	14.4155
存货周转率 / %	6.3198	5.9699	7.3221	8.8164	6.2433	9.7201
总资产周转率 / %	0.480	0.430	0.789	1.273	0.829	0.765

资料来源：同花顺 iFinD。

表 31-3 所列的三个指标越高，表示企业营运能力越好。同时从表 31-3 中可以看出嘉元科技的应收账款周转率在 2019 年转板当年有了上升，但是 2020 年又下降了，该年的下降很可能是因为当年新冠疫情的暴发导致企业应收账款回收困难。到了 2021 年前三季度，该数据得到了提升。在存货周转率方面，该指标呈现上下波动，但是总体趋势是下降的，这可能是因为企业快速发展而导致的产能不足，转板后没有得到明显的改善。而总资产周转率在转板后发生了下降，这可能是因为资产在转板后获得了增加，但销售收入并没有与之一起上涨导致的。

（3）盈利能力分析。

盈利能力就是企业在一定时期内赚取利润的能力。嘉元科技 2016—2021 年前三季度盈利能力指标如表 31-4 所示。

表 31-4　嘉元科技 2016—2021 年前三季度盈利能力指标

时间 指标	2021 年前三季度	2020 年	2019 年	2018 年	2017 年	2016 年
销售净利率 / %	19.85	15.51	22.80	15.30	15.05	14.86
销售毛利率 / %	30.49	23.24	34.70	27.21	27.35	27.39
净资产收益率 / %	13.34	7.31	22.21	28.68	21.13	24.82

资料来源：同花顺 iFinD。

表 31-4 所列的三个指标越高，表示企业盈利能力越好。同时从表 31-4 中可以看出嘉元科技的销售净利率在 2016 年至 2018 年呈现缓慢上升的趋势，到了 2019 年由于企业转板，该指标得到了巨大的提升，然而 2020 年发生了回降，这可能由两个原因导致，一是疫情的影响，二是转板效应降低，到了 2021 年前

三季度该指标又得到了上升。销售毛利率在转板前的几年里逐年下降，在2019年转板当年得到提升，但是到了2020年由于疫情和转板效应的降低导致数值下降，同样2021年前三季度该数值得到了提升。而净资产收益率波动较为不稳定，2019年转板后有一个明显的下降，所幸该数值在2021年前三季度有了回升。

（4）成长能力分析。

企业成长能力是企业未来扩展经营的能力。

从表31-5可以看出企业的营业收入和净利润在2020年前呈现上升的趋势，而2020年因为疫情导致企业营业收入和净利润有所下降。所幸2021年前三季度营业收入和净利润都有了很大幅度的上升，这可能是转板带来的正面效应。而对于净资产，2019年因为转板使其增长率上涨幅度巨大，而2020年由于疫情的停工导致净资产的增长率下降，到了2021年前三季度该指标又得到了提升。

表31-5　嘉元科技2016—2021年前三季度成长能力指标

时间 指标	2021年前三季度	2020年	2019年	2018年	2017年	2016年
营业收入同比增长率/%	151.91	-16.86	25.38	103.68	35.21	26.32
净利润同比增长率/%	238.38	-43.46	86.89	107.10	36.24	225.3
净资产同比增长率/%	25.39	3.45	258.8	33.48	54.61	97.54

资料来源：同花顺iFinD。

2. 非财务指标分析

（1）融资分析。

融资是企业发展必不可少的一环，因此本文通过分析嘉元科技转板前后的融资方式和金额来对其转板效果进行分析。

嘉元科技转板前的融资：2016年3月，通过定向增发，募集资金4,725万元；2016年9月，通过定向增发，募集资金5,850万元；2017年10月通过定向增发，募集资金11,800万元；2018年1月，通过股权出质，募集资产4,500万元；2019年1月，通过动产抵押，募集资金7,752万元。

嘉元科技转板后的融资：2019年7月22日，IPO上市募集资金，募集资金为 1,509,569,509.4 元；2020 年 8 月 13 日，向不特定对象发行可转换债券，募集资金 1,240,000,000.00 元；2020 年 8 月 19 日，向合作银行申请额度不超过 23 亿元的综合授信；2021 年 8 月 27 日，向合作银行申请额度不超过 30 亿元的综合授信；2021 年 11 月 6 日，向特定对象募集资金 4,900,000,000.00 元。

对比嘉元科技转板前后的融资方式和金额可以看出，转板前后嘉元科技的融资方式有所不同，比如转板前嘉元科技通过抵押动产才能向银行募集资金，而转板后嘉元科技通过向银行申请综合授信来获得资金。相比转板前的抵押动产，转板后的授信募集更为便利，募资效率更高。

同时，从融资金额的角度看，转板前嘉元科技融资金额都是千万元级的，而转板后嘉元科技融资金额都是上亿元的，更多的资金可以保障企业更广阔的发展。

综上所述，嘉元科技从新三板转到科创板后，融资方式可选择性更多且更为便利，同时融资金额更大，更有利于企业的发展。因此转板给嘉元科技融资方面带来了正面影响。

（2）企业研发能力。

嘉元科技是高新技术企业，对于高新技术企业而言，能否持续发展的关键就是企业的研发能力，只有拥有了较强的研发能力才能保障企业长久发展。

企业的研发资金投入会影响其研发能力。本文通过对比转板前后嘉元科技研发资金投入和占比来分析其研发能力。嘉元科技 2016—2021 年研发投入力度如表 31-6 所示。

表 31-6　嘉元科技 2016—2021 年研发投入力度

指标＼年份	2021 年前三季度	2020 年	2019 年	2018 年	2017 年	2016 年
研发资金 / 万元	9,325.00	7,243.33	6,314.88	3,826.67	2,383.12	2,421.57
营业收入 / 万元	198,724.21	120,217.89	144,604.97	115,330.56	56,622.86	41,877.41
研发费用占比 / %	4.69	6.02	4.37	3.32	4.20	5.78

资料来源：同花顺 iFinD。

从表 31-6 中可以看出嘉元科技的研发资金几乎每年都在增加。2021 年前三季度的研发资金甚至比 2020 年整年投入的都多。而从占比来看，转板后由于企业研发资金投入力度变大，研发费用占比逐渐上升。综合上述分析可得，转板后嘉元科技加大了对研发资金的投入，从而会提高其研发创新能力。

此外，企业的专利数量也是体现企业研发能力的标志之一。企业拥有的专利数量越多越能证明其研发能力强。嘉元科技 2017—2021 年前三季度专利数量如图 31-1 所示。

图 31-1　嘉元科技 2017—2021 年前三季度专利数量

资料来源：天眼查。

嘉元科技 2021 年前三季度除了已经授权的 33 个专利，还有 18 个专利目前处在实质审查阶段。

通过图 31-1 可知，嘉元科技的专利数量逐年上涨，特别是转板后每年的专利数量提升很快。

结合对嘉元科技转板前后的研发资金投入和专利数量的对比可知，转板后嘉元科技创新研发能力显著提升，为企业的长期发展提供了保障。

四、结论及启示

本文通过分析财务指标和非财务指标对嘉元科技转板后的效果进行研究。对嘉元科技转板前后的财务指标进行分析得出，在偿债能力、盈利能力和成长能力上嘉元科技转板为其带来了正面的效果，使得嘉元科技这三种能力的财务指标得到了有效提升。此外，在营运能力方面，转板给其带来了负面的影响，为了改变这一现象，嘉元科技应该提升产能和扩大销售。

在非财务指标方面，嘉元科技的转板给其带来了更多的融资方式以及提升了融资金额，使其的融资能力获得显著提升。同时，嘉元科技的研发资金投入和专利数量也获得了提高，这使嘉元科技的研发能力获得了提升。

综合财务指标和非财务指标的分析可以得出转板为嘉元科技带来了正面效果，提升了企业的财务绩效和核心竞争力，嘉元科技这次的转板是成功的。

嘉元科技从新三板转到科创板的成功，对其他当前处于新三板却想要转板的企业有较强的借鉴意义。这些企业可以学习嘉元科技成功转板的经验，并在转板对嘉元科技带来的某些负面效果上进行提前规划，从而使自身在转板时避免出现同样的负面效果。同时新三板企业要更理性地进行规划，通过分析自己企业的实际情况来判断自身是否适合转板，因为合适的市场板块更利于企业发展。

参考文献：

[1] 贺川. 循序渐进推出新三板转板制度 [J]. 中国金融，2011（12）：73-74.

[2] 罗党论，苟峻彬，唐芳. 上市管制背景下新三板企业的转板效应 [J]. 南方金融，2019（8）：40-49.

[3] 郭玉洁. 我国新三板企业转板上市问题研究——以康斯特为例 [D]. 上海：上海国家会计学院，2018.

[4] 陈彦百，吴一凡. 新三板企业转板案例研究——以奥飞数据为例 [J]. 市场周刊，2021（9）：12-14.

[5] 梁亚萍. "东土科技"新三板转板案例研究 [D]. 乌鲁木齐：新疆财经大学，2017.

[6] 蒋鑫鹏. 新三板对公司财务绩效的影响——以合纵科技股份有限公司为例 [D]. 武汉：中南财经政法大学，2019.

三十二　国企混改研究

——以格力电器为例

张力文[①]

摘要：国企混改是近年来的热门话题，我国上市公司股权结构不合理，存在着股权一股独大、管理层管理效率低下问题。国务院也发布了一系列文件指导国企混改。本文通过格力电器引用战略投资者进行混改，运用事件研究法研究此次混改的影响，希望得到一些可行的对策与建议。

关键词：国企混改；格力电器；事件研究法

一、引言

1991年，格力电器成立。1996年，在深交所挂牌上市。在全球市场上，格力家用空调占有率连续14年保持第一，在2019年达到20.6%。到目前为止，生产经营已经非常完善。它有自己的产业链和销售渠道。产业链实现了从上游产品到下游废弃物回收的全覆盖。2019年，格力电器进行混改，引入高瓴资本，是国企混改的经典案例，值得去研究分析。

[①] 张力文，女，会计硕士，研究方向：传媒经济与管理。

二、格力电器混改研究

（一）混改背景

2019年，格力电器营业收入与2018年相比仅增加0.25%。与前三年的增速相比明显放缓，业绩增长遭遇"瓶颈"。

公司经营方面，格力电器连续12年居家电行业纳税榜首，纳税160.2亿元[1]。空调产品在主营业务收入中仍为主要部分。2019年，格力电器空调业务的主营收占比为88.38%，毛利率36.48%也是最高的，贡献了90%以上的毛利润。其中生活电器、智能装备的主营收占比分别为4.02%、1.36%。

混改参与者——高瓴资本是一家专注于长期投资的公司。高瓴资本在互联网、科技等领域投资了如腾讯、京东、百度等大量优秀企业。收购平台珠海明骏是以高瓴资本为主导，联合珠海格臻共同设立的投资公司。在2019年4月9日之前，持有格力电器约0.72%的股份[2]。

（二）混改动因

1. 市场竞争激烈

现阶段，我国家电行业激烈的竞争并不利于产业的长期发展。2016—2019年，我国整体家电销售额的增速下降，甚至在2019年出现负增长。可见国内家电市场趋于饱和。而且家电的使用周期较长，更新换代的速度较慢，难以刺激消费。如今的家电市场产品产能过剩，且区分度不高，高度同质，这也加剧了市场竞争。我国重点城市的空调销售量在2018年和2019年出现了不同程度的下降，分别为10.6%和7.59%，表明其市场需求量呈下降趋势。格力电器一直想要改变国内市场上以空调为主的销售结构，加速产品的多元化发展，但其多次多元化尝试都没什么效果。

2. 政府政策推进

2015年，国务院发布《中共中央、国务院关于深化国有企业改革的指导意见》及其配套文件[3]。珠海市委为贯彻中央和省委决策部署、落实《粤港澳大湾区发展规划纲要》，进一步地推动格力电器完成混合所有制改革。此举既把握了发展机遇，又发挥了地方政府的表率作用。

3. 格力电器自身经营困境

（1）股权结构不合理。

身为格力电器第一大股东格力集团，持有格力电器 18.22% 的股权。第二大股东京海担保拥有 8.91% 的股权，其他股权比较分散。混改之前，珠海市国资委通过格力集团实际控制格力电器。以董明珠为代表的格力电器管理层与格力集团存在着长期的抗衡，导致公司董事会管理层治理效率低下[4]。而且格力电器法人治理结构并不完善，这也是混改的原因之一。

（2）业绩增长和战略需要。

最近几年，格力电器依赖线下 3 万多家门店和庞大的经销商体系获得的销售优势受到了来自电商的巨大冲击。格力线上销售的市场占有率远低于同行业的美的和海尔，这一短板阻碍了格力电器销售额的提升。

（三）混改历程

2019 年 4 月 9 日，格力集团称将转让其持有的 15% 的股份，且将面向社会公开征集受让方进行股份转让，混改开始。

2019 年 5 月 22 日，意向投资者见面会在珠海召开，吸引了包括高瓴、厚朴在内的 25 家意向投资者参与。

2019 年 8 月 12 日，珠海市国资委批准了股权转让方案。格力电器随即开始正式公开征集受让方，明确提出受让方必须是单一主体，且必须能为格力电器提供资源与技术方面的支持等硬性条件。

2019 年 9 月 16 日，由董明珠持股 95.5%，管理层其他人员持股 4.5% 的珠海格臻注册成立。

2019 年 10 月 28 日，格力电器发布公告最终确定了珠海明骏成为最终受让方。

2019 年 12 月 3 日，格力电器的混改协议成功签署，混改结束。

三、混改路径

(一) 准备阶段

1. 选择股权转让的交易方式

通过转让15%股权的方式引入战略投资者,有利于保证其进入后在公司的地位与话语权。通过股权转让的方式实现现金流入,可以获得高达400多亿元的流动资金,对正在积极推进城市定位转变和产业转型,财政压力加大的珠海市政府具有重要意义。

2. 选择珠海明骏为最终的股权受让方

第一,高瓴资本产业资源丰富[5],投资了腾讯、京东在内的一大批互联网和科技领域公司,而且拥有大数据和运营团队,在互联网赋能实体经济上有着丰富经验,有能力助推格力电器线上业务与多元化业务的开展。

第二,高瓴资本不谋求格力电器控制权的承诺满足了格力电器的管理需要。高瓴资本秉承着投资企业家的观念投资了格力电器后,不会太多地干预企业经营,可以避免格力电器再次陷入控制权争夺斗争的旋涡中。

(二) 实施阶段

混改参与者股份构成如图32-1所示。

高瓴及其一致行动人与珠海格臻共同控股珠海毓秀,各持股59%与41%,珠海毓秀与珠海格臻共同控股珠海贤盈,各持股59%与41%,珠海贤盈与珠海格臻共同控股珠海明骏,各持股89%与

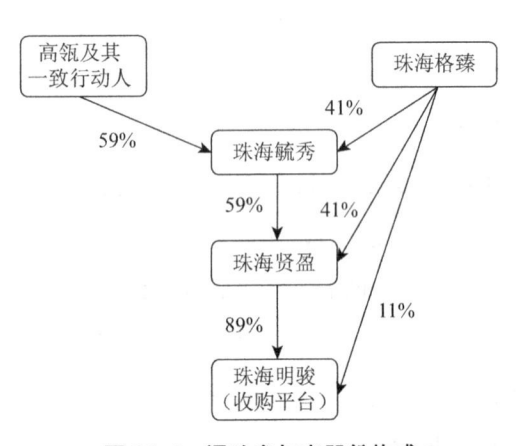

图 32-1 混改参与者股份构成

资料来源:巨潮资讯网。

11%，最终通过珠海明骏进行收购。

四、绩效分析

（一）股权结构分析

混改前格力集团持股 18.22%，随着混改的开始，格力集团一直在转让股份，但股份份额一直占首位。其实际控制人珠海国资委一直影响着格力电器的经营策略。混改前格力电器股权结构如图 32-2 所示。

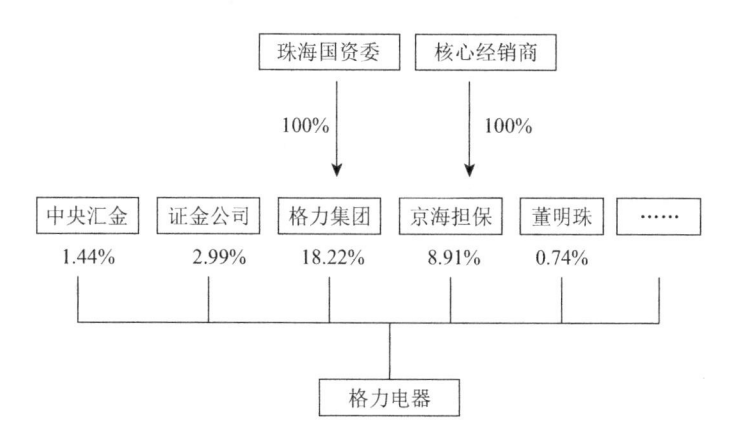

图 32-2　混改前格力电器股权结构

资料来源：公司年报。

（二）董事会结构分析

混改后其代表的国有资本退出控股地位，前三大股东变更为珠海明骏、京海担保和格力集团，格力电器股权进一步得到分散，股权多元化特征更加明显[6]。第一大股东与第二大股东持股比例仅差 6.09%，且珠海明骏与其他股东之间不存在一致行动、表决权委托等协议安排，没有股东能单独决定公司重大经营决策。混改后格力股权结构如图 32-3 所示。

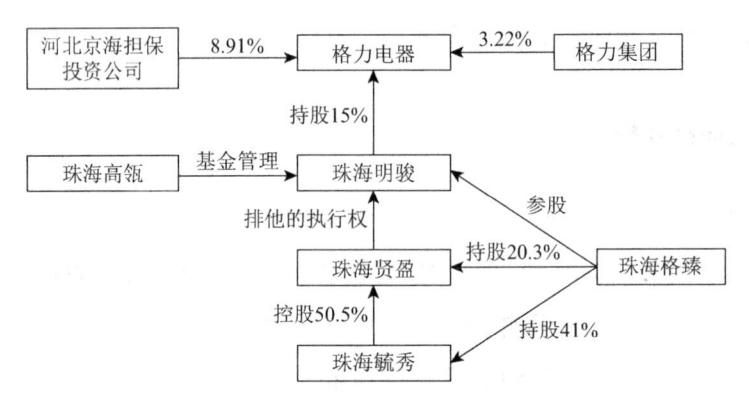

图 32-3 混改后格力股权结构

资料来源：公司年报。

混合所有制改革前，格力集团拥有格力电器的 4 名董事候选人的推荐权，占格力电器全部董事人数比例的 44.4%，占全部非独立董事人数比例为 66.67%。第二大股东京海拥有两名董事的提名权。在法律层面上，格力集团与京海公司没有关联关系，并非一致行动人，但基于共同利益，京海通常支持格力集团。按照实际控制人的概念界定，珠海市国资委基本能实现对董事会的控制。

混合所有制改革后，通过股权转让，高瓴资本完成入股格力电器，但是根据协议约定尚未提名新的董事，2020 年格力电器董事会继续保持 6 名董事 +3 名独立董事这样的人数配置。格力电器的董事会结构经过混合所有制改革后得到优化，没有任何一方可以控制董事会半数以上的席位，即任何一方都不能在其他董事一致反对的情况下强行做出决策。

由于格力电器混合所有制改革后实际上无控股股东和实际控制人，格力电器管理层将拥有更大的自主权，实际上在公司的控制权上占据相当大的优势。珠海明骏、京海担保以及格力集团这三大股东中，珠海明骏的决策实则体现了格力电器管理层的意志，与此同时，持股 8.91% 的经销商京海担保也与管理层有着良好的关系。混改前董事会构成如表 32-1 所示。混改后董事会构成如表 32-2 所示。

表 32-1 混改前董事会构成

姓名	职务	提名人
董明珠	董事长	格力集团
黄辉	非独立董事	格力集团
望靖东	非独立董事	格力集团
张伟	非独立董事	格力集团
张军督	非独立董事	京海
郭书战	非独立董事	京海
刘姝威	独立董事	董事会
邢子文	独立董事	董事会
王晓华	独立董事	董事会

资料来源：公司年报。

表 32-2 混改后董事会构成

姓名	职务	提名人
张军督	非独立董事	京海
郭书战	非独立董事	京海
望靖东	非独立董事	珠海明骏
董明珠	非独立董事	管理层
黄辉	非独立董事	珠海明骏
张伟	非独立董事	格力集团
邢子文	独立董事	董事会
刘姝威	独立董事	董事会
王晓华	独立董事	董事会

资料来源：公司年报。

(三) 绩效分析

1. 混改后行业变化

突如其来的新冠疫情使得整个家电市场陷入库存积压的困境，国内家用空调销售量同比下降了14.3%，而销售额更是骤跌26.9%。本次疫情也成了各企业推动渠道变革的契机,从 2019 年 1 月到 7 月的汇总数据来看,线上渠道所占比重已经高达 53%,首次超过了线下渠道销售量。细分数据来看,线上销售实现了正增长,但这种大力促销手段不可持续,线下销量同比下跌 31.8%,销售额下跌 37.1%。依赖传统线下销售渠道的格力电器遭受较强冲击,同时面临着较大的渠道变革压力[7]。

2. 盈利能力分析

2015—2020 年盈利能力指标如表 32-3 所示。

表 32-3　2015—2020 年盈利能力指标

盈利能力指标 时间	2020-12-31	2019-12-31	2018-12-31	2017-12-31	2016-12-31	2015-12-31
净资产收益率（加权）/ %	18.88	25.72	33.36	37.44	30.44	27.24
总资产收益率（加权）/ %	7.93	9.3	11.32	11.33	9.05	7.94
毛利率 / %	26.14	27.58	30.23	32.86	32.7	32.46
净利率 / %	13.25	12.53	13.31	15.18	14.37	12.91

资料来源：东方财富网。

从表中可以看出,在混改之前（取 2015—2018 年数据）,毛利率在 30% 左右,混改之后在 27% 左右,有所下降,当然,其中也有新冠疫情的影响。总资产收益率从上表可以看出,2015 年到 2017 年格力的总资产收益率增长迅速,2018—2020 年呈下降趋势。2018 年是格力与小米十亿赌约到期之年,经销商提货增加,造成一定的存货积压,铜、铁等主要金属价格下滑造成空调制造成本下降,竞争对手产品价格的下降一定程度上冲击了格力的销售量。相较美的的 T+3 高周转模式,格力传统销售渠道难以及时适应市场变化。

2019 年末开始,新冠疫情暴发,2020 年第一季度空调行业线下店铺销售陷入停滞,主要靠线下销售的格力所受冲击明显大于其他两家。混改后,在战略投资者高瓴资本的帮助下,格力开始进行销售渠道变革,格力以巡回直播的方式重塑渠道,虽然目前仍处于改革阵痛期,但二、三季度三个指标都有了明显回升。

3. 偿债能力分析

2015—2020年财务风险指标如表32-4所示。

表32-4 2015—2020年财务风险指标

年份 财务 风险指标	2020-12-31	2019-12-31	2018-12-31	2017-12-31	2016-12-31	2015-12-31
流动比率	1.348	1.258	1.267	1.163	1.127	1.074
速动比率	1.172	1.116	1.14	1.051	1.055	0.99
现金流量比率	0.121	0.164	0.171	0.111	0.117	0.394
资产负债率/%	58.14	60.4	63.1	68.9	69.87	69.96
权益乘数	2.389	2.525	2.71	3.216	3.319	3.329
产权比率	1.409	1.552	1.736	2.258	2.361	2.381

资料来源:东方财富网。

从表中数据可以看出,流动比率与速动比率都有所提高,资产负债率也有所降低,偿债能力有所增强。格力电器通过混改引入战略投资者,吸收了较多资金,通过使用该资金偿还债务,格力的资产负债率有所降低。财务费用的减少,加大了对企业付息压力的削弱力度,并进一步减少了企业的费用支出。通过引入战略投资者,格力电器很大程度上提高了流动比率,进一步缓解了企业的资金压力,显著降低了财务风险。

4. 市场反应分析

2019年10月29日,宣布高瓴资本为股权转让受让人后,股价便出现异常变化。从股价走势图可以看出,格力之前的股价走势一直好于大盘股价走势,但从那以后便开始下跌,也就是说,在混改的过程中实际上原有的国有资本是受影响的。数据如图32-4所示。

(1) 确定时间。

2019年12月3日，格力集团宣布计划与最终受让人珠海明骏签署股份转让协议。因此，选择12月3日作为事件日期。混改事件的周期一般从企业开始释放混改信号时开始，格力此次在4月9日宣布开始混改，由于周期较长，为了简便计算，故选择混合公告前后20天，以[-20, 20]为事件窗口进行分析，即2019年11月4日至12月31日。

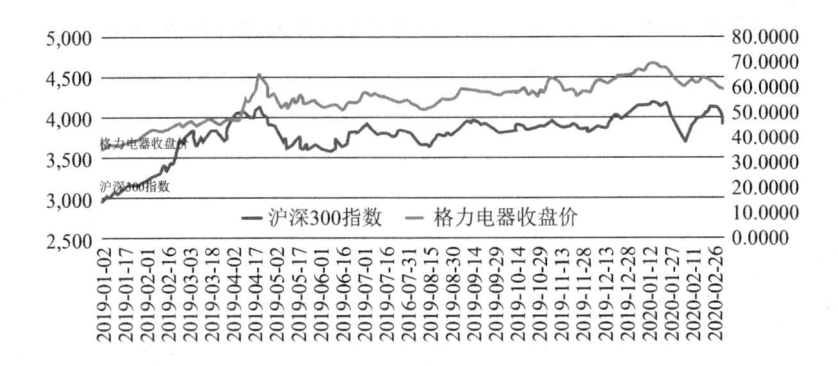

图32-4　2019年1月2日—2020年2月26日格力电器股价

资料来源：同花顺iFinD。

(2) 计算正常收益率。

利用同花顺软件下载了2019年11月1日到2019年12月31日的格力电器与沪深300股价数据（剔除股票停牌期间的股价），用Excel计算各日的市场收益率。其后用资本资产定价模型计算预期正常收益率，具体公式如下：

$$E(R_t) = \beta * Rm_t + \alpha \quad (32-1)$$

其中，$E(R_t)$代表个股收益率，Rm_t代表市场收益率，选取沪深300为基数计算。得到拟合优度约等于0.4853，斜率为1.2655，截距为0.0012，二者之间得到公式$E(R_t)=1.2655 \times Rm_t+0.0012$，代入计算正常收益率。

(3) 计算AR和CAR

AR为个股实际收益率和正常收益率的差值，CAR为超额收益率在窗口期

[-20，20] 的和，即：

$$AR_t = R_t - E(R_t), \quad CAR = \sum AR_t, \quad t \in (-20, 20) \quad (32\text{-}2)$$

根据上式，得到格力电器窗口期 AR 和 CAR 数据如图 32-5 所示。

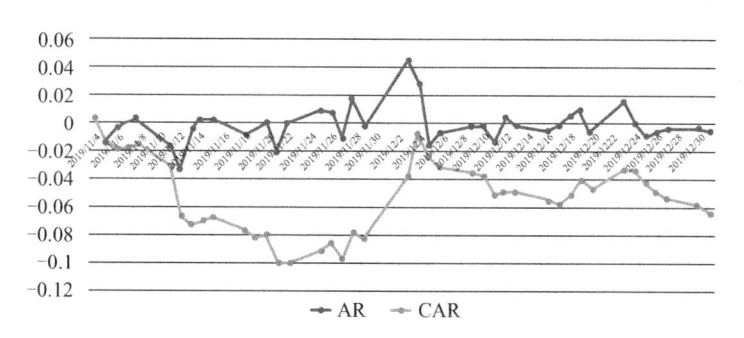

图 32-5　格力电器 AR 和 CAR 变化趋势

资料来源：运用公式计算。

从图 32-5 中可以看出 12 月 3 日后，格利电器短期市场有大幅的起伏。而且自 11 月初格力方面发布股权转让延期计划以来，CAR 持续大幅下降。

格力电器的短期市场反应表明，投资者的反应不是很强烈，超额累计收益在事件期末没有转负为正。这表明，资本市场投资者对于此事件的反应并不明确。

五、结论

格力电器此次混改，企业的实际控制权由国有转为企业家所有，由珠海国资委转为高瓴资本。是国企混改大背景下的一次尝试，也是企业顺应时代发展的体现。

高瓴资本由于其国际化背景将有利于格力电器的国际化布局，而且资本投资的线上销售平台也可能弥补格力线上市场的劣势，增加其线上份额。其培养的技术团队也增强了格力的创新能力。同时格力的股权结构也发生了变化。使之更好地反映上市公司的特点，更加公开化、法制化。

参考文献：

[1] 宋穗，缪雯婷. 格力混改——新一轮国企改革的号角 [J]. 对外经贸，2020(4)：153-155.

[2] 孟佳仪，孙金燕. 国有企业混合所有制改革的若干思考——以格力电器为例 [J]. 科技创新与生产力，2020(8)：10-12+15.

[3] 邵德志. 国企混改的动因、路径与效果研究 [D]. 郑州：河南财经政法大学，2021.

[4] 李梦溪. 利益相关者视角下格力电器混合所有制改革的动因和效果研究 [D]. 济南：山东大学，2021.

[5] 于昊. 格力电器混改完成，一文读懂管理层如何接纳高瓴资本 [J]. 电器，2020(1)：62-63.

[6] 沈红波，宗赟，杨慧辉. 国企混改如何从管企业过渡到管资本——基于格力电器的案例研究 [J]，中国管理会计，2021(3)：89-101.

[7] 李凯悦. 格力电器混合所有制改革效果评价研究 [D]. 济南：山东财经大学，2021.

三十三 社群经济下小红书 APP 盈利模式研究

程妍[①]

摘要：互联网高速发展的今天，媒体发声的渠道也变得多种多样起来，"用户"这个新名词替代了"受众"，人们身处在网络普及的新时代下，可以轻松地借助手机或计算机参与社交生活。近几年来，社群经济也走入人们的视野，它逐渐成为网民与企业、品牌方之间的纽带，使一类人自发地聚合在一起，成为网络里的"社区"。正如小红书的 Slogan 说的那样：标记你的生活。它新颖地提出"笔记"记录生活的方式，以期吸引广大网民入驻平台，通过点赞、评论和转发的方式增加用户流量，从而为品牌方做广告来赚取商家的入驻费。这种模式极大地丰富了网络世界，使得用户参与感和体验感大大提升，同时它也洞悉女性消费者们的从众心理，将小红书变成护肤、美妆、旅行博主的代言词，甚至让"种草"成为年度流行词，进而利用网民的强大力量实现盈利。

关键词：社群经济；小红书；UGC；盈利模式

一、引言

即将过去的 2021 年对小红书来说不同寻常，前不久小红书上的旅游打卡博主们被曝出美景与实地不符的嫌疑，小红书也在丑闻曝出后给出官方解释并道歉，

---

① 程妍，女，会计硕士，研究方向：会计理论。

同时给出未来如何优化的建议，比如将尝试推出景区评分榜之类的产品。但与此同时，"滤镜""种草""拔草""漂亮小哥哥小姐姐"这些字眼无一不在推动着小红书的发展。例如，网友们吐槽的"蓝房子"，图片看起来是 ins 风打卡地，实际上摘掉滤镜就是海边刷成蓝色的小土房。由此可见，作为提供自媒体视频的平台，监督管控的责任要严格落实。社区化发展日益壮大的今天，不得不说生活便利了起来，而小红书也利用 UGC 模式运营这个独特的视角走出了属于它的盈利之路。

二、文献综述

（一）社群经济

现如今，网络渗透进了我们的日常生活和学习，而网络世界里建立的各式各样的社群，有利于对其中一个领域感兴趣的网友们较为轻松地了解到基本信息，和去专门网站里的搜索引擎进行独自学习相比，社群为我们省去了很多不必要的成本。比如育儿社群有利于人们讨论育儿观念，育儿知识渗透进了日常生活，一类人的互相分享会启发父母们，进而拥有相对更好的教育理念。社群，顾名思义，是有着相同需求的一群人想要达到共赢的效果，聚在一起进行经验分享的虚拟社区。这种情感层面的联结会使得人们对某种商品的好感度不断攀升，从而引发自我宣传裂变，以此成为盈利的前提。

（二）用户生成内容模式

当前"互联网+"的时代下，UGC 作为产物之一，是指人们通过在平台注册为用户之后，将自己的原创内容通过自己的账号分享出去，也就生成了网络世界里的"内容"，这种互动性内容多样，覆盖面极广[1]。同时，UGC 的内容主要由社区展示，这就将 UGC 和社群经济联系起来，消费者们可以通过浏览其他用户的使用体验和评价后，再决定是否购入，这一模式也为商家开辟了一条宣传渠道，小红书也正是抓住了这一机遇，创建了笔记种草的先河。

三、社群经济下小红书的"异军突起"

随着时代的发展,新时代下的经济模式也在逐步多元化,近些年来,一些名词经常活跃在大众视野里。"社群经济"尤其对我们的生活有影响,那么什么是"社群经济"?社群经济是指将企业和用户通过网络虚拟社区关联起来,再结合平台上的高转发量,从而建立产品、品牌与"粉丝"群体之间的情感信任,进而形成自运转、自循环的范围经济系统。"社群"就是这个网络虚拟社区,将一些具有共同爱好和兴趣的人圈定在一个群体里。因此,只要是属性(标签)相同的人走在了一块就形成了社群。

而今我们正处在互联网的时代,媒体延伸出很多的形式,除了传统媒体、智能媒体之外,自媒体也成为当下的一种主流媒体方式,比如利用"网红"主播带货。在小红书上,人们通过分享有关产品试用后的体验,或是用录制短视频的方式,在企业与用户、产品与消费者之间搭起框架,形成三角对立关系。此外,由于消费升级,消费者们开始看重精神性的东西,比如品牌、文化、人格魅力等[2]。因此,从某种程度上来说,社群能够聚集用户,而对于小红书来说,用户即为资源。拼多多就是通过微信,利用用户列表里的"一传多"效应,从而降低互动和交易的成本,获得了大量新用户,进而只要增加用户黏性即可。它作为一个生活方式分享社区,将信息和生活娱乐密切融合,利用了品牌的集群效应,再结合由大数据算法推知的消费者偏好,就很好地达到了隐性宣传的效果,掌握了需求,也在潜移默化间形成了用户黏性。在此背景下,小红书将社群与电商结合起来,形成了该企业模式的铁三角。

再者,作为消费主体的女性群体,消费习惯具有共性,并且她们感兴趣的领域也具有普遍的特性,即集中在美妆、个人护理、穿搭、旅游等方面。小红书就是利用了人们天然信任老用户消费后的经验分享,创建了以用户生产原创内容为主的跨境电商平台,"种草经济""笔记博主"等字眼也就由此应运而生。

四、小红书的盈利模式分析

在疫情常态化的背景之下，副业盛行，很多人都会在工作闲暇之余选择做一份副业赚钱作为额外收入，那么做时间不受制约的自媒体博主就成了人们考虑的选项之一。"标记我的生活"作为小红书的宣传语，也普遍代表了此平台上用户的日常操作，即通过用户自发的原创内容进行社区式的点赞、评论、转发，进而获得流量和"粉丝"，这也就成了"种草"博主们用来给合作方打广告的客户群体。小红书平台想办法让用户习惯性地分享感悟形成笔记，并通过"粉丝"对其的转发和点赞，让用户从中获得成就感。

小红书上的用户可以通过拍摄 Video 等自媒体的形式记录生活点滴，分享自己的生活，形成与"粉丝"的互动。随着小红书将社区和电商融合起来，也渐渐地在 UGC（用户生成内容）电商领域位于比较领先的地位。截至 2019 年 7 月，小红书上已注册用户数已超 3 亿，月用户活跃量也突破 1 亿，市场定位和独特的社区文化让小红书在竞争激烈的 UGC 电商领域成功占有一席之地。自公司成立开始，小红书就获得了资本青睐，腾讯领投 B 轮，阿里领投 D 轮，投资金额超 3 亿美元。2020 年 3 月小红书获 E 轮融资，市场估值 50 亿美元。那么，究竟是怎样的盈利模式使得资本市场上的投资者们对它如此看好？

毋庸置疑，小红书的成本是为了吸引入驻商家而付出的采购和人力成本，与之相对应的收入则是商家入驻平台后所需交的入驻费，另外，买家通过浏览平台用户分享的各种笔记，从而决定买某类商品，通过第三方支付平台支付费用之后，小红书即可获得收入，而与此对应的是小红书需要付出营销、技术和管理成本[3]，在这一过程中，支付宝、微信等平台也会支付一定佣金给入驻的商家，由此就形成了一个资金闭环。

小红书通过平台上的大批用户的活跃度，吸引商家入驻，并通过与商家实现信息共享建立企业间的联系，这也就从某种程度上知晓了消费者的偏好，并且其在用户分享的内容下设置产品购买链接[2]，以期增加企业的销售收入，从而吸引更多企业入驻小红书。此外，这种社区形式下的笔记体系也极具逻辑，能够帮助平台里的大部分女性用户打破信息的不对称壁垒，进而转换成商城内部的购物率。小红书追求的是用户体验，它的社区运营成本是主要成本，大量用户数据在笔记社区里被点滴地积累，包括各种点赞、评论、转发等[3]。与此同时，小红书通过大数据算法可以确定当前消费者的偏好，进而从终端对市场进行预测，这些皆得益于社区[4]。

另外，小红书通过低价采购海外品牌的商品，并且在下单后经保税仓或直接物流的方式发货给国内用户，从而以赚取差价的模式盈利。例如，通过与品牌联系，开通低价预定的功能，以方便平台用户。同时，小红书也发布某些品牌政策，降低商家入驻平台的佣金，比如让某家品牌商免费入驻平台，基础佣金下调。这些年来，随着小红书推出的功能愈加多样，也让很多流量流向平台。

正如我们所见，一个社群时代正在破晓，通过提高用户的参与感与成就感，营造用户的身份差异感，进而提高用户的黏度，小红书以社区内的笔记体系走出了一条独特之路，不得不说，它利用了人们对分享的经验天然信任的心理[2]，达到隐性宣传的目的，从而增加销量，这也与自媒体的概念不谋而合，小红书正是提供了这一平台，让网民们通过网络等自媒体的方式融入社会生活。

五、小红书社群模式下存在的问题及对策

社群经济的大背景下，小红书以 UGC 模式打出了一条血路，然而在不久前，它也被曝出丑闻，深陷"照骗""滤镜"旋涡。"种草"博主们在低成本内容表达的驱动下，掌握了流量密码；部分种草博主实际上不是一个人，而是背后有一个机构，去对接商务和编辑内容，所以经常会发现一些营销号没有"粉丝"，但是数据都很好，是因为他们了解小红书的算法。在这一背景下，使得客观评价不如标题党、真实测评不如PS、专业内容不如漂亮小哥哥小姐姐，在这种趋势下，"滤镜""照骗"自然会出现。在新媒体运营的成本不断降低的当下，不得不说，

小红书得加强监管，小红书最初其实是一家电商起家的平台，但最终却走向了"知乎"的路——广告变现。

另外，从战略层面，小红书的发展战略也有了转变，由全身心投身电商业务，转变为为用户发布商品使用心得的 UGC 社区，平台变现模式也逐步转变为广告服务为主。2019 年初至今，小红书持续深化社区生态建设，增强种草业务变现能力。2020 年，小红书广告营收就达到了 6 亿～8 亿美元，约占总营收的 80%。图 33-1 的简图是对小红书平台组织架构的剖析。

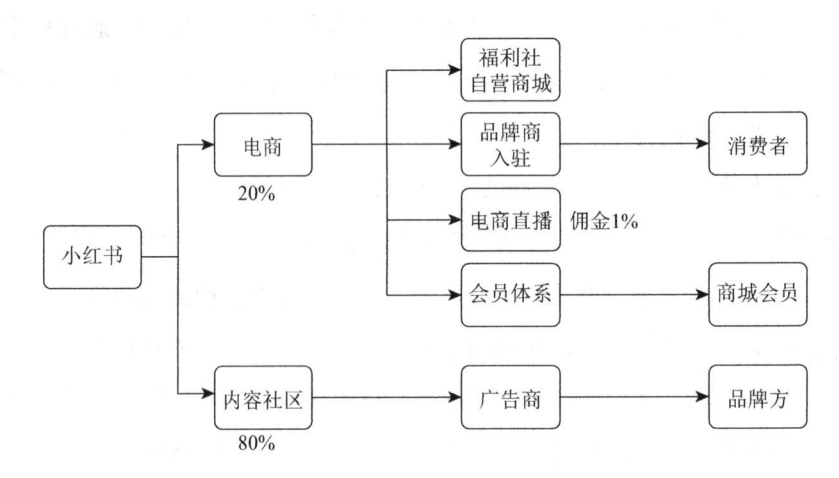

图 33-1　小红书 APP 的组织架构分析

资料来源：东兴证券。

2020 年，小红书广告投放价值有了近八成的增长，同时，2021 年 7 月，小红书平台推广笔记数量增长超过了 200%。可见小红书已成为广告主投放的最佳流量入口之一，但是伴随着大规模虚假信息的曝光，广告主在今后投放小红书的过程中必然会比以往慎重。商业化的考量本无可厚非，但小红书在战略转变后，自始至终都没有处理好内容和变现的关系。2021 年上半年，小红书发布的"请尊重原创，分享真实内容"这句话，背后实际反映的是伴随商业化之后，内容真假用户已无从分辨的事实。尽管小红书在内容层面做了很多努力，但随着大量的虚假信息的曝光，很难说小红书是否严格执行了《社区公约》相关规定。截至 2021 年 2 月，小红书 MAU（月活跃用户）约为 1.38 亿，其中超过 90% 都为女性用户。与已经上市的知乎和 B 站作为对比来看：广告收入为主、MAU 刚刚超过 1 亿的知乎最新市值为 55.76 亿美元，而这还是在用户增长速度相当可观的基础之上。并且 2020 年，知乎总营业收入为 13.52 亿元，其中广告收入为 8.43 亿元，占比 62.4%。根据 B 站 2021 年财务报告，其 MAU 为 2.37 亿，是小红书 MAU 的近两倍，但其最新市值为 288.43 亿美元。但是和知乎、小红书不同，B 站广告收入只占营业收入的非常小的一部分。

因此，2021 年 8 月，小红书官方对某些章程进行了正式改革。首先做的就是平台账号体系的调整，未来小红书站内将只存在专业号和非专业号这两种身份认证体系，作为品牌用户，可以申请认证美妆、时尚、美食、潮流等多种行业机构的身份。这些类似对账号体系的调整，可见平台对专业人士与品牌用户影响力的洞察，通过申请专业号形成身份标签、笔记内容的真诚分享，再在小红书开店形成商业闭环。这也仅仅是小红书为了创造优质内容、增加用户黏性的第一步，我们也坚信这是小红书利用 UGC 实现盈利所必须要调整的，相信小红书整改后会将这条盈利之路走得更远更好。

参考文献：

[1] 宋本金.UGC 时代传统新闻媒体面临的挑战及应对策略 [J]. 新闻世界，2021（2）：44-46.

[2] 曹婉莹. 用户 UGC 对消费者购买行为的影响因素分析——以小红书为例 [J]. 现代商业，2021（32）：28-30.

[3] 潘婷，焦若微. 基于新 4C 理论的小红书社群营销策略研究 [J]. 采写编，2021（11）：178-180.

[4] 江华，谢林何. 在线社群消费者购买行为的影响机制研究——基于小红书与蘑菇街案例对比分析 [J]. 现代营销（学苑版），2021（8）：52-53.

三十四　探讨大数据技术在企业绩效管理中的运用

汪燕[①]

摘要：随着信息技术的不断进步，云计算、互联网+、大数据等技术在我国迅猛发展。目前，在互联网和信息行业的不断推动下，大数据技术越来越受到各行各业的关注，并成为推动企业快速发展、完善企业管理结构、提高企业竞争力等方面的关键驱动力。在企业绩效管理中，能否运用好大数据技术对于提高企业绩效管理效率、提高绩效管理公平性等方面发挥着举足轻重的作用。本文阐述了当前企业绩效管理的现状以及大数据技术在企业绩效管理中的意义，论述了企业运用大数据技术存在的问题，最后针对出现的问题提出提升企业绩效管理的措施，期望能够给企业管理者在绩效管理工作中带来一定的参考意义。

关键词：大数据技术；绩效管理；大数据

一、引言

在大数据时代下，企业若想获得稳定性的发展机遇，需要紧跟时代步伐，积极抓住发展机遇，不断拓展新的管理理念，采用最新技术，才能不断提升企业竞争能力，促进企业繁荣发展。在新的市场环境下，不断加强大数据的有效运用，明确其给绩效管理所带来的重要意义，并在此基础上，就传统的管理模式进行创

[①] 汪燕，女，会计硕士，研究方向：财务管理。

新，从而让绩效管理的工作效能获得显著提高，同时也能够在规范性绩效管理的基础上，对企业的运营环境进行优化，从而全面提高企业整体的发展水平。

二、文献综述

国内学者张敏、谷雨（2020）认为大数据在企业战略管理中的不足有：企业管理者对大数据不够了解、企业创新改革迟缓、企业信息安全性以及专业型人才缺失。企业可以通过大数据技术在企业中的科学应用、建立企业大数据的安全体系、构建大数据公共服务体系和重视企业大数据专业人员的管理与培养等方面来建立企业对大数据的运用[1]。学者唐冰颖、许显达（2021）认为当前企业人力资源绩效管理状况有三个方面：绩效考核存在较强主观性、企业智能化程度较低以及管理者没有对数据进行充分分析。企业可以通过扩大数据收集来源和创新人力资源绩效管理来实现创新人力资源绩效管理[2]。周华（2021）认为大数据能优化企业的组织结构，发挥数据的优势并能帮企业科学有效地规划人才，建立有效评估体系。企业可以通过加强对绩效管理数据的搜集与分析、建立绩效管理的信息化管理工作平台、加强职业评估、优化薪酬激励计算、制定长效性的绩效考核与评价体系和创新绩效管理的工作模式来提升大数据在企业绩效管理的有效运用[3]。本人通过多种资料的收集和对期刊的阅读发现，当前企业大数据技术运用存在诸多问题，然而大数据技术在企业绩效管理中有着重要的意义。在前人研究的基础上，本人认为管理者缺乏运用大数据技术的管理理念，大数据技术存在一定的安全问题以及大数据技术人才匮乏是阻碍大数据运用的关键因素，并针对这些问题对企业在绩效管理中如何提升大数据的运用提出建议，希望能有一定的参考价值。

三、当前企业绩效管理的现状

（一）绩效考核存在较强主观性

绩效管理是企业为了实现既定的企业目标，在一定阶段组织部门领导参与评价和考核员工是否完成目标工作数量以及实际完成工作效果的过程。目前，大部分企业对员工进行绩效考核时，常常依靠从数据库或 Excel 提取的一些信息来对员工的工作能力和表现进行评价和认定。比如，很多企业在评定销售员的绩效时，往往会通过销售数据这一单方面的因素来考量和评定员工绩效的好坏。这种绩效评定的方法有时候会忽略员工在其他方面的表现。比如，员工的工作态度、员工出勤情况等因素，因此这种绩效评定的方法既存在着一定的主观性也缺乏一定的公平性，会打消一些员工的工作积极性。如果在绩效管理中能依托大数据技术，则可以通过更先进的计算方式挖掘和分析企业背后复杂的数据信息，如通过分析员工的行为和家庭情况等，从而更全面地进行绩效管理。

（二）绩效管理智能化程度较低

目前，虽然很多企业意识到了信息技术的运用能够提高企业的经营管理水平，但仍然有很多企业尤其是中小企业未能建立系统的数据管理体系。在绩效管理方面，很多企业依然采取最为传统的方式，这使得绩效管理仅仅是一个流程化和形式化的工作。传统的绩效管理不仅收集到的资料有限，不够全面，使得绩效评价不够精准，而且工作人员也疲于整理各种复杂的数据，工作效率低下。如果企业能够采取现代智能化的管理技术。比如，引用大数据技术，就能改革原有的工作方法，从而有效提高企业的工作效率。

（三）绩效管理与企业战略分离

在以战略管理为导向的管理时代，任何一个有长远发展计划的企业，都离不开企业战略管理。员工绩效管理系统作为企业战略实施的一个支持性系统，和企业战略关系十分密切。然而，目前很多企业高层管理人员往往把绩效管理视为人力资源管理方法，甚至有些领导层将绩效管理的考核作为控制和约束员工的手段，因此很多企业并没有从战略管理或以本着改善公司绩效的角度和高度来看待绩效管理。当前我国大多数企业的绩效管理的考评仍停留在"德""能""勤"和"绩"

这样一个简单、模糊的模式中。这种简单的考核方式并没有切合实际把公司的战略目标与绩效管理连接起来，使得企业中的每个职能部门的员工未能按照企业的战略方向来制订各自的绩效计划。由于各部门每个员工的工作进展未能与企业的战略发展方向保持一致，战略计划无法落实到个人，因而员工无法了解自己的工作与企业的命运有多大关系，管理者也无法清晰地看到员工绩效的提高对于自身的绩效和企业目标有何实际意义。

四、大数据技术在企业绩效管理中的意义

（一）大数据技术使得绩效评价更为科学公正

每个企业内都需要绩效管理工作，对于一些企业来说，绩效考核是否保持公平公正是企业内每一位员工都关注的问题。大数据通过全面地加工和分析散乱的信息以及不能够被量化的指标，能够对员工工作绩效相关状况的数据进行更充分收集与挖掘，帮助企业了解每位员工的实际工作状态和工作能力。企业利用大数据技术对数据进行更进一步的分析处理，可以根据一定的标准制定出企业总体绩效考核标准，然后计算出薪酬福利。从传统绩效考核方式到运用大数据技术进行考核的转换，使得企业绩效考核更加透明公正，能够最大限度降低评价的主观性，避免了因为单一指标进行绩效评价造成的片面性和局限性，保证了绩效考核的科学与公正。管理者与决策人员依据更科学准确的大数据信息也能做出更准确的企业战略判断。

（二）大数据技术提高员工工作效率

通过使用大数据分析技术，公司可以更高效地对具有价值的大数据进行发现与分析，从而极大地提高了效率。由于大数据分析可以实时地管理一些难于采集、管理与分类的大数据集，比如，人工采集员工的基本信息之后再汇总大数据分析等要比传统的管理工作方法简单准确得多。同时，大数据分析在一般情况下是存放于公司云平台上并以网络的方法实现数据传输的，这样的一种信息共享开放的平台[4]，不仅可以帮助企业内相关绩效管理人员实时采集与分析数据，从而进行

跨部门、层次与区域的管理工作，而且有助于提升数据传递的质量和速度。另外，通过共享的大数据信息，还能有效解决组织架构之间信息不对称的问题，提高团队之间的沟通与交流。这种互动的交流方式，使决策者更好地了解员工状态和影响员工工作绩效的因素，从而根据数据分析，有针对性地制定激励措施和制度，不断激发员工潜能，提高工作效率。最后，决策者还可以通过共享方式设置开放绩效的管理目标，加强员工与企业目标的匹配性，加强企业的凝聚力。

（三）大数据技术提升企业竞争力

在如今信息膨胀的社会，大数据技术作为企业的一项重要信息资产，增加了企业收集整合信息的能力，提高了企业管理的效率。绩效管理者可以通过分析企业自身经营所产生的大量数据，对人员进行更加细致的管理，从传统意义上来看，主观、模糊的人力资源信息管理目前已经通过大数据形成了具有创新、客观、清晰等特点的人力资源管理。在大数据背景下，企业不仅优化了原有的绩效考核方法，解决了传统方式片面的绩效考核结果，最大限度地提升了员工积极性，而且提高了信息沟通效率，打破了地域限制，减少了不必要的人力资源管理基础投资。在当今信息时代，大数据技术为企业改革和创新开辟了新的思路，并为企业发展创造了新的机遇，如果企业能紧跟时代步伐，比同行业更优先地运用大数据技术，就能够增加企业的核心竞争力。

五、大数据技术在企业绩效运用过程中存在的问题

（一）大数据对人力资源管理理念和工作模式的挑战

通过上文对大数据技术对绩效管理的意义的探讨，我们了解到大数据技术在企业管理的作用非常巨大，它能够提升企业的工作效率，帮助企业做出科学决策并提升企业竞争力。但是现阶段我国很多企业对大数据技术仍然不够了解，对数据的意义并没有足够的重视，甚至是对其安全性产生质疑。过度地依赖于传统的经验，使得许多企业错失了与最先进网络技术融合的同时，在数据信息获取上也

慢人一步[5]。另外，虽然很多企业也能够意识到大数据能给企业带来收益，但是大数据技术作为一项新兴的科学技术，对于管理者和员工提出了更高的要求，不仅要求员工具有统计学知识还要有较高的计算机水平，这就迫使员工积极提升自身素质，学习新的科技知识，但有些员工对新事物接受程度不高，学习积极性不强，从而在一定程度上阻碍了大数据技术的应用。

（二）大数据技术存在安全问题

大数据系统通常包含企业非常机密的数据，因此大数据安全问题很受企业关注。但由于大数据收集的信息一般储存在互联网中，这很容易受到网络犯罪分子的破坏，给信息安全带来风险。而且原始数据的收集渠道多、数量大，不法分子如果将虚假的数据传递给大数据系统，很容易造成企业错误的决策。2018年3月的"剑桥分析"事件中，Facebook对第三方APP使用数据缺乏监管和有效的追责机制，最终导致8700万名用户资料被滥用，还带来了股价暴跌、信誉度下降等严重后果。2017年上海社会科学院互联网研究中心发布的《大数据安全风险与对策研究报告》指出，随着数据资源商业价值凸显，针对数据的攻击、窃取、滥用和劫持等活动持续泛滥，并呈现出产业化、高科技化和跨国化等特性，对国家和数据生态治理水平，以及组织的数据安全能力都提出了全新挑战。因此如何能够保证信息提取过程中的安全性也是在大数据时代需要深度研究探讨的话题。

（三）缺乏大数据技术相关的专业人才

推动一个企业发展最重要的因素除了技术还有人才。在大数据技术不断蓬勃发展的社会，大数据几乎涉及各行各业，然而企业引用大数据技术以后，如何利用此技术为企业创造价值尤为重要。因此一个企业如果在运用大数据技术的同时还能积极引进优秀人才，才能更好地促进企业健康发展。企业在大数据技术背景下和在传统的人力资源管理下对人才的需求有所不同，大数据技术要求的人才既要懂得计算机科学、统计学、管理学，又要精通市场营销和大数据技术等多方面的知识，也就是说大数据技术要求的是全面的复合型人才。从我国当前的发展状况来看，这种专业型人才在我国比较紧缺，很多企业尤其是中小型企业不具备培养和留住这些人才的条件。大数据技术虽然能给企业带来很多方面的收益，但是由于人才资源的匮乏，很多企业不得不放弃企业管理模式的转型，无力获取最前沿的科技信息。由此可见，专业人才的匮乏，成为制约企业引用大数据技术最重要的因素。

六、提升企业绩效管理的措施

（一）企业应具备创新管理理念，并加强对大数据技术的培训

随着信息科技的不断深入，大数据技术已经广泛应用到各行各业，在其影响下，很多企业提升了其管理水平和战略高度，提高了企业核心竞争力。对于企业绩效管理，大数据通过应用到绩效实施、考核以及反馈的各个阶段，提高了企业绩效管理的水平和员工工作效率。但是仍旧有些企业固守传统的经验，不愿意尝试最前沿的科技。大数据技术带来便捷和收益有目共睹，为了进一步提升企业的发展水平，优化企业绩效管理工作实效性，需要企业重视大数据技术的应用，积极转变观念，加强对新技术新知识的学习，拓宽企业管理的方式方法。首先，要求企业管理层要有创新战略思维，能站在企业长期发展的角度，积极引进创新管理理念、改变固有认知，努力学习并引进全新技术，为企业发展助力。其次，企业应有针对性地为员工提供与岗位匹配的技术培训，让员工不断提高自身技能水平的同时能切实感受到大数据技术为工作带来的便利，让他们从思想层面上转变认知，从而使他们更从容地胜任工作。

（二）企业应采取必要的大数据安全防护措施

企业重要的数据一旦泄露，会造成难以估量的损失。企业在运用大数据技术过程中，一定要有必要的安全措施来保障数据的安全。首先，企业要对员工进行数据安全防护的培训，让员工提高安全意识，同时将安全防护作为企业日常工作的一部分。其次，企业应通过构建安全防护体系来提高数据搜集、获取等方面的

安全性。比如，在获取数据时可以加入身份验证、面部识别等技术；另外，企业还可以通过设置防火墙和安装防御功能比较强大的杀毒软件来提高安全性能。最后，企业应提前做好数据泄露的应急方案，比如设置应急责任小组，并研究确定各种状况下的应对办法。如果发生大数据泄露时，企业可以紧急启动应急方案，尽可能地降低损失。目前，由于大数据泄露引发的网络犯罪层出不穷，大数据信息安全问题，还需国家监管部门通过制定硬性的法律政策和措施来进行干预和管控，严禁在网络中非法窃取他人的隐私和信息，从而营造更健康的网络安全环境。

（三）企业应重视大数据专业人才的管理与培养

大数据时代，企业只有注重引进和培养大数据专业人才，才能更好发挥企业战略管理的优势。再好的技术与制度都离不开人才的支持，一个企业要想在竞争中获得优势，最重要的是吸引人才并加强对人才的培养。企业一方面可以成立专业的人才战略管理部门，在培养企业人才专业技能的同时还要注重人才的综合素质培养，尤其是大数据技术应用能力的培养，打造出一支专业干练的战略性大数据管理团队；另一方面企业应科学有效规划人才，建立有效评估体系。企业在具体实施绩效管理的过程中，要注重员工内在潜能有效发掘，将其合理地安排在适合的工作岗位上，将其所具有的价值有效地发挥出来，从而为企业创造更多的收益，也能够切实满足员工的职业发展需求。

七、结语

综上所述，虽然大数据技术运用到企业绩效管理中存在诸多的挑战，但若企业在落地执行过程中能够转换理念，在应用过程中注重安全防护，同时积极引进大数据技术人才，大数据技术就能更好地对企业管理进行改革，从而提高员工工作效率，帮助企业准确分析并制定出正确的战略目标。如果企业能够迎合时代潮流，加强对大数据技术的研究与探索，完成企业管理模式的转型，就能够提高企业的核心竞争力，并在瞬息万变的市场中占据一席之地。

参考文献：

[1] 张敏，谷雨.大数据技术在企业战略管理中的应用分析[J].财经界，2020(32).

[2] 唐冰颖，许显达.大数据时代，企业绩效管理求创新[J].人力资源，2021(20).

[3] 周华.大数据时代企业人力资源绩效管理的创新[J].HR业态，2021(20)：40.

[4] 杜东辉.企业人力资源绩效管理中大数据的运用探讨[J].上海商业，2021(10).

[5] 杨聚岭.大数据时代的人力资源管理面临的挑战与创新[J].数字经济，2021(36).

三十五　网络直播平台盈利模式探究

——以虎牙直播为例

任国庆[①]　周琪琪[②]

摘要：网络直播指通过互联网在特定的环境中使用信号采集设备与网络通信，直播平台与用户实现即时互动沟通，这成为现代网络社交一种新的形态。作为一种新的商业模式，网络直播从单纯的文字、图片变成了生动、高级的实时影像动态，网络效应在网络直播平台的推动下不断增强，同时也导致了网络直播平台从中不断获利。本文以虎牙直播平台为典型案例进行研究，结合网络直播的实际业务，分析网络直播平台的盈利模式，构建网络直播平台的盈利模式框架，为网络直播平台盈利模式构建与发展提供借鉴。

关键词：网络直播；盈利模式；利润

一、引言

网络直播作为新兴行业迄今不过 10 年左右，国内外的学者对网络直播的研究都还存在一定的局限性，网络直播与其他传统产业相比，确实拥有一定的优势和发展潜力，网络直播在发展过程中或多或少存在着一些问题，研究并引导网络

---

① 任国庆，男，会计硕士，研究方向：财务管理。
② 周琪琪，女，会计硕士，研究方向：财务管理。

直播行业健康发展具有重要意义。本文选取虎牙直播平台作为研究对象，是因为虎牙直播这一网络直播平台相较于其他直播平台表现更加优异、流量也更加可观，其市值在同类平台中也是最高的。下面针对虎牙直播的发展情况以及各项财务指标来进行分析，进一步得出网络直播平台的盈利模式存在的问题和对策以及建议。

二、网络直播平台盈利的现状分析

（一）基本情况

虎牙直播是以游戏直播为主要业务的直播平台。虎牙直播公司旗下除了直播平台以外，还包括东南亚和南美洲推出的游戏直播平台 NimoTV 等，旗下产品逐步实现了 PC 端、Web 端以及移动端全覆盖。虎牙直播前身属于欢聚时代集团旗下的产品 YY 直播的游戏直播分类，随后正式独立发展，改名为虎牙直播，总部设在广州。2018 年 5 月，虎牙直播成功在美国纽交所上市，股票代码为"HUYA"，成了国内第一家上市的游戏直播公司。

（二）经营情况

虎牙直播以游戏直播起家，创立开始就把电子竞技项目放在了业务拓展的核心位置上。目前，虎牙直播各种游戏直播相继举办，游戏直播受到了越来越多人的关注，加之 2019 年英雄联盟总决赛的举办，中国的 IG 战队在比赛中所向披靡，更在决赛中取得了桂冠，使游戏直播平台，尤其以虎牙直播为首的直播平台更加受欢迎。在游戏直播如日中天的发展中，虎牙直播还跨界经营，与电商进行合作，与淘宝合作给其提供广告服务，为需要广告宣传的商家提供广告平台服务，在为企业做广告宣传时收取广告费用。加之平台主播拥有一定的"粉丝"量，这样就可以成立虎牙自己的直播媒体公司，打造自己的游戏明星，开展各种线上与线下活动，提高明星主播的知名度，增加"粉丝"黏性。

(三) 虎牙直播盈利构成要素分析

1. 盈利对象

赛事直播。虎牙直播是从游戏直播发家。在成立之初就把电子竞技这一项目放在了业务拓展这一重要发展方向，现如今，电子竞技被国人的关注度越来越高，与传统的体育项目直播相比较，它的关注度也在飞速地提高，尤其是在2021年度的英雄联盟全球总决赛的比赛中，中国的EDG战队更是所向披靡在决赛中战胜了对手。虎牙直播以游戏直播为主要直播内容的直播平台也越来越受欢迎，而且虎牙直播还不定期地举办网络直播赛事，这也是虎牙直播吸引"粉丝"的一个强有力的手段，而且由于退役选手加入了虎牙直播也带来了大批量的"粉丝"群体[1]。

2. 盈利点

跨界经营。现在网络直播的发展已经越来越快，但是如果考虑到以后长远的发展，要是还是按照这种单一的经营模式的话，网络直播的发展空间和发展前景将会变得特别狭窄，所以如果网络直播考虑持续化的发展就必须考虑一下跨界经营，其实跨界经营最简单的方式就是通过网络直播进行直播带货来为有需要的商家进行宣传产品，从而达到销售的目的，因为网络的受众面还是非常广的，所以在直播间无论是售卖零食还是服装以及各种各样的生活类日用品或者家庭电器都是可以的。

与电商合作。在目前这种情况来看，由于互联网的发展，还有物流产业的不断发展完善，电商企业逐步融入了我们日常生活中的各个领域，那么照现在目前的情况来看两大新型发展的两个极具发展潜力的龙头产业——直播和电子商务行业的合作应该是极具经济利益最大化的，直播行业如果与电子商务行业合作，尤其当直播平台如果可以和淘宝这一大类型的电子商务平台合作，既可以利用直播平台的宣传优势来为淘宝平台的物品进行宣传，又可以为有直播宣传意向的广告商家提供一个直播平台，在为他们做广告、做宣传的同时来收取广告宣传费用。

垂直化发展，在如今这个大数据时代，网络直播这一新兴行业正在进入一个高速发展的黄金时代，那么就可以利用这一发展契机，发展成立自己的媒体公司，利用主播来为自己的自媒体公司创造相对的利益，在发展的过程中可以组织主播开展线下的"粉丝"互动活动，增加旗下主播的曝光率，增加"粉丝"对主播的黏度、增加"粉丝"用户的忠诚度，而且直播平台还可以利用"粉丝"的效应来售卖有关的周边产品，以及拥有"粉丝"签名的照片或者一些线下的应援物品。

3. 盈利源

用户打赏模式。用户打赏模式就是网络直播平台通过旗下主播提供直播内容来吸引直播观看用户，以主播独特的人格魅力来吸引广大的"粉丝"并且促使"粉丝"通过直播平台的虚拟商品进行相应的消费，"粉丝"消费的虚拟商品所销售的销售总额通过平台、主播、工会来进行一个三者式的按比例收成的盈利模式，虎牙直播主要的交易方式是通过虎牙金豆这一虚拟货币来进行平台交易，"粉丝"打赏这一模式是许多直播平台最开始的盈利探索模式，也是直播平台在平台的营业中占营业收入比重最大的盈利收入，所以直播平台中这一用户打赏的收入模式会促使主播在直播时更加全心全意地投入精力与观看用户进行直播互动交流，由此可以提高直播内容的生动性和拥有高质量的直播内容[2]。

游戏产品联动。游戏产品联动也是虎牙直播平台为了拓展资源深度整合资本，虎牙直播与开发游戏的商家进行商业合作，通过网络直播在直播平台上销售虚拟的游戏产品来获取相应的利益收入，直播平台的游戏类型多分为与游戏商家联合运营以及自主研发这两种不同的开发模式，然后通过按照比例分成来对收益进行分配。

虎牙金豆竞猜。虎牙金豆竞猜也是虎牙直播特有的一种模式，在主播的直播间里主播们可以通过公开竞猜这一模式，观看用户可以将手中拥有的金豆参与到主播的竞猜环节当中，虎牙直播平台通过科学智能的算法及时地更新赔率，在竞猜环节结束之后算出金豆，当用户的金豆数量累计到一定的数额时可以兑换，这种金豆竞猜的方式有点类似于博彩，利用虎牙金豆作为虚拟的货币，这一竞猜方式极大地丰富了用户在直播平台的体验，同时也刺激了平台用户对于虚拟金豆的消费。

广告模式。广告模式是现在广大的自媒体公司以及互联网公司最为常见的一种方式，也是公司盈利常见的模式类型之一。近些年来，虎牙直播也逐渐重视起了广告发展这一模式，在一些直播的页面窗口也能看到广告。来源于广告的收益并没有在虎牙的收益中占很大的比例，那是因为虎牙直播现在对于广告的宣传和运营还不是特别成熟，但是就目前的情况来看，未来广告模式将会成为网络直播行业的主要盈利模式之一[3]。虎牙直播盈利模式如图35-1所示。

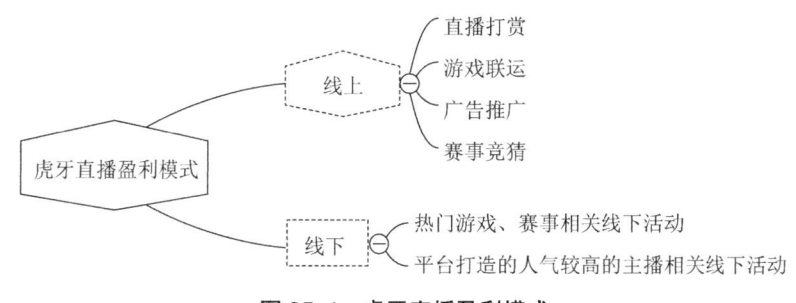

图 35-1　虎牙直播盈利模式

资料来源：新浪财经。

4. 盈利杠杆

直播产业链分析。直播行业存在着四大发展要素：直播平台、直播内容的生产者、直播内容的消费者、周边产品的消费者，直播平台在网络直播中处于传输的重要位置，它是直播内容所产生以及发布的地方，也是打造明星主播的聚集地，并且虎牙直播在这一方面发展得非常好，虎牙直播平台不断地采用潮流的直播技术、不断地更新直播所用的设备，才实现了无论观看直播的人数有多么庞大都可以实现直播不卡顿，视频观看清晰、流畅，这样也就做到了完善自身平台观看质量的同时也为自己平台推广的目的。

直播平台分析。虎牙直播平台本身就属于流量群体庞大的平台，尤其在游戏直播平台之中，不仅转化力特别强，市场空间和市场发展前景也非常大[4]。现在虎牙直播由游戏直播平台在逐渐转向泛娱乐直播平台，也开始由单一的直播平台向多样化的直播平台过渡，也开始涉及多样化的直播领域。

周边产品分析。虎牙直播的周边产品包括了技术研发公司、游戏运营公司、电商平台、媒体渠道、技术研发公司、广告平台、内容质量监督部门，各个部门从内容以及技术方面各个领域来为平台进行服务。

内容生产者分析。关于内容生产者主要指的是 KOL 公司，也就是致力于打造网络红人、网络名人的一个系统化服务的公司，这类公司主要就是与一些明星主播团队进行合作一起联合打造专业的网络主播。

三、虎牙直播的财务状况分析

（一）虎牙直播营业收入飞速增长

2020 年虎牙直播的营业收入总计 109.14 亿元人民币（折合约为 16.727 亿美元），2019 年的营业收入是 83.75 亿人民币（折合约为 12.83 亿美元），同期增长幅度为 30.31%，超过了 30%，增长的速度较快[5]。

（二）虎牙直播净利润高速增长

2020 年虎牙直播的营业收入净利润为 8.84 亿元人民币（折合约为 1.355 亿美元），2019 年营业收入净利润为 4.68 亿元人民币（折合约为 0.717 亿美元）同比增长幅度达到了 88.89%，接近 90%，利润的增长幅度非常大。

（三）虎牙直播流媒体直播营业收入高速增长

2019 年第四季度虎牙直播平台的直播流业务营业收入为 23.48 亿元人民币

（折合约为 3.351 亿美元），2018 年第四季度同期直播流业务营业收入仅为 14.42 亿元人民币（折合约为 2.06 亿美元），同比增长幅度达到了 62.7%，增长幅度非常得大[6]。数据如图 35-2、表 35-1 所示。

图 35-2 虎牙营业收入与净利润变化情况

资料来源：同花顺 iFinD。

表 35-1 虎牙直播财务数据变化情况对比

类别	2019 年	2020 年	增长率 / %
总净营收 / 亿元	83.745	109.144	30.3
营收成本 / 亿元	68.926	86.463	25.4
毛利润 / 亿元	14.819	22.681	53.0
运营利润 / 亿元	5.431	11.332	108.7
净利润 / 亿元	4.682	8.842	88.9

资料来源：同花顺 iFinD。

从虎牙直播财报来看，2020 年全年业绩：总净营收为人民币 109.144 亿元（约合 16.727 亿美元），较 2019 年的 83.745 亿元增长 30.3%。其中，直播服务营收占总净营收的 94.5%，为 103.116 亿元（约合 15.803 亿美元），与 2019 年的 79.762 亿元相比增长 29.3%。广告和其他收入为 6.028 亿元（约合 9,240 万美元），与 2019 年的 3.983 亿元相比增长 51.3%。营收成本为 86.463 亿元（约合 13.251 亿美元），与 2019 年的 68.926 亿元相比增长 25.4%。毛利润为 22.681 亿元（约合 3.476 亿美元），与 2019 年的 14.819 亿元相比增长 53.0%。毛利率为 20.8%，而上年同期为 17.7%。研发开支为 7.343 亿元（约合 1.125 亿美元），与 2019 年的 5.087 亿元相比增长 44.3%。销售和营销费用为 5.580 亿元（约合 8,550 万美元）。不按美国通用会计准则，调整后的运营利润为 11.332 亿元（约合 1.737 亿美元），与 2019 年的 5.431 亿元相比增长 108.7%。运营利润率为 10.4%，而上年同期为 6.5%。归属于虎牙的净利润为 8.842 亿元（约合 1.355 亿美元），较 2019 年的 4.682 亿元增长 88.9%。

四、虎牙直播盈利模式存在的问题

（一）营业收入模式单一

直播平台盈利主要来源于"粉丝"打赏，根据 2020 年的财务分析，直播打赏盈利部分达到 94.5%，广告收入和其他营业收入只占收入的 5.5%，这样单一且不平衡的营业收入模式会给公司带来危机，如果"粉丝"大量流失会给平台的收益带来很大的影响，如果直播平台无法将直播打赏的模式进行优化，解决其打赏模式占比过高这个问题，就会使得系统无法分散直播平台的盈利风险从而导致直播平台的盈利屏障出现[7]。

（二）运营成本过高

2020 年带宽成本为人民币 8.792 亿元（约合 1.347 亿美元）。在这个互联网时代，网络直播流量在其中占据了非常高的比重，直播平台为了保证观看用户的良好体验，必须保证互联网观看中的畅通，所以随着观看用户的不断增加，网络直播平台的运营成本也在不断地增加高额的内容成本，有流量的主播能够创造高质量的直播内容，能给平台带来巨大的网络流量[8]，而且大流量的主播或者明星主播的"粉丝"黏性是很大的，但是由于网络市场是流动的，这样一来就导致了明星主播的身价水涨船高,虎牙直播为了维持住平台内的知名主播不离开平台,不得不以非常高的薪资来留住这些明星主播,还从别的平台高薪挖了一些明星当家主播,这也使得平台的运营成本增长收入分成过高,虎牙直播的中心生态体系是公会体系,虎牙直播在享受工会体系给予平台便利的同时,也需要对公会支付高额的佣金,而且平台的收入也需要按照一定的比例分给主播和工会,这也大大加大直播平台的运营成本。

(三) 直播内容同质化

直播平台上多数主播的直播内容大致相同,这就会导致直播平台同质化竞争,如果这样恶化下去,对公司的影响会很大,其中虎牙直播的竞争对手中斗鱼直播和虎牙直播的行业竞争,应该算是互联网直播行业的强烈竞争的典型例子。虎牙直播与斗鱼直播这两大直播平台的直播业务类型相似度非常高,两家直播平台都是侧重游戏直播,均是通过游戏直播为直播平台带来流量,也是以娱乐星秀场为直播的赚钱模式,两家直播平台在这些年的竞争当中,所消耗的内部资源,双方都承受了巨大的损失。尤其是虎牙直播,虽然虎牙直播在近些年也在积极寻找新的直播节目,但是虎牙直播确实缺少其他领域的创作方面的人才以及实践的经验,与其他自制的网站和电视节目相比差距还是很大的。

(四) 竞争对手逐步增多

目前,除了斗鱼、企鹅直播等平台之外,虎牙直播的竞争对手依然很多,B站还购买了英雄联盟全球总决赛 3 年的版权,并且还挖走了许多明星人气主播,这导致了虎牙直播流失了不少的潜在用户和主播。而且现在快手以及抖音等平台在游戏直播这类直播上也有了较大的资源投入。在近些年的直播平台中,抖音、B站、快手等平台都是用户生成内容的视频平台,这些平台在广告的收入方面、用户的付费项目方面、平台的直播带货方面等都远远高于虎牙直播平台,这样就将会导致虎牙直播平台会在不经意间损失掉很多潜在的用户,也会导致平台主播跳槽。

(五) 监管风险过高

虎牙直播拥有非常大的网络直播平台，这样就拥有了许多的网络主播，这给平台带来了非常大的监管风险。目前，由于虎牙直播处在网络直播的重要位置，所以平台主播很容易被封，一旦平台主播被封，那之前平台投入的大量资金就付诸东流了。例如，虎牙之前用了 2,500 万元从抖音挖来了网红主播莉哥，因为这位主播在直播过程中为了直播的效果篡改了国歌，这样就导致了对社会造成了极其恶劣的社会影响，网红莉哥的直播间也遭到了封杀，虎牙直播为其投入的 2,500 万元签约费用也付诸东流了。

五、对策建议

(一) 发展多元化盈利模式

增加广告的收入，深入发掘平台用户的消费能力。广告模式是各大公司非常常见和基本的盈利模式之一，虎牙直播应该以互联网行业顶尖公司为标杆，充分挖掘平台用户的发展潜力，与多位游戏公司开展深入的合作，这样一来有利于虎牙直播可以优先获得游戏的独家直播权，推出网络直播购物、通过与各类品牌商家合作从而探索特色的网络直播广告的新营销模式[9]。

(二) 降低收入成本

侧重主播的挖掘和培养、加强对平台及主播的监管和控制力度，减少平台主播的跳槽人数、可通过参股或者控股的形式参与入股各大公会，这样就可以使公会做出有利于平台的决定，直播平台通过控股或者参股的方式加入各大公会，因为虎牙直播的核心是公会体系，如果虎牙直播可以通过参股或者控股的方式进入公会，就可以做出很多有利于直播平台的决策。

(三) 提高平台内容输出的质量

挖掘多类型的主播，提高网络直播平台的多元化。虎牙直播目前主要是向平台用户推荐一些游戏直播以及星秀表演等直播内容，因为这种类型的直播模式更容易获得用户的打赏和礼物，虎牙直播只有不断地推出多元化的直播内容和直播模式才能真正转化成综合型的直播平台。提高主播的个人素质，加强规范主播的言行举止，直播平台要对主播的素质以及言谈举止树立规范，定期组织主播进行素质培训，树立主播的积极阳光的正面形象，尽可能地提高平台主播的职业道德修养。

（四）整顿网络直播平台的风气，加大网络直播平台的监管力度

增强直播平台的惩罚力度、加强网络道德知识的宣传、完善网络直播相关的法律法规，对于违反直播平台的主播必须加大处罚力度，提高网络用户的网络思想道德素养，提高网络直播平台的净化模式，清晰界定好网络直播平台的相关法律法规，引导网络直播内容向健康化发展[10]。

六、结论

我们通过分析网络直播平台盈利模式的现状、模式、不足和改进，结合文中的案例，得到如下结论。

企业需要构建完善的生态系统，无论企业规模的大小，都要建立与之相适应的企业治理体系，良好的企业生态体系可以给企业带来更多的效益，也更能发挥其优势，并将这些优势都转换成经济效应，也是为企业带来更好发展的根本保障。

网络直播行业已有超过十年的发展，但其主要的盈利渠道还是通过单一的打赏模式，因此平台应该整合资源，并且结合自身的优势发展创新的方式，尝试新的盈利模式。

其实各行各业的竞争实质上也是人才资源的竞争，对于互联网直播行业来说，直播平台的核心是创造内容，各大主播负责的是输出内容，所以主播与平台的制作团队，都是各平台不可或缺的人才资源。

参考文献：

[1] 刘阳. 网络直播平台盈利模式与收入确认——基于业财融合 [J]. 新会计，2020(6)：61-64.

[2] 宋爽、李朔卿. 网络直播企业盈利模式研究 [J]. 江苏商论，2019(12)：45-47.

[3] 罗子盈. 论网络直播的现状、问题及对策 [J]. 记者摇篮，2019(11)：117-119.

[4] 叶永豪、周钰林. 网络直播平台盈利模式及问题研究 [J]. 商业经济，2019(5)：71-74.

[5] 毕亚文. 网络直播平台融资问题探讨 [J]. 农村经济与科技，2019(12)：112-114.

[6] 胡兵. 移动式网络直播实训平台的构建与实践，现代教育技术 [J]. 2018(10)：68-71.

[7] 张枥尹. 直播行业的繁荣对消费模式的影响 [J]. 农业经济与科技，2018(8)：85-87.

[8] Eun Yu, Chanyong Jung, Hyungjin Kim, JaeminJung. Impact of Viewer Engagement on Gift-giving in Live Video Streaming [J]. Telematics and Informatics，2018(5)：68-82.

[9] 刘嫣然. 网络直播平台的盈利模式研究——以映客互娱有限公司为例 [D]. 郑州：华北水利水电大学，2020.

[10] 胡国英. 基于"收入—成本"分析的分享网站盈利模式研究 [D]. 天津：天津大学，2017.

三十六　政策变化对职业培训机构财务状况的影响

——以中公教育为例

郭月[①]

摘要： 近年来，毕业生就业已成为热点问题，其中公务员、编制内教师成为毕业生的首选，在此背景下，一些职业培训机构涌现出来。2020年疫情暴发后，国家为了应对经济下行，在公务员、事业单位、教师等岗位的招录方面出台了许多政策，这些职业培训机构也因这些政策变化受到了巨大影响，尤其是该行业的龙头公司——中公教育。本文以中公教育为例，通过对其财务状况进行分析，研究政策变化对该行业的影响，并根据分析做出相应的建议。

关键词： 政策变化；财务状况；中公教育

一、引言

这些年以来，我国经济快速发展，很多大学在不断扩大招生，毕业生也越来越多。据统计，应届毕业生人数在2001年时，仅有114万，如今人数已经达909万。随着社会的发展，高校毕业生毕业后工作的选择也越来越多样化。其中公务员、事业单位、编制内教师等岗位成为毕业生的热门选择。因此，越来越多的职业培训机构在市场上浮现出来。

---

① 郭月，女，会计硕士，研究方向：财务会计。

但是在2020年初，我国暴发了新冠疫情，国家为应对经济下行，出台了六保六稳政策，明确表示优先稳就业保民生，所以公务员、教师等岗位招录人数增多，但是笔试时间却延迟了，而在第二年，也就是2021年，考试时间却提前了，并且招生人数减少。同时，编制内教师的招录标准也出台了更加严格的新政策，以及新提出的双减政策等一系列的政策变化，都给职业培训行业带来了挑战[1]。

中公教育（以下简称"中公"）于1999年创立，是一家全品类职业教育机构。国家公务员考试每年举行一次，地方的省考也是每年一次。事业单位和教师的录用，在每年的各个月份可能都会有，所以这类考试的培训具有季节性特征。

参考中公教育往年的年报发现，尤其是三季度的业务对公司一整年的业务影响最大。因此本文选择了中公教育2019年至2021年这3年第三季度的数据分析政策变化对公司财务状况的影响，并提出了相应的建议。

二、政策变化情况

1. 省考招录人数以及考试时间变化较大

（1）2020年省考变化。

2020年初，暴发了新冠疫情，通常情况下，每个省的公务员省考考试都将在4月举行，然后在5月底或6月初公布成绩。然而在2020年，为了配合防疫工作，2020年考试推迟到了7月25日和8月22日，2020年的成绩在9月公布。

此外，由于新冠疫情，我国经济也受到了很大的冲击，国家出台了一系列政策应对经济下行压力。作为措施之一，各地通过扩大公务员、事业单位、教师等岗位的招录人数保证就业。在2019年的省考中，招录人数为13.47万，2020年在政策变化下，省考招录人数达到了16.37万，变动幅度达到了21.53%。

（2）2021年省考变化。

与上一年相比，2021年的考试时间却提前了，提前至2021年3月。同时，

2021年省考的招录人数为15.86万，虽然相较于2019年是增加的，但是对于2020年来说还是下降了3.11%。

2. 编制内教师招录变化

（1）招录人数减少。

据统计，2020年三季度教师招录人数为39万，2021年同期录用31万人。

（2）报名条件更加严格。

以往教师招考条件较宽，如考生不需要教师资格证书，大专学历以上、非师范专业都可以报考。如今教师的报考条件变得严格，根据要求，考生要取得教师资格证，并且只能本科以及本科以上才能报考。

3. 教育行业的监管政策出台

2021年7月，国家印发了《关于进一步减轻义务教育阶段学生作业负担和校外培训负担的意见》（以下简称"双减政策"）[2]。随后，相关主管部门出台了一系列关于规范校外培训的落地政策，虽然双减政策只是针对于义务教育阶段，但是，当地相关部门一方面对校外培训市场进行规范化管理，另一方面也对其他培训市场做出了线下网点的设置条件、消防安全等一系列要求。

三、政策变化对中公教育财务状况的影响

1. 政策变化对公司营业利润率的影响

营业利润率[3]计算公式为营业利润/营业收入。

中公教育2019年三季度的营业利润率为21.91%，2020年为39.01%，2021年为-54.90%，具体变动趋势参照图36-1。从数据上看，中公教育营业利润率呈现出先上升后下降的趋势是由于该公司营业收入和营业利润的大幅变动，具体数据参照表36-1。

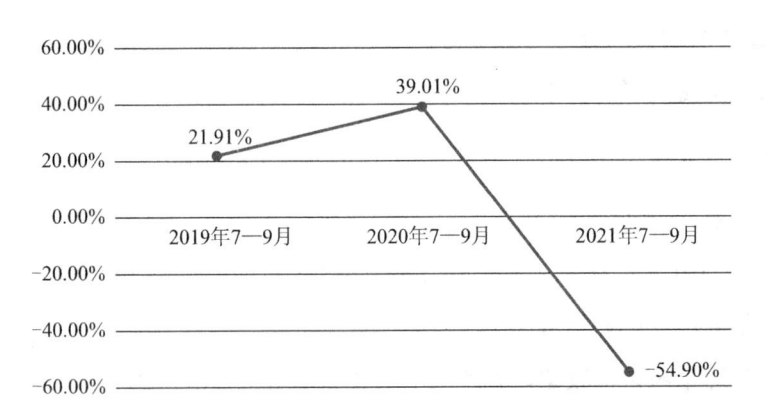

图 36-1　中公教育 2019—2021 年三季度营业利润率变化

资料来源：中公教育 2019—2021 年三季度报。

表 36-1　中公教育 2019—2021 年三季度营业收入、利润总额变动情况

项目	2019 年 7—9 月	2020 年 7—9 月	增减情况	2021 年 7—9 月	增减情况
营业利润	55,246.8 万元	180,634.8 万元	226.96%	-79,346.1 万元	-143.93%
营业收入	252,168.8 万元	463,098.9 万元	83.65%	144,519.6 万元	-68.79%
营业利润率	21.91%	39.01%	78.04%	-54.90%	-240.76%

资料来源：中公教育 2019—2021 年三季度报。

那么 2020 年的营业收入为什么上升呢？我认为有两方面的原因。

第一，2020 年省考招录人数上升。

对于职业培训机构来说，省考培训的收入是营业收入的一大组成部分。通常情况下，省考一般于 3 月考试，4 月出成绩，那么就意味着职业培训机构一般会在前两季度确认收入。但是 2020 年省考延迟，本该在前两季度确认的收入，却在三季度确认，这就会导致公司 2020 年第三季度确认的收入显著增加。

第二，招录时间延迟。

由于 2020 年招录人数增多，参加培训的人也便多，所以 2020 年三季度，职业培训机构的收入大幅度上升。

2021 年营业收入下降的原因有三点。

第一，省考时间提前。

在2021年，省考提前，其收入确认时间提前至前两季度确认，在一定程度上，2021年三季度确认收入减少。此外，随着考试时间的提前，准备考试的时间减少了，一些学生由于缺少准备时间而放弃了考试，所以营业收入在一定程度也会有影响。

第二，招录人数的减少。

由于招录人数减少，报名参加培训的学员也相应减少，使得2021年三季度的收入大幅减少。

第三，编制内教师招录条件变严格。

由于招录人数减少、报名要求提高，学生由于不满足报名条件而放弃编制内教师考试，相应地，职业培训类机构接收此类学员人数也大幅缩短，那么对于公司2021年的培训收入来说，也会大幅下降。

综上原因，使中公教育的营业利润率呈现出这种变动趋势。我们都知道，营业利润率反映企业的经营效率，即管理者通过经营获取利润的能力，或者称为盈利能力。中公教育2020年营业利润率较高，说明该公司的盈利能力较好，但2021年在政策影响下，其营业利润率大幅下降，说明其盈利能力较差。

2. 政策变化对公司成本费用利润率的影响

成本费用利润率[4]计算公式为企业的利润总额/企业的成本费用总额。数据如表36-2、图36-2所示。

表36-2　中公教育2019—2021年三季度成本费用、利润变动情况

项目	2019年7—9月	2020年7—9月	增减情况	2021年7—9月	增减情况
利润总额	55,372.4万元	180,598.4万元	226.15%	-25.7万元	-100.01%
成本费用总额	204,225.5万元	301,976.8万元	47.86%	225,757.8万元	-25.24%
成本费用利润率	27.11%	59.81%	120.58%	-0.01%	-100.02%

资料来源：中公教育2019—2021年三季度报。

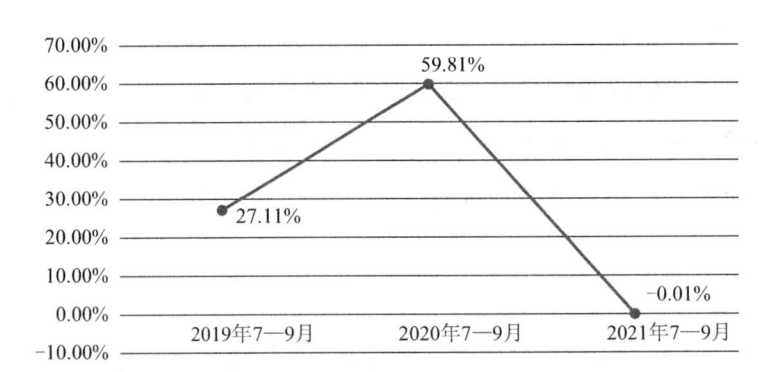

图 36-2　中公教育 2019—2021 年第三季度成本费用利润率变化

资料来源：中公教育 2019—2021 年三季度报。

中公教育的成本费用呈现出先上升后下降的趋势，并且波动幅度较大，如图 36-2 所示。从财务数据上看，出现这种现象是由于该公司 2020 年利润和成本费用总额都出现了大幅度上升，如表 36-2 所示，所以其成本费用利润率由 27.11% 上升至 59.81%，而在 2021 年该公司第三季度的利润以及成本费用都出现了大幅度下降，导致其成本费用利润率下降。

那造成这些财务数据波动原因是为什么呢？

第一，省考变化使得成本费用大幅波动。

省考的时间变化使得公司确认收入的时间提前，那同样地，2020 年的变化也会使公司在二季度确认的成本费用较少，三季度成本较多，相反，由于 2021 年考试的变化，我认为第二季度确认的成本费用会提高，第三季度会减少。

对于招录人数上的变化，2020 年招录人数多，那么付出的成本费用也会多，如增加广告投放、增加办公场所等；2021 年招录人数较少，那么在这方面的成本费用也会减少。

第二，双减政策的误伤，造成中公教育 2021 年的成本费用增加。

双减政策提出后，地方相关主管部门在规范整顿校外培训市场的同时，对于市场上的培训市场都做出了一系列的要求，如线下网点的设置条件、消防安全等。那么公司在这方面所付出的费用也会增加。

此外由于双减政策，一些义务教育阶段的校外培训机构开始转型进入职业教育领域，职业教育行业竞争加剧。所以为了避免人才流失，中公教育通过升职加薪等措施来留住人才，进而增加了人力成本。

成本费用利润率反映了企业在当期发生所有成本费用所带来的收益能力，能够反映企业的经营质量。2020年省考、事业单位政策变化属于较好的趋势，所以对中公教育的影响也是好的，其成本利润率较高。但是在2021年，各项政策在市场上相对来说并没有那么好。比如，双减政策、公务员招录时间提前、招录人数减少等，这些都给中公带来了不好影响，使得成本利润率大幅下降，这说明该公司概念经营质量[5]并不是很好。

3. 政策变化对公司现金流量的影响[6]

经营现金净流量对销售收入计算公式为经营现金净流量/营业收入。数据如图36-3所示。

经营现金净流量对销售收入比率呈现出先上升后下降的趋势，2019年该指标为49.40%，2020年为90.31%，2019年为-57.86%，具体如图36-3所示。该指标波动主要是由经营现金流量净额和销售收入的变动引起的。

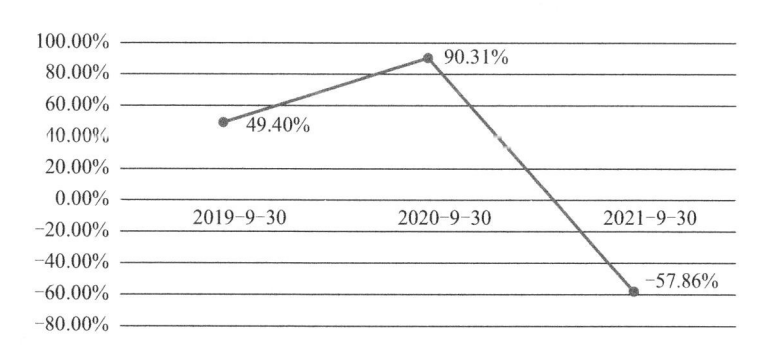

图36-3 中公2019—2021年三季度经营现金净流量对销售收入比率变化

资料来源：中公2019—2021年三季度报。

造成经营活动产生的现金流量净额波动的原因如下。

第一，省考、编制内教师招录变化对现金流量的影响。

2020年省考推迟、招录人数增多导致该年的收入增加，那么在一定程度上就会导致销售商品、提供劳务收到的现金增多。相反，2021年省考提前、招录人数减少就会导致2021年三季度的该项指标大幅度下降。编制内教师招录的变化导致2021年三季度在该方面确认的收入减少，进而导致该数据减少。

第二，双减政策对公司现金流量的影响。

中公教育为了避免人才流失，增加了人力成本，因此，公司支付给职工以及为职工支付的现金大幅度增加。

从上述的数据中，我们可以看出中公教育在2020年各项招录政策较好时，该指标较高，这说明中公在2020年三季度从现金流量角度来说，其收入质量[7]还是较好的，相反2021年，政策变化相对没有那么好时，该指标较低，说明其收入质量比较差。

四、结论与建议

通过对政策变化前后的财务数据与财务指标的分析，我们发现，国家政策的不断变化对于职业培训机构来说会产生较大影响，尤其是在盈利能力、经营质量、收入质量[8]等方面。

所以为了防止之后有类似事件的出现，中公可以从以下几个方面进行改进。

1. 扩展利润源，提高公司经营能力

在上述分析中，我发现中公的利润受到政策变化的影响还是较大的。中公拥有较广泛的客户群体，在此基础上可充分利用大数据平台和互联网对潜在客户进行深入挖掘，洞悉客户需求，以挖掘更多的利润源，提升盈利能力，获取更多客户源。

2. 寻求新利润点，改善收入质量

随着行业红利的凸显，越来越多的竞争者进入市场，竞争不断加剧，单一的利润点很难维持企业的长久发展，甚至会面临淘汰。所以中公可借助网络平台在中公官网、小程序等线上平台提供产品销售和咨询服务，也可拓展就业指导、能力提升及在职培训等业务，改善其收入质量。

3. 加强人才管理，提高经营质量

对于教育行业来说，其师资力量和口碑始终是客户选择的重要参考依据，提升教师的专业素质是提高机构考试通过率和学员满意度的前提。所以企业可以建立符合需要的人才激励制度，对于优秀的员工可享受股份激励，使员工薪酬与公司效益紧密相连，以调动员工的积极性，吸引更多优秀人才加入企业。另外，对于老师要实行定期培训和考核制度，注重老师整体能力的提升和个性化的培养，及时反馈学员对老师授课过程的感受，综合评估老师的教学水平，建立健全人才考核评价机制，完善人才资源开发制度，从而提高公司的经营质量。

参考文献：

[1] 八成培训机构受疫情影响大盼减负政策落地——疫情期间，校外培训教育行业状况调研[J].中国对外贸易，2020(4)：78-80.

[2] 陈蔚林.落实减负新政策 打造教育新生态[N].海南日报，2021-11-14.

[3] 刘华杰.上市公司盈利能力分析[J].财会学习，2021(30)：22-24.

[4] 张强.基于HCDC公司经营现状的成本管控分析[J].企业改革与管理，2021(19)：43-44.

[5] 原续菲.基于财务报表对公司可持续增长能力的分析[J].商业经济，2022(1)：175-176+192.

[6] 张新民，钱爱民.财务报表分析——理论与实务[M].北京：北京人民大学出版社，2021.

[7] 李盼盼，程晓凤.中医药企业多元化经营对企业财务绩效的影响——以片仔癀为例[J].北方经贸，2021(12)：78-81.

[8] 刘梦菲.食品企业经营业绩分析与评价——以A企业为例[J].商场现代化，2021(22)：90-92.

三十七　农牧饲渔业上市公司生物资产信息披露问题剖析

韩娜[①]

摘要：本论文的目的在于研究农牧饲渔业上市公司生物资产科目的信息披露水平，主要通过查看该类公司所披露的年报、公告等信息，结合我国 CAS5 生物资产准则进行分析和对比，而后参考其披露的生物资产相关信息进行总结和建议。研究过程中使用了个案研究法和信息研究法，得出我国上市公司生物资产信息披露存在不准确性、披露位置不统一、格式不一致和时效性不强等问题。

关键词：农林饲渔业；CAS5；生物资产；信息披露

一、引言

随着我国企业经营更加规范化和公开化，对于企业财务报表中各科目的核算和披露问题变得更加严格。生物资产作为 21 世纪开始拥有明确核算准则的科目，还需要国家和企业共同发展和完善。依据我国《企业会计准则第 5 号——生物资产》可见我国正在向国外研究靠拢，并根据自身国情逐步完善生物资产体系，但我国的生物资产披露水平相较于其他资产来说比较不成熟，也未形成规范的体系，需要多方努力来提高，因此生物资产信息披露问题有较重要的研究意义。

---

① 韩娜，女，会计硕士，研究方向：会计理论。

二、文献综述

国外学者对上市公司生物资产信息披露问题做出了以下研究：Khushvakhtzoda（Barfiev）Kobiljon，Nazarov Dmitry（2021）讨论了塔吉克斯坦共和国农业企业经济生活中生物资产的会计原则，并根据国际财务报告制度（IFRS）的原则，确定了反映这些原则的原因和机制[1]。Shaukerova Z.M.，Atabayeva K.K.，Janimkhan I. 根据 IFRS 41 准则，研究如何管理生物资产的生物转化及其评估问题[2]。Hadiyanto，Andrain；Puspitasari，Evita；Ghani，Erlane K.（2018）考察了使用公允价值法还是历史成本法对生物资产提供不同的财务报告质量，而后得出结论：公允价值计量的使用提高了财务信息的质量[3]。Novi Wulandari Widiyanti，Bunga Maharani，Indah Purnamawati（2018）采用描述性定性方法，表明各公司生物资产的差异会导致生物资产记录的差异，目前两家公司仍然使用历史价值法的会计记录[4]。

国内学者对上市公司生物资产信息披露问题做出了以下研究：项洁茹（2021）以景谷林业为研究对象，从报表披露信息和其他信息层面，分析了消耗性林木资产信息披露情况[5]。韩紫微（2021）对生物资产准则 CAS 5 与 IAS 41 进行比较，提出了我国生物资产核算等方面的不足[6]。畅扬（2018）提出在我国组成农业企业核心部分就是生物资产。它既是最重要的生产资料，也是最主要的经营对象。并针对 2014 年獐子岛爆亏 8 亿扇贝事件进行了分析[7]。王玥、吴时敏（2018）在文章中主要研究生物资产会计处理方法[8]。温湉（2018）从植物类生物资产这一全新角度出发，在国内外学者的相关研究的基础上，通过对筛选出的具有代表性的样本公司的会计信息进行归纳和分析，总结出我国当前植物性生物资产的现状以及存在的问题，并对其进行深入分析，以期找出解决问题的有效方法[9]。

国外的学者对于规则性研究得比较深入，并可以将其代入某行业中进行行业披露水平的比较和评价。我国的准则与企业实际披露的情况的匹配程度不够，企业的实施程度参差不齐。不仅如此，国外学者已经能根据上市公司的披露信息进行行业内和行业间的横纵向对比，而我国上市公司的披露情况还不能够清晰明了，企业之间还未形成统一的规范。

三、农牧饲渔业上市公司的生物资产信息披露政策和披露情况分析

（一）我国生物资产信息披露政策要求

截至 2020 年底，我国农牧饲渔类上市公司共有 76 家。根据 CAS（中国企业会计准则）中 CAS5 生物资产准则，上市公司对于生物资产科目披露时，应包括：生物资产的类别、实物数量和账面价值；生产性生物资产折旧方面和消耗性生物资产减值准备方面的信息；天然起源生物资产以及作为负债担保物的生物资产的账面价值；与生物资产相关的风险管理状况与管理办法；生物资产的增减变化方式等。

（二）农牧饲渔业上市公司生物资产信息披露问题的现状分析

农林业方面：我国在 2006 年会计准则颁布后，并没有对生物资产这一科目建立起完整、有效的披露体系。农林资产受气候变化和市场等因素影响，资产实际价值随时可能发生增减变化且需要较长的生长周期才能为企业盈利，因此企业前期投入的多项成本很可能大于其账面价值。除了会计准则方面的问题，还有政策带来的问题。我国近年开展了林木重点工程，这导致我国林木类企业发展加速、林业投资大量增加、人们对于林木的保护意识增强。生态建设逐步加强、野生动物保护工作受到更多重视和响应。在政策环境影响下，林木类企业的信息披露问题受到更多关注，也需要进一步的严谨和规范，其中重中之重便是生物资产。生物资产披露的改善程度将直接与经济决策的未来发展方向挂钩。

渔业方面：我国现如今使用的准则中，并没有细化至类别，而渔业生物资产主要包括各类水产品，其生长环境在水下从而不易确认和计量，给企业盘点和计提减值准备带来了很大的困难。

畜牧业方面：畜牧业较之渔业来说，盘点确认时简单一些，畜牧类都在陆地

第二篇 财务管理与社会责任

上活动且易于盘点数量、确定其生存状态。但畜牧业涉及一些转换类别的时间节点问题。比如，在整个饲养期间，生猪会存在在不同群别之间转换的情形。

（三）农牧饲渔业上市公司生物资产披露详细研究——以獐子岛为例

獐子岛公司是以海洋珍品种业、海洋增养殖、海洋食品加工为业，集冷链运输、海洋娱乐、渔业装备等海洋相关多元化业态于一身的综合性海洋公司。数据如图 37-1 所示。

图 37-1 獐子岛集团资产总额变动

资料来源：公司年报。

从 2014 年起，獐子岛集团陆续出现了多起重大生物资产盘亏事件，导致 2015 年资产规模大幅缩水，虽然企业在 2017 年及时调整，但 2017 年又迎来了第二次扇贝绝收的重大打击，计提的存货跌价准备高达 6 个亿。2018—2020 年獐子岛集团的资产规模又持续降低。数据如表 37-1 所示。

如表 37-2 所示，该企业生物资产只有消耗性生物资产，披露信息中类别是自育苗种、底播养殖产和浮筏养殖产品。2014 年扇贝绝收事件发生后，獐子岛企业于 2015 年和 2016 年连续亏损，资产规模缩减。然而企业并未在事情发生时做出反应，直到抽盘时才发现扇贝"跑了"，信息披露滞后严重，导致了扇贝跌价准备持续升高。

表 37-1　獐子岛扇 2015—2016 年贝存货跌价准备计提情况表

资产名称 指标	面积/亩	账面价值/万元	可收回金额/万元	跌价准备金额/万元
2015 年底播虾夷扇贝	191,000	9,912.15	6,307.61	3,604.54
2016 年底播虾夷扇贝	52,000	2,679.37	211.76	2,467.61
合计	243,000	12,591.53	6,519.37	6,072.16

数据来源：公司年报

表 37-2　獐子岛集团消耗性生物资产披露金额表

名称 年份	2016	2017	2018	2019	2020
消耗性生物资产余额/万元	106,019.47	43,246.66	44,842.89	20,180.72	15,423.81
减值准备/万元	0.00	6,072.16	1,471.10	6,055.44	226.03
账面价值/万元	106,019.47	37,174.49	43,371.80	14,125.28	15,423.81

资料来源：公司年报。

獐子岛的生物资产全部属于消耗性生物资产，经过人工养殖作为海鲜食品等出售，在养殖过程中应当定期检查存活率，以此来确定可能会计提的减值准备。在发生重大减值的 2017 年度中，獐子岛集团选择掩盖事实，高达 6 个亿的亏损就在公司不严格管理等问题中被错漏。直至 2018 年 1 月 31 日，獐子岛集团才公开披露出 2017 年度业绩预告修正公告。从 2017 年为底播虾夷扇贝存货计提跌价准备 6.07 亿元和预计收益 1 亿元，到 2018 年 1 月 31 日宣布确认亏损金额为 6.29 亿元，这其中金额差距很大。爆出以上问题后，獐子岛集团在 2018—2020 年报对其风险进行了非常详细的披露，对于出售资产的重大事项也进行了非常详细的解释，信息披露质量有所提升。

由此可见，獐子岛集团在生物资产信息披露问题中，除了披露的信息不完整的问题，还存在披露不及时的问题。在生物资产信息披露中，獐子岛集团并未作出详细的解释，这件事情对企业本身发展的风险影响情况和企业的应对措施并未公开给信息使用者，使得信息使用者无法第一时间了解该企业应对风险的执行力和日后改进情况。时至今日，投资者仍对獐子岛采取观望程度，其股票价格甚至将跌破起始价，獐子岛集团应继续严格把控生物资产披露问题，争取口碑回暖。

四、农牧饲渔类上市公司生物资产信息披露存在的问题

（一）没有反映生物资产的内在价值及其变动

生物资产由于其特殊性，内在价值是处于不断变化中的。比如，扇贝因为外界环境因素和自身生长周期的影响，其实际价值随时有可能变化。固定的价值便于企业进行会计核算，但其准确性却大打折扣。普通的机器设备、房屋、存货等资产随着时间的推移，大多会呈现出价值下降的趋势，而生物资产在不同的时间节点中，会随着其特性或转化来增加或减少。仅仅依靠初始成本来完成会计核算和做账，很难反映其内在的真实价值，因此按照普通资产那样统一按照一个标准折旧和判断其内在价值是不准确的。

（二）信息披露滞后

对于股票市场来说，时间至关重要，投资者需要根据企业披露的公示来判断投资情况，当上市公司不及时披露相关信息时会对投资者的利益有影响；对于企业来说，信息滞后带来的都是负面影响，因为真实的信息在时间滞后的情况下也会失真，进而影响外界对企业决策者的能力的信任指数，从而造成企业在行业内竞争力下降，獐子岛集团便是前车之鉴。

（三）生物资产披露程度可比性较低

我国目前关于生物资产的政策体系已经初步建立，但在实施时上市公司对于信息的详细程度、内容名称、格式没有做到完全统一，信息使用者无法直观地进行纵向比较。比如，生物资产的三种类别记在存货、固定资产、其他非流动资产等中，由于会计处理的不同，可能影响信息使用者的决策。不仅如此，每个企业对于自身的生物资产的分类都是根据企业自身条件而定的，相似的资产在不同企

业中可能会因为使用方式不同而分别列示在不同种类中，从而最终形成符合我国企业特色的规范化披露体系。

五、农牧饲渔业上市公司生物资产信息披露的改进建议

（一）严格规范信息披露的最低量

我国上市公司对于生物资产的信息披露水平参差不齐，如果按照CAS5来衡量的话，许多上市公司都不能达标。企业信息披露如此懈怠的原因在于国家没有严格把控披露水平的底线，在资产负债表中列示生物资产的账面价值、在损益表中列示政府补助项目的拨款金额、在现金流量表中说明生物资产获取和经营中对企业现金流的影响和风险分析，这三项都是未来可增添在信息披露中且较为基本的信息。

（二）进一步完善生物资产会计准则

现阶段我国CAS5生物资产准则还不够细化，仅限制了一部分披露内容而未根据上市公司实际特点来调整，生物资产科目需要更有针对性的披露要求。具体措施：增加强制性信息披露内容，包括生物资产具体种类、数量、分类标准和风险等；完善准则在盘点、计量、后续监督和维护等方面的要求；为个别不易于盘点的资产专门设计披露格式，规定盘点比率和期间。

（三）强化生物资产信息披露监管机制

我国的生物资产信息披露还在改善阶段，需要国家、企业和社会一起加强监管力度，依靠强制性管理来规范出一个可行的有条理的披露体系。建议我国应加强监管机制对生物资产披露的检查力度，提高对生物资产这部分的重视。具体措施：派遣监管人员定期抽查企业披露的信息，及时发现问题。

参考文献：

[1] Khushvakhtzoda（Barfiev）Kobiljon，Nazarov Dmitry. The Fuzzy Methodology's Digitalization of the Biological Assets Evaluation in Agricultural Enterprises in Accordance with the IFRS[J]. Mathematics，2021，9(8)：

[2] Shaukerova Z. M.，Atabayeva K.K.，Janimkhan I..Peculiarities of Accounting and Assessment of Biological Assets in Accordance of Ifrs 41 Agriculture[J]. Reports，2019，3(325)：

[3] The effect of accounting methods on financial reporting quality by Hadiyanto，Andrain；Puspitasari，Evita；Ghani，Erlane K International Journal of Law and Management，11/2018，Volume 60，Issue 6

[4] Accounting Treatment of Biological Assets for Agricultural Companies in Jember and Bondowoso by Novi Wulandari Widiyanti；Bunga Maharani；Indah Purnamawati International Journal of Finance & Banking Studies，01/2018，Volume 7，Issue 2

[5] 项洁茹.林业上市公司消耗性林木资产信息披露问题剖析——以景谷林业为例[J].绿色财会，2021(8)：10-14.

[6] 韩紫微.农业企业生物资产会计核算的完善——基于CAS 5与IAS 41的比较[J].农业经济，2021(6)：121-122.

[7] 畅扬.獐子岛集团生物资产会计核算问题研究[D].西安：西安理工大学，2018.

[8] 王玥，吴时敏.生物资产会计处理方法调查研究[J].辽宁经济，2018(8)：70-71.

[9] 温浩.植物类生物资产会计处理问题研究[D].北京：中国财政科学研究院，2018.

三十八 雏鹰农牧财务困境的成因分析

赵思敏[①]

摘要： 2018年，非洲猪瘟在我国发生疫情，畜牧行业受到严重冲击，猪肉价格连续上涨。为解决这一关系国计民生的猪肉价格上涨问题，国务院紧急制定稳定生猪生产和猪肉保供稳价的五项措施，尽管如此，雏鹰农牧仍陷入财务困境走向退市。以此为出发点，文章利用项目质量分析法，从资产质量、资本结构质量、利润及现金流质量三个方面进行分析，发现雏鹰由于战略布局失误导致了资本结构不合理，利润和现金流不足并最终退市。基于此，文章提出畜牧类企业要合理制定战略、提升企业经营能力以及加强现金管理等建议，以期帮助畜牧类企业抵御风险、稳定经营。

关键词： 雏鹰农牧；财务困境；项目质量分析法

一、引言

近年来，随着我国经济的发展以及企业间竞争的加剧，随之而来的财务问题也越来越多。2018年8月非洲猪瘟在我国发生疫情，国务院为稳定猪肉价格召开了专门会议，各级政府也积极采取措施帮助养殖企业加快产业转型升级，构建标准化生产体系，提升养殖企业生产经营及抵御风险的能力。可以看出国家在生

---

① 赵思敏，女，会计硕士，研究方向：财务管理。

产方面对畜牧企业进行了政策扶持，而如何从企业管理以及财务风险预防和控制角度来促进养殖企业健康发展，保证养殖企业肉类供给，稳定肉类价格，这一问题值得财务人员去分析和探索。

非洲猪瘟大背景下，尽管有政策扶持雏鹰农牧仍然退市，反观同类生猪养殖企业牧原股份，公司市值迅速增加，拿下生猪养殖行业的市值王。可见，除非洲猪瘟这一系统性风险之外，由于企业战略失误造成的财务困难、现金流短缺才是造成雏鹰退市的主要原因。如何帮助企业防范财务风险，借鉴优质企业的财务管理模式，这是分析雏鹰退市的又一重要原因。

二、文献综述

（一）公司战略引发的财务困境

对财务困境进行最早描述的是国外学者 Arthur（1952）[1]，他对处于美国经济危机大萧条背景下的企业进行了较为深入的分析，认为如果企业由于战略制定失误显现出盲目的对外扩张、不当的市场竞争等一系列情况时，说明企业已经开始陷入财务困境。国内学者孔浩（2011）[2]、李富永（2019）[3]也认为，多元化战略在给企业带来机遇的同时也伴随着风险，不合理的多元化战略会增加企业财务风险，以上研究均表明公司战略的制定和实施是影响企业财务风险的一个重要因素。

（二）资本结构引发的财务困境

学者侯冰心（2019）[4]认为资本结构对企业财务影响巨大，轻资产结构可以有效降低财务风险，董亚明（2018）[5]也认为资本结构不合理，盲目多元化会大大增加管理难度，削弱企业的经营效率。而钱文华（2019）[6]则更加系统地研究了资本结构和财务风险之间的关系，认为合理的资本结构有利于企业的稳定和发展，企业在通过借款增加资金来满足扩大再生产需要的同时也要控制债务规模使企业避免重大财务风险。

（三）流动性和盈利能力引发的财务困境

王晓霞（2017）[7]研究认为财务流动性是一种收益与风险相匹配的状态，流动性不足本身是一种财务不安全状态。谭继媛（2019）[8]也指出资金链断裂会使企业偿债能力、盈利能力、融资能力下降，营业收入持续下降，而成本费用持续增长，进而造成企业破产。在有关企业盈利能力与财务风险的研究中，刘祺昕（2019）[9]提出逐步完善盈利杠杆等盈利措施来完整循环的盈利模式，盈利能力的提高有利于抵制财务风险。

三、雏鹰农牧案例介绍及项目质量分析

（一）公司历程及战略阶段划分

与雏鹰农牧战略相关的大事记如表 38-1 所示。

表 38-1　与雏鹰农牧战略相关的大事记

年份	事件
1998	初始成立：养鸡
2004	养猪，推出"公司＋基地＋农户"养殖模式
2010	走向上市，逐步启动全产业链模式
2012-4-19	投资 3 亿元、成立品牌"雏牧香"
2014	提出三大布局：生猪、粮食贸易、互联网
2016-4-19	投资电竞，认购额 5 亿元
2016-9-03	与平安银行合作，出资 5 亿元
2016-9-22	对深证泽赋农业追加投资，出资 10 亿元
2016-10-26	与郑州粮油食品集团投资有限公司合作，持股比例 49%
2016-12-19	拟以自有资金不少于 9,000 万元，认缴沙县小吃 45% 的股权

资料来源：新浪财经。

第一阶段（1998—2010 年）：雏鹰模式探索形成阶段。

第二阶段（2010—2016 年）：雏鹰探索全产业链阶段。

第三阶段（2016至退市）：为雏鹰多元化战略发展阶段。

（二）雏鹰农牧项目质量分析

项目质量分析法，是由对外经济贸易大学国际商学院的张新民教授和钱爱民教授提出的，在这种方法下，财务报表分析可以包括资产质量分析、资本结构质量分析、利润质量分析以及现金流量质量分析，最终上升到财务状况整体质量分析，它弥补了传统财务分析方法的不足，具有较强的应用性，日益受到实务界的重视。通过项目质量分析法，从雏鹰农牧资产及资本结构质量、盈利能力及流动性出发，通过表象分析发现雏鹰农牧财务危机的根本原因是战略失误导致的经营危机。

1. 资产质量分析

雏鹰农牧2010—2018年主要资产项目结构如表38-2所示。

表38-2　雏鹰农牧2010—2018年主要资产项目结构

项目 年份	货币资金/ 万元	应收账款/ 万元	存货/万元	长期股权投资/万元	在建工程/ 万元	资产总额/ 万元
2010	78,284.52	2,767.97	29,833.10	930	19,853.85	180,347.53
2011	58,926.60	4,746.36	65,484.03	930	56,533.11	255,402.10
2012	60,120.41	6,412.66	112,644.80	1,170.00	99,629.74	446,825.71
2013	68,425.72	6,040.07	139,766.08	3,770.00	124,846.82	626,715.68
2014	40,015.93	15,422.93	139,721.04	67.78	149,866.21	724,118.15
2015	178,881.60	22,298.12	133,971.24	0.00	157,734.98	1,018,138.19
2016	408,499.24	46,889.94	118,073.09	54,985.31	43,788.16	1,692,802.67
2017	268,843.59	40,553.09	160,956.38	126,446.91	133,963.90	2,285,987.62
2018	44,108.46	67,806.76	97,274.11	80,761.90	88,694.70	2,106,746.13

资料来源：新浪财经。

第一，货币资金质量分析。

货币资金质量良好，即资金规模既能满足企业日常经营需要，又不会因规模较大、过度闲置造成资金浪费。从表38-2数据中看出，2010年到2016年，随着企业上市，养殖规模的不断扩大，货币资金的规模整体是处于上升状态的，这是符合企业需求的。然而，从前面的分析可以知道，雏鹰2016年开始大规模实施多元化战略，一直处于扩张阶段，现金需求量本应该同时增加，但2016年开始，雏鹰的货币资金规模却大幅减少，这是不合理的，不能满足企业日常需求。

第二，长期股权投资质量分析。

在分析企业的长期股权投资项目的质量时，重点从其营利性角度进行分析。雏鹰农牧2010—2018年投资收益率如图38-1所示。

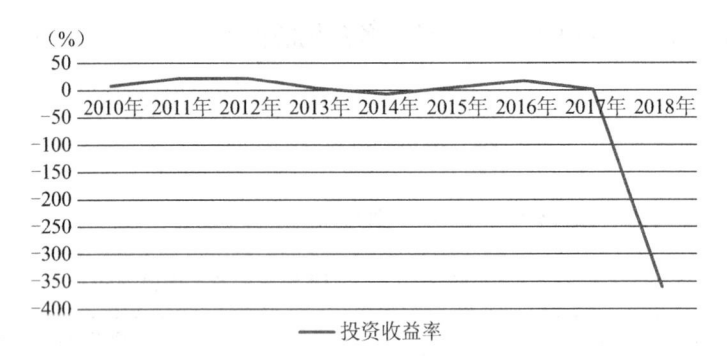

图 38-1　雏鹰农牧 2010—2018 年投资收益率

资料来源：新浪财经。

从前文可以了解到雏鹰的现金投资较多，这在一定程度上占用了大量货币资金。且雏鹰投资方向主要为自身不熟悉的行业，即无关多元化战略，这对于企业来说是极具风险的。同时，通过观察雏鹰2010—2018年投资收益率，可以看出2010—2016年雏鹰农牧的投资收益率都在0的上下徘徊，2016年雏鹰实施多元化战略以来，雏鹰的投资收益率更是直线下降，这不仅说明了雏鹰的长期股份投资质量不佳，也充分说明了雏鹰投资战略的失误。

2.资本结构质量分析

资本结构质量主要体现在企业资金来源的期限构成与企业资产状况的合理性、外来融资要求及企业未来发展的适应性，优质的资本结构会成为企业长期可持续发展的强大动力和根本保障。雏鹰农牧 2010—2018 年资本结构及比率如表 38-3 所示。

表 38-3 雏鹰农牧 2010—2018 年资本结构及比率

项目 年份	流动资产合计/万元	流动负债合计/万元	流动负债/流动资产（比率）	非流动资产合计/万元	非流动负债合计/万元	非流动负债/非流动资产（比率）
2010	117,983.67	17,088.08	0.14	62,363.86	5,757.16	0.09
2011	136,397.45	55,863.13	0.41	119,004.65	55,863.13	0.47
2012	195,259.95	143,121.79	0.73	251,565.77	83,873.68	0.33
2013	247,640.26	324,698.71	1.31	379,075.42	78,991.87	0.21
2014	247,672.92	305,836.49	1.23	247,672.92	130,266.17	0.53
2015	592,718.11	378,735.08	0.64	425,420.08	168,228.73	0.40
2016	1,243,313.44	692,901.03	0.56	449,489.23	319,828.87	0.71
2017	1,207,878.78	974,216.53	0.81	1,078,108.84	667,371.10	0.62
2018	934,635.18	1,503,081.69	1.61	1,172,110.95	348,441.62	0.30

资料来源：新浪财经。

通过表 38-3 可以看出，除 2013 年、2014 年、2018 年外，从 2010—2018 年，雏鹰流动负债与流动资产的比率都小于 1，由此看出雏鹰的流动负债不足以满足公司流动资产的需求量。从 2010—2018 年，雏鹰非流动负债与非流动资产的比值全都小于 1，这更加充分地说明了雏鹰非流动负债不足以满足公司非流动资产的需求量，超额的非流动资产的需求量必然要求公司增加短期借贷，可见雏鹰资本结构质量不佳。

资本结构质量不佳无疑是会影响企业未来财务的适应性、增加雏鹰财务风险的。从数据可以看出流动负债/流动资产、非流动负债/非流动资产这两个比率一直呈上升趋势，2016 年雏鹰非流动负债/非流动资产更是达到了 0.71，高杠杆会加大企业的财务风险，同时削弱企业的财务弹性，即在巨大负债条件下，银行等金融机构会减少对负债较高企业的借款。这也是雏鹰 2019 年在流动性紧缺的情况下，没有办法筹集流动资金的原因之一。

3. 利润结构质量分析

利润结构质量分析可以从利润的形成过程以及利润的构成方面进行分析。质量良好的企业利润结构首先应与企业的发展战略相吻合。雏鹰前期作为以生猪养殖为主的经营性企业应以经营利润为主，实施多元化战略后逐步转变为以投资为主的投资性企业，此时应以投资收益为主。雏鹰农牧 2010—2018 年利润结构如表 38-4 所示。

表 38-4　雏鹰农牧 2010—2018 年利润结构

年份 \ 项目	营业收入 / 万元	投资收益 / 万元	营业外收入 / 万元
2010	68,296.46	51.69	1,494.57
2011	130,009.46	49.50	1,219.93
2012	158,322.39	95.66	1,778.05
2013	186,807.34	96.52	6,011.53
2014	176,168.47	12,064.60	1,637.39
2015	361,902.12	3,843.37	24,595.09
2016	609,017.21	18,668.55	23,014.79
2017	569,820.44	37,269.66	2,762.38
2018	355,582.90	-2,014.51	3,986.09

资料来源：新浪财经。

通过表 38-4 的数据可以看出雏鹰在 2010—2013 年以营业收入为主，投资收益和营业外收入均占比较小。在此期间，企业的营业收入整体处于上升时期，这与雏鹰以养猪为主的战略模式也是相一致的。2014—2016 年，雏鹰营业收入虽然处于上升阶段，但是由于投资收益的增加，营业收入的占比是大幅下降的。2016 年以后，雏鹰多元化战略投资收益本应该大幅增加，结合 2017 年雏鹰可能存在财务造假行为，反而可以看到投资收益是不佳的，是与企业战略不相符合的。投资风险也较大，2018 年雏鹰投资收益为 -2,014.51 万元，与 2017 年 37,269.66 万元的投资收益相比波动剧烈，也说明投资收益带来的利润具有不稳定性和不可持续性。可以看出雏鹰自实施多元化战略后的利润结构质量不佳。

4.现金流质量分析

一般而言,质量良好的企业现金流量在能维护企业经营活动正常周转的基础上,还应该有足够的现金流量来补偿企业经营性长期资产折旧和摊销,以及支付利息和现金股利等的能力。反之,则企业现金流质量不佳。

第一,经营活动现金流量质量分析。

表 38-5　雏鹰农牧 2010—2018 年经营活动现金流量表

项目 年份	经营活动现金流入 小计 / 万元	经营活动现金流出 小计 / 万元	经营活动产生的现金流量 净额 / 万元
2010	69,665.03	67,114.12	2,550.92
2011	131,043.47	116,221.70	14,821.77
2012	167,862.44	176,951.39	-9,088.95
2013	205,014.23	181,545.74	23,468.48
2014	202,838.11	217,917.98	-15,079.87
2015	385,027.54	412,344.71	-27,317.17
2016	713,535.32	533,178.99	180,356.34
2017	652,874.95	645,249.55	7,625.4
2018	499,175.43	582,527.08	-83,351.64

资料来源:新浪财经。

经营活动现金流量的稳定性分析:通过表 38-5 的数据可以看出,2010—2016 年,现金流入是增加的,而 2016 年实施多元化战略后,现金流入是减少的,可以说明雏鹰多元化并没有带来现金的流入。同时,经营活动产生的现金净流量也呈现出极大的波动性,这一方面反映了养殖行业本身的周期波动性;另一方面也反映了企业主营业务竞争能力较弱,获利能力也较差。

经营活动现金流作为供给企业现金需求的主要来源,呈现这样的波动不利于企业发展,应该引起企业足够的重视。

第二,投资活动现金流量质量分析。

通过表 38-6 的数据可以发现,自 2010 年以来,雏鹰的投资活动产生的现金净流量全部为负值，这意味着企业在构建固定资产、无形资产和其他长期资产、权益性投资等方面所支付的现金之和大于企业在收回投资、处置固定资产、无形资产和其他长期资产而收到的现金净额之和。这说明雏鹰的投资活动处于"入不敷出"的状态，一系列的投资活动在占用大量现金的同时，也几乎没有给企业带来任何的投资收益，这也充分说明了雏鹰全产业链的模式和多元化战略决策是有误的。

表 38-6 雏鹰农牧 2010—2018 年投资活动现金流量表

年份 项目	投资活动现金流入小计/万元	投资活动现金流出小计/万元	投资活动产生的现金流量净额/万元
2010	1,831.80	31,298.33	-29,466.53
2011	1,898.17	60,414.32	-58,516.15
2012	2,567.15	117,929.81	-115,362.66
2013	4,594.41	110,426.30	-105,831.9
2014	10,774.22	107,672.45	-96,898.23
2015	159,824.36	211,349.01	-51,524.65
2016	126,207.42	610,299.79	-484,092.37
2017	379,458.15	943,982.51	-564,524.37
2018	290,987.81	392,869.93	-101,882.13

注：以上数据来源于新浪财经

第三，筹资活动现金流量质量分析。

通过表 38-7 的数据可以发现，雏鹰筹资来源相对单一，且主要是取得借款收到现金，这种以单一的筹资方式为主的筹资活动是不具备可持续性的。同时，以借款为主的筹资方式可能导致过度利用财务杠杆，也会大大增加企业的财务风险。

此外，恰当合理的企业筹资一般需满足筹资渠道多元化。而通过表 38-7 的数据可以发现，2010—2018 年，雏鹰在选择筹资来满足现金需求时，发行债券收到的现金几乎为零。而高额借款必然会增加企业财务风险，这样的筹资行为明显不恰当。同时也可以说明投资者此时已经不再有对雏鹰追加投资的信心，雏鹰也只能通过借款来满足自身需求，尽管这样会加大财务风险。

表 38-7 雏鹰农牧 2010—2018 年筹资活动现金流量表

年份 \ 项目	筹资活动现金流入小计/万元	筹资活动现金流出小计/万元	筹资活动产生的现金流量净额/万元	取得借款收到的现金/万元	发行债券收到的现金/万元	收到其他与筹资活动有关的现金/万元
2010	147,790.00	48,536.89	99,253.11	38,360.00	0.00	0.00
2011	49,850.00	25,513.55	24,336.45	49,600.00	0.00	0.00
2012	183,490.82	77,545.40	105,945.42	143,100.00	39,840.00	0.82
2013	237,640.00	154,371.27	83,268.73	173,600.00	54,780.00	6,500.00
2014	397,922.92	301,935.31	95,987.60	186,600.00	78,480.00	46,364.29
2015	562,085.98	386,164.14	175,921.84	309,633.98	0.00	97,037.00
2016	830,238.35	325,120.91	505,117.44	666,698.35	0.00	22,400.00
2017	1,143,556.45	837,571.79	305,984.66	827,273.99	0.00	352,746.71
2018	870,516.32	758,683.28	111,833.03	565,722.29	0.00	217,050.78

资料来源：新浪财经。

四、防范财务困境的对策研究

（一）合理制定战略、加强投资资产管理

雏鹰在战略执行过程中对于风险的把控能力明显不足，企业要走向强大，投资是必不可少的，但投资是与风险并存的，在投资过程中，风险无处不在无时不有。因此，畜牧类企业在战略执行过程中要时刻注意到自然环境、行业周期以及国家政策的变化，雏鹰正是由于没有考虑到时刻变化着的内外部环境，不根据现实情况及时调整战略，盲目执行而导致企业陷入危机甚至破产退市。

（二）筹资渠道多样化、合理匹配不同期限债务比例

通过分析可以看出，雏鹰主要是通过借款筹资，畜牧类企业在筹资过程中应

避免这样单一的筹资方式，可以通过吸纳投资者投资、发行长期债券等方式来减轻企业债务压力，同时在资本结构方面也需要注意不同期限债务的合理配比。企业所需的流动资产由流动负债来满足，所需的非流动资产尽量由非流动负债来满足，只有这样才能在企业长期投资没有带来收益的情况下也不会由于短期债务而陷入困境。

（三）提高企业经营及盈利能力

经营收入是支撑企业长远发展的根本。经营收入带来的利润具有稳定性、可持续性、充足性。以生猪养殖走向强大的雏鹰实施多元化战略后，在新进入的行业并不具备竞争力，企业在进行多元化战略时要考虑到是否有能力在进入行业后能够夺取一定市场份额，获取利润，还应提升企业的理财能力，这也是企业提高盈利能力的一部分。

（四）加强现金管理

任何一家企业都不能脱离现金而存在，一旦陷入资金短缺会给企业生产经营带来极大的损失。在传统现金管理模式下，企业往往只是注重现金的统一调度使用，而对投资后的项目疏于管理，最终致使一些投资项目变成了消耗现金流量的无底洞。因此，畜牧类企业需要加强对现金的管理，对于现金的使用要尽可能做到：合理计划、科学运作、不断提高现金的利用率。同时，企业在日常经营或者投资过程中也应该做到尽可能节约现金支出，不需用现金的经营活动坚决不去使用现金，需要现金的活动也尽量采取各种可能的措施去推迟支付、提前收款。

参考文献：

[1] Arthur S D. The Financial Policy of Corporations：Failure and Reorganization[M]. Berlin：Press，1952.

[2] 孔浩．公司战略并购及其风险分析 [J]．经济师，2011(7)：255-256.

[3] 李富永．从富贵鸟和雏鹰农牧"折翅"看企业脱实向虚之害 [N]．中华工商时报，

2019-08-28(3).
[4] 侯冰心. 轻资产企业资本结构对财务绩效影响及优化路径研究 [D]. 北京：首都经济贸易大学，2017.
[5] 董亚明. 企业财务风险原因与防控措施研究 [J]. 科技经济导刊（中），2019(9)：94-95.
[6] 钱文华. 资本结构与财务风险浅析 [J]. 时代经贸，2019(9)：81-82.
[7] 王晓霞. 企业财务安全与流动性关系研究 [J]. 财会通讯，2017(23)：45-47.
[8] 谭继媛. 乐视网资金链断裂的财务后果研究 [D]. 哈尔滨：东北农业大学，2019.
[9] 刘祺昕. 京东集团盈利模式及其财务战略的选择研究 [D]. 西安：西安科技大学，2019.

三十九　制造业上市公司所得税优惠对企业创新投入的影响研究[1]

管华清[2]

摘要：近年来，结构性失衡成为我国经济面临的主要问题，我国亟须促进制造业企业转型升级、增强其自主创新能力。因此，国家制定了一系列的所得税优惠政策促进制造业企业提高创新投入。那么，这些政策的效果如何？本文选取制造业2011—2019年的面板数据，运用多元回归模型和固定效应模型，对所得税优惠对创新投入的影响进行了实证分析，研究结论如下：（1）企业所得税优惠与企业创新投入呈正相关关系；（2）制造业企业中所得税优惠与小规模企业的创新投入的正相关性更强；（3）制造业企业中所得税优惠与非国有企业创新投入的正相关性更强。

关键词：企业所得税优惠；创新投入；制造业

一、引言

创新是企业生存发展的灵魂，制造业作为实体经济的支柱产业对我国经济发展起着决定性的作用。同时我国有着消费动力不足、生产过剩的矛盾问题，要

---

[1] 基金项目：北京印刷学院平台建设项目：互联网信息内容第三方审核模式研究（项目编号：Ef202004）。
[2] 管华清，女，会计硕士，研究方向：财务管理。

求制造企业进行"质"的创新,通过创新驱动产品更新提高产品质量,满足消费者需求,缓解结构性失衡的压力。为此国家相继出台了多种所得税税收优惠以促进企业增加创新投入,但这些税收政策是否达到了预期的效果?对企业创新投入能产生什么样的效应?这些问题均需要进行实证的分析和检验。因此,本文进行实证研究,对企业合理利用税收优惠进而提升创新投入有一定的理论意义和现实价值。

二、文献综述

一方认为税收优惠政策能促进企业创新投入。Kasahara H et al.(2014)选取面板数据,运用 GMM 模型得出税收优惠政策给企业的技术创新带来正向影响[1]。邢会等(2021)对中国 A 股数据进行分析,运用 DID 和 PSM 等方法对政府创新激励政策的实施效果进行研究,得到税收优惠政策对企业实质性的创新具有积极意义的结论[2]。另一方则认为税收优惠政策与企业创新投入的关系不明显。李爱鸽等(2013)运用脉冲响应函数等多种不同的方法分析得到税收优惠政策对企业创新投入的影响比较微弱的结论[3]。Brown et al.(2017)选取广泛样本数据,得到了税收优惠与企业创新投入负相关的结论[4]。

这些研究对税收政策与企业创新分析,为本文提供了方向。而目前,我国税收政策变化较大,在此背景下,我国所采用的税收优惠政策对企业的创新投入能产生什么样的效应?本文将通过实证分析研究得到结论。

三、研究设计

(一)提出假设

1. 企业所得税优惠对创新投入的影响

创新活动具有资金约束、外部溢出、收益不确定等缺点和风险。所得税的作用发挥主要针对以上缺点。一是采取研发费用的加计扣除政策、固定资产(企业创新研发设备）加速折旧政策等，减免研发过程的各要素的成本，缓解创新研发过程中的资金压力；二是对企业创新收入进行减免税优惠，最终增加企业税后利润，如高新技术企业减按 15% 税率征收所得税，提高创新收益；三是通过固定资产加速折旧、研发费用的额外扣除等，降低资本占用和不可回收风险。

因此，本文提出 H1：企业所得税优惠与企业创新投入呈正相关关系。

2. 企业规模差异

小规模企业相对于大规模企业来说，缺少稳定现金流，融资渠道单一，创新活动却需要大量资金持续投入。同时小规模企业的技术开发流程、研发制度都不够完善，缺少应对突发风险的准备。综合来说，小规模企业的创新困难重重，然而在市场竞争中，小规模企业却更需要进行技术创新以在激烈的市场环境中谋得一席之地。

当政府施行所得税等相关税收优惠政策，能及时为小规模企业分担部分风险，直接影响就是缓解其资金压力，降低创新投资成本，降低企业失败后风险，从而激励小规模企业增加创新投入。

因此，本文提出 H2：制造业企业中所得税优惠与小规模企业的创新投入的正相关性更强。

3. 企业产权差异

首先，国有企业是中国特色社会主义的支柱，具有先天的"政治优势"，更容易获得政策倾斜和财政支持。这种优惠待遇下的国有企业市场开拓意识都会受限，也会有组织冗余等问题，会影响创新效果。其次，相比于国有企业，非国有企业则有着融资渠道较窄、信用资质较弱的问题，当实施企业所得税优惠政策时，可以缓解其资金压力，释放其创新活力。

综上，本文提出 H3：制造业企业中所得税优惠与非国有企业创新投入的正相关性更强。

（二）数据来源

本文所有原始数据均收集于国泰安数据库，选取 2011—2019 年 9 年的全部

A 股制造业上市公司为研究对象,为了得到完整准确的面板数据,本文对原始数据做以下剔除处理:剔除被标记为 ST 的企业;剔除 2011 年后上市的企业;剔除数据异常的企业。本文运用 Excel 和 STATA.16.0 对数据进行处理,最终得到 813 家公司 6558 个样本数据。

(三)变量设计

1. 被解释变量

衡量企业的技术创新投入有绝对值和相对值两种指标。由于企业规模等自身条件不同会使得绝对值的结果不公允,而 Cerulli et al.(2012)认为企业技术创新投入的相对值在模型中应用的稳定性更高[5]。因此采用研发费用占主营业务收入比(RD)作为被解释变量的代理指标。

2. 解释变量

本文参考郭春立(2015)学者的文献,采用企业实际所得税税负为研究指标[6]。以企业所得税对数值(LNCITAX)为代理变量进行回归分析。

3. 控制变量

本文选取资产负债率(DAR)、企业资产规模对数值(LNSIZE)、经营现金流量(CFOA)、有形资产比重(NTA)以及销售费用率(SER)为控制变量。变量类别、变量名称、变量释义以及变量的计算方法如表 39-1 所示。

表 39-1 变量类别、变量名称、变量释义以及变量的计算方法

变量类别	变量名称	计算方法
被解释变量	创新投入强度(RD)	研发费用/主营业务收入
解释变量	企业所得税实际税负(CITAX)	(企业当年所得税费用+递延所得税资产-递延所得税负债)/[利润总额+(递延所得税资产-递延所得税负债)]/适用税率
	企业所得税对数值(LNCITAX)	Ln(所得税费用-递延所得税)

续表

变量类别	变量名称	计算方法
控制变量	资产负债率（DAR）	期末总负债/期末总资产
	企业资产规模对数值（LNSIZE）	Ln（期末总资产）
	经营现金流量（CFOA）	经营活动产生的净现金流量/（期末总资产+起初总资产）×½
	有形资产比重（NTA）	期末有形资产/期末总资产
	销售费用率（SER）	销售费用/营业收入

（四）模型构建

基于上述813家A股制造业上市公司的数据，为研究企业所得税优惠与制造业上市公司技术创新投入的影响，本文运用多元线性回归和固定效应模型，设定的面板数据模型如下所示。

$$RD_{it}=\beta_0+\beta_1 CITAX_{it}+\beta_2 DAR_{it}+\beta_3 LNSIZE_{it}+\beta_4 CFOA_{it}+\beta_5 NTA_{it}+\beta_6 SER_{it}+\pi_i+\varphi_i \quad (39-1)$$

$$RD_{it}=\beta_0+\beta_1 LNCITAX_{it}+\beta_2 DAR_{it}+\beta_3 LNSIZE_{it}+\beta_4 CFOA_{it}+\beta_5 NTA_{it}+\beta_6 SER_{it}+\pi_i+\varphi_i \quad (39-2)$$

其中，RD_{it} 表示 i 企业 t 年的创新投入，$CITAX_{it}$ 表示 i 企业 t 年企业所得税实际税负，$LNCITAX_{it}$ 表示 i 企业 t 年企业所得税对数值。控制变量包括资产负债率 DAR_{it}、企业规模 $LNSIZE_{it}$、经营现金流 $CFOA_{it}$、有形资产比重 NTA_{it}、市场竞争 SER_{it}。π_i 表示个体固定效应，φ_i 表示随机扰动项。

本文在进行回归分析前，根据F检验和Hausman检验进行判断，最终得到P=0.0000的结果，选取固定效应模型进行回归分析。

四、实证检验与结果分析

（一）描述性统计

如表39-2所示。

表 39-2　描述性统计

变量	均值	标准差	最小值	最大值
RD	0.0600	0.0520	0.0000	0.7400
CITAX	0.2040	0.0900	-0.0390	0.5930
LNCITAX	17.4201	1.7010	11.6402	21.4601
DAR	0.4480	0.1890	0.0660	0.8810
LNSIZE	22.36	1.231	20.01	25.80
CFOA	0.0590	0.0720	-0.1380	0.2650
NTA	0.9390	0.0610	0.643	1.0000
SER	0.0770	0.0920	0.0020	0.4700

根据变量描述性统计分析结果可知，创新投入强度（RD）最小值为 0.0000，最大值为 0.7400，均值为 0.0600，标准差为 0.0520；企业所得税实际税负（CITAX）的最小值为 -0.0390，最大值为 0.5930，均值为 0.2040，标准差为 0.0900；企业所得税对数值（LNCITAX）的均值为 17.4201，标准差为 1.7010，最小值为 11.6402，最大值为 21.4601。样本企业之间创新投入强度差异较大，可能是由规模、产权等因素所导致的。企业税负差异也较为显著，这反映出不同企业间的企业所得税税收优惠差别较大。

（二）相关性检验

如表 39-3 所示。

表 39-3　相关性检验

	RD	CITAX	DAR	LNSIZE	CFOA	NTA	SER
RD	1.000						
CITAX	-0.076***	1.000					
LNCITAX	-0.060***	-0.109***	1.000				
DAR	-0.059***	0.168***	0.112***	1.000			
LNSIZE	0.112***	0.037***	0.721***	0.422***	1.000		
CFOA	0.026**	-0.066***	0.294***	-0.197***	0.084***	1.000***	
NTA	-0.080***	-0.001*	-0.036***	0.101***	0.027**	-0.027***	1.000
SER	0.064***	-0.017*	0.077***	-0.257***	-0.115***	0.125***	-0.185***

注：* $p<0.1$，** $p<0.05$，*** $p<0.01$

表39-3列示了Pearson检验的结果,解释变量企业所得税实际税负（CITAX）与企业所得税对数值（LNCITAX）的相关系数都为负值,且都通过了1%水平下的显著性检验,结果表明企业所得税实际税负（CITAX）、企业所得税对数值（LNCITAX）与创新投入强度（RD）呈负相关关系,两者的回归系数为-0.076,表明企业所得税实际税率每下降1个单位,企业的创新投入将增加0.076个单位,证实了企业所得税优惠政策有积极意义。

（三）回归结果分析

（1）整体回归结果分析如表39-4所示。

表39-4　整体回归结果

	模型（1）	模型（2）
CITAX	-0.002*** （-3.75）	
LNCITAX		-0.009*** （-7.13）
DAR	-0.006*** （-3.27）	-0.009*** （-4.49）
LNSIZE	0.012*** （31.33）	0.014*** （32.11）
CFOA	0.008** （2.57）	0.0012*** （3.70）
NTA	0.012*** （2.58）	0.012*** （2.64）
SER	0.045*** （7.68）	0.044*** （7.59）
_cons	-0.276*** （-26.06）	-0.284*** （-26.86）
年度	Control	Control
样本数	6558	6558
调整 R^2	0.1799	0.1851
F（Wald Chi2）	210.359	217.814

注：* $p<0.1$,** $p<0.05$,*** $p<0.01$

表 39-4 列示了企业所得税优惠对整体企业创新投入的影响,企业所得税优惠与企业创新投入具有正相关关系。解释变量企业所得税实际税负(CITAX)与企业所得税对数值(LNCITAX),其回归系数分别为 -0.002 和 -0.009,且都在 1% 的水平下显著,表明企业所得税实际税负与创新投入呈负相关关系。即企业所得税税负越低,享受的税收优惠越多,技术创新的资金成本越小,企业创新投入行为也就越积极,也就更能开展技术创新活动,激发企业活力,验证了 H1。

(2)规模回归结果分析如表 39-5 所示。

表 39-5 规模回归结果

	模型(1)		模型(2)	
	大规模企业	小规模企业	大规模企业	小规模企业
CITAX	−0.005* (−1.79)	−0.013*** (−3.51)		
LNCITAX			−0.001*** (−4.00)	−0.002*** (−4.90)
DAR	−0.007*** (−2.30)	−0.008** (−2.97)	−0.008*** (−3.44)	−0.013*** (−3.47)
LNSIZE	0.010*** (14.35)	0.016*** (22.16)	0.011*** (14.75)	0.018*** (22.29)
CFOA	0.002 (0.44)	0.014*** (2.92)	0.004 (0.96)	0.018*** (3.69)
NTA	0.007 (1.44)	0.035*** (3.31)	0.007 (1.41)	0.036*** (3.42)
SER	0.030*** (4.18)	0.080*** (6.50)	0.030*** (4.21)	0.075*** (6.10)
_cons	−0.219*** (−12.72)	−0.407*** (−19.16)	−0.225*** (−13.05)	−0.411*** (−19.37)
年度	Control	Control	Control	Control
样本数	3279	3279	3279	3279
调整 R^2	0.0882	0.1742	0.0925	0.1777
差异性检验	27.92***		13.24***	
F(Wald Chi2)	43.615	96.079	45.944	98.431

注:* $p<0.1$,** $p<0.05$,*** $p<0.01$

表39-5列示了企业所得税优惠对不同规模企业创新投入的影响。本文对企业的规模划分采取了企业总资产的对数值这一变量，即企业资产规模对数值（LNSIZE）。其中，以中位数对6,558条样本数据进行分组，高于中位数的为大规模企业，低于中位数的为小规模企业。根据模型结果可以得知，小规模企业的回归系数显著小于大规模企业，且通过了1%的显著性水平检验，而大规模企业通过了5%的显著性水平检验。同时基于似无相关模型的检验方法（Suest）对分组回归后的组间系数进行差异性检验，两个模型的组间系数检验均在1%的水平下显著，通过了差异性检验，表明小规模企业的正相关性更强，验证了H2。

（3）企业产权差异的回归结果分析如表39-6所示。

表39-6 产权分组回归结果

	模型（1）		模型（2）	
	非国有企业	国有企业	非国有企业	国有企业
CITAX	-0.009*** （-3.08）	-0.007* （-1.74）		
LNCITAX			-0.002*** （-6.19）	-0.001*** （-2.95）
DAR	-0.014*** （-5.11）	-0.002 （0.62）	-0.016*** （-5.70）	-0.001 （-0.40）
LNSIZE	0.013*** （23.48）	0.012*** （21.95）	0.015*** （23.32）	0.012*** （20.86）
CFOA	0.011** （2.52）	0.006 （1.36）	0.013*** （2.96）	0.011** （2.28）
NTA	0.024*** （4.60）	0.003 （0.36）	0.024*** （4.69）	0.002 （0.25）
SER	0.060*** （7.86）	0.026** （2.51）	0.060*** （7.87）	0.024** （2.26）
_cons	-0.312*** （-21.13）	-0.256*** （-16.12）	-0.322*** （-21.95）	-0.258*** （-16.21）
年度	Control	Control	Control	Control
样本值	3188	3370	3188	3370
调整 R^2	0.2007	0.1589	0.2107	0.1587
差异性检验	13.21***		10.16***	
F（Wald Chi2）	115.901	91.634	123.251	91.486

注：* $p<0.1$，** $p<0.05$，*** $p<0.01$

表 39-6 列示了企业所得税优惠对于不同产权性质企业创新投入的影响。本文根据企业产权性质的不同将样本企业划为国有企业和非国有企业。根据模型（1）的结果可知，企业所得税实际税负对非国有企业创新投入的回归系数为 -0.009，并且在 1% 的水平内显著，而对国有企业创新投入的影响系数为 -0.007，且在 10% 的水平内显著。同时基于似无相关模型的检验方法（Suest）对分组回归后的组间系数进行差异性检验，两个模型的组间系数检验均在 1% 的水平下显著，通过了差异性检验。表明非国有企业的企业所得税优惠与企业创新投入的正相关性更强，支持了 H3。

五、结论与建议

企业所得税优惠能够降低创新投资成本、提高创新收益以及降低创新投资风险，以弥补创新活动带来的缺点与风险，能促进企业增加创新投入。同时，规模和产权性质的不同会影响企业所得税优惠政策的效果，小规模企业和非国有企业的企业所得税优惠对创新投入的激励作用更显著。据此提出以下建议。

首先，可以扩大企业所得税政策的应用范围，逐步放宽企业所得税减免政策的行业、时间限制，降低适用"门槛"，将企业所得税减免政策红利惠及各行各业。其次，关注企业异质性对政策效果的影响，规模、产权等的不同影响企业政策的激励作用。为了减少资源错配，政府制定税收优惠政策时，要考虑企业异质性的影响，将资源向中小非国有企业倾斜。另外企业也要充分发挥其主观能动性，准确把握机会，跟紧国家税收政策优惠的脚步，灵活运用具体优惠措施，重视税务规划，综合考量税收优惠政策，将企业创新成本降至最低。

参考文献：

[1] Hiroyuki Kasahara，Katsumi Shimotsu. Does an R&D Tax Credit Affect R&D Expenditure? The Japanese R&D Tax Credit Reform in 2003[J]. Journal of the Japanese &International Economics，2014(31)：72-97.

[2] 邢会，王飞，郭辉丽，张金慧，谷江宁. 税收优惠、企业异质性与实质性创新——来自中国 A 股上市公司的微观数据 [J]. 会计之友，2021(10)：22-29.

[3] 李爱鸽，钟飞. 财政补贴与税收优惠对企业研发投入影响的定量分析 [J]. 管理现代化，2013(4)：13-15.

[4] Brown，Martinsson，Gustav，Petersen. What Promotes R&D? Comparative Evidence from Around the World[J]. Research Policy 2017(2)：447-462.

[5] Giovanni Cerulli，Bianca Potì. Evaluating the Robustness of the Effect of Public Subsidies on Firms' R&D：An Application to Italy[J]. Journal of Applied Economics，2012，15(2).

[6] 郭春立. 税收优惠对创业板上市公司创新绩效的影响研究 [D]. 徐州：中国矿业大学，2015.

四十 利益相关者视角下企业履行社会责任的财务绩效研究

——以宝钢股份为例

李开玲[①]

摘要：随着社会的发展，企业要履行社会责任已经不只是道德层面的要求，也将对企业财务绩效产生重要影响。本文在查阅大量文献后，从利益相关者的角度以宝钢股份为例进行实例分析，并提出一系列有针对性且切实可行的建议。研究结果表明：宝钢股份积极承担自身的社会责任将会在整体上提升企业财务绩效。本研究也在一定程度上为企业应该如何履行社会责任提供了借鉴建议。

关键词：企业社会责任；财务绩效；宝钢股份

一、引言

企业的正常运营能够为社会带来源源不断的财富，如果能够清晰地界定企业自身与利益相关者之间的关系，积极履行社会责任，并结合自身实际情况充分利用资源投入生产经营，将会树立良好的品牌形象，提高企业的竞争力，获得更大的发展空间。本论文旨在研究企业履行社会责任对企业财务绩效[1]的影响，并

---

① 李开玲，女，会计硕士，研究方向：资本运营。

结合会计专业硕士立足于案例研究的理念，选择以宝钢股份为例，分析其履行社会责任对企业财务绩效的影响，对企业在自身发展经营过程中应该如何实现合理、健康的长远发展具有指导意义。

二、利益相关者理论

利益相关者理论[2]指出，企业在发展过程中要注意那些与企业相互影响的组织及个人。除了企业的所有者之外，企业的股东、债权人、员工、消费者和供应商等都是企业的利益相关者。大多数国内外学者认为根据该理论研究企业社会责任具有可行性，由于企业的社会责任从整体上全面客观地把握比较困难，而该理论将各利益相关者的责任分解，解决了如何衡量和评价企业社会责任履行情况这一难题。

据此，本文在利益相关者理论的基础上，从股东、债权人、员工、社会环境四个方面对宝钢股份的社会责任进行研究和评价。

三、宝钢股份的基本情况

（一）公司简介

宝山钢铁股份有限公司（以下简称"宝钢股份"）是一家专注于钢铁业的公司，主要钢铁产品分为碳钢、不锈钢和特殊钢三大类。宝钢股份始终将"创新、协调、绿色、开放、共享"作为其发展理念。该公司拥有享誉世界的品牌和全球一流的技术水平。

（二）公司发展历程

2000年2月，上海宝钢集团公司独家成立了宝钢股份。于同年12月上市，场所是上海证券交易所，股票代码为600019。截至2016年9月，宝钢股份的总资产达到26,687,294.97元。为了贯彻国家钢铁行业去产能及加大钢铁行业的产业集中度的政策，宝钢股份于2017年2月吸收合并武钢股份。2019年9月以市场化方式对马钢集团实施联合重组，使企业的竞争力得到了进一步的提高。

四、宝钢各利益相关者的财务绩效指标选取

（一）对股东履行责任的财务指标

企业良好的盈利能力可以给股东[3]带来更多的可分配利润，履行对股东的责任最直观的体现就是不断地为股东创造价值。由于净资产收益率反映的是企业获得净收益的能力，每股收益反映的是普通股股东每持有一股所享有的当年企业净利润，这两个指标都可以较为直观地体现出企业为股东创造的价值，因此本文选取净资产收益率和每股收益衡量对股东的社会责任。净资产收益率和每股收益计算见公式（40-1）和公式（40-2）。

$$净资产收益率 = \frac{息税前利润}{资产总额} \times 100\% \quad (40\text{-}1)$$

$$每股收益 = \frac{归属于普通股股东的当期净利润}{当期发行在外的普通股的加权平均数} \quad (40\text{-}2)$$

（二）对债权人履行责任的财务指标

为了满足生产经营和发展战略的需要，宝钢股份也会接受债权人的借款。由于流动比率可以较为准确地反映企业流动资产和流动负债的关系，速动比率可以衡量企业流动资产中能够立刻折现以用于偿还流动负债的能力，应付账款周转率[4]可以反映企业的市场地位，而利息保障倍数是企业举债经营的前提，是企业获利能力对偿还到期债务的保证。这四个指标都可以较为直观地体现出企业为债权人创造的价值，因此本文选取净流动比率、速动比率、应付账款周转率和利息保障倍数作为衡量企业对债权人履行社会责任的财务指标，具体计算见公式（40-3）、公式（40-4）、公式（40-5）、公式（40-6）。

$$流动比率 = \frac{流动资产}{流动负债} \times 100\% \quad (40\text{-}3)$$

$$速动比率 = \frac{流动资产 - 存货}{流动负债} \times 100\% \qquad (40\text{-}4)$$

$$应付账款周转率 = \frac{主营业务成本}{应付账款} \times 100\% \qquad (40\text{-}5)$$

$$利息保障倍数 = \frac{息税前利润}{利息费用} \qquad (40\text{-}6)$$

(三) 对员工履行责任的财务指标

员工在企业的生产经营过程中起着举足轻重的作用,其业务能力的提升有利于企业更好发展,其归属感和满意度对公司的发展也十分重要。员工的工资水平与员工的自身利益密切相关,企业应及时定期地为员工发放工资,相应地提高员工工资水平,员工福利率越大表明企业对员工责任的履行程度越好。因此本文选取的企业对债权人履行社会责任的财务指标是员工福利率,具体计算见公式(40-7)。

$$员工福利率 = \frac{为职工支付的现金}{营业收入} \times 100\% \qquad (40\text{-}7)$$

(四) 对社会与环境履行责任的财务指标

宝钢股份是一家重污染企业,在生产过程中排放的工业废料会对环境造成负面影响,虽然企业节能减排可能会使短期的财务绩效下降,但长远来看会产生很大的价值。环保贡献率越大表明企业对环境履行了越多的责任。公益贡献率在一定程度上反映企业的回报社会度。因此,本文选取环保贡献率和公益贡献率衡量对社会与环境的社会责任,具体计算见公式(40-8)、公式(40-9)。

$$环保贡献率 = \frac{环保支出}{营业收入} \times 100\% \qquad (40\text{-}8)$$

$$公益贡献率 = \frac{对外捐赠}{营业收入} \times 100\% \qquad (40\text{-}9)$$

五、宝钢股份利益相关者视角下财务绩效指标的计算与分析

（一）数据来源

此数据来源于宝钢股份 2015—2019 年披露的年报和企业社会责任报告。通过对相关数据的计算，得出分析所使用的指标。数据如表 40-1、表 40-2 所示。

表 40-1　宝钢 2015—2019 年数据统计表　　　　　单位：百亿

指标＼年份	2015	2016	2017	2018	2019
净利润	0.71	0.92	2.04	2.33	1.38
发行在外普通股加权数	164	164	221	221	221
净资产	12.42	12.22	16.03	18.2	18.8
利润总额	1.76	1.18	2.4	2.78	1.50
营业收入	16.38	18.5	28.91	30.48	29.16
应付账款	2.14	3.49	2.92	2.97	2.94
实际支付的各项税费	0.57	0.65	1.34	1.32	1.34
为员工支付的现金	0.92	0.96	1.45	1.54	1.60
对外捐赠	0.001	0.002	0.002	0.003	0.004
环保支出	0.38	0.40	0.80	0.86	0.09
利息费用	0.19	0.44	0.37	0.31	0.33
主营业务成本	14.93	16.18	24.884	25.91	25.99

资料来源：宝钢股份 2015—2019 年公司年报和企业社会责任报告。

表 40-2　2015—2019 年宝钢股份计算指标表

指标＼年份	2015	2016	2017	2018	2019
每股收益率	0.0600	0.4100	0.8600	0.9600	0.5600
净资产收益率	0.0090	0.0768	0.1224	0.1271	0.0705
流动比率	0.76	0.85	0.82	0.90	0.98
速动比率	0.32	0.28	0.43	0.48	0.44
应付账款周转率	7.0689	4.6279	8.5204	8.7274	8.8322
利息偿付倍数	1.9867	3.5951	7.4952	10.0895	8.3546
员工福利率	0.0560	0.0516	0.0500	0.0506	0.0521

续表

指标 年份	2015	2016	2017	2018	2019
公益贡献率	0.0001	0.0001	0.0001	0.0001	0.0001
环保贡献率	0.0234	0.0214	0.2779	0.2836	0.2877

资料来源：作者计算。

（二）指标计算与比较分析

1. 对股东责任的财务指标分析

从每股收益的角度来看，宝钢股份每股收益的变化情况同企业的净利润和营业收入的波动趋势基本相符。2016年以前由于受金融危机的影响，钢铁行业出现产能过剩现象，所以宝钢股份每股收益略低，行业发展不景气。而2016年之后，宝钢合并武钢的举动使得其自身掌握了更多的行业话语权，每股收益也在不断提高，直到2019年稍有回落。

从净资产收益率的角度来看，宝钢股份该指标的变化较为明显。一方面，受行业产能过剩的影响，铁矿石价格出现大幅下降；另一方面，其多家子公司出现连年亏损的现象。从2016年开始，资产整合升级使宝钢的净资产收益率明显上涨。直到2019年，供应商提供原料成本飙升，而下游客户需求减少，导致利润受到影响，使净资产收益率出现下降的情况。

对股东的责任方面，由于宝钢股份积极履行对股东的责任，使得公司的每股收益和净资产收益率自2015—2018年呈现逐年上升的趋势，2019年受不可控因素的影响相关指标出现回落，但近5年来这两个指标虽然有所变动，但公司未出现亏损。因此，积极履行社会责任会对企业财务绩效产生正面相关影响。

2. 对债权人责任的财务指标分析

自2015年开始，宝钢股份的速动比率变化明显，流动比率基本逐年提高。即使短期偿债能力得到了一定的提高，但两个指标值始终没有超过1，其短期偿债能力远远低于工业行业最优值2，说明宝钢股份的短期偿债能力一般。

从应付账款周转率来看，自 2016 年至今，宝钢股份的应付账款周转率逐年提高，资金的周转天数减少，资金利用率有所提升，但相对来说宝钢的资产利用效率还是不高，需要进一步提升。

从利息偿付倍数看，2015 年的利息偿付倍数最高，说明企业偿还负债利息的能力强，伴随着 2016 年的产业结构升级和企业合并，这一指标逐渐稳定上升。

综上，虽然宝钢股份的短期偿债能力有待进一步提高，但特殊的行业性质使得宝钢利用营业利润偿还负债利息的能力强，说明企业有较好的长期偿债能力。因此，宝钢股份积极承担对债权人的社会责任，使得企业的相关财务绩效指标逐年上升。

3. 对员工责任的财务指标分析

员工福利率是企业向员工履行责任的最直接的方式，而福利薪酬则是企业履行对员工的社会责任的最现实的表达，因此员工福利率的高低一直是员工非常关注的事情。从宝钢股份的员工福利率来看，该指标没有受到其他因素的干扰，始终保持比较稳定的状态，就算是在 2015—2016 年企业内部变动十分剧烈的情况下，也基本维持在总营收的 5% 左右，远远高于同行业的其他企业。

综上，宝钢股份在履行对员工责任方面做得比较好，能够为员工发放高额的福利，这使得员工福利率维持在较高水平。

4. 对社会与环境责任的财务指标分析

从公益贡献率来看，该指标近 5 年来始终为 0.0001，自 2006 年起宝钢每年都有发布企业社会责任报告，这说明了宝钢股份坚持做公益，并且在做公益方面的捐赠额始终保持稳定。

从环保贡献率来看，作为我国重污染行业内规模最大的企业，宝钢股份始终做节能环保的先行军。环保贡献率总体呈现了较为稳定的波动上升趋势，就比率来看虽然占比不大，但考虑到宝钢每年营业收入巨大，可以看出其每年在环保上支出的金额十分可观。特别是到 2016 年以后，投入比例更是不断加大，重视环保设施与工艺的全面升级改造。2018 年，宝钢股份污染物排放量大幅下降。

综上，宝钢股份的公益贡献率维持在高水平的稳定状态，环保贡献率这一指标也呈现上升的趋势。这两个指标的高水平可以体现出宝钢股份在对社会和环境方面的社会责任履行问题上始终给予高度重视，这也在一定程度上影响企业的财务绩效。

六、对宝钢股份履行社会责任的建议

（一）保障股东利益

公司的发展离不开股东的支持与配合，宝钢股份需要搭建方便快捷的交流路径，多方式、多渠道为股东提供信息。宝钢股份应该认真实施董事会的有关提案，优先考虑与股东利益直接相关的分红问题，把每年分红不低于当年净利润的40%这一决议落到实处，使股东获得丰厚的投资报酬，以此来保障其投资意愿。如果能够积极履行对股东的社会责任，把上述所提到的方法落到实处，那么将会留住更多原有的股东，为企业赢得更多的投资，使企业的财务绩效得到提高。

（二）关注债权人权益

企业应该对债权人提出的意见给予高度重视，可以定期举办有针对性的企业业绩说明会，保证企业高层悉数到会，认真聆听他们的想法，多与债权人沟通、交流，重视小债权人的建议。当然，对于企业的还债率和偿债率等重要指标要做到第一时间在相关渠道上发布，自觉公开企业的财务信息，提高公司经营成果和决策相关信息的透明度，消除债权人的后顾之忧，更好地对债权人履行社会责任，进而影响公司的财务绩效。

（三）提高员工满意度

考虑到钢铁行业的特殊性，宝钢股份在为员工提供应有的待遇和福利的同时，也要优先考虑员工的生命健康，在新员工入职前进行培训，避免相关疾病的发生，定期为员工提供免费体检。同时，要注意员工自身素质的培养，可以组织技能培训，并鼓励员工不断学习，对作出技术改造或钻研出新方法的员工给予现金奖励，为企业的发展注入新的动力，使企业在履行对员工责任的同时又可以提高自身财务绩效。

（四）关注环保与公益

宝钢股份要重视环保，积极响应国家号召，践行可持续发展的理念，不能因小失大，只注重自身利益而将环境保护置于不顾。特别是钢铁企业作为重污染行业，更应该注重技术革新，降低碳排放量。对于社会责任的履行方面，完整披露公司在履行社会责任中投入的资金量和捐赠数额，详细阐明与社会责任贡献率相关的指标，具体到参加了什么公益活动，捐款的后续使用情况，将所做落到实处，企业不环保和公益方面的投入会提高社会对企业文化的认知，进而提升企业的绩效。

七、小结

通过对宝钢股份的研究可以发现，积极地履行社会责任可以对公司财务绩效产生正面的影响。虽然宝钢股份能够比较积极地履行社会责任，但依旧存在可视化的信息量少，相关制度存在不完善、不全面的问题。基于此，本文针对宝钢应该如何履行社会责任从多个方面给出了相应的建议，希望宝钢股份能够积极履行社会责任，为企业的发展注入源源不断的生机与活力。

参考文献：

[1] 李皓然. 企业履行社会责任对财务绩效的影响研究 [D]. 长沙：中南林业科技大学，2020.

[2] 许伊夏. 企业社会责任对企业经营绩效的影响研究 [D]. 广州：华南理工大学，2020.

[3] 黄雨薇. 企业社会责任视角下内部控制对企业绩效的影响研究 [D]. 湘潭：湘潭大学，2018.

[4] 余子谨. 食品行业公司履行社会责任对公司价值的影响研究 [D]. 石家庄：河北经贸大学，2018.

四十一　国有文化传媒企业社会责任报告分析

——以中原出版传媒集团为例

马玮玮[①]

摘要：国有企业作为我国社会经济发展的重要部分，是社会主义国家意志的重要反映，而国有文化传媒企业这一特殊称呼使得企业必须肩负与一般公司更不同的社会责任。因此，本文将以中原出版传媒集团为案例，通过分析国有文化传媒企业近年来履行社会责任和执行状况，对其出具的社会责任报告进行分析，最后对中原出版传媒集团社会责任做出评价，给予公司未来管理与发展的建议。

关键词：中原出版传媒集团；国有文化传媒企业；社会责任；责任报告分析

一、引言

（一）选题背景

社会责任对公司的行为与目标做出了更进一步的要求，在传统的公司目标（即将利润创造作为目的，并且根据法律的规定对股东和员工承担应负的责任，）的基础上，社会责任更进一步要求企业还要对环境、社区以及消费者承担责任。而这一定义是对普遍企业履行社会责任时所提出的要求，作为国有文化传媒企业，

---

① 马玮玮，女，会计硕士，研究方向：会计制度与会计实务。

其承担的不仅仅是文化传播的责任，对于国家文化发展与社会发展还有着更为重要的责任。

（二）选题意义

企业的社会责任，是指公司在产品运营过程中对各种利益相关者所承担的义务与职责。国有文化传媒企业作为一种重要力量，正行走在构建社会主义先进文化体系的大道上，它已经承载了我国赋予的社会责任和使命感，已经成为中国文化中很重要的一环，所以国有文化传媒企业应该把榜样带动和表率引领功能加以发挥，主动而积极地承担社会责任，同时始终牢牢贯彻企业效益第一的宗旨，努力实现企业经济效益与社会效益相一致的目标。

二、文献综述

伏爱兰（2021）指出，出版作为一种重要的文化传播方式，担负着宣传思想工作的重要责任，是推动中国特色社会主义文化发展的主力军。出版社是国家宣传意识形态最重要的文化部门，是重要的思想阵地，也承担着不同于其他单位的社会责任，必须尽职尽责、积极履行国家赋予的重要责任[1]。

赵文彦（2021）指出，图书出版行业做出的努力对于国家发展尤为重要，舆论的引导、人民信心的提高、人民与政府凝聚力的增强，这些对社会进步具有极其重要的工作，都是在出版业的帮助下完成的。在当今技术高速发展的社会中，出版企业应进一步增强自身的文化自信和文化意识，充分发挥自身在凝聚共识、凝聚人心方面的独特作用，出版企业应结合自身利益和责任，承担自己在新的社会阶段的使命和担当[2]。

三、公司介绍

中原出版传媒投资控股集团有限公司，通常简称为"中原出版传媒集团"。它作为河南省内唯一的一家全国性传统文化产业上市公司，同时也是目前全国范围内经营规模最大的传统文化传媒业和教育服务的综合体公司。而中国出版传媒公司的经营领域涉及的范围非常宽泛，包括了出版、印刷、数码融媒、教育传媒、出版服务以及文旅地产等十余个主要经营领域和板块。

中原大地传媒有限公司是中原出版传媒集团控股的子公司，于2011年12月2日在深交所成功上市。因此，它有河南文化产业第一份额的美誉。

中国出版媒体公司的运营主线主要围绕着高等教育业务发展和基础教育出版服务两大板块，并围绕其主线着力建设了"中原教育云"与"中国教育出版网"，努力实现了从学前教育、基础教育、普通高等教育、职业教育到继续教育多方面的出版领域、出版产品和传媒市场的完整产业链。集团一直把专业出版和大众出版视为主要业务支点，坚持有特点的产业定位和精品化的经营生产方式，坚持以国家重点建设工程和地方重点项目为原动力，以优质图书立体发展为重点，打造具有比较优势的特色产品线和特色品牌集群，着力提升出版主业的竞争力、影响力和传播力。

四、国有文化传媒企业履行社会责任的必要性

（一）履行社会责任是建设中国特色社会主义文化的基本要求

2015年9月，在国家发布的指导意见中指出，国有文化传媒企业作为国家支持民族文化发展和社会主义先进文化建设的关键力量，有责任着力构建富有民族文化特点的现代企业体制，并发挥榜样引领功能，走在推动两个效益统一的道路前面，国有文化传媒企业不但担负着政治责任、经济责任，还担负着社会责任，这将成为我国特色社会主义文化建设道路上一股不可分割的重要力量。

（二）履行社会责任是帮助国有文化传媒企业强大成长的必然选择

在企业建设的过程中，履行社会责任是企业通往成功道路上的关键一环。从外部而言，企业借助积极履行社会责任的方式，可以建立一个正面的社会形象，以及赢得社会对企业的良好声誉，由此促使股东注资与客户购买行为的产生，加

强企业盈利能力和可持续发展能力；从内部而言，履行社会责任可以加强员工的认同感和归属感，提升企业生产能力与生产效率，有益于企业的良性循环经济，提高竞争力与影响力，做优做大[3]。

五、中原出版传媒集团社会责任履行情况

（一）承担社会责任

1. 公益慈善

一是聚焦扶贫，帮助东岳村脱贫。2011年以来，公司多次派人到光山县东岳村帮扶，有效推动了该村脱贫。以光山县为背景，拟出版《第一书记脱贫攻坚指导手册》等一系列扶贫题材的精品图书，为宣传光山、扶贫帮扶提供智力支持。

二是突出国有企业社会形象，高质量完成对新疆的文化援助任务。继续支持书香哈密和兵团十三师建设。2020年，精选7,000余册优质图书捐赠给兵团十三区，为兵团十三区继续推进文化公益工程，实现乡村书店全覆盖注入了新的活力；坚持与哈密市委宣传部、新疆生产建设兵团十三师宣传部的合作，协助建设"哈密文库""红星系列丛书"等出版项目，为宣传新疆生产建设兵团精神、提高新疆文化发展水平提供帮助。

三是人力建设义化社会，积极开展义化捐赠等公益事业。中原出版传媒集团积极参加文化、卫生、科技"三下乡"和服务基层、服务企业、服务教育等文化惠民活动。其开展了数百次对贫困村、贫困学校和社会机构的各类图书、文化用品捐赠活动。2020年，公司及其所属各级出版社、新华书店为公益捐赠图书、报刊达400多万元。

2. 防疫责任

第一，牢记文化企业的原始使命。公司出版了《新型冠状病毒感染的肺炎预防手册》等十余本抗疫书籍，并免费向社会发行电子版，捐赠纸质版，传播权威

声音，稳步引导舆论。

第二，强化服务教育的战略决心。关注服务全省的教育和教学工作，各级新华书店的工作人员"逆行"，送书下乡不惜任何代价，并将1.37亿教科书及时且免费地送到数以千万计的中小学生手中；"省级中小学数字化教材服务云平台"等教育平台上线运营，疫情期间免费向学生开放。其中，"名校同步课堂"在线浏览量达到85.44亿人次。

3. 员工权益

公司高度重视员工福利，注重于员工职业发展、工资待遇、工作环境等重点管理工作，并统筹了公司改革发展与职工权益的融合，着力提升工人获得感、幸福感与职工的企业所有权。薪资管理体系和提升激励机制的建设和健全，有效地保障了整个企业薪资水准的整体提高。举办了职工培训、专业技能大赛和优秀奖评比，以凝聚企业职工的向心力，推动公司文明建设。通过企业职工认真组织和参加的各类人才优秀考试，先后有101人荣获国家、省部级高层次人才荣誉，进一步增强了企业职工的集体荣誉感和使命感。

（二）承担国家责任

1. 政治责任

第一，强化意识形态安全防控意识。通过持续优化重点工作月例会、出版工作月例会等工作推进机制，强力实施"党政同责、一岗双责、全员负责、追责问责"的责任机制，制定图书阅评工作办法，建立健全"三审"把关机制，确保意识形态工作无漏洞。

第二，加强内容导向和质量管理。不断完善出版内容管理、网络内容管理、三评三校全程管理等内容管理控制制度，不断提高出版物综合质量水平，实现政治事故"从零开始，走向零"的目标。

第三，不断完善制度保障体系。坚持问题导向和理解思维，筑牢意识形态安全防线，制定一系列规范性文件，为防范意识形态风险奠定了坚实的制度保障。

2. 党建责任

第一，始终坚持党的全面领导。把党组织工作和经营发展工作一起谋划、推进、部署、审查，以理论武装团结广大员工、以建强基础固本培元、以完善制度立柱架梁、以创新载体推动发展，不断拧紧思想武装"总开关"，抓好政治引领"牛鼻子"，抓稳组织建设"压舱石"，切实把党的政治优势、组织优势转化为企业精准治理的强大效能。

第二，建立健全监督体制和机制。坚持两个关键点的"全覆盖"和"高质量"，继续深化内部监督网络系统的"两个驻扎一个巡逻，一个审查"等纪律检查和监督调度、金融调度、巡逻和审计，提高审计的协调工作模式和巡逻工作，综合调度与纪检监察全面联动，专项治理与作风建设深度融合。

第三，坚持责任，承担起清风除纪的责任。综合运用"冷与暖"双色调工作方法，通过案件推进改革警示教育会议、专项检查和纪律作风专项监督等"冷"语气，不断释放"不敢腐不能腐"的威慑信号；以日常反腐倡廉宣讲和教育活动的"温暖"基调，努力将制度约束升华为广大党员干部"不愿腐败"的思想意识，打造"以党建促发展、清廉惠民"的标杆企业。

（三）市场责任

第一，企业积极进行现金分配，并合理回馈给所有股东。建立健全完整的企业发展分配和决策制度，科学合理协调企业发展和股东利益，尽力保证企业利润的连续性和稳定性，积极与投资者分享企业发展成果。2020年度利益分派预案已经在公司年度股东大会上审查并通过，以切身及实际利益回馈给投资者。在2013—2020年，公司累积为股东利益分配金额达到15.54亿元。

第二，高质量做好信息披露工作，公平对待所有投资者。公司坚持"四个敬畏"，坚持"四个底线"，不断提高信息披露质量。本年度报告期内，公司共发布了75份披露文件，及时披露了公司业务发展及相关重大信息，有效、及时地保护了投资者的合法权益，确保投资者对公司重大事件和经营情况的知情权。公司非常重视对内幕信息的管理，以确保对内幕信息的保密管理和登记的有效实施。

第三，多渠道开展投资者交流，及时关注和回应投资者关切。公司积极努力加强对股权结构和关系的管理，积极创造条件，加强与股东、投资者的信息交流。通过安排专业人员接听电话、举办投资者介绍会、接待投资者来访，及时回应投资者关切，有效提升公司透明度。

六、对中原出版传媒集团社会责任的评价及未来发展建议

（一）评价

总体来看，中原出版传媒集团不管是在社会责任处理层面还是企业内部股东之间的责任处理层面都处于较好的状态，保护了投资者拥有的公司信息知情权，主动降低了投资者的投资风险，并且公司内部管理问题较小，公司整体处于平稳发展的状态；对员工的待遇及福利较好，并且积极承担培训员工、提升员工自身能力的责任，提升了员工的整体素质，这对于建设高质量人才也有较大的推动意义；高质量地完成了信息披露工作。

作为特殊的国家文化公司，中原出版传媒集团也在主动履行着国家所赋予的社会责任和使命，公司将一直坚守正确的政治方向和出版导向，自觉履行推进社会文明健康前进的目标任务，严肃履行政府思想工作责任制，自觉保障群众思想安全。努力最大限度地发挥党组织的领导核心和企业政治核心"把握大方向、管理发展大局、确保工作落实"的功能，全力建设以党组织的高质量建设引领着企业优质发展的崭新局面。

（二）建议

1. 坚持构建以企业社会责任为核心的企业文化

对于企业的发展更重要的是企业文化。中原出版传媒集团应加快建立健全以促进企业发展，构建以积极履行社会责任为前提的优良企业文化，切实增强企业

全员社会责任履行意识，积极发挥企业责任人与高层的指引作用，做到以人为本，坚持绿色发展，为利益相关者提供合法权益保障，如此才能够更好地调动全员的工作积极性与主动性，在社会责任履行上做出更多建树。

2. 建立企业社会责任与经营发展的良性循环

企业必须确保其社会责任的价值观正确，在自身经营发展中，亦必须对其他相关者权益进行充分考虑与兼顾，如此才可以营造与维持和谐稳定的市场秩序与社会环境，从而实现国企自我的健康可持续发展。中原出版传媒集团需将自我和其他各相关方包括社会公众和国家等之间的利害关系厘清理顺，并尽可能地攻克自身经营中只关注自身利益最大化的问题，应当在追求经济效益的同时，亦要对社会价值的创造加以重视，确保自身发展可以做出更多社会贡献，为社会发展谋求更多福祉。实现了责任履行和经济发展的良性循环。

参考文献：

[1] 伏爱兰. 探析出版社的社会责任与文化担当[J]. 传媒论坛，2021(4)：102-103.
[2] 赵文彦. 新冠疫情下出版企业的使命和担当[J]. 山西青年，2021(1)：132-133.
[3] 徐荣. 新时代国有文化传媒企业履行社会责任探索与实践[J]. 办公室业务，2021(16)：58-59.

第三篇 财务分析与财务风险

四十二　财务报表分析案例研究

——以金科环境为例

张梓涵[①]

摘要：财务报表分析是企业投资者、债权人等利益相关方有效了解企业经营状况与营业成果的主要途径。本文在传统的财务报表分析方法中融入了企业前景分析，考虑了影响企业经营的外部因素。从股权结构、业务模块、公司战略、营业收入分析和企业前景分析五个方面进行研究，以环保行业的金科环境为研究对象。

关键词：财务报表分析；环保行业；金科环境

一、引言

企业作为经济主体，获取的经营成果以及经营过程不仅影响企业自身的发展，也间接地对外部社会产生一定的影响。所以评价企业的经营活动成为企业管理的重要部分，同时也是投资者和其他利益相关方了解企业的主要途径。财务分析对于评价企业经营状况具有重要作用，它以报表数据为基础，经过系列转化计算，运用财务分析模型建立一套评价体系，通过综合分析企业指标，预测未来发展状况。传统的财务评价体系主要关注财务数据，忽视了财务分析对企业前景预测。

---

① 张梓涵，女，会计硕士，研究方向：财务管理与资本运营。

现代财务分析不仅注重财务数据，也要把非财务信息纳入分析范围，包括影响企业经营状况的因素、行业现状、宏观环境等，从而有效地从多维度评价企业。

二、文献综述

目前，国外常用的财务分析方法有杜邦分析法、比率分析法等，这些分析方法具备一定的科学性，广受学者的青睐。LepoldA.Bernstein、JohnJ.Wild（2001）在《财务报表分析》中说道：我们的选择是适应财务报表使用者更广泛的注意力，我们的做法是将分析与许多直接或间接的财务报表使用者相联系。提出新的财务分析框架，包括分析目的、质量分析、财务分析等六个方面。在其之后的分析研究中，将财务信息与非财务信息融合，经营分析和管理分析融合，并通过实证研究，证实了该框架的科学性与有效性[1]。

李心合、蔡蕾（2006）总结道：很多财务分析研究中缺失企业前景分析和财务预警分析。然而一方面这对很多中小企业而言意义非凡；另一方面也说明传统的财务分析无法适应现代企业经营的需求[2]。

芦璐、陈志坚、鲁桂华（2008）认为企业的价值判断是基于报表数据，综合评判企业财务状况，分析影响企业盈利的外部因素，最终评估企业价值[3]。

李建凤（2017）认为企业战略对资产负债表、利润表和现金流量表均会产生影响，基于战略的财务报表分析能弥补一些传统分析方法的缺陷，能够从更长远、更全面的视角分析企业财务状况[4]。

汪志（2017）认为指标分解法可以提升报表分析的准确性。有效提升财务报表分析的效率，并根据各个子指标分析企业经营状况，提出相关对策[5]。

三、研究设计

（一）案例选择

水资源对于人类生存与发展至关重要，但目前，我国仍有不少地区水资源短缺，水环境恶化。因此，本文选择以水环境治理技术、饮用水加工技术和膜通用平台系统为核心的企业——金科环境。通过对金科环境的全面财务分析，可以发现企业经营活动中值得其他企业借鉴学习的地方，进而为环保行业的发展做出贡献。

金科环境股份有限公司（以下简称"金科环境"）成立于2004年，是水处理和污废水资源化的领先企业，依托金科环境自主研发的三大核心技术，提供水处理方案、饮用水处理和废水加工。金科环境于2020年5月8日上市科创版，股票代码688466，本次发行总数2,569万股，发行价为24.61元。金科环境在技术方面积极实践开放式创新，吸收外部资源，促进企业技术创新，减少试错成本。与北控水务事业部拟共同投资成立海水淡化、供排水一体化设备生产销售平台公司，与其他公司共享技术与经验，推动"新生水"项目的推广，在推动行业进一步发展的同时，也通过这些平台反哺自身。

（二）研究过程

本文第四部分介绍了公司概况，绘制并分析公司的股权结构，找到金科环境实际控制人，并分析了主营业务收入构成及占比，研究了金科环境的企业战略。

第五部分为金科环境的财务分析，包含营业收入概况和企业前景分析。营业收入分析从指标分析、产品组成和区域结构三维度分析，企业前景分析从企业价值比较、财务比率比较和宏观环境三方面分析。

第六部分是对本文研究的总结以及金科环境的未来展望。

四、案例分析与发现

（一）企业概况

金科环境以水资源处理、废水净化为主营业务，此外，提供水处理方案，运维服务也是金科环境营业收入的组成部分。公司的核心技术有：环保设施运营、环保技术、水处理技术、苦咸水及海水淡化技术、生态修复技术、节能环保技术等。2020 年金科环境的营业收入达到 5.57 亿元，同比增长 10.44%。

（二）股权结构

金科环境股权结构如图 42-1 所示。

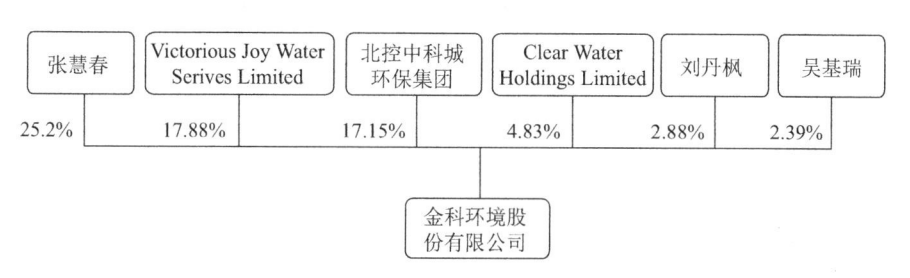

图 42-1　金科环境股权结构

资料来源：同花顺 iFinD。

（三）业务模块与分布结构

作为一家环保企业，金科环境服务领域涵盖饮用水深度处理、污废水深度。金科环境业务明细如图 42-2 所示。

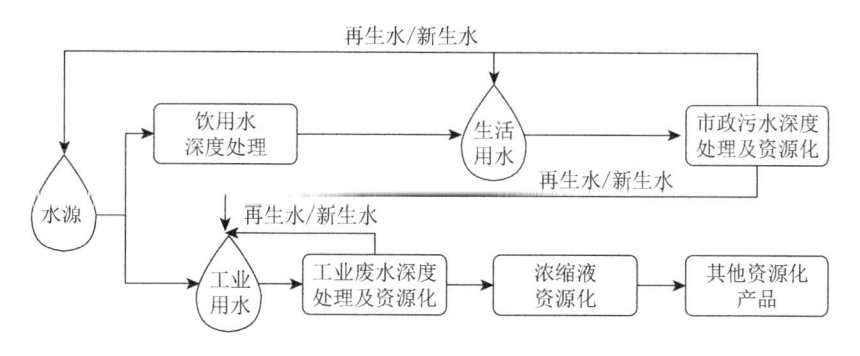

图 42-2　金科环境业务明细

资料来源：金科环境企业官网。

处理、污废水资源化和水环境治理，并在这些方面取得卓越的成绩，见图 42-2。金科环境先后推出 PIPP 以水养水方案、蓝色生态园生态模式吸引了大量客户。主要是在常见污水处理达标排放 BOT 项目的基础上，利用公司技术将污废水进一步深度处理成符合工业等市场需求的产品,实现长期稳定投资收益。营业收入按产品分类,见表42-1。

表42-1 营业收入按产品分类　　　　　　　　　　单位:万元

产品分类	2020年 金额	2020年 占营业收入比重	2019年 金额	2019年 占营业收入比重	同比增幅
装备及技术解决方案	47,524.02	85.29%	44,142.7	87.53%	7.66%
运营服务	6,053.28	10.86%	4,408.08	8.74%	37.32%
污废水资源化产品	2,121.69	3.81%	1,882.76	3.73%	12.69%
其他业务收入	22.22	0.04%	—	—	—
营业收入合计	55,721.21	100%	50,433.54	100%	

资料来源:同花顺 iFinD。

(四)公司战略

金科环境始终坚持绿色经济可持续发展道路,专注于水处理和废水加工领域,并利用废水资源化解决水源问题。金科环境将在未来的发展中继续深入研究膜处理技术以及资源化技术的运用与推广。此外,金科环境会加大在资源化领域的投资力度,着重培养企业自身的创新技术和商业模式,提高企业长期稳定收益占总收入的比重。

五、企业财务报表分析

(一)营业收入概况

1.营业收入指标分析

企业的根本目标是获得利润,营业收入分析一定程度上可以体现企业的经营成果。金科环境股份有限公司的经营成果基本情况如下,见表42-2。

金科环境2020年营业收入达到峰值,其他三个指标与2019年相比基本平稳波动,见图42-3。总的来说,金科环境的营业收入与利润保持增长水平,企业的营业收入在 2016—2020 年增长幅度最大,从 2016 年的 1.67 亿元增长到 2020 年的 5.57 亿元,五年增长幅度达到 70%。一方面,与企业自身的技术优势和商业模式创新有很大关系,PIPP 模式和蓝色生态园模式的成熟运用为企业带来大量订单。金科环境开发"以水养水"的商业模式,在中国各地建立分公司搭建销售网络,促进营业收入平稳增长。公司注重技术创新,出售研发技术也取得了一部分收入。另一方面,中国水资源处理和污废水资源化的市场需求日益增长,这极大地推动了环保行业的发展;饮用水处理的普及带动了金科环境的产品销售和服务,提升了企业产品的经济附加值,盈利水平提高。

表 42-2　2016—2020 年营业收入指标　　　　　　　　　　单位:亿元

指标＼年份	2020	2019	2018	2017	2016
营业收入	5.57	5.05	4.02	2.63	1.67
营业利润	0.83	0.89	0.79	0.42	0.17
利润总额	0.84	0.91	0.78	0.41	0.18
净利润	0.74	0.77	0.67	0.36	0.16

资料来源:同花顺 iFinD。

图 42-3　金科环境经营成果基本情况(单位:万元)

资料来源:同花顺 iFinD。

2. 营业收入产品结构分析

金科环境属于环保企业，主要产品中提供装备以及技术解决方案占营业收入的85.29%，是组成营业收入的重要部分，见图42-4。这归因于企业先进的膜技术，其元件可以实现多数厂家的通用互换，降低水厂的运营成本。同时，金科环境设计研发不同的产品类别，多样化的产品系列满足不同的消费群体。此外，膜防污染技术也是金科环境的重要产品，通过水处理系统，根据水质情况选择药剂，可以降低膜污染，延长使用寿命。在建设经济社会可持续发展时，企业也迎合了众多污染排放企业的需求。

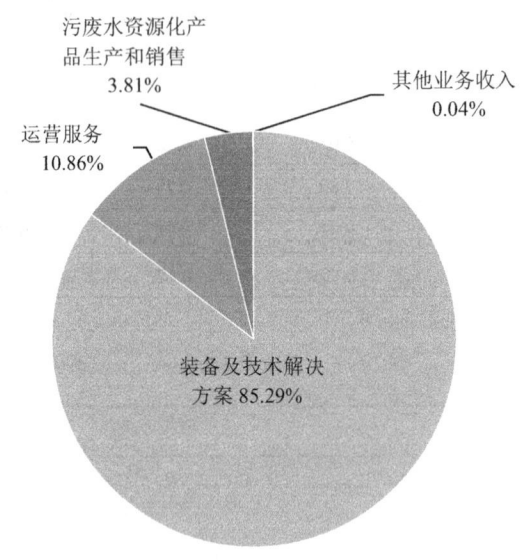

图42-4　2020年金科环境营业收入产品构成

资料来源：同花顺 iFinD。

3. 营业收入区域结构分析

金科环境的消费者市场遍布全国，主要以华北、华东和西南为主，华南、华中和西北占比较小，见表42-3。但华东地区的毛利率高于华北地区，说明我国沿海地区的饮用水处理、污废水资源化和苦咸水海水淡化等技术需求较高。企业可以依据产品受众范围设计产品特色和服务特色，有效细分消费群体。

表 42-3　2020 年金科环境营业收入产品区域分析

地区分类	营业收入 / 亿元	所占比重 / %	毛利率 / %
华北	1.70	30.58	31.77
华东	1.67	30.03	32.92
西南	1.17	21.04	28.45
西北	0.67	12.05	30.76
华南	0.18	3.24	29.41
华中	0.17	3.06	23.32

资料来源：同花顺 iFinD。

（二）企业前景分析

1. 价值比较

2020 年金科环境同行业价值比较如表 42-4 所示。

表 42-4　2020 年金科环境同行业价值比较

排名	公司简称	总市值 / 亿元	每股收益	市盈率
1	东方明珠	738.59	0.4018	57.69
2	伟明环保	474.00	1.1898	30.64
3	浙富控股	371.59	0.4561	15.17
4	盈峰环境	252.10	0.3317	24.02
76	金科环境	21.38	0.7041	29.55

资料来源：同花顺 iFinD。

总市值是上市公司在股市中的价值总和，是企业未来现金流的贴现额，金科环境在环保行业中总市值不高，体现金科环境的规模和资本都低于龙头企业。金科环境的每股收益和市盈率都呈现出良好的发展态势，见表 42-4。每股收益是指投资者因为持有每份股票而要取得的收益或承担的亏损，金科环境的每股收益为 0.7，高于行业平均水平；市盈率可以体现公司的股票价值情况，金科环境的市盈率为 29.55，说明企业的价值评估合理，且风险较小。

2. 财务比率

2020 年金科环境同行业财务比率比较如表 42-5 所示。

表 42-5　2020 年金科环境同行业财务比率比较

排名	股票代码	销售毛利率/%	流动比率/倍	速动比率/倍	现金比率
1	圣元环保	34.48	1.35	1.14	33.68
2	玉禾田	24.08	2.07	1.95	78.40
3	瀚蓝环境	27.64	0.63	0.47	23.28
4	旺能环境	33.26	1.13	1.10	56.45
36	金科环境	34.05	2.53	2.22	79.30

资料来源：同花顺 iFinD。

金科环境的销售毛利率为 34.05%，在行业中名列前茅，说明金科环境的销售渠道广，销售能力强，也侧面说明金科环境的产品占市场份额较多，在行业中有一定的地位。这主要得益于金科集团的创新技术和商业模式，金科集团积极搭建交流平台，越来越多的环保企业加入其中，将内部技术与外部资源相整合，按照企业自身发展道路调整后实施，推动行业发展的同时也反哺企业自身，促进金科集团的环保技术更新迭代，也为集团自身赢得了话语权。金科环境的流动比率为 2.53，速动比率为 2.22，见表 42-5。流动比率体现企业资产的变现能力，速动比率作为流动比率的补充指标，是指企业的流动资产中可以通过变现来偿还企业负债的能力。综合分析以上指标，金科集团的三项偿债指标都较为良好，且高于行业平均水平，说明金科集团有着良好的短期偿债水平。

3. 宏观环境

2019 年，根据国际标准，中国仍然处于轻度缺水状态，我国的水资源治理行业也受到极大重视，政策从点治理转向面治理。我国的水资源治理途径有：降低废水污染排放；进行综合性的区域治理；强化监管，严守控制标准。这一宏观环境为水资源治理行业指明了方向：首先，水资源技术企业应当加强水治理技术的研发；其次，水治理企业为污染企业制定最合适的污废水资源化解决方案，环保的同时能够最大化地节约资源，走可持续的绿色发展之路；最后，企业应当寻求自身独特的市场竞争力，区域化运营，保持客户黏性。

六、结论及启示

企业财务报表中的数据能够反映企业的经济活动。本文的研究方法在一定程度上能够弥补传统方法的缺陷，从长远的角度分析财务报表有利于企业发现经营中的风险和影响企业盈利的因素。本文以金科环境为例，通过分析其财务报表发现企业近五年的营业收入增长幅度较大，主要得益于近5年污废水资源化的产品毛利增高，且占有的市场份额增多。这归因于金科环境技术创新水平高，积极发掘适合自身发展的商业模式，形成独特的竞争优势，为企业未来发展开辟新的道路。另外，金科环境的短期偿债能力良好，意味着企业的营业周期、应收账款和存货周转状态良好。

金科环境的发展模式值得环保行业其他企业借鉴学习：首先，金科环境在技术创新这一方面大量投入，拥有了自身的核心技术和独特的商业模式，并不断学习不断改进，值得其他企业参考；其次，营业收入的高低与企业的生产销售的产品密切相关，企业应当根据消费者需求和受众市场研发、设计不易被替代的产品，形成产品特色，提升企业价值。

参考文献：

[1] [美]利奥波德·A.佰恩斯坦，约翰.J.维欧德.财务报表分析（中译本）[M]. 许秉岩，张海燕，译.北京：北京大学出版社，2001.

[2] 李心合，蔡蕾.公司财务分析：框架与超越[J].财经问题研究，2006(10)：67-73.

[3] 芦璐，陈志坚，鲁桂华. 价值分析的功力在表外 [J]. 财务与会计，2008(8)：29-31.

[4] 李建凤. 基于企业战略的财务报表分析——以格力电器为例 [J]. 财会通讯，2017(8)：67-71.

[5] 汪志. 浅析指标分解法在企业财务报表分析中的应用 [J]. 现代商业，2017(25)：134-135.

四十三　电子商务背景下苏宁易购财务分析研究

张红霞[①]

摘要：近年来，电子商务的现代化发展为传统零售业带来了一系列的问题，电商的普及和人们消费观念的变化使得传统零售难以满足消费者需求。自2018年以来，国内经济结构调整、新旧产能转换过程带来的阶段性压力也给国内消费市场带来了一定的不确定性。为了适应市场的需求，传统零售业进入电子商务领域。本文以苏宁易购为研究对象，在总结苏宁易购近几年发展情况的基础上重点分析了苏宁易购的财务状况，运用合适的财务指标对其近几年的数据进行分析，并且从中发现其问题所在以提出相应的解决策略。这帮助相关外部投资者准确把握苏宁在转型过程中的财务状况和问题，在此基础上对苏宁的长期发展能力做出总体判断，并做出正确的投资决策；对于内部管理，可以针对所发现的问题，提出建设性意见，制定正确的管理决策，从而合理规划公司的下一个发展战略，提高公司的实力[1]。

关键词：电子商务；苏宁易购；财务分析；财务指标

一、引言

零售业在中国国民经济中占有举足轻重的地位。随着互联网电子商务的飞速

---

① 张红霞，女，会计硕士，研究方向：财务会计。

发展和人们消费观念的变化，使得传统零售难以满足消费者需求。而2018年以来，国内经济结构调整、新旧产能转换过程带来的阶段性压力也给国内消费市场带来了一定的不确定性，导致零售额增速不断放缓。为了适应市场的需求，传统零售向电子商务领域发展。苏宁易购作为传统零售业的代表，零售行业其他企业在发展过程中可以进行借鉴。本文拟在总结苏宁易购近几年发展情况的基础上，对苏宁易购的财务状况进行分析，以苏宁易购2016—2020年财务报告作为数据来源。同时将这几年的数据进行比较，以此来分析苏宁易购在近期所存在的各项问题，并提出相应的解决措施，以此来保持苏宁易购未来的良性发展。

二、文献综述

国外对于财务分析的研究较为完善。美国南加州大学的教授 Water B.Neigs 认为："财务分析的本质在于搜索与决策有关的财务信息并以分析与解释的一种判断过程。"美国纽约市大学的 Leopld A.Bernstern 认为："财务分析是一种判断过程，旨在评估企业现在或者过去的财务状况和经营成果，其主要目的在于对未来的状况和经营业绩进行最佳预测。"[2]

国内关于零售行业财务分析的研究情况起步较晚，主要是针对国外研究成果的完善和利用。刘海龙（2016）通过研究苏宁的线上线下同品同价策略，探索到更多双线融合的有效方式，使得传统零售商在发展过程中得以借鉴。康大伟、王志莹（2017）利用平衡计分卡，从财务、客户、流程和学习成长维度评价了苏宁易购的业绩，指出苏宁易购业绩评价体系所存在的财务指标选取不当、缺乏对供应商选择等问题，并提出了相关优化建议[3]。本论题是在前人的研究基础上，基于我国家电零售行业的现状并结合苏宁易购的实际状况，选取相应的传统财务分析指标，总结其存在的问题，对其采取的应对措施进行评价并就依然存在的潜在问题提供建设性意见。

三、苏宁易购经营环境及财务分析

苏宁易购的前身是苏宁电器。自成立以来，经过不到20年的发展，现已成为中国零售业的领导者。苏宁易购于2004年成功上市，其不断发展已悄然成为我国最优秀的电子商务企业之一。

作为我国商业的先行者，在2013年正式实施O2O模式。苏宁易购以"互联网+零售"为其发展模式，并在2018年完成了更名。O2O改造完成后，苏宁实现营业收入超过6,024亿元。根据2021年度《财富》世界500强的排名结果，苏宁位居专业零售榜单中国企业第一。此外，在2021年《中国500最具价值品牌》中，苏宁位于排行榜第十三、在零售行业中位于第一。其品牌价值达到3,291.56亿元，相较于2020年的2,968.15亿元提升了10.9%。随着科学技术的不断发展，人们的消费方式逐渐发生改变，人们更倾向于选择网上购物，这使得电子商务交易规模不断扩大。据中国电子商务研究中心数据显示，我国2020年电子商务交易额达到37.21万亿元，相比2019年增长了6.89%[1]。以电子商务快速发展为背景，2015—2020年电子商务交易额及增长情况如图43-1所示，本文对苏宁易购近几年的发展做出如下分析。

图43-1 2015—2020年电子商务交易额及增长情况

资料来源：商务部 前瞻企业研究院整理。

（一）苏宁易购财务报表分析

1. 资产负债表项目分析

（1）资产分析。

总资产变化情况如图43-2所示。

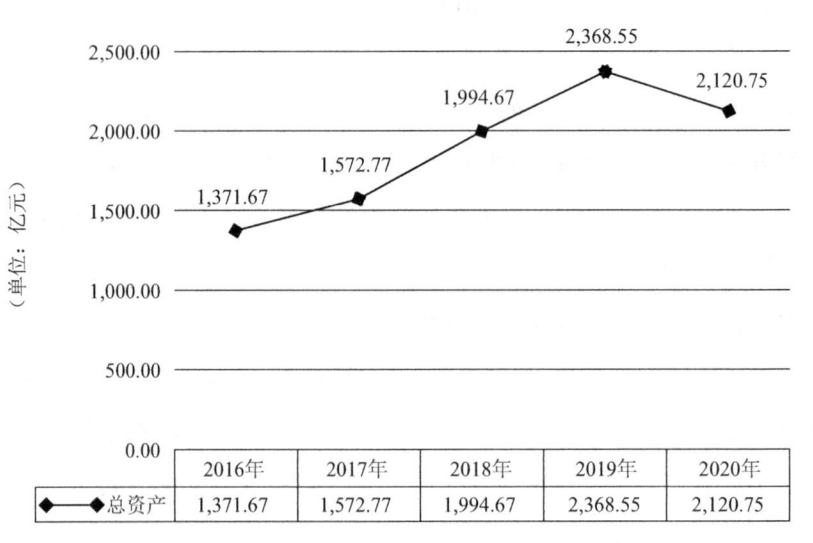

	2016年	2017年	2018年	2019年	2020年
总资产	1,371.67	1,572.77	1,994.67	2,368.55	2,120.75

图43-2 总资产变化情况

资料来源：公司年报。

从总资产的变化可以看出，这一时期苏宁易购的总资产总体呈上涨趋势，2016—2019年增长速度相对较快，2020年有所下降。这表明苏宁易购正处于扩大经营规模的时期，到2019年底苏宁易购的总资产达到2,368.55亿元。数据如图43-3、图43-4所示。

从以上各项流动资产的绝对值和货币资金占比变化分析可以得出：随着流动资产的增长，货币资金占比反而呈下降趋势。在变化的过程中，货币资金在2019年出现大幅波动，下跌了大约8%。非流动资产各项绝对值变化如图43-5所示，各项非流动资产占比变化如图43-6所示。

第三篇 财务分析与财务风险

	2016年	2017年	2018年	2019年	2020年
◆ 货币资金占流动资产比重变化	33.03%	38.75%	36.47%	28.07%	24.09%

图 43-3　货币资金占比变化

资料来源：公司年报。

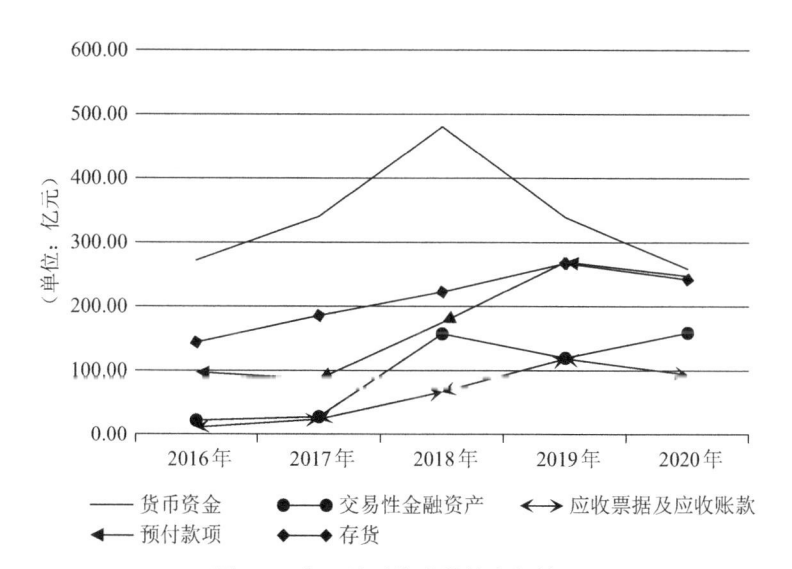

图 43-4　各项流动资产数值变化情况

资料来源：公司年报。

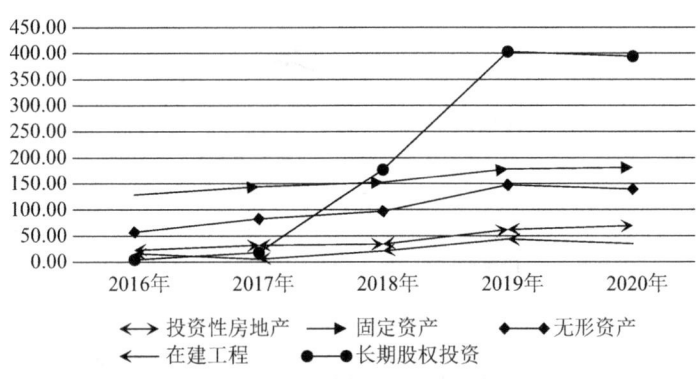

图 43-5 非流动资产各项绝对值变化

资料来源：公司年报。

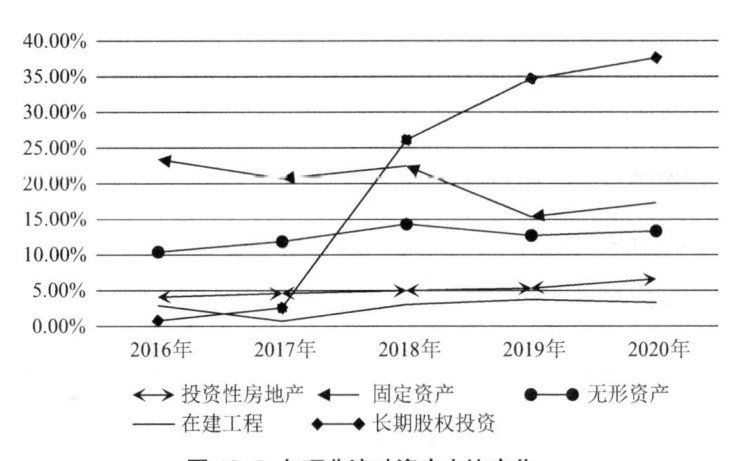

图 43-6 各项非流动资产占比变化

资料来源：公司年报。

从苏宁的非流动资产及各项非流动资产占比来看，其绝对值变化与占比变化情况基本一致。通过非流动资产占比变化情况分析可以看出，2017—2020 年长期股权投资占比急剧上升。这表明苏宁开始重视资金的使用效率，投资方向多元化。

（2）负债分析。

在负债方面，通过流动、非流动负债绝对值变化图可以看出，流动负债金额远远大于非流动负债金额，这说明2016—2020年流动负债占比远超非流动负债，并且比重保持连年增长。流动、非流动负债金额变化如图43-7所示。

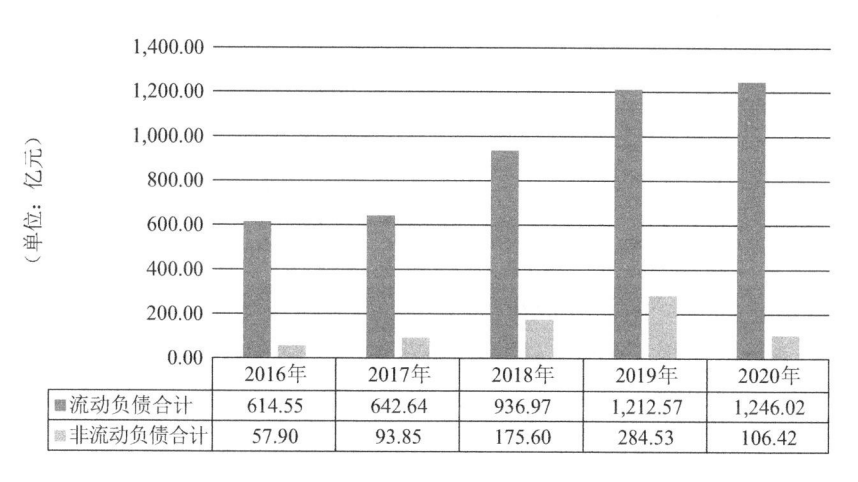

（单位：亿元）	2016年	2017年	2018年	2019年	2020年
流动负债合计	614.55	642.64	936.97	1,212.57	1,246.02
非流动负债合计	57.90	93.85	175.60	284.53	106.42

图43-7 流动、非流动负债金额变化

资料来源：公司年报

根据图43-8、图43-9、图43-10可以看出，应付账款和应付票据的走势基本相同，总体上呈上升趋势，但所占份额却一直在下降。其他应付款绝对值呈上升趋势，在2018年有所下降，所占比重在2018年急剧下降。这主要是由于苏宁近年来一直在建设自己的物流基地、物流平台和自建店，导致在建工程的增加以及年底应付款项目的增加；而在2018年各项建设已基本接近尾声，故其有所下降[4]。

在非流动负债方面，由于公司经营业务发展需求，公司有时需要发行债券来筹集资金。2018公司发行了100亿元公司债券，这导致应付债券金额急剧增加。

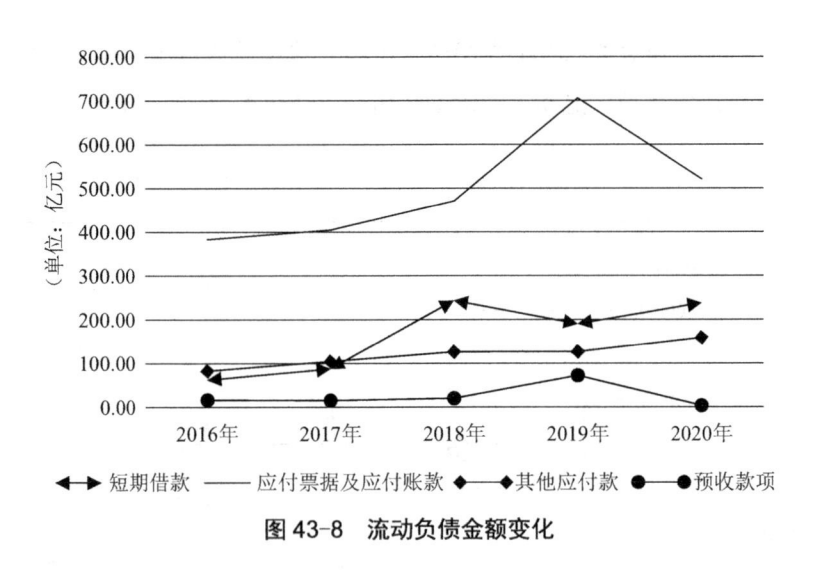

图 43-8 流动负债金额变化

资料来源：公司年报。

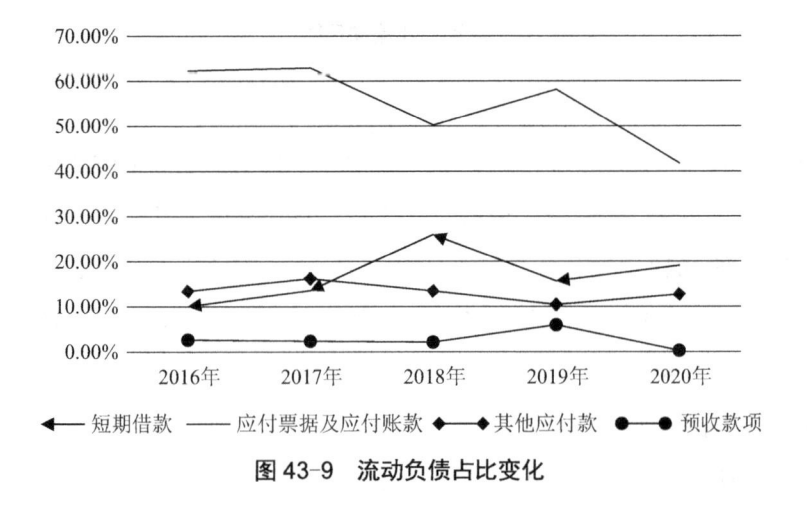

图 43-9 流动负债占比变化

资料来源：公司年报。

第三篇 财务分析与财务风险

	2016年	2017年	2018年	2019年	2020年
应付债券	35.00	35.00	99.75	84.89	5.00

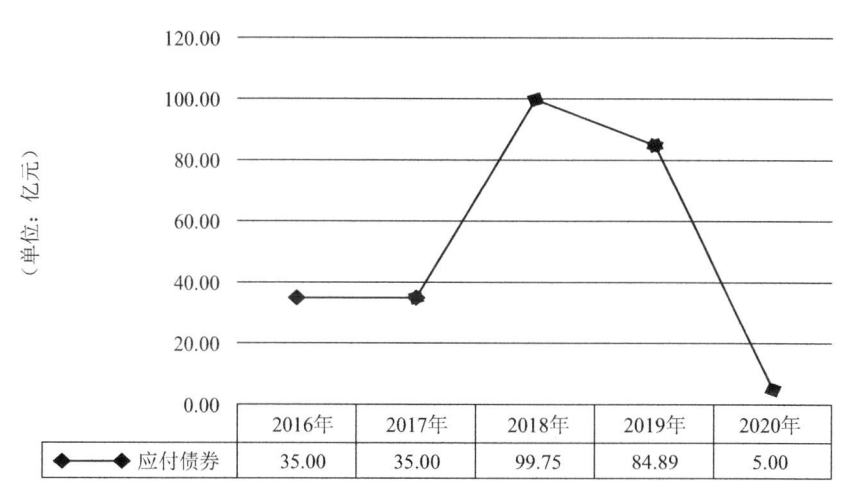

图 43-10　应付债券

资料来源：公司年报。

（3）所有者权益。

所有者权益各项变化如图 43-11 所示。

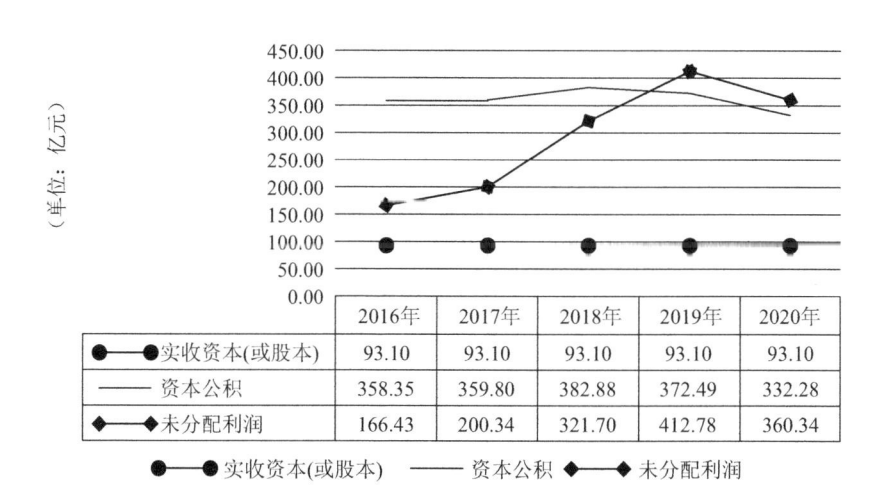

	2016年	2017年	2018年	2019年	2020年
实收资本(或股本)	93.10	93.10	93.10	93.10	93.10
资本公积	358.35	359.80	382.88	372.49	332.28
未分配利润	166.43	200.34	321.70	412.78	360.34

图 43-11　所有者权益各项变化

资料来源：公司年报。

我们主要从实收资本、资本公积、未分配利润对所有者权益进行分析[5]。从图43-1可以得出以下结论：实收资本、资本公积基本上处于相对稳定的状态；未分配利润在2017—2019年不断增长，在2020年略有下降。这说明苏宁易购持续发展能力以及继续分红能力较强。这一点可吸引更多的潜在投资者。

2. 利润表项目分析

由图43-12分析可以得出，苏宁易购2016—2018年盈利水平呈现上升趋势，2018—2019年呈现下降趋势，而在2020年发生大幅下降。利润总额、净利润的变化与营业利润变化一致，均处于先上升后下降状态。

	2016年	2017年	2018年	2019年	2020年
营业利润	0.02	40.76	136.59	146.72	-68.64
利润总额	9.01	43.32	139.45	145.95	-69.01
净利润	4.93	40.50	126.43	93.20	-53.58

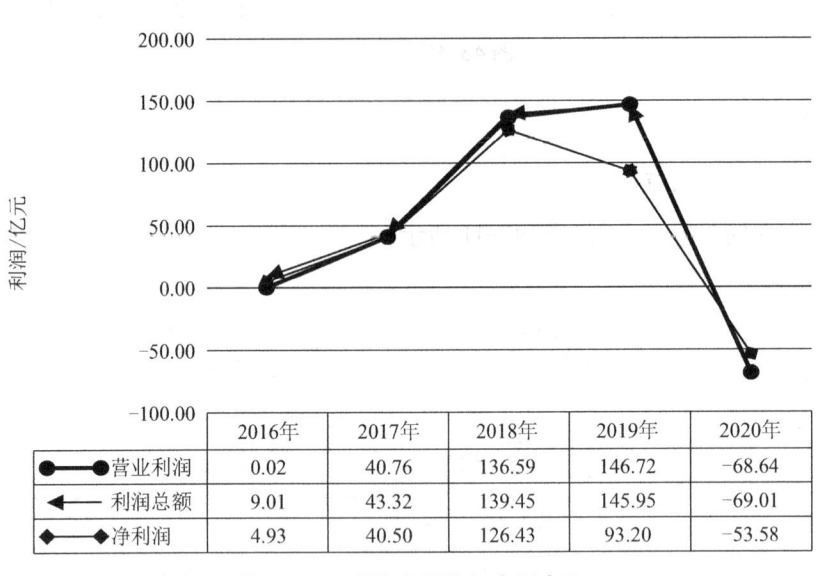

图43-12 利润主要指标金额变化

资料来源：公司年报。

影响营业利润的因素有营业成本、三项费用以及投资收益等。通过以下图表可以得出，在2016—2020年营业成本占营业收入比例一直处于85%左右，而三项费用虽然逐年增加但增速较为平稳，因此可以得出：营业利润的增长可能是因为近几年投资收益金额的增长。数据如图43-13、表43-1、表43-2所示。

第三篇 财务分析与财务风险

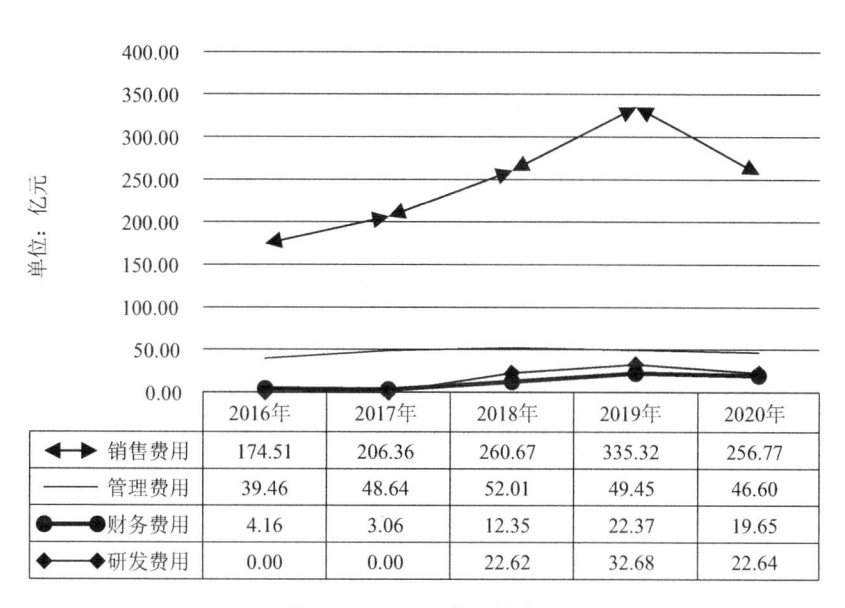

费用项目	2016年	2017年	2018年	2019年	2020年
销售费用	174.51	206.36	260.67	335.32	256.77
管理费用	39.46	48.64	52.01	49.45	46.60
财务费用	4.16	3.06	12.35	22.37	19.65
研发费用	0.00	0.00	22.62	32.68	22.64

图 43-13　四项费用的变化

资料来源：公司年报。

表 43-1　营业成本占营业收入比重变化

指标＼年份	2016	2017	2018	2019	2020
营业成本/营业收入	85.64%	85.90%	85.00%	85.47%	89.01%

资料来源：公司年报。

表 43-2　投资收益变化

指标＼年份	2016	2017	2018	2019	2020
投资收益/亿元	14.45	43.00	139.91	217.91	22.14

资料来源：公司年报。

在2018年苏宁易购进行对内投资，设立了120家业务子公司。子公司与多家公司达成投资或增资协议，2018年苏宁易购投资收益较上一年上升了96.91亿元，达到139.91亿元。投资收益对于利润总额及净利润的贡献也非常明显。

3. 现金流量表项目分析

现金流量表项目分析如图 43-14 所示。

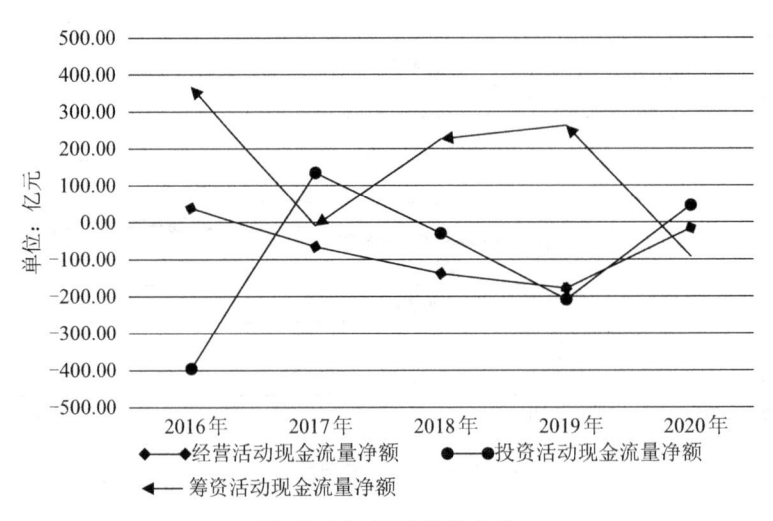

图 43-14　现金流量变化

资料来源：公司年报。

苏宁易购作为典型的零售企业，呈现出经营周期长、现金流阶段性波动较大的特点。2017—2020 年经营活动的现金净流量保持负增长趋势，而 2017 年、2018 年负值较大。这是因为 2017 年和 2018 年公司金融业务发展迅速，这使得经营活动产生的现金流出净额更大。2016 年投资活动产生的现金净流出量达到 -400 亿元，这是因为在 2016 年苏宁出资 140 亿元认购阿里巴巴发行的普通股份，并且在本年购买相关理财产品进行合理规划，以此提高资金使用效率。

（二）苏宁易购财务指标分析

1. 偿债能力分析

苏宁易购平均资产负债率变化如表 43-3 所示。

企业长期偿债能力指标可以用资产负债率来进行衡量，我们一般认为，零售行业资产负债率保持在 55% 是最好的。由表 43-3 可以看出，在此期间苏宁易购资产负债率整体上处于上升状态。而其资产负债率在2016—2017年略低于行业平均水平，这表明这两年苏宁的整体效益较好。而2018年的上涨则是因为在此期间公司增加借款规模、发行债券，但其仍保持合理水平。而2019—2020年随着公司总负债规模不断扩大，资产负债率呈现稳步攀升。

表 43-3 苏宁易购平均资产负债率变化

指标＼年份	2016	2017	2018	2019	2020
资产负债率 / %	49.02	46.83	55.78	63.21	63.77

资料来源：公司年报。

短期偿债能力一般以流动比率和速动比率来进行衡量，它反映的是企业到偿还期限能够偿还债务的能力[6]。流动比率及速动比率变化如图43-15所示。

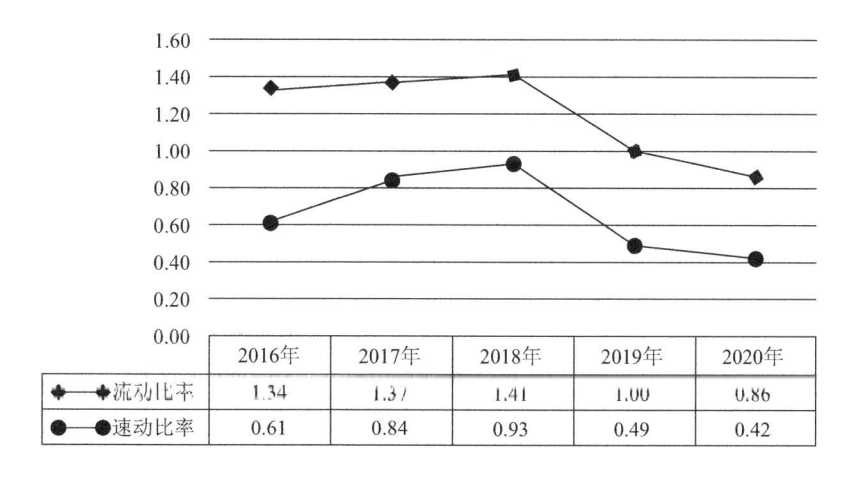

	2016年	2017年	2018年	2019年	2020年
流动比率	1.34	1.37	1.41	1.00	0.86
速动比率	0.61	0.84	0.93	0.49	0.42

图 43-15 流动比率及速动比率变化

资料来源：公司年报。

流动性比率越高说明公司的资产变现能力很强，此时公司的短期偿债能力亦越强。对于零售公司，将速动比率保持在1更为合适[7]。苏宁易购2016—2018年的流动比率和速动比率均呈上升趋势比较稳定。在此期间苏宁速动比率的增加是由于公司进行理财项目投资导致其他流动资产的减少。因此，速动比率和流动比率同时增长。

2. 营运能力分析

营运能力相关指标如图 43-16 所示。

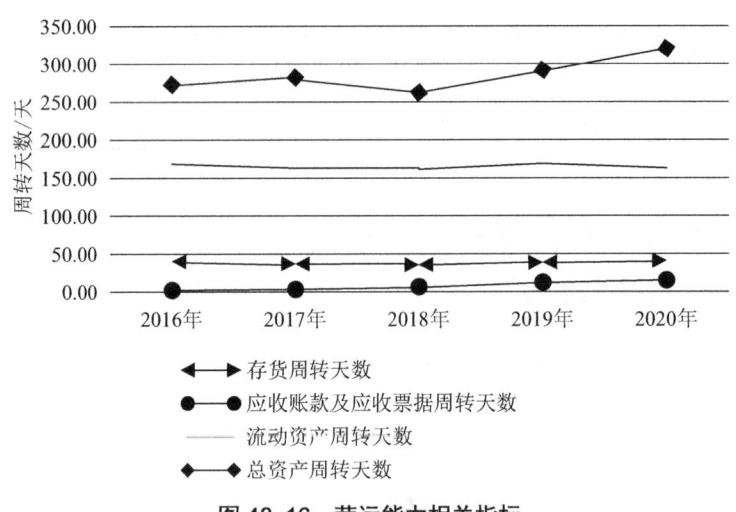

图 43-16 营运能力相关指标

资料来源：公司年报。

在此期间应收账款及应收票据周转天数保持平稳增长，原因在于公司业务发展迅速导致应收款项增加，从而应收账款及应收票据周转天数增加。债务人的拖延付款时间长且信誉度低，增加了坏账损失的可能性；应收账款长时间收不回对企业正常经营不利[8]。而其总资产周转天数均未超过 360 天，表明该公司的资源利用率高，利润周期短，营运能力较强。

3. 盈利能力分析

盈利能力相关指标如表 43-4 所示。

表 43-4　盈利能力相关指标

指标＼年份	2016	2017	2018	2019	2020
销售净利率 / %	0.33	2.15	5.16	3.46	-2.12
资产报酬率 / %	2.95	5.37	8.89	7.72	-2.20
净资产收益率 / %	1.07	5.34	16.47	11.2	-5.56

资料来源：公司年报。

盈利能力是指企业在一定时间范围内获得利润的能力。2017年以来，销售净利率迅速增长。这表明苏宁易购依靠智慧零售的强大优势，使得收入规模快速增长、销售净利率稳步上升。2020年销售净利率、资产报酬率下降至负是因为其利润总额较2019年大幅下降至负值出现亏损。净资产收益率受销售净利率的影响，出现同样下降趋势[9]。

四、苏宁易购存在问题及发展策略

（一）存在问题

1. 资本结构不合理

通过以上对苏宁易购的分析，在此期间资产负债率缓慢上升。经过上文的分析可以发现应付账款和应付票据所占比重虽有所下降但还是比较大的，这主要是由于苏宁不及时支付所欠供应商货款造成的，这种方式使得苏宁对外部融资有很大依赖。如果苏宁与供应商之间产生矛盾或者供应链出现问题，那么将产生大量短期负债，从而增加公司财务风险，这也使得苏宁短期偿债能力有所增长但仍然不高。

2. 成本费用增额较大导致盈利能力下降

通过上文的分析可以看出，苏宁易购在近几年，尤其是2018年成本费用有所增长。公司加强产品开发、信息技术、新品类运营等方面人员储备，人员费用率上升；增加广告投资以促进销售；公司零售业务的不断扩展使得营运资金需求增加，公司就需要扩大银行借款规模、发行公司债券来满足经营需求，取得借款的利息使得公司财务费用上涨。以上这些成本费用的增长使得苏宁的盈利能力下降。

（二）发展策略

1. 保证合理负债结构。我们一般认为，零售行业的资产负债率应保持在 55% 左右，超过这个百分比企业财务风险会不断加大，而低于这个水平企业的资金就得不到有效利用。通过上述分析，苏宁易购可以适当减少使用短期借款，同时适量增加公司的非流动负债，使资产负债率保持在合理水平。此外，可以增加融资渠道的多样性，这有助于企业通过分散资金来源来降低财务风险，避免因单一资金来源渠道出现问题而造成公司资金链断裂。

2. 注重对投资和成本的审核控制。一般来说，企业的营业成本率一般应在 60%～80%。而苏宁易购的营业成本率已超过 80%，近几年来内外投资规模不断扩大，但对于企业发展来说投资要量力而行，我们可以适当缩小投资规模，避免不必要的投资支出，降低投资成本。此外，我们可以通过利用科技精简人员降低人员费用率；确定自身未来的竞争领域，制定最佳广告投入策略，实现效益最大化。

参考文献：

[1] 张璇. 苏宁易购转型 O2O 模式财务效果研究 [D]. 石家庄：河北经贸大学，2019.

[2] 张先治，陈友邦. 财务分析 [M]. 大连：东北财经大学出版社，2019.

[3] 魏歆然. 基于哈佛分析框架的苏宁易购转型的财务分析研究 [D]. 青岛：青岛大学，2018.

[4] 师鹏举. 传统零售业转型 O2O 模式的财务战略分析 [D]. 石家庄：河北经贸大学，2016.

[5] 周佩. 基于财务视角的苏宁商务模式改进研究 [D]. 湘潭：湘潭大学，2019.

[6] 题畅.苏宁易购财务管理问题研究[D].大庆：东北石油大学，2019.

[7] 刘敏.基于哈佛框架下的苏宁易购财务分析[J].时代金融，2019(8)：227-230.

[8] 梅文碧.O2O模式下苏宁易购财务战略转型问题研究[J].价值工程，2019(25)：136-138.

[9] 张锦欣，郑宇.苏宁易购盈利模式分析[J].经济与管理，2019(8)：121-137.

四十四　集成电路公司财务报表分析

——以中芯国际集成电路制造有限公司为例

刘晶[①]

摘要：在高科技盛行的现在，集成电路行业作为现代社会的新生行业，有着举足轻重的地位，现代社会对于集成电路行业的需要程度也十分迫切。同时，一个国家的集成电路行业实力也代表了制造和创新的能力。近几年我国的集成电路飞速发展，取得了很大的进步，但是还存在很多的不足。本文以中国集成电路的龙头企业中芯国际为例，简要介绍和分析中芯国际的企业基本情况、盈利能力以及营运能力，并对中芯国际未来发展做简要总结。

关键词：财务报表；集成电路

一、引言

集成电路行业作为全球信息产业的基础，在产业资本的驱动下，已逐渐成为衡量一个国家或地区综合竞争力的重要标志和地区经济的晴雨表。集成电路产品的广泛应用推动了电子时代的来临，也成为现代日常生活中必不可少的组成部分。

集成电路行业主要包括集成电路设计业、制造业和封装测试业，属于资本与技术密集型行业，业内企业普遍具备较强的技术研发能力、资金实力、客户资源

[①] 刘晶，女，会计硕士，研究方向：财务管理。

和产业链整合能力。我国大陆集成电路产业虽起步较晚，但经过近20年的飞速发展，我国集成电路产业从无到有，从弱到强，已经在全球集成电路市场占据举足轻重的地位。集成电路产业链中的核心产业是集成电路设计，制造和封装测试。受益于物联网、云计算与大数据等相关产品需求成长，集成电路产业目前已成为支撑经济社会发展的基础性和先导性产业，其发展程度成为科技发展水平的核心指标之一，影响着社会信息化进程。

财务报表是会计信息披露的平台，是企业会计信息处理的最终环节，能够系统、综合、全面、准确地反映企业的财务情况、经营成果、现金流量，是企业在未来几年内所需要进行的经营、投资、筹融资等各项财务工作和活动的一个重要参照依据，也是衡量企业管理者工作绩效的重要方法。通过对公司财务报表信息进行综合分析，可以准确评价企业的管理质量与运作绩效，衡量并判定企业真实的经营情况，考察企业战略目标的具体实现情况，检查会计信息质量的真实性，为企业决策提供参考。在此大背景下，本文通过对中芯国际进行财务报表分析，了解企业的发展状况。

二、文献综述

孟文洁、刘悦（2021）在《哈佛分析框架下H公司财务报表分析》中通过哈佛分析框架全面分析了公司的财务情况及发展状况。在文章中运用SWOT分析法进行了战略分析，接着进行了财务分析，主要分为偿债能力、营运能力、盈利能力以及发展能力四个方面，最后根据分析给公司进行了预测及建议。

郭本永（2021）在《财务报表分析在工业企业管理中的运用探究》中认为现在的很多工业企业的历史都十分久远，公司规模也十分宏大，但是目前很多工业企业在财务报表分析上，不管是运用的分析方法，还是工具，都还相对传统，这就导致了企业进行财务分析后并没有优化企业管理，进行升级，从而有一个实质性的改变。因此企业需要进行更全面的考虑，升级财务分析方法及工具，进而达到提升企业水平、促进企业发展的目标。

三、研究设计

（一）案例选择

集成电路广泛地应用在众多领域，是国家的命脉产业。国家通过出台的相应政策激励和大基金对集成电路的资金支持，可以看到国家的重视力度和大力发展集成电路的决心，国产化替代的趋势也会越来越强，行业的景气度也会越来越高。集成电路制造通常被称为晶圆代工，是集成电路产业链中最重要的一个环节。中芯国际作为我国集成电路行业的龙头老大，有一定的知名度，专业能力也是有目共睹的。选择中芯国际进行财务报表分析，希望对其他集成电路行业提供参考，并且可以基本了解我国的集成电路行业基本发展。

（二）研究过程

本文第四部分介绍了中芯国际的企业概况、股权结构、业务模块与分布结构以及公司战略；第五部分分析了中芯国际的盈利能力以及营运能力。最后对中芯国际的未来做了简单的展望。

四、案例分析与发现

（一）企业概况

中芯国际集成电路制造有限公司（以下简称"中芯国际"）成立于2000年4月3日。根据IC Insights公布的2020年纯晶圆代工行业全球市场销售额排名，中芯国际位居全球第四，在中国大陆企业中排名第一。中芯国际集成电路制造有限公司（"中芯国际"，港交所股份代号：00981，上交所科创板证券代码：688981）及其子公司是世界领先的集成电路晶圆代工企业之一，也是中国内地技术最先进、配套最完善、规模最大、跨国经营的集成电路制造企业集团，提供0.35

微米到 14 纳米不同技术节点的晶圆代工与技术服务。中芯国际总部位于上海，拥有全球化的制造和服务基地。在上海建有一座 200 毫米晶圆厂，以及一座拥有实际控制权的 300 毫米先进制程合资晶圆厂；在北京建有一座 300 毫米晶圆厂和一座控股的 300 毫米合资晶圆厂；在天津建有一座 200 毫米晶圆厂；在深圳建有一座控股的 200 毫米晶圆厂。中芯国际还在美国、欧洲、日本和中国台湾设立营销办事处、提供客户服务，同时在中国香港设立了代表处。主要从事集成电路晶圆代工业务，以及相关的设计服务与 IP 支持、光掩模制造、凸块加工及测试等配套服务，属于集成电路行业。公司主要产品及服务为集成电路晶圆代工、设计服务与 IP 支持、光掩模制造及凸块加工及测试，公司是全球领先的集成电路晶圆代工企业之一，也是中国大陆技术最先进、规模最大、配套服务最完善、跨国经营的专业晶圆代工企业，技术应用于不同工艺平台，具备逻辑电路、电源/模拟、高压驱动、嵌入式非挥发性存储、非易失性存储、混合信号/射频、图像传感器等多个工艺平台的量产能力，可为客户提供不同终端应用领域的集成电路晶圆代工及配套服务。除集成电路晶圆代工外，公司亦致力于打造平台式的生态服务模式，为客户提供设计服务与 IP 支持、光掩模制造等一站式配套服务，并促进集成电路产业链的上下游协同，与产业链中各环节的合作伙伴一同为客户提供全方位的集成电路解决方案。

公司不断扩展质量管控的广度和深度，建立了全面完善的质量控制系统。目前，公司已经获得了信息安全管理体系认证 ISO27001，质量管理体系认证 ISO9001，环境管理体系认证 ISO14001，职业健康安全管理体系认证 OHSAS18001/ISO45001，汽车行业质量管理体系认证 IATF16949，电信业质量管理体系认证 TL9000，有害物质过程管理体系 QC080000，温室气体排放盘查认证 ISO14064，能源管理体系认证 ISO50001，道路车辆功能安全认证 ISO26262 等诸多认证。

（二）股权结构如图44-1所示

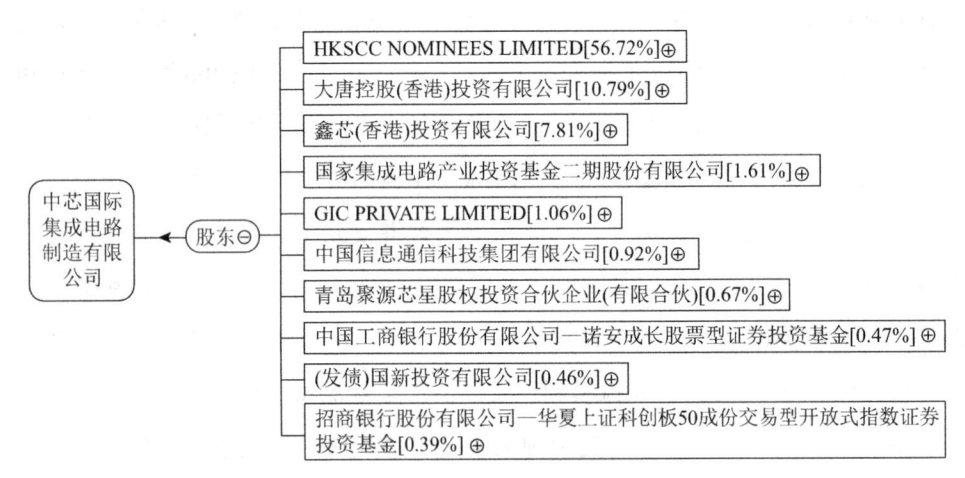

```
中芯国际                    HKSCC NOMINEES LIMITED[56.72%]
集成电路      股东          大唐控股(香港)投资有限公司[10.79%]
制造有限                    鑫芯(香港)投资有限公司[7.81%]
公司                        国家集成电路产业投资基金二期股份有限公司[1.61%]
                            GIC PRIVATE LIMITED[1.06%]
                            中国信息通信科技集团有限公司[0.92%]
                            青岛聚源芯星股权投资合伙企业(有限合伙)[0.67%]
                            中国工商银行股份有限公司—诺安成长股票型证券投资基金[0.47%]
                            (发债)国新投资有限公司[0.46%]
                            招商银行股份有限公司—华夏上证科创板50成份交易型开放式指数证券投资基金[0.39%]
```

图44-1　股权结构图

资料来源：同花顺iFinD。

（三）业务模块与分布结构

公司集成电路晶圆代工业务系以8英寸或12英寸的晶圆为基础，运用数百种专用设备和材料，基于精心设计的工艺整合方案，经上千道工艺步骤，在晶圆上构建复杂精密的物理结构，实现客户设计的电路图形及功能。公司成功开发了0.35微米至14纳米多种技术节点，应用于不同工艺平台，具备逻辑电路、电源/模拟、高压驱动、嵌入式非挥发性存储、非易失性存储、混合信号/射频、图像传感器等多个工艺平台的量产能力，可为客户提供智能手机、智能家居、消费电子等不同终端应用领域的集成电路晶圆代工及配套服务。

除集成电路晶圆代工外，公司亦致力于打造平台式的生态服务模式，为客户提供设计服务与IP支持、光掩模制造、凸块加工及测试等一站式配套服务，并促进集成电路产业链的上下游合作，与产业链各环节的合作伙伴一同为客户提供全方位的集成电路解决方案。2020年，公司产能稳步扩充，产能利用率维持高位，基于多元化的工艺节点、全方位的配套技术服务，满足客户差异化需求，持续为客户创造更高的附加价值，全力服务于境内外的广大客户。

（四）公司战略

集成电路产业是资金密集、技术密集、人才密集的高科技产业，集成电路制造是集成电路产业的核心环节。中芯国际是世界领先的集成电路晶圆代工企业之一，也是中国大陆技术最先进、配套最完善、规模最大、跨国经营的集成电路制造企业集团。中芯国际坚持国际化、市场化方向，致力于高质量特色工艺技术平台及先进逻辑工艺的研发及产能布局，致力于生产、运营及相关服务的不断优化及效率提升，为客户提供更好的服务，为股东创造更大价值，实现自身健康成长。

除集成电路晶圆代工业务外，中芯国际亦致力于打造平台式的生态服务模式，为客户提供设计服务与 IP 支持、光掩模制造、凸块加工及测试等一站式配套服务，并促进集成电路产业链的上下游合作，与产业链各环节的合作伙伴一同为客户提供全方位的集成电路解决方案。

五、中芯国际的财务分析

（一）盈利能力分析如表44-1所示

表 44-1　2016—2021 年中芯国际盈利能力分析

指标＼年份	2016 年	2017 年	2018 年	2019 年	2020 年	2021 年三季报
总资产报酬率 / %	3.06	2.26	0.31	0.85	2.39	3.36
销售毛利率 / %	29.16	24.76	23.02	20.83	23.78	27.94
销售净利率 / %	10.86	4.22	1.57	5.76	14.64	29.57
成本费用净利率 / %	—	5.14	2.39	7.64	20.71	39.79

资料来源：同花顺 iFinD。

如表 44-1 所示，中芯国际的总资产报酬率从 2016—2018 年有一个明显的下降[1]，尤其是 2017—2018 年。在 2018 年之后有一个小幅度的回升，此后保持一个上升的态势。同样地，在销售毛利率、销售净利率、成本费用净利率都是呈这样的趋势。

公司的毛利率一直是一个比较稳定的状态，有小幅度的变化[2]。说明中芯国际的产品还是有一定的竞争力的。在 2020 年，公司的销售净利率并没有下降，反而呈现一个大幅度的上升，说明公司并没有受到疫情的影响。在现在科技快速发展的时代，中芯国际在汽车行业、5G 手机技术方面都有很大的用处，所以涨幅很大。通过公司年报数据发现，中芯国际的盈利能力是有一定的水平的，并且未来有很大的提升和发展空间[3]。

（二）营运能力分析如表44-2所示

表 44-2　2016—2021 年营运能力分析

年份 指标	2017 年	2018 年	2019 年	2020 年	2021 年三季报
存货周转率 /%	3.96	4.16	3.95	4.36	2.96
应收账款周转率 /%	8.18	8.25	7.05	8.88	7.08
流动资产周转率 /%	1.38	0.67	0.49	0.37	0.26
总资产周转率 /%	0.49	0.26	0.21	0.17	0.12

资料来源：同花顺 iFinD。

营运能力主要通过各项资产周转率来体现，能够反映企业各资产变现的速度。如表 44-2 所示，2017—2020 年中芯国际的存货周转率呈现比较稳定的趋势，但是在 2021 年我们发现，存货周转率大幅下降，这说明中芯国际存货的制造和销售周期变长，存货变现速度慢。同时在 2021 年应收账款周转率也出现了一个下降，这说明企业资金周转速度变慢，资金使用效率下降，对企业经营业绩产生影响[4]。中芯国际的流动资产周转率逐年下降，利用企业流动资产进行经营的效率不高，造成资金浪费。

六、结论与展望

得益于车载芯片、HPC、5G 需求旺盛，2021 年第三季度主流代工厂仍然满产，部分芯片供不应求状况持续，同时代工厂扩大产能已多数被锁定。公司作为国内晶圆代工龙头，芯片供应紧张，客观上有利于公司稳定客户关系，收入及盈利能力亦有望持续提升[5]。

晶圆制造是中国半导体产业链实现自主可控的关键所在，公司作为中国大陆晶圆代工龙头，制程工艺节点完善，技术先进，在产能紧缺及国产替代的大背景下，公司有望持续受益。

参考文献：

[1] 易琪. 未来可期：森马服饰财务报表分析[J]. 现代商贸工业，2021，42(35)：97-98.

[2] 王楚婷. 全聚德公司财务报表分析[J]. 合作经济与科技，2022(2)：154-156.

[3] 孟文洁，刘悦. 哈佛分析框架下H公司财务报表分析[J]. 中国管理信息化，2021，24(21)：4-5.

[4] 岳佳欣. 企业财务报表分析——以海尔智家为例[J]. 北方经贸，2021(11)：89-91.

[5] 郭本永. 财务报表分析在工业企业管理中的运用探究[J]. 会计师，2021，358(7)：98-99.

四十五 科创板公司财务报表分析

——以心脉医疗为例

单译萱[①]

摘要： 中国医疗器械产业的发展是中国人民生活和健康的重要组成部分。我国政府政策大力支持，医疗器械发展已经提升至国家发展战略地位。资产质量是衡量公司治理情况和管理业绩的中心指标。本文主要通过对已在科创板上市的心脉医疗财务报表进行分析，分析其资产质量，为企业未来发展提供合理的建议。

关键词： 医疗行业；心脉医疗；财务报表

一、引言

近些年来，随着医疗技术的不断发展和人民日益加强对健康方面的关注，医疗行业快速发展。医疗企业是医疗健康服务产业的重要支柱，只有认识到自身竞争力提高的重要性才能生存与发展。因此，需要对医疗器械企业的各项财务指标进行分析，这样有利于医疗企业在不同维度判断其经营过程中出现的问题，及时作出处理，使企业经营效益得以提升，促使企业健康发展。

二、文献综述

吴伟、唐东升（2021）认为财务分析不是只对财务报表中的数据进行分析，

---

① 单译萱，女，会计硕士，研究方向：财务管理。

而是从财务角度进行分析；分析的对象不是财务报表本身，而是财务数据资料背后的会计主体及其商业行为[1]。

姜然（2021）认为财务报表分析在企业经营发展中具有十分重要的作用，需要企业充分重视对财务报表的分析工作，积极应用各种先进的财务报表分析技术，健全企业的财务报表分析体系，促进企业的长远发展和进步[2]。

张新民、钱爱民、陈德球（2019）认为公司盈利能力的基础是资产质量。资产质量也反映了公司治理效果，公司各个资产项目可以逐项分析，不同资产项目由于功能不同具有不同资产特征[3]。

三、研究设计

（一）案例选择

自从2019年科创板开市以来，科创板坚持服务科技自立自强，推动科技、资本和实体经济的高水平循环。心脉医疗公司属于医疗器械生产企业，在科创板上市。在国内主动脉医疗器械领域，心脉医疗的市占率约为四分之一。选其作为案例进行财务报表分析，希望对科创板公司、其他医疗企业提供参考。

（二）研究过程

本文根据心脉医疗2016—2020年的企业年度报告，首先介绍公司的概况和股权结构，概括了其业务模块和分布结构以及发展战略；其次对心脉医疗的资产质量进行分析；最后是对文章的总结以及心脉医疗未来发展的展望。

四、案例分析与发现

（一）企业概况

上海微创心脉医疗科技股份有限公司是微创医疗科学有限公司旗下的子公司之一（以下简称"心脉医疗"），公司成立于2012年。2019年公司成功在科创板上市。心脉医疗致力于主动脉及外周血管介入医疗器械的研发、制造和销售，主要产品有主动脉覆膜支架、术中支架、外周血管支架、外周血管球囊扩张导管等。

(二) 股权结构

公司间接控股股东微创医疗在其股东大会和董事会层面均不存在控制方，故微创医疗不存在实际控制人。因此，心脉医疗不存在实际控制人。心脉医疗股权结构如图 45-1 所示。

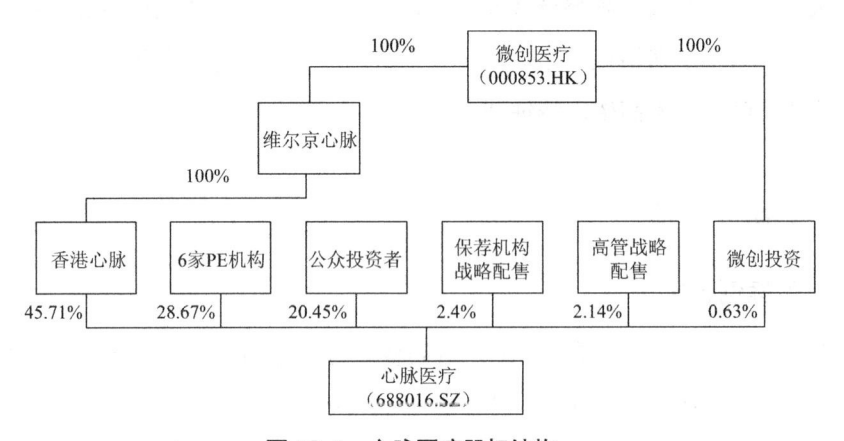

图 45-1 心脉医疗股权结构

资料来源：同花顺 iFinD。

(三) 业务模块与分布结构

心脉医疗主要从事主动脉及外周血管介入医疗器械领域的研发、生产和销售。在主动脉介入医疗器械领域，公司的主要产品为主动脉覆膜支架；在外周血管介入医疗器械领域，目前已拥有外周药物球囊扩张导管等产品[4]。根据心脉医疗 2020 年报主营业务分析显示，将营业收入按照不同产品分类，计算不同产品收入占比后发现，主营业务收入的来源主要是主动脉支架类、术中支架类、外周及其他，分别占营业收入的 83.52%、11.90%、3.48%。所以根据其销售收入所占比例不同，可以发现心脉医疗最主要的业务是销售主动脉支架类器械。

最新的公告显示，心脉医疗拥有三家全资子公司，分别为上海拓脉医疗科技有限公司、上海蓝脉医疗科技有限公司和上海鸿脉医疗科技有限公司。

(四) 公司战略与经营业绩

1. 公司战略

心脉医疗在重视技术研发和创新能力的同时，坚持对产品研发、生产技术创新持续投入。在保持和加强主动静脉介入领域的竞争优势的同时，拥有自主知识产权的产品。截至 2020 年末，公司拥有已授权的境内外专利 111 项。企业通过开发具有技术和价格竞争力的产品，降低了相关成本，提升了公司品牌的市场影响力。

2. 经营业绩

2020 年，心脉医疗实现营业总收入 4.70 亿元，较上年同期增长 40.91%；实现归属于上市公司股东的净利润 2.15 亿元，较上年同期增长 51.40%。公司总资产 13.76 亿元，较期初增长 19.07%；归属于母公司所有者权益 12.3 亿元，较期初增长 15.76%。

五、企业资产质量分析

(一) 资产总体情况分析

总体来看资产总额近几年一直在上升，从 2016 年的 1.89 亿元涨至 2020 年的 13.76 亿元。从结构上看，2020 年资产总额中有 11.97 亿元的流动资产，占资产总额的 86.97%。其中货币资金 10.5 亿元，占流动资产的 87.84%，占总资产的 76.39%；应收票据及应收账款为 4,879 万元，存货为 8,206 万元。在非流动方面，无形资产的金额最大，其次是开发支出。数据如表 45-1 所示。

表 45-1 资产情况 单位：万元

指标＼年份	2020	2019	2018	2017	2016
流动资产					
货币资金	105,120	88,921	4,990	3,184	2,771

续表

指标\年份	2020	2019	2018	2017	2016
应收票据及应收账款	4,879	3,423	2,342	2,356	1,891
预付款项	1,453	1,036	848	676	401
其他应收款合计	14	16	30	24	27
存货	8,206	5,629	3,372	2,590	2,410
流动资产合计	119,672	99,035	11,603	8,847	7,613
非流动资产					
固定资产合计	5,117	4,779	4,731	4,792	4,970
在建工程合计	239	477	117	115	32
无形资产	6,062	4,531	2,051	2,175	40
开发支出	4,151	5,487	7,404	5,521	5,154
长期待摊费用	879	564	651	746	843
递延所得税资产	729	472	245	176	144
其他非流动资产	757	226	80	54	64
非流动资产合计	17,935	16,536	15,279	13,579	11,247
资产总计	137,607	115,571	26,882	22,426	18,860

资料来源：同花顺 iFinD。

（二）流动资产项目质量分析

1. 货币资金项目质量分析

从合并报表的总体规模上看，公司的货币资金由 2016 年的 2,771 万元增加到 2020 年的 105,120 万元，可自由支配的现金余额较高。这说明通过现金流量表可以得知，公司绝大部分现金流是经营活动产生的，这说明心脉是一家经营主导型企业。经营活动产生的现金净额逐年提高使得公司货币资金大幅提高[5]。这主要是因为心脉医疗目前核心产品市场占有率较高，且该产品目前已经纳入大多数省份医保名录，需求量不断增加，未来经营活动产生的现金流将会进一步增加。现金流量净额情况如表 45-2 所示。

表 45-2 现金流量净额情况 单位：万元

分类	2020 年	2019 年	2018 年	2017 年	2016 年
经营活动产生的现金流量净额	21,744	14,320	10,685	6,936	3,013
投资活动产生的现金流量净额	−867	−1,107	−2,479	−2,784	−3,197
筹资活动产生的现金流量净额	−4,679	70,716	−6,400	−3,740	1,671

资料来源：同花顺 iFinD。

2. 债权项目质量分析

（1）应收票据及应收账款。

与上一年相比，2020 年的应收票据及应收账款余额增加了 1,456 万元，2020 年余额约是 2016 年余额的 2.58 倍。从报表附注中，公司应收账款的账龄均为一年且坏账准备金额很小。这说明，心脉医疗年末应收账款质量很好，周转性和保值性比较高。

（2）其他应收款。

由表 45-3、表 45-4 所示，2020 年账龄在一年以内的其他应收款为 3.86 万元，三年以上的其他应收款为 10 万元。2019 年 2～3 年的其他应收款为 15 万元，占比 94.25%。一般来说，企业其他应收款整体账龄较长，有坏账风险的可能性。但是公司其他应收款金额总额较小，造成的不利影响也较小。

总体来说，心脉医疗的债券质量较高。

表 45-3 应收票据及应收账款账龄情况

数据类型	2020 年		2019 年	
账龄	账面余额 / 万元	占账面余额比 / %	账面余额 / 万元	占账面余额比 / %
1 年以内	3.86	27.83	0.92	5.75
1～2 年	—	—	—	—
2～3 年	—	—	15.00	94.25
3 年以上	10.00	72.17	—	—
合计	13.86	100.00	15.92	100.00

资料来源：同花顺 iFinD。

表 45-4 其他应收款账龄情况

数据类型 账龄	2020 年 账面余额 / 万元	占账面余额比 / %	2019 年 账面余额 / 万元	占账面余额比 / %
1 年以内	3.86	27.83	0.92	5.75
1～2 年	—	—	—	—
2～3 年	—	—	15.00	94.25
3 年以上	10.00	72.17	—	—
合计	13.86	100.00	15.92	100.00

资料来源：同花顺 iFinD。

3. 存货项目质量分析

2020 年存货规模为 8,206 万元，较上一年增加 2,577 万元，增长 45.78%。较 2016 年增加 5,796 万元，增长 240.5%。合并利润表显示，2020 年度营业成本比上年显著增加，提高了 42.58%。显然，存货的增加幅度比营业收入规模的增长幅度稍高，这反映了企业的存货管理较好，公司的存货周转率正在加快。

此外，主动脉支架类实现的营业收入占营业收入总额较高，2020 年其毛利率虽比 2019 年毛利率低 0.52%，但仍保持较高水平，公司也在行业中占据领先地位。数据如表 45-5、表 45-6、表 45-7 所示。

表 45-5 营业成本收入情况　　　　　　　　　　　　　　　　单位：万元

指标＼年份	2020	2019	2018	2017	2016
营业成本	9,828	6,893	4,897	3,678	2,964
营业收入	47,025	33,373	23,112	16,513	12,533

资料来源：同花顺 iFinD。

表 45-6 收入构成情况

收入构成＼年份	2020	2019	2018	2017	2016
动脉支架类 / %	83.52	82.83	81.57	79.26	75.62

续表

年份 收入构成	2020	2019	2018	2017	2016
术中支架类 / %	11.90	14.44	16.55	17.79	20.91
其他 / %	3.48	1.30	1.10	0.59	0.45
其他业务 / %	1.10	1.43	0.78	2.36	3.02
合计 / %	100.00	100.00	100.00	100.00	100.00

资料来源：同花顺 iFinD。

表45-7 毛利率情况

年份 指标	2020	2019	2018	2017	2016
毛利率 / %	79.10	79.35	78.81	77.73	76.35
主动脉支架类 / %	80.56	81.08	79.26	78.58	77.62
术中支架类 / %	79.31	78.68	82.00	80.50	78.79
其他 / %	62.46	29.51	33.41	39.06	31.52
其他业务 / %	18.40	30.65	28.51	37.93	34.27
合计 / %	79.10	79.35	78.81	77.73	76.35

资料来源：同花顺 iFinD。

（三）非流动资产项目质量分析

1. 固定资产项目质量分析

合并报表附注信息显示，固定资产账面原值年度内增加了121.70万元，其中房屋及建筑物增加1.56万元，运输设备增加1.12万元，办公电子设备增加12.69万元。年度内固定资产原值减少1.31万元，全部为处置或报废。说明公司年度内固定资产规模在扩大，公司内部结构也在优化，固定资产的年度增加内容基本和公司经营目标保持了一致[6]。

公司2020年营业收入同比增长40.91%；固定资产原值净增加11.63%，这说明心脉医疗固定资产周转率有所增加。

固定资产的营利性主要通过它制造出的商品营利性来反映。2020年，主动脉支架类产品毛利率将一直保持在较高位,这也表明公司固定资产的设备水平较高,产品能够满足市场需求,营利性较好。

总体来说,心脉医疗固定资产的周转性、营利性比较好,固定资产质量较好,进而得出公司盈利能力较好。数据如表 45-8 所示。

表 45-8 固定资产情况　　　　　　　　　　　　单位:万元

分类	2020 年期末余额	2020 年本期增加	2020 年本期减少	2020 年期初余额
一、固定资产账面原值	1,155.50	121.70	1.31	1,035.11
房屋及建筑物	623.21	1.56	0.00	621.65
运输设备	18.84	1.12	0.00	17.72
办公电子设备	59.55	12.69	0.43	47.28
其他设备	453.90	106.32	0.87	348.46
二、固定资产累计折旧	416.29	72.39	0.71	344.60
房屋及建筑物	202.52	25.55	0.00	176.97
运输设备	16.91	0.07	0.00	16.84
办公电子设备	27.61	7.80	0.41	20.21
其他设备	169.26	38.97	0.30	130.59
三、固定资产账面价值	739.21	—	—	690.51
房屋及建筑物	420.70	—	—	444.68
运输设备	1.93	—	—	0.89
办公电子设备	31.94	—	—	27.07
其他设备	284.64	—	—	217.87

资料来源:同花顺 iFinD。

2. 无形资产项目质量分析

从合并报表可以看出,2020 年公司无形资产增加了 1,531 万元,这主要是因为报告期内 ReewarmPTX 药物球囊扩张导管获得医疗器械注册证,由开发支出转入无形资产,这说明公司已研发和在研发产品数量多、技术好,未来可以为企业带来经济利益流入。同时 2020 年非专利技术累计摊销 816.69 万元。说明了现在医疗设备技术更新换代速度非常快,公司应继续加强技术创新,以防被市场淘汰。

六、总结

经过对心脉医疗资产质量的分析，心脉医疗总体上资产质量良好，且企业负债总体水平较高，无明显的不良资产占用，结构和营利能力均较好，这说明公司资源配置与其战略相匹配。但是，医疗器械作为资金密集、技术密集型行业，资金利用起来进行研发创新十分重要，这关系到企业后续的竞争力。因此企业在专注自身技术领域的同时还应该积极拓展投资领域，更好地利用资金。

目前，国家出台了一系列鼓励将患者引入基层医疗机构，优先购买国内的医疗器械，选择最适合的产品等政策。国内高成本品牌的竞争优势逐渐显现。同时，国家提出了创新产品的绿色审批渠道，带动了医疗器械领域的创新发展和能力建设。这一系列政策对心脉医疗来说是利好信息，使其高速发展。在这样的情况下，公司应充分运用财务杠杆效应，在保证资产质量的前提下，进一步提高公司营利能力水平，适应医疗器械行业日趋激烈的竞争环境和公司规模不断扩大的发展需求。

参考文献：

[1] 吴伟，唐东升. 财务分析方法有效性及改进研究——基于科学方法视角 [J]. 财会月刊，2021(23)：36-40.

[2] 姜然. 财务报表的分析在企业财务管理中的应用 [J]. 国际商务财会，2021(16)：47-49.

[3] 张新民，钱爱民，陈德球. 上市公司财务状况质量：理论框架与评价体系 [J]. 管理世界，2019，35(7)：152-166+204.

[4] 钟智宇，梁艳，邹文卿. 企业分拆上市的动因及经济后果研究——以心脉医疗为例 [J]. 商业会计，2021(20)：82-85.

[5] 罗亚妃. 试述改善医疗企业财务报表分析的对策建议 [J]. 商讯，2021(31)：50-52.

[6] 曹晓丽. 财务分析方法与财务分析中存在的问题 [J]. 财经问题研究，2014(S2)：73-75.

四十六 科创板医药生物企业财务分析

——以海尔生物为例

李希钰[①]

摘要：2020年在疫情的影响下，生物安全与生物安全风险防范引起了高度重视，随着生物安全法的出台推动，医疗行业飞速发展[1]。海尔生物作为一家生物安全领域综合解决方式服务商，其产品线全面服务于生物安全，在这一政策利好的背景下有望进一步发展。因此，本文对海尔医疗的基本情况和财务数据进行了分析，从财务指标的分析结果中判断海尔医疗在发展中存在的问题，从此对企业未来的决策方向得出启发。

关键词：生物安全；海尔医疗；财务分析

一、引言

生物医疗这一行业在疫情突然暴发后增长速度骤然加快，在所有行业中位居全球第一。除了疫情的原因之外，我国居住环境不断变化，经济飞速发展，居民的医疗健康思想意识也在逐渐转变，并且我国人口逐步出现老龄化的趋势，这些原因使得居民对生物医疗这一行业的重视不断提高。我国作为世界第二大经济体，在生物医药范围内也贡献不小。尤其在2020年疫情之下，我国生物安全体系发

---

① 李希钰，女，会计硕士，研究方向：财务管理。

挥了积极的作用,物联网技术在这一进程中更是生物安全体系搭建和大健康产业发展不可缺少的环节[2]。本文将海尔医疗作为研究对象,通过对其财务报表的特定指标进行分析,指出海尔医疗目前存在的财务风险和盈利、营运方面存在的问题,根据分析判断海尔医疗在整个行业中的发展状况和前景,帮助公司实现长期的生产经营[3]。

二、文献综述

曹骁骁（2021）[4]研究了企业财务分析工作的意义,提出企业必须在未来发展中不断优化自身的财务分析工作,对财务分析体系进行改进。认为企业开展财务分析的过程中,管理者通过运用被提供的所有数据,对企业生产经营情况进行全面清晰的掌握,如偿债能力、实际营运能力以及盈利能力等指标,客观正确地对企业发展中出现问题的原因和因素进行分析,帮助企业对工作制定决策,以应对当下激烈的市场竞争。

毕金玲（2021）[5]指出,财务分析对企业找准自身定位、有效制定决策方面,发挥着不可替代的作用。提出影响财务分析精确水平和运用成效的重要因素是计算方法是否合理；另外还应根据企业的发展阶段着重对某一方向进行财务分析。通过对营运能力、偿债能力、盈利能力的分析判断企业的真实发展水平。

三、研究设计

（一）案例选择

2020年初突如其来的新冠肺炎疫情让公共卫生成为全球关注的焦点。本次疫情在提升公共卫生重要性的同时,还对中国生物安全体系乃至大健康产业发展提出了更高要求。海尔生物于2019年10月25日在科创板上市,2020年初定位生物安全的经营发展方向,正式踏上物联网生物安全新赛道。经过一年的发展,海尔生物已经初步制定了一套围绕物联网升级、全球化布局、综合化的物联网生物安全场景解决方案。海尔生物敏锐的经营决策能力，让其在 2020 年初抓住了生物安全产业发展的机会，快速行动起来集中优势资源、聚焦主营业务，在进一步推进物联网场景解决方案市场落地的同时，全面布局生物安全产业。

（二）研究过程

本文根据海尔生物 2017—2020 年的企业年度报告，先介绍公司基本情况和股权结构，概括了业务模块和分布结构以及发展战略，并通过计算财务指标分析了企业的营运能力和偿债能力，最后通过评价企业发展现状得出了启示。

四、案例分析与发现

（一）企业概况

海尔生物暨青岛海尔生物医疗股份有限公司（以下简称"海尔生物"），主营业务是生物医疗低温存储设备的研发、生产和销售，是基于物联网转型的生物科技综合解决方案服务商[6]。主要产品有生物样本库、药品与试剂安全、血液安全、疫苗安全、生命科学室。自突破生物医疗低温技术并打破国外垄断以来，公司获得行业内唯一国家科技进步奖。

（二）股权结构

解析海尔生物的股权结构，其控股股东为海尔生物医疗控股有限公司持股 37.13%，奇君持股 20.04%，海创睿持股 10.13%。这其中，海尔生物医疗控股有限公司是海尔电器国际股份有限公司（以下简称"海尔国际"）全资控股公司，而海尔集团公司持有海尔国际 51.2% 的股份。简言之，上市公司海尔生物的实控人是海尔集团公司。海尔生物股权结构如表 46-1 所示。

表 46-1　海尔生物股权结构表

姓名	股权比例
青岛海尔生物医疗控股有限公司	37.13%

续表

姓名	股权比例
宁波梅山保税港区奇君股权投资合伙企业	20.04%
青岛海创睿股权投资基金中心（有限合伙）	10.13%
天津海盈康企业管理合伙企业（有限合伙）	3.87%
天津海创盈康企业管理合伙企业（有限合伙）	3.63%
磐沣价值私募证券投资基金	2.49%
中国医药投资有限公司	2.48%

资料来源：同花顺数据。

（三）业务模块与分布结构

海尔生物坚持自主创新，在低温存储领域有着近20年的研发和技术积累，突破了很多关键技术，拥有行业领先的技术实力与产业化经验。自2018年10月在科创板上市以来，一直是生物医疗低温存储的龙头企业，产品应用于全球100余个国家和地区，建立了较高的技术壁垒。因此，一系列生物医疗存储设备是海尔医疗的核心产业。

围绕这一核心技术，海尔生物将其与物联网技术深度融合，开创性地推出以物联网血液安全管理、物联网智慧疫苗接种为代表的综合解决方案，支持中国临床医学技术规范升级和疫苗管理升级，引领生物医疗产业变革；并相继突破自动化、微生物培养、环境模拟、快速制冷立新等核心技术，持续进行生物安全多元产品布局。营业收入的构成按产品分类，如表46-2所示。

表46-2 营业收入分类

按产品分类	2020年 金额/百万元	2020年 占营业收入比重	2019年 金额/百万元	2019年 占营业收入比重	同比增减
恒温冷藏箱	55,565.21	39.63%	44,850.34	44.87%	13.55%
超低温保存箱	35,548.04	25.35%	26,239.87	26.25%	23.89%
其他产品	21,800.89	15.55%	12,445.34	12.45%	35.47%
生物安全产品	14,261.87	10.17%	5,423.43	5.43%	75.17%

续表

按产品分类	2020 年		2019 年		同比增减
	金额/百万元	占营业收入比重	金额/百万元	占营业收入比重	
低温保存箱	10,019.32	7.15%	7,838.29	7.84%	162.97%
其他业务	3,007.58	2.15%	0	0	—
第三方实验室产品业务	0	0	3,166.40	3.17%	0
营业收入合计	140,202.90	100%	99,963.67	100%	40.25%

资料来源：海尔医疗 2020 年报。

（四）公司战略

自新冠疫情暴发以来，公共卫生及生物储存安全成为公众的关注重点，在该领域深耕多年的海尔医疗在这个特殊时期发挥了重要作用，不仅满足了用户迫切和集中需求，同时在特殊情境下促进了自身产业链的升级。

在物联网转型升级的道路上，海尔医疗提出搭建"物联网医疗生态"的理念，通过连接公立医院、社会办医机构、医学院校、资本方、药品、设备方，形成一个医疗生态圈，去共同推动和解决发展中遇到的人才问题、职称问题、学科问题等，通过物联网思维，打造物联网医院新模式。海尔生物通过开放生态，吸引各合作方与用户来共创共赢。

五、海尔生物的财务分析

（一）偿债能力分析

由表 46-3 可知，流动比率和速动比率自 2019 年大幅度上升后，在 2020 年又有所下降，一方面，说明企业总体上对短期债务的偿债能力有所下降，但仍处于行业较好水平，用当期流动资产偿还流动负债没有困难；另一方面，公司的资产负债率和权益乘数都较 2019 年小幅度增加，主要是公司新收购子公司持有的短期借款所致。

表 46-3 偿债能力指标

指标＼年份	2020	2019	2018	2017
流动比率 / %	2.62	4.69	1.73	1.87
速动比率 / %	2.38	4.50	1.68	1.76
资产负债率 / %	29.37	19.11	50.01	48.37
权益乘数 / %	1.42	1.24	2.00	1.94

资料来源：海尔医疗 2020 年报。

（二）营运能力分析

应收账款周转率变化趋势反映了应收账款的流动性及其资金占用量是否合理。从总体来看，海尔生物的应收账款周转率在逐年下降，主要是由于本期新收购子公司期末应收款项余额较大所致。从固定资产周转率的变化趋势来看，周转速度自 2019 年开始放缓，说明企业对固定资产的利用程度不足。同时总资产周转率比 2019 年有所提高，这是海尔医疗 2020 年持续拓展海外市场的结果。营运能力指标如表 46-4 所示。

表 46-4 营运能力指标

指标＼年份	2020	2019	2018	2017
应收账款周转率 / 次	11.27	11.34	15.47	22.89
固定资产周转率 / 次	4.92	6.50	15.54	10.34
总资产周转率 / 次	0.40	0.38	0.49	0.58

资料来源：海尔医疗 2020 年报。

（三）盈利能力分析

毛利率代表企业销售初始获利的能力，海尔生物 2020 年的毛利率与 2019 年相比有所下降，这是因为 2020 年的营业成本比上年增长了 47.84%，除了营业收入增长带动成本额的自动增长外，海尔生物对销售商品时提供的运输服务按照新收入准则记入"营业成本"项目。净资产收益率反映了企业自有资本获取净收益的能力，该指标稳定增长说明公司为股东节省利润的能力和管理能力逐步加强，公司盈利能力逐步提升。2020年海尔生物的净资产与2019年相比增加了1.1倍，这得益于公司的物联网转型战略，海尔生物物联网收入占比不断增高。盈利能力指标如表46-5所示。

表46-5　盈利能力指标

指标 \ 年份	2020	2019	2018	2017
毛利率/%	50.49	53.63	50.75	52.87
净资产收益率/%	14.62	13.06	11.89	9.97
净利润/万元	38,412.34	18,335.66	11,470.26	6,039.15

资料来源：海尔医疗2020年报。

六、结论与启示

（一）结论

2020年医药、医疗器械行业在新冠疫情影响下面临着更复杂的经营环境，对海尔生物来说，也是其物联网转型的关键一年。通过对海尔生物偿债能力、营运能力和盈利能力的分析，整体上海尔生物偿债能力较好，经营业务的活力水平高，净利润与营业收入不断增长，是一家值得看好的企业。虽然海尔生物的公司规模与同行业其他公司相比还有差距，但营业收入能和其他公司相媲美，净利润甚至达到了生物医疗行业的平均值，整体上有很强劲的发展势头。

（二）启示

海尔生物2020年业绩能够持续快速增长得益于疫情对整个行业的需求和重视，但疫情带来的并非完全是机遇。在复杂的发展环境下，海尔生物能够继续通过细分下游行业，延展分销商网络，打开公司成长的空间，还能够做到技术引领、模式引领、市场引领，以便充分享受行业发展所带来的红利。

参考文献：

[1] 公共卫生改善迫在眉睫海尔生物如何破局生物安全痛点？[N]. 经济观察报，2020-08-31(15).

[2] 李庆雪. 海尔生物财务分析[J]. 中国经贸导刊（中），2021(4)：137-138.

[3] 黄碧姗. 中小企业财务分析指标体系浅究[J]. 今日财富，2021(13)：147-148.

[4] 曹骁骁. 提升企业财务分析工作水平的研究[J]. 中国产经，2021(22)：36-38.

[5] 毕金玲. 企业如何提高财务分析的实用价值[J]. 老字号品牌营销，2021(10)：95-96.

[6] 打造用户迭代新体验 海尔生物创新物联网科技生态[J]. 中国经济周刊，2019(20)：72-73.

四十七　企业财务分析及评价

——以格力电器为例

王湘璐[①]

摘要：本文将财务分析作为理论性的指导方法，选取格力集团2016—2020年财务数据作为分析基础，使用图表分析法、比率分析法、比较分析法等方法分析格力集团的几大主要能力，再综合各种能力对格力电器进行整体评价，然后将其与同行业其他企业进行对比分析，发现该企业存在的问题，给财务数据使用者提供更加可靠及时的信息，帮助其提高决策的效率和质量。

关键词：财务分析；偿债能力；决策质量

一、引言

从新中国成立至今，国内的电器制造产业经历了起步、增长、发展到现在的调整阶段。目前，家电制造业的发展增速开始放缓。就整个行业来看，格力电器作为行业里的佼佼者，其发展仍具有优势，但其他品牌与其差距正在缩小。由此，对格力电器的财务状况进行分析，该分析对企业股东、经营者、债权人等来说，具有深刻意义。

财务分析是通过对企业的财务报告以及会计信息进行计算得到比率，通过这

---

① 王湘璐，女，会计硕士，研究方向：财务分析。

些比率对企业存续期间的财务、经营等状况进行分析，分析得出的结果对于企业管理者、债权人、股权人的决策质量和效率具有重要意义[1]。

格力电器是我国家用电器制造业中的领军企业，对其进行财务分析，总结出问题，其成功之处或者不足之处，可以给其他同类型企业带来一定的借鉴意义。

二、格力电器财务分析

（一）偿债能力分析

1.短期偿债能力

短期偿债能力指标如表47-1所示。

表47-1 短期偿债能力指标

年份 指标	2016	2017	2018	2019	2020
流动比率	1.13	1.16	1.27	1.26	1.35
速动比率	1.06	1.05	1.14	1.12	1.17
现金比率	0.7536	0.6754	0.7171	0.7422	0.8608

资料来源：网易财经。

（1）流动比率。

一般来看，流动比率在2左右最为合适。从表47-1可以看出，格力电器2016—2020年的流动比率相对来说较为稳定，都在1.5以下，且正在平稳地小幅度增加，能在一定程度上说明格力电器正在提高短期偿债能力，但是距离标准流动比率还有一定差距。

（2）速动比率。

通常，速动比率在1左右最为合适，近年来，格力电器的速动比率都在一点几左右，大致在正常范围内，一定程度上表明格力电器有着较强的短期负债的偿付能力，资金的流动性、变现能力较好，对存货的管理比较恰当，没有过分囤积存货。由于没有了存货的对偿付流动负债的影响，其结果更加有说服力。

(3) 现金比率。

该比率可以直观地表现出企业对于短时期债务的偿还能力[2]。一般现金比率大于0.2，则可以说明能够满足债务的支付。从对格力电器的现金比率进行分析，在一方面可以表明格力电器有能力支付短期到期债务，支付能力较好；但另一方面也可能表明格力电器拥有的现金资产较多，该类资产盈利能力较低，企业现金资产也许未得到充分有效利用。

2. 长期偿债能力

长期偿债能力指标如表47-2所示。

表47-2　长期偿债能力指标

指标\年份	2016	2017	2018	2019	2020
资产负债率	0.6988	0.6891	0.6310	0.6040	0.5814
产权比率	2.3204	2.2164	1.7098	1.5138	1.3718
权益乘数	3.32	3.22	2.71	2.53	2.48

资料来源：网易财经。

(1) 资产负债率。

资产负债率小于1是正常范围。从表47-2可以看出，格力电器近几年的资产负债率都在0.7以下，其资产中有百分之六十多是借款而来，可以说，其负债占总资产的比重较大，有着较大偿还债务的压力，偿债能力不强，但是在近几年呈现稳步下降趋势，一定程度上可以表明格力电器在缩小财务杠杆，以达到降低财务风险的作用，使企业的偿债情况有所好转。

(2) 产权比率。

格力电器产权比率较高的时候是在2016—2017年，数值超过2，既高风险又高收益是格力电器在这段时间采取的财务结构，由于债权人承担的风险较大，企业的财务风险也较大，然而到2018年时，该比率表现出下降的趋势，一定程度上可以说明企业有意识地降低该比率，使得偿付约定到期的长期债务的能力一定程度上得以提高，降低财务风险，债权人权益得到保护，并促进企业的稳步发展。

（3）权益乘数。

权益乘数能揭示企业的财务风险，如果该数值大，一定程度上说明企业有着较高的财务风险，但同时也能说明企业的财务杠杆收益高。权益乘数一般在2左右较为合适，格力电器在2016—2017年权益乘数较高，偿债压力较大，企业承担的偿债压力较大，到2018年以后，权益乘数降低，说明格力电器在提高其长期偿债能力。

（二）营运能力分析

格力电器营运能力见表47-3。

表47-3 营运能力指标

年份 指标	2016	2017	2018	2019	2020
存货周转率	7.88	7.78	7.56	6.51	4.78
应收账款周转率	37.09	33.80	29.32	24.44	19.50
流动资产周转率	0.82	0.94	1.07	0.96	0.79
总资产周转率	0.63	0.75	0.85	0.74	0.60

资料来源：网易财经。

1. 存货周转率

该比率可以用以揭示存货的周转次数。近几年，格力电器的存货周转率呈现略微下降的趋势，但格力电器总体存货周转率还是较高的，其周转速度较可观，营运资本中存货所占比例较低，凸显较好的变现能力，在此基础上，格力电器有着较高的资金的利用效率。

2. 应收账款周转率

该比率是评价一家企业应收账款流动性大小的一个比较核心的财务指标，可以用来分析应收账款的变现速度和效率[3]。从表47-3可以发现，格力电器的应收账款的回收速度呈下降趋势，该企业的资产变现能力降低，资产的流动性减缓，其原因可能是因为该企业实行不恰当的信用政策，影响了企业资金的正常周转和利用效率。

3. 流动资产周转率

流动资产的周转速度可以通过一定时期营业收入额同平均流动资产总额的比率反映。从表47-3可以看出，近几年来，格力电器流动资产周转率呈现波动趋势，节约了流动资金，提升资金利用效率的同时销售能力也在变强，企业的效益也在提升。

4. 总资产周转率

企业营业收入总额除以总平均资产后得到的比值就是总资产周转率。从表47-3可以看出格力电器总资产周转率在上升，说明其周转加快，经营的效率在提高，主要原因是格力电器采取有效措施，一定程度上增加了营业收入或处置了部分无用资产，增加了企业的创收能力。

（三）盈利能力分析

1. 业务获利能力

企业的销售利润率可以用来评价企业的持续收益能力，且不包括营业外收支，可以体现企业业务获利能力的高低。从表47-4可以看出，2019年的销售利润率最低，其原因可能是投入了较大的研发支出或者其他业务方面的支出，且近几年格力电器通过销售获取利润的能力有所降低。销售净利率考虑了所得税对利润的影响因素，同样可以看出，格力电器的销售净利率变化趋势大致与销售利润率相同，所以其主要受主营业务收支的影响。

表47-4　业务获利能力

年份 指标	2016	2017	2018	2019	2020
销售利润率 / %	16.12	17.63	15.61	14.72	15.48
销售净利率 / %	14.24	15.11	13.23	12.53	13.25

资料来源：作者整理。

2. 资产获利能力

从表47-5、表47-4可以看出，总资产报酬率与销售净利率相似，先上升，后略微下降。其主要原因是总资产周转率的稳步提高，使总资产报酬率可以大致呈现稳步提高的趋势，一定程度上可以说明格力电器的持续经营能力情况较好。在2017—2020年，由于总资产报酬率的略微下降并且权益乘数的降低，最终使得股东权益报酬率降低。

表47-5 资产获利能力

指标＼年份	2016	2017	2018	2019	2020
总资产报酬率/%	8.51	10.47	10.50	8.77	7.98
股东权益报酬率/%	28.63	34.14	28.69	22.42	19.25

资料来源：网易财经。

(四) 发展能力分析

从表47-6可以看出，营业收入增长率在2016—2017年有一个较大的增长，2017—2018年较为稳定，但是最近这几年的营业利润增长率表现出下降的趋势，主要原因可能是格力电器存在成本或者费用较大幅度变动或者调整。资本增长率呈波动趋势，在2018年达到最高后开始回落，进入稳定期，但由于制造业面临产业结构升级调整，其他品牌也在努力发展，2018年营收呈现下降趋势[4]。

表47-6 发展能力指标

指标＼年份	2016	2017	2018	2019	2020
营业收入增长率/%	10.82	36.91	33.61	20.11	15.12
营业利润增长率/%	22.98	44.99	17.20	-5.88	-10.26
资本增长率/%	13	19	39	21	5

资料来源：作者整理。

（五）格力电器与海尔、美的的财务对比分析

1. 格力、海尔和美的的对比介绍

格力、海尔和美的均为我国的家电制造业，且属于行业里的领军企业。格力的营业收入以空调为主，海尔和美的的产品较为多元化。三家企业占据国内家电企业的半壁江山，其海外市场的力量也不容小觑。

（1）格力与海尔的对比。

海尔较格力成立早。一般来说，在同一行业里，先起步发展的企业具有更大的优势。早在20世纪90年代，海尔已成为著名的家电品牌。从家电销售可以看出，海尔的产品较为平均，实施多元化发展战略。格力电器的家电产品较为集中，主要以空调为基础。海尔的多元化战略可以帮助企业在一定程度上分散风险。格力的集中化战略能帮助企业集中力量，专注于技术的开发和产品的创新，将其空调品牌做到行业最佳。

（2）格力与美的的对比。

格力与美的都属于轻资产型公司，专注于主业，两家企业的无形资产实力较强，发明专利非常多，并且拥有的研发人员数量也十分庞大，其技术在全国领先得益于在全球拥有多个研发中心，汇集世界力量，这两家企业都是行业巨头，规模效应十分明显，二者以国内市场为主，在国外市场中也占有一席之地，在采购原材料、供应链模式、上下游企业管理方面形成的优势也是十分明显的。

2. 三家企业的财务分析对比

分析对比见表47-7、图47-1。

表47-7 横向对比分析

企业	流动比率	资产负债率/%	总资产周转率/%	销售利润率/%
格力	1.13	1.43	0.85	15.6
美的	1.40	1.54	0.98	9.8
海尔	1.18	1.49	1.10	6.2

资料来源：作者整理。

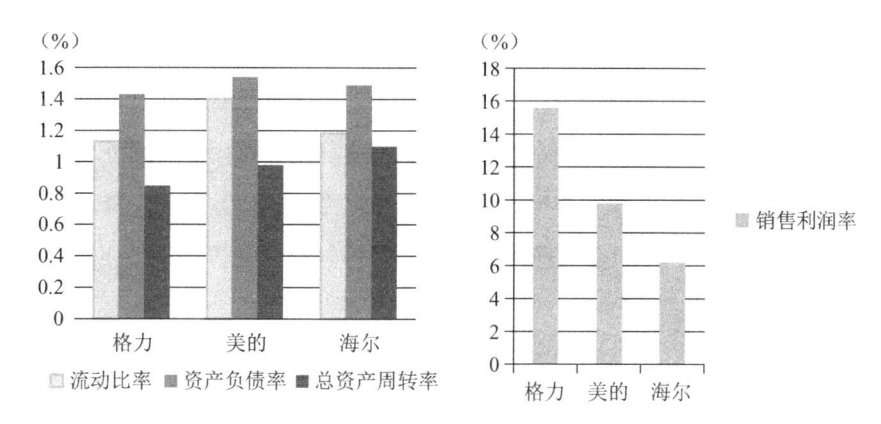

图 47-1 横向对比分析

资料来源：作者整理。

偿债能力：流动比率衡量短期偿债能力，资产负债率衡量长期偿债能力。从图 47-1 能看出美的电器的短期偿债能力最强，格力电器最弱，格力电器的流动比率较小，对债权人的保障不足，资产变现能力有待加强；从长期偿债能力来看，三者大致相当，差距较小，但格力电器也应合理举债[5]，并对资本结构进行优良改革，合理制订偿债计划，以减弱财务风险。

营运能力：用总资产周转率衡量，从图 47-1 数据来看，格力电器总资产周转率较低，而海尔电器最高，可以看出格力电器的营运能力不佳，资产周转速度不够，基于此，格力电器需要处置部分无用资产或者增加一定的销售收入，提高资产利用率。

盈利能力：采用销售利润率衡量，格力电器的业务获利能力相较于海尔、美的电器高，查阅相关年报可以发现，在营业收入上，格力电器并不是最高的，可能是由于其降低了销售价格，提高了销量，使得销售利润率最高。

三、格力电器存在的财务问题

（一）偿债能力不佳

通过对企业的财务分析，可以发现格力电器的偿债能力不佳，存在一定的财务风险，其原因可能与资本结构、投资、融资方式有关，但与同行业的其他家电制造品牌相比，还是具有明显的优势。尽管偿债能力没能达到理想的状态，但是随着年份的增加，偿债指标比较平稳，偿债能力也在小幅提高。但由于其负债水平比较高，偿债能力不够强会引起债权人的担忧，这样一来，企业的借款能力下降，企业为了筹集资金付出的资本成本也会上升，使得企业的发展前景受到影响，造成恶性循环。

（二）产品较为集中

格力电器家电产品较为集中，以空调为主，其对空调的研发投入是当今格力电器处于领先地位的基础，但是集中于单项产品的研发销售不利于企业合理地分散风险，并且目前的空调制造业处于瓶颈阶段。

四、防范格力电器财务问题的对策和建议

（一）提升偿债能力

1. 制订合理的偿债计划

由以上分析可知，格力电器的偿债能力在逐步提高，但总体水平仍较低，负债及财务风险大，制订合理的偿债计划可以使得企业合理分配偿债金额及偿债时间，如不能及时足额还款，会影响企业的信用，影响日后的筹资能力。

2. 调整资本结构

通过上述分析，本文认为格力电器可以适当调整资本结构，增加权益性投资，降低债务性投资，降低长期投资的比例，达到提高企业偿债能力的目的。

（二）改善产品集中

1. 及时实施多元化战略

多元化战略是市场发展的趋势，也是时代发展的趋势，格力电器需要进行转型升级，制定合乎本企业发展的战略路线。

2.加大研发投入

创新是一个企业持续发展的动力,格力电器需要在保证正常生产经营的同时,加大研发投入,有选择地发展一些具有技术优势的智能产品[6]。提高其创新能力,向新能源、电子设备持续迈进。

(三)提高产品成本管理能力

1.集中采购原材料

格力电器可以利用规模优势,对原材料进行集中采购,并且可以尝试对原材料供应商采取战略性股权投资的方式,通过建立合理的原材料供应商评级,精准采购原材料,降低原材料的采购成本,提高成本利用效率。

2.优化生产流程

更新电器生产设备的自动化程度,优化生产流程,将企业内各组织和流程结合起来,资源共享,优化资源配置,加强成本的精细化管理,以达到降低产品成本的目标。

参考文献:

[1] 魏亚慧.珠海格力电器股份有限公司财务分析[D].大庆:东北石油大学,2019.
[2] 荆新.财务管理学[M].北京:中国人民大学出版社,2017.
[3] 石丹璞.格力电器财务分析[J].河北企业,2020(1):12-14.
[4] 李亚心.格力电器财务报表分析[J].中国中小企业,2020(6):130-131.
[5] 刘靖璇.珠海格力电器股份有限公司财务综合评价探析[D].青岛:山东科技大学,2020.
[6] 朱慕蓉.格力电器盈利模式及其财务评价研究[D].上海:东华理工大学,2019.

四十八　新能源科技公司财务报表分析

——以容百科技为例

孙悦[①]

摘要：近年来，新能源科技产业作为新兴产业备受关注。同时，在新冠疫情的冲击下，新能源科技产业受到了一定冲击，新能源产业想要在外部环境发生变化时，依然能够实现可持续发展，就需要注重公司的财务状况。容百科技是新能源科技领域的代表企业，以其为研究对象，对于研究新能源科技行业具有重要代表性。文章以容百科技2016—2020年的年度报告为基础，对容百科技的财务状况进行了分析，包括销售收入、销售毛利率、销售净利率等经济指标，通过分析发现容百科技在财务能力方面还有提高空间，并对此提出相应的提升建议，从而推动新能源科技行业的相关理论研究，并促进新能源科技产业的良性发展。

关键词：新能源科技；容百科技；财务报表

一、引言

伴随经济可持续发展理念的深入人心，人们也越发重视节能减排、绿色经济，同时技术进步和产业发展，推动新能源产业受到更多重视，新能源科技公司的发展也吸引了越来越多的关注。另外，由于新能源的相关产业政策变化以及产业竞

---

① 孙悦，女，会计硕士，研究方向：会计。

争激烈，也提醒了投资人注意相关产业的风险。

财务报表分析不仅能够反映企业的财务状况，而且能够为企业、投资者、债权人、社会公众等提供有价值的数据参考，识别企业财务风险。本文以新能源行业的独角兽企业容百科技为例进行财务报表分析，加深对新能源企业的了解。

二、文献综述

（一）国外文献综述

财务报表分析从西方国家兴起，在19世纪末20世纪初，企业等经济组织向金融机构申请用于经营的贷款时，金融机构为识别风险，要求企业出具资产负债表，从而评估企业按期还本付息的能力。

参考的数据以资产、负债为主，另外，流动比率、速动比率等经济指标已经出现在评估范围，让财务报表分析变得更加全面。财务报表分析在国外的历史沿革如表48-1所示。

表48-1 财务报表分析在国外的历史沿革

年份	人物	观点
1900	Thomas Wood Lock	《铁路财务报表分析》把财务报告分析方法带到了商业投资研究领域
1919	Pierre Dupont Donaldson Brown	提出净资产收益率，命名为杜邦分析法
1923	James Bliss	《管理中的财务和经营比率》中确认各行业平均标准比率
1924	Gilman	主张趋势分析法的必要性
1968	Beaver	在《会计评论》上提出了单一比率模式
1988	Brown Paul R.	综合分析企业环境、自身优劣因素
1992	Shard A. Coats，Fant	利用了47家财务危机企业和47家健康企业，使用神经网络模型估计了财务危机
1998	David F.Hawkins	将财务比率分为流动性、偿债能力、资金管理、盈利能力和成长性5类指标
2000	Palepu、Bernard、Healy	提出"哈佛分析框架"，将非财务因素与财报结合，进一步开展全面分析
2001	Paul Healy、Krishna Palepu	由传统的以净资产收益率为核心扩展到以可持续增长率为核心

续表

年份	人物	观点
2003	Ruth Bender	建议应将尽可能提高企业价值作为财务战略的方向
2004	Krishna Palepu、Palepu Healy、Victor Bernard	在《利用财务报表开展企业分析与估计》的论文中,提供了一种全新方式,即哈佛分析框架
2014	Kocisova	提出对财务分析活动进行事前、事后阶段性划分,以保证财务分析结论的准确性
2015	Isabel J.David	提出风险量化模型,财务分析的准确性进一步提高
2017	Damith Gang Odawilage	数字时代财务分析框架中需要引入行业驱动的措施来对数字业务的性能进行评估

资料来源:知网资料库。

(二)国内文献综述

20世纪70年代末期,我国开始正式引入财务报表分析。在从计划经济体制向市场经济体制发展的过程中,我国从西方财务管理界引入大量内容,丰富相关学术研究,企业也逐渐吸收、借鉴西方财务管理方法。企业财务分析在我国经历了40多年的发展,在推动经济进步的同时,伴随着社会环境的变化,财务分析方法也需要更新迭代,从而更好地适应时代的变化。财务报表分析在国内的历史沿革如表48-2所示。

表48-2 财务报表分析在国内的历史沿革

年份	人物	观点
2006	王治安	将财务报表分析发展划分为三个阶段
2007	黄世忠	从国外将哈佛分析框架引入国内,在上市公司具体案例中应用,解释该框架的好处和弊端
2008	徐光华	19世纪末20世纪初期财务报表分析方法已经开始出现
2008	闻新燕	提出以战略目标为导向,重点关注预算管理制度的实施效果、绩效考核的标准、完善会计政策和人才队伍建设四个方面的内容
2015	粟立钟、张新民	基于财务管理理论,确定财务报表分析在企业分析中的地位
2017	卫颖	提出对价值动因分析,有助于确认战略规划的方向、激发企业潜能
2018	郑志元	提出在信贷风险管控中,应充分考虑信息不对称等因素,构建新型财务分析框架
2019	张霞	提出在大数据时代的发展背景下,将统计方法应用于统计分析中

资料来源:知网资料库。

(三) 文献评述

通过查看文献,可以总结为中外学者在对企业进行财务分析时会将财务信息与非财务信息结合,综合考虑企业内外部的信息,对企业进行更加客观、全面的分析。

西方人对中国财务管理学说的研究相对较早,但随着社会主义市场经济的蓬勃发展,我国吸纳了西方财务管理学说的同时,也进行了适合本土化的应用和创新,进一步完善财务理论框架。

三、研究设计

(一) 案例选择

党的十九届四中全会报告指出,建立科技创新体制机制,反映了党和国家对技术创新与管理能力的高度关注,而科创板上市公司信息披露范围覆盖了新能源、海洋生物药品等应用领域,有着巨大的投资前景。而由于当前市场上存在着一些不确定性因素,导致了一般投资人面临着很大的风险,所以,评估科创板公司的财务状况,是应该重点研究的课题。

容百科技是从事锂电池正极材料、锂电池产品及配套技术开发、生产、营销服务的国家高新科技公司,现已储备了一支具备广泛市场前景的科研生产梯队,但同时也面对国内新能源汽车政策补贴退坡、产业竞争激烈、研究资金投入不足等风险和挑战,这也是许多新技术"小巨人"公司所存在的共性问题。因此研究容百科技的财务状况,将对其他新能源科技企业提供参考。

(二) 研究过程

本文通过文献分析法、案例分析法对容百科技进行财务分析。

(1) 通过文献分析法加深对财务理论的掌握,学习对企业进行战略分析、财务研究。

(2) 运用案例分析法,对新能源科技企业容百科技进行财务分析,利用公开资料,对企业进行客观的财务分析。

四、案例分析与发现

(一) 企业概况

1. 企业概况与股权结构

宁波容百新能源科技股份有限公司（以下简称"容百科技"）是一家创建于 2014 年的国内高科技新能源材料研发公司，主营业务范围是动力锂电池正极复合材料产品及其前驱体的开发、制造和营销[1]。同时，公司在高镍 NCM811 领域确保了技术领先优势。2019 年 7 月容百科技在上交所科创板上市。容百科技商业模式构成要素如表 48-3 所示。

表 48-3 容百科技商业模式构成要素[2]

采购模式：与国内外大型供应商签订了供货协议，并建立了供应评价体系	生产模式：以销定产	研发模式：以市场为导向，以客户为中心	销售模式：直销	客户细分：比亚迪、天津力神、孚能科技、宁德时代等国内外知名大型锂电池厂商
	关键资源：三元正极材料及其前驱体的一体化制造流程与工艺技术		客户关系：通过技术领先优势，固定消费者，逐步建立通力合作的友好关系	价值主张：拥有一流创新能力以及成为高度商业文明的新能源材料企业
收入来源：产品销售收入			成本结构：原材料采购、技术研发、人力、机器设备等	

资料来源：参考文献 [2] 童杰成，李芬. 新能源材料行业上市公司财务分析——以"容百科技"为例[J]. 中国乡镇企业会计，2021(11): 38-40.

实际控制人，指的是能够切实控股上市公司的法人、自然人或其他组织。据表 48-4 可知，容百科技的第一大股东是持有股份比例为 29.1% 的上海容百新能源投资企业（有限合伙），但没有超过企业的实际控制权水平，所以，容百科技并不存在实际控制人。

表 48-4 容百科技股权结构

股东名称	持股数 / 股	持股比例 / %
上海容百新能源投资企业（有限合伙）	129,000,000	29.10
湖州海煜股权投资合伙企业（有限合伙）	21,325,428	4.81
共青城容诚投资管理合伙企业（有限合伙）	14,972,792	3.38
北京容百新能源投资发展有限公司	13,957,800	3.15
上海哥林企业管理合伙企业（有限合伙）	11,276,674	2.54
台州通盛锂能股权投资合伙企业（有限合伙）	11,211,021	2.53
阳光财产保险股份有限公司	11,201,543	2.53
天津世纪金沙江股权投资基金合伙企业（有限合伙）	10,046,286	2.27
王顺林	9,958,953	2.25
北京容百新能源投资管理有限公司	8,800,000	1.99
合计	241,750,677	54.55

资料来源：同花顺 iFinD。

2. 业务板块与分布结构

企业经营范围：锂电池材料、锂电池及配件的开发、生产、加工；动力电池的开发与生产；经营自营和代理商品及技术服务的国际贸易（法定的限制除外）。

企业主营产品如表 48-5 所示。

表 48-5 容百科技主营产品

主营产品 / 服务	营业收入 / 万元	营业收入占比 / %	营业成本 / 万元	营业成本占比 / %	毛利率 / %
三元正极材料	337,439.08	93.94	286,549.38	93.19	15.08
其他业务	11,245.90	3.13	7,920.45	2.58	29.57
前驱体	10,537.09	2.93	13,035.44	4.24	−23.71

资料来源：同花顺 iFinD。

3. 公司战略与经营业绩

（1）公司战略。

基于新能源电池行业产品和服务的整体经营战略，企业采取适当的竞争战略和功能战略，重点对固定资产、库存及其与市场的关系进行管理[3]，为企业的利益相关者创造新的价值。

科技领先的成本优势：从长远来看，高镍正极材料的大规模工业化应用只是时间问题。企业要想保持竞争优势，要加强对下一代科技的研究，包括超高镍正极材料、电池正极废弃物回收技术。考虑到成本控制和镍需求旺盛，公司加大了三元前驱体的生产投入，确保了企业前驱体的自给率保持在较高水平。

实施差异化战略。2012年，容百科技成立，建立了一个国际运营团队，以促进研发和提升产品差异化作为发展战略。2017年容百科技实现了NCM811的大规模生产，成为中国第一家正极材料企业。

（2）经营业绩。

公司具有诸多优势，高镍领先地位稳定。①与同行业竞争对手相比，该公司的高镍正极批量生产时间最早，产品迭代速度快。到2020年底，公司正极生产能力达4万吨，镍生产能力居国内领先地位。②公司加快扩大优质镍生产能力，为了有效消化新产能，公司坚持重点客户战略，增加宁德时代、亿纬锂能等客户。③低生产线投资强度+前驱体整合+电池回收，多途径综合降低成本，有望带动毛利率的提高。

（二）企业营业收入方面的分析

2017年营业收入同比增长112.24%，2018年营业收入同比增长61.88%，2019年营业收入同比增长37.76%，2020年营业收入同比增长-9.43%。通过分析营业收入百分比的增长率我们可以得知，容百科技整体上能够合理使用自有资源，年均增长率保持稳定。表明其经营业绩较好，存在良好的上升趋势，经营状况处在正常增长的轨道，净盈利主要来自容百科技的大规模经营以及产品效率的持续提升。2020年受到疫情冲击，经营业绩有所下滑，但整体上的发展趋势向好。数据如图48-1所示。

图 48-1　容百科技 2016—2020 年营业收入分析

资料来源：容百科技年报。

（三）企业销售毛利率方面的分析

销售毛利率反映的是商品的增值部分对企业盈利的贡献，对该指标的分析可以帮助判断该企业产品的价值和市场定位。数据如图 48-2 所示。

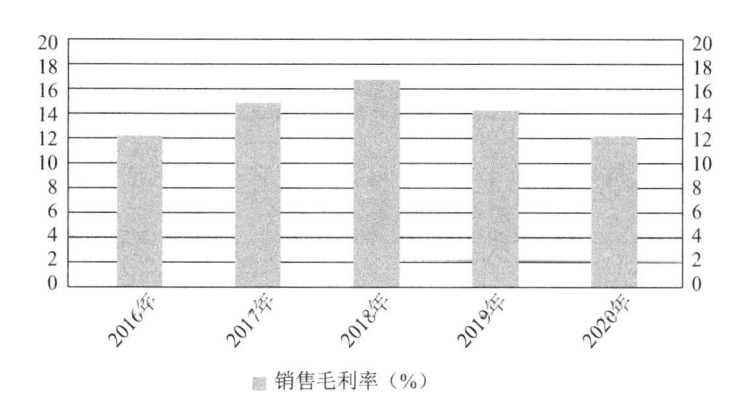

图 48-2　容百科技销售毛利率

资料来源：同花顺 iFinD。

对图 48-2 容百科技销售毛利率进行分析，可以看到，容百科技销售毛利率平均维持在 14% 左右，保持基本的稳定。2016—2018 年保持上升的趋势，2019—2020 年销售毛利率有所下滑。分析可能的原因如下。

（1）容百科技的产品成本管控基本到位，且在产品定价方面有一套完整的体系，主营业务收入的增减很可能只和销售量挂钩。（2）容百科技的销售毛利率在 2019 年、2020 年有下滑，推断与疫情的冲击有关，导致生产、运输等成本上升，毛利率下降。（3）容百科技的收入受单一产品影响较大，其主要营业收入三元正极材料 2020 年就占 96.54%，产品结构单一，影响公司收入来源。若容百科技产品的市场不出现动荡，或其他产品占主营业务收入的份额不上升，则该产品的销售毛利率很难产生较大波动。

（四）企业净资产收益率方面的分析

净资产收益率反映的是股东权益的收益水平高低，可以衡量企业自有资本的利用效率，该指标的高低将直接反映出公司自有资本的利用效率，体现出自有资本的盈利能力。数据如图 48-3 所示。

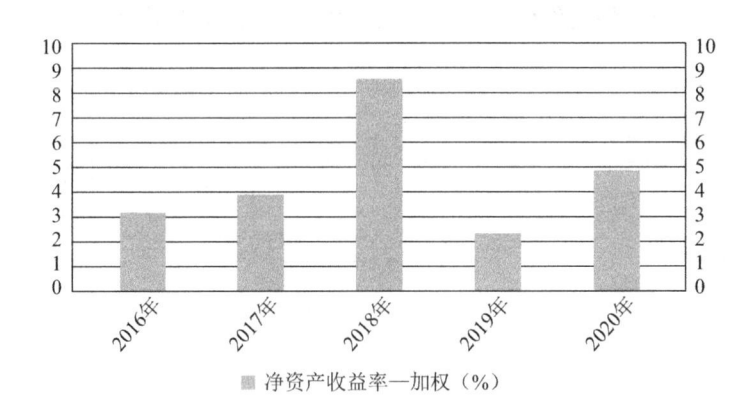

图 48-3　容百科技 2016—2020 年净资产收益

资料来源：同花顺 iFinD。

从图 48-3 可以看出，容百科技的净资产收益率基本维持在 4% 左右，虽然并不是持续高开的优秀态势，但是稳定的净资产收益率有利于提高股东的信心，有助于公司股价稳定上升。

容百科技净资产收益率大幅增长的时间段为 2017—2018 年，说明在市场良好的大环境下，容百科技采取了正确的财务杠杆，为企业带来了良好的影响，这对企业是有利的。

2019年以后市场销售增长放缓，企业净资产收益率下降，容百科技应调整负债与股本总额的相对比例，使企业的财务风险保持在合理的区间，财务部门应该研究出适合企业承受能力的财务杠杆压力范围，保持企业的发展，避免企业置于过大的风险之中。

五、结论与启示

随着社会经济发展，新能源的进一步运用，其科技产业将受到更多关注。因此，从趋势上看，新能源科技产业市场发展空间很大，容百科技要抓住这个发展机遇，在该领域做强做大。

同时，为了更好地发展，对容百科技提出以下建议。

（1）注意新能源科技领域的风险。开发业务的过程中注意经营的可持续性，控制应收账款的规模，注重现金流的把控，保证经营的稳定性和持续性。

（2）继续加大对容百科技的品牌建设。作为新兴产业，其知名度有待提升。要加强品牌文化建设，增强产品品质，提供优质服务，扩大市场占有率。

（3）进一步提高存货周转率，增加库存资产流动性，减少库存商品积压。运用现代新零售，线上线下多渠道运营，增加产品的销量，提高营业收入，推动生产链的优化。

参考文献：

[1] 罗阿华. 首批科创板受理企业公布，能化企业"双箭"齐发 [J]. 中国石油和化工，2019(4)：32.

[2] 童杰成，李芬. 新能源材料行业上市公司财务分析——以"容百科技"为例 [J]. 中国乡镇企业会计，2021(11)：38-40.

[3] 郑明. 商品流通企业的信用风险评估体系研究 [D]. 北京：北京交通大学，2011.

四十九　医疗行业财务报表分析

——以佰仁医疗为例

吴昊洋[①]

摘要：佰仁医疗于 2019 年 12 月成功登录上海证券交易所科创板，作为一家医疗器械类公司，以该公司为案例对当前医疗行业的发展状况进行一个探讨，文章主要对企业的财务报表进行分析，通过查找企业 2016—2020 年的财务数据，分析企业的股权结构、核心竞争力以及盈利能力、偿债能力、营运能力、成长能力来得出佰仁医疗近五年，特别是在科创板上市后的发展状况，进而得出当前备受关注的该行业的发展前景。

关键词：科创板；财务报表；医疗器械

一、引言

科创板从 2019 年在上海证券交易所首次开板以来已经有两年时间，在科创板上市的大多为高新技术产业，其中生物医药占比很大，科创板在推动企业的研发创新，医疗器械企业在我国受到的关注度越来越高，国家对于医疗行业也出台了许多政策的支持，医疗器械行业在未来有很大的发展前景，因此为了了解在科创板上市的医疗企业的发展状况，本文选取了佰仁医疗作为案例分析其公司财务

---

① 吴昊洋，女，会计硕士，研究方向：财务管理。

报告的情况，来探讨企业在科创版上市后的企业经营情况。

二、文献综述

王庆雪（2021）提出近年来由于疫情的影响，公众对生物储存以及医疗机构的关注度在不断提升，基于对医疗企业进行综合性的财务报表分析，可以快速了解到企业的综合情况，为利益相关者和相关的公众提供直观有利的信息。另外通过对企业的财务报表分析来为医疗器械制造行业未来的发展提供一些有针对性的建议。

魏嘉薪（2021）指出利用哈佛分析框架对案例公司进行财务分析，能够全面地了解案例公司的经营情况，从财务报表分析中获得数据来合理估测企业未来的发展方向，揭示出企业在发展过程中出现的问题和缺陷，进而提出优化措施来提升企业的核心竞争力。

江楠（2019）指出财务报表是公司财务状况的重要传输介质，通过分析公司的各项财务指标，对公司的财务状况进行分析，针对其不足提出可行性的建议，并且对同行业的企业公司也提供参考性的建议，明确行业的发展方向，增强该行业的综合能力。

三、研究设计

（一）案例选择

北京佰仁医疗成立于2005年，它的成立填补了我国国产生物心脏瓣膜的空白，成为国内第一家生产人工生物瓣膜的企业，作为一家在科创板上市的典型的医疗器械公司，将佰仁医疗选为案例，通过对该公司2016—2020年的财务报表分析，得出相关的结论，以此探讨在科创板上市的医疗器械行业未来的发展情况。

（二）研究过程

本文通过文献分析法和案例分析法对佰仁医疗企业进行财务报表分析。通过查找佰仁医疗企业2016—2020年的年度报告和相关财务数据以及相关公开资料，来分析企业的股权结构以及主要经营的业务，分析企业的核心竞争力，会计指标、财务指标，进而找出企业在经营过程中可借鉴的地方和存在的问题，并从中得出相关的结论和启示。

四、案例分析

（一）公司概况与股权结构

1. 公司概况

北京佰仁医疗科技股份有限公司（以下简称"佰仁医疗"），于2005年成立，2019年12月成功在科创板上市，佰仁医疗是一家致力于动物源性植介入高值医疗器械研发与生产的高新技术企业。公司是国内技术领先的动物源性植介入医疗器械研发平台企业。公司拥有原创性的动物组织工程和化学改性处理技术，可使处理后的动物组织植入人体后抗排异、抗钙化，长期满足预期治疗要求。公司使用该技术生产的人工生物心脏瓣膜——牛心包瓣于2003年获得注册，是国内最早注册、目前唯一有长期循证医学数据的国产产品。

2. 股权结构如图49-1所示

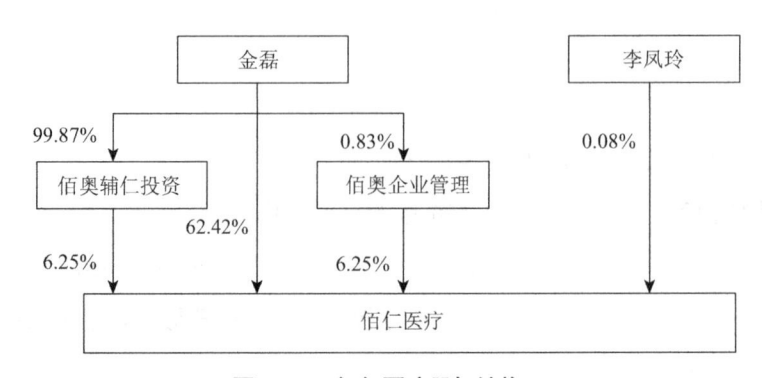

图 49-1　佰仁医疗股权结构

资料来源：企业 2020 年年报。

（二）业务模块与营收分类

1. 业务模块如图49-2所示

2. 营收分类

佰仁医疗作为一家医疗器械公司，其公司2020年营业收入为18,191.79万元，同比增长24.63%。其中三个板块业务销售收入都有不同程度增幅：心脏瓣膜置换与修复板块增长49.40%，先天性心脏病植介入治疗板块增长20.02%，外科软组织修复板块增长13.61%。心脏瓣膜置换与修复业务超过其他板块成为收入增速最快、金额最大的业务。佰仁医疗营业收入分类如表49-1所示。

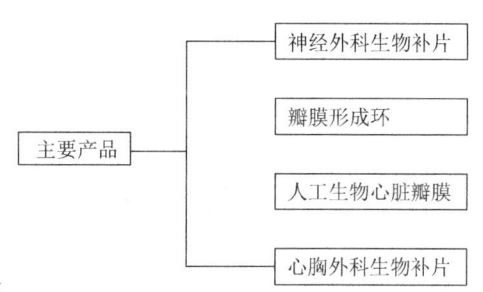

图49-2 佰仁医疗主要产品构成

资料来源：佰仁医疗官网

主要产品：
- 神经外科生物补片
- 瓣膜形成环
- 人工生物心脏瓣膜
- 心胸外科生物补片

表49-1 佰仁医疗营业收入分类

产品类型	2020年 金额/万元	2020年 占营业收入比重	2019年 金额/万元	2019年 占营业收入比重	同比增长
外科软组织修复	6,648.47	36.55%	5,851.90	40.10%	13.61%
先天性心脏病植（介）入治疗	6,224.23	34.21%	5,185.72	35.52%	20.02%
心脏瓣膜置换与修复治疗	5,317.26	29.23%	3,559.15	24.38%	49.40%
其他业务	1.83	1.00%	—	—	—
营业收入合计	18,191.79	≈100%	14,596.77	100%	24.63%

资料来源：同花顺iFinD。

（三）公司战略与核心竞争力

1. 公司战略

佰仁医疗致力于新技术、新产业、新业态、新模式的发展战略，《"十三五"国家战略性新兴产业发展规划》指出我国要坚持创新驱动，推动组织器官的修复和植入医疗器械的产品创新发展，构建生物医药的新体系，在国家政策和资金的支持下，佰仁医疗将重点放在了技术的改进和产品的研发上，作为动物源性植介入医疗器械平台型企业，佰仁医疗采用自主柔性生产模式，对生产活动进行严格的过程控制，保障生物瓣等产品的市场供应。在市场环境的不断变化下，企业将产品通过专业、高效的价值传递获取市场的准入，改变了传统的经销商服务模式，转变为产品专业化的直销服务。另外随着人口老龄化和医保支付压力的增加，佰仁医疗也在跟随国家政策，依据患者的需求不断地进行产品创新，为患者节省医保的支出。

2. 核心竞争力

佰仁医药通过对基础研究和临床应用实践的长期积累，其对于原创性的人工生物心脏瓣膜这一核心技术不断地改进和处理，公司产品已经通过了临床实践检验，形成公司内独特的核心技术，形成了较长时间内难以超越的优势。另外企业依托该核心技术，不断推动技术的产业化，逐渐发展成为动物源性植介入医疗器械的创新平台性企业。除了过硬的核心技术，企业还拥有良好的客户资源，公司产品在我国多家三甲医院应用，并且覆盖多个外科科室，通过核心技术在医疗中的应用，验证了佰仁医疗公司产品质量的可靠性，为公司提供了品牌的信任度，进而提升了公司的整体市场竞争力。

(四) 会计分析

佰仁医疗货币资金在近五年总体呈上升趋势，但在2019年达到最高，这与企业2019年成功上市科创板有关，同时也说明公司经营态势良好，公司知名度进一步提升，经营活动和筹资活动获得大量现金，内部的资金储备率变高。2020年企业货币资金大幅度减少主要是由于购买结构性存款所致。企业应收账款在2020年出现大幅度的增加主要是由于部分经销商付款方式调整为赊销，致使账期延长导致的。该应收账款规模的扩大可能会给企业带来一定的坏账风险。企业存货从2019年开始的未来两年也出现较大幅度的增加，主要原因是企业上市科创板后规模扩大,对于原材料的采购变多所致。佰仁医疗财务指标如表 49-2 所示。

表 49-2　佰仁医疗财务指标　　　　　　　　　　　单元：万元

指标＼年份	2020	2019	2018	2017	2016
货币资金	14,957.30	71,848.88	14,562.85	7,935.92	4,759.44
应收账款	2,799.21	38.83	56.32	31.12	15.99
存货	1,634.82	1,079.10	451.31	256.61	346.24

资料来源：同花顺 iFinD。

(五)财务分析

1. 偿债能力分析

从企业短期偿债能力的指标来看,企业的流动比率和速动比率从 2016—2019 年一直呈现出较快增长的趋势,在 2020 年出现小幅度的下降,但是近两年流动比率都高达 30% 左右。另外从企业近五年现金比率也可以看出,企业的货币资金较为充裕,资产流动性和变现能力较强,说明佰仁医疗的短期偿债能力较好,企业面临的风险较低。企业从 2019 年开始这三个指标出现大幅上升情况的主要原因一方面是由于佰仁医疗在 2019 年在科创板上市,其核心技术的改进以及科创板为企业提供了更多的货币资金；另一方面由于流动比率和速动比率较高,企业为了合理地利用好所拥有的闲置资金,将部分募集资金购买了货币型的投资产品,给企业带来了一定的投资收益。2020 年比率出现小幅下降主要与新冠肺炎疫情的暴发有着一定的关系,疫情在一定程度上影响了公司的经营、销售和研发工作。

从长期偿债能力的指标来看,企业资产负债率 2016 年较高,随后三年呈小范围下降的趋势,2020 年有所上升,但总体比率保持在较低的水平,资产负债率越小,说明该企业财务风险越小,权益乘数和产权比率在总体上保持平稳略微下降的趋势,从指标上来看总体说明企业长期偿债能力较好。佰仁医疗偿债能力指标如表 49-3 所示。

表 49-3 佰仁医疗偿债能力指标

指标＼年份	2020	2019	2018	2017	2016
资产负债率 / %	4.09	2.97	6.67	8.85	24.02
流动比率 / %	26.30	34.32	12.57	7.35	1.97
产权比率 / %	0.04	0.03	0.07	0.10	0.32
速动比率 / %	25.72	33.63	12.16	7.08	1.81
权益乘数 / %	1.04	1.03	1.07	1.10	1.32
现金比率 / %	2,480.48	3,359.82	1,210.26	700.84	173.44

资料来源：同花顺 iFinD。

2. 营运能力分析

从表 49-4 中数据可以看出企业的存货周转率在近五年内略有下降的趋势，但总体比率大于 1.4，说明公司在产品的销售方面能力比较高，应收账款周转率的变化反映了资金占用量的情况，企业在 2016—2019 年的应收账款周转率都近 300 次左右，但在 2020 年大幅度下降至 12.82，由于 2020 年应收账款同期增长了 130.54%，该主要原因是企业在报告期内部分经销商付款方式调整为赊销，导致其账期延长，所以应收账款大幅增加，这种变化也说明企业在不断地扩大其销售规模。固定资产周转率和无形资产周转率在近五年都呈上升趋势，说明企业对于固定资产和无形资产的使用效率变高。综合以上指标，可以看出总资产周转率在呈逐年下降的趋势，主要原因是佰仁医药闲置资金较多。

表 49-4 佰仁医疗营运能力指标

指标＼年份	2020	2019	2018	2017	2016
存货周转天数 / 天	241.76	210.58	128.63	108.02	133.35
存货周转率 / 次	1.49	1.71	2.80	3.33	2.70
应收账款周转天数 / 天	28.08	1.17	1.42	0.92	0.73
应收账款周转率 / 次	12.82	306.96	253.08	392.01	490.58

续表

指标 \ 年份	2020	2019	2018	2017	2016
固定资产周转天数/天	78.72	102.27	142.78	177.86	212.56
固定资产周转率/次	4.57	3.52	2.52	2.02	1.69
无形资产周转天数/天	18.92	27.80	42.94	59.12	74.05
无形资产周转率/次	19.03	12.95	8.38	6.09	4.86
总资产周转率/次	0.22	0.29	0.62	0.68	0.64

资料来源：同花顺 iFinD。

3. 盈利能力分析

佰仁医疗的销售毛利率主要用来评价企业销售的初始获利能力，企业该指标近五年一直保持在高达90%左右的水平，该比率远超其他同行医疗器械公司，说明企业的生产成本比较低，产品的附加值较高，企业有较好的成本控制能力，同时也体现了企业人工生物心脏瓣膜技术的竞争优势。公司的销售净利率在2019年达到较高水平，2020年该比率下降至30.74%，但总体水平较高，说明企业的创收能力较强，企业盈利能力较好，企业净资产收益率近五年一直在大幅度下降，特别是近两年，说明企业管理能力和盈利能力不如以前。佰仁医疗盈利能力指标如表49-5所示。

表49-5　佰仁医疗盈利能力指标

指标 \ 年份	2020	2019	2018	2017	2016
销售净利率/%	30.74	43.06	29.95	45.05	39.53
销售毛利率/%	88.89	91.04	91.05	89.12	88.09
成本费用利润率/%	63.97	115.92	70.40	127.86	120.50
净资产收益率/%	6.75	8.24	16.99	31.55	33.18

资料来源：同花顺 iFinD。

4. 成长能力分析

从近五年佰仁医疗的营业收入来看（图49-3），公司的营业收入呈稳步上升趋势，特别是 2020 年，其营业收入达到了 1.82 亿元，年均增长率达到 23.5%，这主要是由于企业主营业务销售收入增长所致。表明企业正处于高速成长期，另外由于佰仁医疗在科创板的上市也吸引了许多投资者，其作为医疗器械行业有着良好的发展前景。

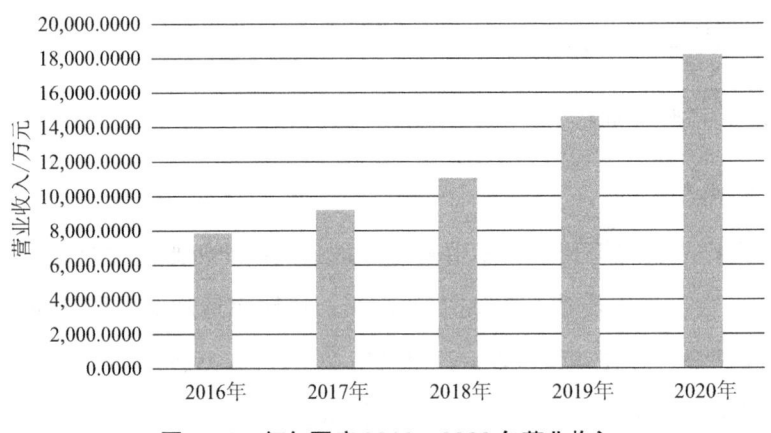

图 49-3　佰仁医疗 2016—2020 年营业收入

资料来源：同花顺 iFinD。

五、结论与启示

佰仁医疗在内部运营方面，其应收账款大规模增加会引起企业发生坏账的风险，特别是疫情期间，企业应该加强内部管理，适当提升风险意识，完善相关的风险机制，把握好客户的质量。企业的偿债能力较强，特别是在科创板上市后，企业生产规模扩大，增加了许多货币资金，但企业也应当采取合理的方式来调动闲置资金，提高公司流动资金的使用效率，可以适度举债和投资以获得一定的收益。从企业的营运能力来看，资产的周转情况较差，2020 年收款速度变慢，因此企业应该提高自身的经营效率和管理能力。从企业毛利率来看，企业对于成本的控制情况较好，盈利能力较好，但其总资产净利率呈下降趋势，因此企业在资产管理方面还是存在一定的缺陷。但是企业的成长能力较好，未来有很大的发展空间。

在未来的发展中，作为医疗器械行业，佰仁医疗虽然在行业内不算突出，但作为一家已经在科创板上市的研发类企业，在市场中需要一定的时间沉淀才能有所进步，佰仁医疗通过其自身不断改进核心技术，加上我国政策的推动，未来有很大的发展空间。近些年来医疗器械行业进一步创新与当前医疗信息化的技术相结合，推动了行业内的升级改进，在科创板的带动下，医疗企业也会有更多的发展机会和发展前景，该行业只要顺应当前的时代潮流，不断地专注与改进自身的核心技术，加强人才的培养和研发投入，通过科技创新带动管理创新，企业在未来还是拥有着很大发展空间的。

参考文献：

[1] 李庆雪. 海尔生物财务分析 [J]. 中国经贸导刊（中），2021(4)：137-138.

[2] 魏嘉薪. 基于哈佛分析框架的云南白药财务分析 [D]. 哈尔滨：黑龙江大学，2021.

[3] 江楠. 基于哈佛分析框架的卫宁健康财务报表分析 [D]. 长春：吉林大学，2019.

五十　中微公司资产质量分析

牛凌霞[①]

摘要： 作为中国版的"纳斯达克"，科创板上市公司的企业市值是投资者颇为关注的问题。进入科创板的上市公司，最明显的特征就是国家战略鼓励发展的行业以及高新技术企业。本文从众多科创板企业中选取出中微公司进行研究，通过对中微公司近几年年度财务报表进行会计分析，得出中微公司近年来经营稳定的结论。公司有着大量的资金积累，通过科技研发使得中微公司的科技水平发展较好。在经济快速发展中，保证公司业绩持续增长更加重要[1]。本文以中微公司作为主要研究对象，对其资产质量的各项财务指标与竞争力情况进行深刻剖析，并对公司如何持续稳定发展提出建议，希望能够为我国其他高新技术企业提供参考价值。

关键词： 科创板；财务报表；资产质量分析

一、引言

资产质量分析对维持公司资产良性循环有重要意义，是保证企业茁壮成长、自身角逐上风的重要环节。而今，随着我国经济大环境利好，经济水平稳定增长，制造业也在进行从制造大国向制造强国的转型升级。经济转型期间，高新技术

---

① 牛凌霞，女，会计硕士，研究方向：企业内部控制与审计实务。

企业扮演着重要角色。对高新技术企业来说，企业想得到快速发展，就需要加大研发费用投入，才能逐步形成技术领先，从而占领市场，获得高额收益。可高昂的研发费用同样会影响高新技术企业的经营，使其承受较大的资金压力[2]。基于此，本文对以中微公司为代表的高新技术企业资产质量的各项财务指标及竞争力提高进行剖析，并提出公司持续稳定发展的优化建议，希望能够帮助企业相关利害关系人对经营现状及未来发展趋势和方向进行清晰的理解，对科创板高新技术企业持续健康发展有重要意义。

二、中微公司基本概况

中微半导体设备（上海）股份有限公司（688012）（以下简称"中微公司"）成立于2004年，公司前身是中微有限，该公司研发了多款芯片设备，在全球范围内申请了1700余项专利，具有强大的科研实力。中微公司主要从事半导体设备的研发、生产和销售，公司的主要产品是刻蚀设备、MOCVD设备。由此可见该公司为技术主导型企业，持续进行技术研发是公司发展的主要方向。

三、中微公司资产质量与竞争力分析

（一）盈利能力分析

1. 盈利能力较为稳定

由图50-1可以看出，中微公司的净利率近年来一直维持在一个稳定的水平。实现了销售净利率从2016年的-39.18%上升至2020年的21.66%，其发展趋势与其他三家公司中芯国际、澜起国际以及沪硅产业基本持平，其销售净利率仅次于澜起国际，处于科创板半导体行业的中上等水平。与海外半导体设备巨头公司对比来看，中微公司2020年在净利率水平上与国际领先企业持平；与国内其他可比公司对比，净利率略低于可比公司均值。

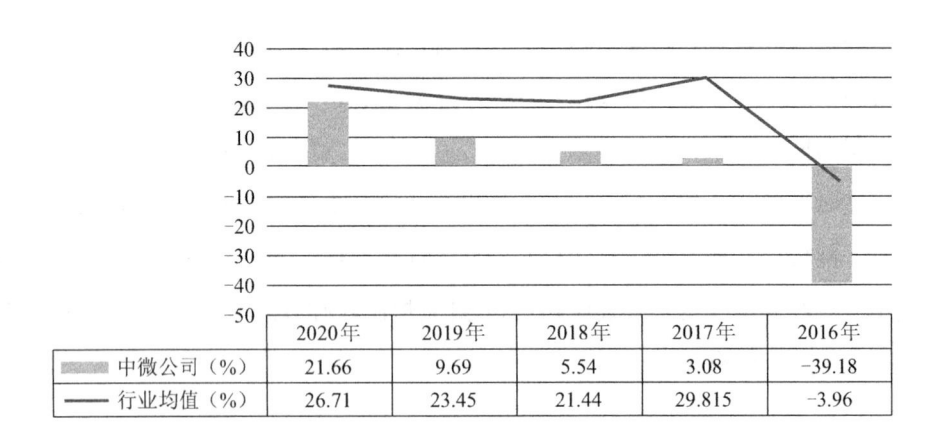

年份	2020年	2019年	2018年	2017年	2016年
中微公司（%）	21.66	9.69	5.54	3.08	-39.18
行业均值（%）	26.71	23.45	21.44	29.815	-3.96

图 50-1　中微公司与国内三家公司销售净利率均值比较

资料来源：根据公司财务报表数据整理得出。

2. 获利能力较强

从表 50-1 可以看出，中微公司与其他三家企业营业利润率平稳增长，2020年增至 22.65%。其间，中芯国际与沪硅产业发展速度较中微公司较慢，中微公司的营业利润率仅次于澜起国际。具体原因如下：公司 2020 年得益于半导体的市场发展及产品的竞争优势。同年，公司获得的政府补助较 2019 年也增加约 2.26 亿元。

表 50-1　部分科创板半导体企业营业利润率对比　　　　　单位：%

分类 \ 年份	2020	2019	2018	2017	2016
中微公司	22.65	10.17	8.98	5.03	-57.79
中芯国际	16.37	—	—	—	10.63
澜起国际	65.71	56.35	44.54	29.55	10.58
沪硅产业	6.56	-4.88	3.61	32.84	-40.57

资料来源：根据公司财务报表数据整理得出。

3. 投资价值较高

从图50-2可以得知，中微公司净资产收益率近年来实现逐年增长，2020年增长至11.27%，仅次于澜起国际的13.68%。到2020年中微公司的净资产收益率实现近五年来首次超过行业内三家公司净资产均值。由此可见，中微公司具有相对较高的投资价值。

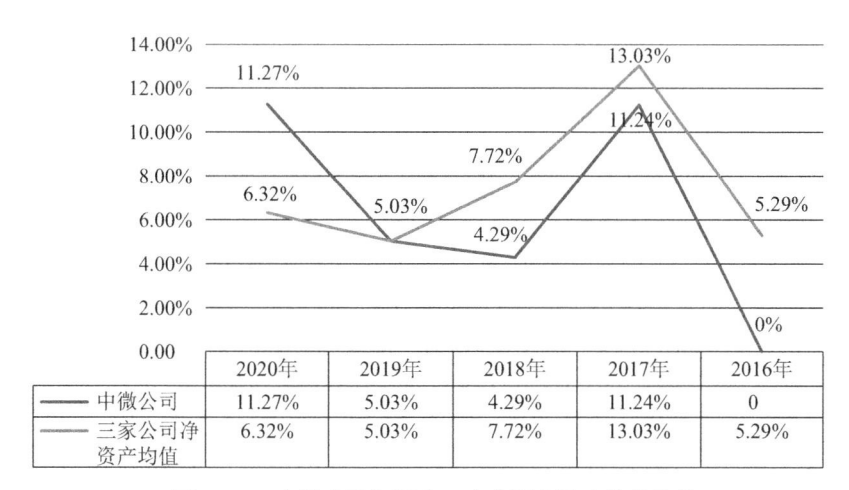

	2020年	2019年	2018年	2017年	2016年
中微公司	11.27%	5.03%	4.29%	11.24%	0
三家公司净资产均值	6.32%	5.03%	7.72%	13.03%	5.29%

图50-2 中微公司与国内三家公司净资产均值比较

资料来源：根据公司财务报表数据整理得出。

4. 研发投入较大，核心竞争力强

中微公司费用投入方面主要为销售费用与研发费用。公司2020年销售费用率、管理费用率、研发费用率、财务费用率分别为10.41%、6.73%、14.55%和-0.33%，期间费用率为31.16%，同比增加3.74%，其中研发费用率随着公司规模的扩大不断增加，为公司未来长期发展提供保障，2020年研发费用率为14.55%，同比增加2.54%。具体数据详见图50-3。在研发投入方面，中微公司研发费用及研发人员占比均处于较高水平，由此形成的技术优势使得中微公司在同行业竞争中优势显著，竞争力增强。

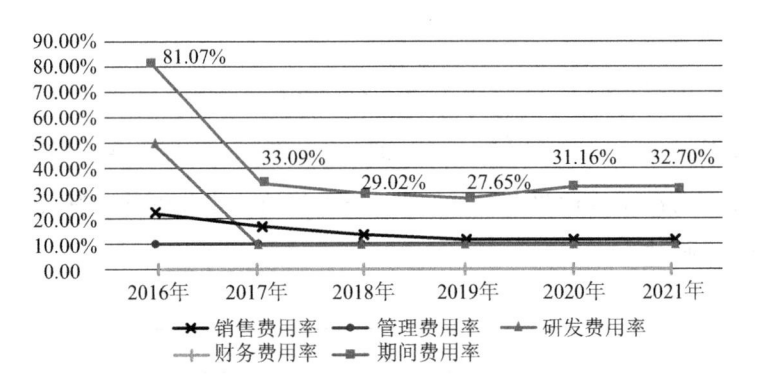

图 50-3 中微公司 2016—2021 年期间费用率情况

资料来源：中信证券研究部。

（二）历年营运能力对比分析

1. 应收账款周转率提高

从表 50-2 数据显示的中微公司近 5 年的营运能力指标变动情况，可以看出中微公司的应收账款周转率从 2017 年以来一直处于稳步上升趋势。甚至在 2020 年达到峰值，2020 年应收账款周转率相较 2019 年同比上升 54.13%，应收账款变现速度大幅上升，说明中微公司发展态势较好，运营稳定。

2. 流动资产周转率稳定

从表 50-2 中数据可以看出，中微公司的流动资产周转率在 2017—2020 年来较为平稳，只有 2016 年比率较高。这说明近几年中微公司至少做到了合理地持有货币资金、保持较快的应收账款回收速度以及较短的存货周转时间。

表 50-2 中微公司营运能力指标　　　　　　　　　　单位：次

年份 指标	2020	2019	2018	2017	2016
应收账款周转率	8.03	5.21	3.56	2.90	2.92
存货周转率	1.32	1.08	0.99	0.98	1.06
流动资产周转率	0.57	0.58	0.71	0.77	78.88
总资产周转率	0.43	0.47	0.56	0.58	0.57

资料来源：根据公司财务报表数据整理得出。

四、中微公司资产资源发展优势分析

（一）制定正确的产业投资战略，适时开展产业投资

中微公司立足半导体产业，积极扩展泛半导体产业发展。泛半导体制造业涉及上百道工艺，需数十种高端设备。2020年中微公司以占股13.94%的比例投资350万欧元给Solayer GmbH，该公司致力于镀膜和膜层改性设备的研发、设计和制造，对中微公司泛半导体制造产业起到重大作用。2020年中微公司投资人民币5000万元给上海理想万里晖薄膜设备有限公司，为光伏电池等生产专用设备生产打开新局面。该产业投资为中微公司扩大国内市场份额，设备本土化起到重要作用[3]。

（二）拥有长远眼光，总体布局市场

近年来，中微公司为寻找一个新的业绩增长点，开始对国内外市场进行战略布局。刻蚀设备是中微公司的细分产业，刻蚀设备市场高度集中，海外大厂三足鼎立。2019年，泛林半导体（52%）、东京电子（20%）、应用材料（19%）分列全球刻蚀设备市场前三。中微公司细分突破加速追赶，在国产替代趋势下份额大幅提升。随着国内刻蚀厂商技术提升，部分厂商成功进入龙头供应链。中微公司立足整体布局市场，将为企业赢来更为广阔的局势。

（三）坚持核心技术研发，着力打造专利壁垒

中微公司坚持核心技术自主研发战略。其双反应台技术、电极喷淋板技术等已经被应用于量产设备中，使其生产效率处于行业领先，同时已获多项专利，技术壁垒更为坚实。在研发成果方面，中微公司承担多项重大科研项目，技术储备雄厚。此外，公司TSV技术领先，已经进入国际主流MEMS生产行列。

（四）沉着应对行业风险，提高企业应对能力

在面对市场风险时，要"耐住性子"。第一，稳定队伍结构，保持充足信心，坚持招聘应届毕业生和挖掘更多科研人才，实行对广大员工的奖励计划；第二，

定期梳理正在进行中的科研项目，不断适应新的市场环境，保持高标准；第三，行业风险、竞争力风险与政策风险错综复杂，需要管理者提前、及时地做好风险防范。

五、中微公司发展的行业启示

（一）优化投资布局，深化产业链合作

中微公司成功的产业投资布局和完善的产业链合作，给企业带来了较好的投资收益。2020年，中微公司入股青岛聚源芯星股权投资合伙企业，作为战略投资者，该公司专项投资于中芯国际的科创板股票行业；投资杭州中欣晶圆半导体股份有限公司，在集成电路中半导体晶圆的研发与生产制造方面取得突破性进展。此类重大股权投资均有利于中微公司优化半导体与泛半导体产业的进一步发展[4]。

（二）聚焦主业，提升核心竞争力

中微公司的重心是聚焦高端半导体设备及泛半导体设备的研发、生产和销售，稳扎稳打，坚定不移地以技术研发为核心，从而构建商业模式和盈利资金来源健康的公司布局，而且其中利润绝大部分都是来自其主营业务[5]。行业其他企业也应该找准企业未来发展主体和方向，大力拓展公司主营业务，坚持围绕"技术"这一战略核心进行业务策略规划，保持更多的专注和高度聚焦，提升企业的核心竞争力。

（三）创新经营模式，巩固企业盈利点

中微公司近年来深耕半导体产品领域，巩固了其国际市场上的地位，同样也推动了该公司在其他各个方面的业务协同发展与良性循环。行业其他各企业也应该进行探索实践，创新自己的经营管理方式，打造一个除主营业务以外，其他各类业务协同发展的商业模式，为企业增加新的盈利点。

（四）进行风险管理，从容应对突发事件

目前，公司的风险主要体现在核心技术研发风险、经营风险与行业风险上。

中微公司在面对以上风险时，应及时作出恰当的风险管理决策，为企业在市场危机过去后的经济市场回升期打下基础。行业其他各企业应当及时识别各种行业风险，进行正确的风险识别和风险评估，作出合适的风险管理决策，从容应对突发事件带来的一切后果[6]。

（五）健全内部控制，提升资产利用效率

中微公司根据自身情况建立了一套较为完善的内部风险控制制度，规范资产管理流程，有效地管理公司资产，为企业的生产经营带来了极大便利。行业其他企业同样应不断完善企业内部控制，通过定期定时进行财产盘点、精准进行财产记录等一系列专业技术手段，科学有效监督和合理制约财产使用物资，确保企业财产物资的安全和完整，提升企业资产的综合利用效率。

参考文献：

[1] 刘婷位，陈慧.光线传媒"内容为王"战略下的资产质量分析[J].投资与创业，2021：32.

[2] 黄懿.光线传媒和华谊兄弟财务绩效、财务政策和财务战略的比较研究[D].厦门：厦门大学，2017.

[3] 周钰.基于财务视角的伊力特获利能力研究[D].乌鲁木齐：新疆大学，2014.

[4] 张兴亮，程琦炜.推动企业科创板上市的财税政策设计[J].商业会计，2020(21).

[5] 易贰.浅析科创板信息披露透明度问题[J].商业经济，2020(2).

[6] 伍光明.科创板上市对企业创新能力的提升探究[J].会计之友，2020(19).

五十一 中文在线数字出版集团股份有限公司的营运能力分析

黄晓妍[①] 陈亮亮[②]

摘要：随着国际经济的发展，企业的营运能力已成为企业实力的重要体现，营运能力不但可以让投资者简要了解企业的经营能力，也能使企业了解自身经营不足。营运能力可以很好地反映企业在各个环节的能力，如企业管理层对于人力资源合理利用状况的掌握、各部门协调状况等。良好的营运能力可以体现企业较强的偿债能力，给企业带来更好的发展。同时建立合理的评价指标，有助于找出利润下降和经营中所出现的问题。本文以中文在线数字出版集团股份有限公司的营运能力为对象进行研究，使用该公司2015年到2019年的财务报表数据，根据得出的相关数据进行详细分析，找到中文在线数字出版集团股份有限公司（以下简称"中文在线"）现阶段在公司内部管理方面、获利能力之中存在的弊端，提出可行方案，解决该企业出现的问题。

关键词：总资产周转率；存货周转率；管理对策

一、引言

中文在线是中国数字出版的开创者之一，中文在线购买了大量的IP资源，

[①] 黄晓妍，女，会计专硕，研究方向：财报分析。
[②] 陈亮亮，男，北京印刷学院经济管理学院老师，研究方向：企业战略管理。

拥有大量的网络原创驻站作者；在过去几年中一直在不断购买版权等行为，很明显公司希望能够扩大经营的范围，希望能够在新的市场背景下分得一杯羹，但企业在购买公司股票进行投资时有考虑不足的情况，优质版权竞争加剧，版权所有者要求的买断价格比以前高很多，这就使得企业利润受到影响，与之前设想不同，想要获得预期利润就需要对中文在线的营运能力进行分析，找出中文在线的问题。

从理论上看，营运能力是企业运营过程中不可忽视的一部分。通过营运能力分析我们可以看到企业经营的不足之处，找到企业内部结构的不合理，从而促进企业加强内部管理，进而完善不足。

从实践上来说，通过对中文在线的调查和研究，发现由于企业不断开拓市场、扩展公司经营范围、深化IP一体化开发，收入规模扩大，但所获得的利润不及预期，企业面临较大的压力，一旦企业资金渠道出现问题将会为企业带来巨大的风险，所以需要对企业进行深度分析。

二、营运能力的基本理论

对于企业营运能力的研究主要体现在企业的偿债能力、存货销售能力、款项收回速度等。

韩子毅认为营运能力是指企业利用资产的运作效率来获得利润的一种能力[1]。

韩雪娇运用指标分析的方法，计算苏宁电器总资产周转率、流动资产周转率和固定资产周转率并进行分析，得出当前苏宁电器营运能力存在的问题，同时提出解决策略[2]。

Chen Y，Friedman R 指出在评价营运能力时，首先应当关注营运成本政策的合理性，合理的政策指导能进行有效的产业资本管理[3]。

Martha Coleman，Mengyun Wu，Mark Baidoo 使用了尼日利亚和加纳证券交易所上市的非金融公司2012—2016年的面板数据，对上市的103家公司进行调查，从年度财务报告中提取数据。发现要提高公司营运能力，需要积极落实流动资金政策，要求建立严格的控制机制，确保流动资产投资减少[4]。

（一）营运能力的概念

企业运营资产的效率一般指资产的周转率或周转速度，其有助于促进企业加倍各项资产的管理和提高经济效益，并为国家宏观经济政策的制度及投资者，相关利益者的决策提供依据。

（二）对营运能力分析的意义

叶华、梁瑾采用结构分析法，从企业资产的内部构成及其变化出发对企业营运能力进行分析[5]。企业通过分析资产结构，及时发现与经营管理模式不相适应的结构，并适当地对其调整，形成科学的资产结构，增强资产的流动性。企业营运能力分析对判断企业经营的能力和运用程度等情况有着重要的影响，投资者可以借此来对企业的发展和投资进行预估，研究者可以发现公司经营问题，找到解决方法。比如万达集团，王雷对万达集团营运能力进行分析，发现万达集团营运管理中存在存货管理较差的问题。解决措施是加强资产内部控制和管理，完善现金管理控制活动[6]。通过对公司指标的分析，可以更快找出公司问题，及时进行解决，完善公司的经营是公司进一步发展的基础。

三、中文在线在营运能力分析的现状

（一）公司概况

中文在线的主营业务为提供数字阅读产品、数字出版运营服务和数字内容增值服务。公司的主要产品为文化产品、教育产品。中文在线作为中国数字出版的开创者之一，在内容资源、内容生产及分销、资质及内容合规能力、知识产权保护等方面拥有多重优势。

(二)中文在线营运能力现状

1. 流动资产周转率

中文在线 2015—2019 年流动资产周转率如表 51-1 所示。

表 51-1　中文在线 2015—2019 年流动资产周转率　　　　单位：亿元

指标＼年份	2015	2016	2017	2018	2019
流动资产周转率	0.83	0.35	0.71	0.67	0.77
行业均值	0.76	0.74	0.79	0.85	0.90
营业收入	3.90	6.02	7.17	8.56	7.05

资料来源：中文在线年报。

从表 51-1 中我们可以看到，中文在线的流动资产周转率在 2016 年有严重的下滑，2018 年又一次下滑，并且我们可以看到除了 2015 年，与行业均值相比，公司的比值是低于均值的。2016 年，公司手握《人民的名义》等多个爆款 IP，又与唐德影视等牵手，准备在娱乐圈能占得一席之地。不仅如此，中文在线还用现金出资认购弹幕网络 Ac-fun（以下简称 A 站）的股权，本来想依靠 A 站强大的流量和影响力，希望能够抢占二次元的高地。不过，收购之后，由于 A 站不断有丑闻爆出，内部核心人员出走，内忧外患的情况下投资者和观望者对 A 站的前景不看好，中文在线利用流动资产进行投资，但通过表 51-1 可知没有因为投资获得预期收益。之后中文在线将目光转向晨之科，购买晨之科股份，中文在线全资控股晨之科，但收购晨之科这一年，晨之科大量亏损，导致中文在线又受到重创。这两次收购出现问题很大程度是因为中文在线在收购前对于企业的估价偏高，这就可以看出，中文在线的企业人员对被收购企业的了解不够全面，对被收购企业的市场未来走向不明晰，盲目跟随大众脚步，就拿晨之科来说，在中文在线收购其 80% 的股份时，晨之科已经显露出了问题，但中文在线并未采取措施，及时止损，导致后期高买低卖，晨之科成为弃子。通过这两次收购，中文在线的元气大伤。

2. 存货周转率

中文在线 2015—2019 年存货周转率如表 51-2 所示。

表 51-2　中文在线 2015—2019 年存货周转率　　　　　　单位：亿元

年份 指标	2015	2016	2017	2018	2019
存货周转率	10.24	10.87	9.63	7.54	6.13
行业均值	5.28	5.17	4.43	4.62	3.60
营业成本	2.06	3.11	3.60	5.33	3.94

资料来源：中文在线年报。

通过图表 51-2，我们能看到企业的存货周转率在不断下降，但是在 2016 年的时候达到最大值，并且这几年一直处于行业平均值之上。原因主要是从 2016 年开始，中文在线逐渐转移业务重心，并且出于占据市场份额与自身发展的目的，逐步提升对 IP 一体化开发项目的投入，使得公司的存货增加。公司近年来持续布局版权衍生开发，在有声内容领域铸造了核心优势。公司目前拥有音频资源和众多版权，内容涵盖面广，其消费者人群年龄阶层广。中文在线借助优质的数字内容吸引消费者，但是随着时代的进步，数字出版也开始转型，对于热门的版权竞争异常激烈，版权所有者在这种大环境中必然希望能获得更大的利润，而企业想要获得版权自然就不得不提高购买价格，这样的话，公司在销售时为保证其利润，只能提高销售价格。但现在市场上盗版的现象普遍，同样的东西，虽然质量不高，但对于书籍和音频没有高质量要求的消费者可以花更少的钱购买，大量的消费者流失，这对于拥有正版的公司来说，无疑是致命的，从而销售量降低，存货不断增加，使得企业不能获得预期的利润。对于公司所签约的作者来说，很难再创造出好的作品，间接影响企业的经营，也给行业的发展带来了不良影响，虽然政府有关部门近年来加强打击盗版侵权行为力度，在知识产权保护方面有了一点成果，盗版行业深受打击，但只要消费者需要便宜的盗版，那么盗版行业就难以连根拔起，公司的消费者还是无法完全回流。

3. 应收账款周转率

中文在线 2015—2019 年应收账款周转率如表 51-3 所示。

表 51-3　中文在线 2015—2019 年应收账款周转率　　　　单位：亿元

指标＼年份	2015	2016	2017	2018	2019
应收账款周转率	3.03	3.89	5.07	4.83	3.72
行业平均值	8.17	7.62	6.80	6.44	6.30
应收账款	1.60	1.50	1.33	2.33	2.16

资料来源：中文在线年报。

从表 51-3 中，我们可以看出在 2015 年和 2016 年连续两年应收账款周转率都很低，虽在 2016 年有稍微变高，但对企业转好的影响不够大。2018 年和 2019 年应收账款比较高，收回的速度也不是很快，主要是因为公司购买大量版权，但在线阅读业务渠道收款账期过长，还有多个公司迟迟不还款；在游戏方面，本想通过年青一代消费偏好，加大对游戏的投资。比如，虽然拿到游戏 IP 授权，计划研发并发行游戏，但由于公司核心人员的出走等，预计该 IP 开发盈利前景存在重大不确定性，最终项目终止，导致收益减少，坏账增加。

四、中文在线营运能力对策建议

为了解决企业营运能力分析时出现的问题，我们可以采用以下对策。

（一）提高资产的运用效率

二次元网站深受年轻人喜爱，中文在线敏锐地发现了这一点，认为在未来几年二次元行业有望迅速崛起，基于这一判断中文在线选择入股晨之科和 A 站。入股的关键因素是晨之科是一个新型科技公司，有着国内深受用户欢迎的二次元社区平台，有着相对完善的二次元产业链；而 A 站则是国内综合性弹幕视频行业的领军品牌。通过这两次的投资可以看出二次元行业是中文在线重点布局的文化子行业，中文在线希望 A 站可以和晨之科形成二次元战略级协同效应，形成"内容＋渠道＋变现"

的二次元文化生态，提升其核心竞争力。但现实情况是投资 A 站之后，A 站的发展不尽如人意，没有达到中文在线预期的盈利目标，最终以保本的价格卖给了快手。虽然最终没有产生多大的损失，但因将大量的资金投入 A 站，致使资产运用效能低；而晨之科则是一直未有新的爆款游戏出现，一直依赖之前的游戏，未能完成业绩对赌，导致中文在线对晨之科计提 12.54 亿元商誉减值，两次投资的失败使得中文在线的二次元布局全面崩盘。而导致投资失败的主要原因有两点：一个是在投资的前后，中文在线内部管理人员进行了重大调整，将大量的时间用在替换企业内部管理层的事情上，而新上任的管理者没有充足的时间对投资的公司进行全面的了解；另一个原因是不论是晨之科、A 站还是中文在线都是想着利用自身优势，借助抱团优势，使得优势叠加，但未考虑到时代发展速度过快，还未反应过来，已经被市场所抛弃。面对这种状况，中文在线需要吸取教训，稳定公司内部人员结构，企业内部的稳定有利于公司的发展；作为传统出版巨头，在看到有前景的市场的同时需紧跟时代的步伐，确保在进入新市场后有足够的竞争力；企业需谨慎投资，提高资产的运用效率，弥补投资失败所带来的经济损失。

（二）完善销售渠道

近年来，免费阅读市场快速发展，行业竞争加剧，付费阅读平台用户规模与收入规模增长乏力；免费阅读平台用户规模与收入虽增长，但版权方收入不稳定。虽然中文在线买了很多版权，但并没有将该书籍所有的版权都归属于自己，比如对于网络上很火的小说有其版权，但由其改编的电视剧的独播权并未在自己手上，导致销售和利润的流失，在购买版权时应该要考虑全面，对于已到手的版权书籍等增加分销渠道。另外，最近政府对于青少年玩游戏有了相关政策，中文在线应注意该发展趋势，对游戏的研发可以适当减少。

（三）加速应收账款的收回

考虑到咪咕传媒等下游 B 端客户的回款速度放缓，应收账款回收的能力不强，对于这种情况中文在线需要在合作前对这类客户进行信用评估，对于容易发生财务困难的公司，应该有所行动，要么签订合同，要么委婉拒绝合作，不能一味容忍客户，从而减少坏账的可能。对于还款金额大的公司，可以让专人在快要到还款日期时，注意公司经营状况，密切跟进，综合分析。

五、结语

从我们的分析可以看出，中文在线在发展之初，它的经营状况是不错的，但在后期我们可以看到企业为了能够跟随市场发展的趋势，大量进行收购公司和签约大量的作者，还有游戏 IP，但收购公司却没能想到所获利益并未达到预期，还有签约的作者书籍版权采集价格上涨，中文在线需要给作者的分成越来越高，而保持原价会使得公司所能获得的利润减少，在这样的情况下就有提高销售价格，从而消费者流失的危险。而且中文在线近几年有许多的诉讼、仲裁案件，其中以著作权纠纷的诉讼和知识产权保护的案件为主，这些与诉讼有关的案件，会引起投资者的注意，不管是否对企业有利，诉讼所要耗费的时间长，那么时间的货币价值会大打折扣，对企业的发展不利。虽然公司股东不断减少，有助于后期股票上涨，吸引股民投资。但减少的太多，就有可能出现股份过于集中，使得大股东决策时更倾向于保护自身利益，而损害中小股东利益的问题，使得股民谨慎不敢购买股票的情况出现，公司需要警惕这种情况的发生。还需要注意的是中文在线有着自己的天然优势，但管理者为了迎合市场舍弃了自身优势，使中文在线开始走下坡路。管理者应该及时找回自身优势，走一条别人难以复制的经营道路。在之前发生的诉讼案中主要为著作权纠纷和知识产权保护，现如今我国对于知识产权的保护加大，监管力度加强，中文在线要提高员工专业能力，杜绝此类事件的发生，对于因为此类案件所带来的负面影响，可以多参加公益活动，利用自身主要营销的产品，挽回商誉。

比如，在前段时间，元宇宙大热，而文学作品本身天然与元宇宙有着共同的虚拟现实交互属性，股票价格直线飙升，多次发布股票交易异动的公告，中文在线可以抓住该机遇，在元宇宙方面进行研究，将其作为公司的未来长期发展战略，公司所拥有的的海量数字内容将支持构建平行的互动世界,这是中文在线的优势。国家现在对于数字出版比较重视,中文在线可以趁着现在的元宇宙大热,不仅可以在国内进行分销,也可在海外市场大显身手。

参考文献：

[1] 韩子毅. 企业的营运能力与绩效指标分析 [J]. 全国商情，2016（26）：32.

[2] 韩雪娇. 基于财务指标角度的企业营运能力分析 [J]. 新经济，2016（Z1）：18-19.

[3] Chen Y, Friedman R. Examining the Positive and Negative Effects of Guanxi Practices: A Multi-Level Analysis of Guanxi Practices and Procedural Justice Perceptions[J]. Asia Pacific Journal of Management, 2011, 28(4): 715-735.

[4] Martha Coleman, Mengyun Wu, Mark Baidoo. Corporate Governance and Working Capital Policy: An Unobserved Influence[J]. SAGE Publications, 2020, 6(1).

[5] 叶华，梁瑾. 结构分析法在企业营运能力分析中的运用——以北京同仁堂为例 [J]. 会计之友，2015（1）：61-64.

[6] 王雷. 万达集团营运能力的现状及其改进策略分析 [J] 价值工程，2020，39（1）：8-10.

五十二　重庆长安汽车股份有限公司营运能力分析

刘丽茹[①]

摘要：企业为了能尽可能地提高所得利润、获取更多的利益，并且为了得到更好的发展，就需要具备更高水平的营运能力，并结合企业自身的实际发展和营运情况科学地制定更有效的营运方案和措施，以此来实现更高的营运利润，这对于企业现在的存留和未来的成长都具有非常重要的作用。本文通过对重庆长安汽车股份有限公司的相关营运能力指标数据进行对比分析，然后找出该公司在营运方面存在哪些不足，分析问题并提出合理的建议，以此提高公司的营运能力，使公司运营得更好。

关键词：营运能力；营运指标；数据分析；解决措施

一、引言

随着我国经济的快速发展，我们如今的生活水平得以改善，因此我们就会更加关注企业的经营发展状况，这就使得企业对通过营运所获得的利润有着更高的要求和更高的标准，所以企业的营运能力也就更加受到人们的关注，也成了社会所关注的焦点之一。

---

① 刘丽茹，女，会计专硕，研究方向：会计理论。

二、文献综述

我国对营运能力的研究是从20世纪90年代后才开始的,这是由于营运资金作为一个财务概念,1993年中国实行与国际惯例接轨的会计制度以后才引入我国的。有学者认为在企业的管理方面营运能力的分析起着至关重要的作用,有利于加强企业管理,还能够判断企业资产的安全程度、资产的收益率和保全程度(王欣,2017)[1]。企业营运能力是指合理用现有资金获取大量利润,并能反映出企业的管理及资金的流动状况,是决定企业的获利和债务偿还能力的因素,是整个分析的重要点(张东,2017)[2]。企业想要在变化多端的市场内立足,就要了解自身的营运能力,并建立完整和妥善的分析体系去不断改进和完善自身的营运能力,这样才能从容面对市场的冲击力和竞争对手的打击,实现其经济目标(王泽宁,2017)[3]。因为只有更好的分析企业的营运能力,才能更好的满足各方面的利益。为此,在对营运能力进行分析时,要从净利润、每股收益以及负债能力等多个角度进行分析,进而对企业营运能力的分析更为全面。对企业营运能力的分析,要在财务报表的基础上,根据企业的实际发展,建立相应的指标体系,然后从部分到整体,对企业的营运能力进行全面的分析和评价,保证分析的准确性(张新民,2011)[4]。有学者提出了改善企业营运能力分析的四种方法:(1)定量分析与定性分析相结合,(2)静态分析与动态分析相结合,(3)详略得当、按需分配,(4)综合分析评价法(娄春辉,2003)[5]。

国外关于营运能力管理的研究始于20世纪30年代末。单独研究每项流动资产的最优水平是不合适的,当我们将各项流动资产上的投资联合起来进行研究时,决策的性质不应当是最优化,而应该是满意化(W.D.Knight,1972)[6]。营运能力分析的指标有存货周转率、应收账款周转率、总资产周转率和固定资产周转率,并且着重说明了应收账款周转率和存货周转率两个指标(Frank J. Fabozzi 和 Peter L. Bernstein,2004)[7]。

三、重庆长安汽车股份有限公司营运能力分析

（一）公司简介

重庆长安汽车股份有限公司于 1996 年 10 月 31 日注册成立，该公司的企业类型属于汽车制造行业，其主要的生产经营业务是生产、销售汽车产品，生产、销售发动机，是一家从事汽车生产的国有大型企业。

（二）重庆长安汽车股份有限公司营运能力分析

要对该公司进行营运能力分析，需要采用适合的分析方法来分析公司报表的相关数据，本文采用的是营运能力的财务比率分析法。财务比率分析法是一种泛指根据各种相关公式，将企业的财务报表中所有与其营运能力相关的各个指标金额之间进行计算和对比，从中得出所需要的、具备一定数学关系的财务比率。

依据公司 2016—2020 年的财务报表数据，首先对各项反映营运的数据进行计算，计算出结果后得到表格。如果要想更加清晰地看出各数据的变化情况，就需要形成营运能力指标折线图，这样可以更直观地反映各项指标的变化情况。下面是对各指标的具体分析。

1. 应收账款周转率分析

数据如表 52-1、图 52-1 所示。

表 52-1　2016—2020 年应收账款周转率指标值

指标＼年份	2016	2017	2018	2019	2020
销售净收入/百万元	78,542	80,012	66,298	70,595	84,566
应收账款平均余额/百万元	1,187	1,653	6,396	5,912	1,490
应收账款周转率/%	66.16	48.41	10.37	11.94	56.76

资料来源：公司年报。

从表 52-1 数据看出，公司在 2016—2020 年内应收账款周转率是先下降再上升的，从 2016 年的 66.16% 下滑到了 2018 年的 10.37%，可以看出该公司在

这一段时期内应收账款周转率总共下滑了 55.79%，相对来说该公司在这一段时期内的比率是降低很多的，然后又上升到了 2020 年的 56.76%，总共是上升了 46.39%，虽然是上升的趋势，但相对而言还是下降的偏多，也能看出下降的幅度较上升的要大一些，所以企业在对应收账款的处理方面是有一定问题的。

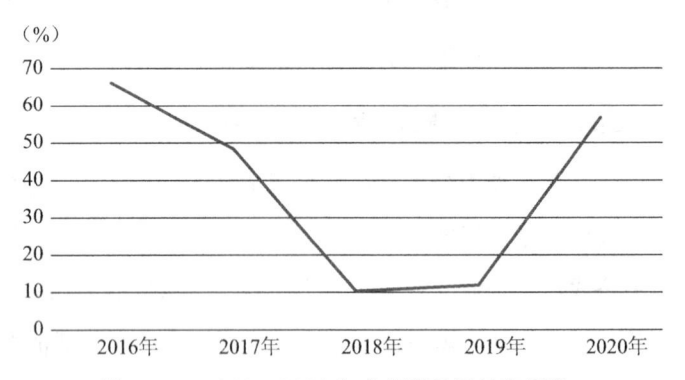

图 52-1　2016—2020 年应收账款周转率折线

资料来源：公司年报。

根据图 52-1 中的折线也可以更加明显地看到该公司应收账款周转率向下的坡度要更大一些，通过折线图的形状来看类似凹形，很明显地看出该指标数据值是偏降低的，所以总体来看该公司在对于应收账款处理方面的能力有所不足，需要找到原因所在并及时解决。

2. 存货周转率分析

数据如表 52-2、图 52-2 所示。

表 52-2　2016—2020 年存货周转率指标值

年份 指标	2016	2017	2018	2019	2020
营业收入 / 百万元	78,542	80,012	66,298	70,595	84,566
存货平均余额 / 百万元	7,717	5,985	4,792	4,146	4,671
存货周转率 /%	10.18	13.37	13.84	17.03	18.10

资料来源：公司年报。

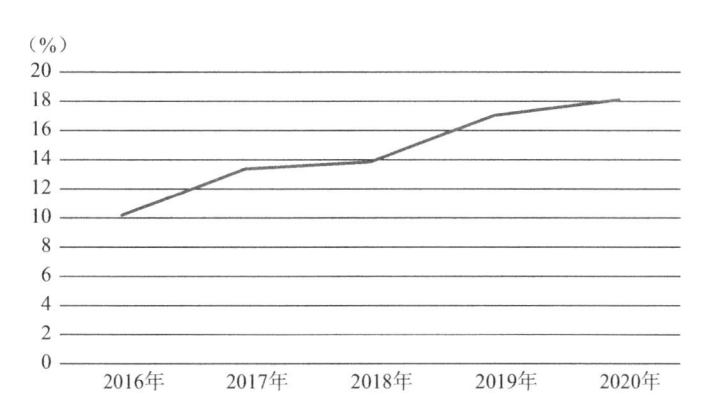

图 52-2　2016—2020 年存货周转率折线

资料来源：公司年报。

从表 52-2 看出，公司在 2016—2020 年内存货周转率是一直上升的，虽然每年的上升幅度不大，但从总体上来看是从 2016 年的 10.18% 一直上升到 2020 年的 18.10%，一共上升了 7.92%，这五年没有下滑的时候，所以总体来看长安汽车公司的存货周转率还是偏高的，也能说明该公司在对存货管理方面的处理是比较好的。

从图 52-2 的折线可以看出该公司存货周转率的波动幅度不大，并且很明显每年都在增加，能更直观地看出该指标是一直在稳步上升的，所以该公司的存货周转情况较好，说明公司中的存货没有过度堆积，因此是有益于公司的，所以该公司要保持住这种状态，这样才能发展得更好。

3. 流动资产周转率分析

数据如表 52-3、图 52-3 所示。

表 52-3　2016—2020 年流动资产周转率指标值

指标＼年份	2016	2017	2018	2019	2020
销售收入/百万元	78,542	80,012	66,298	70,595	84,566
流动资产平均余额/百万元	58,811	64,377	52,985	46,410	61,248
流动资产周转率/%	1.19	1.27	1.53	1.42	1.16

资料来源：公司年报。

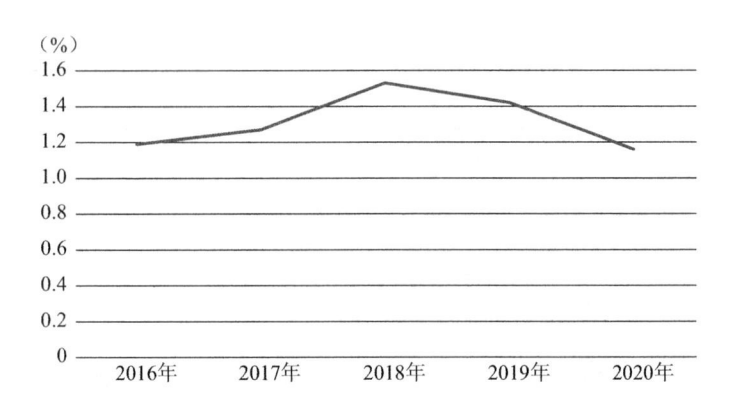

图 52-3　2016—2020 年流动资产周转率折线

资料来源：公司年报。

从表 52-3 得出，公司在 2016—2018 年内流动资产周转率是上升的，从 2016 年的 1.19% 上升到了 2018 年的 1.53%，总共上升了 0.34%，但是上升的幅度不是特别大，然后又下降到了 2020 年的 1.16%，一共是降低了 0.37%，对比来看是下降的偏多，甚至下降到比 2016 年的周转率还要低的水平，总体分析该指标在这一段时期内是偏低的，表明企业对于公司的流动资产管理得不是特别好，还是存在一些问题的，该公司要仔细分析原因并及时解决。

从图 52-3 的指标折线也能更明显地看出该公司流动资产周转率呈现出一个类似于山的形状，该指标值上升得很缓慢，但是下滑的速度要快一些，由此可以看出该指标的变化情况是不稳定的，公司要重点注意。

4. 固定资产周转率分析

如表 52-4、表 52-4 所示。

从表 52-4 得出，公司在 2016—2019 年内固定资产周转率是一直在降低的，从 2016 年的 5.34% 一直降低到了 2019 年的 2.88%，一共降低了 2.46%，能看出降低的幅度还是很大的，虽然在 2020 年又上升到了 3.17%，但与 2016 年对比来说还是降低了不少，总体来看该公司的固定资产周转率是不太理想的。

表 52-4　2016—2020 年固定资产周转率指标值

指标＼年份	2016	2017	2018	2019	2020
营业收入 / 百万元	78,542	80,012	66,298	70,595	84,566
固定资产平均余额 / 百万元	14,695	17,263	20,603	24,550	26,688
固定资产周转率 / %	5.34	4.64	3.22	2.88	3.17

资料来源：公司年报。

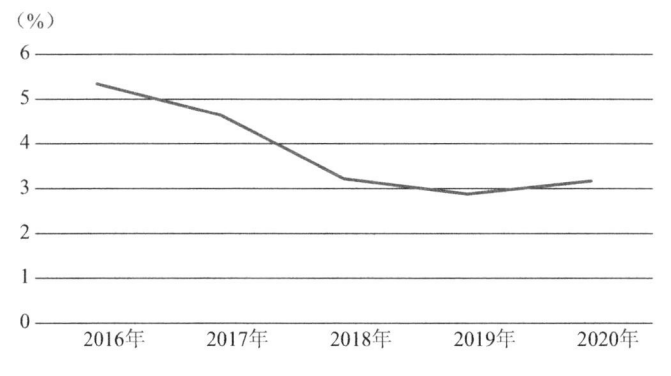

图 52-4　2016—2020 年固定资产周转率折线

资料来源：公司年报。

而且由图 52-4 的折线也能很清晰地看到该公司的固定资产周转率的形状变化像是一个下坡路，是一直在降低的，虽然有过短暂的上升，但是也能看出上升的幅度并不明显，总体来看还是一直在降低的，由此说明该公司对于固定资产的处理还存在不足，该公司应该要更加注意这方面的问题，仔细分析原因，找到应对措施。

5. 总资产周转率分析

数据如表 52-5、图 52-5 所示。

从表 52-5 看出，公司在 2016—2018 年内总资产周转率是先降低的，从 2016 年的 0.80% 降低到了 2018 年的 0.66%，总共是降低了 0.14%，降低得不是很明显，而又从 2018 年的 0.66% 增加到了 2020 年的 0.77%，总共增加了

0.11%，2020年的数据与2016年对比该公司的指标值降低了一点点，整体来看变化不是特别大。

表52-5 2016—2020年总资产周转率指标值

指标 \ 年份	2016	2017	2018	2019	2020
营业收入/百万元	78,542	80,012	66,298	70,595	84,566
总资产平均余额/百万元	97,962	106,318	99,807	95,553	109,266
总资产周转率/%	0.80	0.75	0.66	0.74	0.77

资料来源：公司年报。

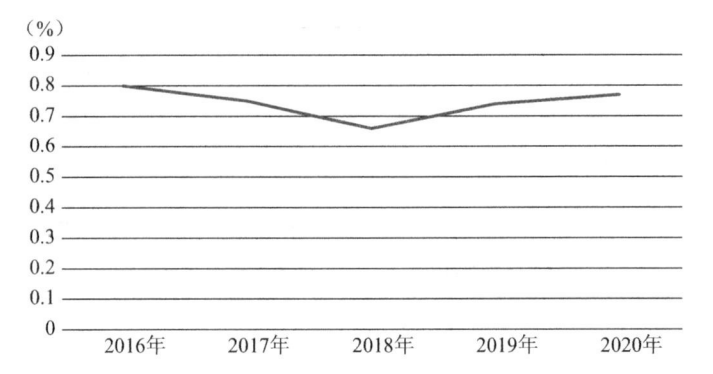

图52-5 2016—2020年总资产周转率折线

资料来源：公司年报。

从图52-5的折线中也能清晰地看到该公司的总资产周转率先下降再上升，可以很明显地看出该折线图的形状是类似于海鸥的形状，也能看出周转率的变化是比较平稳的，波动也不是很大，总体来看该指标的数据变化不是很明显。

四、重庆长安汽车股份有限公司营运能力存在的问题

通过以上对企业的营运能力相关数据进行详细的分析可以很清晰地看出来，重庆长安汽车股份有限公司在应收账款、流动资产和固定资产这三个环节中都存

在一些问题，从而造成该公司在营运管理上能力偏低，具体问题主要包括以下几方面。

（一）应收账款回收力度较低

通过表 52-1 和图 52-1 对企业的应收账款周转率进行分析可以得出：该企业的应收账款流转的速度较慢，以此得出该企业在这一段时间内对于应该收到的货款的回收能力是有限的，也表明了企业在营运方面的处理是不够完善的。这不仅会影响企业是否能及时收回货款，还有很大的可能会使企业发生一定的坏账损失，影响企业获得更多的利润，而且会影响企业是否能准时偿还债务，对于企业的发展具有不利的影响。

（二）销售能力有所下降

通过表 52-3 和图 52-3 对企业的流动资产周转率进行分析可以得出：公司的该指标值数据在这一段时期内还是偏低的，也说明流动资产周转较慢，造成企业的资产堆积，没有及时销售出去，由此说明该公司在实际营运中对于流动资产的管理效果不是很好。所以问题在于该公司的流动资产没有充分地在经营中运用，会造成资产的浪费，最终会导致销售能力下降，也会影响企业的获利。

（三）资产利用率较低

通过表 52-4 和图 52-4 对企业的固定资产周转率进行分析可以得出：该公司的固定资产周转率在 2016—2019 年这四年的时间里都是一直在持续下滑的，即使在 2020 年稍微有点回升，但总体看来该指标还是偏低的，下降的幅度也很明显。可以得出该企业对固定资产的利用率偏低，也会造成资产的浪费，不能完全地将固定资产用于获取利益，这样不利于企业的发展，反映出了重庆长安汽车股份有限公司在营运方面存在不足之处。

五、提高重庆长安汽车股份有限公司营运能力的建议

（一）将公司应收账款及时收回

要使企业在应收账款周转上有更大的进步，有两种解决方法：一是要将企业应该收回的欠款及时收回，以防产生过多的坏账从而影响企业的收益，这是最重要的；二是企业在和客户签订交易合同时，对合同中有关应收账款的内容制定相关的制度约定，要求实时结清账务，要尽量增加企业收入，降低应收货款平均余额。

因此，公司的经营管理人员要更加重视该公司的经营管理，认识到这方面的问题，及时分析出原因所在，加强在应收账款方面的管理，这样才能更好地处理，进而可以提高企业的营运能力。

（二）公司要尽可能提高销售收入

要提高该公司的流动资产周转率：首先是公司要尽可能地提高销售收入；还有就是要降低流动资产。这样才能使公司的流动资产尽可能快地周转起来，避免发生资产的堆积，以此来提高企业的营业收入，最终使企业获利更多。

（三）提高资产的利用率

要提高该公司固定资产周转率：一是提高企业产品的市场占有率；二是提高资产的利用率，利用公司占有的所有资源取得尽可能多的收益，这对于提高公司的固定资产周转率来说是非常必要的，也是很重要的。

六、结论

总而言之，要使企业可以发展得更好，就要对企业的营运能力进行充分的分析，也要对企业的经营管理情况有足够的了解，要正确认识到并及时找到营运方面的问题，然后科学有效地制定解决措施，为企业能平稳运行，能够更好更快地发展打下坚实可靠的根基，并且使企业获得更多的利益，这对企业来说是非常重要的。本文把重庆长安汽车股份有限公司作为研究对象，来分析该公司的营运能

力情况，从概念的论述，到通过营运能力指标数据的计算分析该公司营运能力现状，然后通过分析找出了该公司在营运能力方面存在的问题，进而为如何提高该公司的营运能力提出了优化措施，最终达到目的。

参考文献：

[1] 王欣.现阶段我国房地产业营运能力分析存在的问题及对策[J].中国集体经济，2017(3)：18-19.

[2] 张东.上海大众营运能力分析[J].知识经济，2017(4)：96-97.

[3] 王泽宁.企业营运能力分析体系研究[J].全国流通经济，2017(28)：27-28.

[4] 张新民.企业财务报表分析（第二版）[M].北京：清华大学出版社.2011:12-15.

[5] 娄春辉.关于企业营运能力评估基本问题的探讨[J].锦州师范学院报，2003(3)：78-80.

[6] W.D.Knight.Spectroscopy of metal clusters[J].Lecture Notes in Physics，1987(1):15-24.

[7] Frank J. Fabozzi，Peter L. Bernstein. Streetwise:The Best of The Journal of Portfolio Management[J].Princeton University Press，2021(2)：113-145.

五十三　哔哩哔哩的盈利能力分析

郭静[①]　王寒晴[②]

摘要：哔哩哔哩作为二次元弹幕直播平台，其差异化的竞争策略培养了固定的用户群体，具有很高的黏性。随着 2018 年哔哩哔哩在美国纳斯达克上市，2021 年哔哩哔哩正式在香港二次上市等种种良好的市场表现引发各界的广泛关注和研究。文章通过案例研究法，首先介绍了哔哩哔哩公司，然后从资产的盈利能力、资本的盈利能力和商品经营的盈利能力三个角度分析了哔哩哔哩的财务数据，明确了哔哩哔哩目前的负盈利问题。最后，有针对性地提出了优化收入结构和调整费用等解决措施。

关键词：新媒体；哔哩哔哩；盈利能力

一、哔哩哔哩公司的概述

哔哩哔哩网站在 2009 年 6 月与大众见面，现在该网站是一个多元化的全方位娱乐平台，覆盖面广泛。值得注意的是，该网站首创了"弹珠聊天"功能，用户在观看短视频的同时，不仅可以与短视频内容共情，而且还可以与众多观看者相互交流。用户可以对短视频或直播进行实时评论，与其他用户交流观看这段视频时的感受，还可以通过此种方式找到与自己志同道合的朋友，一举多得。公司

[①] 郭静，女，会计硕士，研究方向：公司治理。
[②] 王寒晴，女，会计硕士，研究方向：财税理论与实务。

网站经过了十几年的发展壮大，现如今已经成为多元文化的"培养圣地"，成为中国年青一代交友排忧的去处。

哔哩哔哩公司主要经营的业务有：直播，其中最为突出的便是平台提供的游戏直播，是平台的一大特色之一；移动游戏，哔哩哔哩网站和国内很多大型游戏都有合作，代理了超过 500 款手游，而且还是国内重要的二次元游戏分发渠道，很多二次元游戏都会在此平台上进行宣传和推广；广告，平台在网站首页提供广告位服务，想要得到宣传的商品会被放到首页界面和各个分页面中，以达到宣传的目的；电商，由于该网站在二次元领域极具代表性，因此在网站中上线了自己的电商平台"会员购"。

二、哔哩哔哩公司的盈利能力分析

这一部分的内容来自东方财富网站上披露的哔哩哔哩公司年报的各种财务数据梳理和分析。通过对各项财务指标的整理和计算，分析企业的盈利能力，本节由指标公式到分析其变动趋势再到最终分析其结论，进行了一系列的阐述。

（一）资产的盈利能力

资产的盈利能力是衡量企业使用现有的资产所能获取利润的能力。主要衡量的指标有总资产报酬率和成本费用利润率。

1. 总资产报酬率分析

总资产报酬率＝息税前利润／平均总资产，反映了企业全部资产的盈利能力，该指标越高，表明企业的资产使用率越高，创造的利润越多。图 53-1 截取了哔哩哔哩公司近 5 年的总资产报酬率数据。

从历年数据中就可以看出，哔哩哔哩公司近些年的总资产报酬率较低，从 2016 年开始一直是负值，这主要是由于行业竞争的不断加剧，企业谋求技术发展，投入了大量的资金用于科技研究，因此在此期间耗费的成本费用较多。但是其资产报酬率在 2017 年逐步上升，也说明了虽然企业在经营过程中面临严峻挑战，

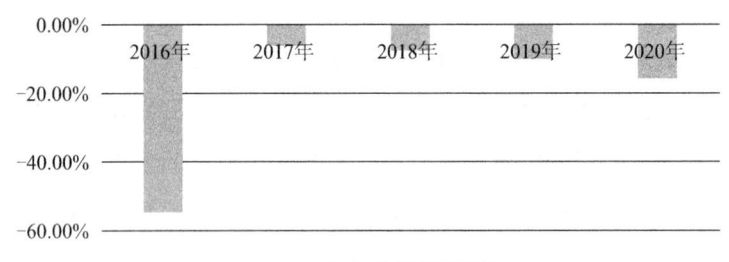

但随着公司的不断发展，企业收入是扩大的[1]。

图 53-1　2016—2020 年哔哩哔哩总资产报酬率

资料来源：东方财富网。

2. 成本费用利润率分析

成本费用利润率是指在企业的某一会计期间内，总利润占总经营成本的百分比。成本收益率不仅可以反映企业投入的成本对企业发展所产生的效果以及在这过程中可以产生的利润，而且还可以反映企业对于投入成本的控制能力[2]。在公司的经营过程中，企业的成本利润率越高，则表明企业所能带来的经济效益更卓越，也表明了其盈利能力更好。哔哩哔哩公司成本费用利润率的情况见表 53-1。

表 53-1　2016—2020 年哔哩哔哩成本费用利润率

指标＼年份	2020	2019	2018	2017	2016
成本费用总额 / 亿元	151.4	82.73	48.57	26.925	14.18
营业利润 / 亿元	−44.3	−18.78	−25.52	−15.21	−10.31
成本费用利润率 / %	−29.26	−22.70	−52.54	−56.49	−72.71

资料来源：东方财富网。

通过观察表 53-1 数据，可以清晰地看出哔哩哔哩公司的成本费用利润率从 2016 年至 2020 年数据始终都是负值，但是整体成本费用利润率呈现上升趋势，从 2016 年的 −72.71% 升高至 2020 年的 −29.26%，所以公司每一元的成本费用投入带来的利润是上升的。通过分析，造成这一结果的主要原因是公司近年来投资的成本与费用过高,导致其收入增长额不足以扣除成本增长额,最终导致企业面临大幅度损失。

(二)资本的盈利能力

企业的净资产收益率是指在一个会计期间内的净利润和平均股东权益的百分比。公司的净资产收益率对于衡量本公司的盈利能力来说是一个非常重要的指标,该指标可以在本质上反映公司给股东所带来的财富。除此之外,净资产收益率这个指标的应用也非常广泛,它不会受到企业性质的影响,功能性较多,对于任何企业均可以适用。哔哩哔哩公司净资产收益率的情况见图53-2。

图 53-2　2016—2020 年哔哩哔哩净资产收益率

资料来源:东方财富网。

通过图 53-2 可以看出,近年来,本公司的净资产收益率均为负值,整体情况并不乐观,通过观察可以清晰地看出净资产收益率指标呈先上升再下降的趋势,但在整体上处于上升趋势,其中 2016 年公司的净资产收益率达到最低值为 -76.2%,在 2018 年达到最大值,为 -13.66%。分析此种变动产生的原因,销售收入利润率、存货周转率的波动以及过高的营业成本都难辞其咎,其中最主要的原因便是管理层在进行决策时未能合理地安排资金结构。

(三)商品经营的盈利能力

1. 销售毛利率分析

销售毛利率是指销售毛利占销售净收入的百分比。在企业经营过程中,通常会采用销售毛利率来分析企业的盈利能力，报表使用者可以通过分析本企业销售毛利率的变动趋势来直接分析本企业的发展变动情况，据以了解企业在经营过程中其利润水平的变化。除此之外，销售毛利率的变动情况还会影响到企业竞争力的变动。同时，通过观察销售毛利率的变动也可以较为直观地看出本企业的盈利状况，因此该指标也是判断公司目前经营状况的绝佳条件[3]。

2. 销售净利率分析

销售净利率通常是指企业每销售1美元可以获得的税收净利润的价值。通过研究公司的销售净利润可以较为直观地观察到企业在经营过程中利润的变化情况，研究表明销售净利率与企业盈利能力的变动呈正方向变动的关系。通过本节分析，一方面，对该指标的分析可以反映一段时间内销售净利润率的发展变化趋势；另一方面，我们还可以通过比较更为直观地了解公司现有运营状况，从而对公司的净利率水平数据的变化进行相对有效的评估与分析[4]。图53-3截取了哔哩哔哩公司近5年的销售毛利率和销售净利率数据对比分析。

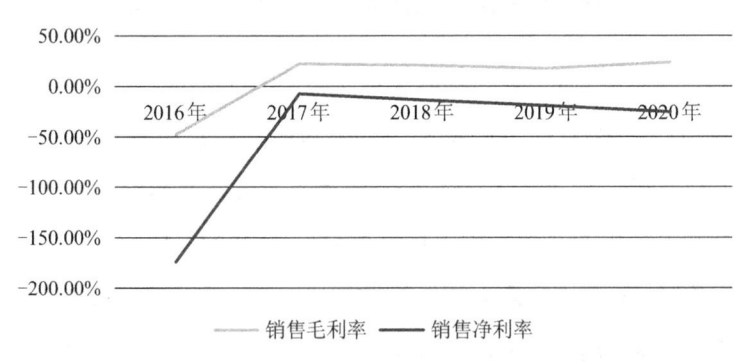

图 53-3　2016—2020年哔哩哔哩销售毛利率和销售净利率对比

资料来源：东方财富网。

通过图53-3整理的数据，可以清晰地看出近五年来哔哩哔哩公司的销售毛利率和销售净利率普遍较低，销售净利率一直是负值。其中2016年公司的销售毛利率为-47.68%，销售净利率为-174.18%；2017年销售毛利率指标大幅上升为 22.25%，但是销售净利率依然为负值 -7.44%。造成上述现象的主要原因是企业的主营业务成本持续增长，虽然企业在经营过程中的主营业务收入一直在增加，在这个过程中，公司的基本营业成本的增长率甚至超过了基本营业收入，导致多年税前利润为负。但是，销售净利率一直是负数。这五年的亏损是呈减小趋势，因此该公司仍有盈利空间。

三、哔哩哔哩公司盈利能力存在的问题

（一）生产成本及期间费用过高

首先，哔哩哔哩公司的利润总额在 2016—2020 年这五年间在数值上均呈现负数变动趋势，通过分析发现，其主要原因是哔哩哔哩公司的成本项目耗资过大，如果公司的营业成本过高的话会限制企业自身利润的增加，最终导致企业盈利能力变差，缺乏持久性。从财务上进行分析，产生此种现象的原因主要是公司自身的收入和成本配比不合理，进而导致了公司的营业利润和净利润发生大幅度的下降。通过分析哔哩哔哩公司销售毛利率、成本费用利润率和销售净利率的变化趋势可以看出，哔哩哔哩公司有关营业利润的几个相关指标在近五年内均呈现持续负数变动的趋势，使企业的净利润难以为正值[5]。

（二）网站所获收入不稳定

在哔哩哔哩公司经营过程中，投入了大部分心血在其网站的运营中，对于哔哩哔哩 App 的成功运营更是投入了大部分资金，但是其对于网站的收入并未进行细致的规划，网站的绝大部分收入来自网站用户充值会员与购买金币。但是经过调查得知，网站用户中充值会员的只占少数，绝大部分用户并未充值会员，从经营网站所获得的收入并不稳定。相较于充值会员，网站 UP 主短视频收益的分红与网站接受广告宣传的收入占据了大部分。

(三) 忽视资本结构对企业盈利能力的作用

除了上述问题之外，另一个不容忽视的因素便是企业的资本结构，在企业经营过程中合理地对公司资本结构进行调整，对企业的经营是非常有帮助的。债务筹资是一把"双刃剑"，倘若一味地进行负债融资，那么企业也势必无法获得更加长远的发展。通过对哔哩哔哩公司财务数据的研究发现，公司在接受资本投入时，并未考虑到资本结构是否具有合理性，而是一味地盲目增加资本，进行研发，因此从结构上影响了利润的产生。总的来说就是企业在经营过程中，没有合理地利用负债类科目，相反，在经营过程中公司账户内的资金成本费用过高，这些问题都导致了公司的账面利润逐渐减少，从而给公司的经营管理带来了非常大的压力，使其处在负重前行的经营过程中[6]。

四、提升哔哩哔哩公司盈利能力的措施

(一) 强化生产成本控制

根据哔哩哔哩公司历年收入构成表可以看出，公司通过网站经营所获得的业务收入是企业营业收入最重要的来源。因此，哔哩哔哩公司为了提高企业整体盈利能力水平，可以加大对网站的支持力度。通过提供更好的会员服务，以此来吸引更多用户充值会员。另外，还可以通过智能升级全产业链，来达到降低成本的目的。如果公司内部未能有效地控制成本，那么会导致企业的总利润进一步下降，最终致使企业无法获得更加长远的可持续发展，反而会让企业面临更大的财务风险。对哔哩哔哩公司本身来说，这会让它受到一定的负面影响。因此，哔哩哔哩公司的管理层应该充分认识其目前所处的发展现状，在公司运营过程中，不断进行调研和预测，采取相关措施来减少相关的成本耗费，如降低金融费用、缩减运营成本、提高经营利润等，从而为企业谋求更加长远的发展[7]。

(二) 优化企业资本结构

通过调整债务管理来提高企业的获利能力，但是照目前的趋势来看哔哩哔哩

公司正在逐年提高财务杠杆的使用效率，较少选择使用自有资本进行生产经营，更多利用债务资金进行生产。这种选择很容易让企业保持较高的负债比例，虽然可以为公司创造更多的利润，刺激自身利益的增长，积极刺激公司股票价值的上升，但同时企业也承担了更大的风险，不利于企业的安全稳定发展，因此公司管理层应当适时地去调整其资本结构。在公司经营过程中公司管理层应当通过分析财务数据的变化趋势，判断企业目前所处的经营现状，对企业的资本结构适时进行调整，据此来确定企业的最优资本结构[8]。

（三）发展自身特色，提高行业竞争力

近些年来，由于行业竞争不断加剧，因此保持品牌自身形象是企业在经营过程中必不可少的条件，品牌形象对于公司的产品销量以及品牌影响力来说是一项长期战略，在企业发展过程中，品牌的力量对市场占有率维持的长久与否至关重要。其实对于短视频行业来说，占据市场领先地位的最重要因素就是保持其自身特色，以此达到提高市场竞争力的目的。如果想要提高企业的竞争力，就需要发掘自身与其他短视频软件的不同之处。哔哩哔哩公司最突出的特点便是同时兼具了动画、漫画、游戏三个模块，并且在这三个模块中都极具代表性，相较于抖音、快手等平台具有很大的不同，因此公司在其未来经营过程中，可以投入较多的资金用于动画、漫画、游戏的开发与运营，以此来放大自身与其他软件的不同之处，在经营过程中逐渐形成自身独特的风格，以此谋求企业更加长远的可持续发展[9]。

参考文献：

[1] 张立民．浅谈企业发展规划中的财务指标分析 [J]．财会学习，2020(21)：14-15.

[2] 王晨．企业盈利能力分析及提升策略研究 [J]．财经界，2020(26)：58-59.

[3] 蒋本义．企业盈利能力分析研究 [J]．中国市场，2020(22)：75-76.

[4] 韩昕宇，李延罡．传媒企业盈利能力分析 [J]．合作经济与科技，2020(13)：152-153.

[5] 陈华.试论新时代下的盈利能力分析[J].中国商论,2019(11):154-155.

[6] 张星.哔哩哔哩的运营分析及解决措施[J].现代商业,2020(34):3-5.

[7] 陈燕.改善我国民营中小企业盈利能力的对策研究[J].财经界,2020(35):93-94.

[8] 和国忠.资本结构对企业盈利能力及偿债能力影响研究——以云南上市公司为例[J].会计之友,2019(3):67-70.

[9] 陈辰.探析自媒体时代下抖音短视频的现状与发展[J].传媒论坛,2021,4(2):46-47.

五十四　杭可科技盈利质量分析

马雨晴[①]

摘要： 本文选取 2016—2020 年杭可科技财务报表，通过分析企业财务数据的真实性、现金保障性、稳定性、成长性，构建盈利质量指标体系，分析杭可科技盈利质量，进一步研究影响公司盈利质量的因素，并提出针对性的改善建议。为科创板中的新能源企业进一步评价盈利质量提供参考，在一定程度上有利于投资者的决策。

关键词： 科创板；杭可科技；盈利质量

一、引言

2018 年 11 月 5 日，习近平总书记正式宣布设立科创板，这也体现了国家对于科技和创新企业的重视和支持。对于一些市场认可度高，有核心技术，符合国家发展战略的科技创新企业，由于受制于盈利、市场规模等方面的要求无法上市，在发展的关键时刻却无法得到境内资本市场的支持。为了防止这些优质企业的流失，科创板将给这些优质科技创新企业提供资本市场支持。

随着人们日益增长的物质需求，以及环保概念的提出，新能源行业近些年在国家政策的鼓励下蓬勃发展。随着我国推进实现碳达峰、碳中和目标，新能源项目也得到了政府的提倡和支持，所以新能源行业前景可期。

---

① 马雨晴，女，会计硕士，研究方向：企业内部控制与审计实务。

浙江杭可科技股份有限公司（以下简称"杭可科技"）一直致力于设计、研发、制造、销售各种类型的充电电池，杭可科技的主要业务市场是锂离子电池的后处理系统。在新能源行业中技术先进，深受国内外行业领军品牌的认可与信赖，致力于打造锂电智能设备产业第一品牌，成为"全球一流的锂电智慧工厂整体解决方案提供商"。

二、盈利质量分析

（一）真实可靠性

企业财务报表能够反映出公司真实的经营状况和经营成果，从而使管理者更了解企业、投资者更确定是否要投资。在进行后续分析之前，首先要确保其会计信息的真实可靠性，如果选取的财务数据中的会计信息不真实、不可靠，将会严重损害会计信息的质量，误导投资者的投资决策。

确定杭可科技财务报告的真实性、可靠性是分析其盈利质量的第一步，如果数据存在虚假信息，那么研究就没有意义。一般来说企业的财务报告都是真实数据，为了避免杭可科技存在不真实信息的情况，对杭可科技近几年的财务信息进行研究。对杭可科技的工商信息进行查看，没有进行过法人或者实际控制人的变更；查看2017—2020年的审计报告，在这四年间，审计机构没有发生变动，均为天健会计师事务所（特殊普通合伙），且会计师事务所出具的审计报告均为标准无保留意见；杭可科技不存在非正常关联交易、变更会计政策等情况。因此，本文认为杭可科技的会计信息是真实且可靠的，可以进行进一步分析。

（二）现金保障性指标

1. 收入现金比率

由表54-1可知，杭可科技在2017年收入现金比率大于1，其他年份均低于1，这表示在2017年，杭可科技在本期收入均收到现金，而且还收回了以前尚未收回的应收账款，说明杭可科技在2017年盈利质量较高。而在其他年份，杭可科技不仅没有收到当期的应收账款,也没有完全收回以前年度的应收账款,因此,企业有待进一步提高其现金收入能力。

表54-1 收入现金比率

指标\年份	2016	2017	2018	2019	2020
销售商品、提供劳务收到的现金/亿元	3.70	8.19	11.03	10.53	11.95
主营业务收入/亿元	4.10	7.71	11.09	13.13	14.93
收入现金比率	0.90	1.06	0.99	0.80	0.80

资料来源:同花顺 iFinD。

2. 盈利现金比率

由表54-2可知,杭可科技在2016年、2017年盈利现金比率大于1,而2018—2020年小于1,这说明在2016—2017年,杭可科技的净利润现金含量较高,可供企业支配的货币量较大,企业的支付能力较强,盈利质量较高,而杭可科技在2018—2020年的净利润中,没有实现的现金收入依然存在,说明杭可科技净利润的变现程度较低,会计利润质量处在较差的水平,而在这种情况下,即使企业是处于盈利状态的,也可能发生现金短缺,企业应该采取相应措施预防资金短缺。

表54-2 盈利现金比率

指标\年份	2016	2017	2018	2019	2020
经营活动产生的现金流量净额/亿元	1.31	2.78	2.53	1.36	2.92
净利润/亿元	0.92	1.81	2.86	2.91	3.72
盈利现金比率	1.42	1.54	0.88	0.47	0.78

资料来源:同花顺 iFinD。

(三)稳定性指标(主营业务利润率)

由表54-3可知,杭可科技在2016—2020年的主营业务利润和主营业务收入处于不断增长的趋势,而主营业务利润率一直在波动,但比较稳定,范围在

0.44～0.49之间变动，从杭可科技的主营业务利润率数据本身来看，公司的主业较为稳定，在所处的主营业务市场有较强的竞争力，企业未来发展潜力较大，获利水平较高。

表 54-3 主营业务利润率

指标\年份	2016	2017	2018	2019	2020
主营业务利润/亿元	1.80	3.80	5.02	6.38	7.13
主营业务收入/亿元	4.10	7.71	11.09	13.13	14.93
主营业务利润率	0.44	0.49	0.45	0.49	0.48

资料来源：同花顺 iFinD。

（四）成长性指标

由表 54-4 和表 54-5 可知，杭可科技在 2016—2020 年的主营业务收入和净利润一直处于上升趋势，但是主营业务收入增长率在 2016—2017 年从 0.59% 涨至 0.88%，与此同时，净利润增长率也从 0.61% 涨至 0.97%，说明 2016—2017 年杭可科技营业收入的增长速度较快，通过开拓市场、优化产品结构、技术创新、关注产品细节等多项措施，杭可科技取得了较好的经济效益，企业市场前景较好。公司锂离子电池生产线后处理设备销售迅速增长，使得公司的主营业务收入有较大幅度增长。但是从 2018 年开始主营业务收入增长率一直处于下降趋势，2019 年主营业务收入增长速度较慢，且企业收益增长越慢。

1. 主营业务收入增长率

表 54-4 主营业务收入增长率

指标\年份	2016	2017	2018	2019	2020
主营业务收入/亿元	4.10	7.71	11.09	13.13	14.93
主营业务收入增长率/%	0.59	0.88	0.44	0.18	0.14

资料来源：同花顺 iFinD。

2. 净利润增长率

表 54-5　净利润增长率

指标＼年份	2016	2017	2018	2019	2020
净利润/亿元	0.92	1.81	2.86	2.91	3.72
净利润增长率/%	0.61	0.97	0.58	0.02	0.28

3. 销售净利率

由表 54-6 可知，杭可科技 2016—2018 年销售净利率小幅度上升，2019 年下降至 22%，2020 年又上涨到 25%，2019 年营业收入高达 13.13 亿元，但是净利润仅有 2.91 亿元，只比 2018 年增加 0.05 亿元，营业收入与净利润没有同步增长，因为杭可科技在 2019 年的信用减值损失高达 1.48 亿元，这说明公司应收账款产生坏账的可能性增加，公司较难收回应收账款，这可能会导致公司的资金周转困难。总体来说，杭可科技的获利能力较高，但也需要避免应收账款坏账的发生。

表 54-6　销售净利率

指标＼年份	2016	2017	2018	2019	2020
净利润/亿元	0.92	1.81	2.86	2.91	3.72
营业收入/亿元	4.10	7.71	11.09	13.13	14.93
销售净利率/%	22	23	26	22	25

资料来源：同花顺 iFinD。

三、总结

根据杭可科技盈利质量分析结果可知，杭可科技在科创板新能源企业中盈利质量较高，基于公司在锂电池后处理系统行业多年积累的技术优势和客户口碑，杭可科技在锂电池行业中市场竞争力较强，未来发展潜力较大。

由于杭可科技所处的行业为锂电池后处理设备，在买方设备验收成功后，方可确认收入。但是验收周期较长，并且下游客户的设备安装调试时间不确定，可能导致部分收入较长时间难以确认。如果未来杭可科技所处的行业发生波动，上下游企业可能会遇到经营情况和资金状况的影响，可能对杭可科技的经营业绩产生不利影响。如果杭可科技的主要客户由于政策变动或者经济环境变化等因素，导致其财务状况和经营状况出现恶化，那么公司部分应收账款收回的可能性较小，当应收账款坏账发生越多时，可能会影响企业的正常经营。

四、相关建议

（一）加强成本管理

随着锂离子电池市场需求越来越大，越来越多的竞争者进入市场，这导致杭可科技不得已控制成本，从而使主营收入毛利率降低。杭可科技应该做好生产预算，控制费用，加强对采购成本及材料消耗的控制。另外，杭可科技可以加强研发，提高自身竞争力，并和客户建立信任关系，以此提高生产力，同时杭可科技应有效降低公司产品成本，并进一步提高产品质量。

（二）加速应收账款的回款

目前杭可科技采取较为宽松的信用政策，导致企业每年信用减值损失较大，部分应收账款无法按期收回。杭可科技应该调整信用政策，加速应收账款的收回，将公司损失降低，可以让客户选择分期还款的方式，减少坏账风险，增加现金流。

参考文献：

[1] 刘利锋，王福英. 华北制药盈利质量分析 [J]. 合作经济与科技，2022(1)：153-155.

[2] 陈致成. 酒店行业的盈利质量分析——以 A 酒店为例 [J]. 现代商业，2021(26)：57-59.

[3] 杨娟娟，龚鑫权. 基于杜邦体系的比亚迪盈利能力研究 [J]. 广东石油化工学院学报，2021，31(4)：81-86.

[4] 黄世忠. 新经济时代财务分析的可比性问题研究——以腾讯为例 [J]. 财会月刊，2020(13)：3-7.

五十五　基于报表分析的金山办公盈利能力分析

李婷婷[①]

摘要：随着社会的发展，互联网企业越来越多，该行业的发展受到人们的广泛关注。盈利能力指标是企业发展的重要指标，良好的盈利能力可以使得企业保持较强的竞争力，从而实现更高的利润。因此本文选取了互联网公司金山办公，该公司是领先的办公软件和相关服务的供应商。首先列出该公司的基本财务数据，得出企业基本的盈利情况，然后利用财务指标分析企业的盈利能力，从而综合得出企业的盈利状况。该企业整体处于盈利状况，但是盈利能力不稳定。结合现实情况给予建议，希望公司可以拓展盈利的模式，同时持续进行产品的创新，从而提高公司的竞争力，保持稳定的盈利能力。

关键词：金山办公；财务分析；盈利能力；互联网企业

一、引言

随着科技的进步,互联网的发展和应用在人们的生活中起到了很重要的作用，互联网的出现对人们思想也有了深刻影响。随着相关技术的广泛应用，竞争也渐渐变大，很多企业可能突然暴利，也有可能突然倒闭。因此只有具备企业独特的核心竞争力，才可以在这个竞争异常激烈的社会生存[1]。从这个角度来分析，对自身的盈利能力有清晰的认识，并且能够根据自身条件随时进行战略调整是企业

---
① 李婷婷，女，会计硕士，研究方向：财务管理。

非常重要的事情，是所有互联网公司都应该关注的问题。

二、文献综述

黄健（2005）指出会计信息如果存在不确定性，会使得分析的结果不准确，他利用模糊数学的方法建立了模型，把相关的独立财务指标结合成综合指数，这样使得研究的结果更为准确[2]。

曹玥（2016）曾指出，在我们评价一家互联网金融企业以及腾讯公司的长期盈利成长能力时，从实现利润的资本形成、盈利的服务质量、盈利的可成长性、盈利的资本结构性四个主要方面建立较为完整的盈利评价标准体系，与此同时，从公司盈利成长能力和公司主营业务两个主要方面和其他相关公司业绩进行深度比较，使得结果更为具体[3]。

综合发现，国内外对于盈利能力的分析各不相同，随着社会进步各国也在逐步完善。目前没有一个完全固定的研究模型，需要根据实际情况进行相关的选择和判断。

三、研究设计

（一）案例选择

金山公司作为互联网著名企业之一，其旗下的 WPS、金山词霸等系列软件在市场表现良好，特别是现在无纸化办公越来越普遍，该行业具有很强的潜力，所以公司具有一定的代表性[4]。本文将从金山办公的盈利能力角度展开研究，并通过对金山办公财务报告的分析从财务视角查看其盈利能力的状况。在分析金山办公盈利能力的基础上，寻找不足之处给出相应的改进意见。

（二）研究过程

本文的分析主要从三个方面展开。首先是金山办公的简介和盈利现状，简单介绍了金山办公的一些基本情况，包括公司主要的业务以及在该领域的标志性产品。然后通过汇总公司基本的财务数据，分析出公司现在的盈利现状。其次是金山办公盈利能力的分析，本文采用金山办公 2017—2020 年近四年的年报数据，通过分析三个方面的盈利能力指标来得出相应的结果，并作出判断。最后给出建议并作总结，根据对金山办公盈利能力的分析发现的问题结合金山办公实际情况给出一些提升建议，总结了金山办公盈利能力的优点和不足，同时也希望能对整个互联网行业其他公司有所启发[5]。

四、案例分析与发现

（一）企业概况

1. 公司概况与股权结构

北京市金山办公软件股份有限公司（以下简称金山办公）是一家中国国内的互联网公司，主要是经营生产 WPS Office 办公软件和金山词霸等包含在内的软件系统。该公司致力为人们提供全方位、多平台办公等相关系统软件的解决方案，同时该软件公司也进行网络广告宣传服务。金山办公现在的主要软件产品如 WPS 系列产品，均于 1988 年开发完成，是中国较早期的办公软件系统之一，目前金山办公已经发展成具有世界领先地位的公司。

该公司的实际控股人是雷军，股权结构如表 55-1 所示。

表 55-1　金山办公股权结构

股东	股权比例
Kingsoft WPS Corporation Limited	52.71%
天津奇文五维企业管理咨询合伙企业（有限合伙）	6.98%
深圳市腾讯信息技术有限公司	4.50%
MS TMT Holding II Limited	2.76%
香港中央结算有限公司	2.65%
天津奇文四维企业管理咨询合伙企业（有限合伙）	2.04%

续表

股东	股权比例
天津奇文七维企业管理咨询合伙企业（有限合伙）	1.60%
GGV（WPS）Limited	1.47%
招商银行股份有限公司－华夏上证科创板50成份交易型开放式指数证券投资基金	1.28%
Shunwei Internet（Hong Kong）Limited	0.74%

资料来源：同花顺 iFinD。

2. 业务模块与分布结构

金山办公是中国业内比较领先的办公管理软件和服务提供者，主要从事的是 WPS Office 办公软件系统和服务产品的设计开发与营销推广，可在 Linux、Mac OS、Android、iOS 等许多的主流操作平台上加以应用。企业拥有办公软件领域 30 多年的核心技术积淀，且所有主要软件技术产品和业务均为企业独立开发并形成，在报告期内的核心技术及其服务业务收入已占到企业主营业务收入比重的 99% 以上。而企业所在的最大产业类别则是软件与信息服务业[6]。公司的收入来源是办公软件等相关产品使用授权、服务订阅和广告推广三种。

3. 公司战略

随着智能云和数据相互融合应用的时代逐步到来，金山办公企业将一定程度继续积极顺应公司数字服务云与智能云相互融合应用的重要产业发展趋势，沿着公司数字办公应用服务网络和平台走向云化、协作化、智能化。金山办公将以继续围绕用户服务和市场需求的创新导向发展为根本，继续不断稳步加大在数字信息和服务产品技术研发上的技术资金投入，增强提升集团公司的软件创新能力，深入挖掘广大头部企业用户的实际办公需求。在企业传统的 WPS Office 等软件服务产品基础上，开拓人工智慧软件应用领域边界，为大型企业和政府办公提供更为简单便捷的人工数据服务。在海外服务市场也需要公司持续加大投入，持续努力提升海外产品市场渗透率，增强海外用户体验黏性，进一步提高公司主要服务产品的国际市场占有率。在未来为更多用户提供以"多屏、内容、云、AI、协作"为代表的未来办公生活方式,使用户都能通过金山办公的产品进行简单创作,实现价值的联结[7]。

(二) 企业盈利能力方面的分析

1. 基本盈利情况

从表55-2可以看出,2020年营业收入为22.61亿元,对比2019年实现了大幅上涨,这是因为办公软件的授权业务相关收入实现了快速增长,同时个人订阅服务相关收入也在持续增长。2020年净利润为8.87亿元,对比2019年增长接近一倍。2020年资产总额达到85.12亿元,保持稳定的上升趋势,负债总额也有所上升。同时,经营活动产生的现金流量净额由2019年的5.86亿元上升到了2020年的15.14亿元,出现大幅上涨,这是因为办公软件的授权业务和个人订阅服务使得流水增长,也包括经营现金流盈余的原因。通过对2017—2020年的数据变化进行观察,可以初步得到信息,金山办公近四年的营业收入、净利润、经营活动产生的现金流量净额和资产总额这几项基本都处于逐年上升的状态。这可以证明金山公司的盈利能力总体上来看没有太大的问题,处于不错的发展状态。

表55-2 金山办公相关财务数据 单位:亿元

指标\年份	2020	2019	2018	2017
营业收入	22.61	15.80	1.50	0.89
营业成本	2.78	2.28	1.50	0.89
净利润	8.87	4.01	3.11	2.14
经营活动产生的现金流量净额	15.14	5.86	4.18	3.47
资产总额	85.12	68.44	16.27	12.79
负债总额	16.21	7.75	4.40	2.40

资料来源:同花顺 iFinD。

2. 盈利能力分析

企业建立的本质是为了获利,盈利能力会影响到投资者们对它的判断,使之做出不同的投资决策。下面我们从销售净利率、销售毛利率和净资产收益率三个方面来分析金山办公的盈利能力。从表55-3可以看出，金山办公2020年的销售净利率为39.21%，远远超过2019年的25.36%。金山办公2020年的销售毛利率为87.70%，与2019年的85.58%较为接近，但还是呈现上升状态。在净资产收益率方面，该值越高说明这家企业的盈利能力越强，因此对于企业来说，这个指标数值越高越好。2020年金山办公的净资产收益率为13.59%，2019年金山办公的净资产收益率为11.04%，仍然呈现上升状态。总体来看，虽然2018年到2019年三个指标都有下降，特别是净资产收益率大幅下降，这与公司的整体战略和当前大环境相关。但是在2020年相关指标都缓缓上升，总体呈现不稳定的上升趋势。在云计算领域，金山办公一直处于领先地位，随着远程办公和云计算的普遍应用，应积极适当地调整策略，公司未来仍有较好的发展前景和一定的盈利能力。

表55-3 金山办公盈利能力指标

指标 年份	2020	2019	2018	2017
销售净利率/%	39.21	25.36	27.50	28.45
销售毛利率/%	87.70	85.58	86.71	88.23
净资产收益率/%	13.59	11.04	27.91	23.11

资料来源：同花顺iFinD。

五、结论及启示

本文选取了金山办公作为案例公司，运用财务报表分析的方法对金山公司的盈利能力进行分析。先介绍了金山办公的基本财务数据，得出基本盈利情况，再进行盈利能力的指标分析，最终得出结果。可以看出，金山办公虽然已经发展了很多年，但是它的盈利模式一直比较单一，公司基本依靠WPS办公软件获利。可以看出公司发展追求稳扎稳打，这样虽然会避免盲目扩张等冒进措施带来的资金链断流风险，但相对地也失去了很多的机遇。这个飞速发展的时代，只求稳就很可能落后，应当有足够的远见去开拓新的市场和新的业务，发展新的盈利增长点。同时，技术创新是互联网企业的核心力量，不管是提供何种产品和服务的互联网企业，技术永远是发展的最核心一环。所以金山办公应注重技术，始终保持技术创新，只靠营销带来的收益只是一时的，优秀的产品才是盈利真正坚实的根基。

参考文献：

[1] 李经纬. 基于 EVA 模型的软件与信息技术服务业上市公司估值研究 [D]. 郑州：河南财经政法大学，2021.

[2] 武亚男. 企业分拆上市的动因及经济后果研究 [D]. 呼和浩特：内蒙古财经大学，2021.

[3] 裴雯雯. 金山办公分拆上市科创板的动因与效应研究 [D]. 南昌：华东交通大学，2021.

[4] 陈丽媛. 金山办公的现金流风险管理研究 [D]. 兰州：兰州财经大学，2021.

[5] 李晓雪. 金山公司盈利能力研究 [D]. 吉林：吉林大学，2019.

[6] 付迪. 引导页设计在金山软件 WPS 秀堂官网中的应用研究 [D]. 武汉：湖北工业大学，2017.

[7] 李光昊. 我国 IT 企业知识产权战略研究 [D]. 合肥：安徽大学，2012.

五十六　中国国航公司财务数据分析

王茜[①]　刁嘉琦[②]

摘要： 近十年，随着科技的发展，飞机已经成为一个常见的运输工具，我国的人均乘机比不断上升，不过随着高铁的使用，飞机的经营状况可能会受到一定冲击。为了达到为航空企业利用财务数据进行经营管理，合理使用资金提供理论参考，选取中国国航公司2015年至2020年的财务数据作为研究基础，得出中国国航公司的资产结构不太平衡，没有完善的财务预警措施，面临较大的财务风险的结论。

关键词： 航空业；财务报表；中国国航

一、引言

随着全球经济发展越来越紧密，国际间的关系对我国经济影响越来越大，近十年，中国乘机次数持续增长，人均乘机数已经在2018年达到了0.43次，航空运输的比重也在交通工具中有进一步提高，2020年乘客量已经有7.2亿人次。经济的快速发展带来了众多航空企业的诞生，在这样的竞争环境下，为了研究中国国航的经营状况是否保持稳定，选择中国国航的财务数据对其进行四大能力分析。

---

① 王茜，女，会计硕士，研究方向：公司财务与内部控制。
② 刁嘉琪，女，会计硕士，研究方向：财务与会计。

二、文献综述

(一)国外文献综述

Cavezzali E.(2014)发现在诊断企业财务问题的过程中,会有企业请来外部机构参与诊断,这属于外部诊断,选用这种诊断方法虽然可以保证结果的相对客观,但是也有泄露财务数据的风险,所以企业在诊断财务状况的时候不仅要保证客观,也要保证信息不泄露[1]。Perfilieva(2016)提出企业的财务报表会反映出企业的经营活动,在分析企业财务状况时要从多个层面解释,挖掘财务数据的规律[2]。Stipelman(2018)提出了多种方法对财务诊断进行定量分析,其中最重要的就是杜邦定量分析[3]。

(二)国内文献综述

马广奇(2012)通过对吉利集团的研究发现,企业的财务状况可以反映其经营状况[4]。魏明良(2016)基于哈佛分析框架分析了王府井百货的财务数据,发现了其财务的不足之处,并且给出调整建议[5]。韩东(2016)对美诺华药业股份有限公司进行财务诊断,对于该公司的财务状况有所判断[6]。王志伟(2016)把信托公司作为例子,研究其财务状况,指出企业要注重财务风险,提早防范[7]。朱雅洁(2019)通过对L公司的盈利状况,现金流的分析,得出其财务管理方面的不足[8]。李秉成(2019)提出发现财务危机后,应当将内部控制制度改进与市场效率提升相结合来解决[9]。

三、中国国航公司简介

本节主要对企业的文化、发展状况,以及财务情况进行了详细的勘察,明白了企业的性质、目标以及战略,才能在对企业的财务状况进行分析时找出其存在的问题。

（一）背景简介

中国国际航空股份有限公司，以下简称国航，在1988年成立，2002年与其他企业资源重组，2004年正式在北京成立，同年在香港、纽约两个城市均上市。2007年入选世界五百强，并且蝉联五年，2008年担任北京奥运会合作伙伴，2012年被世界品牌实验室评为中国第24个最具价值品牌，在中国航空运输业公司中，国航可以称得上是第一位。

（二）公司概况

国航在北京设立总部，在上海、浙江、内蒙古、西藏、贵州等地设有分公司。旗下控股子公司很多，如澳门航空公司、深圳航空公司等，与北京飞机维修工程有限公司是合营的。国航控股的企业也很多，占股最多的就是中国航空集团有限公司，比例达到了40.98%，除此之外还有国泰航空达到了18.13%。国航的业务以航空客运为主，占到91.44%，此外还有货运和邮运，但是比例很小，只有4.21%。

四、中国国航财务数据分析

（一）盈利能力分析如表56-1所示

表 56-1 中国国航 2015—2020 年盈利能力相关财务比率

年份 指标	2015	2016	2017	2018	2019	2020
总资产利润率/%	3.38	3.46	3.66	3.36	2.46	-5.47
主营业务利润率/%	22.91	23.22	17.11	15.63	16.64	-9.13
净资产收益率/%	11.32	9.89	8.41	7.87	6.85	-18.57

资料来源：网易财经 http://quotes.money.163.com/f10/gszl_601111.html#01f01。

企业的经营利润能够看出盈利能力大小，不过利润的多少是相对的，应该看利润率，利润率与盈利能力是正相关的关系。我们只选取几个重要的指标进行分析。

1. 总资产利润率

国航的总资产利润率不算高，不过整体趋势比较平稳，没有大的波动，直到

2020年突然变为负值，可见国航受到疫情影响较大，在资产利用这一方面还需要提高。

2. 主营业务利润率

这个指标的变化与总资产利用率类似，2016年小幅度增加，到2020年突然变为负值，在此之前一直是呈现增长趋势。

3. 净资产收益率

该指标的变化趋势与以上两个指标高度相似，这在一定程度上说明，国航的财务状况影响因素单一，变动趋势雷同，结合起来研究国航的盈利能力是持续增加的，但是应对风险的能力不够，财务状况容易受影响。

（二）偿债能力分析如表56-2所示

表56-2 中国国航2015—2020年偿债能力相关财务比率

指标\年份	2015	2016	2017	2018	2019	2020
资产负债率/%	68.84	65.88	59.73	58.74	65.55	70.50
速动比率/%	0.35	0.28	0.27	0.30	0.29	0.22

资料来源：网易财经 http://quotes.money.163.com/f10/gszl_601111.html#01f01。

偿债能力如果不足会导致企业资金链断裂，影响企业的进一步发展，严重的还会导致企业破产，与偿债能力相关的指标很多，我们对以下几个指标进行了具体的分析。

1. 资产负债率

2015—2018年国航的资产负债率虽然一直是降低的趋势，但是总体还是偏高，到了2019年突然又增加。国航2018年到2019年变化幅度最大的就是非流动负债，由2018年的70.93亿元变为2019年的115.24亿元，流动负债由2018年的72.23亿元增加为2019年的77.63亿元。由此可知导致国航的资产负债率变化的主要因素就是非流动负债的增加。

2. 速动比率

国航的速动比率明显不达标，而且整体趋势是下降的，表明国航的短期偿债能力不足，短期偿债能力的影响是巨大的，国航如果不能够及时改进，遭遇财务风险的可能性会很大。

（三）发展能力分析如表56-3所示

表56-3 中国国航2015—2020年发展能力相关财务比率

指标＼年份	2015	2016	2017	2018	2019	2020
主营业务收入增长率/%	3.91	4.62	6.49	12.70	-0.43	-48.96
净资产增长率/%	69.89	7.53	11.26	-5.06	-11.57	-17..32

资料来源：网易财经http: //quotes.money.163.com/f10/gszl_601111.html#01f01。

1. 主营业务增长率

国航的主营业务收入增长率波动较大，在2019年突然变为负增长，并且2020年的收入增长率巨幅下降，说明国航主营业务收入的不稳定，虽然有疫情的原因，但是这样大的变动不容忽视。

2. 净资产增长率

净资产增长率在2015年高达69.89，但是2018年到2020年又变成负增长，六年时间一直在下降，在净利润增长降低的同时，净资产也保持相同的变化趋势，说明国航没有能够控制好企业稳步发展。

（四）营运能力分析如表56-4所示

表56-4 中国国航2015—2020年营运能力相关财务比率

指标＼年份	2015	2016	2017	2018	2019	2020
总资产周转率/%	0.51	0.52	0.53	0.57	0.51	0.24
存货周转率/%	59.13	51.12	62.37	67.46	56.96	38.27
应收账款周转率/%	32.78	32.81	35.82	30.12	23.50	15.55
现金流动负债比率/%	0.22	0.21	0.19	0.22	0.20	0.21

资料来源：网易财经http: //quotes.money.163.com/f10/gszl_601111.html#01f01。

1. 总资产周转率

通过对不同年份指标的分析，可以看出企业经营效率的变化。国航的资产周转率很稳定，几年来基本没有变化，比率一直是0.5左右，直到2020年才突然下降，意味着将近一半的资产没有运转起来，资产利用力偏低，会造成资源的浪费。

2. 存货周转率

以时间表示的周转率也称为库存周转天数。国航的存货周转率下降严重，从2016年的51.12%降低到2020年的38.27%，周转天数也相应增加，虽然天数的差别不大，但是积累起来就会造成效率低下，国航需要查找原因提高存货周转率。

3. 应收账款周转率

国航的应收账款周转速度时增时减，到2020年又突然降低，对应的周转天数则是增高，结合其他周转率来看，国航的资金流动能力欠佳，一直是走低趋势，这可能也是遭遇财务风险的一个信号[10]。

4. 现金流动负债比率

指标过大，企业营运资金利用率低，盈利能力弱。国航的该比率偏低，而且增加趋势不明显，说明国航的短期负债能力不足，这也佐证了上面对偿债能力的分析。

综上所述，通过对中国国航财务报表进行分析，发现了国航很多财务问题，四大能力都存在弊端，都有改进的空间。

五、分析原因

（一）外部因素

（1）疫情影响。线下餐饮业、运输业、实体店遭受重大损失，造成经济倒退是不可避免的。以往的大变动下航空业都难免遭受不少损失，而且经济倒退也会导致顾客消费能力减弱，对企业的影响是长远而巨大的。

（2）成本支出。运输业一项必不可少的成本支出就是燃油，有很多企业因为油价的上涨导致入不敷出宣告破产[11]。而油价的改变又受到国际形势的影响，比如近来俄罗斯与迪拜的石油大战，导致油价飞速下降，回顾以往的油价变化，也都跟国家间形势有联系，这也从侧面说明了油价的重要性，以及变化的不可预测，这就会导致企业可能面临风险。

（3）航空业的主营业务就是航空运输，那就要涉及航空票价，在买机票的时候就会发现，机票的价格一直在变化，甚至相隔短短几天就可以相差几百元，尤其是在节日时候，票价会比平时高很多，这是由供求关系决定的，在节日时候出行的人增加，需求多，所以价格也要增长。

（4）替代性行业竞争，比如高铁，速度不亚于飞机，价格却低于飞机，对部分消费者来说高铁已经成了更具性价比的出行方式，这给航空业的发展带来了不小的威胁。

（二）内部因素

（1）技术落后，航空业也是科技产业，如果可以在技术上做到创新发展，则可以加速国航的发展。国航的研发投入从2018年才开始，研发费用在2018年是10,706万元，到了2019年是49,136万元，但是2020年减少为17,939万，研究费用投入迟缓且不稳定，可见其不重视科技创新，科技的创新需要时间和大量的资金投入，国航在时间上已经远远落后于其他企业了[12]。

（2）航空运输也是服务业的一种，根据乘客对国航服务的评价来看，国航的服务并不好，不仅不能留住乘客，甚至让乘客很不满意，对国航有了不好的印象，这对于企业形象是非常不利的。

六、应对措施

（一）建立完善的管理机制

制定一个行之有效的管理机制才能快速地对企业的发展进行战略规划，国航有相应的财务运行机制，能够协助企业完成资产管理、预算管理、制定决策等重要财务事项。不过国航的财务状况问题比较大，应该研究一下财务机制有没有问题，根据国航的自身状况进行调整。

（二）提高员工的财务风险意识

第一，国航可以加强全体职员对财务风险的认识，并进行必要的法律科普，比如经济法、税法的相关知识等，以此提高职员防范风险的能力。

第二，国航在招聘时严把关，对财务人员严格审查，他们是直接对财务数据分析的人员，在专业程度、道德层面都要有所检测，对于财务风险相关知识，需要额外检查和培训，以保证财务人员对其保持高度警惕，认识到财务风险对财务工作的重要性。

（三）进行预算管理

预算是财务管理中很重要的一块，它决定了企业短期的目标是否能够进行，而且可以对企业来年的经营做好规划布局，合理的预算能够在一定程度上减低财务风险。不过仅仅有预算管理还不够，一定要严格遵循预算，把控好成本管理，对预算也应该设立预警机制，严格管理跟预算差别很大的项目，找出原因进行研究，重视预算在财务中的地位。采用强制手段将预算渗透进财务管理的方方面面。

国航在预算方面做得还不错，需要继续保持这一优势。预算的管理是企业的重点，可以帮助企业提前规划好未来的贷金数量、发展方向，这种现代化的管理手段，有助于企业规避一部分财务风险，也可以帮助企业做出决策；决策在一定程度上决定了企业未来的发展趋势。一个好的决策可以帮助企业更快地占领市场，降低财务风险的可能性，国航可以好好保留优势，把优势发挥好。

（四）建立财务风险预案

在分析中已经找到了国航可能存在风险的地方，应该针对这些方面建立风险预案。

第一，国航的偿债能力有比较大的问题，可以对流动比率以及资产负债率指标设置预警，当指标突破预警线，应根据相应的措施进行债务规避，提前做好预案，在遇见风险的时候才能快速做出反应[13]。

第二，国航的资金周转率不太理想，应该对现金流量设立预警，达到预警后可以通过对资产进行处置，减少坏账，以及拉进投资等方式来提高资金的流动性[14]。

第三，国航的投资一直处于负收益，应当转变一下投资模式，可以结合长期投资和短期投资，多选择短期低风险、分散的投资方式，这种方式降低风险保证现金的可调性。

参考文献：

[1] Cavezzali E. Crepaldi J. Rigoni U. Proximity to Hubs of Expertise and Financial Analyst Forecast Accuracy[J]Eurasian Business Review，2014（2）：157-179.

[2] Stipelman C. H., Poss B., Stetson LA, et al. Financial Analysis of Pediatric Resident Physician Primary Care Longitudinal Outpatient Experience[J]Academic Pediatrics，2018，18（7）：63-67.

[3] Najam NUS, Mehmood A M. The Economc Cost of Terrorism and Natural Disasters：A Deepei Analysis of the Financial Market Markets of Pakistan[J]MPRA Paper，2019，22（8）：28-31.

[4] 马广奇，廉瑜瑾．哈佛分析框架下汽车企业财务报表分析——以吉利集团为例[J]．会计之友，2012（34）：64-66.

[5] 魏明良，王雪，黎精明．哈佛框架下的百货业财务报表分析——以王府井百货（600859）为例 [J]．会计之友，2016（7）：82-86.

[6] 韩东．基于发展战略视角的企业财务报表分析——以美诺华药业股份有限公司为例 [J]．财会通讯，2016（35）：75-79.

[7] 王志伟．基于哈佛分析框架的安信信托财务报表分析 [D]．北京：首都经济贸易大学，2016.

[8] 朱雅洁，刘伟玲．基于哈佛分析框架的 L 公司财务报表分析 [J]．中国乡镇企业会计，2019（5）：78-80.

[9] 李秉成，余浪，王志涛．企业集团财务危机传染与治理效应研究 [J]．软科学，

2019(3)：65-69.

[10] 张松.浅析新租赁准则对航空公司财务报表的影响——以中国国航为例[J].江苏商论，2021(12)：102-104.

[11] 黄祉飞.企业财务风险的识别与内部控制探讨[J].财经界，2021(19)：107-108.

[12] 李宏达，胡秋红.绝味食品公司财务报表分析[J].产业与科技论坛，2021(24)：59-60.

[13] 张晓雯.战略视角下智能化转型企业财务报表分析——以美的集团为例[J].北方经贸，2021(12)：69-72.

[14] 林洁英.企业会计报表分析中存在的问题及其对策探讨[J].企业改革与管理，2021(23)：135-137.

五十七　倍轻松盈利能力及发展潜力分析

罗毅[①]

摘要：我国按摩器具市场规模快速增长，但行业渗透率仍处于较低水准。倍轻松公司作为行业龙头之一，当前的增速明显要高于行业增速。据了解，倍轻松渗透率的快速提升以及市场快速扩容，主要是通过产品的更新迭代而实现。虽然倍轻松现在的经营数据表现不错，但对比财务数据就能发现问题：倍轻松的毛利率很高，但实际净利率却很低。原因是销售费用成为倍轻松赚钱的主要阻力。其线下经营的盈利能力实际并不高，扩张是否形成规模优势有很大的运气成分。另外，倍轻松公司的发展潜力一直受到市场的质疑。在 2021 年 6 月，倍轻松子公司正念智能生产的"3D 揉捏按摩披肩"就因产品质量不符合国家标准，违犯了《中华人民共和国产品质量法》而被东莞市市场监督管理局做出处罚，最终"3D 揉捏按摩披肩"被勒令停止生产和销售，并罚款 89,100 元。身为一家科技创新型企业，技术实力本该是其最重要的底牌，但就目前来看，倍轻松似乎更愿意在营销方面努力，面对不断变化的市场，公司要想保持其拥有的行业地位及竞争力，应当如何处理呢？本文针对该公司的财务报表数据进行分析，判断公司的实际盈利能力与未来发展潜力。

关键词：便携智能按摩器；业绩影响因素；潜力影响因素；销售费用；研发费用

[①] 罗毅，男，会计硕士，研究方向：财报分析。

一、引言

熬夜贴面膜、可乐泡人参、啤酒加枸杞……一系列朋克养生浪潮的兴起，背后反映出的，是年青一代越发强烈的养生意识与需求，而这也带动了健康养生市场的发展壮大。据 2021 年数据显示，（90 后）在健康养生产品和服务上已经具有较强的消费意愿，他们（90 后）在健康养生产品上的年均消费为 811.85 元；在健康养生服务上的年均投入为 1,472.68 元。其中，占比最高的为休闲按摩类，达到 38%，支撑起一个不可忽视的按摩消费市场。

与此同时，卖按摩器的倍轻松（深圳市倍轻松科技股份有限公司，以下简称"倍轻松"）已经上市了。在按摩仪行业默默经营 20 余载，此次倍轻松蓄势待发，终于站在风口之上。2021 年 7 月 15 日，倍轻松敲开了科创板的大门，成为按摩器在科创板的第一股。然而，倍轻松上市之后，市值不断缩水。半月时间，倍轻松市值掉了 40 多亿元。倍轻松为什么不"轻松"了呢？

二、文献综述

作为行业龙头，倍轻松当前的增速显然要高于行业增速。据估算，倍轻松在国内按摩器具行业的市场占有率为 5%～7%，在便携式按摩器这一细分跑道的市场占有率达 13%～15%，我国按摩器具行业不够集中，生产企业高达 3,000 家，倍轻松也算得上国内的龙头了，然而近年来倍轻松的销售费用远远高于研发费用，其销售费用与研发支出会对企业绩效产生怎样的影响？就目前研究现状而言，许多研究文献已经指出公司的研发投入对公司绩效有明显正向关系，公司研发费用与公司销售费用在一个合理的比例时会很好地推动对公司的发展。本文将根据倍轻松近年来的财务数据，进行分析研究，判断该企业在未来的发展潜力。

三、研究设计

（一）案例选择

倍轻松公司一直对外宣称专注人类健康问题，以"做对人类健康有影响力的事"为企业使命，持续推动现代科学技术与传统中医理论的有机结合。其生产的产品也是日渐出现在我们的日常生活中。而该企业的发展潜力如何呢？上市后的市值缩水代表了什么呢？本文针对该企业的经营能力、发展潜力进行探讨，分析该公司的未来发展方向及道路。

（二）研究过程

（1）搜集同行业3家企业，3年以上的财务报表中可分析的信息，整理财务信息，对财务信息进行初步的研究。

（2）了解企业所处行业环境的经济特征及发展潜力，通过财务状况的分析，确定企业财务报表与企业所处的关系。

（3）分析企业经营战略，通过对经营战略进行研究和理解，准确地反映出企业的经济状况和经济环境。

（4）完成财务报表的分析，对财务报表中的数据、资料进行研究，搜集对研究目的有价值的分析结果。

（5）得出财务分析结论，最后针对论文方向进行分析报告的撰写。

四、案例分析与发现

（一）企业概况

1. 公司概况与股权结构

（1）公司概况：深圳市倍轻松科技股份有限公司，从事智能便携式按摩保健器材的生产、研发、销售。2000年，倍轻松前身深圳市康思电子有限公司诞生，并在2001年发布首款眼部按摩器产品，以小型按摩器具为切入点，以细分市场为跑道，正式进入按摩器具行业。此后，倍轻松在 2008 年开发头部系列产品，2012 年进入颈部按摩器市场，2013 年推出头皮按摩系列产品，自此以眼部、颈部、头部及头皮四大类智能便携按摩器为主的产品布局初步成型。2021 年 7 月 15 日，倍轻松（688793.SH）在上交所科创板正式发行上市。公司获评国家知识产权示范企业，是中国智能便携按摩器行业的领军品牌。公司自成立以来，致力于为用户提供高品质的便携式健康产品，作为眼部与头部等智能便携按摩器品类的开创者，现已发展成为国内智能便携按摩器行业的领军企业，逐步打造东方特色全球品牌。

（2）股权结构如图 57-1 所示。

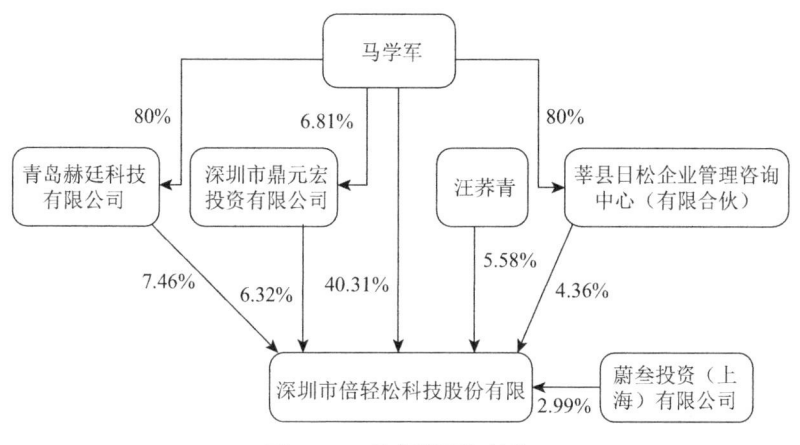

图 57-1 倍轻松股权结构

资料来源：同花顺 iFinD。

实际控股人：马学军。

其占股：40.31%+0.8×7.46%+0.681×6.32%+0.8×4.36%=54.07%

2. 业务模块与参股控股情况

（1）业务模块。公司为满足不同用户群的健康需求，不断创新和研发用于智能便携按摩器的驱动、控制、传感、交互等技术，面向市场不断推出一系列智能便携按摩器产品。产品内容经由单一的眼部按摩器丰富为目前的头部智能机器人、颈部智能按摩器、眼部智能按摩器、手部智能按摩器、mini 按摩器五大类产品和可穿戴系列产品等,能够在工作、学习、生活和旅行等多元化场景下为用户提供保健。

由图 57-2 可发现,公司最大销售量产品就是眼部智能便携按摩器,其次为颈部按摩仪。在每个人都离不开手机的今天,过度使用的就是眼睛与颈椎了,也就导致了两个部位的压力过大,让这两个品类的销量占比达到如此之高。

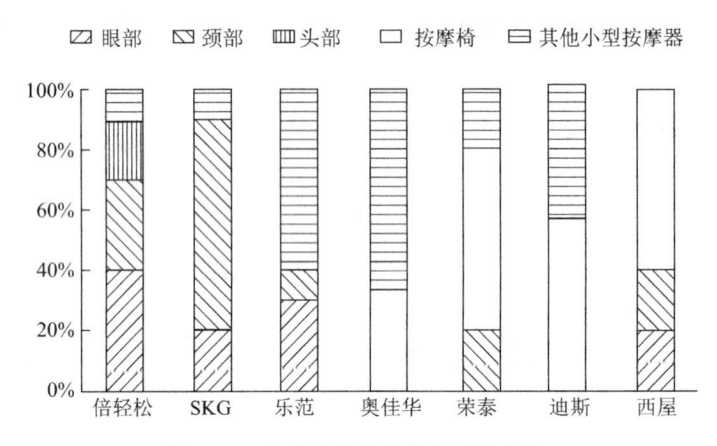

图 57-2　各大按摩品牌销售品类占比

资料来源:同花顺 iFinD。

(2)公司参股控股情况。公司 2021 年参股控股公司有 11 家,均为本公司的子公司,且参控比例达到 100%,11 家子公司均需要进行合并报表,数据见表 57-1。

表 57-1　"倍轻松"公司参股控股情况

	被参控公司	参控关系	公司注册资本/元	参控比例	是否合并报表
1	西安倍之松健康智能公司	子公司	300,000.00	100%	是
2	东莞市正念智能科技有限公司	子公司	1,000,000.00	100%	是
3	倍轻松科技香港有限公司	子公司	1,000,000.00	100%	是

续表

	被参控公司	参控关系	公司注册资本/元	参控比例	是否合并报表
4	北京倍轻松科技开发有限公司	子公司	5,000,000.00	100%	是
5	武汉倍轻松科技有限公司	子公司	5,000,000.00	100%	是
6	深圳市体之源科技开发有限公司	子公司	5,000,000.00	100%	是
7	深圳市倍轻松软件开发有限公司	子公司	300,000.00	100%	是
8	深圳市倍轻松销售有限公司	子公司	5,000,000.00	100%	是
9	深圳市红太中医科技有限公司	子公司	1,000,000.00	100%	是
10	上海倍轻松电子科技有限公司	子公司	5,000,000.00	100%	是
11	深圳微控科技有限公司	子公司	3,000,000.00	100%	是

资料来源：同花顺 iFinD。

3. 公司战略与经营业绩

（1）公司战略。①行业发展空间广阔。我国按摩器具市场规模持续快速增长，但行业渗透率仍处于较低水平。截至 2021 年，据观研天下统计，中国按摩器的市场渗透率约为 1.7%，预估 2025 年可达到 4.72%，但较发达国家及地区仍有较大差距，比如现代按摩器具的发源地日本，其市场渗透率约达 20%，我国按摩器市场仍有较大发展空间。近几年，随着人们健康意识的提升，中国成为全球按摩器具市场需求增速较快的地区之一，2010—2020 年，行业年均复合增长率高达 11.69%。②上市减负。倍轻松借此次登上科创板的机会，除去拓宽自身的融资渠道以外，表示将进一步提高内部治理水平，优化产品及服务的供应链管理，提升核心竞争力。具体来说，就是将其发行上市的募集资金主要用于"营销网络建设项目""研发中心升级建设项目""信息化升级建设项目"等项目的建设。③营销网络建设。以报告期内的财务数据来看，倍轻松直营门店的布局与密度对于倍轻松的市场占有率及营业收入也至关重要。倍轻松拟在全国各地新增 248 家直营门店，进一步扩大公司的全国性营销网络布局，提高网点密集度，提升其在全国重点城市的品牌传播力度、品牌形象及消费者体验感,以提升产品附加值,从而全面增强公司在行业中的竞争力,扩大市场占有率,增强盈利能力与竞争实力。对于新增的终端门店,倍轻松拟进一步提升其智慧化营销的能力,通过投放数据采集、分析等智能终端设备与软件,对零售数据进行系统分析和管理,实现智能化终端运营。④升级研发中心。保持技术领先、缩短产品与技术更新迭代的周期、及时挖掘并满足市场的需求,是产品及品牌保持竞争力的重要因素。据倍轻松表示,其准备在深圳市新建研发中心,引进专业人才、增加研发项目以及购置先进的设施,在人才储备与技术更新上进一步优化研发过程,夯实研发基础,提高研发效率和质量。⑤升级信息化。庞大的直销网络,以及自主生产与委托加工相结合的生产方式,考验着倍轻松的供应链管理能力。倍轻松希望借助于搭建供应链管理系统(大数据系统、运营系统以及升级优化企业管理解决方案系统),逐步实现企业的智能化运营目标,提高内部运营管理能力以及供应链管理能力,并对上百家直营门店进行更加精细化的管理。

(2)经营业绩如图57-3、图57-4所示。

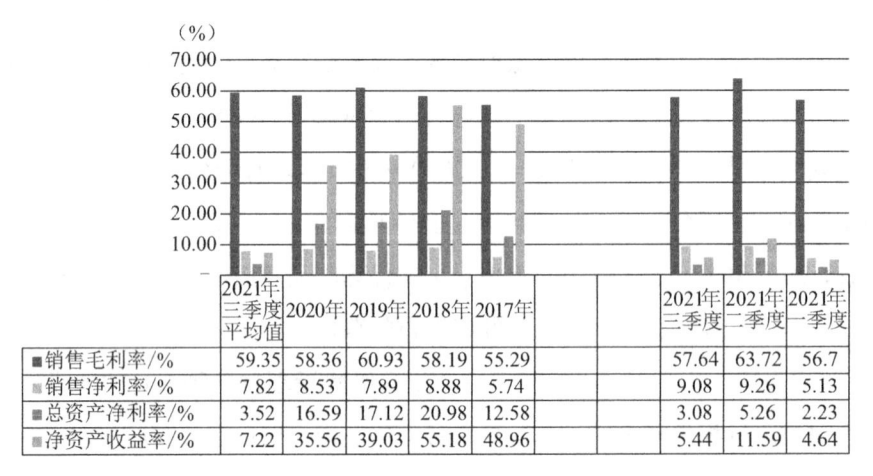

	2021年三季度平均值	2020年	2019年	2018年	2017年	2021年三季度	2021年二季度	2021年一季度
销售毛利率/%	59.35	58.36	60.93	58.19	55.29	57.64	63.72	56.7
销售净利率/%	7.82	8.53	7.89	8.88	5.74	9.08	9.26	5.13
总资产净利率/%	3.52	16.59	17.12	20.98	12.58	3.08	5.26	2.23
净资产收益率/%	7.22	35.56	39.03	55.18	48.96	5.44	11.59	4.64

图 57-3 盈利能力指标

资料来源:同花顺 iFinD。

图 57-4 发展能力指标

资料来源：同花顺 iFinD。

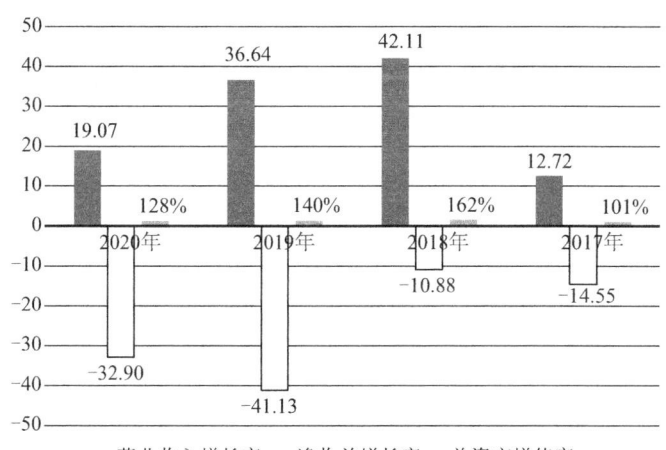

由图 57-4 也能发现公司毛利率居高不下，其主要原因是销售渠道多为直接营销渠道。倍轻松主要依赖线上 B2C 模式，直接销售给 C 端用户的量达到公司 1/3 的销售量。线下直销的比例也达到 1/4，这部分线下直销的毛利率高达 73%。然而倍轻松净利率却不高，因为其费用并不低，大部分费用也是销售渠道上产生的，或者门店费用或者推广费用。

自 2018 年开始，企业的营业收入增长率与总资产增值率逐年下降，表明企业营业收入能力增速逐年减弱，市场前景也就没有那么乐观，不排除未来业绩有停滞的可能。净收益增长率一直为负值，对于企业净资产的收益率是一种不明朗的表现，对于企业的发展能力也是一个质疑。

(二) 企业财报数据到潜力分析

1. 销售费用与研发费用

由倍轻松上市时的招股书披露，其公司定位为"技术驱动型的创新科技公司"，然而从表 57-2、表 57-3 中可得出倍轻松每年的销售费用占比极高，且逐年增加；而研发费用逐年减少，且占比极低，与这一定位完全不符，这几年的研发费用合计还远远不足一年的销售费用。人员结构上，销售人员也是研发人员的数倍有余。在上市募集资金过程中，倍轻松投入最多的为"营销网络建设项目"，其投资金额高达 2.79 亿元，而用于"研发中心升级建设项目"的资金只有 8801.08 万元，形成鲜明对比。2021 年中报与同行业对比见图 57-5。

表 57-2　各年销售费用占营收比率

指标＼时间	2021 年中报	2020 年	2019 年	2018 年
销售费用/万元	24,029.54	34,214.42	28,653.54	18,294.29
营业收入/万元	54,374.18	82,648.46	69,411.57	50,799.37
所占比率	44.19%	41.40%	41.28%	36.01%

资料来源：同花顺 iFinD。

表 57-3　各年研发费用占营收比率

指标＼时间	2021 年中报	2020 年	2019 年	2018 年
研发费用/万元	2,185.84	3,686.12	4,067.52	2,560.29
营业收入/万元	54,374.18	82,648.46	69,411.57	50,799.37
所占比率	4.02%	4.46%	5.86%	5.04%

资料来源：同花顺 iFinD。

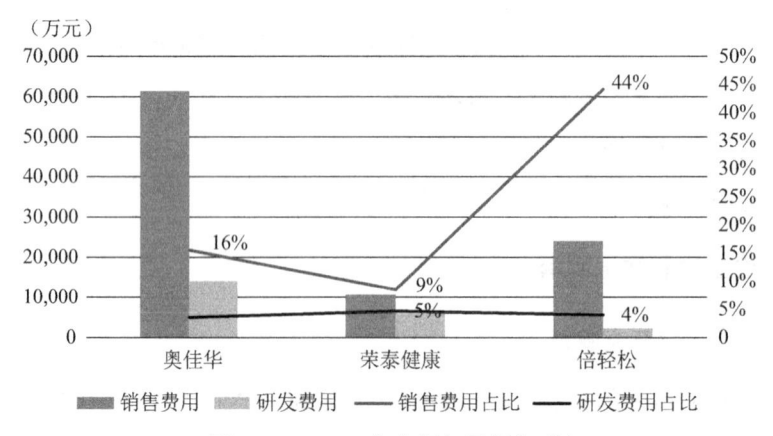

图 57-5　2021 年中报与同行业对比

资料来源：同花顺 iFinD。

与同行业其他企业相比，倍轻松的销售费用高达行业水平数倍，销售费用中占比最高的为职工薪酬与促销费。这两笔费用支出在企业继续扩张，落实新开门店的目标时，不仅不会降低，反而有可能快于收入增长的速度，导致毛利率增加，净利率降低。促销费的存在意味着产品更新迭代快，事实上，倍轻松渗透率的快速提升以及市场快速扩容，也主要是通过产品的迭代而实现。而快速更新产品系列会使其缺乏消费者黏性，不得不通过促销的方式进行售卖。

2.专利

倍轻松公司拥有专利共计576项，其中只有144项为发明专利（仅有54项为境内发明专利），占比25%，更多的是外观设计类专利。而行业龙头奥佳华，则有1005项专利，其中发明专利占比高达40%以上。技术护城河和品牌高认可度是消费智能硬件产品最核心的竞争力，也是体现公司长期价值的核心指标，表明了企业是否具有长期良性发展的潜力。

3.生产模式

倍轻松的商业生产模式是计划生产，也就是预计下一段时间的销量，向自营工厂和委托加工方下订单，让他们组织进行生产。另外一部分产品来自委托加工，自主生产的产品极为有限，像极了互联网零售企业。

五、结论及启示

倍轻松作为便携智能按摩器龙头之一，其所处行业市场饱和度仍较低，且品牌因用高额资金聘请流量明星代言已有一定知名度，发展潜力还是有的，但未来的扩张发展仍需谨慎考虑。直营店的经销模式带来的高额销售费用和尚不明显规模优势；产品价格较贵带来毛利率高的数据优势，净利率却很低等问题仍需解决。是否应该少些营销，增大研发投入，做出真正的高科技产品，形成护城河竞争力。处于流量为王的时代通过营销扩大品牌影响力无可厚非，然而过度依赖流量所带来的利润并不稳定，不利于企业的可持续发展。

参考文献：

[1] 林梦鸽.倍轻松，按摩小电之王[J].经理人，2021(9)：38-41.

[2] 张凤玲.倍轻松一点都不"轻松"[J].中国品牌，2021(9)：48-49.

[3] 张良.倍轻松马学军：专注做好头部智能按摩产品[N].上海证券报，2021-08-04(007).

五十八　河南莱赢商贸有限公司盈利能力案例研究

刘丹[①]

摘要：本文以河南莱赢商贸有限公司为例，首先分析其盈利模式的概念以及构成；其次运用连环替代法来分析企业资本营运能力；通过收入和成本费用利润率分析公司的商品经营利润的能力；通过总资产回报率来分析公司的资产经营能力。剖析了河南莱赢商贸有限公司当前盈利模式存在的问题，对公司盈利模式的情况给出合理的对策，以提升公司盈利能力。

关键词：商贸有限公司；盈利能力；盈利模式

一、引言

近年来我国经济飞速发展，但实体零售业却面临步履维艰的窘境。以卖方为主导地位的市场已经不复存在了，电商模式开始进入我们的生活。传统商贸企业如何应对互联网营销模式和消费模式的冲击是值得研究的问题。

盈利能力是指企业赚取利润的能力。企业是否盈利与企业创造的利润成正比，利润越高说明企业盈利能力越好。以莱赢商贸的盈利能力为例进行研究，发现企业在当前盈利模式下的问题，找到适合企业自身的发展模式对企业的未来有着重要的意义。

---

① 刘丹，女，会计硕士，研究方向：公司内部控制。

二、文献综述

国外学者 Biddle（2015）认为企业的总资产回报率能够显示利润，它的指数大于 1 则具有成长性[1]；Peter Drucker（2011）认为企业的成功依赖于它的盈利模式的优先地位[2]。国内学者贾学思提出盈利能力的分析是一个公司财务分析的关键[3]；程红等学者提出观点：资本经营盈利能力是指投资者在一定比例的资产中进行投资，从而能够获得多少利润的能力[4]；江淑芬学者通过探索，得出假定其他条件不变，净资产收益率的高低与总资产报酬率呈同向变动的结论[5]；陈华学者提出了成本费用利润率的主要指标有：营业费用利润率、营业成本利润率以及全部成本费用利润率等[6]。

以上文献均在各项大的范围内描述了盈利能力的计算方式、影响盈利能力的各项细分因素，在本文中主要针对商贸行业，尤其是未在商贸行业中占据大体优势的小企业进行更具体的数据展开一系列分析，从而发现在日益严峻的互联网环境下，带给中小商贸企业的好处与坏处，从而发现问题进行改善。

三、商贸公司市场境况以及盈利模式

（一）商贸公司的市场现状

如今电子商务相比传统商业模式，更多地考虑了消费者利益。电商有三个特点：移动电商如今成了主要的发展模式、购物者更沉迷于线上的商户、电商服务以及人工智能等技术发展迅速，数据见图 58-1。

（二）盈利能力相关知识

企业的盈利能力可以表示经营业绩的好坏，也可以作为经理的业绩评价指标[7]。因此，对河南莱赢商贸公司的盈利能力进行研究，发现企业在当前盈利模式下存在的问题，找到适合企业本身的经营模式。

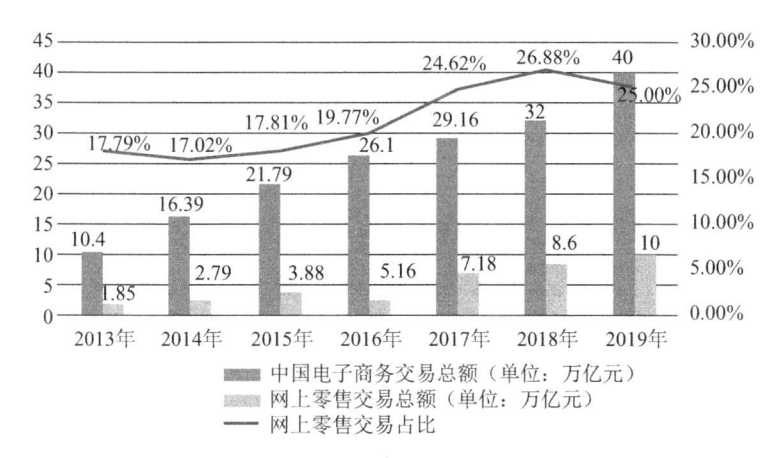

图 58-1　2013—2019 年中国电子商务行业规模及预测情况

资料来源：《电子商务"十三五"规划》。

1. 盈利能力概念及含义

行业发展的利润模式是多方向变化的，实现利润最大化才是企业发展的重要目的[8]。虽然国内外学者对收益模式的分析有着差异，但最终收益模式的本质是帮助企业创利的过程和方法，将收益模式与利润直接挂钩。

盈利能力强弱是投入一定资源或比较一定收入和利润获得的相对概念[9]。企业盈利的大小反映公司的收入水平，一般可以用利润率来量度，利润率和企业的盈利能力是正向变化的。从企业的角度出发，在合法的范围内最大限度地为公司赚取最大的利益，实现企业可持续发展，是公司获取利润的长久之计。

2. 盈利能力的分析方法

盈利能力分析是为了快速发现企业内部潜在的问题，改善企业财务状况，提高企业经营能力，为企业经营管理提供基础[10]。本文首先对资本经营盈利能力中的净资产收益率进行研究与分析；然后利用利润表资料比较分析商品经营利润能力的各项利润率；最后比较分析了该公司资产经营能力的总资产报酬率，为盈利能力的结果分析提供了直接依据。

四、河南莱赢商贸有限公司盈利能力分析

（一）河南莱赢商贸公司简介

河南莱赢商贸有限公司位于郑州市郑汴路，2008年成立，销售范围主要是家具电器。后来莱赢商贸为了适应现代的发展与需求，开始扩大经营范围与销售市场；同时还完善售后服务，增加客流量提高销量以提升利润。

（二）河南莱赢商贸公司发展历程

2008年河南莱赢商贸有限公司成立，当时主要做批发、生产和销售，模式单一。如今电商行业迅速兴起，莱赢商贸开始转向以市场为导向、客户的需求为中心的经营模式。在2013年，莱赢商贸成功入驻淘宝、京东等平台，开设多家线上店铺，这种合作有利于双向发展。但随着竞争变得激烈，家电行业的利润降低，莱赢商贸为增加利润开始完善网上的销售体系，增加产品种类，并且在线下开设门店，想以此满足顾客的多项需求，提高公司的利润。

（三）河南莱赢商贸有限公司盈利能力指标分析

1. 莱赢商贸公司的资本经营盈利能力分析

根据莱赢商贸资产负债表的数据运用连环替代法进行分析，得出净资产收益率的各年差异[11]，分别为：-2.9%、-7.94%。数据见表58-1、表58-2、表58-3。

表58-1　莱赢资本经营盈利能力因素差异分析表

项目 \ 时间	2019—2018年差异	2018—2017年差异
负债平均余额/净资产平均余额/万元	0.29	-0.16
负债利息率/%	0.24	-0.91
所得税税率/%	—	—
总资产报酬率/%	-1.98	-5.36
净资产收益率/%	-2.90	-7.94

资料来源：河南莱赢商贸有限公司资产负债表。

表 58-2　连环替代法下各部分指标比率

基期　　　　　年份	2017	2018
第一次替代总资产报酬率 / %	3.83	1.39
第二次替代负债利息率 / %	4.57	1.22
第三次替代杠杆比率 / %	4.24	1.33

资料来源：河南莱赢商贸有限公司资产负债表。

表 58-3　莱赢公司各指标变动

变动指标名称　　　　　影响率	2018 年影响率 / %	2019 影响率 / %
总资产报酬率变动	−8.07	−2.85
负债利息率变动	−7.33	−0.17
资本结构变动	−7.66	0.11
税率变动	—	—

资料来源：河南莱赢商贸有限公司资产负债表。

由表 58-1、表 58-2、表 58-3 数据可知，莱赢商贸的净资产收益率呈现下降的趋势，总资产报酬率的下降引起了莱赢商贸净资产收益率的下降。在资本结构一定的情况下，负债利息率低于总资产报酬率，负债利率越低，投资者获得的杠杆利润越大，反过来就越小[12]。以上说明该公司在经营方面将会面临重大的财务危机，因此要加强公司的盈利能力。

2. 河南莱赢商贸有限公司的商品经营盈利能力分析

商品经营盈利能力的主要研究方向是利润与收入、利润与成本的比例关系，因此我们用收入利润率与成本利润率来反映商品经营利润能力。莱赢收入利润率差异分析表见表 58-4。

表 58-4　莱赢收入利润率差异分析

指标　　　　　年份	2019—2018	2018—2017
营业收入利润率 / %	−2.169	−3.41
营业收入毛利率 / %	0.26	−0.90

续表

指标＼年份	2019—2018	2018—2017
总收入利润率 / %	-1.65	-3.13
销售净利润率 / %	-1.82	-3.01
销售息税前利润率 / %	-3.52	-6.39

资料来源：河南莱赢商贸有限公司利润表。

从表58-4中可以看出，莱赢商贸销售息税前利润连着两年下降；营业收入总利润率的发展也不平稳，这些问题都表明企业没有良好的经营模式，获取利润的能力较弱。

成本费用是综合反映企业成本效益的重要指标，要想发现企业的不足之处，需要对成本费用利润率进行研究。

从表58-5中可以看出，2019年与2018相比各项成本费用利润率指标有所降低，表明效益有所提高，该企业2019年与2018年相比全部成本费用总利润率下降1.7%，这意味着企业效益较低；这一变动是因为对成本费用的控制水平不高，导致盈利能力的不足[13]。

表58-5 莱赢成本费用利润率差异分析

指标＼年份	2019—2018 年	2018—2017 年
营业成本利润率 / %	-2.52	-4.04
营业费用利润率 / %	-2.16	-3.39
全部成本费用总利润率 / %	-1.70	-3.37
全部成本费用净利润率 / %	-1.82	-2.99

资料来源：河南莱赢商贸有限公司利润表。

3.河南莱赢商贸有限公司的资产经营盈利能力分析

资产经营盈利能力是指企业运用资产盈利的能力，总资产酬金率能最直接地反映企业资产经营盈利能力。总资产报酬率是税前利润和资产平均余额之间的比率。

由表58-6、表58-7的分析表明，莱赢商贸2019年、2018年的总资产报酬率、总资产周转率都有所降低,这是由于销售息税前利润率下降而引起的。可以看出:能影响企业总资产报酬率的有两个方面:一个是资产周转率;另一个就是销售前利润率。企业创利能力与总资产报酬率有密切关系[14]。因此,要提高企业的总资产报酬率,需要从这两个方面入手。

表 58-6　莱赢资产经营盈利能力差异分析

指标 \ 年份	2019—2018 年	2018—2017 年
总资产周转率 / %	0.54	-0.07
销售息税前利润率 / %	-3.52	-6.39
总资产报酬率 / %	-1.98	-5.36

资料来源:河南莱赢商贸有限公司利润表。

表 58-7　莱赢公司各指标变动表

变动指标名称 \ 影响率	2018 年影响率	2019 年影响率
总资产周转率 / %	-0.76	2.40
销售息税前利润率 / %	-4.54	-4.36

资料来源:河南莱赢商贸有限公司利润表。

五、河南莱赢商贸有限公司盈利能力存在的问题

通过分析,莱赢商贸在盈利方面存在一些问题。

(一)企业成本过高

新型销售模式下,莱赢商贸的营业成本虽然有所下降,但企业的总成本过高。这时企业的获利空间将会被压缩,不利于企业的长远发展;如果想要改善这种经营状况,必须要控制成本的增长。

(二)缺乏独具特色盈利模式

通过对莱赢商贸的盈利能力分析,可以看出公司缺乏特色的盈利模式。此外,

莱赢商贸的客户群体发展尚未完善，客户基础较差。相比美的、海尔等大型家电公司，莱赢无法与之抗衡，企业的不可复制性较弱。

（三）售后服务体系不够健全

该公司的售后服务经常被消费者吐槽，很多人反映家电类产品质量差，使用周期短，但一直未得到合理的解决。对于莱赢来说，安装维修业务是其盈利特点之一，但是售后服务较差，也让其变成了劣势。如今网络发达，信息传播速度较快，若不改善，会给企业带来不好的影响，对企业的长期发展没有好处。

六、提高河南莱赢商贸有限公司盈利能力的建议

（一）优化线下业务，提升盈利特色

经分析可以看出河南莱赢商贸有限公司的盈利模式没有特色，线上平台经营其他竞争对手也都有。因此，它应当对自己企业的现有业务进行大规模分析调整，开拓线下实体店的盈利点，让客户有更全面的感受，寻找自己独特的创利模式，实现企业价值最大化。

（二）完善售后服务体系，提高顾客满意度

莱赢商贸应当完善售后服务体系，提高工作人员素质，在招聘环节提高售后服务人员和客服人员的入职"门槛"，同时要对新员工进行岗前培训。入职后，定期组织售后服务人员和客服人员培训、考试，建立奖惩机制[15]；提升工作人员的服务态度，提高顾客的满意度，为企业树立良好形象，以服务带动公司的盈利，促进企业的长远发展。

（三）降低企业经营成本，调整投资策略

河南莱赢商贸有限公司如果想要获取更大的利润，首先必须要做到降低企业的经营成本，严格控制期间费用，精准定位目标客户，摒弃大规模地毯式的广告投放，应当多线上线下店铺进行优化，缩小经营面积，改善管理模式，降低经营

成本。其次要调整投资策略，继续发展以通信、家电为核心竞争力的产品，提高市场占有率。

（四）发掘自身优势，提高竞争力

莱赢商贸可以发挥自身优势，考虑向家电普及不全面的地方推荐物美价廉的中低端产品，发展农村市场。与此同时，公司定期对工作人员进行内部培训，提高公司的售后服务能力，提高面临投诉等状况时工作人员的应变能力及处理能力，确保该企业能够成功地利用自身优势提高竞争力。

七、结束语

对于每一个商业性的销售企业来说，获得最大利润是其核心目标，所以为实现此目标，寻求一个科学合理的盈利模式是必不可少的。总体来看，该企业盈利水平比较不稳定。莱赢应当在线上线下融合发展的大环境下，通过降低经营成本、优化线下业务、完善售后服务体系等措施构建多元化的盈利模式。对莱赢商贸来说，根据自身特色和优势寻求一个多元化的盈利模式，才能长久稳定地发展下去。

参考文献：

[1] Biddle, Seow.Earnings Quality and Ownership Structure: The Role of Private Equity Spons-ors[J].Accounting Review, 2015(8), 629-655.

[2] Drucker P.F..Management: Tasks, responsibilities, practices[J].Economic Journal, 2011(337): 195.

[3] 贾学思.商业模式制胜：案例解析超速盈利的商业模式[M].北京：中国经济出版社, 2015.

[4] 程红, 陈川, 李唐.速度型盈利模式与质量型盈利模式——对企业经营绩效实质性的实证解释[J].南方经济, 2016(6): 18-37.

[5] 江淑芳.互联网思维视角下商业模式创新演化过程研究[D].大连：东北财经大学, 2016.

[6] 陈华.试论新时代下的盈利能力分析[J].中国商论,2019(11):154-155.

[7] 刘祉彤.家电上市公司融资结构与盈利能力关系研究[D].西安:西安理工大学,2019.

[8] 陆晓红.企业获利能力评价体系研究[J].中国国际财经(中英文),2017(24):291.

[9] 秦杰,张子杰.格力电器偿债能力与盈利能力分析[J].中国经贸导刊(中),2019(9):94-95.

[10] 曹玥.腾讯公司盈利能力研究[D].北京:中国石油大学,2016.

[11] 赵洁.中南建设的盈利能力分析——基于杜邦分析法[J].国际商务财会,2021(10):42-47.

[12] 李梁.永辉超市新零售模式的盈利能力研究——基于杜邦分析法[J].商展经济,2020(12):22-24.

[13] 赵烨.海天味业盈利能力财务角度分析[J].中国管理信息化,2020,23(19):52-54.

[14] 慕亚妮.三江购物类金融模式对盈利能力的影响研究[D].兰州:西北师范大学,2020.

[15] 谈晓涵.互联网金融对商业银行盈利能力的影响研究[D].重庆:西南大学,2020.

五十九　美团点评盈利能力分析

高增鑫[①]

摘要： 在诸多财务指标中，盈利可以反映一个企业经营状况的好坏。盈利能力分析十分重要，使用相关的指标能够使经营者了解企业过去及现阶段的经营状况，总结现阶段经营的不足并制定防范措施，使经营者在企业运营的过程中做出有效的决策来获得最大的利润。在当今经济全球化和竞争激烈的大环境下，如果企业的盈利能力不尽如人意，其市场份额势必严重缩减，甚至企业会面临淘汰的风险。本文通过对美团点评2016—2020年五年内披露的财务数据运用净资产收益率、销售净利率、总资产净利率和销售毛利率这四项指标来进行盈利能力分析，找到现阶段发展所面临的问题，并作出相应的决策来促进企业持续发展。

关键词： 美团点评；盈利能力；净资产收益率；销售毛利率

一、引言

随着科技的发展和时代的进步，互联网和传统行业相结合所形成的"互联网+"的大潮席卷全球并涌向未来。伴随着互联网技术的提高，电子商务借助数据整合能力，在大数据信息时代迅速崛起，成为热门行业。而美团点评作为中国生活服务电子商务平台中的领头军，其经营状况及盈利能力受到广泛关注。本文

---

① 高增鑫，男，会计硕士，研究方向：财务管理。

就盈利能力的概述、定义进行研究，阐述盈利能力的重要性，并以美团点评企业为研究对象，通过近五年的财务数据对其盈利能力进行分析，并结合企业所处行业目前的发展环境，找出该企业在盈利过程中存在的问题并提出合理的建议，进而满足企业各利益相关评价的需要，提高企业的盈利能力。

二、文献综述

刘柳（2021）指出，在当前互联网行业迅速发展的时期，"互联网+"对互联网企业的影响重大，并对美团的发展和经营进行分析评价，总结其经营发展过程中遇到的困难和风险，提出应对风险的对策及建议[1]。史聪佩（2016）介绍了企业盈利能力的内涵及特点，探讨了企业盈利能力需要注意的问题，并对影响企业盈利能力的因素进行分析[2]。周硕（2013）则分别从资本经营盈利能力、资产经营盈利能力、上市公司盈利能力来对盈利能力内容进行分析，利用销售净利率、净利润现金比率和现金毛利率来对盈利能力质量进行分析，并提出措施建议来提升企业的盈利能力[3]。

三、案例分析

（一）企业概况

2018年9月20日，美团点评在港交所挂牌上市，股票代码为03690，属于电子商贸及互联网服务行业。经过几年的发展与进步，公司已经成为中国生活服务电子商务平台中的佼佼者，使用科技为顾客与商家建立联系并提供多样化的日常服务，涉猎范围广泛，餐饮、外卖、酒店及旅游预订等业务都包含在内。创始人王兴将"共同富裕"深深地刻在美团的骨子里，提出了"帮大家一起吃得更好，生活更好"的口号。美团点评当前正以"吃"为核心，建设服务于社会公众的多功能服务平台，未来将继续加强对餐饮业外其他生活服务类业务的渗透。

(二) 盈利能力的简述

盈利能力是指企业利用自身拥有的各种资源从事经济活动赚取利润的能力[2]。它能较为直观地呈现出企业的经营状况，让相关人员为企业的下一步发展制订更加合理的计划。同时也能反映出企业各个环节经营成果的好坏，方便改善企业的经营环节。

通过盈利能力分析，能够发现企业发展中的优势与弊端，取其精华，去其糟粕，最终使企业在激烈的竞争中稳步前行。

对于企业而言，盈利能力是发展的基础，是经营管理的出发点，同时也在公司财务评价中扮演着重要角色。企业的盈利水平越高，越能够得到投资者的青睐。可见盈利能力在企业财务分析中的重要性。

(三) 美团点评的盈利能力分析

1. 盈利能力相关数据分析

从表 59-1 中可以看出 2016—2020 年连续 5 年美团点评的毛利分别为 59.41 亿元、122.20 亿元、151.05 亿元、323.20 亿元和 340.50 亿元，呈现出增长的趋势，并且增长幅度较大。由表 59-1 可见美团点评的营业收入每年均有提升，该情况引起了利润总额的变化，同时所得税费用的变化也相对较大，由此导致了美团点评在 2016—2020 年净利润有较大幅度的变化。

表 59-1 美团点评 2016—2020 年主要财务数据   单位：亿元

年份 指标	2016 年	2017 年	2018 年	2019 年	2020 年
营业收入	129.88	339.28	652.27	975.29	1,147.95
毛利	59.41	122.20	151.05	323.20	340.50
其他收入	2.06	2.08	7.48	25.31	31.61
利润总额	-106.03	-189.23	-1,154.43	26.55	41.74
所得税费用	2.68	0.54	0.02	5.26	-2.70
净利润	-57.95	-189.88	-1,154.93	22.36	47.08

资料来源：同花顺 iFinD。

2. 盈利能力指标分析

盈利能力指标能够反映企业获取利润的能力。通过分析此项指标，可以评价和反映企业的发展趋势和经营境况。此次对美团点评的盈利能力做出评价主要通过分析净资产收益率、销售净利率、总资产净利率和销售毛利率这四项指标。

（1）净资产收益率。

计算公式为：
$$净资产收益率 = \frac{净利润}{所有者权益平均余额} \times 100\% \quad （59-1）$$

$$所有者权益平均余额 = \frac{期初所有者权益余额 + 期末所有者权益余额}{2} \quad （59-2）$$

净资产收益率是指本期净利润与净资产的比率[3]。它能反映出一个企业经营业绩的好坏，是企业财务分析不可或缺的一部分。该指标越高，说明企业的盈利能力越强，经营状况越好。

从图 59-1 中可以看出，美团点评的净资产收益率在 2017 年达到最高，为 57.17%。然而企业的净利润在 2018 年大幅下降，这使得净资产收益率跌至 -502.67%，下降速度极快，企业发展现状不容乐观。这说明在此期间美团点评资本运用的效率水平非常低，并且盈利能力很差。

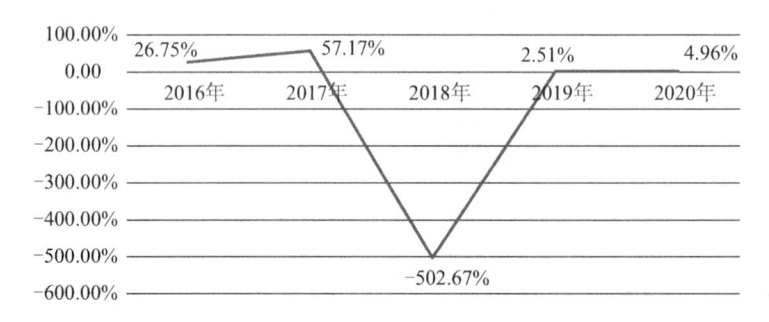

图 59-1 美团点评净资产收益率走势

资料来源：美团点评 2016—2020 年报。

但是，美团点评的净利润在 2019 年快速增长，由负变正，达到 22.36 亿元，并且增长的幅度大于平均所有者权益，因此净资产收益率开始回调，变为 2.51%，这说明 2018 年之后企业的盈利能力开始提高、经营状况逐渐好转。

（2）销售净利率。

计算公式为：$\qquad$ 销售净利率 $= \dfrac{\text{净利润}}{\text{销售收入}} \times 100\%$ （59-3）

销售净利率又称销售净利润率，是净利润占销售收入的百分比。该指标反映每一元销售收入带来的净利润的多少，表示销售收入的收益水平[4]。通过对该指标的分析，可以改善企业的管理能力，降低多余费用的消耗，来提高净利润。

从图 59-2 中可以看出，美团点评的销售净利率在近五年内的起伏变化十分明显，在 2016—2020 年这五年间一直为负数，销售收入的收益处于亏损状态。2016—2018 年营业收入稳步上升，但美团点评的净利润却是处于下降的态势，因此使公司的销售净利率急剧下降，并且一直为负数，说明在此期间美团点评的盈利能力、销售能力水平低下，很难让人满意。

然而，随着美团点评 2019 年的净利润的迅速上升，其销售净利率也首次变为正数，企业盈利能力也开始逐渐增强，到 2020 年仍然在缓慢上升。

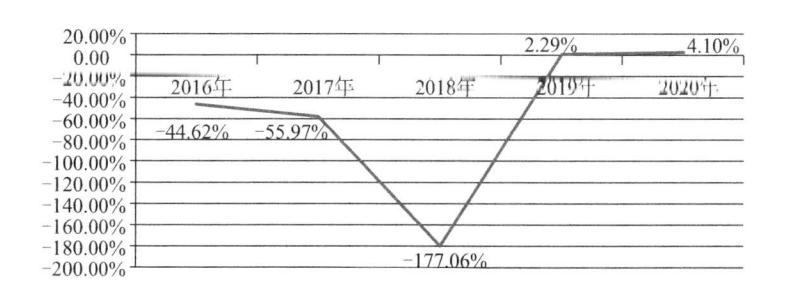

图 59-2　美团点评销售净利率走势

资料来源：美团点评 2016—2020 年报。

(3)总资产净利率。

计算公式为:
$$总资产净利率 = \frac{净利率}{平均资产总额} \times 100\% \qquad (59\text{-}4)$$

$$平均资产总额 = \frac{期初资产总额 + 期末资产总额}{2} \qquad (59\text{-}5)$$

总资产净利率是指公司净利润与平均资产总额的百分比。它能够比较容易地看出企业所有者投资资产所得到收益的多少,也能够看出企业管理人员赚取利润的水平。该项指标也受经营管理能力、企业的资本结构等要素的影响。该指标越高,说明企业的盈利能力越好,成本费用的管理能力越强。

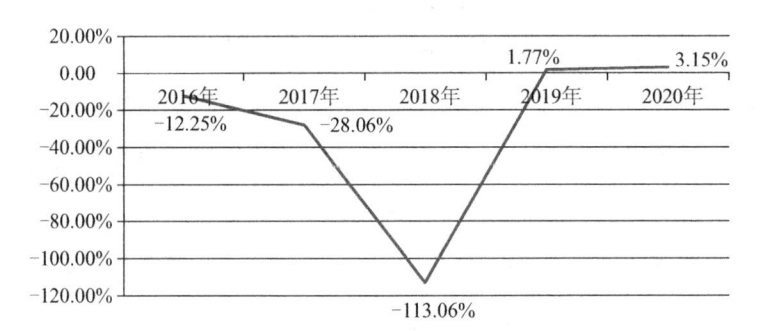

图 59-3 美团点评总资产净利率走势

资料来源:美团点评2016—2020年报。

(4)销售毛利率。

计算公式为:
$$销售毛利率 = \frac{销售收入 - 销售成本}{销售收入} \times 100\% \qquad (59\text{-}6)$$

销售毛利率通常称为毛利率,是指毛利占销售收入的百分比。其中,毛利是销售收入与销售成本的差额[5]。通过该指标的分析,可以看出企业的产品在激烈的市场中的竞争力,同时也反映出销售产品的盈利能力。该项指标越高,企业通过销售获取利润的能力就越强,盈利能力也越高。因此,可以通过销售毛利率来反映企业的经营管理是否到位、业绩是否达标，并且有利于企业及时发现发展中可能出现的问题以及制定合理的对策来有效应对相关风险，促进企业持续发展。

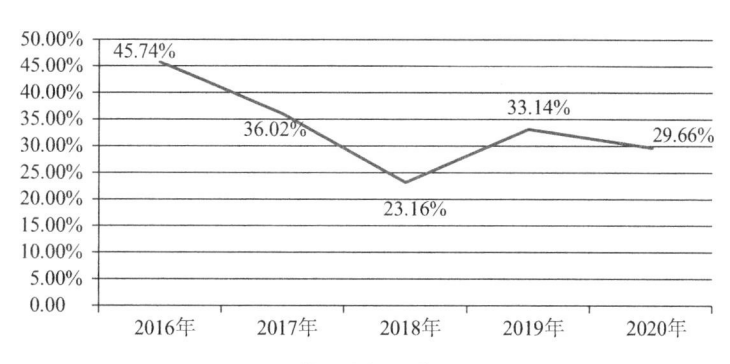

图 59-4 美团点评销售毛利率走势

资料来源：美团点评2016—2020年报。

从图 59-4 中可以看出，美团点评的销售毛利率由 2016 年的 45.74% 降到了 2018 年的 23.16%，逐年降低，这是因为美团点评所在行业近年来的竞争十分激烈，大家相互争抢有限的资源，从而引发了价格战甚至导致了成本的失控。况且团购网站之间的同质化十分严重，顾客忠诚度低，从而导致企业的销量低，这就致使企业没有足够多的毛利额，最后企业的盈利就不会太高，企业的盈利能力也就处于较差的地位。

然而，美团点评通过长时间对其经营业务的扩张，从最开始的餐饮外卖行业扩展至酒店及旅游业务，使企业获得利润的来源不断增加，在 2019 年企业的盈利能力开始好转，销售毛利率也由 23.16% 涨到了 33.14%，接近 2017 年的水平，企业的经营状况也得到改变。

3. 盈利能力指标分析的总结

通过上文的分析，可以看出与美团点评盈利能力有关的四个重要指标在 2016—2018 年处于下降的态势，企业在 2018 年的盈利能力较差，经营状态不稳定。但 2019 年的各项指标相对于 2018 年来说均有所上升，说明企业的盈利能力开始有所好转，经营状况得到改善。

四、问题及建议

（一）美团点评盈利能力存在的问题

1. 企业的净利润偏低

美团点评近五年的净利润非常低，尤其是在2016—2018年持续下降，对企业众多指标造成严重影响。通过对上文指标的分析，可知美团点评的销售净利率跌宕起伏、很不稳定，并且2016—2018年的指标一直为负数，总资产净利率也在2016—2018年快速下降，说明企业销售收入的收益一直为亏损状态。主要原因是美团点评近年来亏损扩张，在激烈的市场竞争中以牺牲自己的利润为代价换来了销量的上涨，同时也在不断扩展新业务，因此改变了企业的盈利能力。

2. 企业的经营成本较高

美团点评的营业收入逐年增长，然而其销售毛利率却在2016—2018年迅速下降，这是由于2015年10月美团网与大众点评合并，使其成本过高所导致的。况且互联网市场前景光明，是具有潜力的行业之一，因此企业层出不穷，竞争激烈。为了争夺良好的市场和资源，拉拢更多的消费者，美团点评的前期经营需要大量资金和人才，这就加大了开支，造成企业的经营成本不断上升。

（二）针对盈利能力问题提出的建议

1. 提高企业的净利润

顾客是企业利润的主要来源，美团点评可以将顾客分级，为有价值的顾客提供更优质的服务，提升顾客的忠诚度，以此来留住顾客，进而增加收益。美团点评还需制定合理的发展战略，实现企业价值最大化，进而提高净利润[1]。此外，其还可以有效地扩大市场份额，提高美团点评在市场中的占有率，提升销量，以此增加利润。

2.适当降低企业的经营成本

美团点评可以通过提升商家的佣金来弥补成本的耗费,同时,裁减人员也是大部分企业采用的手段之一。而在某些盈利能力较低的次要业务,美团点评可以选择减少相应的补贴来降低企业的经营成本。当然,企业也需要提升管理水平,适当降低企业的经营成本,其销售价格也会随之降低,产品在市场中的竞争能力也就会大大提高,企业的收益也会加强。此外,美团点评的管理人员还应当建立健全的成本控制制度,强化企业成本意识,尽可能地规避扩展新业务所带来的风险,间接地降低经营成本。

五、结论

通过对美团点评2016—2020年报中所披露的财务数据进行盈利能力分析,能够看出企业在此期间的盈利能力较差。这是因为自从美团点评成立以来,其便不满足于眼前的利益,将手中持有的筹码全力下注,不断扩大其业务范围,而致使负债占比较大。但在2019年,美团点评长时间的投资开始有所回报,企业的盈利能力渐渐提高。长期亏损扩张的美团点评最终开始盈利,让人敬佩,也带来了深刻的启示:企业不应只着眼于当前的暂时利益,要放眼长期战略,加强主体业务,才能长存。眺望未来,盈利之后的美团点评既要夯实自己的主体业务,又要沉着地扩展业务范围,相信其发展的前景会更加明朗。

参考文献:

[1] 刘柳.多元化经营战略下互联网企业的风险管理——以美团为例[J].中国商论,2021(9):12-15.

[2] 史聪佩.企业盈利能力分析[J].商场现代化,2016(21):81-82.

[3] 周硕.企业盈利能力分析研究[J].商业经济,2013(4):25-26+46.

[4] 王岩.销售净利率指标分析[J].现代经济信息,2012(7):129.

[5] 王月明.利用销售毛利率指标分析公司的盈利能力[J].会计师,2018(7):30-31.

六十 企业盈利能力的分析

——以伊利实业集团股份有限公司为例

刁嘉琦[①]　王茜[②]

摘要：盈利能力对一家企业来说至关重要，盈利能力越强，代表企业获利能力越强，发展前景越好。而反映企业的盈利能力要通过相关的盈利指标来获得，这些指标能够反映企业的财务状况、资本结构、成本控制方面的经营成果。我们运用了杜邦分析法中的因素分解分析法，以及选取了相关的盈利能力指标综合分析企业获取利润的能力，以强调食品安全为前提，研究伊利乳业的盈利能力，对提高伊利乳业的经济效益具有长远意义。

关键词：中国伊利乳业；盈利能力分析；财务能力

一、企业盈利能力相关概述

(一) 企业盈利能力的定义

企业能够获取多少利润指的是企业的盈利能力，或者企业使用资本并使得资本增值的能力，它主要通过企业在一段时间内所赚得的收入和所支付的成本来反映。

---

① 刁嘉琦，女，会计硕士，研究方向：财务与会计。
② 王茜，女，会计硕士，研究方向：公司财务与内部控制。

（二）影响企业盈利能力的因素

1. 生产经营能力

生产经营活动就是企业通过购买原材料，支付加工成本等前期一系列的投入，最后公司的生产、经营活动的质量直接影响着公司的生产经营能力。

2. 企业规模

企业生产设备的多少以及厂房的大小都会影响企业的生产能力，间接影响企业盈利能力。如果企业规模大，可以吞并一些小企业，扩大自己所生产的产品在市场上的利润空间，更有利于建立起自己的品牌，市场上消费者往往对于大品牌的接受度更高，从而有利于增加销量，获得更高的收入。

3. 企业的营销能力

企业对产品的宣传方式直接影响最终产品在市场上的销量，进而影响收入，企业营销能力强，可以扩大产品的接受度，增加销量，为企业创收。企业可以创新所生产的产品的宣传方式，拓宽销售渠道，实行线上和线下门店相结合，以达到增加营业收入的目的。

（三）影响企业盈利能力的其他因素

有很多因素都会影响企业的盈利能力，它并不是单一不变的，而是复杂多变的。我们需要分析多种因素来最终确保企业盈利能力的提升。

1. 市场占有情况

一家企业的产品在市场上的销量数量都可以反映其产品在市场上的占有率。在同类行业中，一家公司的利润能力，和在市场的占有率，在一定程度上是相关的，如果市场上售卖的同类产品大多都由一家企业生产，说明这家企业所生产的产品在市场上受大多数消费者认可，那么此产品的销量就高，企业的盈利能力就强。反之亦然。

2. 企业创新

随着经济全球化的发展,多家企业的产品都充斥在市场上,消费者的选择变得重要,要想牢牢抓住消费者的眼球,企业必须进行创新。另外除了产品创新,企业也可以在企业经营、销售策略等方面进行创新,提高企业的盈利能力。

(四)盈利能力指标

1. 以资产为基础的盈利能力指标

(1)资产报酬率。

资产报酬率又称资产利润率,是指一定时期内收益与平均总财产之比,资产报酬率通常用于评估企业利用其全部经济资源获得报酬的能力,以及利用其拥有的资产的生产经营效率。

(2)总资产净利润率是一个主要用来反映企业资产负债状况的指标,可以反映企业资本利用的综合效率。

$$总资产利润率 = 利润总额 \div 资产平均总额 \quad (60\text{-}1)$$

$$资产报酬率 = (净利润 + 盈利自成费用 + 所得税) \div 平均资产总额 \times 100\% \quad (60\text{-}2)$$

2. 以收入为基础的盈利能力指标

(1)营业利润率。

营业利润率指利润除以营业收入,它可以反映企业的创收能力。它可以衡量企业的收益情况或企业管理者通过其经营计划能够获取多少收入。

$$营业利润率 = 利润 \div 营业收入 \quad (60\text{-}3)$$

(2)销售净利率。

$$销售净利率 = 净收益 \div 营业收入净额 \quad (60\text{-}4)$$

3. 以股本为基础的盈利能力指标

$$每股净资产 = 股东权益总额 \div 发行在外的普通股股数 \quad (60\text{-}5)$$

每股未分配利润＝企业当期未分配利润÷总股本　　　　（60-6）

股本报酬率＝税后利润÷股本×100%　　　　（60-7）

每股收益＝归属于普通股股东的当期净利润÷发行在外普通股加权平均数

（60-8）

二、企业的盈利能力分析——以伊利实业集团股份有限公司为例

（一）伊利乳业现状

内蒙古伊利实业集团股份有限公司（以下简称"伊利集团"）的经营业务主要以制作并销售各类乳品、饮料为主，其影响力和品牌知名度在我国乳制品行业中都排名前列，在我国乳产品行业中属于龙头企业。内蒙古伊利集团乳产品各类产品总销量在中国排名较前，伊利乳业的收入、利润在最近几年也都获得了较大的增长，但其对应的资产，负债也有所增长。

（二）资产负债所有者权益状况

伊利集团近几年的总资产在 2016 年、2017 年、2018 年都存在不同规模的增加，总负债和所有者权益也相同，虽在 2018—2019 年三项指标有小幅度的下降，但在 2019—2020 年又开始回升，因此，从总体来看，伊利集团的资产、负债、所有者权益状况发生了较大的波动。

（三）利润状况

伊利集团营业收入，营业成本在 2015—2016 年出现小幅度的下降，但净利润出现上升的情况。2017 年相较于 2016 年来说，总营业收入与总营业成本都出现同比上涨的情况，但在净利润方面出现下降。在 2017—2019 年净利润、总营业成本和总营业收入对比上一年都出现不同规模的增加。

（四）指标选取的原则

我们以资产、收入、股本为基础选取相关的盈利能力指标，运用盈利能力指

标从资产、收入、股本三方面综合分析考虑伊利集团近几年盈利能力的变化。并且我们遵循指标选取的各项原则。

(五) 伊利乳业集团盈利能力分析

1. 以资产为基础的盈利能力指标分析

选取 2015—2019 年伊利集团资产负债表中与盈利能力指标相关的数据，以此来计算出总资产净利率和总资产报酬率。如表 60-1 所示。

表 60-1 伊利集团以资产为基础的盈利能力指标分析

年份 \ 指标	以资产为基础的盈利能力指标	
	总资产净利率 / %	总资产报酬率 / %
2015	11.7647	29.1550
2016	14.3714	33.9071
2017	13.5561	29.8075
2018	13.3159	34.0927
2019	12.8637	30.0884

资料来源：新浪财经伊利。

2016 年两项指标相较于 2015 年都在增长，表明企业的总资产在此期间增加幅度小于净利润的增加幅度。在 2017 年，两项指标都在下降，这说明企业在此期间资产平均总额的下降幅度小于净利润的下降幅度，还说明公司的利润技能被削弱，资金的使用效率降低。在 2018 年，资产报酬率上升，总资产净利率下降，但下降幅度较前两年减小，可见企业为了提高经营能力，提高资产的使用效率，在增加收入，控制成本、费用等方面采取了措施并取得了良好的效果。在 2018—2019 年两项指标都下降了，虽然在此期间净利润在上涨，总资产在下降，但其净利润的上涨幅度与其总资产的下降幅度都较小，因此净利润的规模远小于资产的平均总额。从总体来看，伊利的总资产净利率和总资产报酬率波动较大。

2. 以收入为基础的盈利能力指标分析

选取 2015—2019 年伊利集团利润表中与盈利能力指标相关的数据，以此来计算出营业利润率和销售净利率。如表 60-2 所示。

表 60-2　伊利集团以收入为基础的盈利能力指标分析

年份	指标	以收入为基础的盈利能力指标	
		营业利润率 / %	销售净利率 / %
2015		8.1758	7.7751
2016		9.1531	9.3995
2017		10.5374	8.8868
2018		9.7381	8.1695
2019		9.1994	7.7222

资料来源：新浪财经伊利。

2016 年营业利润率与 2015 年相比增长了 0.9773%，实际上企业在此期间的营业收入和净利润都在增加，但净利润的增加规模更大，2016 销售净利率与 2015 年相比增长了 1.6244%，同样营业收入和营业利润在此期间实际上都在增加，但营业利润增加更明显。同时也说明在此期间伊利的市场竞争力强，销售额和营业利润高。在 2017 年，营业利润率与 2016 相比，同比增加 1.3843%；而销售净利率与上年相比，同比下降 0.5127%。这是因为虽然 2017 年，营业盈利和净收益较 2016 年有所增加，但在此期间营业收入的增加规模小于营业利润的增加规模，营业收入的增加规模小于净利润的增加规模。说明企业在此期间虽然扩大销售增加了营业收入，但营业成本控制较好而导致营业利润规模增大，但由于企业的营业外收入较少而对应的营业外支出又较高，从而导致净利润规模增加较小。在 2017—2019 年，两项指标都比上一年下降。说明在此期间营业利润、营业收入、净利润虽然都在增加，但与其他两项相比，营业收入增加更为明显，由此可见企业采取了措施，增加了销售数量，从而使企业的营业收入增加，控制了成本，使企业各项费用的支出在降低，提升公司利润能力。

3. 以股本为基础的盈利指标分析

选取 2015—2019 年伊利集团利润表中与盈利能力指标相关的数据，以此来计算出每股收益，每股净资产，每股未分配利润，股本报酬率。如表 60-3 所示。

表 60-3 伊利集团以股本为基础的盈利能力指标分析

指标 年份	每股收益（调整后）/元	每股净资产（调整后）/元	每股未分配利润/元	股本报酬率/%
2015	0.76	3.2950	1.6144	190.5156
2016	0.93	3.8059	2.0269	219.5078
2017	0.99	4.1299	2.3213	241.7572
2018	1.06	4.5928	2.5785	267.0268
2019	1.15	4.2863	3.0062	298.4041

资料来源：新浪财经伊利。

2015—2018 年，每股收益（调整后），每股净资产（调整后），每股未分配利润和股本报酬率都呈现逐年递增趋势。每股未分配利润和每股收益，在一年比一年增加，也就是意味着企业的净资产额在逐年增加，未分配利润额和净利润额也相同，说明企业制订了相关计划，采取了一些行动，使公司的利润能力逐步提高，表现了公司各方面的能力、力量，也体现出公司发展的状况。虽在 2019 年每股净资产较 2018 年出现下降，但其他三项指标较 2018 年仍在同比上升。

（六）杜邦分析体系

1. 杜邦分析法

杜邦分析法是利用杜邦分析中几个主要会计比率之间的联系，对公司会计状况进行综合分析。具体来说，就是估价企业的盈利能力，从财务角度评估公司业绩是一种经典的方法。

2. 因素分解分析法

因素分解分析法指通过分析指标与其影响因素的关系，从数量上确定各因素对分析指标的影响。作为改进的杜邦分析系统的核心指标，每股净利润直接受到影响。因此，因素的分解可以更直观地观察到哪一方面对企业盈利能力的影响。如表 60-4 所示。

表 60-4 伊利集团杜邦分析

指标 年份	每股净 资产/元	净资产 收益率/%	销售净 利率/%	总资产周 转率/%	权益乘数
2015	3.2951	23.99	7.71	1.53	2.01
2016	3.8059	26.29	9.34	1.54	1.96
2017	4.1299	24.91	8.82	1.54	1.96
2018	4.5928	24.29	8.09	1.64	1.71
2019	4.2863	25.66	7.69	1.67	2.26

资料来源：新浪财经伊利。

每股净资产和总资产周转率在 2015—2019 年每年都在上升。每股净资产逐年上升，说明企业的利润在增加，而总资产周转率同比上升，说明企业利用其资产进行经营的效率较高，这些都说明公司的发展能力较好。净资产收益率和销售净利率整体都出现波动，两者在 2016 年相较于 2015 年出现上升，表明企业的净利润在此期间虽然出现增长，但对比营业收入，没有其增长得明显。2017—2019 年两者总体呈下降趋势，这是因为在此期间营业利润、营业收入和净收益，虽然在提高，但因没有控制好成本，企业的营业收入比其他两者增长得明显，由此导致企业的盈利能力出现减弱的情况。企业的权益乘数在 2015—2018 年持续降低，反映企业的偿债能力不强。而在 2019 年，权益乘数出现了回升，说明企业合理安排了资产结构，改变了对应的负债模式，从而提升了相应的偿债能力。

三、内蒙古伊利乳业企业盈利能力分析中存在的问题

（一）经营管理能力需改善

从上述分析来看，企业的各项盈利能力指标在 2015—2019 年有上升也有下降，波动较大，并且整体来看呈下降趋势。可见企业赚取利润的能力不稳定。企

业在资产、资金等各个方面的情况的好坏都会影响企业的盈利能力，而这各个方面都通过管理企业日常经营活动的能力来体现，管理企业日常经营活动的能力强，各方面发展就好，企业的盈利能力也会随之增强。

（二）成本费用过高

企业的营业收入虽然在增加，但其净利润的增加，并没有营业收入增加明显，使得销售净利率出现下降的情景，究其原因，便是忽略了降低成本的重要性。由此可见，控制成本是影响企业盈利能力不可忽略的因素。

四、内蒙古伊利乳业提高盈利能力的对策

（一）提高经营管理能力

1. 建立健全的核算监督体系

建立完善的考核监督体系，有利于及时纠错更正方案，使企业朝着更好的方向发展，避免出现重大失误，提高企业的盈利能力，使企业能够稳定地增加营业收入。

2. 利用杠杆

企业必要时还需要运用财务杠杆、经营杠杆、联合杠杆来改善企业的资金、资产等管理状况，从而达到优化资本结构的目的，使企业获得最大收益。

3. 建立完善的人才培养机制

通过人才培养，可以增强企业员工的技术能力，使员工发展为企业的软实力，从而改善企业的经营管理环境，避免在经营管理方面由于员工的技术、思想落后等原因造成企业的经营能力减弱，最后影响企业的盈利能力。

（二）加强成本费用控制管理

企业在增加销售收入的同时，却不控制成本，此种情况下会造成利润虚增，

最终影响企业获取利润的能力。企业可以在产品生产方面控制组成产品原料的成本。在保证产品质量不会降低的情况下，避免一些浪费，同时在产品工艺技术上进行创新，提高对原材料的使用效率，从而降低原料成本。企业在日常生产活动中，加强对员工的监督，规范企业员工的行为，加强企业相关法律制度对员工的约束，避免各个环节出现浪费、贪污等问题。企业在进行经营活动前，做好成本控制计划，运用本量盈利模型，辅助企业在日常经营活动中更好地进行成本控制。

参考文献：

[1] 丘兰，王锐. 企业盈利能力分析——以贵州茅台酒股份有限公司为例 [J]. 江西新能源科技职业学院，2019(6).

[2] 康瑞. 企业盈利能力分析研究——以金地集团为例 [J]. 河北企业，2020(10).

[3] 王晨. 企业盈利能力分析及提升策略研究 [J]. 财经界，2020(26).

[4] 潘虹. 企业盈利能力分析研究——以中青旅控股份有限公司为例 [J]. 赤峰学院学报（自然科学版），2017(16).

[5] 侯东艳. 苏宁易购综合绩效评价 [J]. 合作经济与科技，2019(15).

六十一 顺鑫农业盈利质量分析及启示

姚宗瑞[①]

摘要：农业是我国国民经济的基础。从发展农业经济的角度来看，农业类上市公司能够对我国农业市场化以及农业产业结构升级产生重要的促进作用。但实际上我国农业类上市公司目前在经济建设中对农业、农产品市场等方面尚未体现明显的带动作用，其盈利能力整体上一直处于较低水平。

关键词：农业；盈利质量；顺鑫农业

一、引言

北京顺鑫农业股份有限公司（以下简称"顺鑫农业"）作为北京市第一家农业类上市公司，成立至今取得了不少成绩。本论文在此背景的基础上，将通过研究顺鑫农业的盈利质量和盈利能力，分析原因及影响因素，并指出该公司在盈利方面存在的问题并提出相关合理的建议。

二、文献综述

辛怀慧、杨文杰（2011）[1] 的研究中指出，随着市场经济的发展和体制的不断完善，不论是从运作方式还是从组织形式来说，农业已经渐渐从传统的发展模式走上了现代化的发展模式。

---
① 姚宗瑞，男，会计硕士，研究方向：上市公司盈利质量。

宫云佳（2020）[2]在研究中指出，农业在我国的国民经济中自始至终占据着主导性地位。

张新民、钱爱民（2009）[3]在研究企业财务质量与管理质量关系中指出，企业获得高质量利润的同时，一般伴随着良好的资产运转状况、企业目前的业务拥有足够好的市场前景、企业在利润方面拥有足够良好的支付能力等。

张朋、杨兰（2018）[4]在分析冠农股份盈利时指出，盈利能力直接决定着企业能否在市场中生存，评判农业类上市公司盈利能力时不单单要考虑其质量和数量，还应当考虑国家现行政策、不同季节的气候、不同时期市场的供需状况等多方面、不确定性的影响。

现有的研究成果对于我国农业行业具有较为重要的实际意义，解决了行业的实际问题。在此基础上对于本文的研究对象而言，预期也将获得富有现实意义的研究成果。

三、盈利质量影响因素及指标

（一）影响因素分析

随着居民收入的日益增长，人们的消费水平也随之逐渐提高，人们对更高质量的生活追求愈加强烈。众多公司为了适应日益激烈的市场竞争环境，不停地进行变革，制定新的企业文化，不断创新产品及服务，以此来吸引消费者。因此对企业盈利质量进行分析就显得尤为重要。

除此之外，企业内部的主营业务，治理结构以及产品的研发与市场的开发也对盈利质量产生影响[5]。如今，为了适应社会的发展和人们的需求，如何让公司在行业内脱颖而出是各个公司需要考虑的重要问题。

（二）相关评价指标

本篇论文将依据五个评价指标及其相关要素来进行详细分析，具体如图61-1所示。

```
盈利质量分析评价指标
├── 成长性指标
│   ├── 主营业务收入增长率
│   └── 每股收益增长率
├── 稳定性指标
│   └── 主营业务鲜明率
├── 安全性指标
│   ├── 财务杠杆系数
│   ├── 经营杠杆系数
│   └── 资产权益率
├── 盈利性指标
│   ├── 净资产收益率
│   └── 销售毛利率
└── 收现性指标
    ├── 主营业务现金比率
    ├── 净利润现金含量
    └── 资产现金回收率
```

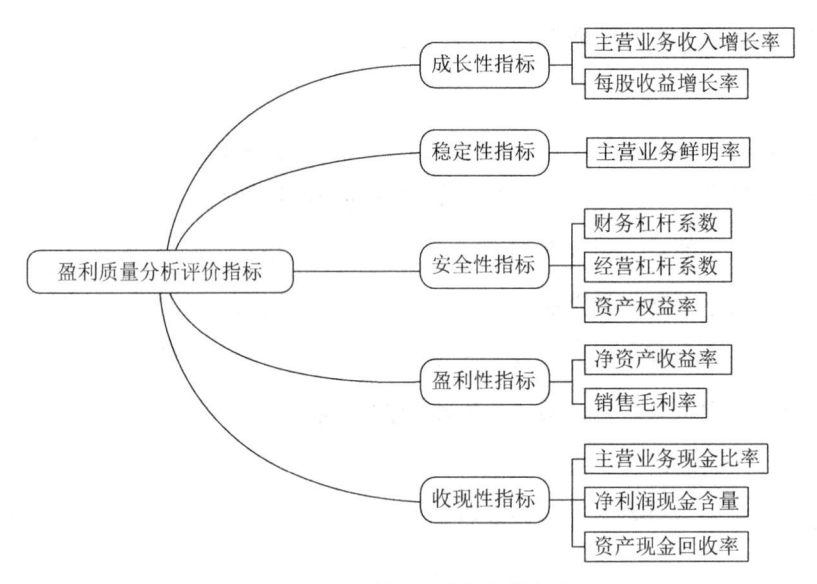

图 61-1 盈利质量分析评价指标

资料来源：作者整理。

1. 成长性指标及相关计算

主营业务收入的增长率反映了一定的时间内企业主营经济活动中所发生的各种经济活动的变化。计算见公式（61-1）：

$$主营业务收入增长率 = \frac{本期主营业务收入 - 上期主营业务收入}{上期主营业务收入} \times 100\% \quad (61-1)$$

每股收益增长率体现了以每一份为单位普通股获利的增长情况。计算见公式（61-2）：

$$每股收益增长率 = \frac{本期每股收益 - 上期每股收益}{上期每股收益} \times 100\% \quad (61-2)$$

2. 稳定性指标及相关计算

主营业务是指一个企业为了完成自己的经营目标所进行和从事的一种日常生活过程中的主要行为和活动，主营业务的利润通常是整个企业盈利中最稳定、也是可以被预期的组成部分。计算见公式（61-3）：

$$主营业务鲜明率 = \frac{主营业务利润}{利润总额} \times 100\% \qquad (61\text{-}3)$$

3. **安全性指标及相关计算**

财务杠杆指因为固定债务利息和属于优先股的每股利息的存在从而导致属于普通股的每股净利润每年价格比值变化幅度超过了息税前的净利润每股价格比值变化幅度的一种经济现象。计算见公式（61-4）：

$$财务杠杆系数 = \frac{普通每股收益变动率}{息税前利润变动率} \qquad (61\text{-}4)$$

经营杠杆体现了对商品销售与征收利息税之前实现的盈利之间的弹性关系。计算见公式（61-5）：

$$经营杠杆系数 = \frac{息税前利润变动率}{产销量变动率} \qquad (61\text{-}5)$$

资产权益率是资产所有人权益对于资产总额之间的比率。计算见公式（61-6）：

$$资产权益率 = \frac{所有者权益}{资产总额} \times 100\% \qquad (61\text{-}6)$$

4. **盈利性指标及相关计算**

净资产收益率直接反映了公司股东权益的实际收益情况和水平，用以直接评价和辅助衡量一家企业充分运用自有资本时的经营绩效。计算见公式（61-7）：

$$净资产收益率 = \frac{净利润}{净资产} \times 100\% \qquad (61\text{-}7)$$

销售毛利率是指毛利占公司产品销售收入的百分比，其中毛利是销售收入与销售产品的成本之间的差额。计算见公式（61-8）：

$$销售毛利率 = \frac{销售收入 - 销售成本}{销售收入} \times 100\% \qquad (61\text{-}8)$$

5. 收现性指标及相关计算

主营业务现金比率可以用来反映企业从事主营业务经济活动中取得现金流的能力。该指标排除了不能回收的坏账损失的影响。计算见公式（61-9）：

$$主营业务现金比率 = \frac{销售商品、提供劳务收到的现金}{主营业务收入} \times 100\% \qquad (61\text{-}9)$$

净利润现金含量是指企业在生产经营过程中产生的现金净流量与净利润的比值。该指标可以反映企业与净利润相关的现金的回收水平。计算见公式（61-10）：

$$净利润现金含量 = \frac{现金净流量}{净利润} \times 100\% \qquad (61\text{-}10)$$

全部资产现金回收率是衡量某一经济行为发生损失大小的一个指标。它可以用来评价企业的资产产生现金的水平。计算见公式（61-11）：

$$全部资产现金回收率 = \frac{经营活动现金净流量}{平均资产总额} \times 100\% \qquad (61\text{-}11)$$

四、顺鑫农业盈利质量分析

（一）影响因素分析

1. 外部因素

目前，中国的农业行业一直处于发展阶段，越来越多的农业类企业采用了新型的模式，或是扩展了自己的业务领域。中国目前农业行业整体保持平稳增长，市场对农业产品的需求一直保持在良性稳定的水平，整体增长趋势稳定。良性又稳定的社会需求是顺鑫农业这类企业保持主营业务收入稳定增长的重要因素。

2. 内部因素

营业利润是公司进行日常主营业务过程中形成的，它不仅稳定、持续，还可以通过以前年度的数据进行预测，具有很强的稳定性。根据顺鑫农业近几年财务报表数据来看，整体呈现上升趋势，但并不稳定。从顺鑫农业披露的近四年审计报告来看，其审计意见均为标准无保留意见，且未发现企业的信息披露存在造假等违法记录。由此可见公司的信息透明度良好，各方面利益相关者可以及时获得企业的信息并起到良好的监督作用。

（二）财务指标分析

1. 成长性指标

（1）主营业务收入增长率。

表 61-1　2016—2020 年主营业务收入及主营业务收入增长率

年份	主营业务收入 / 元	主营业务收入增长率 / %
2016	11,197,229,070.59	—
2017	11,733,843,205.80	4.80
2018	12,074,373,183.62	2.90
2019	14,900,141,028.95	23.4
2020	15,511,399,521.15	4.10

资料来源：公司年报。

由图 61-2 可知，顺鑫农业的主营业务收入增长率波动起伏较大，2019 年达到峰值 23.4%，但前后均比较低，这说明顺鑫农业的主营业务收入状态不稳定，盈利质量略低。

（2）每股收益增长率。

表 61-2　2016—2020 年每股收益及每股收益增长率

年份	每股收益 / 元	每股收益增长率 / %
2016	0.72	—
2017	0.77	6.9
2018	1.30	68.8
2019	1.09	-16.2
2020	0.57	-39.4

资料来源：公司年报。

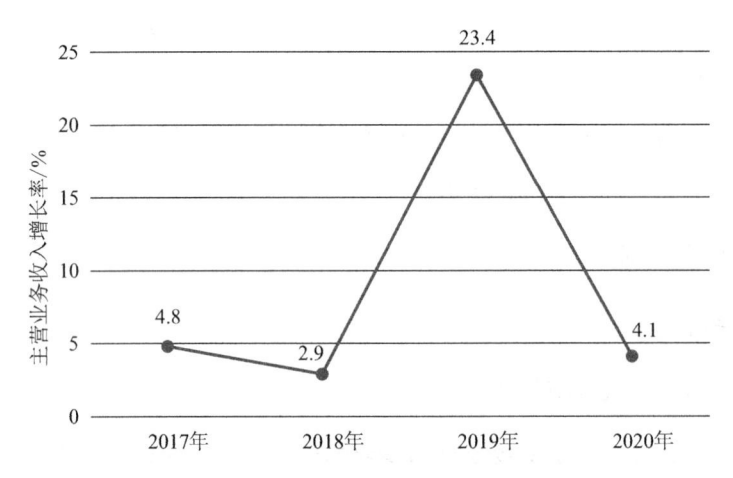

图 61-2　2017—2020 年主营业务收入增长率折线

资料来源：公司年报。

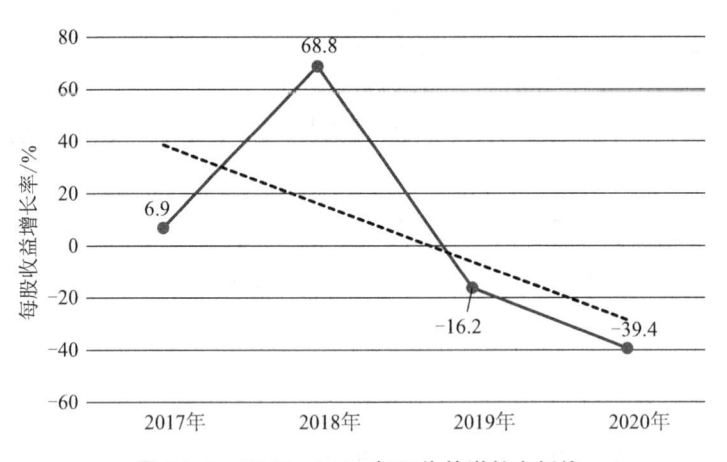

图 61-3　2017—2020 每股收益增长率折线

资料来源：公司年报。

由图 61-3 可知，顺鑫农业的每股收益增长率起伏略大，2017—2018 年增长幅度较大，但之后一路下滑，甚至跌到负数。近几年每股收益增长率有下降的态势，盈利质量较低。

综合以上两种指标情况来看，顺鑫农业盈利质量的成长性波动较大，整体水平较低，盈利处于逐年下降状态，因此盈利质量较低。

2. 稳定性指标

主营业务鲜明率见表61-3、图61-4。

表61-3　2016—2020年主营业务鲜明率相关数据

年　份	主营业务鲜明率/%
2016	475.3
2017	421.9
2018	304.4
2019	310.9
2020	412.5

资料来源：公司年报。

图61-4可以分析得出，尽管数据整体呈下降趋势，但每一年数值都保持在很高水平，由此可见，顺鑫农业的主营业务为企业带来的利润更加稳定。

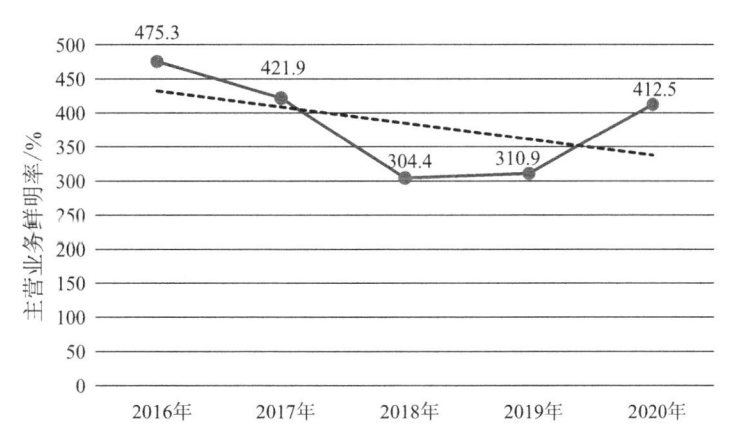

图61-4　2016—2020年主营业务鲜明率折线

资料来源：公司年报。

综上所述，顺鑫农业盈利质量的稳定性较强，未来应当继续保持。

3. 安全性指标

（1）财务杠杆系数。

表 61-4 2016—2020 年财务杠杆系数相关数据

年 份	财务杠杆系数
2016	1.47
2017	1.25
2018	1.14
2019	1.11
2020	1.35

资料来源：公司年报。

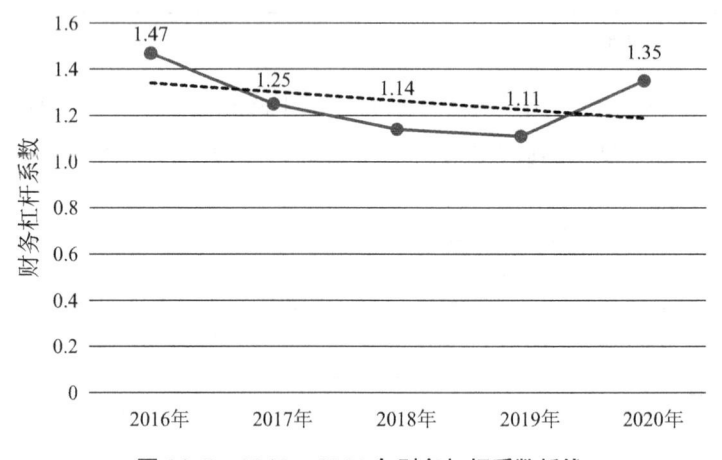

图 61-5 2016—2020 年财务杠杆系数折线

资料来源：公司年报。

从表 61-4、图 61-5 中可以看出，顺鑫农业近五年的财务杠杆系数变化幅度不大，前四年数值呈略微下降趋势。但是总体所有值均大于 1，说明其风险略大，安全性稍差。

（2）经营杠杆系数。

从表 61-5、图 61-6 可以看出顺鑫农业 2017—2020 年经营杠杆系数起伏程度较大。2018年该值达到峰值17.72，说明当年顺鑫农业经营风险较大。2017年和2020年经营杠杆系数小于0，导致这种情况可能是由于销售收入的增加，使得息税前利润有所降低。

表61-5　2016—2020年经营杠杆系数相关数据

年　份	经营杠杆系数
2016	—
2017	-0.17
2018	17.72
2019	0.38
2020	-6.80

资料来源：公司年报。

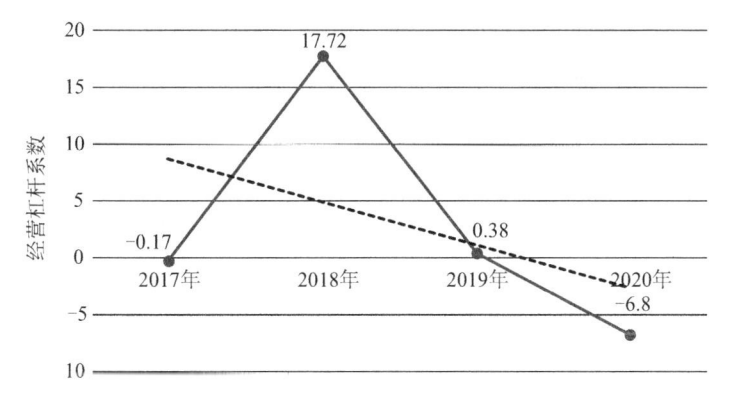

图61-6　2017—2020年经营杠杆系数折线

资料来源：公司年报。

（3）资产权益率。

从表61-6、图61-7可以分析得出，顺鑫农业资产中来源于债权投资的比重在上升，而来源于自有资本的比重在下降。从这方面来看，公司财务风险略有增加。

综合以上三个指标来看，顺鑫农业盈利的安全性稍差，但存在上升的趋势。企业在未来需要警惕各种财务风险的发生。

表 61-6　2016—2020 年资产权益率相关数据

年　份	资产权益率 / %
2016	38.25
2017	38.71
2018	38.93
2019	33.88
2020	35.86

资料来源：公司年报。

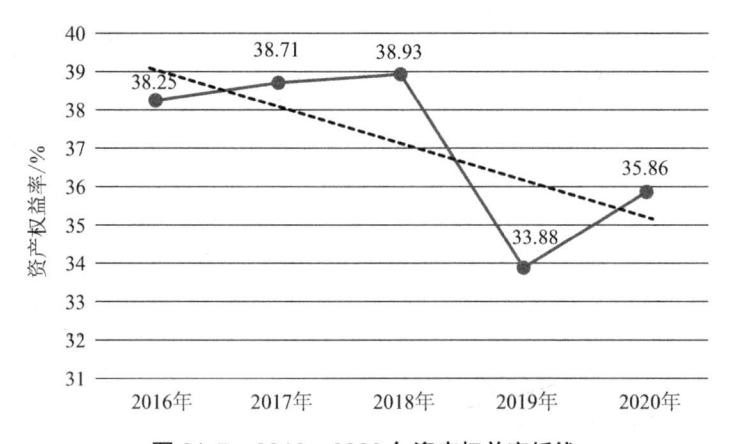

图 61-7　2016—2020 年资产权益率折线

资料来源：公司年报。

4. 盈利性指标

（1）净资产收益率。

表 61-7　2016—2020 年净资产收益率

年　份	净资产收益率 / %
2016	6.12
2017	6.18
2018	9.65
2019	10.89
2020	5.43

资料来源：公司年报。

从表 61-7、图 61-8 可以看出，公司近五年净资产收益率每一年数值并不高。由此可知顺鑫农业 2016—2020 年利用净资产获利的能力一般，投资回报率较低。

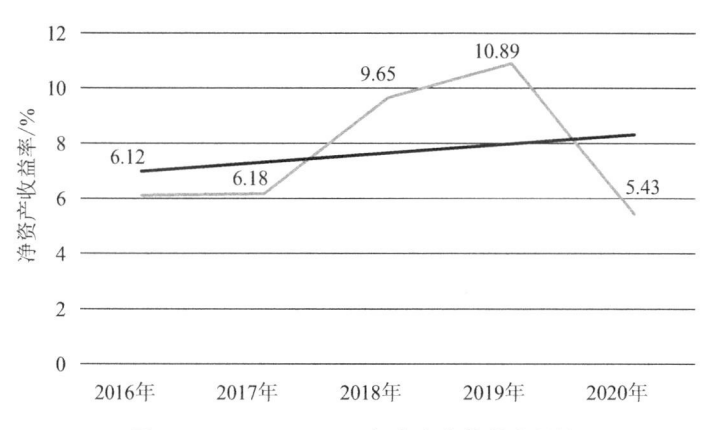

图 61-8　2016—2020 年净资产收益率折线

资料来源：公司年报。

（2）销售毛利率。

从表 61-8、图 61-9 中可以看出，公司近五年销售毛利率尽管在 2017—2018 年有较大幅度上升，整体还是呈现下降趋势。但整体平均值在 30% 以上，由此可以推断出顺鑫农业的产品定价不高，对于每一单位的利润，大概需要 70% 的销售成本，这会极大影响顺鑫农业未来的获利能力。

表 61-8　2016—2020 年销售毛利率

年　份	销售毛利率 / %
2016	34.54
2017	33.92
2018	39.96
2019	36.20
2020	28.36

资料来源：公司年报。

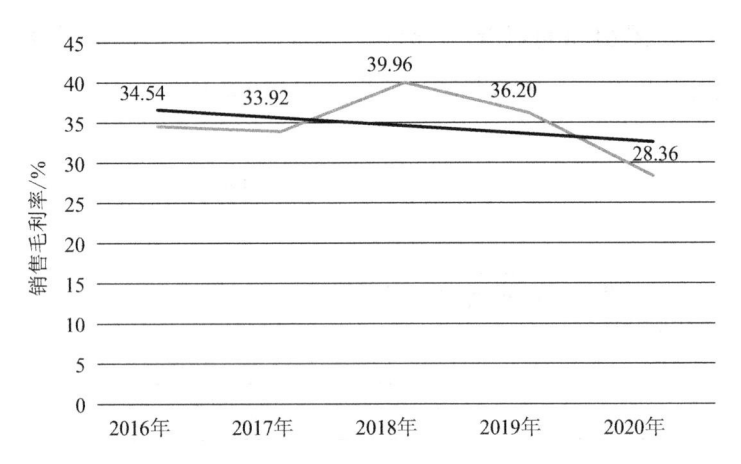

图 61-9　2016—2020 年销售毛利率折线

资料来源：公司年报。

综合顺鑫农业近五年的净资产收益率和销售毛利率的情况来看，盈利性略差，尽管净资产回报率整体上升，但其盈利性未来的发展并不乐观。

5. 收现性指标

（1）主营业务现金比率。

从表 61-9、图 61-10 可以看出，公司近五年主营业务现金比率均超过 100%，水平较高。其中 2018—2019 年下降幅度最大。这说明主营业务在收缩，其中的原因可能是市场上竞争对手较多，企业产品的市场占有率受到影响而明显下降。

表 61-9　2016—2020 年主营业务现金比率相关数据

年　　份	主营业务现金比率 / %
2016	123.0
2017	133.0
2018	135.7
2019	117.1
2020	114.7

资料来源：公司年报。

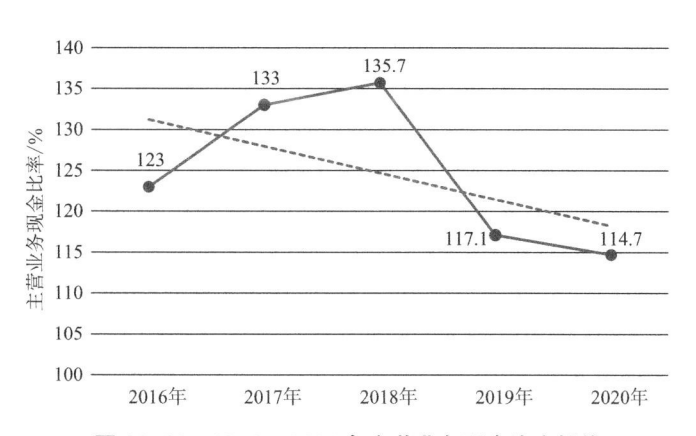

图 61-10 2016—2020 年主营业务现金比率折线

资料来源：公司年报。

(2) 净利润现金含量。

表 61-10 2016—2020 年净利润现金含量相关数据

年　　份	净利润现金含量/%
2016	237.4
2017	558.5
2018	436.1
2019	159.4
2020	362.5

资料来源：公司年报。

如表 61-10、图 61-11 所示，公司近五年净利润现金含量整体波动较大，2017—2019 年大幅下降，但整体水平较高。

(3) 全部资产现金回收率。

表 61-11 2016—2020 年全部资产现金回收率相关数据

年　　份	全部资产现金回收率/%
2016	5.65
2017	13.42
2018	16.00
2019	5.92
2020	7.13

资料来源：公司年报。

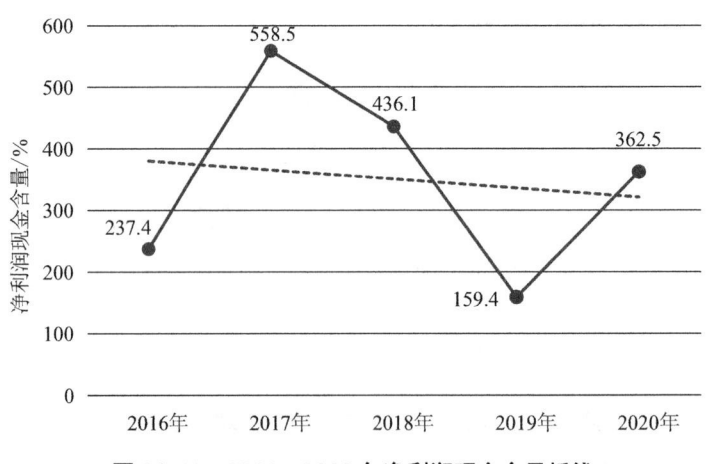

图 61-11　2016—2020年净利润现金含量折线

资料来源：公司年报。

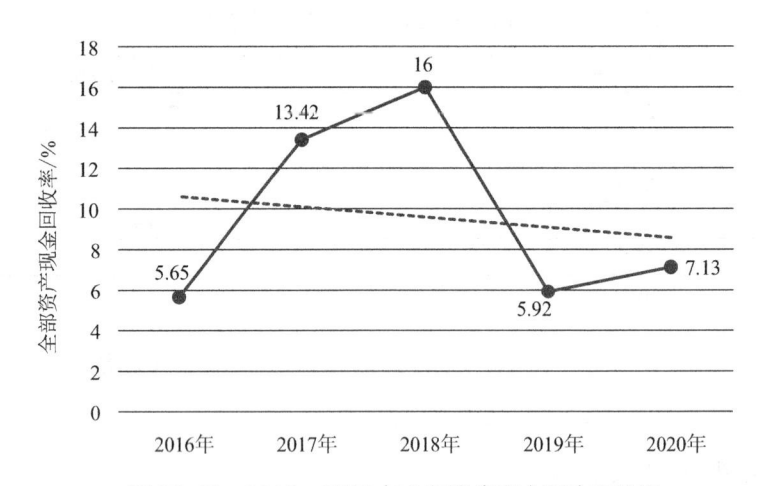

图 61-12　2016—2020年全部资产现金回收率折线

资料来源：公司年报。

由表 6-11、图 61-12 可以看出公司近五年全部资产现金回收率数据波动较大，2018—2019 年最为显著。其平均值在 10% 左右，说明其资产产生现金的能力比较稳定，但是水平并没有很高。

综合上述三个指标分析后可以得知，顺鑫农业在盈利的收现性方面整体水平较高，也比较平稳。但仍需要注意企业自身产品的市场占有率，以及同行业企业的情况。

五、相关合理建议

对以上的指标分析结果进行整理汇总，本文提出了以下三个能够在未来提高顺鑫农业盈利质量水平的合理建议。

（一）保证主营业务核心竞争力

顺鑫农业应该把重心放在主营业务上面，通过扩大销售等手段来稳定企业的核心竞争力。同时也应该加强成本及预算管控，多关注行业内公司的经营情况，以此提高企业的盈利水平。

（二）开发新产品，提升市场占有率

农业类企业大多产品类型较为单一，如果产品没有自身的特点的话，别说是开拓新市场，能否在原有市场中站稳脚跟都很难说。顺鑫农业销售毛利率略低，盈利性不高。一方面应当合理控制此产品的成本和定价，以获得尽可能多的利润；另一方面也可以尝试开发一些新的产品或者服务。

（三）提高企业现金回收能力

顺鑫农业近五年的盈利收现性水平虽然不低，但仍缺乏稳定。对此企业应当加强监督和分析现金流量。主营业务现金比率和净利润现金含量都可以清晰反映出企业盈利的收现性。因此，对现金流量进行分析、监控和合理预测，就能保证企业现金的回收，从而进一步提高企业的盈利性。

参考文献：

[1] 辛怀慧，杨文杰. 农业上市公司盈利能力分析[J]. 财会通讯（综合版），2011(14)：110-111.

[2] 宫云佳. 北大荒农业股份公司盈利能力分析[J]. 现代营销（下旬刊），2020（6）：174-175.

[3] 张新民，钱爱民. 企业财务质量与管理质量关系研究[M]. 北京：对外经济贸易大学出版社，2009.

[4] 张朋，杨兰. 以冠农股份为例分析农业上市公司的盈利能力[J]. 现代商业，2018（24）：135-136.

[5] 邵军. 上市公司利润质量评价研究理论·方法·案例[M]. 北京：经济管理出版社，2008.

六十二　阿里巴巴并购的财务风险控制研究

潘婷婷[①]

摘要：中国自1978年改革开放之后市场出现并购的事件，收购者通过并购的方式增加企业在市场上的份额、优化资源配置以及实现公司发展的战略升级。近年来，虽然国内企业之间的并购越来越常见，但并不是每场并购都会成功，企业在并购的全过程都会遇到不一样的财务风险。然而若一个企业选择并购就难以避免地遇到财务风险。因此，调查研究中国企业并购案例的详细内容对防范财务风险有重要意义。本文首先查阅梳理了大量的外国文献，采用文献综述法以及案例分析法对阿里并购网易考拉的财务风险控制展开研究。

关键词：企业并购；财务风险；风险控制

一、引言

企业在参与并购的交易中，都会伴随着财务活动。虽然国内企业间的并购活动一直呈上升趋势，但成功数量却不多，所以我们现在必须从这些大量并购失败的案例中进行自省，众多的并购案件为何少有成功，其主要原因在哪里。

在计划并购时是企业自身的发展需求，还是一时的盲目跟风，在进行并购时有没有事先慎重地评估企业风险，充分调查了解目标企业，仅通过目标企业的财

---

① 潘婷婷，女，会计硕士，研究方向：财务管理。

务报表来了解企业是远远不够的，财务报表不足以作为研究财务风险的全部资料，还应拓展其他获取信息的渠道。本文研究并购网易考拉的这个案例，深入地分析企业在并购过程中会遇到的风险以及相应的解决措施，从而为之后发生并购活动的企业提供学习的范例。

二、文献综述

王天然（2014）指出，并购交易中财务风险较大的原因在于：第一，创建的财务管理系统难以及时解决周围环境的变动带来的问题；第二，管理者的主观臆断，对财务风险的了解不深刻；第三，公司对内部的控制制度还有所欠缺，而且没有强有力的市场监管机制[1]。

李静慧（2017）指出，收购是一个长期的、烦琐的、全方面考察财务管理活动的流程。在企业收购中，除了前期要重视对收购企业的合理估值、采用适当方式付款等问题，收购后的整合阶段也会给企业带来较大的财务风险[2]。李璐（2020）指出，在并购活动发生前，管理者要事无巨细地看问题才会发现潜在的风险，而且也要关注收购后的整合问题[3]。

三、并购的相关理论

（一）协同效应理论

企业通过兼并和收购的方式，从而可以相互分享利用资源，整合拓展新产品，加强公司的综合实力以及抗击风险的能力，以实现企业要获得"规模效益"的最终目标。在这个理论之下，如果公司想要开展多样化的业务，那么就需要企业全面利用公司的各种资源，不能只局限于原来的产品类型，应该创新开展新型的类别，与此同时再扩展业务的运营范围。

该理论总共包含三种类型。管理协同效应：一家企业管理的效率非常高，而另一家企业则相反，两家企业经过并购后达到一个居中的水平。经营协同效应：

实现并购后改善企业的运营情况，在经营规模上进一步扩展。财务协同效应：若一家公司的资金过剩并且没有足够的机会去投资，与此相反，另外一家公司在投资方面的机会比较多，而且投资回报率比较高，但是缺乏资金，如果这两家公司相互合并，不仅目标公司可以达到较低的融资成本的目的，并且并购公司能够获得更多的投资时机，最后实现财务协同效应。

（二）并购财务风险管理理论

收购交易中存在很多不确定因素，而财务风险时时存在于并购交易中，因此收购方对并购风险管理时尤其要重视风险的识别、度量以及风险的控制。这个理论主要是防范控制并购活动的财务风险从而减少收购方的损失，用并购的手段提高企业的经济利益。

四、并购双方的简介

（一）阿里巴巴基本情况介绍

在1998年的杭州地区，一个带有巨大发展潜力的企业——阿里巴巴（以下简称"阿里"）成立了。优秀的服务态度、多元的产品销售以及便捷的支付方式等因素都促使阿里成为全球第一家超过200万商家的电商平台。阿里不仅主打电商网站，为交易双方提供基础的交易平台，而且还不断地拓展企业其他方面的业务，如蚂蚁花呗、阿里云计算、菜鸟网络等。2019年1月14日，在世界最大的零售协会"NRF"的年会上，阿里得到"未来零售发明者"的美称。同年，阿里在香港联合交易所主板上市。

（二）网易考拉基本情况介绍

在2015年，一家以"自营直采"理念为主的综合性跨境电商成立了。提供的产品类型主要涵盖了婴儿用品、品牌服装、高档化妆品和生活保健品方面等。网易考拉直采低价格高品质、符合市场需求的产品，从商品产地直接购入到中国。为了保证提供高质量的产品，还与国家进出口监管机关一起研究开发二维码溯源系统，在国家机关的严格监管之下阻绝假货的出现。网易考拉以 100% 正品、物美价廉、支持在一个月内无理由退货退款以及快捷的货物运输为客户提供购买高质量境外产品的消费平台，以"让中国的居民花低价提高消费者的生活水平"为目标，推动中国居民的消费升级。

五、并购动因及过程分析

（一）并购动因

网易考拉已经不能为网易发展提供助力，2016 年，跨境电商网易考拉的全部收入仅比上年多 160%，这个数字远远落后于网易的步伐，并且至此之后，这一增幅还在呈回落的趋势。根据 2018 年的年报显示，营业收入总额为 511.79 亿元，净利润为 64.77 亿元，比上年减少 43.72 亿元，近年的收入增速已经呈连续七个季度的下降状态。网易考拉的持续运营，早已不能为网易的发展带来助力。

通过多年的积累，阿里背后已经拥有强大的资金实力，所以这为阿里免去了经济上的困扰。在 2019 年，网易考拉的市场份额达到 27.7%，位居市场份额的第一，阿里旗下的国际天猫在其之下，拥有 25.1% 的市场份额。由此可见，收购网易考拉将会使阿里占据跨境电商行业的半壁江山。

（二）过程分析

于 2019 年 8 月 13 日，"21 世纪财经"最早放出消息，称网易考拉目前正开始新一轮融资。紧接着"晚点 LatePost"爆出阿里与网易商谈收购网易考拉的消息，商谈结果都已确定，收购价格为几十亿美元左右，并且交易合作后，会把二者在跨境电商方面的业务进行整合。9 月 4 日，有参与这次并购的内部人员放出消息，在本周这次大型的跨境电商收购案将交割结束。阿里的这次收购，之前《财新周刊》报道的收购额准确无误，会将价值 3 亿美元股票加 17 亿美元现金作为收购款。这次收购成功后，阿里会把网易考拉纳进天猫国际，网易考拉原有的品牌保持原样。

六、阿里巴巴并购存在的财务风险

（一）并购前的估值风险

经营者在采取行动之前，就应该确定网易考拉的并购成本，同时全面深入地了解网易考拉在财务、人力、经营等各方面的状态。之后根据当前市场情况对其进行价值判断。站在经营效益的角度，在此次交易之前，网易考拉这个平台在网易的发展下已经难以应对收益持续下降的局面，收入不断下降以及成本不断增加都使网易的管理不堪重负。同时，网易考拉先后陷入产品售假等消极事件的冲击中，原来忠实的客户正逐渐流失，不难看出网易考拉的市场价值已经进入低谷。

（二）并购中的支付风险

阿里并购网易考拉这一大电商，所采用的是全额现金支付的方式，交易对价为20亿美元。虽然这种方式简单便捷迅速，能缩短交易的事件，减少其他不确定因素的发生，但全资现金支付并购对价的交易方式需要并购方筹集大量的现金，会使现金流风险提升。

（三）并购后的整合风险

从双方企业性质可以发现，这次阿里收购的网易考拉并没有跨出阿里的发展领域范围，尽管如此，这次并购也没有看起来那么简单。 方面，阿里旗下的天猫国际注重平台，而网易考拉主要是自营直采的模式，这样模式的供应链条的构建需要网易全程参与，在采购方面需要建立直营门店，同时还要为供给端搭建保税仓储，二者在商品采购、供应渠道以及发展战略定位上都存在巨大差异，未来该怎样规范统一标准还是未知。另一方面，网易考拉被收购后人员浮动，很多管理者已经辞职，这样下去不利于阿里长远的发展。所以该如何避免人员规模流失，提高工作效率，将阿里与考拉线上线下业务整合需要更为全面的策略。

七、阿里巴巴并购的财务风险防范措施

(一) 并购前防范决策风险的措施

在确定要并购的企业之前,需要阿里全方位、多渠道地获取被并购企业的信息,并购带来的风险企业能否承受,对风险的计量以及与之后带来的长久利益作比较,收购成功之后能对公司未来长远发展创造多少价值。首先,阿里可以通过对网易考拉过去所有的财务报表进行分析,从而合理地判断评估网易考拉这个企业的价值。其次,阿里巴巴应明确企业的长久发展策略,面对未来发展趋势提前做出判断,并购考拉之前,解决如何更好地利用考拉的核心"直营"模式与阿里旗下的天猫国际平台拓展发展空间,创造出 1+1 大于 2 的效果。

(二) 并购中防范支付风险的措施

对于阿里在并购考拉过程中的支付风险,首先,需要阿里结合自身的资金状况以及目前公司经营收益多少、稳定情况来确定最有利的支付方式。不管选择哪种支付方式,它都有自己优缺的两面性,并且都伴随着一定的风险。

阿里 2018 年年报显示,仅仅这一年就创造了 2,500 多亿元的收入,同比上年增长了 58%,公司的市场价值甚至挤进了全球前十的排行榜,在电商领域可谓是个传奇。首先,作为电商行业领军人物的阿里,其资产状况不可小觑,而且现款支付与其他方式相比,更加简单便捷。其次,阿里应该在合适的时间付款。在整个交易中,为了防范因资金大额流出所带来的支付风险,阿里可以选择分期付款,并且准确地把控并购的时间长度,选择最有利的并购时间范围。同时考虑到货币的时间价值,尽可能地将付款时间选择在并购后,在整合好被并购企业,使其运营起来为公司产生收益后再将收购款交付,这样可以在一定程度上降低企业的财务风险。

(三) 并购后防范整合风险的措施

这次收购对双方来说是"双赢"的一场交易。要把考拉从网易中完整地切割

出来，再融合到阿里这个动物园并非易事。不仅在产品业务上要整合，还有人员流动、技术交接等各方面，都没有表面上看起来那样简单。但对于经历过多次收购的阿里来说，并不复杂，据数据统计，阿里巴巴大大小小收购投资多达76笔，近年来阿里先后收购了UC、土豆、饿了吗等。所以在诸多的收购过程中，对于并购后的整合问题，阿里已经形成了自己独有的一套成熟方案。

这次收购后的整合阿里基本可以划为三个阶段，首先是"人员整合"，职员工作地点需要搬迁到阿里园区，2,000名员工已经在2019年10月之前全部迁移完成。其次对考拉的管理层团队进行梳理，阿里指派刘鹏、蔡勇等人进入考拉的核心团队。最后就是对考拉未来发展的"战略定位"，把业务、物流、供应端和仓储方面相互整合。站在阿里收购角度来说，阿里巴巴看重的是网易考拉商品直营模式，并拥有多个国内自营保税仓和海外仓，在母婴用品、家电数码、服饰箱包和食品保健等方面极具竞争优势，而阿里旗下的天猫国际不仅在国内是最大的品牌首发平台，而且拥有大量的客户群体，在高端化妆品、轻奢消费品等方面竞争优势明显，因此，二者可以在各自具有竞争力的类别方面形成优势互补。

参考文献：

[1] 王天然．互联网企业财务风险分析与防范研究 [J]．经营管理者，2014(6)：210-211．

[2] 李静慧．阿里巴巴并购的财务风险及防范 [D]．哈尔滨：黑龙江大学，2017．

[3] 李璐．互联网企业并购的财务风险分析研究 [J]．中国集体经济，2020(4)：217-218．

六十三　财务风险管理研究

——以光线传媒为例

王云姣[①]

摘要：随着行业市场发展环境的不断变化，各行各业所面临的发展压力与激烈竞争都在与日俱增，想要得到长期发展，企业必须在复杂多变的环境下重视自身在经营过程中面临的各类财务风险，提高风险管控能力，减少各类财务风险给企业可能带来的损失。本文以光线传媒为例，对企业在筹资、投资、营运三个方面进行分析，判断企业财务风险程度，得出相应结论，给出财务风险控制措施建议。

关键词：财务风险；光线传媒；影视行业

一、引言

近年来，市场经济不断发展，竞争也不断增强，而近些年疫情的暴发，也影响了影视行业的发展。许多影视公司对有限的资源和市场进行瓜分，在对利益的过度关注和追逐下，忽略了财务风险的控制和管理，因此对影视企业财务风险管理进行研究就显得至关重要。本文以光线传媒为例，将相关的财务指标数据与行业均值进行对比分析，识别其存在的财务风险。最后再结合企业的财务经营管理特点对其自身存在的财务风险问题进行预防和有效控制，从而降低其风险水平，

---
① 王云姣，女，会计硕士，研究方向：财务管理。

实现可持续发展。

二、文献综述

关于财务风险控制，国内外的学者都进行了深入的研究，但是大多是关于房地产和生产类企业的分析，很少有以影视公司为对象的财务风险分析。根据行业特性，针对文化产业的企业财务风险仍然缺乏系统性的研究。因此，本文以光线传媒为例，对其进行财务风险控制分析，并提出建议，希望能够为我国影视行业提供参考，降低企业财务风险。

三、光线传媒财务风险分析

（一）企业概况

1998年北京光线传媒股份有限公司（以下简称"光线传媒"）正式注册成立，2011年正式上市中国创业板，其主要经营业务有影视剧的投资、制作、发行，电视栏目、演艺活动和影视剧是公司的三大传媒内容。随着不断地发展，光线传媒成为国内较大的民营电视节目制作和运营商之一。2009年的中国北京国际文化创意产业博览会上，光线传媒公司被评为"2009年中国文化创意产业十大领军企业"。

（二）财务风险分析

通过运用财务指标分析法研究光线传媒在筹资、投资、营运等方面的具体财务数据来分析该企业财务风险情况。

1. 筹资风险分析

本文对光线传媒公司的长期和短期偿债能力进行分析。

（1）短期偿债能力。

从表63-1可知，影视行业的流动比率平均值是2.02，说明在影视行业内大多数的影视公司流动负债能够被流动资产覆盖，光线传媒近五年的流动比率也高于行业内均值，说明光线传媒流动资产中应收账款、存货等无法快速变现的资产所占比例较低，能够短期内偿还债务的货币资金占比较多，企业短期偿债能力强。

表63-1　2016—2020年流动比率、速动比率、现金比率

财务指标	类别	2016年	2017年	2018年	2019年	2020年
流动比率	行业均值	2.16	2.07	1.96	1.91	3.35
	光线传媒	3.84	2.83	4.03	2.46	5.75
速动比率	行业均值	1.84	1.74	1.64	1.6	3.87
	光线传媒	3.29	1.99	2.74	1.86	4.38
现金比率	光线传媒	1.78	1.40	1.51	1.28	2.95

资料来源：公开数据整理。

（2）长期偿债能力。

从表63-2可知，影视行业的资产负债率均值在39%左右，而光线传媒近五年的资产负债率一直低于行业均值，说明光线传媒的融资能力和投资能力并不是很好，企业的发展也受到限制。近五年，光线传媒的利息保障倍数呈倒N形走势，在2020年利息费用保障倍数下降，是近五年最低，说明偿还利息费用的能力正在减弱。总体来说，光线传媒在长期偿债能力上有很大不足。

表63-2　2016—2020年资产负债率、利息保障倍数

财务指标	类别	2016年	2017年	2018年	2019年	2020年
资产负债率/%	行业均值	0.34	0.35	0.37	0.37	0.51
	光线传媒	0.22	0.29	0.20	0.18	0.08
利息保障倍数	行业均值	-0.62	27.54	53.33	17.12	44.22
	光线传媒	64.47	21.13	108.75	39.53	10.39

资料来源：公开数据整理。

2. 投资风险分析

为了解光线传媒的投资风险现状，选取盈利能力和收益质量来分析。

（1）盈利能力。

根据对表63-3中三个指标的分析不难看出，光线传媒的毛利率、净利率和

净资产收益率均远远高于行业均值,说明其经营行为并没有出现较大的问题,盈利能力也比同行业的影视公司高出很多。

表 63-3 2016—2020 年毛利率、净利率、净资产收益率

		2016 年	2017 年	2018 年	2019 年	2020 年
毛利率 / %	行业均值	32.21	32.60	31.12	30.26	26.56
	光线传媒	49.45	41.28	32.26	44.76	53.03
净利率 / %	行业均值	13.88	13.63	0.98	−0.34	−0.46
	光线传媒	42.74	44.55	91.59	33.46	24.85
净资产收益率 / %	行业均值	11.35	9.98	0.51	−0.41	−0.49
	光线传媒	10.67	10.98	16.25	10.80	3.18

资料来源:公开数据整理。

(2)收益质量(见表 63-4)。

表 63-4 光线传媒 2019—2020 年度主要财务状况

	2020 年	2019 年	本年比上年增减
营业收入 / 万元	115,907.28	282,944.88	−59.0%
营业成本 / 万元	54,439.36	156,309.83	−96.5%
营业利润 / 万元	31,742.69	111,153.05	−71.4%
利润总额 / 万元	32,342.44	111,252.89	−70.9%
净利润 / 万元	28,810.71	94,661.12	−69.5%

资料来源:公开数据整理。

光线传媒营业收入大部分源自制作发行、艺人经纪两方面。电视剧销售收入包含音像版权转让收入、电视或网络平台播映权转让收入等。拍摄完成的影视剧在通过电视行政主管部门审核后,获得《电视剧发行许可证》[1],相关剧作获得播映权,能够进行成品拷贝,并将成品移交给购货方时,且相关剧作的收益很可能流入企业时,才能确认收入。艺人经纪的收入主要源于艺人参演影视剧片酬收入、商务代言等分成[2]。根据光线传媒的财务状况发现,其五个分析数值均大幅度下降,可见,在 2020 年受疫情影响,企业的影视行业发展并不乐观。

3. 营运风险分析

影视行业的存货大多为无形资产，原材料大多是未开拍的、研发中止的影视剧本等，等到作品开拍后称为牌剧品。在成功获得《电视剧发行许可证》和《电影公映许可证》后，拍摄的成品才转入库存中。而在 2020 年由于疫情和国家政策的影响，光线传媒存在 IP 数量和开拍数量大幅减少的情况。对于影视作品，其价值并不在于其存储的介质，而是取决于内容。与此同时，作品的开发、制作、播出等多个环节都存在着极其高的风险，市场的影响、国家政策的实施都可能导致作品不能播出。因此，光线传媒在近些年的发展中存在一定的营运风险。

(三) 光线传媒财务风险控制措施

首先，加强管理人员财务风险控制意识，加大资源投入。其次，健全财务风险控制机制，将风险意识渗透至内部，优化整个控制流程，加强制度执行，确保制度能够落到实处，保证在企业面对风险时有所准备。光线传媒同时要注意长期偿债能力的提高，避免财务危机与财务风险。近年受疫情的影响和国家政策的实施，光线传媒也应当努力跟随国家政策，做好一切防护措施，在拍摄作品中做好一切准备。积极响应国家政策，聘用优质艺人，减少风险。

参考文献：

[1] 王冬梅, 胡占, 游朝阳. 暴风集团轻资产转型的财务风险评价 [J]. 管理评论, 2018, 30(7): 245-259.
[2] 罗强武. 上市公司财务管理的风险预防与控制研究 [J]. 中国国际财经（中英文），2017(12).

六十四　出版传媒企业财务风险研究

——以凤凰传媒为例

帅婧伟[①]

摘要：本文使用凤凰传媒披露的2016—2020年数据，选取财务指标进行定量分析，得出筹资风险较小资本结构合理的结论；投资多元化但流入流出比例变化较大存在一定投资风险；重要资产周转率虽表现良好，但其他应收款过高很可能导致了指标的升高。同时，出版传媒企业经历事业单位改制，存在对财务风险认识不足、不够重视等情况，最后提出建立财务风险预警系统和加强企业内部控制的建议。

关键词：凤凰传媒；财务指标分析；财务风险

一、引言

企业为应对发展中的不确定性，需要相对稳定的内部环境支持，尤其是财务上的稳定。财务风险研究在国内起步较晚，出版传媒企业又涉及事业单位改制企业的特殊情况，普遍对财务风险不理解以及重视程度不够。本文将以凤凰传媒为例研究出版传媒企业在发展中可能遇到的财务风险，指出造成风险的原因并提出合理的建议。以此提醒企业重视发展中的财务风险，帮助企业避免盲目发展、稳

[①] 帅婧伟，女，会计硕士，研究方向：财务分析。

中有升健康发展。财务风险其实是财务成果的风险和财务状况的风险。财务工作的有效性、财务活动组织和管理的业绩情况，势必会体现在该企业经营资金运营的状态和结果上。按照财务活动的基本内容来划分，包括筹资风险、投资风险、资金回收风险和收益分配风险[1]。

二、凤凰传媒财务风险分析

（一）凤凰传媒简介

凤凰传媒成立于南京，是中国最大的发行出版企业。公司主要业务为图书、报纸、电子出版物、音像制品的编辑出版、发行，出版编辑业务主要包括教材、教辅等，发行业务主要包括教材教辅发行和一般图书发行业务、教学装备销售、物流配送、文化商业地产等业务。江苏凤凰出版传媒集团有限公司以持有凤凰传媒 46.08% 的股份作为凤凰传媒最大的股东，且江苏凤凰出版传媒集团有限公司是江苏省人民政府 100% 控股的企业[2]。

（二）风险分析

1. 筹资风险

通过对表 64-1 进行分析可以得到以下结论。

凤凰传媒在研究的五年期内只有少量的筹资，根据合并现金流量表可知大部分为借款取得，还有子公司吸收少数股东投资收到的现金，并没有新增发行债券，可以看出凤凰传媒的筹资方式和渠道较为单一，多方式的筹资能力不足。根据资产负债表数据分析可知，借款大部分是短期，说明凤凰传媒的借款仅用于资金周转事项，并未有效利用长期借款还款压力小的优势。在母公司的总资产和股东权益稳定增加的影响下，权益乘数也相应增加，但是因为凤凰传媒为国有控股企业，即使该指标有所增加也不会影响凤凰传媒的还本付息能力。并且股东对企业的控制权和管理权也没有稀释。由资产负债率也可以看出，凤凰传媒的资本结构较合理，说明凤凰传媒的债务能够按时偿还，财务风险较小。

表 64-1　偿债能力指标　　　　　　　　　　　单位：亿元

指标＼年份	2016年	2017年	2018年	2019年	2020年
总资产	176.30	170.63	189.26	201.17	229.63
股东权益	94.47	97.64	103.34	105.62	116.18
权益乘数	1.87	1.75	1.83	1.90	1.98
资产负债率	46%	43%	45%	47%	49%
吸收投资收到的现金	0.09	—	0.06	0.02	0.01
取得借款收到的现金	1.97	0.52	—	—	0.83

资料来源：巨潮资讯网。

2. 投资风险

数据见表 64-2。

表 64-2　投资相关指标

指标＼年份	2016	2017	2018	2019	2020
收回投资收到的现金/亿元	37.94	61.15	39.38	25.80	18.27
取得投资收益收到的现金/亿元	0.07	0.10	1.00	0.03	0.03
购建固定资产、无形资产及其他长期资产支付的现金/亿元	6.62	6.00	5.60	7.26	9.18
支付其他与投资活动有关的现金/亿元	0.03	0.10	0.01	0.03	40.13
流入流出比例	62.58%	112.54%	161.56%	86.43%	26.50%

资料来源：巨潮资讯网。

通过对表 64-2 进行分析可以得到以下结论。

仅仅从收回投资收到的现金来看，近几年企业收到的金额在下降，再结合流入流出比例也得出类似的比例在下降的结论。但以此得出企业投资风险变高的结论显然不太确切，因为结合企业自身情况发现凤凰传媒的交易性金融资产金额较高，占比较大，交易性金融资产自身风险就较大，变动较明显，可能是导致收回投资收到的现金变化较大的原因。

通过表 64-2 第三列可知，购建固定资产、无形资产等的现金投资较平稳。支付其他与投资活动有关的现金除 2020 年有大变动需要特别关注可能增加投资风险外，其余年份都较平稳，投资风险不大。通过近几年企业公开投资消息可以判断，投资结构较多元化，经营过程中产生的大额投资对企业未来发展有促进作用，有助于扩大企业的影响力和盈利能力。但因流入流出比例变化剧烈，故存在一定投资风险。

3. 资金回收风险

数据见表 64-3。

表 64-3　运营能力指标

指标＼年份	2016	2017	2018	2019	2020
销售收入 / 亿元	42.19	42.63	5.38	5.50	5.41
总资产 / 亿元	176.30	170.63	189.26	201.17	229.63
总资产周转率 / %	6.25%	6.14%	0.75%	0.70%	0.63%
总资产周转天数 / 天	5840	5941	48,871	51,786	58,095
应收账款 / 亿元	1.30	—	1.98	0.86	0.68
应收账款周转率 / %	3,249.50%	—	271.30%	638.90%	800.90%
应收账款周转天数 / 天	11	0	135	57	46
存货 / 亿元	17.24	0.39	0.69	0.86	1.03
存货周转率 / %	244.72%	—	778.04%	638.21%	527.34%
存货周转天数 / 天	149	3	47	57	69

资料来源：巨潮资讯网。

通过对表 64-3 进行分析可以得到以下结论。

教材教辅为凤凰传媒的主营业务，而母公司总资产周转天数不断增加，其中存货如教材、教辅等和应收账款这两项重要资产的周转天数并没有过高，财务风险不高。要特意说明的是出版商品自产品上市之后 3 个月的账期一直在出版传媒行业中延续[3]。随着产业链结构中发行商的实力不断提高，出版商的优势减弱，为收回应收账款，出版商不得不加大图书的出货量，试图以新货增添结清旧账。

这使得资本营运效率降低，增加了出版传媒企业的财务风险。

存货的周转情况对企业的运营风险的重要性不言而喻，存货会占用资金并且产生管理费用，而且凤凰传媒的主营业务是教材、教辅，而教材、教辅具有时效性和特殊性等的特点。

寒假和暑假开学和考试报名期间是教材、教辅销量最大的时期，此时是销售的黄金时期。如果存货周转率变快，当年营业收入和利润增加的可能性就高，运营风险能有效降低。如果存货在此时周转效率不理想，没有达到存货周转的行业平均水平，很大程度上可能导致本年度的存货周转率较低，影响当年的经营成果[4]。

4. 收益分配风险

数据见表64-4。

表64-4 盈利能力指标

指标＼年份	2016	2017	2018	2019	2020
净利润/亿元	3.20	8.10	9.66	9.91	15.65
净利润增长率	—	141.39%	19.16%	2.66%	57.85%
销售收入/亿元	42.19	42.63	5.38	5.50	5.41
销售收入增长率	—	1.05%	-87.39%	2.38%	-1.64%
销售净利率	7.96%	19.01%	179.62%	180.11%	289.04%
权益净利率	0.93%	2.04%	2.46%	2.42%	3.59%

资料来源：巨潮资讯网。

通过对表64-4进行分析可以得到以下结论：

从表64-4中的数据可以看出净利润在2017年有大幅上升，在以后几年也是一直保持增长的态势。从2017年开始，宏观政策环境变化剧烈、市场竞争压力增大。在环保政策实施的市场环境下，纸张价格成本上涨，营运成本上涨。与十九大思想有关的文学作品发行量增长巨大，十九大重要文件出版物发行总量1,350万册，是该企业十八大文件出版物的3倍，发行业务盈利能力增强。同时该年教材教辅改革，凤凰版教材失去重要市场，企业受到冲击，新的业务开拓需要时间，人才培养引进需要时间，导致销售收入开始下降，财务风险加剧。

受到电子图书的冲击，报刊出版近几年一直处在低迷的状态，对于不利的局面，凤凰传媒在 2019 年利用自身在教育出版和少儿出版方面的专业优势，专注细分市场拓展，销售收入又进一步增长。2020 年凤凰版及租型① 课标教材、省级教材等总码洋增长。导致 2020 年净利润又有大幅增长。

销售净利率的不断攀升说明企业全部经营成果在不断变好，从利润表数据中也有清楚的展现。在本年公告中，凤凰传媒将本年利润进行了分配，并没有大部分留存以供企业后续使用，存在一定的财务风险。凤凰传媒的股东在投入相同的情况下产出变高，也进一步表明凤凰传媒利润分配较多，收益分配风险较高。

三、出版传媒企业财务风险防范对策

由于文化传媒产业的受重视程度升高，发展前景更加广阔。我国文化市场不断健全细化，国内外优秀资本的进入促进了文化产业步入更高的层次。但新媒体的出现与发展，让以传统的出版印刷为主营业务的出版传媒企业受到冲击，以网络以及移动设备为主营业务将作为未来的发展方向[5]。行业内发生大融合，正不断进行产业升级转型，改变原有的业态发展，在外因社会发展和内因自身管理缺乏的影响下，企业的财务风险依旧无法避免。未解决风险问题，本文提出如下两点建议。

（一）建立财务风险预警系统

出版传媒企业存在事业单位改制的特殊位置，对财务风险重视不够，应主动建立财务风险预警系统。选取与出版传媒企业经营密切相关的财务指标和非财务指标，建立模型，对企业财务风险进行量化打分，以清晰的数字和图表将潜在风险展示出来。如果该模型能够及时在行业内普及更新，那么出版传媒行业将迎来新的发展浪潮，能够吸引更多优质的资本，进一步降低行业整体的财务风险。

---

① 租型是指出版单位从其他出版单位租入版型自己印刷、发行出版物，并按出版定价的一定比例向出租单位支付专有出版权再许可使用费。

(二) 加强企业内部控制 (见图64-1)

公开招聘 → 入职培训 → 判断能力 → 分配岗位

合理奖励机制 → 有效内控

图 64-1　加强内部控制流程

资料来源：作者整理

内部控制中的人员管理对企业发展有着重要作用，业务能力强的财务人员能帮助企业管理层避免较大的决策失误；优秀的销售人员能判断购货方能不能及时缴纳货款，避免应收账款的发生；经验丰富的工人能够降低印刷过程中的损耗，节约成本费用开支。通过行之有效的内部控制，能有效规避财务风险。

参考文献：

[1] 向德伟.论财务风险 [J].会计研究，1994(4)：21-25.

[2] 江苏凤凰出版传媒集团有限公司.爱企查.[EB/OL]. https：// aiqicha. baidu. com/ company_ detail_ 52571003179240，2021.

[3] 贲绍华.出版传媒企业风险问题研究 [J].文化产业，2020(18)：102-103.

[4] 张军，周欣楠，任玥桥.文化企业财务风险控制研究——以Z公司为例 [J].财务管理研究，2021(2)：12-21.

[5] 徐小芳.出版企业财务风险管理与防范 [J].时代经贸，2019(34)：23-24.

六十五　企业财务风险控制研究

——以宇通客车公司为例

张浩然[①]

摘要： 本文主要研究对象宇通客车公司是一家专注于客车产品的研发、生产、制造和销售服务于一体的大型综合性现代化汽车制造公司。通过查阅与财务风险管理相关的文献，以及整理财务风险形成原因与主要影响因素，内部和外部因素都在影响着企业的发展，因此主要是以财务风险为出发点，结合宇通客车实际情况，从筹资、营运、收益分配三个角度进行财务风险分析。结合宇通客车实际情况对自身的财务风险问题做进一步理解，然后多角度深入剖析其形成原因，针对其四个方面的风险提出规范筹资结构，构建自己的发展模式，提升自身品牌影响力，提升存货周转率，确定适当的股利分配，提高企业竞争力。

关键词： 宇通客车；企业；财务风险；管理

一、引言

企业财务的关键风险管理主要指的是在一个大型企业内部已经发生了某种财务风险活动的某个关键时候，对各种未知的风险进行辨别、研究、分析与评价。

---

① 张浩然，男，会计硕士，研究方向：财务管理与管理会计。

任何中小企业的生存和发展都会面临一些财务和风险的问题，所以我们应该在这些风险来临之前就切实做好预防工作，积极地学习相关知识，提高自身防范和化解风险的意识，并加强对各种风险的识别能力，时刻保持警惕。在风险来临之时，要做到不慌张，找出原因所在，详细分析可能产生的原因有哪些，然后再有理有序地解决财务风险问题，最后加强这方面的管理，及时弥补漏洞，这样才可减少不必要的因素所造成的财务风险。因此，建立适当的风险控制制度，可以防范并有效应对公司的财务风险，以维持公司健康、稳定、快速发展，这对于财务风险管理来讲是非常重要的。

二、宇通客车财务风险识别及成因分析

（一）宇通客车概况

郑州宇通客车公司每年日产的大型汽车总数量高达 360 台。核心技术研发基地总部设在河南郑州，建立的宇通工业园占地面积 1,700 亩，拥有大型自动化汽车底盘加工汽车涂装车架车子电泳、车身涂装汽车车架电泳、机器人汽车喷涂等 20 多条国际先进的大型汽车车体电子游泳配件涂装生产设备和配套生产线。即将投产的杭州太阳能光伏新能源产业工厂区现在规划中，总占地 2,000 多亩，建筑面积将近 60 万平方米，按照面积推算，年产量可达 3 万台。

（二）宇通客车财务风险及成因（见表 65-1、表 65-2）

表 65-1 宇通客车 2015—2018 年现金流量表分析

指标 年份	2015	2016	2017	2018
负债总额/亿元	172	214	205	200

资料来源：根据企业财务报表数据整理。

表 65-2 宇通客车 2015—2018 年投资活动现金流量表   单位：亿元

指标 \ 年份	2015	2016	2017	2018
取得投资收益收到的现金	138.27	77.39	126.13	198.76
处置固定资产、无形资产、长期投资所收回的现金净额	0.07	0.2	0.03	0.04
投资活动现金流入小计	138.75	78.11	126.64	199.44
构建固定资产等其他长期资产支付现金	13.02	4.45	7.3	10.58
投资活动现金流出小计	176.37	88.19	134.82	200.97
投资活动产生的现金流量净额	-37.62	-10.08	-8.19	-1.53

资料来源：根据宇通客车财务报表数据整理。

1. 筹资风险及成因分析

对比近几年宇通的负债情况发现，汽车制造业是需要持续引入新技术、不断更新换代的产业，研发、生产环节消耗的资金多，发展必须依靠长期投资，但资金周转慢，回收期长，长期贷款短缺时，大多企业都会选择先拿短期贷款补上。2015—2018 年，宇通客车的筹资资金来源大部分都是从银行借的贷款，宇通客车这种单调的筹资方式会导致公司在经济情况有大波动的时候（如疫情等）面临的负债越来越大，后期企业偿还能力较弱，若无法偿还全部负债，会出现财务危机，发展也随之停滞。

成因分析：汽车制造业的发展需要大笔资金支持，研发新产品、新技术需要资金，生产环节也离不开资金，且需要的资金都不少。通过分析资产负债表，从 2015 年到 2018 年负债资金较之前增加明显，企业一直在利用负债筹集资金，最终随着负债越积越高，我们发现流动资金中负债占据较大比例，且负债大都被用在了抵税上。

2. 营运风险及成因分析

存货周转天数 =360 / 存货周转次数，体现了企业销货周转比率和企业存货提高使用率，从表 65-3 中我们可以明显看出，宇通客车存货从 2015—2018 年一直处于增加状态，存货周转率也逐年下降，表现出实际管理水平并不理想，存货周转率处于较高值，代表汽车零件销售总体保持着较好趋势。

表 65-3　宇通客车 2015—2018 年存货情况分析

指标＼年份	2015	2016	2017	2018
存货	15.47	19.23	30.74	38.33
存货占总资产比重 / %	5.1	5.4	8.4	10
存货周转天数 / 天	21	25	37	53
存货周转率 / 次	17.22	14.91	9.80	6.86

资料来源：根据宇通客车财务报表数据整理。

成因分析：由于近些年，客车市场的竞争压力越来越大，有些专门做小型家用车的车企也开始进军商用客车市场，对宇通客车经营造成冲击，导致宇通客车存货积压不断增多。除此以外，伴随着交通工具日益发展，人们选择出行的交通工具越来越多，选择高铁、地铁、家用汽车等出行方式导致了宇通客车销量下滑，进而存货周转率不断下降，存货积累会导致公司经营缺少资金，出现严重的财务风险。

3. 收益分配风险成因分析

表 65-4　宇通客车 2015—2018 年股利分配情况分析

指标＼年份	2015	2016	2017	2018
净利润 / 亿元	35.88	41.02	31.68	23.28
基本每股收益 / 元	1.6	1.83	1.41	1.01
每股现金股利 / 元	1.5	1.5	1	0.5
股利分配率 / %	93	81	71	49
未分配利润 / 亿元	78.12	81.39	87.31	95.91

资料来源：根据宇通客车财务报表数据整理。

公司近几年的净利润总体呈下降趋势，而未分配利润呈上升状态，但未分配金额远大于净利润，宇通客车近几年的未分配金额远大于净利润总额，这说明，企业保留了过多的未分配利润，这不仅会降低股东获得的收益，还有可能降低潜在投资者们的积极性，从而降低公司的股票价格，产生收益分配风险，不利于企业进一步发展。

成因分析：在宇通客车盈利一直保持较好增长的情况下，就表65-4可知，宇通客车2015—2017年都有着较高的现金股利，在2015年的股利分配率超过了90%，明显可以看出分配的红利很高，分得红利之后，投资者积极性高涨，2016年筹集资金变得相对轻松，只要延续这一趋势，企业就能一直健康发展。然而，事实却是2016年股利分配率下降，且在2018年股利分配率甚至只有49%，未分配利润随之增加，赚取的收益基本都用到了内部留存上，实际发放的很少，这使得股东不再向企业予以大力支持，受其影响，企业筹借资金遇挫，造成了企业融资渠道的单一，阻碍了公司的资金运转。

三、宇通客车财务风险的控制措施

1. 优化筹资结构

作为上市公司，宇通客车主要通过发行股票来筹集资金，很少进行银行贷款，最近几年，其资产负债率处于稳定健康状态。资产负债率保持合理水准，代表企业偿债能力很好。负债水平低，却让企业无法通过负债避税，这种情况下，筹资成本明显高于先前水平，资金盈利随之大打折扣。因此，计划筹资时，企业要选择负债筹资，借助财务杠杆，使其发挥最大作用，综合所有项目，构建最大收益组合。为此，开始筹资前，企业就得全面思考目标项目是否可行，又有多大的盈利空间，除此之外，还要科学衡量长、短期贷款的合理性。举例来说，企业研发新能源汽车，要尽可能降低贷款的额度，避免出现资金应用率较低的情况，如若不然，企业就得承受很大的利息负担。不过，贷款额度也不能太少，以免后期出现资金不足的情况，资金短缺，企业的研发工作也就无法再继续下去。筹资要尽可能选择多样化模式，最好是对多种模式进行合理组合，科学搭配，防止资金被过多占用，影响后续发展。开展筹资之前，企业要先确定先后顺序，并保障所有工作都是按标准程序推进的。

调查中发现，企业往年创造的盈利多，留守资金数额巨大，完成当下的投资计划不成问题。企业负债率合理，财务杠杆未能发挥较大作用，筹得了大量资金，但在一定程度上显示了企业的未来发展，让企业错过了能创造出更大价值的发展机会。宇通筹资机构欠缺合理，单靠经营活动创造的现金流，无法满足企业的实际发展需求，得进行筹资，但企业自发展以来遵循的都是稳中求进的原则，实际的筹资力度较弱，这种情况下，发展规模相对受限。2022年，对于宇通来说是一个新的开端，宇通整装待发，开始朝着新能源汽车奋进。在这一过程中，宇通得科学利用负债，优化筹资结构，大胆尝试，全力发展。

2. 提高存货管理

汽车制造需要大笔资金提供支持，资金利用率关系着最终的盈利，存货周转是核心要素，因此要：①打造强势品牌，带动销售；②单方面管理货币，确保资金能得以最大利用；③加强预算管理，提高资金利用。企业存货量大，应收账款周转快，很少出现坏账，利润更有保障。但不利于拓展年轻顾客，企业有必要设置一个信用管理机构，加强信用管理。比如积极对接规模更大的商业银行，对客户进行信用分级。对级别高的客户，予以更长的还款时间、提供大额产品。对级别低的客户，严格限制还款条件，降低坏账风险。跟踪客户信用情况，方便及时止损。

3. 确定合理的收益分配比率

收益分配除了留存利润还包括已分配的红利。一般情况下，净利润中的一部分留用，剩余的再分给股东。原则上，盈利先用于偿还亏损，再设置公积金，宇通客车所属汽车行业的增长速度快，规模大。宇通客车公司2015年到2016年一直采取高股利现金分发，而在2017—2018年开始大幅下降，对于外界投资者来说，容易使其认为公司经营效果不好，造成股东不看好企业未来发展，公司应适当提高现金股利分发。这样做有利于优化资本结构，避免投资者投机行为，防止股价出现大幅度波动。为此，要尽量选择更合理的方式分配股利。

四、结语

我国较晚涉足汽车制造业，虽然该行业需要较高投资，但它成长的速度很快。笔者研究之前先整体回顾了客车行业的发展，再在此基础上，综合时代背景，对客车企业目前面临的主要财务管理风险以及问题进行了准确的风险识别和相对成因性的分析，帮助宇通客车公司识别风险并有效控制风险。因此在企业运营过程中保持财务水平稳定也是一项大任务。中小型企业内部的工作人员不仅需要具备正确面临各种财务风险的知识和解决问题的能力，更需要具备预防和控制风险的意识，尽可能地降低和避免这些风险给企业带来的经济损失，有效地控制和避免企业的财务与风险，有利于保证企业安全、稳定的生产，并可确保自身盈利的稳定。

参考文献：

[1] 付玉兰.论新能源企业财务风险防范与控制 [J].中国市场，2021(17)：155-156.

[2] 王小平.企业财务风险的识别与控制研究 [J].中国市场，2021(18)：176-177.

[3] 樊灵楠.国有企业财务战略风险因素探究 [J].商讯，2021(15)：33-34.

[4] 韩庆芬.企业财务核算与风险控制措施分析 [J].商讯，2021(15)：39-40.

[5] 李言旺.关于大数据时代下企业财务管理的创新研究 [J].商讯，2021(15)：51-52.

六十六　唐德影视财务风险分析与防范

仇燕楠[①]

摘要：近年来，传媒行业凭着制作水平的提升及"互联网＋经济"的驱动使新媒体迅速发展，国家为了进一步促进文化产业发展，把文化产业视为重点。与此同时，挑战和冲击日渐增多，越来越多的影视企业开展多元化经营，产业化程度越来越高，竞争加剧，在某种程度上增加了影视企业的财务风险。基于这样的背景，本文从财务风险评价的角度探索唐德影视所面临的财务风险。

关键词：唐德影视；影视行业；财务风险；对策

一、引言

影视传媒产业健康良好发展在当今经济发展新常态下正变得日益重要，影视传媒业正在经历转型改革的过程。影视行业有高附加值、资源消耗小、营收不确定性较大、高风险与高回报并存等普遍特点，这些影视企业自身特有特点放大了影视行业的财务风险。探究影视企业如何在机遇与风险并存的市场上扩张风险，能够帮助企业熟悉自身的经营状况，对自身的财务状况加以监控，当财务风险爆发时能够更迅速采取恰当的措施解决问题，减低企业损失。本文对唐德影视财务风险进行识别和评估，分析该公司目前的风险管理状况，探讨该公司风险管理体制存在的缺陷，有较强的理论和现实意义。

[①] 仇燕楠，女，会计硕士，研究方向：会计理论。

二、文献综述

财务风险一直以来是进行公司风险分析的关键之一，引起了世界各国专家学者的关注，从最早提出这个概念发展到今天，已经有上百年的时间，整个理论体系也已经比较完整。

国内学者竺素娥将风险定义为不确定性，而财务风险则是指基于企业发展环境的不确定性，开发结果不能满足财务预期的可能性。她还强调，在整个资本运营过程中，由于各个环节都有变动的可能性，所以在各个环节都有出现巨大财务风险的可能性，一旦出现不符合预期的现象，就有可能给企业造成损失。

曹李越运用 Z-Score 模型分析了传媒行业上市公司的财务风险，对财务数据进行统计分析。

三、影视传媒行业及唐德影视概况

（一）行业背景介绍

影视传媒产业健康良好发展在当今经济发展新常态下正变得日益重要。随着相关政策的不断放宽和相关科技技术的不断进步，其发展速度也是十分迅速。影视作品的制作分为以下四个阶段：研发与立项；拍摄；后期制作、审核和发行。随着近几年 GDP 的不断攀升，物价水平也水涨船高。各个影视制作机构争夺优秀主要创作人员的竞争不断加剧，影视作品的制作成本呈阶梯式地上升，为了在激烈的行业竞争中不断提高收视率和市场影响力，许多影视制作公司采取了"大制作"的策略，这种策略提升了制作成本。此外，由于演员明星效应的加持，使得作品的号召力和关注度提高，优秀的影视作品需要邀请一些具有"流量担当"的演员，这些流量演员的薪酬往往高于一般演员。国内演员薪酬的飙升也加重了影视作品的成本负担。

（二）唐德影视概况

唐德影视成立于 2005 年，全称为浙江唐德影视股份有限公司（以下简称唐德影视)。公司拥有一批影视策划、制作、多媒体、发行、整合营销等专业人才，以影视剧投资、制作和发行为核心业务，是具备国家影视剧生产甲级资质的影视企业。2015年2月16日，唐德影视首次公开发行股票并在创业板上市。

从公司官网年报可以看出，唐德影视的总资产和净资产在2015—2017年都处于增长状态，2018—2020年总资产和净资产都大幅度下跌，同比下跌23.04%；且公司的负债大部分为流动负债，2019年流动负债占总负债的85.37%。根据表66-1数据可了解到近两年唐德影视位于高负债经营情况。综上所述，虽然唐德影视的现金净增额转负为正，但目前公司的现金流情况仍不稳定，这表明公司并没有建立长期稳定的现金流，仍面临着较严重的现金流财务风险。

四、唐德影视财务风险分析

(一) 偿债能力现状

本文运用定量分析法，通过计算唐德影视重要的财务指标，来对公司财务状况和经营成果进行全面分析，如表66-1至表66-3所示。

表66-1 偿债能力指标

指标\年份	2015	2016	2017	2018	2019	2020
流动比率	2.49	2.14	1.5	1.13	1.15	0.98
速动比率	1.24	0.86	0.8	0.36	0.28	0.23
资产负债率	39.90%	58.38%	62.22%	89.62%	94.04%	97.46%

资料来源：同花顺财经。

近年来行业进入市场调整低迷期，包括政策多方面因素影响，业绩呈现逐年下滑的趋势。对比唐德影视这几年数据发现，唐德影视的短期偿债能力指标不稳定且不理想，流动比率自2015年以来逐年下降，到2020年降到0.98；速动比率自上市以来也是逐年下降，到2020年降到0.23。唐德影视的资产负债率在 2015—2020 年持续上升，这说明随着唐德影视的举债增加，偿债能力并不稳定。对比行业均值水平，唐德影视的资产负债率均高于行业均值水平，而差距在 2017—2019 年逐年扩大。说明唐德影视的筹资策略较为激进，一直秉持高杠杆经营的思维模式。综上所述，唐德影视在短期偿债能力上表现较弱，说明企业流动资金不足。唐德影视在长短期债务结构上波动较大，仍需优化维稳。

(二) 营运风险现状

表 66-2　运营能力指标

指标＼年份	2015	2016	2017	2018	2019	2020
存货周转率 / 次	0.68	0.63	0.63	0.28	0.27	0.12
应收账款周转率 / %	1.49	1.91	1.41	0.40	-0.26	0.70
总资产周转率 / %	0.45	0.39	0.41	0.13	-0.05	0.09

资料来源：同花顺财经。

经计算，唐德影视的营运资本总体呈下降趋势，资本流动性不稳定并且持续减弱，在行业税务风波爆发之前，唐德影视所投资制作的一些影视项目一直与公司前任明星股东范冰冰联系紧密，二者形成了一种捆绑关系。明星股东逃税事件导致影视传媒行业承压，唐德影视成为舆论风口。监管趋于严格，影视内容审批受多方面因素限制，比如题材、主演等，唐德影视公司很多部"存货"播出时间待定，三个重点指标均有所下降。2020 年新播出的几部剧也反响平平。

(三) 投资风险和营运资金风险现状

表 66-3　盈利能力指标

指标＼年份	2015	2016	2017	2018	2019	2020
成本费用利润率 / %	35.94	29.47	25.6	-151.34	-23.58	-31
营业利润率 / %	25.28	20.39	16.35	-238.18	110.39	-42.95
销售净利率 / %	20.89	22.14	16.26	-256.78	110.44	-42
净资产收益率 / %	12.94	17.31	15.94	-356.9	-67.21	-93.71

资料来源：同花顺财经。

唐德影视利用明星的影响力开拓市场，以获取市场的关注度和收视率。受《巴清传》事件导致的巨额亏损，恰恰证明了唐德影视与明星捆绑的经营模式带来巨大的负面影响，使得唐德影视的利润空间受到严重挤压，面临较为严重的盈利风险。唐德影视也由2015年、2016年的鼎盛走向衰退，这也埋下了唐德影视连亏三年的伏笔，且2018年和2019年的亏损，对公司一系列资金周转活动如债券融资等造成负面影响，导致公司2020年度的现金流继续处于紧张状态，对公司项目的制作及发行进展造成了一定影响。虽然2019年有一定好转，但是仍出现后续乏力的态势。

从定性分析的财务指标角度出发，选取唐德影视2015—2019年度的各项财务变量代入Z-Score模型判别式中，结果如表66-4所示。

表66-4 唐德影视2015—2019年Z-Score模型数据表

指标\年份	2015	2016	2017	2018	2019
$X1$	0.5937	0.4403	0.3103	0.1048	0.1180
$X2$	0.2420	0.2068	0.2141	-0.0990	-0.1554
$X3$	0.1085	0.0898	0.0680	-0.3177	-0.0085
$X4$	22.2330	7.7031	3.8858	1.2116	1.2166
$X5$	0.3634	0.3108	0.3616	0.1479	-0.0502
输出Z值	15.1121	6.0466	3.5892	-0.1866	0.5759
结果描述	良好	良好	良好	堪忧	堪忧

资料来源：作者整理。

由表66-4可以看出：$X1$数值在2015—2019年不断下降，这说明唐德影视的营运资本在逐渐减少，资本流动性不稳定并且持续减弱；$X2$数值在持续下降，尤其2018年和2019年$X2$的值与2017年相比大幅度下降，且为负值，这说明企业的获利能力出现较大危机；$X3$数值总体处于下降水平，2018年和2019年$X3$的数值为负数，表明唐德影视的息税前利润为负值状态，出现亏损，这说明企业的获利能力在降低；$X4$的数值总体也处在下降水平，表明企业的偿债能力不断下降；$X5$数值呈波动下降的趋势，说明唐德影视的资产周转率在不断降低，$X5$的数值在2019年由正转负表明企业的运营能力出现很大的危机。

五、唐德影视财务风险防范策略

（一）选材多样化，分散投资风险

唐德影视应该根据政策以及市场导向，以分散风险为原则，在影视作品选材方面多样化，避免制作过多风格集中的作品，分散投资风险。影视作品是一种市场导向的文化产品，文化产品的收益大小是由消费者主导的，唐德影视应积极寻找一些契合观众口味、符合社会主义核心价值观题材的投资项目，准确把握市场风向，多制作一些质量高、口碑好的作品来获取较高的市场份额。

（二）解绑与明星捆绑的经营模式

明星的影响力具有放大作用，这种作用表现在积极的方面时，明星对"粉丝"和市场的号召力能给影视作品带来一定的关注度，扩大作品热度；当明星影响力表现在消极的方面时，明星作为公众人物、公众形象，观众和市场自然对其言行和对社会造成的舆论影响有着比常人更高的评价标准，因此对其所捆绑的公司会造成更大的利益损害。唐德影视与明星捆绑的经营模式极大地影响了其财务收益状况。对此唐德影视应该解除与明星的捆绑关系，加强对艺人的道德教育。

（三）调整资产负债结构

唐德影视的债务规模较大，负债问题突出，资产负债率几乎达到1。公司两年来处于高负债的状态，使得相关财务系数持续上涨，以借款的方式增加资金，会增加公司的成本费用，导致净利润减少，最终导致公司的收益情况不稳定，造成投资者产生不信任的心理。对此，唐德影视可以通过选择合适的筹资方式，将股权投资和债券投资的方式相结合，寻找权益资金和债务资金的平衡点，缓解借款增多带来的偿债压力，使公司面临的偿债风险得到控制。

（四）制定财务风险综合防范策略

企业建立一支高素质的专业人才队伍，及时地发现企业运营中的财务风险。从前馈性控制角度出发，为了能够更加迅速和充分了解市场变化情况、观众喜好，分析预测行业动态及政府政策倾向，唐德影视应该建立外部信息反馈机制，结合自身的实际经营状况及时调整财务政策和经营模式；并在错误失败的经验和方法中学习，吸取教训，完善企业经营方式方法和规章制度。对于偿债风险，结合公司的具体财务状况制定合理的偿债指标和结构标准，在做出经验决策之前要参考所制定的标准，将偿债风险维持在合理的范围之内；对于盈利风险，公司应该提高自身制作水平，制作质量高且受市场欢迎的影视作品。

六、结论

综上所述，本文在风险管理理论的基础上，分析了唐德影视的财务状况存在的风险问题。由于受到行业因素、自身经营战略问题以及政府对古装影视题材监管力度的加大的影响，公司盈利水平近几年大幅下降，存在较大的盈利风险；现金流量不稳定，资产获现能力表现较差，资金管控方面十分薄弱，本文认为其内部财务风险管理工作存在公司选材相对集中、资金投放相对集中、风险不分散等问题。针对这些问题，企业需要提高财务识别和评估的科学性，选材多样化，分散业务风险，改善经营模式，提高公司战略的科学性，提高作品制作质量。

参考文献：

[1] 曹李越，许群. 传媒行业上市公司 Z-Score 模型分析 [J]. 商业会计，2014(4)：85-86.
[2] 尚程凯. 以风险评估为中心的影视传媒公司内部控制研究 [D]. 北京：首都经济贸易大学，2021.
[3] 李晓宏. 传媒公司多元化经营财务管理浅析 [J]. 时代金融，2012(6)：29-30.
[4] 全晓红，康卫平. 企业财务风险形成原因及防范对策 [N]. 南华大学学报（社会科学版），2007-06(35).

六十七　万科地产的财务风险分析与防范

张琦[①]

摘要：房地产行业在 2008 年金融危机后突飞猛进，现已成为促进我国经济发展和保障政府财政收入来源的支柱性产业。房地产企业具有投资额大、资金回收期长、自有资金少、行业关联度高等特点。同业竞争与住房城乡建设部、央行的相关调控政策给房地产市场和企业都带来了巨大挑战。因此房地产企业不得不开始建立自己的财务风险预警系统来预防和减少政策、市场等不确定因素给企业经营活动的冲击。本文借助 Z-Score 模型来分析万科企业股份有限公司所存在的财务风险并给出相对应的防范与控制措施。

关键词：房地产行业；财务风险分析；风险管理；Z-Score 模型；防范

一、引言

房地产企业的行业关联度较高，为我国长期保持高水平的国民生产总值（GDP）发挥了重要作用。此外房地产企业还是政府财政收入的主要来源。然而近年来诸如供给侧改革和房地产限购等政策的出台给原本高速发展的房地产企业蒙上了一层阴影。销售量的显著下降和资金回收期的延长给企业带来了巨大的风险，房地产企业如果不能准确分析这些风险并及时采取措施加以控制与防范，一

[①] 张琦，男，会计硕士，研究方向：资本运营与财务管理实务。

旦遭遇财务危机将可能给企业带来不可逆转的严重后果。因此做好房地产企业的财务风险评估和防范措施，对保障我国经济的宏观稳定和长远发展意义重大。

二、相关理论概述

（一）财务风险概述

财务风险是指由于资本结构配置不合理而造成公司可能出现债务违约的风险。近年来，土地、房产政策、金融政策的调整抑制了房价的畸形增长，但对房地产企业而言却意味着资本成本提高了。受此影响，一些房地产企业开始出现财务问题，同时也影响到了某些地方经济的发展。

（二）财务风险预警概述

财务风险预警是指利用财务报表上的财务比率和数学模型对企业的财务风险进行监测，在预测到一些敏感指标和数据的异常变化后发出警示信息的过程。除此以外，财务风险预警系统还能在其他方面发挥重要作用。

1. 提高企业应对风险的能力

房地产企业资金需求量大，融资和回收资金的任一环节出现问题都有可能造成企业资金链的断裂，再加上国家政策和市场的不确定因素，都意味着房地产企业需要提升自身的风险应对能力。而财务预警系统通过实时监测各项重要指标可以帮助管理层及时发现经营活动中的异常情况所隐藏的风险，从而在风险转化为危机前制定行之有效的解决方案，防患于未然。

2. 保障所有者和债权人的权益

所有者和债权人作为企业资金的主要来源，除投资回报率外，他们还特别重视企业的抗风险能力，而这恰好可以通过建立行之有效的财务预警系统来实现。从企业的角度来看，高水平的财务预警系统的建立有助于企业吸引外部投资者的关注并对其投资。

3. 提高资金的使用效率

通过对各部门的资金进行跟踪管理，发现资金利用和分配中存在的问题，从而提高资金的使用效率；此外，系统还能预警资金的不足，提醒企业及时筹集资金，弥补资金缺口，从而避免资金链断裂的风险。

（三）财务风险预警

Z模型，指的是纽约大学斯特恩商学院的Altman教授建模设计的评价公司财务健康状况的破产预测模型。该模型通过分析五个变量对财务危机预警影响的大小而分别赋予其不同的权重，进而代入数据得出该企业的财务风险评分，通过判断该评分对应的区间来得到对该企业财务风险的评价。

Z模型的表达式为$Z=1.2X_1+1.4X_2+3.3X_3+0.6X_4+0.999X_5$，公式中的五个参数的定义如下：$X_1$=营运资金/总资产；$X_2$=留存收益/总资产；$X_3$=息税前利润/总资产；$X_4$=股权市值/总负债；$X_5$=营业收入/总资产。

Z值代表企业破产的概率，Z值的高低与企业破产的概率为负相关关系，即Z值越高，企业破产的概率就越低。评价标准为：$Z \geq 3$，企业处于安全区间；$2.8 \leq Z < 3$，企业可能面临财务风险，需采取措施加以防范和控制；$1.8 \leq Z < 2.8$，企业处于灰色区间；$Z < 1.8$时，企业处于破产区间。

三、万科公司的财务风险分析

笔者根据万科企业股份有限公司的年报数据，运用Z模型计算了其2016—2020年的财务风险，如表67-1所示。

表67-1 基于Z模型的财务风险预警情况表　　　　　单位：亿元

指标＼年份	2016	2017	2018	2019	2020
营运资金	1,413.00	1,706.00	1,730.00	1,660.00	2,300.00
总资产	8,307.00	11,650.00	15,290.00	17,300.00	18,690.00
X_1	0.1701	0.1464	0.1131	0.0960	0.1231

续表

指标＼年份	2016	2017	2018	2019	2020
留存收益	937.40	1,130.70	1,391.10	1,661.78	1,958.83
总资产	8,307.00	11,650.00	15,290.00	17,300.00	18,690.00
X_2	0.1128	0.0971	0.0910	0.0961	0.1048
息税前利润	408.42	532.15	734.59	822.76	848.25
总资产	8,307.00	11,650.00	15,290.00	17,300.00	18,690.00
X_3	0.0492	0.0457	0.0480	0.0476	0.0454
股东权益市场价值	2,081.98	3,329.41	2,629.53	3,599.23	3,217.15
总负债	6,690.00	9,787.00	12,930.00	14,590.00	15,190.00
X_4	0.3112	0.3402	0.2034	0.2467	0.2118
营业收入	2,405.00	2,429.00	2,977.00	3,679.00	4,191.00
总资产	8,307.00	11,650.00	15,290.00	17,300.00	18,690.00
X_5	0.2895	0.2085	0.1947	0.2127	0.2242
Z	0.30	0.21	0.20	0.22	0.23

资料来源：东方财富网，http://www.Eastmoney.com/。

由表67-1可知万科近5年的Z值均超过了安全标准值1.8。尤其是2017—2020年这4年的Z值偏低并有继续下行的趋势，这意味着企业的财务风险较大并可能转变为事实性财务危机。

四、万科企业股份有限公司的财务风险防范建议

（1）建立一个企业内部的信息分享平台，及时了解企业信息及各项指标的变化，设置专门人员对重要信息进行处理，管理层通过分析结果来对企业的经营管理活动做出正确的决策；对重要指标设置警戒值，相关人员通过将数据与警戒值对比，来判断企业出现财务风险的可能性。

（2）将财务指标以外的重要影响因素引入财务预警系统。例如，住房城乡建设部的调控政策会对房地产市场产生重要影响；中国人民银行调整存款准备金率

会改变房地产企业的融资难度和融资成本。因此财务预警系统不应忽视这类财务指标以外的会对企业经营产生重要影响的因素。

（3）为企业员工建立财务风险防范条例并纳入人事考核。财务风险的不确定性要求企业要从细节入手去防微杜渐，而员工的日常工作就是很好的切入点，对应财务风险防范制度的建立有助于规范企业员工的财务风险意识。人力资源部对这方面的考核可以促使员工在日常工作中自觉减少甚至避免出现不符合财务风险防范的行为，进而从源头降低潜在财务风险的发生与累积。

（4）合理控制企业的负债水平。融资规模要依据评估后的项目资金需求，过多的冗余资金会带来高额的资本成本和偿债压力，不利于企业的长远发展和实现股东权益的最大化。

五、总结

本文通过计算万科企业股份有限公司2016—2020年的 Z 值，发现其财务风险水平从2017年开始逐年走高。当前国家房地产限购政策调控严格，金融机构地产限贷趋紧，给房地产行业带来了不利影响，因此企业应提高警惕。除上文给出的四个财务风险防范措施以外，还要从资本结构、营销策略等方面加以应对，从而尽可能地将企业的财务风险系数降到安全区间以内。

参考文献：

[1] 王丞. 新时期房地产财务管理风险与控制 [J]. 大众投资指南，2020，347（3）：176-177.

[2] 彭婉芳. 企业财务风险及其防范——以房地产上市公司为例 [J]. 北方经贸，2020（11）：89-93.

[3] 李树平. 浅谈新时代房地产财务管理风险防范与控制 [J]. 现代经济信息，2019（7）：229.

[4] 伦淑娟. 多元化战略下企业财务风险与控制——以恒大地产为例[J]. 财会通讯，

2018,12(32):118-121.

[5] 戚家勇,蔡永彬.房地产上市公司财务风险评价研究[J].财会通讯,2018(26):144-148.

[6] 闫彪.房地产财务管理风险防范与控制策略探究[J].中国国际财经,2018(1):225-225.

[7] 张洪芝.国有房地产企业财务管理存在的问题及对策[J].现代商业,2019(31):73-74.

[8] 申菊瑛.房地产企业财务风险识别与控制研究[J].财会学习,2019(28):66-67.

六十八　我国民营企业财务风险及其控制

秦莲紫[①]

摘要：自20世纪80年代改革开放以来，我国民营企业取得了长足的发展。与国有企业相反的是，民营企业是个人经营，自负盈亏，而非国家所有的企业类型。民营企业促进了经济的发展进步，提高了人民幸福指数，推动了中国"引进来"和"走出去"走向新的历史篇章。但是在经济形势不好的时候，民营企业会面临资金不足，坏账风险增加，应收账款难以收回等一系列财务风险。因此，如何控制其财务风险，是保障民营企业长久发展需要注重的首要问题。本文将针对我国民营企业发展中存在的问题提出论述，做出建议，减少在经营过程中的财务风险，有利于民营企业长久发展。

关键词：民营企业；财务风险；控制

一、引言

其实，无论是在日常工作中，又或者是民营企业里，财务风险是非常普遍的。每个企业背后都会有着不同的财务危机影子。而每一个企业走向失败，无一例外也都是财务危机在作祟[1]。对于民营企业来讲，保持其长期正常稳定发展，不被新的企业取代的最好方法只有一个，那就是让民营企业的员工时刻保持高度的危机与风险意识。企业只有清楚了自身的财务风险所在，才能够在风险来临时采取

---
① 秦莲紫，女，会计硕士，研究方向：财务管理。

有针对性的措施，积极面对，平静沉稳地处理问题，增加自己的抗风险能力。同时在下次面对此类财务风险时从中汲取积极的经验。促进企业利润的大幅度提升的同时提高企业的责任感，发现自身的价值，提高竞争水平，成为民营企业继续前进的不竭动力[2]。

二、文献综述

山西中医学院中西医结合医院的李燕在 2008 年第五期的《会计之友》上发表《企业财务风险管理与控制策略》。他提出了影响财务风险的因素，从而进一步提出了减少和控制企业财务风险的措施，从房地产谈了该行业应采取相应措施，制定合理的风险决策，他认为风险主要是不合理的资本结构，企业应该建立完善相关财务风险的机构，防范财务风险。

三、加强民营企业财务风险控制意义

（一）有利于民企采取有效的防范措施

财务风险具有客观性。在各种经营活动中，财务风险是客观存在的。企业清楚了自身的财务风险，提前预知并且防范这种风险，才能在广大的市场竞争中更具有竞争性。提前预防财务风险越细心谨慎，范围越广，越能减少企业的内部问题，有效促进企业的发展和经济的进步。优胜劣汰不仅仅适用于自然法则，也适用于在各类企业中。控制自身财务风险不但可以最大限度减少自身损失，还能在风险来临时更好地应对风险、创造业绩。面临突如其来的危机，毫不畏惧，迎难而上。

（二）有利于提高企业生产力

财务风险具有不确定性。财务风险何时何地发生都是不确定的，因此民营企业可能随时面临遭受损失的风险[3]。因此企业需要提高生产力，这样才具有竞争性。组织的工作效率之所以大于个人的工作效率，是因为组织往往有着更明确的个人分工。试想，如果一个团队明确分工某人做一件事情，和所有人同时做一件事情，哪个效率更高不言而喻。因此，民营企业提前防范经济风险，可以提高组织分工的效率，大家各司其职，恪尽职守，分工明确，提高企业的生产效率，可以很好地提升企业的生产力，增加企业营业利润。如此就能提高企业与投资者的共赢，减少经济问题[4]。

（三）减少运营摩擦，发展新思路

财务风险具有全面性。民企在整个财务管理的过程中风险都是有可能存在的。近年来民企数量剧增，如何让自己的企业不被市场所抛弃，不被社会所淘汰变得越来越重要。处理好自身的财务问题可以最直接地减少自己在运营过程中的摩擦，同时，企业是否具备足够的创新力，是否具备新的思路也直接影响着企业的前景未来。资金问题与财务风险减少，让员工可以有更多的机会去发展自己的新想法。研究发现，企业财务业绩与创新速率成正比。可见，控制民企财务问题不仅能够发展新思路，更能对企业的未来产生巨大的影响。

四、我国民营企业财务风险存在的问题

（一）缺乏防范财务风险理念

在民营企业经营发展的过程中财务管理起到了决定性的作用，财务管理工作可以帮助企业更好地调整资金的使用，保障资金最大化利用。民营企业资金管理要求相关财务人员有着较高的专业性与针对性，由于家族式管理模式的弊端，财务人员对相关理论知识理解得不够透彻，所以在处理资金问题上会存在一定的漏洞与不足，再加上财务人员管理经验并不是完全由自身学术水平决定的，也存在一部分后天是否学习他人并且累积相关经验，况且员工在上岗前也没有接受一定的培训，理念过于陈旧[5]。适应自己的岗位也需要一段时间。这些员工处在一个特定的阶段：经验不足，能力不足，只能够做一些非常简单的事情。

企业之间的诸多要素共同制约与平衡才是企业经久不衰的核心所在,民企的经营机制大多为家族式,这就会在经营决策中出现大大小小的问题。况且竞争机制上民营企业的主动性与创造性不足,与现在管理理念相悖,具有滞后性。

(二) 财务风险内部控制机制不完善

内部控制的主要目的就是明确财务人员各自的分工以及管理层制定合理有效的机制。民营企业的内部控制本身就先天发育不良,后天曲折发展。管理层次与职权分配不明确,从而导致人员管理混乱,员工没有主人翁的工作态度,再加上管理者对财务管理观念淡薄,对财务管理体系的重大意义认识不到位。这主要是由于民营企业的领导者可能在制度管理这方面更倾向"人情味",对企业的长期规划力度不足,这就让部分员工钻了空子,没有了清晰的制度标准,降低了制度的质量与效果。民营企业中管理层忽视了一个重要问题:个人主义行为较为严重,有时候甚至不顾及整体利益,导致整体利益受损,因此民营企业的信息有时候会为个人所用,导致信息垄断,企业在一定程度上会失去控制力。

五、提高民营企业防范财务风险措施

(一) 树立防范财务风险理念

减少财务风险的重中之重是财务管理。对于羽翼未满的民营企业而言困难与机遇并存,要想保持持续发展的动力,就必须加强民营企业的管埋水平,其中以财务风险管理最为重要。企业能不能健康稳定发展的重中之重是有一个健全的财务管理制度,只有这样,企业才能在广大的市场竞争中立于不败之地。随着市场的不断发展和规章制度的细化,需要逐步剔除之前的传统、不合理的管理经验,逐步建立起现代管理理念,需要民营企业员工接受一定的培训与实践,丰富工作经验和管理经验,减少财务风险的发生。实现价格、品牌、组织结构、商业模式的共赢。

（二）严格规范内部控制制度

明确规范内部控制制度，可以大幅度减少作弊行为，同时发挥控制和规范的作用，从而提高会计的真实性与透明性。清晰内部控制的明确目标是民企需要首先完善的问题，因此民企需要严格完善内部控制制度，全面地对内部的经济事务进行管控，达到提高会计水平，提高收益的目标。另外，还要建立完善的内部控制评价系统，方便找到确实可靠的处理方法，积极有效地发挥内部控制制度的作用。划定相关会计审计人员的权利与职责也可以确保内部控制走向好的发展路线。激发内部人员的积极性，可以让他们发挥再控制的职能，确保公正客观性。

参考文献：

[1] 高涛．民营企业财务管理中存在的问题及对策研究 [J]．财会学习，2019（13）：46-48．

[2] 甘永．浅议民营企业的财务管理问题 [J]．现代商业，2013（23）：245-246．

[3] 张蓓．论如何做好民营企业财务管理 [J]．纳税，2019，13（5）：94-95．

[4] 丁婉桐，王海东．民营企业财务风险控制及其防范 [J]．商场现代化，2016（9）：160-161．

[5] 刘慧玲．民营企业财务风险分析及防控建议 [J]．中国集体经济，2018（6）：136-137．

第四篇 企业战略与行业研究

六十九　SWOT视角下的企业发展战略分析

——以奥飞娱乐股份有限公司为例

张宇[①]

摘要：公司发展战略规划对于公司的发展前景发挥着不可忽略的重要作用，要想做好公司最优的战略决策，就必须全面剖析公司所具有的优势与劣势，及其存在的威胁和机遇，如此才能使公司在竞争中脱颖而出。本文以奥飞娱乐股份有限公司（以下简称"奥飞娱乐"）作为研究对象，通过SWOT分析法对企业的内部和外部环境进行了分析，并为企业未来发展提出相关战略优化建议。

关键词：战略分析；SWOT分析；奥飞娱乐

一、公司概况

从之前的"玩具王国"到现在的"原创动漫"，奥飞娱乐发展迅速，作为A股上市公司，其有着"动漫第一股"的美称，公司将"发展民族动漫文化产业和让快乐和梦想无处不在"作为自身使命，立志成为东方迪士尼。奥飞娱乐29年的发展历程中，经历了三次转型升级，都取得了成功，在动漫市场中脱颖而出。现在公司的泛娱乐产业链系统实现了优质IP产业链的运营模式。公司以IP为核心，向外拓展的产业包含动画、玩具、电影、网络游戏、实景娱乐等。奥飞娱乐

---

① 张宇，女，会计硕士，研究方向：企业管理。

主要面对低龄年幼孩子，代表作有《喜羊羊与灰太狼》《巴拉拉小魔仙》，近些年来，随着市场的需要以及动漫产业的发展，逐渐开始涉足青少年市场，相关作品《十万个冷笑话》《镇魂街》都得到了极好的反响。

二、奥飞娱乐的 SWOT 分析

（一）优势

1. 技术优势

第一，内容为王。奥飞娱乐打造"IP+产业"的商业模式。从内容创作能力和 IP 产业营运能力两方面实施，构建"以 IP 为核心"的泛娱乐生态，打造新时代的"中国迪士尼"。在内容创作能力和 IP 产业运营能力方面，实施儿童 IP 一览[1]。

第二，专注数字化。奥飞娱乐建立用户与大数据平台，构建从 IP 到消费者之间的商业闭环。儿童 IP 拥有 110 亿全网点击播放，超过 72 个国家与地区播映，10 亿全球市场零售额。"有妖气"全年龄段 IP 拥有 730 万以上注册用户，17,000 名漫画作家，40,000 幅以上漫画作品，7,000 个以上签约版权等。

第三，拓展国际化。奥飞娱乐不断拓展全球市场，成为中国文化"走出去"的先锋。奥迪玩具作为中国玩具第一品牌，拥有四驱车、悠悠球等众多家喻户晓的玩具。玩具原创产品热销全球，产品出口全球多个国家和地区，在全球多地设有独立办事处。其旗下的"Babytrend"为全球领先的婴童出行用品品牌，产品销量排全美第二。

2. 人才优势

公司注重人才，优秀的研发团队，使奥飞娱乐不断打造出动漫精品。内部成立玩具设计和工厂专门的研发机构，两大研发部门共 115 名专业设计师。近年来，奥飞娱乐不仅在国内拥有实力雄厚的研发人员，还积极引进海外研发团队。在美国，建立动画研发中心和电影项目公司，引进迪士尼、派拉蒙等好莱坞电影团队，使内容和消费品的创意提升到国际水平。

3. 品牌优势

奥飞娱乐现有的奥迪、澳贝、乐迪等玩具品牌在国内属于顶尖品牌。作为国内婴幼儿玩具领先品牌，澳贝玩具每年上市500多个新产品，且每件产品都经过了严格的安全认证。除了具备国内多个玩具顶尖品牌外，奥飞娱乐还拥有多个内容IP品牌，其中"有妖气"作为《十万个冷笑话》的出品方，名声大噪，成为全国最大的原创漫画平台，已推出多部漫改动画，数量、质量均处于市场领先地位，漫改保持领先地位。所以，奥飞娱乐的玩具品牌和内容IP品牌，都是国内的领先品牌，有明显的品牌优势，属于行业中的佼佼者[2]。

(二) 劣势

1. 盈利渠道劣势

奥飞娱乐盈利渠道分为传统渠道和现代渠道，公司玩具业务的盈利渠道主要以传统营销渠道为主，在传统营销渠道中，公司盈利渠道劣势主要表现在两个方面。一是中间商多，导致用户消费水平高。一些玩具产品采用传统的分销模式。从制造商到消费者，中间经历了代理商、批发商、零售商，各中间流程都会流失相当的利润，导致到消费者手中的时候，价格已经翻了一番。二是资金难以回笼。奥飞娱乐及其代理人采用的结算方式通常存在一定的期限，资金回笼的期限可能长达一个月至几个月。对公司来说，降低了资金流转的速度，增加了市场风险和一定的资金压力。随着淘宝京东使用群体不断拓宽，传统的营销方式在一定程度上受到了冲击，销售竞争情况越来越激烈[3]。

IP产品营销渠道主要是以现代渠道为主，通过上游的制作商采用版权营销的方式售卖给发行商。针对人气相对较差的动漫作品，企业要承受前期制作和设计研发等大量成本。奥飞娱乐现代营销渠道还处于初始阶段，为了尽快占领市场，选择了网上平台免费提供服务的策略，但前期费用高，成本大，这也是造成公司现代营销渠道"瓶颈"的主要原因。

2. 经营管理劣势

奥飞娱乐由一个玩具企业发展到上市公司，再发展到集团公司，收购大量娱乐类的相关企业，形成集团、子公司、分公司等组成的大型组织架构。下级子公司或分公司与公司总部之间没有充分高效的沟通。由于分公司更多的是从事具体业务的，对于公司总部的业务架构、发展战略等理解不到位，更多的是执行公司总部的命令而已，缺少就产品设计、市场推广以及发展战略等方面的深度沟通[4]。

3. 产业链整合劣势

奥飞娱乐基于打造泛娱乐生态圈的整合战略，公司利用多年技术积淀的核心能力，整合战略。但整合带来的创新效率、供应效率、成本效率与规模效益、管理效率之间的资源整合能力不足，导致公司产业链介入较多，采取集团化运作，各子公司、事业模块相对独立，难以形成拳头效应，管理成本自然就高。

（三）机会

1. 政策支持利好

文化发展的活力离不开政策的引领与支持。奥飞娱乐落户于广州，《广州市人民政府办公厅关于加快动漫游戏产业发展的意见》公布，在未来，广州将推进"产学研用"一体的动漫游戏，力争打造一批竞争力强、实力雄厚的大型动画网络游戏龙头公司。这标志着动漫游戏产业将变成广州市新经济增长点和"广州市创新"重点。实际上，近年来，以香港动漫为典型代表，我国和广东省连续推出政策，优化措施，大力扶植，应当是"动漫粤军"兴起的重要原因[5]。

2. 市场需求利好

动漫市场需求空间利好，动漫产业具有极佳的发展前景与巨大的经济效益。国产动漫的需求空间近年来有了很大的提升，优质的动漫作品能够被青年观众所看到，相关的周边市场也逐渐繁荣起来。泛娱乐市场需求利好。内容端公司已打造为全球 IP 资源整合平台，渠道端则渗透到有线电视、网络等各媒介端口，游戏、电影两大核心板块异军突起，并陆续进军布局综艺、在线教育、媒体广告、视频等相关领域，形成高度紧密协同的业务泛娱乐生态体系。科技与互联网技术提升用户对动漫娱乐产品的需求利好。

（四）威胁

1. 国外动漫产业先发优势

在竞争实力的塑造方面，国内企业与美、日、韩等动漫产业发达的国家相比还有着不小的差距，特别是这些国家形成的先发优势，会对中国消费者的偏好产生影响，进而导致文化审美出现某些变化，在产品选择方面则容易形成以这些国家作品作为评判标准的情况。通过市场输出以及培养儿童对于这些国家作品好感等形式，在广州当地的年轻人当中形成了一定程度的依赖和消费惯性。国内企业在动漫形象开发、情节设计方面也紧跟国外潮流，难以摆脱模仿的嫌疑，在一定程度上也助推了不利于中国企业发展的这一市场格局。在这种情况下，很容易出现本土产业的萎缩，并且带动中华文化传播在动画领域的停滞。依据一份针对青少年态度的调查，多数青少年将最爱的作品投给了日本作品，欧美的占比也很高。大中华区的动漫产品得票率很低。当前，中国动漫企业偏向于将消费者定位在儿童这一年龄段，对于成年消费者的需求并不重视，虽然容易获得儿童的喜爱和关注，但对于整个市场的发展是不利的[6]。

2. 动漫产业竞争激烈

行业发展进入了成熟阶段，很多企业通过低价形式获得卫视播放权利，使奥飞娱乐的发展面临着不小的产业竞争压力，部分企业将受众从原先的少年儿童拓展到全年龄段，收获了不低的收视率。在互联网的快速发展下，许多公司不仅对本行业的竞争有所威胁，对于实行多元战略的其他跨行业的竞争威胁也相当大。例如，腾讯动漫独有的原创漫画平台，借助于腾讯平台的巨大流量，在该平台发表作品的作者数量不断增长，点击率过亿的作品有 40 多部。无论是行业内的还是跨行业的相关企业，都使中国动漫企业之间的竞争越来越激烈。

3. 市场群体受众需求标准更高

行业发展需要重点关注人口结构和文化素质的基本情况。中国动漫产业是文化创意产业中的一种，在巨大人口规模的助推下，学历水平和文化素质越高的地方，其消费能力也越突出。广州当地有很高比例的年轻人长期接触动漫作品，特别是来自国外的动漫创作，审美能力较高，并且近年来持续进行的动漫展览、动漫玩具博览会等，都会提升当地人的审美能力和文化素养，并且形成对于已有产品的挑剔眼光。在基于国际化背景下的审美体系影响下，很容易形成对国内动漫产品的固有观点。这就要求奥飞娱乐要努力做好内容生产，创造出更多更好的动漫，如此才能得到观众的喜爱。

三、公司战略选择

（一）"IP+"战略，围绕"IP+全产业链"进行转型

奥飞娱乐坚持以 IP 为核心，IP 联系一切。随着中国传媒产业的发展，中国动漫行业也逐渐进入一个"IP 为王"的时代，奥飞娱乐致力于构建成熟的"IP+全产业链"运营体系，现已形成了一条完整的动漫产业链。例如，周边产品作为衍生产品的一种，大多是通过原创设计制作，奥迪玩具等玩具品牌的销售情况显示了奥飞娱乐通过前端内容 IP 的展现，实现后端变现。

（二）泛娱乐文化产业，线上与线下平台运营模式正在逐步成型

在线上，奥飞娱乐除了拥有国内最大的原创漫画平台"有妖气"外，公司旗下的嘉佳卡通卫视，推出的多档节目都受到了儿童群体的喜爱；同时线下部分，企业积极拓展实景娱乐项目，现已在各大城市开设多家主题乐园，包括直营店和加盟店。

（三）组合策略选择

奥飞娱乐最初主要针对的是低幼人群，所以开发的 IP 多为喜羊羊和彼得潘，

具有一定的局限性。这些 IP 的衍生商品虽然大多为儿童玩具，但其实际品质与销量却很难和其他品牌直接竞争，如类似的主要竞争对手乐高。奥飞娱乐在意识到这一点后，便开始抓住自己的优势，逐步发展多元化的事业体系。从劣势出发，不断拓宽动漫受众，孵化青年群体喜欢的大 IP，加强智能电子玩具研发等，拓展 "IP+ 全产业链" 的运营平台。电影《十个成人笑话》于 2014 年在全国上映，票房达 1.1 亿元。这是国内动画首次覆盖成人观众，为成人动画树立了新的标杆。把握成人市场是奥飞娱乐自身发展的需要，也是中国动漫市场环境的大势所趋。

四、战略优化建议

（一）外源性融资，发挥规模效应

奥飞娱乐收益不理想，资金流不充裕，受到"泛娱乐化"策略推行以及企业快速并购的负面影响。为改变这一现状，企业可能采用如下两种策略。第一，降低短期贷款，支持长期借款，降低流动负债占用余额的比例。这一措施可以减少公司现金流不足的情况，为 IP 业务提供了一定的稳定现金流，长期负债还可以帮助公司节税。第二，奥飞娱乐企业在兼并扩张过程中应该更加注意公司商誉的形成与确认，从而尽量避免商誉减值和企业减值的重大损失。同时还应该把被兼并公司的商誉价值控制在合理范围之内，以减少公司的财务风险，增加公司利润[7]。

（二）整合多元业务，打造多维产业

近年来，奥飞娱乐整合行业优秀资源，为打造和吸纳具有核心竞争力的新产品奠定了良好基础，持续拓展经营业绩。上游内容进一步巩固，内容矩阵独树一帜，在 IP 多渠道多业态融合方面展现出强大潜力。有了这样的优势，奥飞娱乐将能够集合传统企业各种资源，以 IP 为核心，整合整个产业链发展，建立垂直产业链，利用整个 IP 资源实现教育、婴童产业、网络游戏、动画等业务，并利用协调资源占领更大的市场，进而达到公司对经典行业的引领效应。同时，也能够通过与

电视传媒、电影企业等传媒企业的联合，拓展公司影响力，形成"IP+ 婴幼 + 玩具 + 影视"的经营模式，从而达到公司的价值链目标[8]。

参考文献：

[1] 孟昌. 基于SWOT分析的我国少儿图书出版的发展战略研究 [D]. 长沙：湖南师范大学，2008.

[2] 杨艳艳. 基于利益相关者视角的SWOT分析法研究 [D]. 开封：河南大学，2013.

[3] 解雪. 基于SWOT分析法的电视节目营销策略研究 [D]. 南京：南京师范大学，2013.

[4] 李伟. 腾讯公司发展战略研究 [D]. 青岛：中国海洋大学，2014.

[5] 董汝萍. 奥飞娱乐股份有限公司营销战略研究 [D]. 乌鲁木齐：新疆大学，2018.

[6] 吴开艳. 奥飞娱乐连续并购的风险与控制策略研究 [D]. 广州：广东工业大学，2020.

[7] 陈妍,王晓雷,李迎瀛. 浅谈奥飞娱乐股份有限公司财务问题及战略分析调整 [J]. 企业科技与发展，2021(10)：187-189.

[8] 肖阳东. SWOT视角下的企业发展战略分析——以广东深汕投资控股集团有限公司为例 [J]. 经济师，2021(6)：288-289.

七十　财报视角下的企业经营战略研究
——以华兴源创为例

刘子钰[①]　郑萍[②]

摘要：企业的经营战略一直以来都在发展战略中占据重要地位，决定着企业的盈利水平与质量，因此，企业所选择的经营战略是否在行业内具有足够的竞争力将会是企业能否长远发展的关键。本文以科创板上市企业华兴源创为研究对象，立足财务报表角度并结合其他相关资料开展华兴源创的资源配置与竞争策略分析，在结论的基础上以竞争力分析作为业绩评价，并最终针对以上分析对企业提出建议，希望能以此为其他企业分析经营战略提供一定参考。

关键词：经营战略；财务报表角度；竞争策略；竞争力

一、引言

随着中国"十四五"规划的开局，中国中高端制造业企业的发展得到了政府的大力扶持，但也使该行业的竞争越来越激烈。在激烈的竞争形势下，关于企业的经营战略研究就显得格外重要，企业的经营情况与战略选择会以不同的表现形式体现在财务报表数据和相关财务指标方面，因此可以通过财务报表来分析企业经营战略。[1] 本文参考了国内外将财务报表分析与企业经营战略相结合的研究成

[①] 刘子钰，男，会计硕士，研究方向：财务会计、财务管理。
[②] 郑萍，女，会计硕士，研究方向：财务会计、财务管理。

果，基于财务报表的视角分析苏州华兴源创科技股份有限公司（以下简称"华兴源创"）的企业经营战略。

二、文献综述

迈克尔波特认为企业在经营过程中会采用成本领先战略、差异化战略和聚焦战略中的一种作为企业的主导经营战略[2]。每种战略都有不同的特点，国内学者王贞洁等认为差异化战略要求企业有较强的研发和市场营销能力，而低成本战略则以稳定的低生产成本和低运营风险作为优势来源[3]。关于应用数据研究战略选择，国内学者张新民认为可以根据企业的周转率与盈利率来识别企业的战略选择[4]。但这一切的基础是先确认企业的资源配置类型，只有在以经营为主导的企业类型下经营战略界定才有意义。传统的经营策略绩效评价都是利用盈利指标，国内学者张新民提出从资产的角度评价企业经营的竞争力，本文就以竞争力作为评价绩效指标，对华兴源创的经营策略展开研究。

三、华兴源创经营战略分析

（一）公司简介

华兴源创是国内领先的检测设备生产商，主要从事平板显示及半导体集成电路等研发、生产和销售，公司主要产品有显示检测设备、触控检测设备等，主要应用于 LCD 与 OLED 平板显示等行业。2019 年 7 月 22 日，公司成功上市上海证券交易所科创板。

（二）资源配置分析

企业主导类型包括经营主导型企业和投资主导型企业。要想分析出企业的主导类型就要先分析资产结构，也就是要分析企业的资产负债表中的资产部分。

母公司 2018—2020 年的资产总额分别为 12.42 亿元、21.47 亿元和 34.64 亿元，其中经营性资产合计数额分别为 11.55 亿元、14.09 亿元和 19.14 亿元，占总资产的比重均在 50% 以上。在 2020 年因为公司上市导致货币资金数额上涨较大，但根据企业的招股说明书可知，这项募集资金主要是投向"平板显示生产基地建设项目""半导体事业部建设项目"以及"补充流动资金项目"。这三类项目均系公司现有业务的继承和拓展，与公司现有主营业务一脉相承。即便不考虑货币资金，单看母公司其他的经营性资产，占总资产的比重也均在 30% 以上，具体数据见图 70-1。

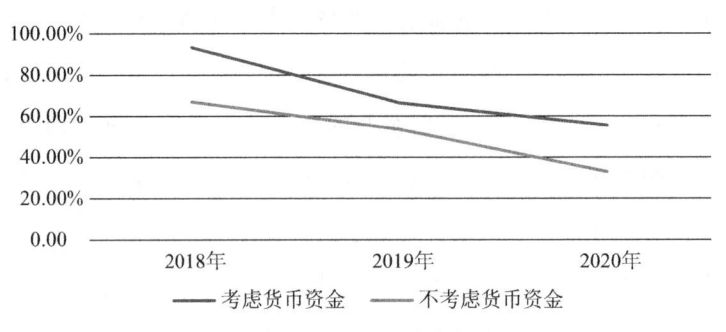

图 70-1　经营性资产占总资产比例

资料来源：公司年报。

此外，企业近三年收入中，检测设备与检测治具等主营业务收入占总收入比重均超过 80%，可见企业的主要收入来源是日常经营业务，具体情况见图 70-2。

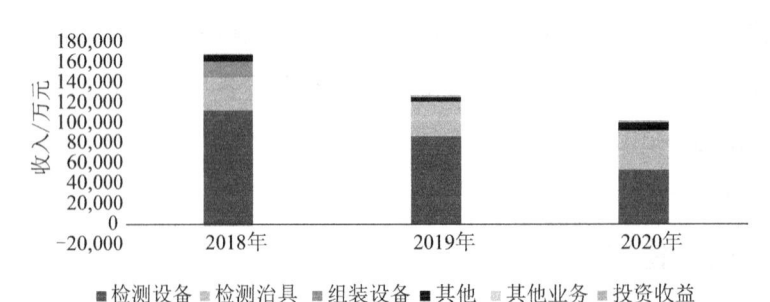

图 70-2　收入占比

资料来源：公司年报。

再看总资产中投资性资产数额分别为 0.62 亿元、6.94 亿元和 14.49 亿元，数量在逐渐上涨且占总资产的比重也在加大，这里面包含两项，分别为交易性金融资产和长期股权投资，造成变动的主要因素是长期股权投资，且被控股公司均是与主营业务相关的企业，因此可以分析出华兴源创属于经营主导型企业。

（三）竞争策略分析

经营主导型企业会采用的竞争策略主要包括低成本策略和差异化策略[5]，站在财务报表的角度，如果想分析一家经营主导型企业究竟采用了哪种竞争策略，要先分析企业的核心利润率与经营性资产周转率，合并公司的相关数据见表70-1。

表70-1 核心利润率与经营性资产周转率列举表

指标＼年份	2018	2019	2020
核心利润率 / %	27.36	14.83	15.48
经营性资产周转率 / %	1.04	0.97	1.00

资料来源：公司年报。

公司在上市后的核心利润率维持在15%左右，经营性资产周转率维持在1左右，这种"高盈利、低周转"符合差异化策略的特征。此外，华兴源创在研发费用方面投入巨大，近三年研发投入占营业收入的比重均在15%左右，研发人员数量占总员工数量的比重也在40%左右，相关数据见表70-2。

表70-2 研发费用情况表

指标＼年份	2018	2019	2020
研发投入总额 / 亿元	2.53	1.93	1.39
研发投入总额占营业收入比例 / %	15.06	15.34	13.78
研发人员数量 / 人	598	463	400
研发人员数量占总员工的比例 / %	37.38	41.49	41.88

资料来源：同花顺 iFinD。

公司主营业务的专利累计获得数量将近600项，在行业中处于中上游地位，尤其是在半导体测试业务上，公司是国内仅有的定制化BMS芯片检测设备解决方案提供商。标准化检测设备方面，是国内为数不多的可以自主研发 SOC 芯片测试设备的企业，自主研发的 E06 系列测试系统在核心性能指标上具有较强的市场竞争力并具备较高的性价比优势。目前公司 SOC 芯片检测设备已成功通过重要客户验证，开始取得批量量产订单。可见公司在产品研发上的重视，并且也因为研发为公司带来了行业竞争优势，因此分析出华兴源创采用了差异化策略。

（四）竞争力分析

竞争力分析是将评价企业经营战略的绩效指标从较为单一的盈利能力，转向综合全面的公司重要的经营性资产满足企业管理要求程度和在企业既定的战略框架下起到的作用。评价不同的经营性资产竞争力的方法不同，故本文从货币资金、应收预付款项、存货和固定资产四项典型且重要的经营性资产入手，分别分析企业因差异化策略的实施而在融资管理、上下游关系管理、销售管理和生产管理上的竞争力强弱。

1. 融资管理竞争力分析

与融资管理直接相关的经营性资产就是货币资金，但企业的货币资金并非都是靠外部筹集过来的，其来源途径有三个方面，分别是经营活动产生的现金流量、投资活动产生的现金流量和筹资活动产生的现金流量。综合分析这三种途径产生的现金流量的数量关系，可以对企业的融资管理竞争力做出评价，母公司的相关数据见表 70-3。

表 70-3 现金流量构成表　　　　　　　　　　单位：万元

指标＼年份	2018	2019	2020
经营活动现金流量净额	18,398.55	-9,216.54	35,976.88
投资活动现金流出量	19,009.56	115,033.68	156,566.50
筹资活动投资现金流入量	0	90,065.62	32,499.97

资料来源：公司年报。

公司近三年的经营活动所产生的现金流量净额均低于投资活动所产生的现金

流出量，尤其是在2019年，公司的经营性现金流量净额还为负数，这代表着企业光依靠经营活动产生的资金积累并不能满足日常的构建固定资产和无形资产的资本性支出以及收购外部相关业务企业的股权投资，还迫切需要从外部融资渠道筹集缺乏的资金。另外根据筹资活动投资现金流入量来看，因为企业近两年刚上市，筹集到了大量的股权资金，可以弥补一些日常投资所需要的现金量，但由于企业投资额巨大，即便就是有股权投资的现金流入，也难以完全填补投资所需金额。综合来看，企业现处于快速发展阶段，光依靠经营所得难以保证企业的投资需要，还须依赖外部融资，并且股权投资的金额难以完全满足企业现有的投资需求，还需要从银行等债权融资渠道中筹集资金，在融资方面是缺乏竞争力的。

2. 上下游关系管理竞争力分析

上下游关系管理是指公司与上下游企业谈判议价等过程的管理。从财务报表来看，关系到上游企业的经营性资产是预付账款，扣除增值税后的预付账款将会构成原材料等外购存货原值的一部分，合并公司的相关数据见表70-4。

表70-4 预付账款占存货比重表

指标\年份	2018	2019	2020
扣除增值税后的预付账款/万元	324.10	463.73	1,301.94
外购存货原值/万元	4,429.33	3,532.62	2,298.88
所占比重/%	7.32	13.13	56.63

资料来源：同花顺 iFinD。

企业在外购存货时，越来越多地采用预付账款的形式，可以推断出目前形势下行业发展如火如荼，导致上游企业的产品供不应求，销售策略更多采用预售，公司在与上游企业议价时更不占优势，在处理与上游企业关系时竞争力减少。

关系的下游企业的经营性资产是应收款项，用不考虑坏账的应收款项和考虑增值税后的营业收入来计算的应收款项周转率能很好地体现企业是否能主导下游企业，合并公司的相关数据见表70-5。

表 70-5　应收款项周转率表

指标 \ 年份	2018	2019	2020
平均应收票据及应收账款 / 万元	30,827.9	45,645.175	73,249.2
平均应收款项融资 / 万元	0	707.52	720.615
考虑增值税后的营业收入 / 万元	113,574.44	142,124.31	189,557.09
应收款项周转率 / %	3.68	3.07	2.56

资料来源：公司年报。

企业的应收款项在逐年增大，并且根据应收款项周转率逐年下降可以分析出，公司的营业收入增长速度要慢于应收款项的增长速度，即更多的营业收入是靠赊销实现的，证明企业为了更多实现销售，不惜加大给予下游企业商业信用的力度，可见企业目前产品差异化效果还存在进步空间，处理与下游企业关系时竞争力在下降。

3. 销售管理竞争力分析

销售管理的竞争力主要体现在存货的周转性、盈利性与保值性。分析存货周转性常用的指标是存货周转率，但如果采用常规的存货公允价值计算会虚高周转速度，故采用存货原值计算，不考虑存货跌价准备，合并公司的相关数据见表 70-6。

表 70-6　存货周转率表

指标 \ 年份	2018	2019	2020
营业成本 / 万元	44,842.15	67,224.27	87,147.38
平均存货余额 / 万元	17,542.63	20,792.41	27,705.42
存货周转率 / %	2.56	3.23	3.15

资料来源：公司年报。

公司近三年存货周转率均在 2.5 以上，反映出其产品的竞争能力还是比较强的，可以很好地变现，实现现金回流。

质量高的存货特征,不仅仅表现在周转能力,还表现在盈利能力,即考虑产品的毛利率,合并公司的相关数据见表70-7。

表70-7 销售毛利率表

指标＼年份	2018	2019	2020
销售毛利率 / %	55.38	46.55	48.05

资料来源：同花顺iFinD。

公司的销售毛利率较高,表明其产品的生产成本较低,附加值较高,产品技术先进,市场需求比较旺盛,企业可以根据竞争情况有更大的空间对价格进行调整,从而在销售管理中更具竞争力。

最后分析存货的保值性,主要看存货的跌价情况,合并公司的相关数据见表70-8。

表70-8 存货减值情况表

指标＼年份	2018	2019	2020
存货账面余额 / 万元	17,542.63	20,792.41	27,705.42
存货跌价准备 / 万元	2,052.46	1,428.65	1,116.09
所占比重 / %	6.36	6.87	7.41

资料来源：公司年报。

企业三年间存货的账面余额在不断增加,但是相应的存货跌价准备增长得更快,其存货的保值性有所下降。但其跌价准备占账面余额的比重始终没有超过10%,意味着市场对公司的产品认可度比较高,在未来的一段时间里预计不会出现滞销的情形,在销售中具有很强的竞争力。综合分析,公司的存货质量良好,拥有较强的竞争力。

4. 生产管理竞争力分析

差异化策略的专利技术终究会落实到生产过程,固定资产是企业生产的关键,企业应该关注固定资产的周转与保值情况,合并公司的相关数据见表70-9。

公司固定资产原值周转率先下降后上升，先前下降，并非代表企业在固定资产利用上出现问题，而是企业的固定资产和市场需求的关系出现了问题，鉴于刚上市，企业新增加的固定资产结构与规模和市场的关联性小，未得到有效利用。后续上升是投入的新固定资产随着时间的推移，开始发挥竞争性作用。

表70-9 固定资产周转率表

指标＼年份	2018	2019	2020
营业收入（万元）	100,508.35	125,773.73	167,749.64
平均固定资产原值（万元）	2,816.99	5,317.84	6,070.34
固定资产原值周转率（％）	35.68	23.65	27.63

资料来源：公司年报。

根据公司财务报表显示，近三年固定资产未出现减值，可见符合市场需求，未来预计不会较快被淘汰，具有保值竞争力。综合分析，公司的固定资产质量良好，拥有较强的竞争力。

四、华兴源创经营性战略的评价与建议

华兴源创目前采用的差异化经营性战略比较成功，在融资管理、销售管理和生产管理上都占据一定优势，但也存在风险，并且在上下游关系管理上存在一定问题，为此对公司提出改进建议。

（1）目前公司资金充裕，股权债权比例也相对合理，重心应该放在高效利用资金上。根据公司最新布局的半导体测试业务有序推进固定资产无形资产的构建，使得产品差异化更加明显，核心利润率更高，能留下更多经营所得资金用于生产建设，减少外部筹资依赖。

（2）对于近两年构建的固定资产，要重视利用效率，趁着还具有竞争优势，加大生产销售，并立足目前的核心产业不断加大研发力度，应对竞争对手的技术更新，防止遭受资产减值的损失。

（3）适当布局上游产业的投资，缓解不利的竞价地位；与下游企业交易时，一方面为了扩大销售可以提供商业信用，但要严格评估客户信用等级，把控坏账风险；另一方面注重营销，加大自身亮点宣传力度，构建卖方市场竞争力。

参考文献：

[1] 李刚，李天喆. 财务报表分析与经营策略的关系研究 [J]. 山西农经，2021(11)：141-142.

[2] [美] 迈克尔波特. 竞争战略 [M]. 蒋宗强，译. 北京：中信出版社，2014.

[3] 王贞洁，王惠，李真真. 竞争战略、资本经营与企业绩效 [J]. 经济经纬，2021(38)：103-112.

[4] 张新民，钱爱民. 财务报表分析 [M]. 北京：中国人民大学出版社，2021.

[5] 岳秀丽. 基于财务报表分析的企业经营策略研究——基于DY公司的案例分析 [J]. 纳税，2021(15)：54-56.

七十一　城市传媒多元化发展现状与启示

晏晓慧[①]

摘要： 本文在国内研究成果的基础上，结合文献以及引用最新数据进行分析，对城市传媒采取多元化战略原因，从宏观、中观及微观层面进行综合分析。根据现阶段发展状况，截取利润表数据分析营收情况，并结合估值分析以及成长能力对企业未来发展情况进行预测，根据城市传媒所处行业的发展阶段，进而得出相关启示。

关键词： 城市传媒；多元化；经济发展

一、引言

从出版行业上市公司"十三五"期间年报来看，行业传统主业依旧挺拔，新兴业态不断发展，形成两者同生共融的发展态势。城市传媒自成功借壳上市后，采取了一系列多元化经营策略，业务范围渗透到多个行业，近几年发展势头逐渐呈现上升态势；另外，国家重视文化产业发展，不断推进文化强国战略以及提出"一带一路"倡议，进一步推动出版文化行业的发展，城市传媒显现出内部发展优势与外部机遇。

---

① 晏晓慧，女，会计硕士，研究方向：财务会计。

二、文献综述

陶丹（2011）认为出版企业实施多元化战略，对进入新领域的方式必须有所考量。拓展新领域要把握内容优势，并且利用相关性降低风险，增强核心圈，壮大主业[1]。Miller（2010）运用多元回归分析法探寻多元化战略对公司绩效的影响，研究发现多元化战略与公司经营绩效呈曲线关系[2]。张琦（2017）认为传统出版业面临融合发展的大趋势，多元化战略的实施为未来企业转型奠定了坚实基础[3]。刘凌涓（2019）认为传媒企业为了迎合市场需求，不仅需要提升信息服务质量，还需要构建多元化发展战略，实现跨界融合，才能提升企业的竞争力[4]。史文静（2019）认为业务多元化是实现传统媒体公司转型的可行之策，采取相关多元化战略更有助于传统传媒企业发展[5]。胡慧源、年璐臻（2020）认为出版业在文化建设中具有核心推动作用，做大做强出版主体是文化强国建设的题中应有之义[6]。张雨虹、杨荣（2021）认为传统出版传媒集团更需把控企业在多元化经营之后与现有出版机制的矛盾及不同产品盈利模式，始终坚持以用户和内容为中心，在顶层规划的同时做好融合创新发展[7]。窦瑞晴（2021）认为要根据自身产业属性选择适合的多元化类型，而且文化传播类和信息技术类企业都要在合理的范围内从事多元化经营，避免盲目的非相关多元化[8]。

三、城市传媒多元化发展原因分析

（一）国家产业政策的大力推动与支持

从宏观层面来说，是国家政策的大力推动与支持。近几年，文化强国成为主旋律，提升民族文化自信，新闻出版业对传播国家文化起着重要的作用。习主席强调，推动高质量发展是新时代经济发展的主线，也是出版业发展的必然要求。出版业高质量发展是实现文化强国重要路径。此外，出版业作为文化产业的重要组成部分，具有经济和文化双重属性，推动出版产业的高质量发展顺应了技术发展，也是实现文化强国战略目标的客观需求。"一带一路"倡议的深化，对经济发展及各国间文化传播都具有重要的战略意义。习主席指出，人文交流是"一带一路"建设的社会根基，也是排在前面的落脚点。而传媒出版是传播社会主义核心价值观、传播知识、传递信息、传承文化的重要途径。国家对传媒出版行业的要求不再是单一的出版发行，城市传媒紧跟国家政策，抓住发展趋势，结合出版、发行，线上教育等业务模式。城市传媒表示还将充分发挥自身在出版、发行、影视、空间运营、新媒体等方面的资源优势，与一流的文化机构和领军企业同行，共同为时代呈送一流的文化产品、服务和体验。

（二）行业间竞争激烈，城市传媒需要开拓创新发展

从中观层面来谈，截至目前数据统计，上市出版类企业共21家，其中沪市17家、深市4家。出版传媒行业逐现饱和，具备核心竞争力的企业能够找准自身行业定位。比如中国出版集团是中国最大的大众出版和专业出版集团；中南传媒是我国第一家全产业链整体上市的出版传媒企业；掌阅科技专注于数字阅读等，将自身业务发展优势与地域优势结合起来，才能在激烈的竞争中生存下来。城市传媒借壳上市后，面对激烈的竞争，也快速找到了自己的定位，多元化发展战略，具有图书、报纸、电子、音像、网络、影视、游戏等出版资质，是集内容生产、渠道传播于一体。面对激烈的行业转型以及升级，对出版行业都提出了转型与创新发展的要求，如何制定自身战略关乎企业的兴衰。

（三）企业自身谋求发展的需要

从微观层面来看，企业能否在激烈竞争中生存下去，传统的单一模式可能难以满足市场需求，必须结合自身情况转变发展战略。城市传媒在成立之初只是针对出版发行业务，显然这不能满足企业现阶段的发展要求。随着大数据、元宇宙的出现，转型是出版传媒企业亟待采取的战略措施。城市传媒在创新自身发展方面也做得比较好，采取了一系列的措施。比如近年来，城市传媒在持续推动主业高质量发展的同时，紧密结合新兴消费需求，与环球影业、万达影业、腾讯、上海混知、故宫博物院等知名企业和机构在IP延伸开发、空间运营等方面深入合作，

加快在全国的新业态布局。青岛胶东国际机场于 2021 年 8 月 12 日正式运营，以打造世界一流、国内领先的东北亚国际枢纽机场为定位，是山东省首座 4F 级国际机场。城市传媒文化空间坐落在胶东机场中央景观区东区最东端，设置了 5 个主要区域：畅销图书区、精品青版图书展示区、甜品站与自助收银服务区、特色图书专区、文创产品区。董事会秘书兼副总经理张以涛在近日的活动中表示，公司布局了虚拟现实数字教育内容的研究和开发，对元宇宙的最新探索和发展动态也予以关注。这些都是城市传媒外部发展的优势，城市传媒也紧紧抓住了这个机遇，自身发展呈现利好态势。

四、城市传媒现阶段发展态势分析

（一）城市传媒股份有限公司概述

城市传媒股份有限公司是山东省首家在主板上市的文化传媒企业，也是全国首家在主板上市的副省级城市出版传媒企业。主要业务一是图书、期刊等出版业务；二是图书发行业务，印刷物资、电子产品、教育装备销售、物流配送等业务；三是数字媒体、教育培训、研学旅行、文化定制服务和空间运营、影视、音视频、VR、AI 等新媒体，新业态业务。城市传媒大力实施精品战略、升级文化空间、发展新兴业态、完善企业治理，开启了二次创业新征程，旨在打造一流的国有文化上市公司改革样本。

（二）企业营收状况保持较好势头

利用利润表数据进行分析见表 71-1。

表 71-1　2017 年至 2021 年第三季度收入情况

指标＼时间	2017	2018	2019	2020	2021 年第三季度
营业总收入 / 亿元	19.69	21.70	23.14	21.55	17.20
营业总收入同比增长率 / %	11.03	10.19	6.65	-6.87	13.11
营业总成本 / 亿元	—	—	20.23	18.83	15.02

续表

指标 \ 时间	2017	2018	2019	2020	2021 年第三季度
营业利润 / 亿元	3.20	3.51	3.73	2.41	2.12
营业利润同比增长率 / %	32.30	9.72	6.44	−35.39	−7.00
利润总额 / 亿元	3.35	3.52	3.74	2.44	2.15
净利润 / 亿元	3.32	3.48	3.73	2.44	2.13

资料来源：同花顺 iFinD。

由表 71-1 数据可以看出，截至 2021 年第三季度，城市传媒企业的营业总收入基本上呈现稳定态势。2017 年至 2019 年营业总收入基本上呈现增长的趋势，分别是 19.69 亿元、21.70 亿元、23.14 亿元。在 2020 年营业收入呈现下降趋势，原因可能是新冠肺炎疫情的暴发，给企业经济发展带来一定的影响。新冠肺炎疫情下，出版传媒行业的线上线下业务均受到极大冲击，出口销售额出现了大幅度下降。但是，由于数字阅读的出现，减缓了一定程度的影响。疫情期间，城市传媒在多元化经营策略下，收入和净利润也只是较小幅度下降。因疫情缓解解封后，2020 年 2 月城市传媒线下书店正式复工后，销售收入出现了大幅度增长，而线上的销售收入同比增长高达 50%，这大大缓解了疫情给企业带来的冲击。另外，在 2021 年，城市传媒与北京十家最美书店之一的"春风习习书馆"强强联手，在嘉兴市南湖红船彼岸的南湖天地打造了兼具时代特色和文化气息的人文阅读服务空间。此外，公司在西安长安时间教育综合体打造了混知书店长安时间店，与上海混知及万达影业打造了成都万达熊猫基地店。在全国各腾讯大厦打造了 IMAGE 爱马哥趣味 IP 空间，深受腾讯员工及访客喜爱。这些最新的政策，都给城市传媒现阶段发展带来及其利好的发展态势。疫情常态化下，城市传媒 2021 年前三季度的营业收入与净利润分别达到了 17.2 亿元和 2.13 亿元，能够有效传达出城市传媒发展呈现上升趋势。

（三）企业回购市场流通股，彰显公司的发展信心

城市传媒在 2021 年 10 月，发布以集中竞价方式回购公司股份的报告书。报

告书中表明基于对公司未来发展的信心和对公司价值的认可,为有效维护全体股东利益,增强投资者信心,同时进一步完善公司长效激励机制,充分调动公司管理人员、核心团队的工作积极性,公司决定使用自有资金以集中竞价方式回购公司部分股份,用于注销减少公司注册资本,以及实施股权激励计划。通过构建管理层与核心骨干员工持股的长期激励与约束机制,凝聚形成改革发展的强大合力,有效推动公司高质量发展,提升公司整体价值。截至2021年11月,城市传媒已经回购了35万股,耗费资金216.79万元。城市传媒回购股份,是在公司发展较好的情况下实施的股份回购,这将有助于稳定投资者对公司长期股票价值的预期,构建稳定的投资结构,确保公司的发展战略和经营目标的实现。回购股份,在一定程度上降低了在外流通的总股份,提高了大股东的持股比例,增强了稳定性,也抬高了每股净资产和每股净利润。城市传媒在摸索前进的过程中,这些都向外界传递企业经营的良好势头。

(四)城市传媒的发展预测(见表71-2)

表71-2 2017年至2021年城市传媒估值

时间 指标	总市值/亿元	市盈率(TTM)	市净率(MRQ)	市销率(TTM)
2017-12-29	53.921	17.8094%	2.4355%	2.8052%
2018-12-28	47.1809	13.9117%	1.9628%	2.1866%
2019-12-31	49.8488	13.3094%	1.7895%	2.1538%
2020-12-31	47.3213	19.3572%	1.6401%	2.1955%
2021-09-15	43.2491	19.6089%	1.4625%	1.8684%
2021-10-15	42.6172	18.5229%	1.4232%	1.8098%
2021-11-15	47.4617	20.6284%	1.585%	2.0156%
2021-12-15	49.2871	21.4219%	1.646%	2.0931%

资料来源:同花顺iFinD。

通过截取相关市盈率、市净率以及市销率数据进行综合分析。总体上看,2021年企业的总市值是逐步攀升的,虽有波动,但是都是同步上升的。市盈率是用来反映企业的增长潜力，其涵盖了风险、增长率、股利支付率的影响，具有很强的综合性；市净率的模型是权益净利率、股利支付率与增长率的乘积，净资产账面价值比净利更加稳定；而市销率则与营业净利率、股利支付率、增长潜力相关，它的突出特点是不容易被操纵，对价格政策和企业战略变化更为敏感，能够及时反映这种变化带来的后果。选取具有代表性的指标进行综合分析，企业的增长潜力，企业战略影响及其发展的稳定性综合起来，能够从一定程度上反映企业未来发展具有较大上升空间。企业在战略层面、管理层制定的战略决策，符合城市传媒现阶段的走向，管理层能够根据国家的宏观环境、行业发展特点以及企业自身状况，做出合适的选择。这些都传达出城市传媒发展利好的信息，也大大增强了外部投资者的信心。

（五）城市传媒成长能力分析（见图71-1）

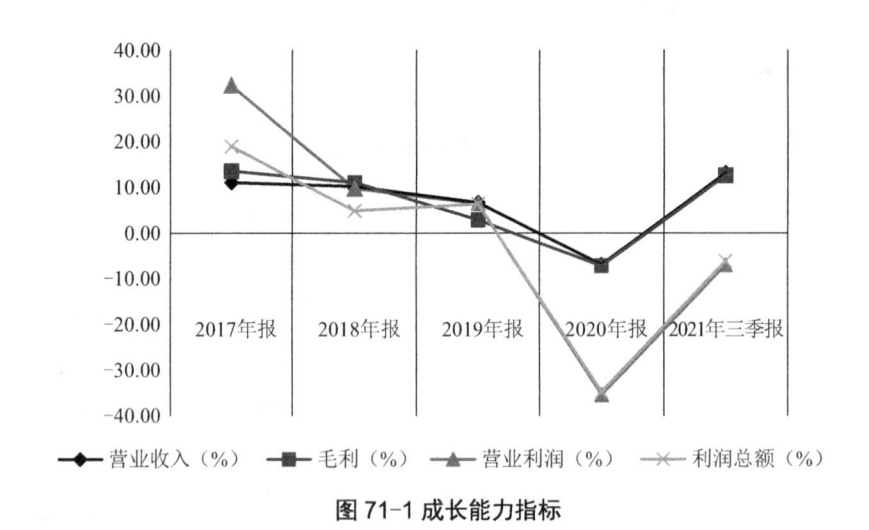

图 71-1 成长能力指标

资料来源：同花顺 iFinD。

通过截取 2017—2021 年第三季度年报的相关财务数据进行分析，城市传媒 2017—2020 年报显示，主营业务收入增长率、毛利率等指标均显示出下降的趋势。而在 2020 年由于新冠肺炎疫情的影响，成长能力降幅较大。但在 2021 年，城市传媒积极发挥自身多元化经营策略,在图书出版与发行等多个行业进行深耕,开拓业务范围,成长能力有较大提升。在2021年疫情常态化的情况下,城市传媒发挥自身优势,在传媒行业竞争力也有所加强。综合来看,城市传媒未来发展状况值得期待,企业战略同样值得同行业借鉴。

五、城市传媒多元化发展启示

(一)充分关注国家现行政策规定,时刻关注外部环境的变化

国家政策的发布,对于各行各业都具有十分重要的影响。一般来说,在某一时期,政策具有一定的倾向性,对行业发展具有扶持作用。如果能够准确解读国家政策,结合自身的情况做出正确的决策,抓住外部发展优势,能够大大推动企业的发展。如现今增强文化自信、文化建设是实现中华民族伟大复兴很重要的一步。在这种情况下,政策倾斜自然会对我国的文化输出、文化传播、提升自身的文化自信有推动作用。而传媒作为重要手段,传媒企业需要充分利用这个机会,针对自己的定位,找准突破口,提升自己的行业竞争力。在面临变化时候,能够及时制定应对措施。之前如火如荼的教培行业,"双减"政策出台后,很多培训机构在几个月内纷纷倒闭。新东方、好未来等教育培训机构纷纷宣布退出义务教育段培训,开始着手第二次创业转型。这是政策所带来的威胁,企业如果能够抓住政策的导向性,及时做出战略改变,能够大大降低损失。

(二)找准定位,优化配置资源,提高创新能力,提升核心竞争力

出版传媒类企业主业是编辑、出版、发行一套完整的流程。面对激烈竞争,出版传媒企业放弃主业是绝对不可取的,可以在大力发展主业的过程中,寻求新的市场。现今国家大力推动供给侧结构改革,习近平总书记也提出"三个有利于",传媒企业优化配置资源,能够促进企业的转型升级,由传统的知识内容提供商向服务商转变。做到资源的有效配置,企业要在内容、生产要素等方面进行全面的资源优化。另外,这要求出版传媒企业提升自身在内容、销售渠道的创新。

只有这样，出版传媒企业才有可能在市场上发挥最大的活力。面对大数据、云计算、VR 都要求企业结合自己的实际情况，找准创新点，把握住正确的战略定位。对于作为需求方的顾客群体来说，出版传媒企业应当对客户资源进行高效的管理，充分利用数字化的管理手段，对不同客户群体的偏好进行精准的定位，以提供不同内容与优质的服务，为用户提供更好的产品体验。

（三）完善管理机制，增强内部制度约束

新经济时代下，出版传媒业处于较好的时期，但企业面临的风险也在不断增加，外部环境可能难以全面地控制，企业可以提升内部控制的管理水平。一些传媒企业，可能处于内部组织架构不完善、风险管理意识不强、内部控制制度缺失等潜在风险。根据城市传媒发布的内部控制报告，在这方面做到了较好的管理，对于内部风险的重要性水平都制定了详细的认定标准，从内部保障企业的安全性，面对外部环境变化能够及时应对。对于出版传媒企业来说，都应当制定应对事前、事中、事后风险的内控制度，加强信息沟通的及时性、准确性，对于所有员工以及管理人员都应当培养风险管理意识，面对企业内部可能存在的舞弊行为，要制定严格的惩罚措施。

六、结语

城市传媒在成功借壳上市后，企业不断地创新，寻求多元化发展策略，虽在同行业处于一般水平，但其现阶段的经济发展状况保持了良好的势头，这也得益于城市传媒能够根据实际，找准定位，优化自己的产品与服务，得到顾客的认同。面对复杂的市场环境，城市传媒能够及时做出反应，通过回收库存股，向外界传递利好消息，也证明公司趋于稳定的发展态势。对于新兴出现的事物，敢于尝试但没有贸然进入新领域。在未来预测的发展中，城市传媒也显示出较好的上升态势，其未来发展是稳步前进的。

参考文献：

[1] 陶丹. 多元化战略下我国出版企业进入新领域的方式与启示 [J]. 现代出版，2011(3)：27-29.

[2] Miller. Diversification, Coordination Costs, and Organizational Rigidity: Evidencefrom Microdata[J]. Strategic Management Joumal, 2010, 31(8): 873-879.

[3] 张琦. 中部地区出版传媒上市公司多元化发展战略模式分析 [J]. 出版广角，2017(8)：23-27.

[4] 刘凌涓. 试论当代互联网传媒企业多元化发展战略 [J]. 传播力研究，2019，3(27)：277.

[5] 史文静. 传统传媒企业业务多元化与企业绩效 [D]. 济南：山东大学，2019.

[6] 胡慧源，年璐臻. "十四五"时期我国新闻出版企业并购风险防范与优化建议 [J]. 中国出版，2021(20)：19-23.

[7] 张雨虹，杨荣. 多元化经营策略对出版集团企业经营绩效的影响——以中文传媒为例 [J]. 财务管理研究，2021(8)：25-30.

[8] 窦瑞晴. 我国传媒企业多元化经营的合理路径探析——基于我国传媒上市公司数据的实证分析 [J]. 湖北社会科学，2021(9)：158-168.

七十二 电影短视频营销的策略研究

——以抖音为例

郭润泽[①]

摘要： 伴随着互联网时代的到来，全世界的交流、沟通方式都发生了巨大的变化和改变，传统的传播方式均受到巨大冲击。传媒业的生态环境发生了巨大变化，为了适应新的市场，所以只能被迫进行改革，但是无论时代如何发展与变迁，电影在文化传播中都有至关重要的作用，所以现在如何让电影适应新时代的传媒方式显得尤为重要。此论文就是针对短视频的传播方式来分析有关电影的传播方法，依据抖音的成功作为例子进行有关的分析，并针对电影短视频中电影的侧重点以及它的故事性、节奏感对电影短视频的营销方式进行分析，同时对短视频传播中的娱乐化走向、观看者的爱好结合当下热点进行问题探究与反思，并提出相关建议、方针制度规划以及行业需要遵从的规则及一系列建议，以便能更好地推进电影短视频的营销。

关键词： 电影的短视频营销；抖音；解决方法

一、引言

（一）研究背景

传媒环境学派的先驱人物麦克卢汉提出"媒介即讯息"这一理论，揭示出传

---

① 郭润泽，男，会计硕士，研究方向：传媒会计。

媒对于我们生活的一个重要意义，21世纪流量为王，流量的多少基于的就是传媒，因此可以真正引导舆论走向的关键在于媒体自身，传媒有改变社会能量的作用。对于传媒环境学派的观点，我个人觉得对我的研究成果存在着一定的意义，所以以此作为研究的理论支撑，以便阐释短视频这一新媒体对电影营销是否具有重大的影响。

（二）研究目的

电影短视频营销策略的研究是为了更好地传播我们中国文化的一个探究活动。在我国踏入新时代时，习总书记提出要"讲好中国故事，传播好中国声音"。我们不难看出，国家想要推广我们国家自己的文化产业，电影可以作为一种特殊的方式传播我们自己的文化，通过一部好的电影展示我们国家自己的历史文化、风土人情，用此来推动我们国家自己的文化故事是再好不过了，甚至可以吸引大量的外国友人来中国参观，这些都是潜在的收益和作用。另外，传媒界看到短视频的爆火局面，开展电影短视频营销的策略研究也是符合当下新时代传媒行业的发展的必经之路。而正是因为当前的新媒体行业出现的前所未见的变化，新媒体营销也逐步成为当前最火热的营销手段，显然短视频营销与电影营销相结合的方式是当今新媒体营销的大势所趋。

二、短视频和短视频营销

（一）短视频的定义

短视频是时长为20秒到90秒的声屏相结合的视频内容。短视频能够在短时间内抓住人的注意力，满足用户碎片化的时间，以满足人类大脑的多巴胺需求，同时它也能持续地吸引人将兴趣投入短视频的接连推送中，而由于短视频的时长较短，致使人们观看短视频的时间不容易被打断，正是由于短视频的持续吸引力，短视频平台根据用户所看视频停留的时间，大数据测算出用户的个人喜好，遂不断地向用户推送类似视频，用户永远对下一个视频充满了好奇心，刺激人脑中多巴胺的分泌，于是用户愿意一直看短视频，慢慢地用户对短视频产生依赖，没有手机、手机没电就会变得焦虑，沉溺其中，短视频逐渐成为消费时间的第一利器。同样拍视频也是一样的道理，满足人的社交性，看到别人观看自己的拍摄成果也是一种对自我的肯定，在一定程度满足了人的自我实现价值，这也是越来越多的人愿意拍短视频的原因。

（二）短视频营销的定义

短视频营销是以短视频平台为载体进行的一种营销手段，短视频通过时长有限的视频构建一个相对完整的场景来感染用户，让用户身临其境地了解到产品信息，目的是将用户转化为潜在消费者，短视频营销如今已经成为一种新的营销手段。在这个新兴产物出来的同时，各个行业都开始利用网络拓展自己的销售渠道，大大地增加了产品的消费市场。

（三）短视频和短视频营销的特点

当前我国的短视频专门平台主要是以抖音为首的平台，它的日均用户活跃量高达6.8亿，尤其是在现在疫情期间更是达到10.3亿，所以短视频逐渐成了各类应用软件吸引用户流量的选择，也逐渐成为大众在闲暇之余娱乐的选择。短视频平台都有着相同或相似的特点，短视频行业也成功借助这些特点迎合时代的发展趋势，在互联网时代赚取流量的同时利用短视频进行产品营销。

1. 平台开放、"门槛"较低

短视频平台的主体可以是多种多样的，没有任何限制可言，它们中可以融入各种各样的主体，没有任何的限制，哪怕是没有生命的物品，用户在短视频平台上可以根据自己的喜好选择观看各种类型的视频内容，同样用户也可以拍摄多种多样自己喜欢的视频并且上传，并且其操作简单，无须专业的知识，这些都得益于平台的开放性。短视频平台的"门槛"较低，只需绑定一个手机号码即可以注册登录观看视频，同样平台对于视频制作者上传的视频没有质量要求，只要用户在不涉及敏感话题的情况下，他们都可以上传自己的视频，并且平台会根据视频的热度进行推送，满足个人的社交需求及欲望。

2. 互动及时、社交属性

短视频平台简易的界面可以提高用户体验更易舒心，同时也能让他们更容易参与到视频的内容中去，几乎每个短视频平台的界面上都设置有点赞、评论、转发、关注、分享等操作，通过点赞和评论用户可以找到共同兴趣的视频内容并结交好友，用户、视频上传者同样彼此之间没有界限，可以进行及时的交流互动，其他的用户也可以围观他们的互动评论。短视频平台具有较强的社交属性，用户可以通过短视频的评论功能发表个人的意见想法，并于此找到和自己兴趣一致的朋友，海内存知己、天涯若比邻，在如此快节奏的世界中找到一个懂自己的人是多么不易，但是在这个短视频中能够提供如此的一个平台。同样地，在日常交往中，近来热搜火爆的短视频可以作为双方社交中的一个话题而展开讨论，拉近对彼此的距离，达到社交的目的。

3. 流量获取、热点捕捉

短视频同样可以快速地传播当下的热点时事话题，只要视频制作者能够捕捉当下社会的热点话题以及时事政策，结合当前的热点话题，在视频中或用夸张、或用幽默、或用独特的形式表现出来，吸引用户观看与点赞，实现视频的爆炸式传播，从而获取流量，引起品牌方的注意，获得充足的流量，继而在短视频内容中植入相关产品的广告宣传，达到变现的目的，也能更好地完善自己的视频作品，这是一个良性循环的过程。而在短视频中植入产品的营销方式的宣传效果在效率上远远大于传统的广告营销方式，因为短视频营销方式更能跟上当前的信息传播步伐，快速地捕捉到热点话题并迅速传播，能够让广告被更多的人看到，也就能够更好地传播自己的产品信息，让更多的人了解产品。

综上，短视频平台具有多重特点，它们具有易操作、门槛低、交互性强、变现快的特点，这些都契合电影的宣传，为了让电影吸引人，通过高燃的剪辑让更多人看到，以至于想去电影院一探究竟，所以短视频平台在新媒体时代的网络营销中发挥着重要的作用，电影短视频营销也就此产生。

三、短视频和短视频营销优势

（一）快节奏、好创意

短视频是眼睛和耳朵结合的快节奏刺激，而短视频营销则是融合了这两大特色优点，给受众较为直观的感受，符合当今年轻人碎片化时间的特性。显然，短视频营销是完全不同于传统的电视传媒的，它的时长一般在 2 分钟之内。而在抖音平台中，绝大多数的视频时长通常为 30 秒以内。这相比于电影 120 分钟的时长，短视频的时长几乎可以忽略不计。那么一个在半分钟内要吸引观众的注意的视频，这就需要极强的创意以及出彩的文案。另外，短视频的停留时间很短，为了能够有效地留住观众，就必须要求视频创作者保持高速度的原创，还有快速地更新续集等，这就必须使短视频营销节奏更快，更是需要在短时间内迅速突出自己的"爆点"。显然这一点与传统传播媒介冗长的铺陈叙事的结构是不一样的，短视频的出现适应了新时代年轻人的生活节奏，故它更为受众青睐，所以作为电影的推广营销策略，就得需要制作者能快速抓住电影中的核心"爆点"，能迅速抓人眼球，在不剧透的前体下，让观看者愿意去为电影票埋单。

（二）易操作、碎片化

现在的社会就是年轻人都去大城市打工，扎根生活，留守的老人无人陪伴，短视频快速的快乐，以及易操作的设置，让其在乡村爆火。同样地对于在大城市中打拼的年轻人而言，年轻人的时间被分割开来，没有整块的时间用来观看传统的传媒媒介，不论城市中的"北漂"还是留守的小镇青年，他们的生活节奏都是趋同变得更快，所以碎片化的时间增多，短视频就此爆火。与此同时，社会生活的压力不断增加、加班文化的兴起，让社会逐步呈现出"内卷"的状态。在如此的状态下，人们更需要一种媒介来发泄自身的压力，而这其实也是时代发展造就的必然产物。最后就是短视频的播放时间较短，节奏较快，这一点恰好适应"上班族"的解压需求,可以使"北漂"青年利用通勤等碎片化的时间观看感兴趣的内容。

四、短视频和短视频营销现存的问题

(一)娱乐至上不可取

现在电影作为文艺作品与文学记叙形式更多的是娱乐至上,但是电影本身也同样在传播着国家的文化。现如今电影行业已经成为一种文化产业,在国内也承担着相当大的一部分的经济配额。为了让电影更好地营销,所以在电影的营销上主要是以顾客为核心,营销策划者更是放弃了以前错误的过于高大上的宣传导向,而是逐步走向大众,走向基层,探究了解观众们的需求,于是电影短视频的营销大大增加。而抖音短视频平台正是抓住了这一机会,它凭借着大数据的统计,可以在用户点击、转发、评论的过程中收集用户的各个数据,然后根据用户的喜好推送数据算出来的喜好视频,于是循环往复留住客户,留住流量。然而对于电影的营销策划人来说,了解用户的喜好可以使电影营销迅速抓住人心,以达到宣传的目的。但是,现如今我国的受众人群参差不齐,存在着很大的差异,所以为了最大化实现营销市场的全覆盖,绝大多数电影营销策划者采用过度娱乐的宣传策略,因为只有娱乐至上的宣传手法才能让大部分人接受,毕竟喜剧是所有人共同的乐趣,也就导致目前电影短视频营销呈现娱乐至上的相应特征。短时间内或许会促进电影营销的发展与票房的大卖,但是在未来长期的市场考验下,这种娱乐至上的营销方式是否还能经受住市场的考验还是有待考虑的。

(二)大数据时代用户被"打包贩卖"

从大火的《燃野少年的天空》《你好,李焕英》等相关影片在抖音短视频的营销中可以看出,平台为了更好地开拓营销客户市场,电影营销宣传片段选取都越来越成熟,更加符合大众的需求,并且在一定程度上平台有数据留存痕迹,用户的数据被锁定，平台视频推送是依据用户日常浏览轨迹进行的，这就形成了"茧房效应"。即当用户一旦使用此平台进行观看视频时，他的浏览痕迹就会被后台追踪，然后分析用户的喜好给他推送相应喜好同类型的视频以留住用户，于是平台的影响力逐渐扩展，因此抖音短视频平台渐渐成为用户的首选 App。伴随着抖音短视频的爆火，逐渐就出现了诸多问题，在众多用户的点赞以及视频停留时间记录数据的背后必然存在着数据危机，我们暴露在数据危机之下，然而用户在短视频营销上花费的时间越多，平台由此所收集的相关数据也越多，换句话说，用户对于平台而言已经无秘密可言。平台在掌握相应的用户数据后，短视频平台将这一数据"打包贩卖"，利用广告商对受众的关注进行"二次贩卖"。在这一系列过程中，用户的隐私权必然受到了侵害。同时，平台在掌握受众数据后进行精准对位传播也会给让用户陷入"井底"，用户会只关注此类短视频，不再关注其他类型视频，消息闭塞堵死，用户的数据被后台大数据测算，平台根据算法对用户进行喜好分析，然后根据建立的用户的喜好再次对用户进行相关视频的播放。换句话说，如果这般循环往复，用户甚至没有自主选择权利，信息闭塞，只能停留在这一类或者两类的视频中。显然这是电影营销策划人员在使用电影短视频宣传时亟待解决的问题。

五、提升电影短视频营销的建议

（一）内容为王才是真

未来的电影"内容为王"，因为真正好的电影，能够经久不衰的电影靠的不是宣传推广的程度，更多的是口碑以及"产品本身的价值"，电影这种文化产业传媒产品，它并不同于普通的实体性产品，有好坏优劣的具体标准，它的评判更多在于观影者的观后口碑。电影产生的价值更多的是边际效用，不存在劣币驱逐良币的现象，主要还是受众人群的大小以及电影口碑好坏。当前，短视频平台电影营销的优点在于它能够在较短时间中快速吸引用户关注，但是最后起到决定因素的还是电影产品本身。以抖音短视频宣传的《送你一朵小红花》为例进行分析，不难发现该电影团队就是借助抖音短视频进行前期的宣传造势，以当下的疫情尚未结束为吸引点，利用我们和疾病作斗争这一困扰人类的问题，更是用"病人"这一敏感话题触动了受众的内在情感，在电影上映当天便直接跃升至票房首位。而且，在后续放映中，也有不少各个行业的佼佼者对影片进行点评。所以说，这部影片前期借助短视频爆火的关键要素之一还是其内容的独特性。虽然新媒体平台的出现可以更好、更快捷地宣传电影，但是究其根本还是在于电影实际的内容问题上。伴随着观影者品位逐步提升，同样也是从"品牌中国"的角度出发，拍摄出真正口碑扛得住的精品，这才是文化市场长盛不衰的内核，才能让我们的电影不再拘泥于国内市场，更是要向外输出我们的文化，走出国门。

（二）以人为本，坚守初衷

我们做事情的初心都是要以人为本，数据库管理在传媒工具变革的大环境下，仍需要有初衷的坚守，为了方便用户更轻松便捷地操作，而不是投机取巧，窃取用户隐私测算用户喜好。无论是电影还是其他文化产品的营销，传媒产品的根本目的就是满足人的需求以及留住用户群体。当前，短视频均是以快节奏、高效率、故事性等方式推动营销，这点也值得肯定。短视频平台的操作是由人来进行的，其内容的选择与审核也是以人为主体的。因此短视频平台应当借助现有的用户数据，对他们定向地进行相应的文化精品推荐，同时不能仅仅为了迎合受众的需求而过度陷入"娱乐至死"的桎梏，让我们大众能吸收、接收更多的信息。

六、结语

电影作为一种文化产品，它自身的营销一定是具有一定经济价值和社会效益的。当下，以抖音短视频为主的宣传方式处于传播的风口之上，其快节奏、碎片化的传播方式更是值得有关主体加以学习和模仿的，但是它背后隐含娱乐至上的思想和大数据泄露也应警惕。只有从制度方面、内容方面、数据安全层面等多方面一起进行管理，未来才能更好地发挥电影文化产品的营销作用，实现我们宣传和推广的真正价值与意义。

参考文献：

[1] 张喆.短视频的场景化营销对城市形象塑造和传播的作用——以西安市为例[J].新闻爱好者，2019(12).

[2] 高燕.新媒体时代短视频营销模式的反思和重构——以抖音短视频平台为例[J].出版广角，2019(8).

[3] 董鑫.抖音短视频平台的品牌营销策略研究[J].新媒体研究，2020(3).

[4] 马传明.短视频营销对品牌建设的影响——以掌阅抖音矩阵为例[J].出版广角，2020(14).

[5] 隗静秋，王翎子，刘彦玥.短视频对用户图书购买意愿影响因素研究[J].中国出版，2020(6).

[6] 郑美玉.基于SOR框架的手机图书馆用户持续使用影响因素研究[J].图书馆工作与研究，2018(4).

[7] 张静，王敬丹.新媒体时代下的短视频营销传播——以抖音为例[J].杭州师范大学学报（社会科学版），2020(4).

[8] 谷学强，秦宗财.竖屏时代抖音短视频创意营销传播研究[J].新闻爱好者，2020(9).

[9] 刘毅，曾佳欣.基于SIPS模型的短视频平台图书营销策略探究[J].出版发行研究，2020(3).

[10] 唐燚桦.新4C法则下的旅游短视频营销[J].传媒，2020(16).

[11] 庞婷.短视频内容营销对消费者购买意愿的影响[J].营销界，2020(42).

[12] 李复达，黄华乾，李悦宁.抖音短视频营销广告对消费者购买意愿的影响研究[J].上海商学院学报，2019(6).

[13] 徐岚.探析新产品的短视频营销推广策略——以抖音为例[J].商场现代化，2020(4).

[14] 郭海玲，赵颖，史海燕.电商平台短视频信息展示对消费者购买意愿的影响研究[J].情报理论与实践，2019(5).

七十三 基于 SWOT 分析的读客文化企业发展战略的选择

李秀燕[①]

摘要： 随着我国经济逐渐向高质量发展，国家出台了一系列举措促进文化产业的发展，在政策支持与市场需求双重驱动下，民营企业逐渐成为传媒行业的重要力量。本文选择文化传媒产业中民营企业代表读客文化股份有限公司（以下简称读客文化）作为发展战略研究对象，运用 SWOT 分析工具对公司优势、劣势、机遇、威胁进行分析，通过构建 SWOT 矩阵选择符合公司未来发展需求的战略方案，为公司清晰把握未来发展方向提供依据，同时也为行业内其他企业制定发展战略提供了参考借鉴。

关键词： 传媒公司；发展战略；战略管理

一、引言

出版传媒行业承担着传播信息、引导舆论的重要职能，对社会影响非常重大，受到国家的高度关注。在国家政策的大力支持下，越来越多的民营企业进入出版传媒行业中，为行业的发展注入了新的活力。而企业发展战略决定着企业的成长路径和奋斗目标，适合的发展战略是企业持续稳定发展的重要保障。

---

① 李秀燕，女，会计硕士，研究方向：企业管理。

立足当前情况，分析民营出版传媒企业发展战略对于传媒行业整体发展具有重要意义。

二、读客文化发展现状

（一）读客文化概况

读客文化根据国民经济行业划分为新闻和出版业，属于文化传媒产业，由华楠于2009年创立，注册地为上海，是国内各大数字阅读平台的战略合作伙伴和重要内容供应商。公司主要经营文艺、社科和少儿等领域的图书策划与发行。读客文化具有领先的品牌影响力、先进的营销模式，创造了"半小时漫画系列"《藏地密码》《巨人的陨落》《局外人》等众多畅销爆款，并积极发扬优秀传统文化，已成功向海外输出50余次版权，包括日本、韩国、欧美等国家和地区。

（二）读客文化业绩情况

财务报表显示，2016年以来，读客文化营业收入增长快速，净利润总体较为稳健。其中，2018年和2019年，公司营业收入和同比增长率分别达到31,971.41万元、19.90%和39,701.64万元、24.18%。2020年尽管受到疫情冲击，但凭借公司稳定的网络平台渠道和优秀的新媒体运营，营业收入依旧实现了增长。经过进一步分析发现，读客文化营业收入增长主要来源形式为应收账款，2018年和2019年应收账款分别增长了49.26%和33.53%，达到了6,304.35万元和8,418.19万元。这表明公司的收入质量较前期有所降低，同时，应收账款的大量增加也带来了更多的坏账风险。

然而，营业收入保持高速增长之下，其净利润的增速却显著收窄，2017年同比增速为203%，到2019年下滑到了10.34%，2020年持续下滑至9.8%。读客文化增收不增利，暴露出其营业成本急剧增加的情况，或对其未来的发展能力造成影响。读客文化业绩情况见图73-1。

图 73-1　读客文化业绩情况

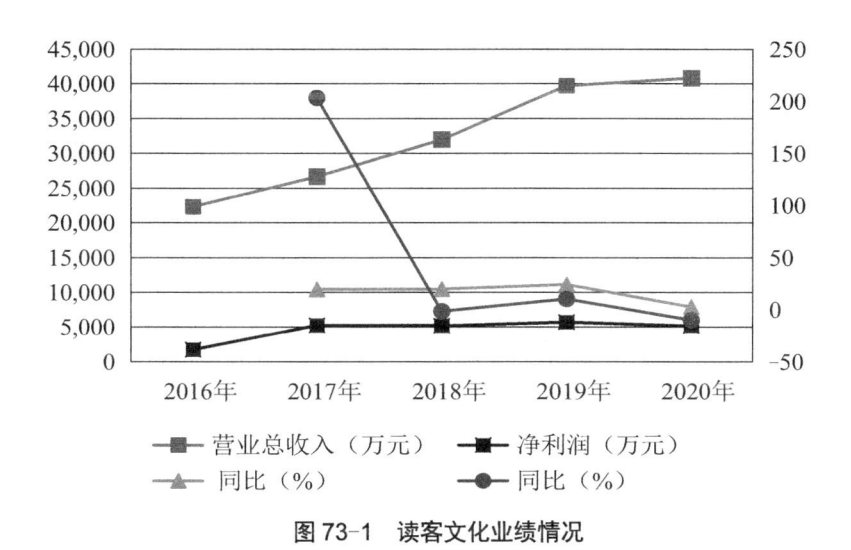

资料来源：公司年报。

三、读客文化 SWOT 分析

（一）读客文化内部优势

1. 专注精品打造，品牌影响力较强

历经多年，读客文化在图书选题、策划发行、市场营销等业务板块做出了优秀的成绩。读客文化非常注重作品内容的选择，形成了自身的选择标准。凭借着丰富的行业运营经验和独到的选题眼光，读客文化策划发行了一系列精品爆款，产生了较强的市场影响力，在业内形成了良好的口碑。当前，读客文化坚持内容优先，增长模式健康、高效。根据开卷信息数据，2021 年上半年公司策划发行的图书品种效率总体达到行业平均水平的 10.89 倍。

2. 独具特色的运营理念与较为完善的人才培养机制

读客文化将快销品中的品牌运营和销售理念应用到图书出版行业，开创了独具特色的"读客方法"，更加贴近客户需求，大幅提高了图书产品与读者的沟通效率。同时，读客文化所在的文化产业，高度依赖个人创意。为留住人才，充分发挥员工潜力，进一步吸纳外部优秀人才，为公司发展增添活力，公司开展了"合伙人制度"。该制度在业内领先，极大提高了员工的工作积极性，能够最大限度地发挥员工的创意与才能，这为公司培养了众多高质量的稳定人才。

3. 全版权运营战略极具前瞻性

图书出版市场上，版权资源作为公司核心竞争力之一，决定着公司未来业务的发展空间，版权资源越多，越容易涌现出精品。因此，扩容版权资源是图书出版企业长久发展的必然选择。读客文化在成立之时就考虑到了版权资源的价值，公司在与作品方签订版权协议时除取得常规权利外，还尽量争取复制发行权、改编及汇编权等延伸权利。当前公司储备了大量优质作品的"全版权"，这些"全版权"是公司未来发展的活力源泉。

4. 新媒体运营联动，营销更精准

当前新媒体运营已成为企业发展中的重要部分，读客文化紧跟时代潮流，积极进行微信公众号运营。在短视频流行的当下，公司也在抖音、哔哩哔哩等视频平台积极探索营销方法。在努力运营下，公司新媒体运营成果显著，其中，微信号"书单来了"截至2020年末，粉丝量已超过500万。新媒体运营一方面有利于公司的品牌建设；另一方面也有助于公司的图书宣传、销售以及开展其他增值服务。

（二）读客文化内部劣势

1. 人才流失风险加剧

图书策划与发行作为智力密集型产业，行业的竞争将最终演变为现代化专业人才的竞争。优秀人才往往决定着图书内容创意，影响着发行、策划的效果，以及对客户的服务质量。当前市场上具有丰富经验和专业技能的高端人才极度稀缺，受到众多企业的追捧。当前公司已储备了一批核心人才，若核心人员离职，则会严重阻碍公司发展。因此，公司应加强对员工的重视，培养员工的忠诚度，增强员工的归属感。

2. 动销品种较少，码洋占有率有待提高

读客文化虽已成立十余年，但与其他传统出版企业相比，还较为年轻，这使得公司掌握的版权资源相对有限。与市场上主要竞争对手相比，公司在图书规模与品种上处于劣势。根据开卷信息数据，相比于主要竞争对手平均逾 3,500 种的动销品种，2020 年读客文化动销品种数仅为 1,623 种。品种绝对数量的劣势成为公司扩张市场规模，提高市场地位的限制。当前公司亟须扩大人员规模和版权采购规模，增加在售图书品种数，提高码洋占有率。

3. 盈利能力显疲态，维护渠道稳定的压力大

从 2016 年到 2020 年，读客文化销售毛利率由 51.53% 降至 37.41%。主要原因为：纸张价格上涨，图书版税成本上升以及应对行业竞争促销返利活动增加等因素，使得纸质书毛利率由 49.11% 降至 38.69%，而纸质图书占据公司营业收入的 80% 以上，因而成为其毛利率增长的拖累，公司毛利率持续下降，未来盈利能力难言乐观。此外，当前公司主要依赖网络第三方平台进行线上运营，并未自主开发移动客户端，这意味着公司的线上业务受第三方的制约，如果公司不能与第三方保持稳定的关系，公司的图书销售将会受到不利影响。

（三）读客文化外部机遇

1. 政策支持力度持续加大

随着出版行业相关政策的密集出台，产业政策也不断精细化、垂直化，涉及内容倡导、财政税收优惠、投融资支持等多方面，全方位地支持促进了行业的规范、健康发展，也有利于行业内企业找准自身定位，充分发挥自身优势。其中，值得注意的是，读客文化作为高度依赖文化创意和图书版权的企业，近年来国家主管部门对侵权盗版行为的严厉打击，大大提高了行业参与主体的自律意识，为

企业发展营造了良好的氛围。

2. 科技赋能，带来新机会

5G、AI、物联网等技术手段在文化传媒产业的融合应用，拓宽了文化内容创造边界，催生了新的产业形态和商业模式，极大地提升了企业生产效率。同时，移动设备的普及，使得文化作品传播的范围更加广泛，满足人民需求的优秀文化作品拥有了更多的传播机会。未来，随着技术手段的升级结合，万物互联时代将开启，这意味着媒介平台将无处不在。多样化的应用场景，多元化的文化需求，将为传媒产业带来新的机会。

3. 全民阅读向高质量发展，传媒产业前景广阔

为推进全民阅读，当前相关部门已出台了多个举措。自 2014 年以来，"全民阅读"连续被写进《政府工作报告》，全民阅读已深入人心[1]。全民阅读号召群众不仅要多读书，更要读好书。随着社会大众对读书求知的重视，高质量阅读将成为人们追求的阅读方向，全社会对文化传媒产业，尤其是对精品图书出版企业的需求将提高。

（四）读客文化外部威胁

1. 行业市场竞争越发激烈

我国图书出版行业历史悠久，参与者众多，且随着文化传媒产业市场关注度的不断提高，行业吸引力持续加强，进入者不断增加。图书出版行业在精品版权资源、图书发行渠道、图书销售等环节竞争态势加剧，导致整个行业的竞争越来越激烈。当前读客文化已拥有一定的品牌知名度，形成了自身的竞争优势，要想巩固并提高市场地位，还需采取有力措施应对竞争对手和新的进入者。

2. 市场热点转变快速，选题风险大

图书选题是图书出版公司业务的起点，决定了后续图书的策划和发行，是影响销售结果的重要因素。由于市场热点切换快，读者需求呈现多元化特点，且处于不断变化之中,而市场上又缺乏图书选题能够参考的可靠指标,因此,图书的印量和销售不确定性较大。另外,当前图书出版行业存在严重的跟风、模仿现象,一个好的选择一旦获得市场收益,其他企业就会纷纷采用类似的题材和模式,使得行业的销售量和利润降低。

3. 人才缺乏制约行业发展

人才是产业转型升级、持续稳定发展的重要力量,人才缺乏是当前我国文化传媒产业发展所面临的重要问题。具体到出版业来说,人才的缺乏主要体现在两方面。一是优秀创作者缺乏。原创作者是文化产业的重要源泉,只有优秀作者才能产出高质量内容。二是缺乏优秀的出版从业人员。具有专业知识、策划创意、市场敏感度和项目执行等综合能力的骨干人才缺乏成为我国图书出版行业发展的重要制约。

四、基于 SWOT 分析的读客文化战略选择

综上分析,本文认为读客文化已经具备了持续发展的优势,如"全版权"运用模式与强大的市场营销能力。同时也存在着行业竞争压力大、人才流失、第三方渠道依赖强等不足之处。基于读客文化当前的内部优势和劣势,以及行业外部的风险和机遇,在表 73-1 进行 SWOT 组合分析,为公司接下来制定发展战略提供建议。

表 73-1 读客文化 SWOT 分析

自身优势(S)	自身劣势(T)
(1)专注精品打造,品牌影响力较强 (2)独具特色的运营理念与较为完善的人才培养机制 (3)全版权运营战略极具前瞻性 (4)新媒体运营联动,营销更精准	(1)人才流失风险加剧 (2)动销品种较少,码洋占有率有待提高 (3)盈利能力显疲态,维护渠道稳定的压力大
外部机遇(O)	外部威胁(W)
(1)政策支持力度持续加大 (2)科技赋能,带来新机会 (3)全民阅读向高质量发展,传媒产业前景广阔	(1)行业市场竞争越发激烈 (2)市场热点转变快速,选题风险大 (3)人才缺乏,制约行业发展

续表

SO 战略	WO 战略
多元化扩张发展战略 充分发挥公司当前优势，加大资金投入力度，整合有力资源，进行企业多元化扩张发展布局。例如，进一步扩大投资，布局纵向全产业链，强化图书发行优势，培养自己的原创作者，加强与出版社的联系，利用 IP 资源优势进入影视领域等	**合作共赢发展战略** 针对企业自身劣势，积极与行业内公司建立更多的业务合作关系，利用对外投资、并购等一系列手段，逐步搭建起以版权运营为核心的产业链，不断丰富 IP 来源与产品形式，同时拓宽公司经营范围，补齐自身短板，促进公司健康发展
ST 战略	WT 战略
差异化竞争发展战略 在差异化竞争发展战略模式下，公司需要根据自身优势规避外部威胁，通过调整市场定位来选择自身优势且外部竞争及威胁较小的部分作为重点发展方向	**产业联盟发展战略** 针对自身发展短板及公司面临的外部威胁，适当选择防御性战略，通过抱团取暖的方式打造产业联盟来共同面对不利的外部市场环境，同时通过丰富营销手段、加强品牌宣传等方式来巩固现有发展成绩

资料来源：作者整理。

多元化扩张发展战略（SO 战略）以及产业联盟发展战略（WT 战略）并不契合目前读客文化发展方向，主要原因包括：其一，公司刚完成上市，正处于快速成长时期，如选择多元化发展战略全面扩张，必定会分散有限的资源，主营业务优势将丧失；其二，随着我国居民文化消费不断提高，阅读需求越来越大，图书出版行业发展可期。在此背景下，企业之间发挥各自优势进行良性竞争，积极开展合作，寻求共同发展将成为行业发展态势，并不适合采取防御性发展战略，因此形成产业联盟抵御市场风险并不适用。

目前读客文化正处于快速扩张时期，应充分发挥自身优势，营造良好的品牌形象。首先，要巩固自身在图书发行策划方面的优势，积极储备版权资源，扩张图书选题、策划编辑、市场营销等方面的业务规模，以提高市场占有率和知名度；其次，专注精品内容开发，引入更多人才，打造更多精品项目，同时，加强市场营销和品牌建设，发挥品牌效应，增强市场影响力；最后，积极与业内优秀企业合作，以弥补自身不足，规避激烈竞争。针对公司当前线上业务对第三方平台依赖严重的问题，可在持续维护好与重要供应商、渠道商关系的同时，加强自身内容平台建设，增强主动性，努力发展成为拥有"全版权"运营的全渠道公司。

参考文献：

[1] 于娟. 大字版图书出版浅谈——以中国盲文出版社大字版图书出版为例[J]. 传播版权，2019(3).

七十四　企业核心竞争力战略分析

——以深圳快运通为例

李鸿毅[①]

摘要： 2020年以来，国际经济形势出现了下滑的趋势，经济全球化总体态势出现了一定的倒退。这样的客观条件给物流行业带来了巨大的影响。在如今纷繁复杂的物流行业市场形势下，如何能够保证市场空间，维持发展稳定，成了物流行业亟须解决的问题。文章针对这样的现象，结合深圳快运通公司在当前形势下的发展现状，通过实际数据的调研和分析，为我国物流行业的发展寻找出一条光明的出路。本文以竞争战略、物流管理理论为理论基础，结合国际货运快运通公司的外部环境与内部环境，以该公司当前核心竞争力战略为基础得出如下的结论：物流企业的核心竞争力体现在财务状况、客户服务水平、竞争形势分析、企业文化四个方面。只有它们互相配合、相辅相成，不断提升和调整，才能通过创新提升企业的核心竞争力，最终实现企业发展进步，扩大市场资源，扩大利润空间的目的。因此本文提出建议：专业化经营，细分市场战略；通过建立先进的物流企业构建理念，顺应市场需求；通过引入高新技术，提升企业信息化水平；建立稳定高水平的人才队伍，给企业带来整体性的提升。

关键词： 物流管理；核心竞争能力；国际货运；代理业

---

① 李鸿毅，男，会计硕士，研究方向：会计制度与会计实务。

一、引言

中国的国际货运代理企业经过近 30 年的发展已经初具规模,在国际市场上也越来越多地得到认同。但是在快速发展的背后却也掩藏着许多问题,比如行业管理制度不够完善,市场秩序不规范,服务项目不够丰富,忽视货运代理人才的培养。随着内陆"丝绸之路经济带"建设对货运代理的需求会进一步上升,经过"中欧班列"的实施推动,中西部地区出口业务的增长效果显著,顺便带动内陆国际货运代理的成长。

总之,面对货代市场激烈的竞争环境,仅仅靠之前的管理方法与运营模式已经无法再与其他国际货运代理企业,尤其是国外先进管理模式的企业相抗衡。想要生存下去,只有顺应时代潮流,应用新的管理模式拓展增值服务,形成自己的核心竞争力,才能立于不败之地。

深圳市快运通物流有限公司,是中国民用航空运输企业空运业务指定销售代理人。公司为现代物流企业,其基础性业务主要为企业提供供应链物流服务、原材料及产品的干线运输、客户生产基地仓库物流和中央配送中心、区域配送中心的物流服务等业务。如何在时代的浪潮中,形成自己独特的企业核心竞争力,在竞争战略的分析中站在领先地位,是极具研究价值与意义的。

二、文献综述

潘荣在 2014 年 5 月 21 日发表的《长虹民生物流公司国际货运业务竞争战略研究》中,运用战略管理理论和国际货运理论,对长虹民生公司当前的公司现状进行了分析,着重分析公司近年来财务状况及当前业务拓展领域。通过对该公司的研究总结出财务现状及业务状况对于物流企业核心竞争力的形成有巨大的影响。

刘明浩在 2016 年 10 月 20 日发表的《A 国际货运代理公司航空货运业务发展战略研究》中,运用 PEST 分析和特五力模型对 A 国际货运代理公司现有竞争者、潜在竞争者、替代品的威胁、买方的议价能力和卖方的议价能力进行进一步探究。最终得出结论，客户服务水平对于物流企业至关重要。以此总结出在物流业务中如何更好地服务客户是当务之急，以客户为中心的经营观点也就此形成。

杨晓在2016年1月6日发表的《基于柔性的企业发展战略理论研究》中提出柔性的企业发展战略，企业为实现目标，在动态变化的环境中，适应变化的同时，还要以变化为跳板来提升企业市场竞争力。以此可以归纳出物流企业要提升核心竞争力，要与时俱进，在人才储备、技术应用、企业文化方面要敢于争先。

三、案例分析

（一）企业概况

深圳市快运通公司自成立以来，主要从事与运输合同相关的业务，为委托人办理国际货物运输及相关业务。目前物流企业都非常重视自身的运输网络建设，快运通的网点建设和物流仓储分拨建设的规模逐年增加。深圳快运通公司意识到货运代理的物流业务区域发展不平衡，有意识地将企业开往中部地区，在"一带一路"倡议指导下，中西部地区必将是下一个货运代理业的发展激增点。该公司营业网点数目和物流仓储分拨面积每年以将近30%的速度增加，说明该企业不断在扩大自己的业务范围而且效果显著，显示出物流企业不断发展的态势。

（二）企业核心竞争力分析

1. 客户服务种类

深圳快运通在日常运营管理方面，各个环节上都具有一定的能力水平，能够在多种不同的业务模式下，满足市场需求。由此可以看出，深圳快运通公司是一个典型的，具有较强服务提供能力的综合服务提供商。

2. 财务状况

深圳市快运通物流国际货运业务在经历2008年之前国际货运业务的突飞猛进和2008年经济危机的洗礼之后，国际货运业务发展缓慢，在资金方面，国际货运有资金使用量大的特点，部分客户汇款不及时，将导致流动资金紧张。但是公司要想发展国际物流就必须要重视国际化信息系统的不断发展，也是属于国际联运必要的条件，因此尽快解决资金问题也成了重中之重，这一切正在改变。数据见表74-1。

表74-1 2018—2020年7月深圳市快运通公司主营业务收入比

业务名称	2020年1—7月 金额/万元	占比	2019年度 金额/万元	占比	2018年度 金额/万元	占比
国际货代	43,460.73	69.35%	80,492.91	67.67%	80,103.84	64.87%
仓储业务	9,485.27	14.16%	16,944.82	14.28%	17,631.54	14.28%
运输业务	4,864.04	7.26%	8,013.66	6.73%	5,698.80	4.62%
卸车力资	4,329.54	6.46%	9,508.35	7.99%	7,070.55	5.73%
配送业务	4,293.39	6.41%	8,333.36	7.00%	12,014.28	9.73%
其他	558.67	0.83%	656.19	0.55%	950.33	0.77%
合计	66,991.64	100%	118,999.30	100%	123,469.35	100%

资料来源：深圳快运通公司年报。

如表74-1所示，三年来深圳快运通公司营业额受到经济复苏缓慢的影响，总体业务量小幅下滑，但是其国际货代业务稳步提升，并且占比逐年上升，说明深圳快运通公司的战略有所转变。

但是，由于公司服务的开展多以深圳市快运通及其控股、下属公司提供物流服务，因此其公司的客户主要是其他一些公司，出表74-1中数据可以看出，2020年1—7月、2019年、2018年度，前五大客户的业务收入占主营业务收入的比例分别为64.87%、67.67%、69.35%，且呈现愈加依赖的趋势。因此得出如下结论：快运通目前业务资源过于依赖大规模客户的来源，如果该类型客户出现流失，那么将会对企业造成巨大的影响，企业将面临着严重的市场资源紧缩。

3. 信息技术应用

信息系统在企业的应用中是非常重要的，是为客户提供高质量服务的基础。所以，深圳快运通公司一直以来都非常重视这一部分的投入。大数据在近几年逐渐成为物流企业技术追求的一个重点。物流行业需要对客户、运输、资源、路线等方面进行具体的数据统计和分析，如果能够利用大数据技术，能够给企业带来巨大的信息优势，能够帮助企业洞察市场动向，获取第一手的统计资料和分析结果，完善物流路线合理性，提升服务质量等。深圳快运通公司通过大数据提供的真实的、海量的数据才能真正反映市场的需求变化。

由此推出如下结论：物流行业应该对数据产生职业的敏感性，快运通必须紧紧抓住数据信息，在行业中建立数据信息上的优势。企业应该合理利用资源，采取相应的大数据、互联网等技术，通过高新技术，合理利用数据，分析数据，通过数据分析结果，调整企业的市场战略，在市场竞争力中保持主动性。

4. 竞争形势

目前的格局是三分天下，国有货运、民营货运和外资货运呈三足鼎立的局面。市场资源有限，所以说必须发挥自身优势，企业才能够在市场竞争中占据一席之地。目前的竞争压力，主要体现在全球化趋势下，物流行业受到外资企业的威胁，行业内部结构复杂，物流企业纷纷提升了自身的竞争力，从企业的硬件和软件两个方面都逐渐增强。

根据表74-2得出如下结论：低成本多元化仍是当今国际物流企业的发展趋势。而作为民营企业中的后起之秀，深圳快运通公司在这方面贯彻得不到位，没有重视类似的发展策略，因此导致与国际公司差距甚远。而深圳市快运通同这些大型国际货运公司相比，其优势在于首先在深圳市快运通下属公司集中的地区，深圳市快运通在硬件设施特别是服务于家电产业的供应物流以及产成品物流方面的设施都具有相当的优势。

表74-2　国外竞争公司数据

公司名称	竞争范围	竞争目标	竞争地区	竞争策略
DHL	全球	No.1	欧洲＋亚洲	低成本多元化
K+N	全球	No.1	欧洲＋亚洲	低成本多元化

续表

公司名称	竞争范围	竞争目标	竞争地区	竞争策略
DB Schenker	全球	No.1	欧洲+亚洲	低成本多元化
DSV	全球	前5	欧洲+亚洲	低成本多元化
C.H.Robinson	全球	前5	美洲	低成本多元化
Geodis	全球	前5	欧洲+亚洲	低成本多元化

资料来源：同花顺 ifinD。

5. 企业文化

现代企业应该构建属于自身的企业文化，代表着企业从上到下遵循的价值体系，能够给企业各个岗位的工作人员以及高层领导带来精神方面的指导。对物流行业来说，企业的价值观和企业文化更是标志着企业的服务意识、竞争意识、发展意识的重要因素。深圳快运通公司遵循的企业文化是"知行合一"。所谓"知行合一"就是企业要求每一名职工，能够具有较高的业务水平，充分发挥主动能动性，将自身具备的专业技能水平充分发挥出来，进而满足市场和客户的需求。

四、启示

（一）拓展业务领域，整合市场战略

对于深圳快运通物流公司来说，有效提升企业核心竞争力的手段就是顺应市场变化趋势，准确定位市场需求，将物流业务拓展到更加广阔的领域中去。积极创新，通过业务创新、管理创新对市场资源、企业资源、社会资源进行系统的分析，充分整合资源后，尽快调整企业的市场战略。提升企业核心竞争力是目前行业内根本的要求。在这中间，业务拓展，整合资源，扩大市场空间，进而获得更大的利润空间是当前企业最为关键的任务。

根据上文的阐述，深圳快运通所在的物流行业目前竞争激烈，市场结构复杂，快运通必须发挥自身优势，顺应行业发展需求，通过构建新型的物流运输网络，

实现现代物流企业对于硬件的一系列要求。企业应该以完备的硬件资源，吸引市场资源，进而完成市场空间规模的扩大。此外，企业从软件升级的角度，一方面通过信息化的系统资源，另一方面构建服务以人为本的思维模式，让客户在选择快运通服务时有更好的体验，进而建立自身的物流行业的品牌效应。企业在不断完成市场业务的同时，必须准确把握市场动向，及时调整物流战略部署，有着行业的敏感性，加速行业发展，积极面对变革。

（二）完善内部管理系统，加强组织结构建设

企业的内部管理体系的构建成功与否，标志着现代企业能否具备市场所要求的核心竞争力。当前深圳快运通企业并没有实现内部管理控制体系的完善建立，从企业的内部组织架构来说，也并不具备现代新型物流企业的构建要求，因此，根据前文的叙述，作者建议企业加强结构建设，加强内部管理控制系统的体系规划。企业内部管理应该涉及人力资源、财务会计、监督监管等各个方面，因为每一个方面如果存在缺陷，那么根据木桶效应，将会给企业整体带来重大的消极影响，不利于企业提升自身核心竞争力。

（三）建立系统的人才培养计划，提升人力资源水平

新时代企业的灵魂是人才队伍，能否建立具有高业务水平、强责任意识等人才队伍，成为目前各个行业内发展人力资源方面重要的议题。深圳快运通公司，作为物流行业，目前对于人才的需求和人力资源的管理效果的要求也越来越迫切。根据本文的叙述，作者建议企业从以下几个方面加强对人才队伍的管理和建设：首先，应该对企业的中层骨干力量进行建设；其次，对于底层每个组织中的领导干部进行相关管理培训或组织学习，提升其对新型物流行业的认识；最后，应该对底层员工进行相关新型业务的扩展和整合，提升服务意识和服务水平，从下向上促进企业整体人力资源管理水平和企业整体的能力。

五、结论

文章针对当前深圳快运通公司的历史、现状以及企业的发展模式等方面存在的问题,结合具体实际数据分析总结问题出现和产生的因果关系,并根据深圳市快运通物流的国际货运外部和内部环境分析以及核心竞争力模型,指出该公司业务存在的问题。

(1)从宏观角度看,该公司顺应政治、经济大环境的发展,遵循国际市场潮流的变化。但是在网购急速发展的今天,该公司在市内物流方面投入不足,没有形成成熟的产业链。

(2)从微观角度看,该公司基础设施不完善,与大型网购企业相比没有建成自有的物流配送系统,没有顺应时代发展;另外,该公司员工专业化程度不高,人才储备薄弱。

(3)从核心竞争分析模型来看,该公司客户服务种类还是主要以传统的服务水平为主,业务附加值低,竞争形势对比下,该公司发展模式陈旧,要顺应国际潮流发展。不过,该公司运用云计算技术,极大地提高了服务水平。

参考文献:

[1] [印]普位哈拉德,加里·哈默尔.企业的核心能力[J].哈佛商业评论,1990.

[2] 潘荣.长虹民生物流公司国际货运业务竞争战略研究[D].西安:西北大学,2014.

[3] 刘明浩.A国际货运代理公司航空货运业务发展战略研究[D].上海:华东理工大学,2016.

[4] 杨晓.基于柔性的企业发展战略理论研究[J].经济研究导刊,2016(1).

[5] 刘如意,钱镜潮.深圳邦达国际货代公司物流市场营销优化方案[J].中国商论,2016,32(8):19-22.

七十五　青岛啤酒成长性分析及建议

宋志玮[①]　张欣雨[②]

摘要： 成长性研究是指对企业当前的发展情况进行分析，从而对未来的发展趋势做出定性分析及预测。本文选取了我国啤酒制造企业——青岛啤酒股份有限公司为研究对象，基于对成长性及其评价指标研究的相关文献，通过成长质量、成长速度和成长潜力三类财务指标分析青岛啤酒的成长性，进而深入分析公司成长性的不足，然后发现青岛啤酒存在存货管理不当、运营效益下降、销量下降、资产利用率下降、市场开拓能力弱等问题。最后提出了青岛啤酒应该加强存货管理，提升销售能力；适度放松信用政策，促进交易，增加订单量；合理营销产品，扩大市场占有率；合理配置公司资源，增加资产利用率，提升运营效益等建议。

关键词： 财务指标；成长性；青岛啤酒；成长潜力

一、成长性内涵及研究目的

成长性是评估企业经营成果的一个重要指标，通过研究企业的成长性可以发现企业在生产经营当中的不足之处，从而根据问题制定出解决方案，让企业平稳安定地发展下去。啤酒行业与我们的生活休戚相关，在我国啤酒行业市场不够集中的外部环境下，啤酒行业竞争激烈，品牌与种类也目不暇接。同时，啤酒行业

[①] 宋志玮，女，会计硕士，研究方向：财务管理理论与实务。
[②] 张欣雨，女，会计硕士，研究方向：财务管理理论与实务。

是中国制造业走出国门的重要行业之一,而青岛啤酒更是在海外取得了广泛认可。本文结合企业成长性影响因素及过往研究成果,归纳出用于判断青岛啤酒成长性的三个方面,包括成长质量、成长速度以及成长潜力三个方面。为了使分析企业成长性的过程具有更强的操作性,在每个方面下选择相对应的财务指标,运用财务分析中的比率分析法来分析青岛啤酒各项管理能力水平。文章通过对青岛啤酒在成长质量、成长速度、成长潜力三方面的分析,并选取13个与成长能力相关的财务指标对青岛啤酒进行案例研究。同时通过与燕京啤酒和重庆啤酒在相同指标上进行横向对比分析,进而找出该公司成长性不足的原因,并针对性地提出增强成长能力的相关建议。

二、成长性相关研究现状

国内许多学者通过大量的实证研究,证明了某些财务指标与公司成长性的相关关系。刘金林(2020)参照国内外企业成长性评价研究成果,从企业获利能力、资本运作效率、偿债能力、成长潜力等方面选取相关指标,通过因子分析法将上述指标赋值构建成长性评价模型,从而对企业成长性进行剖析[1]。孟令宏(2020)运用因子分析法构建海水养殖企业的成长性评价指标,其认为样本企业成长性可从资产规模、偿债能力、盈利能力、营运状况、未来发展潜力等方面来进行评价。通过将以上指标构建成一个综合指标,对海水养殖企业成长性进行了剖析并提出相关建议[2]。邓必银(2013)主要研究创业板上市公司成长性指标。研究表明,利益相关主体在对创业板企业成长性评估中,企业资产盈利增长、资产运用能力、资产规模增长、资产来源可持续性、资产内部结构、公司产权性质是评价创业板企业成长性的关键指标[3]。顾群(2018)选择总资产增长率、净资产增长率、营业收入增长率、营业利润增长率和税后利润增长率这五个指标对公司成长性进行了综合评价[4]。

三、青岛啤酒案例分析

（一）青岛啤酒公司简介及发展现状

青岛啤酒股份有限公司（以下简称"青岛啤酒"），其前身是国营青岛啤酒厂，在1993年同时在香港交易所和上海证券交易所上市，在2008年跻身世界品牌500强。2018年，世界品牌实验室发布《2018世界品牌500强》，青岛啤酒排名第310。2019年，青岛啤酒入选2019中国品牌强国盛典榜样100品牌。2021年，青岛啤酒从44个国家累计2395件产品的全球专家"盲评"中胜出，摘得"欧洲啤酒之星"金奖。

2017年，由于我国啤酒行业不够集中，各家都在拼命地抢占市场份额，于是扩大产量，导致产量严重过剩，最后只能打起价格战。啤酒量增价跌，公司股价不升反降，低迷了七年的青岛啤酒陷入低谷。2018年，啤酒市场发展渐为平稳，行业竞争态势有所改善。青岛啤酒在上海合作组织——青岛峰会和俄罗斯世界锦标赛的帮助下，继续支持青岛啤酒的全球品牌推广活动，不断扩大市场覆盖面，推动销售增长。2020年以来，新冠肺炎疫情对国内消费市场产生巨大影响，公司随机应变，开拓了线上销售渠道，并且提出无接触服务，率先发展啤酒产业"非接触式分配数字地图"的配送模式，实现网络营销和线下分销完美配合；公司举行各种大型活动，回报社会；建立和完善电力、门店、制造商销售的营销平台，开辟了新的营销渠道。

（二）青岛啤酒成长性财务指标分析

成长性的财务评价指标通过成长质量、成长速度、成长潜力三方面展示。本文选取以下指标对青岛啤酒的成长性进行评价：成长质量分别从总资产周转率、存货周转率、应收账款周转率、销售净利率和净资产收益率这五个方面进行分析；成长速度从主营业务收入增长率和净利润增长率两个方面进行分析；成长潜力从流动比率、速动比率、现金流动负债比和资产负债率这四个方面来分析公司偿还负债的能力，并且用总资产增长率和净资产增长率这两个指标来评价公司的经营规模扩大的能力。

1. 成长质量分析

（1）营运能力分析。

由表 75-1 可以看出，青岛啤酒的存货周转率在 2017—2019 年呈下降趋势，存货周转天数逐年增加，说明青岛啤酒的管理存货的能力下降，应当提高其将存货变现的速度，直到 2020 年开始其存货周转率有了一些好转；同时青岛啤酒的应收账款在 2017—2019 年逐年上涨，应收账款周转天数在增加，这表明其营运资金充足，表明公司回款快，坏账损失较少。在 2020 年应收账款周转率有了明显下降，说明 2020 年可能是其货款催收方面和以前不同。2017—2019 年三年间其总资产周转率逐年下降，说明青岛啤酒没有充分利用资产，才会导致资产的使用率下降，故青岛啤酒应当适当提高营运能力。

表 75-1 营运能力分析

年份 指标	2017	2018	2019	2020
存货周转率 / 次	6.50	6.56	5.86	5.12
应收账款周转率 / 次	197.54	210.83	213.80	205.19
总资产周转率 / 次	0.86	0.82	0.78	0.70

资料来源：2017—2020 年青岛啤酒年报。

（2）盈利能力分析。

如表 75-2 所示，该公司在 2017—2020 年的销售净利率逐年上涨，说明企业的盈利水平不断提高，更能间接说明其在盈利方面还有空间。

表 75-2 盈利能力分析

年份 指标	2017	2018	2019	2020
销售净利率	5.26%	5.87%	6.89%	8.38%
净资产收益率	7.55%	8.10%	9.97%	11.13%

资料来源：2017—2020 年青岛啤酒年报。

青岛啤酒的净资产收益率在 2017—2020 年也和销售净利率一样，呈现稳步增长的趋势。一方面表明企业的盈利水平不断提高，资本规模的扩张速度加快，另一方面说明企业创造的收益更多,能够为企业投资者所创造的收益也就越大,从而使投资者更加看好公司发展前景。

2. 成长速度分析

盈利能力增长速度分析见表75-3。

表75-3 盈利能力增长速度分析

年份 指标	2017	2018	2019	2020
主营业务收入增长率	0.65%	1.13%	5.30%	−0.80%
净资产增长率	19.02%	8.05%	27.83%	34.79%

资料来源:2017—2020年青岛啤酒年报。

从表75-3可以看出,2020年青岛啤酒的主营业务收入增长率出现了负值,在啤酒行业下行及新冠疫情的冲击下,青岛啤酒产品销量、营收双下滑,负面影响较明显。通过对比表75-3盈利能力增长速度和表75-5总资产增长率的数据,可以看出公司主营业务收入的增长速度,明显低于资产负债表中总资产的增长,反映出该公司的盈利能力减弱,主营业务收入未来的成长性令人担忧。净资产增长率主要反映公司资本规模的扩张速度、发展水平以及获利能力,我们发现青岛啤酒的净资产增长率在2019年时较2018年有了大幅提升,但在2020年又下降,说明资本规模的扩张速度、发展水平以及获利能力都有所提升,但是波动大,不稳定。

3. 成长潜力分析

(1) 融资能力分析。

高成长性的公司,在融资方面表现为有一定合理的负债。从表75-4中可以看到,青岛啤酒的流动比率和速动比率变化幅度不大,说明该公司经营稳定,财务管理方面比较保守。但是现金流动负债的数值比较低,有着经营活动的现金不能偿还短期负债的危险。从资产负债率看,这项指标整体呈增加趋势,但是处于中等偏低水平,均未超过50%,表现出公司的长期偿债压力并不大,说明青岛啤酒对举债经营较为慎重,公司的经营风险处于较低的水平。

企业战略与行业研究

表 75-4 融资能力分析

年份 指标	2017	2018	2019	2020
流动比率	1.35	1.47	1.57	1.59
速动比率	1.00	1.17	1.28	1.33
现金流动负债比	0.21	0.03	0.30	0.32
资产负债率（比值）	0.43	0.45	0.47	0.49

资料来源：2017—2020 年青岛啤酒年报。

（2）规模扩张能力分析。

表 75-5 规模扩张能力分析

年份 指标	2017	2018	2019	2020
总资产增长率 / %	2.98	10.01	9.50	11.26
净资产增长率 / %	5.10	4.81	6.68	7.57

资料来源：2017—2020 年青岛啤酒年报。

从表 75-5 可以看出，青岛啤酒的总资产增长率在 2017—2020 年基本上呈现上升趋势，在 2017 年后呈现明显涨幅，在 2018—2020 年稳定增长。通过阅读其财务报表后发现，主要是货币资金和交易性金融资产、使用权资产这三个项目的变动使得资产增加。在青岛啤酒总资产增长率有小幅波动的情况下，其净资产增长率也呈现出稳定上涨的趋势，总体状态比较平稳。总体来看，青岛啤酒的规模扩张能力良好。

四、青岛啤酒成长性整体评价及建议

（一）成长性整体评价

在成长质量方面，青岛啤酒存在存货管理较弱，可能存在库存商品增加，或者商品滞销的情况，该公司的资金周转能力、资源投资效益也相应变弱，说明其在营运能力方面还需改善；盈利能力方面，2017—2020 四年间其销售净利率虽有一年变动幅度较大,但总体来说还是上升的。

在成长速度方面,青岛啤酒的主营业务收入的成长性让人担忧,在2019—2020年青岛啤酒不仅销量下降,而且市场开拓能力弱。同时,新产品还未成长起来,其经营能力需要提高。

在成长潜力方面,企业的经营策略较为稳健,偿债能力良好,但是其现金量较少,总体而言融资能力较好,其发展也较有活力,规模扩张能力良好。

(二)增强青岛啤酒成长性的建议

(1)加强存货管理,提升销售能力。青岛啤酒应充分整合全网资源以及平台,开展互联网营销活动,吸引更多的消费者,并且不放过线下的实体店,要实现库存共享的销售模式。

(2)适度放松信用政策,促进交易,增加订单量,从而提高营业额。

(3)合理营销,尽快使新产品成长起来,增加市场占有率,加强市场开拓。通过推广高品质的产品系列并配合成功的营销,提升公司的竞争优势。青岛啤酒应对目前啤酒市场的客户需求进行全面分析,并细分客户需求,可以根据市场需求和品牌进行组合,中高端啤酒市场上主攻与中国的啤酒市场属性符合的产品。

(4)合理配置公司资源,增加资产利用率,提升运营效益。

参考文献:

[1] 刘金林.创业板上市企业成长性评价指标体系的设计及实证研究[J].宏观经济研究,2011(8):%-63.

[2] 孟令宏.基于因子分析法的海水养殖企业成长性评价研究[D].哈尔滨:哈尔滨工业大学,2012.

[3] 邓必银.创业板上市公司成长性评价研究——基于不同利益主体视角[D].成都:西南财经大学,2013.

[4] 顾群.高新技术企业融资约束与R&D投资和企业成长性的相关性研究[J].财经论丛,2018(9):6-90.

七十六 浅析美国西南航空公司的制胜关键

——低成本战略

张晓凡[①]

摘要：企业的成功离不开战略的指引，西南航空公司依据自身资源和实力选择低成本战略作为核心竞争优势，并通过差异化在竞争中不断取胜。本文首先对公司相关背景进行介绍；其次介绍公司低成本战略特点，基于 SWOT 分析法对公司进行分析；最后得出凭借低成本战略使美国西南航空公司获得成功的结论及启示。

关键词：低成本战略；SWOT 分析；西南航空公司

一、引言

21 世纪是一个世界经济全球化的时代，国家之间地理上的距离已经不再是一个对人们进行交流贸易的阻碍，同时也为航空业的发展带来了机遇。但是，机遇伴随着风险；航空业中激烈的行业竞争对行业内的每家航空公司而言都是一种挑战，制定成功的企业战略就显得尤为重要。

本文研究的是最早采用低成本战略且发展良好的航空公司——美国西南航空公司，通过对其的研究为当代航空公司的发展提供借鉴，为航空业中低成本战略的研究以及更多想要加入航空业的企业提供一些参考。本文通过对美国西南航空

---

① 张晓凡，女，会计硕士，研究方向：会计理论。

公司相关信息以及低成本战略具体内容——飞机低票价、转场高效率、个性化的客户服务，与其他传统网络公司竞争的结果和差异对比，然后基于 SWOT 分析法对美国西南航空公司进行全面具体的分析，最后得出美国西南航空公司凭借低成本战略取得如今的成功的结论，以及准确把握市场迎合顾客的需求、思路创新敢于开辟出低票价的道路、低成本等战略的有效实施、通过多年的经验制定出行之有效的具体公司策略为公司谋求长远发展的启示。

本文由三个部分组成：

第一部分，公司简介：成长历程。

第二部分，成功的关键：低成本战略的内容；基于 SWOT 分析的战略补充；对公司进行综合分析。

第三部分，结论与启示：得出凭借低成本战略取得成功的结论，并从中获得启示。

二、文献综述

国内学者对美国西南航空公司的低成本战略取得成功进行具体分析，从上游价值链的角度出发，西南航空公司通过提高设备使用率、优化售票系统、提高登机效率、精简服务内容、提高服务质量等方式改造公司的价值链[1]；以及公司重视、关心每一位员工，是公司人力资源的保证[2]。差异化的特色服务及机票类别是其创新点，为低成本增加更大的可行性[3]。公司的劳动成本占其运营收入的比例在国际上排在倒数之位，在人工成本方面具有极大优势[4]。从成本领先管理的步骤、战略管理、战术管理方面对其进行分析与思考[5]。

三、西南航空公司简介和低成本战略内容

（一）美国西南航空公司简介

西南航空（Southwest Airlines）是美国一家总部设在得克萨斯州达拉斯的航

空公司，以低票价闻名[6]。公司创立于1971年，到今年已经成立50余年，见图76-1。

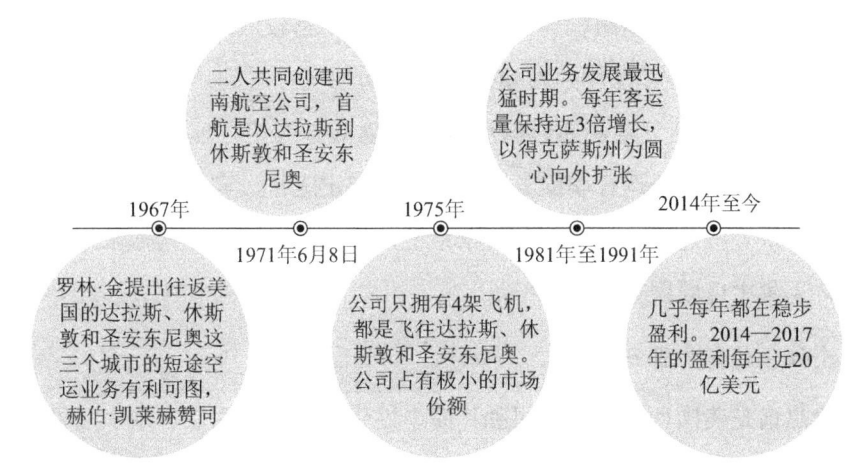

图 76-1　美国西南航空公司发展历程

资料来源：公开资料整理。

（二）低成本战略具体内容

1. 飞机低票价

美国西南航空飞机票价低于一般水平，甚至比其他航空票价的1/4还低。公司只拥有波音737这一种机型的飞机，每位飞行员都可熟练驾驶所有飞机，每架飞机能被最大限度使用，简化管理，降低培训成本；公司把飞机保养和大修等工作作为非主营业务，外包出去，降低飞机保养和维修成本。另外，客机内部没有奢侈的装修，不提供电视和耳机，不提供旅客行李的托运服务，也不提供主食，只对旅客提供花生和饮品，减少空中服务人员的数量；没有头等舱，谁先来谁先坐，降低预订机票和安排座位的部分费用，降低旅客的服务成本；登机牌是塑料质地，可循环使用；选用起降费和停机费较廉价的非枢纽机场。公司对于成本严格把控，一度出现飞机票价低于汽车出行费用。

2. 转场高效率

美国西南航空公司的飞机在机场停留时间短、离港率高造就飞机转场高效率。公司选用的几乎都是非枢纽机场，起降和停机费用都较低，飞机能快速离港，增加飞机上低成本措施可行性；为减少停留、增加飞行时间，保证飞机较高的离港率，公司采用电话订票，通过信用卡号的确认方式使办理登记时间比别人快2/3[7]；不提供为旅客托运行李服务；机舱内无指定座位，实行先到先坐，促使乘客们自发加快登机速度；建立自动验票系统，加快验票速度，其他工作人员可帮忙检票，无集中订票服务等[8]。

3. 个性化的客户服务

低价热情是美国西南航空公司独具的个性化服务。公司旅客乘坐飞机最根本需求是能以较高性价比从一地快速抵达另一地。公司在满足乘客最基本需求的基础上，简化服务项目降低服务成本。另外一个最具特色的客户服务就是美丽而热情的空姐，虽然美国西南航空公司的空中服务价格较低，但却保证了服务质量；公司的员工每天都在快乐、尊重的氛围中工作，这种快乐化成空姐们无限的热情和动力，她们不仅仅完成规定的每一项服务，还会和无聊的旅客聊天、在服务的同时为旅客讲笑话等，她们更多的是把旅客当作家人，让其旅程更舒适，这更是成了美国西南航空公司拥有许多老顾客的原因。

（三）低成本战略特点

西南航空是低成本航空成功的典范，因此以下介绍的低成本航空就以美国西南航空公司的具体特征作为代表。为了使介绍更简洁，下面这一部分以A表示低成本航空公司，B表示传统网络航空公司，见表76-1。

表76-1 低成本航空公司与传统网络航空公司对比

分类	A	B
航线网络	点对点航线为主	主要依赖于把航线中的一个或几个点设立为中心枢纽的航线网络

续表

分类	A	B
销售网络	直销，通常采用电话或网络订票的方式	主要通过票务代理进行销售
竞争模式	主要利用价格进行行业间竞争	主要采用非价格竞争
机型和客舱布局	主要是单一机型飞机和单级仓位	多种型号飞机、分级客舱，提供不同服务
免费服务	无免费机内餐食及非必要性服务	提供免费机内餐食及统一服务
服务人员	最少数量的客舱服务人员	据实际情况而定服务人员数量
飞机中转及利用率	中转快速、利用率高	中转较慢、利用率低
业务外包	保留核心业务，外包大部分非核心业务	很少有外包业务

资料来源：公开资料整理。

四、美国西南航空公司的 SWOT 分析

在内部因素方面，优势（Strength）：首先，公司采用点对点式短途航线的航空商业模式，将低成本变为公司最坚固的竞争性壁垒；其次，西南航空公司精神是难以模仿的，"物美价廉"的服务方式是其独具的标识，优秀的人文建设使得公司内部团结如一，提倡创新和合作更为公司的长远发展打下坚实基础；再次，公司一直保持着行业中最低的资产负债率，确保公司的稳定，降低经济方面的风险；最后，在美国西南航空公司独具特色的企业文化和公司策略的双重作用下，其员工具有较强的凝聚力。劣势（Weaknesses）：第一，因为美国西南航空公司只有一种机型的飞机，随着飞机被使用年限的不断增加，飞机的维修和护理费用也相应地不断升高，最终会被替换掉。第二，随着美国西南航空公司的不断壮大，其业务及航线范围不断扩大，客运量也在成倍增加，这使得原本并不开阔的机场变得拥堵。在收获市场份额谋获利益的同时，剧增的客运量和拥堵的机场迫使飞机控制的时间变长，影响了公司本来转场效率高的优势，也就相应地会给公司的盈利带来一些不利的影响。第三，美国西南航空公司虽然很成功，也占有一定量的市场份额，但是其主打的低成本战略从本质上就制约着公司的经济，所以公司

的财政力量并不是十分充足。第四,也是由于其低成本战略的实行,简单化的服务使得公司的服务质量低于竞争对手。

在外部因素方面,机会(Opportunities):一方面,美国西南航空公司凭借着低票价、转场迅速的特点占据了一部分市场,更是有许多地区的领导希望公司在他们地区建立航线,以此让他们地区的人能够花费少又速度快地出差、旅游等,这就为西南航空提供了许多开拓市场的机会。另一方面,在美国西南航空公司没有进入以及刚刚进入该行业时,许多大型航空公司作为其竞争对手时,它们有着稳固的财政和大额的市场。但是,随着西南航空的不断壮大,各种资源的重新分配,它们陷入了财政危机,这成了美国西南航空公司进一步拓展的机遇。

威胁(Threat):其一,新进入该行业的公司或原有竞争者可通过经营战略模仿,使用更低成本;其二,公司专注低成本战略忽略消费者变化的需求和市场营销变化;其三,成本的膨胀削弱了公司原本强有力的低成本竞争性壁垒;其四,时代、科技的进步,更先进的技术运用到各行各业中,产生许多替代品,新的航空公司也具有创新能力,公司所一直鼓励的员工创新行为的作用将受到影响;其五,在全球科技技术不断进步的大背景下,公司之前对设备的投资以及时间沉淀出的各种产品学习经验在新技术面前很可能是毫无作用的,都将变成徒劳或被归零。

五、结论与启示

综上所述,美国西南航空公司凭借低成本战略实现了成功。首先,在成本控制方面,美国西南航空公司把低成本战略做到了极致,在航班驱动成本、航油和航材成本、人工成本三个主要成本方面都打造出了公司独具的竞争优势,即转场效率高、人才少而精,尤其在人工成本上更为显著;外国航空公司工会实力很强,这使得从事航空工作人员的工资水平居于各行业的榜首,但就是在这样的大环境下,美国西南航空公司的劳动成本占其运营收入的比例在国际上排在倒数之位,足以看出公司在人工成本方面的极大优势。其次,在企业文化方面,美国西南航空公司思想独树一帜，提出"员工第一"并且营造尊重、快乐的工作氛围，鼓励员工创新、相互团结，这一企业文化把美国西南航空公司打造成了员工的"家"，让彼此在爱中工作、在爱中成长、在爱中奉献，员工的凝聚力和创造力成为公司的竞争优势，热情的服务也是公司的一大特征。最后，美国西南航空公司能够坚持前面的两大优势，无论发生什么样的困难或是取得什么样的成就，公司都坚定不移地把低成本战略作为主导，其优秀的企业文化来辅助，并不断地将二者深化、完善，才取得昔日的辉煌和今日的成功。从美国西南航空公司的成功中可以获得企业要准确分析市场需求和竞争态势、创新思路、制定适合的战略等启示。准确地分析现有市场的需求和竞争态势是开端，正是因为两个创始人想到了当时航空业没有短途航线这一空缺并实施了行动，才有了公司的初始；思路创新、另辟蹊径是发展，因为当时的其他航空公司都是高额的飞机票价，西南航通过低票价而吸引眼球，占据对此有需求的客户市场，这样公司才能够得以生产和发展，否则只能以新人的身份和其他大型航空公司进行以卵击石的竞争；低成本、差异化、集中战略是高潮，这些战略让更多的人坐得起飞机，开拓出了只属于自己的市场，而且公司不仅可以拓宽航空市场还可以抢占汽车市场，当飞机票价足够低时，人们会更倾向于选择速度快的飞机，将汽车市场的乘客拉进航空市场成为自己的忠实客户；摸索出一套适合公司的具体策略，数十年的摸爬滚打，在困难和实践中总结经验：不再重视市场份额而是把利润率作为参考核心、完善公司的管理制度、建立优秀的企业文化、更加重视员工与公司的共同利益，美国西南航空公司的不忘初心也是其长远发展的根本所在。

参考文献：

[1] 梁颖. 浅谈成本领先战略——以美国西南航空公司为例 [J]. 智富时代，2017（1）：108.

[2] 李继先. 快乐职场营造策略——以美国西南航空公司为例 [J]. 企业研究，2020（1）：24-26.

[3] 郭才森，王瑞芳.低成本航空最新服务模式概览之一——美国西南航空公司[J].空运商务，2015(12)：16-23.

[4] 王璜.中小企业如何健康长大——美国西南航空公司传奇式成功的启示[J].现代商业，2008(33)：44-45.

[5] 徐帅，潘明喜，张明智.从战略和战术两个层面实现成本领先——美国西南航空公司的实践和启示[J].财务与会计，2015(23)：69-71.

[6] 李林琳，杨文东.美西南蛛网式航线网络结构特点分析[J].武汉理工大学学报（交通科学与工程版），2015，39(5)：1064-1068.

[7] 李莉.国际低成本航空公司成功模式对我国的启示[J].空运商务，2010(15)：44-48.

[8] 单令彬，李思雯.建立低成本管理模式 提高中国民航业竞争力[J].会计之友（中旬刊），2009(12)：32-33.

七十七　唐山博爵有限公司团队建设问题研究

沙丽[①]

摘要：进入21世纪以来，企业正面临着前所未有的变革和挑战，内部组织需要变革，团队需要创新。而对于企业而言，组建和塑造优秀团队已经成为竞争的有力武器。本课题旨在加强唐山博爵汽车有限公司团队建设的策略。通过调查唐山博爵汽车有限公司团队建设和管理现状，研究唐山博爵汽车有限公司在团队建设和管理当中存在的问题，加强企业团队建设，并就如何加强企业团队建设和管理提出自己的建议。综上所述，企业团队建设离不开企业各部门人才的努力。

关键词：团队建设；管理；绩效考核

一、引言

随着我国市场经济的飞速发展，企业中各项任务逐渐复杂烦琐，单打独斗已经无法顺应市场环境的各种变化。团队建设是企业经营过程中的首要环节，也是企业的核心竞争力之一。然而在企业的发展过程中，团队建设还有很多地方有待完善，许多企业的团队建设模式还存在着很多弊端。由此可见，企业团队建设还存在着很大的进步空间。

---

① 沙丽，女，会计硕士，研究方向：企业管理。

二、文献综述

团队是由员工和管理层组成的一个共同体，合理利用每一个成员的知识和技能来协同工作、解决问题，从而达成共同的目标[1]。团队建设中基本每个任务都是要通过团队的共同努力来达成的。

钟伟君（2019）以创建高效团队为研究对象，认为企业的高效团队建设需要深入剖析企业问题的原因所在，然后才能对症下药，针对企业团队的现状进行调整[2]。

刘渝蓉（2019）认为现代企业管理的一个重要途径就是团队建设，只有建设好团队，才能实现可持续的发展，不仅经济效益能够得到提升，社会效益也会有所提高[3]。

刘力凌（2018）认为个人的智慧和力量都是有限的，进行团队建设就是汇集众人的智慧和力量，弥补个人的缺陷和不足[4]。企业之间的竞争归根结底还是人才之间的竞争，企业转型的关键也是企业组织文化和人才的转型[5]。未来企业想要优于竞争对手的唯一途径，就是比竞争对手学得更快，做得更好[6]。

企业想要创建高效团队，就要深入剖析企业问题的原因，从而对症下药；企业想要实现可持续发展，就要建设好团队，团队的建设需要人才的聚集。一个好的团队，建设的根本是以人为本，增强领导者自身的素质，切实考虑员工怎样才能在团队中实现自身价值，构建良好的团队建设文化制度。

三、唐山博爵汽车有限公司现状

（一）唐山博爵汽车有限公司团队组织现状

唐山博爵汽车有限公司目前有员工大约50人，总部下有四个分部。唐山博爵汽车有限公司组织架构如图77-1所示。

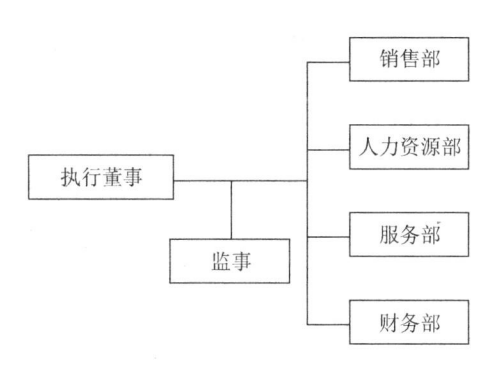

图 77-1　公司组织构架

资料来源：作者整理。

（二）唐山博爵汽车有限公司管理制度现状

唐山博爵汽车有限公司目前的执行董事为监事，该公司管理者的选拔分为内部晋升和外部聘请两种方式。管理人员的晋升标准是按照员工的工作年限和工作绩效的评级结果来定的。管理人员一般情况下每两年有一次晋升的机会，晋升过程需要直属领导推荐，然后由其他部门及上级领导的面试成功后，才可以得到晋升的机会。而对于管理业绩较差的管理者来说，不仅得不到晋升的机会，甚至还会被调到其他岗位。如果某管理岗位从内部晋升中迟迟找不到合适的人员上岗，博爵公司会选择外部聘请合格的管理者。

（三）基层团队成员选拔现状

唐山博爵汽车有限公司基层团队成员的选拔分为内部协调和外部聘请两种方式。博爵汽车公司在企业内部各部门都有人力资源池，用来暂时安放从部分团队中解散出来的人才，这些人在团队成员的选拔中都有机会参与竞争。在团队建设过程中，根据每个人的业绩和工作能力情况来进行选拔。选拔基层团队成员时，首先从人力资源部进行销售和服务人才的挑选，其次再考虑各个部门之间的人员协调，最后通过人力资源部进行外部人员的招聘。不论是公司部门内部协调还是外部选聘，团队成员都需要通过相关面试，通过面试后才可加入团队中为客户进行服务。

四、唐山博爵汽车有限公司团队建设问题分析

(一) 团队岗位分配混乱

作为汽车销售服务公司的销售经理,自身必须要具备优秀的业务能力和专业素养,才能确保为客户提供更优质的服务。博爵汽车公司内部拥有众多部门,是为顾客提供更优质服务的有力保障。博爵公司的销售服务策略为销售经理一点负责制,即一个销售经理负责为某一个客户提供从购买到售后完整的服务。一个合格的销售经理要在售前、售中、售后都提供同样优质的服务,这样在很大程度上节省了时间、人力等资源。然而,在此过程中团队员工岗位分配混乱、职能交叉的问题却逐渐显露出来[1]。根据销售经理一点负责制,销售经理需要带头解决所服务客户在购买汽车过程中提出的所有问题,即使其他部门员工在服务该客户时发现问题,也必须等待销售经理出面解决。如此一来,职能交叉现象就出现在了其他部门与销售经理之间。同时,博爵公司销售团队岗位分配混乱的问题还出现在销售团队分工界限模糊,工作任务在不同团队间交叉重叠,团队之间难免出现互相推诿的情况[2]。面对这种情况,也必须由销售经理出面解决,保证不伤害到客户的利益,否则就会降低客户满意度,销售经理的工作压力逐渐加大。

(二) 团队职工薪酬低

博爵汽车销售公司工资收入高低的标准主要是通过横向比较其他大型企业的收入水平。博爵公司发展初期与其他企业相比较来说,工资待遇一直处于较高水平,在这种背景下,公司老员工对薪酬待遇的内心期待值就会较高,而对于新员工来说,他们大多数是来自学校刚毕业的优秀人才,因此对于薪酬也有较高期待。同时,由于想要进入汽车销售行业的应聘者众多,所以团队员工选拔也十分严格,每个应聘者都要面对众多且强大的竞争对手。

由表77-1可知,博爵公司的薪酬组成为基本工资+绩效工资+计件提成工资,与当地同行业内其他企业相比薪酬组成结构过于单一,主要是忽视了员工的奖金和工资补贴制度。当汽车销售进入淡季时,团队成员收入大幅度下降,致使员工

的实际收入与其心理预期的薪酬水平相比产生较大的落差，致使员工的满意度也大幅降低[3]。与此同时，汽车销售的市场竞争力也越来越激烈，这种工作环境的变化给团队员工带来了较大就业压力，员工认为自己即使工作努力也无法获得同等的回报。

表77-1　员工薪酬组成对比分析表

企业名称	薪酬组成
博爵汽车销售公司	基本工资+绩效工资+计件提成工资
其他销售公司	基本工资+绩效工资+计件提成工资+奖金、补贴

资料来源：作者整理。

（三）团队员工缺乏合作精神

博爵汽车销售公司的团队成员之间缺少定期的交流与沟通，缺乏团队合作能力。销售团队中大部分成员只顾个人眼前利益而忽略了团队和公司的整体利益，为了提高个人的销售业绩而存在不正当竞争行为。在公司出现问题时，员工第一时间都不能积极反省自身的问题，努力补救危机局面，而是找借口推卸责任[4]。团队员工经常过于在意自身工作的难易程度，而忽略团队所要达成的目标和要完成的任务，致使团队成员之间很难达成共识。

博爵公司除了团队成员之间缺乏合作精神，团队与团队相互之间同样缺少合作意识。当公司遇到重大问题需要团队之间互相帮助时，团队之间首先在意的不是怎样相互协助，解决企业所面临的困境，团队领导者往往只关注个人所在团队是否需要承担责任，其他团队出现困难时则不愿意提供帮助，团队之间根本无法沟通协调。

五、唐山博爵汽车有限公司团队建设问题对策建议

（一）领导者增强自身管理素质

领导者是一个企业不可缺少的核心人物，一个具备优秀管理者素质的团队领

导者可以为企业谋求更长远的发展。公司领导者缺少对团队内部员工激励，同时工作任务分配不合理，团队岗位分配混乱，经常出现团队成员工作任务重叠的现象，导致整个团队的工作任务不能在一定时间内有效完成。

博爵汽车销售公司领导者首先应增强对销售服务基础知识和专业知识的了解，其次要始终站在公司利益的立场上去思考并带领下属解决遇到的各种难题。领导者应对销售经理和各团队的工作任务分工明确，引领各团队了解各个部门职能，公司内部各司其职[5]。在进行绩效考核时，领导者应摒弃过多的个人喜好，客观公正地对团队员工进行考核，维护绩效考核的公正客观性。作为企业领头人，员工意志消极时，要及时和员工沟通与交流，了解员工的工作动态，为员工分析并解决问题，有效放权给下属，提升员工的工作热情。

（二）完善团队内部薪酬分配制度

1. 健全公司增长机制

在和博爵公司团队员工的电话访谈中了解到，薪酬问题是博爵公司团队员工目前非常关注的问题之一，员工对当前的薪酬构成满意度低。博爵汽车销售公司从创立以来员工的工资水平就没有变动过，明显脱离了薪酬管理以市场为导向的根本原则，员工的利益受到侵害，员工工作情绪也存在极大不满[6]，致使部分员工跳槽，企业发展呈下滑趋势，企业内部薪酬管理呈现恶性循环的危机。由此可见，企业应合理考虑国家、企业和团队员工三方利益，调查行业内部其他企业的薪酬组成结构，掌握销售行业内的平均薪酬水平，从而提供给员工和其他企业相比具有竞争力的薪酬，这样才能吸引人才、留住人才，为企业发展创造更多的有利条件。数据见表77-2。

表77-2　员工薪酬组成优化情况对比分析表

优化前后	薪酬组成
优化前	基本工资＋绩效工资＋计件提成工资
优化后	基本工资＋绩效工资＋计件提成工资＋奖金＋补贴

资料来源：作者整理。

博爵公司可将员工薪酬组成部分调整为"基本工资＋绩效工资＋计件提成工资＋奖金＋补贴",如此一来可以提升员工对薪酬的满意度,调动员工的工作积极性。

2. 落实同工同酬制度

团队员工衡量企业提供的薪酬待遇水平,不仅会从自己的主观角度进行判断,而且还会和同行业的其他企业对比。所以,博爵公司应建立一种公开、公平、公正的薪酬体系,执行以绩效考核评价为基础的薪酬分配制度,提高员工的薪酬满意度,调动员工的工作积极性。

(三)构建团队建设文化制度

人是团队的构成部分,团队是承载许多个体的整体,企业的发展离不开个人的贡献。想要团队成员之间能够团结协作,就要打造团队精神,团队领导者与团队成员明确一致的目标,优先考虑团队利益,有利于提高团队凝聚力的培育。博爵公司可以以团队小组为单位,每个月举办一次业绩比评,对业绩优先的团队给予奖金和荣誉证书,使团队成员在工作中互帮互助、共同进步。同时,公司可以多开展一些有趣的团建活动,如乒乓球比赛、团体旅游等,拉近团队成员之间的距离,让员工之间的关系更加亲近,相处更加和谐。

参考文献:

[1]　王学习. 用团队建设助推企业高质量发展 [J]. 中国物业管理,2019(3):34-35.

[2]　钟伟君. A 公司高效团队建设研究 [D]. 桂林:广西师范大学,2019.

[3]　刘渝蓉. 团队建设在企业发展中的作用探析 [J]. 企业科技与发展,2019(3):289-290.

[4]　刘力凌. 企业管理的团队建设及方法分析 [J]. 现代商业,2018(25):110-111.

[5]　吴晨茜. 如何进行企业团队建设 [J]. 现代经济信息,2018(19):122+125.

[6]　谢颖. M 公司团队建设及其改进研究 [D]. 成都:西南交通大学,2017.

七十八　融媒体时代出版企业的跨界文创

——以楚天书局为例

刘雅丽[①]

摘要： 融媒体时代，资源通融、宣传互融、利益共融，出版企业传统单一的图书出版已不能满足当下时代发展的需要，必须顺应时代潮流，积极转型，跨界融合，拓宽自身发展路径。文创产业的蓬勃发展，为出版企业的转型提供了新的思路，将企业相关优质资源与文创相结合，助力企业积极转型，谋求新发展，共迎新未来。

关键词： 出版企业；文创；转型发展

一、引言

近年来，随着科技和社会的不断进步，传统媒体与新媒体的融合发展成了大势所趋。在融媒体时代背景下，传统出版企业的创新不能只停留在理念上，更重要的是发展模式的更迭，以及由此所带来的各种媒介之间界限的模糊化。当下，人们对于精神文明的追求已经进入到了一个全新的阶段，文化消费需求不断扩大。自 2014 年以来，整个出版行业经历了寒冬期，在当前市场条件下出版企业积极地进行转型升级，谋求新的发展路径是其未来持续经营的不二法门。而顺应时代

[①] 刘雅丽，女，会计硕士，研究方向：财税理论与实务、财务管理。

潮流的文创产品与传统出版行业的跨界融合是一个很好的契机，有助于整个出版行业价值链条的衍生，为传统文化产业的复苏繁荣注入了新鲜血液。因此，对于出版文创跨界融合的研究探讨，可以在一定程度上给予出版企业发展一些参考，助力企业转型发展。

二、文献综述

近年来，国内学者对于出版文创产业的发展也有着丰富的研究。李霞认为，在深度融合的新时代，出版企业聚焦核心源，延伸价值链，开发文创产品，构建"传统出版＋文创"新形态，是转型升级、提质增效的可行之路[1]。苏仙认为，文化创意属于高成长性、高附加值、高融合度产业，文旅融合的创新关键在于文化表达和载体的创新[2]。路红的观点是，新常态下的文创产品营销正呈现出百花齐放的趋势，而诸如线上直播、盲盒营销、文创市集等营销方式，在探索成熟后也可以反哺出版社立足之本的图书业务[3]。王俊华的观点是，出版机构在开发文创产品的过程中，不仅要革新思维方式，秉承打造精品的开发理念，而且要不断提升自身的设计能力，竭力开发出风格独特、品质精良，且契合用户需求的文创产品[4]。李小霞认为，出版文创产品的开发核心在于文化，重点在于创意，出版社在进行产品开发时要从文化本身进行挖掘，针对消费者群体进行有目的开发[5]。

三、楚天书局概况

楚天书局是湖北日报传媒集团旗下唯一图书出版机构，前身是特别书局，成立于2010年11月26日。书局以"打造荆楚党政时政图书出版第一品牌"为理念，立足本土，辐射全国，致力于以下四大领域出品：一是围绕省委、省政府中心工作出版时政、党政、宣教类图书；二是利用湖北日报传媒集团的背景和资源，开发各级政府采购、单位定制出版以及自费出版；三是开发教育类图书市场，各类教辅的选题策划等；四是努力开发社科、新闻、文艺、历史等类别的畅销书和常销书。

楚天书局成立以来，业务不断拓展，队伍不断壮大，如今已形成了年生产能力200余种，销售码洋过亿元的出版机构。产品多次获中宣部、省委宣传部"五个一工程奖"、湖北新闻奖等荣誉。

四、融媒体时代出版文创的开发模式的演进过程

随着我国年青一代消费群体的发展成熟，他们逐渐成了消费市场上重要的消费人群之一。而他们对于各类消费品附加价值重视程度要远高于年长一代的消费者。基于此，将文化与创意相结合的文创产品实现了较快的发展。据国家统计局数据显示，2012—2017年我国文化及相关产业增加值从1.8万亿元上升至3.47万亿元，其在国内生产总值中所占比重也由2012年的3.50%增长至2017年的4.20%，相关变化情况如图78-1所示。

图78-1 2012—2017年中国文化及相关产业增加值及占GDP比重

资料来源：网络数据整理所得。

（一）出版文创的1.0时代——出版衍生品模式

出版社或书商以图书内容为核心，发掘内在文化所代表的IP形象，由此而衍生出一系列周边文化创意产品，激发消费者的购买欲望，发掘潜在消费市场。其中，"城市周边"纪念品、创意文具、家居美物、益智玩具以及流行饰品等都

成了出版衍生品的主要表现形式。这些出版衍生品将传统文化艺术与现代生活产品相结合，在满足当下消费者需求的同时，注入了丰富的文化内容，进而产生了一种全新的生态产业链条。

对于文创产业而言，优质的内容是其在市场竞争中取胜的关键。通过有效融合图书内涵，激发出文创产品的亮点与卖点，从而刺激消费需求，扩大市场竞争力。以楚天书局文创产品开发为例，荆楚大地，内含着丰富的历史底蕴，相关文创产品见表78-1。

表78-1 楚天书局相关文创产品

文创产品类目	具体产品内容
魅力武汉纪念产品	武汉美食徽章、热干面烧麦徽章、魅力武汉纪念款文化衫、魅力武汉运动束口袋、魅力武汉益智魔方、魅力武汉明信片套装、黄鹤楼3D立体拼图
创意文具	2022虎座凤架鼓台历明信片、越王勾践剑U盘、元青花四君子手账本笔记本、青铜时代创意回形针、武汉方言贴纸、萌宠橡皮擦、荆楚国宝系列手账本（青铜时代、白龙鱼服、金钗钿合）、湖北省博物馆曾世家特展文物明信片套装、博物馆系列文件夹（编钟乐舞、森林卧鹿、花卉草虫、睡虎地秦简、青铜觚、玛雅系列文件夹）等
家居美物	江汉揽胜图织锦卷轴画、虎座凤架鼓楚凤冰箱贴、祥云黄鹤·真丝方巾、兰亭修禊图书画工艺扇、天圆地方禹迹图杯垫、云梦睡虎地秦简折扇等
益智玩具	荆楚国宝益智魔方玩具、万里茶道趣味飞行棋、远古印记折纸头套、楚随交锋益智飞行棋
流行饰品	江汉揽胜图飘带、玛雅胸针（金字塔、历法盘）、玛雅历法盘行李牌、萌宠徽章（漆木卧鹿、虎座凤架鼓、鹿角立鹤、鸳鸯漆形盒）、火神雷神平安挂饰、琉璃编钟、荆楚国宝手机挂绳、钥匙扣（羽人、神兽、车马出行钥匙扣）、车马出行图卡套/行李牌
楚香专区	荆楚风光·香礼、谷纹卷龙篆香套装、儿童安神助眠天然香料、事事如意熏香套装、防霉祛螨香包、芳华汉绣香囊礼盒、楚茅·蕲艾盘香、楚香枕、养生香（春华秋实、风花雪月）、楚香蒸汽眼罩、天然合香香囊、香养六空间

资料来源：楚天书局官网。

（二）出版文创的2.0时代——跨界融合模式

在出版企业转型发展的过程中，企业与其他行业跨界融合，全面开发出版IP，在此基础上发掘出"出版+影视""出版+娱乐""出版+餐饮"等一系列产业融合模式，延长了相关产业链条，满足了当下市场需求。

(三) 出版文创的3.0时代——个性化定制模式

基于当前市场中消费者个性化的需求以及其他组织机构不同的文化传播方式，出版文创的开发也不再局限于传统衍生模式，而是根据各方需求，结合出版企业自身特征属性，个性化定制，提供相关创意服务。楚天书局文创产品定制项目主要包括：《湖北日报》70周年纪念款产品，省文明办、省公安交通管理局定制主题宣传品以及武汉博物馆定制产品等，相关文创定制产品简介详见表78-2。

表78-2 楚天书局相关文创定制产品

定制文创产品	相关释义
《湖北日报》70周年纪念款产品	结合《湖北日报》党报的定位和创刊70周年的主题，提取创刊号报纸、每年7月1日的报纸头版以及《湖北日报》媒体矩阵等相关元素，与晴雨伞、充电宝、报童包等与媒体记者关联度高、实用性强的载体相结合，创设出"为你遮阳挡雨""为你持续充电""为你负重前行"的生动寓意
省文明办、省公安交通管理局定制主题宣传品	结合"1·22"全国文明交通日关于"一盔一戴""文明骑行，安全快递"等主题，设计宣传海报、标贴、卡套、钥匙扣等相关宣传品，主题宣传品设计新颖，方便实用，起到了良好的普及宣传效果
武汉博物馆定制产品	定制产品选取武汉博物馆馆藏唐武士纹碗、唐三彩天王俑、青龙白虎朱雀玄武石雕等典型特色文物元素，进行提炼阐述和艺术化设计，打造了特色鲜明的武士俑伸缩卡套、武士行李牌、四神兽卷尺手环等文创产品和社教用品，整套产品实用美观，特色鲜明，成为武汉博物馆的常销产品

资料来源：楚天书局官网。

五、融媒体时代出版文创的营销策略

（一）深度调研，精准定位市场

对于文创产品的营销来说，精准定位市场，了解市场需求，是其长久发展的关键所在。从产品初期 IP 形象的选定到之后的策划、营销，每一个环节都需要对市场进行深度调研，针对不同的消费群体进行市场细分，以满足不同层次的消费者在实用性、创意性、性价比等方面的需求。

"灵秀湖北,楚楚动人"，湖北自古以来有九省通衢之省的美称，地处长江中游，富有荆楚之美誉，灵秀之蕴意。其丰富的旅游资源和历史古迹为荆楚文化的宣传推广奠定了坚实的基础。其中既包括有着"天下第一楼"美誉的黄鹤楼、武汉长江大桥等自然人文景观，还有曾侯乙编钟、越王勾践剑等文化瑰宝。楚天书局通过对自然景观和历史博物馆的深度探寻，凝结出最具代表性的荆楚文化，并结合市场实际需求，将实用性与创意性相结合开发出了几百款相关文创产品。

（二）文化赋能，提高产品附加值

在荆楚文化中，最具代表性和典型性的无疑就是江城武汉的城市文化了。黄鹤楼、武汉大学、中山舰博物馆，这些极具城市魅力的地标和历史建筑成了楚天书局选取的主要开发对象。通过了解其背后的历史文化，楚天书局创意设计了一系列相关文创产品，其中主要包括与自然景观密切相关的黄鹤楼 3D 立体拼图、极具武汉特色"过早"的热干面徽章以及魅力武汉纪念款文化衫等。通过赋能这些特色文化，不仅提高了产品附加值，同时也传播了最具代表性的荆楚文化以及颇有历史韵味的江城故事。

（三）创意开发，提高产品竞争力

在拥有良好资源优势的大前提下，如何利用这些资源进行创意开发直接决定了文创产品未来在市场上是否具有竞争优势。创意开发不单单指其最终产品表现形式，还包括了产品前期创意策划、产品预热、产品理念以及产品工艺等各个方面。通过文化理念的融合、巧妙工艺的设计以及有效的前期预热，吸引不同的消费群体，提高相关产品的市场竞争力，是企业最终实现价值最大化的不二法门。

六、融媒体时代出版文创面临的机遇与挑战

（一）出版文创红利期尚未到来

随着融媒体时代的发展，出版行业的产业布局也正在重新构建，不再是单一的图书出版，而是转向多媒体复合型发展。以自身优质图书资源、IP 资源、版权

资源等为核心，积极拓展上下游产业链条。同时，依托文创产品设计研发的形式，扩大自身优势，助力出版企业的跨界融合。

虽然出版企业的文创产品开发已经成为当下出版行业发展的新趋势，但是其在发展过程中还存在着诸多阻力，如某些作品版权争议问题；文创产品最佳生产规模的确定问题；营销模式的创新与广宣渠道的开辟问题等。当下，出版企业的文创发展尚显方兴未艾之势，还未达到产业规模化运营，红利期还尚未到来。对于出版企业来说，能否迎难而上，打破现有局面，既是机遇，也是挑战。

（二）文创产品销售新业态

盲盒产品是当下年轻人购物的新趋势，抽盲盒给消费者带来了更多神秘感和满足感。盲盒，即一种看不到内在产品具体形态的全新产品模式，消费者可以了解到可能会拆出的产品，但具体是哪一款是未知的，这种销售模式所带来的不确定性契合当前市场消费需求，激发了消费者的购买欲望。文创产品的盲盒化开发符合当下营销趋势，将创意设计与未知相结合，拓展了新的销售渠道，对于出版企业来说，是其文创产品发展的新机遇。

（三）疫情下的延迟消费

突如其来的新冠肺炎疫情，对各个行业都产生了巨大的冲击，出版业的发展也面临巨大风险。文创产品作为大众精神层面的需求，在疫情面前，发展受阻。对于生产厂家来说，大家不愿意冒险投资，更希望将资金回笼，以应对未来不确定的风险。对于消费者来说，文创产品的主要消费群体生活方式以及思想方面的转变使得他们的消费习惯也随之改变，大家更愿意选择储蓄、保险等延迟性消费产品，以满足自身风险偏好，这对于出版文创的发展来说无疑是一场挑战。

七、结束语

融媒体时代，出版企业的跨界文创还处于探索时期，"文创产品"的创意设计既要有"文"的坚守，又要符合当下"创"的需求。在新的时代背景以及新的产业布局下，出版文创为出版企业的转型发展提供了新的思路，为传统文化赋能。虽然在其跨界发展过程中还存在着诸多挑战，但随着社会的发展以及新一代消费观念的变化，出版文创在未来有很大的发展空间。

参考文献：

[1] 李霞.浅析延伸价值链在传统出版的运用——以湖北日报传媒集团楚天书局为例[J].新闻前哨，2019(12)：109-110.

[2] 苏仙.出版企业跨界文创的实践——以楚天书局"荆楚有礼"文创开发为例[J].新闻前哨，2020(2)：87-88.

[3] 路红.后疫情时代出版社文创产品销售新趋势[N].国际出版周报，2020-10-26(5).

[4] 王俊华.新媒体时代出版机构文创产品的开发策略[J].出版广角，2020(5)：44-46.

[5] 李小霞，周华清.新媒体环境下出版文创产品开发思考[J].艺术与设计（理论），2020，2(11)：83-85.

七十九 我国财政收入规模与结构变化分析

周琪琪[①] 任国庆[②]

摘要：财政收入是维持国家开销和国家正常运行的重要保障，与经济建设和社会发展息息相关。本文从财政收入的规模和结构两个方面，以经济体制改革为背景，结合最新政策和各项数据的变化进行分析，从中发现当前规模和结构中存在的问题，并提出相关建议。

关键词：财政收入结构与规模；税收；财政增长

一、引言

财政既是经济概念，也是政治概念。财政可以将有限的资源进行有效配置，将收入进行二次分配，促进社会公平的实现。新形势下，国家财政与方方面面都有联系，通过财政实现经济的稳定和社会的发展，从而给经济增长、民生、资源配置、社会秩序等提供保障。我国的财政收入有四本预算账，分别是一般公共预算、政府性基金预算、国有资本经营预算及社会保险基金预算。其中一般公共预算是四本账中规模最大的，对我国财政具有重要意义，所以本文着重对一般公共预算的变化进行了一系列分析。

---

① 周琪琪，女，会计硕士，研究方向：财务管理。
② 任国庆，男，会计硕士，研究方向：财务管理。

二、我国的财政收入规模变化分析

(一) 财政收入增速变化分析

根据图 79-1 和表 79-1 可以看到，2016 年至 2019 年的财政收入和财政支出基本呈现同方向增长。2020 年因为新冠肺炎疫情的缘故，全国的财政收入第一次出现了负增长，收入为 182,913.88 亿元，较 2019 年的 190,390.08 亿元同比下降了 3.9%。2020 年疫情暴发时，全国的财政收入大幅减少，收支矛盾越发尖锐，国家财政面临着诸多挑战，为此国家出台了一系列减税政策、降低费用以及资金支持来帮助企业维持经营状态，促进经济复苏。

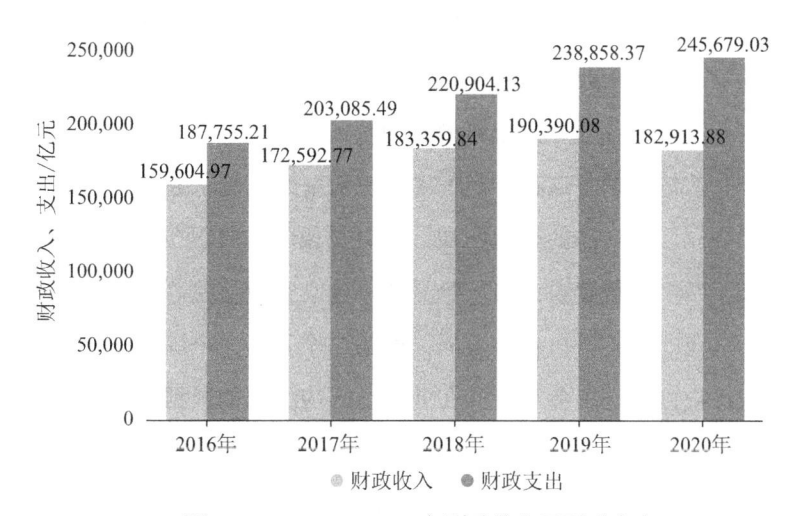

图 79-1 2016—2020 年财政收入及财政支出

资料来源：国家统计年鉴。

表 79-1 2011—2020 年财政收入及财政支出增长表

年份 指标	2011	2012	2013	2014	2015	2016	2017	2018	2019	2020
财政收入增长速率 /%	25.0	12.9	10.2	8.6	5.8	4.5	7.4	6.2	3.8	-3.9

续表

年份 指标	2011	2012	2013	2014	2015	2016	2017	2018	2019	2020
财政支出增长速率/%	21.6	15.3	11.3	8.3	13.2	6.3	7.6	8.7	8.1	2.9

资料来源：国家统计年鉴。

我国财政收入持续增长并能达到目前规模的原因可从以下几方面来分析。

首先，科技水平会带动生产水平的提升和社会发展水平的提高。随着近年来科教兴国战略的提出，我国不断吸收国际上各种先进的技术、引进人才，并颁布了各种鼓励科技创新的政策，这使得科技有了前所未有的进步，并带动了我国生产力水平的发展。创新推动了一系列新兴产业的诞生，如人工智能行业、电竞行业、直播行业等，这些行业迅速崛起，进一步扩大了我国财政收入的来源。

其次，我国实行的各项加强征管税收的政策与条例，在一定程度上使每年的税收可以按时有效地到位，这在一定程度上也对财政的增长起到了一定的作用。从金税工程的初立，到现在的金税四期，严格纳税的时代正在到来。金税四期最厉害的地方在于两个系统建设：第一个系统，建立企业信息联网核查系统，打通了社保、银行以及非银支付机构的数据；而第二个系统，全国全网业务抓取数据形成电子底账，直接打通了各个行业在业务上供应关系的数据，从而让数据真正联动、流动起来，实现透明、实时、全面的监察。新兴的直播行业中，从雪梨补税，到薇娅补税，带动上千名头部主播主动补税，"互联网+大数据+云计算"技术的应用使更多的人自觉纳税、缴税。

再次，影响财政收入还有一个重要因素，就是减税降费。减税降费的根本目的是救活市场，扩大企业的盈余空间，激发市场的有效活力，将更多的资金投入研发，从长远上推动经济稳中向好，由此增加税源和税基，反向推动财政收入的增长。

最后，在市场经济体制确立之后，我国国内的物价一直呈现一种上升的走势，这使得公民的消费也在持续上升。物价和消费的增长，使得增值税的征收份额逐渐变大。公司效益和人均薪资随着经济发展和技术提高在逐年上升，以满足人民的生活需要，企业所得税、个人所得税也就逐年上升。主要税收的增长，推动了财政收入的增长。

（二）财政收入占国内生产总值比重分析

我国财政收入大部分都来自税收收入，而这些税收收入均取自于民，所以在一定程度上这一比重也反映了我国公民收入与消费水平在 GDP 分配中的比重。若公民经济收入增长得较快，则会带动我国税收的增长。税收得到增长，国家财政收入自然也就会得到增长。数据见表 79-2。

表 79-2　2016—2020 年财政收入 GDP 占比表

指标＼年份	2016	2017	2018	2019	2020
国内生产总值/亿元	746,395.1	832,035.9	919,281.1	986,515.2	1,015,986.2
国内生产总值增长百分比	6.8%	6.9%	6.7%	6.0%	2.3%
财政总收入/亿元	159,604.97	172,592.77	183,359.84	190,390.08	182,913.88
财政总收入增长百分比	4.5%	7.4%	6.2%	3.8%	-3.9%
财政总收入/国内生产总值	31.4%	20.7%	19.9&	19.3%	18%

资料来源：国家统计年鉴。

从上表可以看出，中国的 GDP 在五年来呈现出稳定的增长速度，只有在 2020 年因为复杂的全球变局增长速度下降，但综合来看仍然是全球唯一止增长的国家。从财政收入增长速度来看，只有 2017 年财政收入增速略低于 GDP 增速，其他 4 年财政收入增速均高于 GDP 增速。这个增长率正好与财政收入占 GDP 的比例相反。

从宏观来看，财政收入占 GDP 的比重可以反映一个国家的税负水平；反映一个国家政府的财政能力；反映一个国家的财政规模和经济高度；反映一个国家的财力状况。作为一项可以反映国家经济能力的指标，它可以随着公民经济的增长而使其规模变大。财政收入在国内生产总值中所占的比例，会受到国家税收政策和税收征管能力等多方面的因素所影响。这与我国的产业结构和经济体制有着直接的关系。

三、我国的财政收入结构变化分析

(一)国家财政收入中央和地方占比

中央和地方的财政职责关系划分是现代国家治理的重要方面。我国中央和地方的财政关系共经历了三个改革阶段。在最近的改革新方案中,依旧保持了根据是否是实施国家宏观调控的必要税种区分出了中央税和地方税,对增值税这一第一大税收来源实行五五开原则。对于销项与进项负差额产生的留抵退税制度进行了完善,将之前的各担50%改为现在的地方先15%,后35%,在减少企业压力的同时缓解了地方的压力,从而平衡各省的财政问题。最后一项措施是将消费税征收环节进行后置,逐步降低到地方一级,即原先在生产环节征收的一些消费税,要到后来的批发环节或零售环节才会征收。也就是说,一种商品的消费税原由生产企业支付。只要你生产成功了,你就得交税。现在就不需要了,把它移到零售端,消费者购买时纳税,然后逐步将消费税转移到当地,进一步扩大当地的收入来源,引导当地改善消费环境。数据见表79-3。

表 79-3   2016—2020 年中央、地方财政收入占比

年份 指标	2016	2017	2018	2019	2020
中央财政收入占比 / %	45.34	47.00	46.61	46.91	45.25
地方财政收入占比 / %	54.66	53.00	53.39	53.09	54.75

资料来源:国家统计年鉴。

根据表 79-3 可知,近五年,我国中央和地方财政收入占比相差不大,且基本维持稳定,地方略高于中央财政。2020 年,中央财政收入比重为 45.25%,地方财政收入比重为 54.75%。从 1993 年中央占比仅为 22%,经过多次的分配协调,到现在的 46% 左右,分税制改革为建立财力与财力相匹配的财税体制奠定了基础,更好地发挥了中央和地方政府的积极性和创造性。

(二)国家财政收入主要来源占比

税收和非税收是我国财政税收体制中最主要的两部分。在我国的财政收入结构中,税收占据了80%以上的主导地位。它的地位毋庸置疑是不可撼动的。2018年,我国税收收入高达156,402.68亿元,占据我国2018年财政总收入的85%。

由图79-2可以得知,税收在财政收入中有不可撼动的主导地位,可以说财政收入总量基本由税收收入来决定。在2018年至2020年中,国家财政收入呈现先上升后下降的趋势,国家税收收入也保持着和国家财政收入相同的变化趋势。这三年中,税收占财政收入的比重分别为85.29%、82.89%、84.36%,均在80%以上,而税收也包括了很多种类,以下几个税种的增长是我国近年来税收增长迅速的几个主要税种。

国家税收收入(亿元):
- 2020年: 156,402.86
- 2019年: 158,000.46
- 2018年: 154,312.29

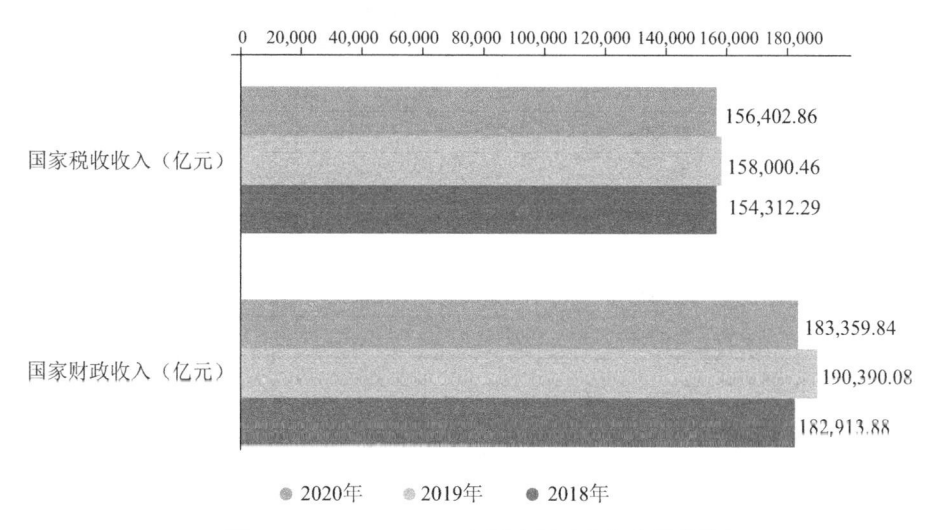

国家财政收入(亿元):
- 2020年: 183,359.84
- 2019年: 190,390.08
- 2018年: 182,913.88

图79-2 2018—2020年国家财政收入和税收收入

资料来源:国家统计年鉴。

1. 国内增值税

2016—2020年主要税收明细见表79-4。2016—2020年主要税收占比见表79-5。

表 79-4　2016—2020 年主要税收明细

指标＼年份	2016	2017	2018	2019	2020
各项税收 / 亿元	130,360.73	144,369.87	156,402.86	158,000.46	154,312.29
国内增值税 / 亿元	40,712.08	56,378.18	61,530.77	62,347.36	56,791.24
营业税 / 亿元	11,501.88	—	—	—	—
企业所得税 / 亿元	28,851.36	32,117.29	35,323.71	37,303.77	36,425.81
个人所得税 / 亿元	10,088.98	11,966.37	13,871.97	10,388.53	11,568.26
国内消费税 / 亿元	10,217.23	10,225.09	10,631.75	12,564.44	12,028.10
关税 / 亿元	2,603.75	2,997.85	2,847.78	2,889.13	2,564.25

资料来源：国家统计年鉴。

表 79-5　2016—2020 年主要税收占比

指标＼年份	2016	2017	2018	2019	2020
国内增值税 / 亿元	31.23%	39.05%	39.34%	39.46%	36.80%
营业税 / 亿元	8.82%	—	—	—	—
企业所得税 / 亿元	22.13%	22.25%	22.59%	23.61%	23.61%
个人所得税 / 亿元	7.74%	8.29%	8.87%	6.57%	7.50%
国内消费税 / 亿元	7.84%	7.08%	6.80%	7.95%	7.79%
关税 / 亿元	2.00%	2.08%	1.82%	1.83%	1.66%

资料来源：国家统计年鉴。

在上文中我们提到：税收在我国财政收入中的占比最大，有绝对的主导地位。而在税收收入中，所占比例最大的是增值税，2016 年将营业税并入增值税后，2016—2019 年这四年增值税占比一直在 39% 左右波动。改革之后，我国还增加了低税率行业，如现代服务业和交通运输业，它们的税率分别是 6% 和 11%。2020 年虽有所下降，但还保持着一个较高的水平，我国增值税收入为 56,791.04 亿元，占税收总收入的 36.8%。工业增加值稳步增长、工业成品价格上涨使得增值税税基扩大、成品油价格的提高、原油增值税加快增长、增值税增收等这些都是我国国内增值税增长较快的主要原因。

2. 企业所得税

2016年至2020年企业所得税与个人所得税收入见表79-6。

表79-6　2016—2020年企业所得税与个人所得税收入

年份 指标	2016	2017	2018	2019	2020
企业所得税/亿元	28,851.36	32,117.29	35,323.71	37,303.77	36,425.81
个人所得税/亿元	10,088.98	11,966.37	13,871.97	10,388.53	11,568.26

资料来源：国家统计年鉴。

近年来，我国企业所得税都保持在一个平稳增长的水平。到2020年，我国企业所得税在税收中的比重仅次于增值税，在税收中排列在第二位，收入为36,425.81亿元，占税收总收入的23.6%。这其中有许多方面的原因：第一个原因是自从改革开放以来我国的工业企业整体效益得到了非常显著的提升，因为企业的利润得到了有效的提升，从而带动了工业企业全年所得税收入的增长。第二个原因是成品油的价格出现了非常可怕的增长，这一现象使成品油等行业企业的利润和企业所得税收入大幅增长。第三个原因是随着人们日益增长的对生活品质的需求这一情况，买房的收入一次又一次地使房地产行业的税额越来越多，同时房地产相关行业企业所得税也表现出较快的增长。

3. 个人所得税

十年以来，个人所得税在我国的税收政策与经济增长等多种因素的加持下，一直呈现出稳定增长的状态。到2016年更是突破10,000亿元的大关。

在我国各级税务机关提高了对高收入人群和对转让股权等一些项目的征管，可以看到个人所得税有非常迅速的增长。这保证了政府财政有足够的个人所得税的收入。另外，随着经济市场的发展和人们日益增长的精神需求，艺术市场有了非常可观的发展速度，使得原本就高财政收益的拍卖活动对财政收入的贡献有了进一步提升。还有非常重要的一点，随着物价上涨，公民的收入也在增长，这一现象在一定程度上带动了个人所得税对财政收入的增长。

4. 国内消费税

2020年，我国消费税收入为12,028.10亿元，在税收中的比重为7.79%。仅次于增值税与企业所得税排列在我国税收种类的第三名。在我国的市场经济中，烟酒、高档化妆品、成品油、贵重首饰及珠宝行业撑起了我国消费税的这面大旗。近年来，人们对于这些高端消费产品的需求一直保持在一个逐年增长的水平，这导致消费逐年增长从而带动了消费税的增长。

（三）各省财政收入占比

各省市的财政充沛与否，首先就是靠自己能收入多少，毕竟靠国家转移支付只是救急。所以每年地方财政收入的增速、规模都是各地区经济报表的重头戏之一，反映地方经济运行，更是和地方今年的财政支出息息相关的。而全口径的地方财政收入是包括两个大项目的，其一为一般公共预算收入，其二是政府性基金预算收入。前者主要是来自各产业创造的税收和部分杂费。后一项的构成绝大部分来自各地的国有土地出让费，加少部分债券等，即土地财政。这部分收入对于地方的财政支出是不小的助力，各项基础建设更多的还是依赖于此。数据见表79-7。

表79-7　2020年各省一般公共预算收入、同比增速、占比及名次变动

排名	省份	地方一般公共预算收入/亿元	同比增速/%	所占比重/%	较2019年名次变动
1	广东	12,922	2.1	12.91	持平
2	江苏	9,059	2.9	9.05	持平
3	浙江	7,248	2.8	7.24	↑1
4	上海	7,046	-1.7	7.04	↓1
5	山东	6,560	0.5	6.55	持平
6	北京	5,484	-5.7	5.48	持平
7	四川	4,258	4.6	4.25	持平
8	河南	4,155	2.8	4.15	持平
9	河北	3,826	2.3	3.82	持平
10	安徽	3,216	1	3.21	↑1

续表

排名	省份	地方一般公共预算收入/亿元	同比增速/%	所占比重/%	较2019年名次变动
11	福建	3,079	0.9	3.08	↑1
12	湖南	3,009	0.1	3.01	↑1
13	辽宁	2,656	0.1	2.65	↑1
14	湖北	2,512	−25.9	2.51	↓4
15	江西	2,508	0.8	2.50	持平
16	山西	2,297	−2.2	2.29	↑1
17	陕西	2,257	−1.3	2.25	↑1
18	云南	2,117	2.1	2.11	↑2
19	重庆	2,095	−1.9	2.09	持平
20	内蒙古	2,051	−0.4	2.05	↑1
21	天津	1,923	−10.2	1.92	↓5
22	贵州	1,787	1.1	1.78	↑1
23	广西	1,717	−5.2	1.71	↓1
24	新疆	1,477	−6.4	1.48	持平
25	黑龙江	1,153	−8.7	1.15	持平
26	吉林	1,085	−2.9	1.08	持平
27	甘肃	875	2.8	0.87	持平
28	海南	816	0.2	0.81	持平
29	宁夏	419	−1	0.42	持平
30	青海	298	5.6	0.30	持平
31	西藏	221	−0.5	0.22	持平

资料来源：各省各财政厅。

从预算收入规模来看，广东、江苏位于第一梯队，均超过9,000亿元，其中，江苏2020年首次突破了9,000亿元关口。浙江、上海、山东和北京则位于第二梯队，在5,000亿～7,500亿元；四川、河南、安徽、福建、湖南在3,000亿～4,300亿元；而甘肃、海南、宁夏、青海和西藏均在1,000亿元以下。

从预算收入增速来看，在31个省份中有17个省份收入增速为正值，主要集中在东南沿海经济较为发达的省份，以及受疫情影响相对较小的西部省份。其中，青海（5.6%）增速排第一，四川（4.6%）排第二，明显高于其余同比增速排名也靠前的江苏（2.9%）、浙江（2.8%）、河南（2.8%）和甘肃（2.8%）。广东和云南同比增速也在2%以上，其余同比增速为正的省份集中在0.1%～1.1%。湖北、天津、黑龙江和新疆等省份预算收入下降幅度较大，其中湖北（-25.9%）和天津（-10.2%），黑龙江（-8.7%）和新疆（-6.4%）下降幅度也在6%以上。

从预算收入占比及排名来看，广东省的贡献尤为突出，占据全部地方预算收入的12.91%，江苏省也毫不逊色，占比9.05%。各省财政收入的第一、二名，连续5年都没有改变，一直为广东和江苏。改革开放、大湾区等红利政策，广东省发展机遇丰厚，又坐拥广州、深圳两座超一线城市，所以其冠军位置稳固。而江苏省更是连续15年位居全国第二，在最新发布的2021年中国民营企业500强中，属于江苏省的有92家，仅次于浙江省的96家。前十阵营中，安徽省首次跻身前十。值得注意的是，天津市排名下滑最严重，较2019年下降了五个名次。再联想到天津大国企混改，迟迟未能完成，可能也是天津排名急剧下滑的原因之一。

四、我国财政收入规模与结构存在的问题

2020年4月以来，全国财政支出的增长速度持续上升，并且大幅超出了财政收入的增长。受疫情和全球经济下滑的影响，预计未来我国的财政收入增长率将会受到限制，但我国的刚性支出却只增不减，科学技术、人民生活、债务付息等重点领域都需要财政进行支持。所以财政支出面临着较大的压力，且短期内无法得到质的改善，将要面临的财政困难不只是近期的、短期的，更有可能是中期困难。

中央和地方的财政收入关系一直非常微妙，虽然各自的占比相差不大，但中央的权力和事务能力是地方无可比拟的，因此财政压力向地方大幅倾斜。在"营改增"后，地方政府失去了主要税种——营业税，地方税萎缩，中央税萎缩，增

值税作为分享税的规模过大。两年来，随着减税降费力度的加大，地方财政收入有所减少，但支出并未压缩，地方财政困难并未缓解。自我国实行国有土地使用权拍卖制度以来，土地出让金逐渐成为地方财政收入的重要来源。2021年6月又发布了一份新的税收通知，将国有土地使用权出让收入等4项政府非税收入由税务部门征收，进一步加重了地方财政压力。

税收收入占财政收入的比例过高可能导致市场流动性紧张。过度依赖税收，导致国家的财政收入的增减直接取决于相关的税种，从各税种增速来看，我国的财政收入形势较为严峻，财政政策发挥的空间有限。

从各省财政收入来看，东西部省份的财政收入分化较大，城市发展不平衡。受疫情的影响，整体来看，北部地区受影响程度较大，经济发达的东部地区由于经济发展水平较好，恢复得也较快，而发展缓慢的西部地区因确诊人数较少，经济活动相对受限，受冲击程度较小。

五、我国财政收入规模与结构的改善建议

（一）进一步完善财政税收体制

新的大背景下加大体制改革创新力度是十分必要的，需要正确科学的创新理念引领，并且也需要专业加持，保证税收的同时为财政收入水平提升打下良好基础。具体创新改革需要就多方面因素综合分析，推进改革有序进展。

对财政支出布局举行优化，确保各地域之间均衡发展共同进步，不断提升地区的大众办事水平。经济发展较好地区需保证其公共服务质量的同时，稳步提升经济增长。在全球的大变局形势下，保证国内民生的基本防线，在不削减必要支出的前提下，稳步地进行财政收入的增速，减少赤字率，保持适度的支出强度。

（二）减少中央地方的收支博弈关系

共同财政的区域范围在我国的财政收入中仍然占据主要地位，而这其中尚未厘清的权力和责任划分问题，使得中央和地方的财政关系愈加紧张。要想厘清中

央与地方财力分配和支出方面，就要注意完善系统性转移支付制度，确保账目清晰，系统有效，严格规范相关问题，减少分配中模棱两可的部分。还要切实了解实际情况，从中央和地方的能力和责任出发，明确要求，保证技术，从而确保操作规范化，提升效率，进行风险对冲。

（三）拉动非税收入的增长

税收的巨大比重导致税收收入的增长或下降，直接影响财政收入的变化。因此，我国财政收入需要关注非税收入的增长，逐渐改变税收收入占主导地位的局面。可以通过提高国有资产、资源的有偿使用收入，对垄断行为进行严格监督，带动罚没收入的增长，对行政事业的收费标准提出收费标杆，从而拉动非税收入的增长。而随着增值税、消费税的进一步恢复，这两种税种所征收的教育附加税等专项收入的非税比重也将进一步增加。

（四）推动地区均衡发展

东部地区目前已经处于一个经济相对较发达的阶段，经济总量达到了一个相对增长缓慢的阶段，而西部地区的经济发展还有很大的空间，且其主要依靠的是中央的转移支付。应加大对西部地区的财政投入，为其地区的基础设施建设和民生生活保障提供资金支持，缓解人民收入不均等的影响，推动地区的均衡发展。

六、结语

总而言之，财政收入规模以及其结构对国家的重要性非同小可，它侧面反映了一个国家的总体实力和国际地位。由此来看，财政收入结构这一块工作是一定要做好的，我们应该在前进的过程中不断地完善它、优化它。经过完善国家财政支出体制，国库支出进一步优化，财政支出更加公开化、透明化，方便人民对国家财政政策及时了解，监督体制是否规范公平以及效率，从而增强对国家的认同感。此外，政府财政中还包括一些公益性项目支出，主要用于民生和公共基础建设，公益财政支出可使我国人民的生活幸福感得到增强，使政府逐渐朝着服务型的方向转变。如果国家税收制度较为统一的话，可将社会公平性很好地彰显出来，也可使市场经营环境得以激活，有利于企业公平公正的竞争。当然，这其中的艰辛程度不言而喻，绝不是一旦一夕就可以完成的，需要我们目标明确、方针、政策大胆创新，推动社会经济稳定运行。路漫漫其修远兮，我们的国家现在仍在等待在多项优化政策和正确指导措施的调整下，财政收入结构能越来越合理化，慢慢成为一个真正富强的国际大国。

参考文献：

[1] 李进华. 新形势下财政税收体制改革的创新思考 [J]. 中国集体经济，2021(10)：62-63.

[2] 孔德玉. 财政税收工作深化改革的有效策略分析 [J]. 财会学习，2021(27)：145-146.

[3] 倪一菡. 新形势下财政税收体制的改革创新分析 [J]. 财经界，2020(28)：26-27.

[4] 冯红娟. 新形势下财政税收体制改革的创新探讨 [J]. 中国乡镇企业会计，2021(2).

[5] 白景明，张学诞，梁季，施文泼，刘昶. 减税降费政策评估报告——基于高质量发展视角的分析 [J]. 财政科学，2019(12)：5-22.

[6] 张留中. 财政税收在市场经济发展中的作用 [J]. 纳税，2021，15(31)：34-35.

[7] 赖杭红. 浅谈基层财政税收对市场经济发展的作用 [J]. 财经界，2021(32)：162-163.

[8] 林光彬，车广野. 中央财政收入占比问题的政治经济学分析 [J]. 中央财经大学学报，2021(4)：3-13.

[9] 洪伟璇. 减税降费下转移支付对地方固定资产投资的影响 [J]. 福建金融，2020(6)：59-65.

八十　北京市数字出版产业政策的文本量化研究[①]

王琳[②]　杨荣[③]

摘要： 本文采用文本量化研究方法，以北京市近年颁布的18项数字出版政策为样本，对北京市数字出版产业的相关政策进行量化分析。通过对五类政策效应的统计分析，发现数字出版产业的质量有待提高，技术创新有待加强；数字出版行业人才培养需要加强；树立产权意识，重视产权保护，完善版权保护制度。

关键词： 数字出版；产业政策；北京市；量化研究

一、引言

数字出版是利用数字信息技术实现内容编辑和处理，通过互联网传播数字内容技术的一种新的出版方式。其主要特点是内容输出、管理流程、内容形式数字化、信息传播渠道网络化。由于其存储量大、传输速度快、成本低、环保等特点，数字出版已成为新闻出版行业的战略性新兴产业，是出版业发展的主要方向。数字出版产业的发展可以提升我国文化软实力，促进文化产业的发展，甚至影响到国民经济的可持续发展。因此，出版业的改变很有意义[1]。

[①] 本文受到北京印刷学院学校基础研究重点项目《北京出版业发展新动能的产业政策实施机制研究》（Ea202006）资助。
[②] 王琳，女，会计硕士，研究方向：财务会计。
[③] 杨荣，女，副教授，博士，研究方向：出版产业研究。

近年来，据不完全统计，北京市已经出台了近20项与数字出版产业相关的政策。通过对这些政策的分析，可以了解北京市数字出版产业当前发展的政策热点，并结合实际情况对政策内容提出建议。

二、文献综述

本文研究了数字出版业的政策文本，采用了对政策文本进行量化分析的方法。这种方法可以对政策内容进行详细的分析，阐明政策背后的含义[2]。本文参考相关研究成果，采用三维分析框架对政策文本进行"内容总结—政策目标主体—政策角色—政策工具类型"的处理。

国内学者范梓腾等对22个地方政府的大数据发展政策文本进行了研究，使用了政策目标理论和政策工具进行编码和定量分析，发现地方政府在一定程度上过于重视供给侧政策工具，并呼吁政府关注需求方政策工具[3]。张会平等通过分析189篇关于中国大数据发展与应用的政策文本，研究了出现频率高的关键词及其关系，发现了中国大数据发展与应用的热点领域和价值取向[4]。蒋天骥等通过文本定量分析对我国地方政府的大数据产业政策进行研究，优化政策工具选择的深度分析，指出工业数据安全的治理和监管有待进一步完善[5]。因此，本文采用政策文本计量分析方法，采用"政策主体—政策目的—政策工具"的三维分析框架，对北京市数字出版产业政策进行分析。希望能为北京市未来数字出版产业政策的制定或修订做出贡献。

三、数字出版产业政策三大维度的应用

（一）三大维度的分析框架

政策主体在制定和实施政策时，必须根据政策之间的客观关系将它们有机地结合起来，形成政策协同作用，在功能上相互补充，发挥理想的政策效果，这就是公共政策理论[6]。本文沿用如图80-1所示的数字出版产业的政策分析框架。

```
数字出版产业政策 ──┬── 政策目标主体 ──┬── 政府维度
                  │                  ├── 企业维度
                  │                  └── 事业维度
                  │
                  ├── 政策作用 ──┬── 应用与产业
                  │              ├── 数字化开放与共享
                  │              ├── 数字化收集与生产
                  │              ├── 数字化安全与规范
                  │              └── 技术研发与创新
                  │
                  └── 政策工具类型 ──┬── 权威式
                                    ├── 诱因式
                                    ├── 学习式
                                    ├── 能力建立式
                                    └── 符号与劝告式
```

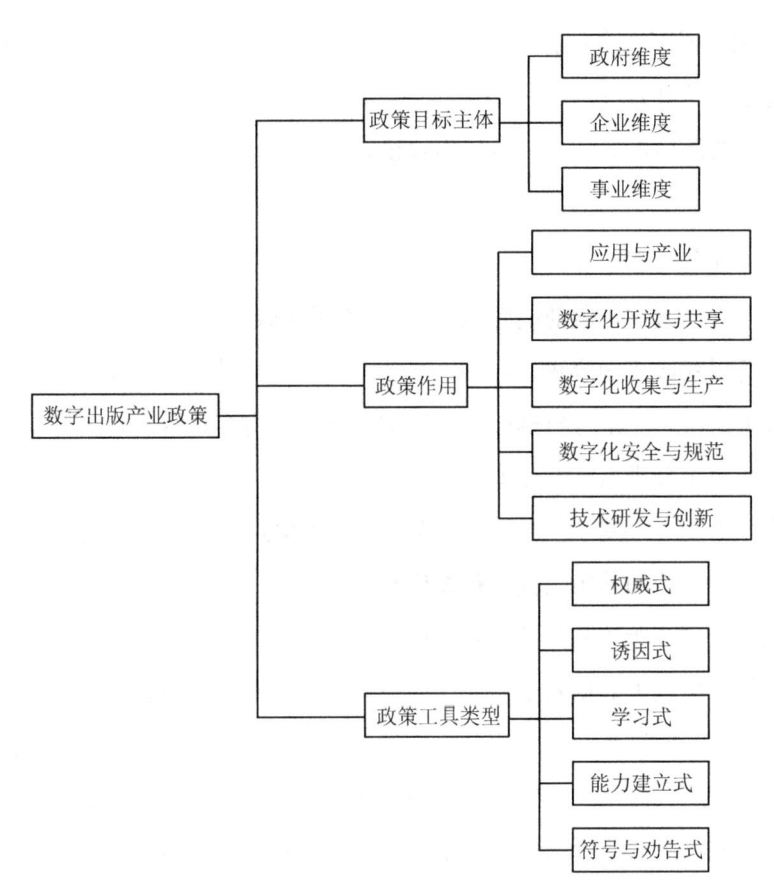

图 80-1　数字出版产业政策分析框架

资料来源：公开资料整理。

（二）政策内容的选择

本文选取的数字出版产业政策文本是从政府信息公开渠道收集到的北京市政府或其直属单位发布的相关政策，政策内容与数字出版产业直接相关。经过信息处理，得到了 18 个有效的政策样本作为本文的分析对象。表 80-1 展示了一部分内容。

表80-1 北京市数字出版政策内容分析单元（部分）

日期	内容概要	政策目标主体	政策作用	政策工具类型
2016-11-29	制定促进文化娱乐产业转型升级的意见，完善管理运营，促进数字文化产业发展，让数字文化的内容和形式得以丰富	政府维度	技术研发与创新	权威式政策工具
2014-2-19	推动信息产业各领域转型与完善。推动数字家庭产业基地、国家集成电路工业园区、国家数字出版基地等高端产业基地建设，形成高端信息消费产业集群。促进信息消费与深度文化消费的融合。加快文化创意产业数字化，大力发展数字出版等数字文化产品	政府维度	应用与产业	能力建立式政策工具
2016-1-27	"互联网+"文化。加快建设北京国家数字出版基地，北京出版创意产业园区、产业基地和全国新媒体数字内容平台的发展等中外数字阅读服务的云平台、数字出版物的传播平台，并推动互联网转型的图书馆、博物馆、陈列室和电影院	企业维度	应用与产业	诱因式政策工具
2017-8-24	让数字创意内容和服务得到丰富。实施数字内容创新开发项目，加快数字转型和文化资源开发。打造优质数字文化服务新体系，推动传统媒体与新兴媒体深度整合与创新发展	政府维度	应用与产业	诱因式政策工具
2017-11-8	努力成为一流文化主业，做大做强。推动国有文化企业加快科技创新、内容创新、模式创新和管理创新的经济，积极拓展新的方式、数字出版等文化创意和文化，并在内容等方面促进传统和新兴媒体的深度融合	政府维度	技术研发与创新	诱因式政策工具
2017-12-8	新闻出版领域相关标识符标准；关联标识符（ISLI）标准；数字化转型升级、传统业态与新兴业态融合发展等相关标准，全民阅读、中国出版物在线信息交换（CNONIX）、知识服务、绿色印刷等新闻出版公共服务领域相关标准	政府维度	数字化安全与规范	权威式政策工具
2018-12-12	注重创意设计、数字新媒体、虚拟现实(VR/AR)、动漫游戏、数字出版和其他文化及科技融合新模式，加大支持企业兼并重组、重大项目建设、引进人才和市场拓展的力度，培育一些以文化载体为基础的创新企业。鼓励文化产业创新企业加强资源整合、企业整合和创新合作，以"团结"的方式参与全球文化贸易市场的竞争	企业维度	技术研发与创新	能力建立式政策工具
2019-1-3	扩大对外服务贸易领域。以合作的形式积极寻找在电子出版物制作领域的外国公司。鼓励文化企业在国外成立联合出版公司、艺术品管理机构，并推出海外独家频道和独家时段	企业维度	数字化开放与共享	诱因式政策工具

续表

日期	内容概要	政策目标主体	政策作用	政策工具类型
2021-10-14	在数字贸易方面提升核心产业竞争力。打造大数据、云计算、物联网、移动互联网、高端软件研发、卫星互联网、工业互联网、区块链、人工智能等领域的全球标杆企业；为数字内容行业（如数字出版、数字电影电视、网络电视和网络动画游戏）开发原创IP商店和企业品牌；推出海外独家频道、独家时段、独家音像应用，丰富市场供应；通过中国大学生"互联网+"竞赛等创业活动，加快新兴技术和垂直行业融合的应用，从源头上选择、孵化和鼓励有前途的数字内容公司	企业维度	技术研发与创新	能力建立式政策工具

资料来源：国家新闻出版署、北京市新闻出版局等公开资料。

四、北京市数字出版产业政策三大维度分析研究结果

（一）政策目标主体维度分析

如图80-2所示，政策目标主体为政府和企业的分别占67%和33%，说明政府是当前数字出版产业政策的主要目标主体。数字出版业的政策，如各种方案和计划，都突出了政府对数字出版的发展和实施。

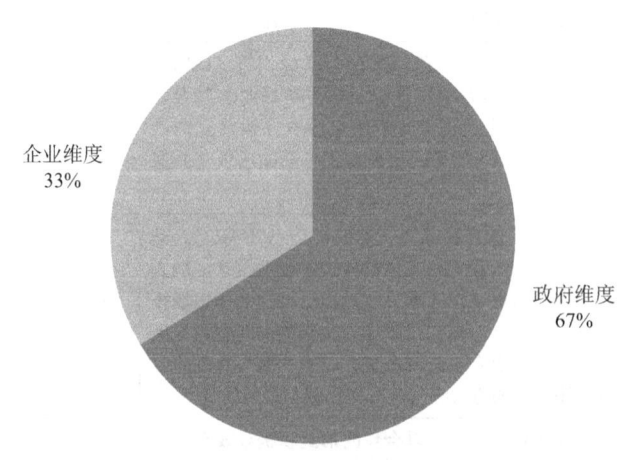

图80-2 数字出版产业政策目标主体维度统计分析

资料来源：公开资料整理。

结合如图 80-3 所示的对政策功能的分析，在内容上，以政府为主要目标主体的数字出版产业政策最注重应用与行业；其次关注数字化安全与规范和技术研发与创新；对于数字化开放与共享的关注则很少。与目标主体为企业的数字出版产业政策相比，目标主体为政府的政策对于技术研发与创新和应用与产业的关注要高。

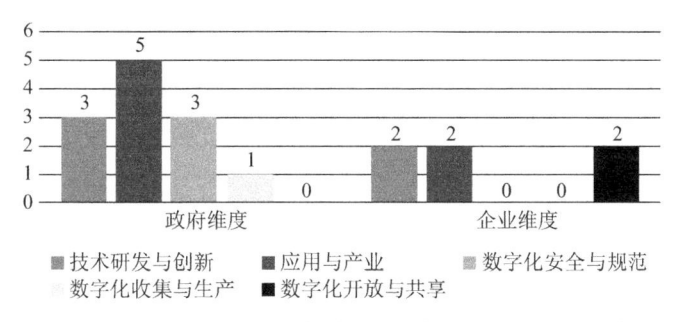

图 80-3　数字出版产业政策作用与政策目标主体维度比较

资料来源：公开资料整理。

在企业方向上，现有的政策主要是鼓励企业发展数字出版产业。企业更加擅长利用已有的技术和方法去实现应用和拓展。对比企业和政府，企业最重视数字化研发与创新，说明企业是数字出版创新和技术的重要动力。

（二）政策作用维度分析

统计数据显示，在政策作用方面，关于应用与工业的政策文本数量最多，而关于数字化收集与生产的政策比较少；从政策目标主体看，政府维度的政策文本最多，企业则相对较少。综合来看，规范政府的政策文本内容主要涉及应用与产业。有关数字出版产业中的应用与产业、技术研发与创新、数字化安全与规范、数字化开放与共享、数字化收集与生产的政策文本单元分别占比为 39%、28%、17%、11%、5%，如图 80-4 所示。

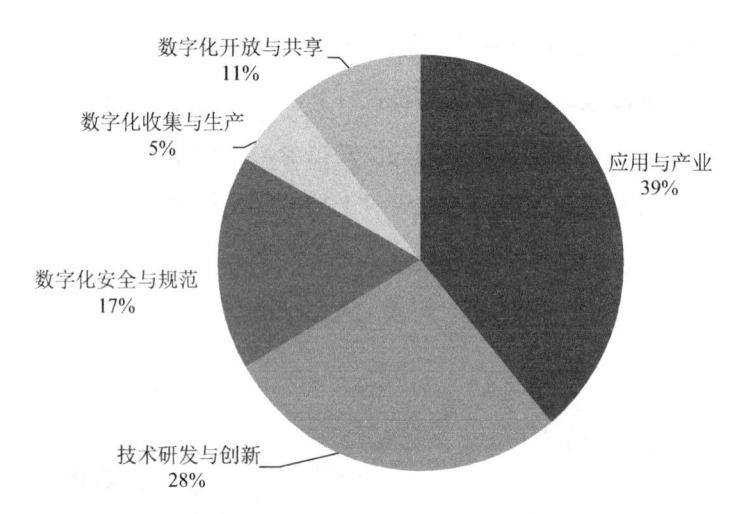

图 80-4 数字出版产业政策作用维度统计分析

资料来源：公开资料整理。

统计数据显示，目前政策首要关注的是应用与产业。反映出北京市力图通过政策扶持能为地方经济发展做实际贡献的应用型数字出版产业。相比较而言，技术研发与创新是第二大重要着眼点，体现出了数字出版产业政策发展中技术创新的重要性，只有利用新技术提高效率，才能改善出版业的影响力和传播实力，促进出版业更好、更快发展。

（三）政策工具维度分析

从政策工具维度对数字出版产业政策做进一步分析。如图 80-5 所示，诱因式政策工具最多，占到了 61%；能力建立式政策工具次之，占 22%；权威式政策工具和学习式政策工具则相对较少，两者之和仅占全部政策文本单元的 17%。

如图 80-6 所示，无论政策目标主体是政府还是企业，政策制定者都倾向于使用诱因式政策工具加以引导，很少使用权威式政策工具进行强劲约束。

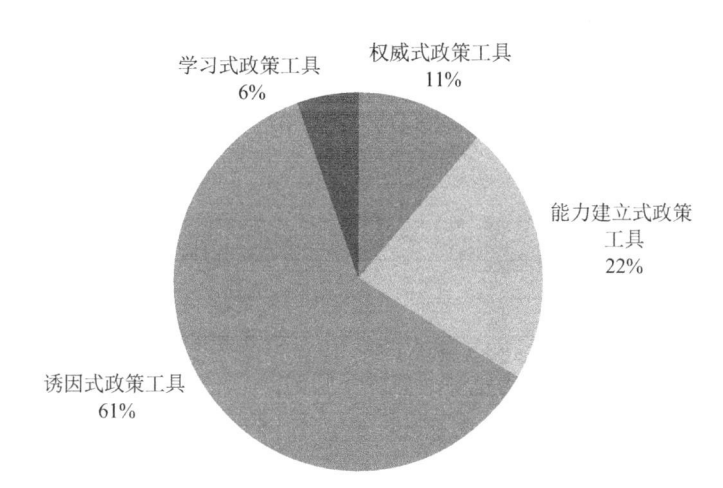

图 80-5 数字出版产业政策工具维度统计分析

资料来源：公开资料整理。

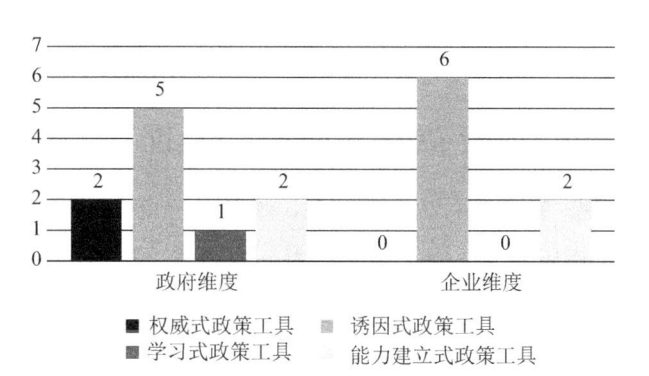

图 80-6 数字出版产业政策工具类型与目标主体比较

资料来源：公开资料整理。

受到全面深化改革和政府转变职能的影响，地方政府逐步落实"放管服"改革，减少了对于企业的直接行政干预。如图 80-7 所示，在各类政策作用中，政策制定者都倾向于使用权威式政策工具。在数据安全与规范和技术研发与创新方面，北京市还是适当进行了直接干预来加以保障，说明政策制定者对于安全问题是极为重视的。即使是在全面深化改革和政府转变职能的大背景下，政府在产业的各个流程中仍然发挥着直接作用，通过直属的政府部门或事业单位直接参与到数字出版产业的发展中。

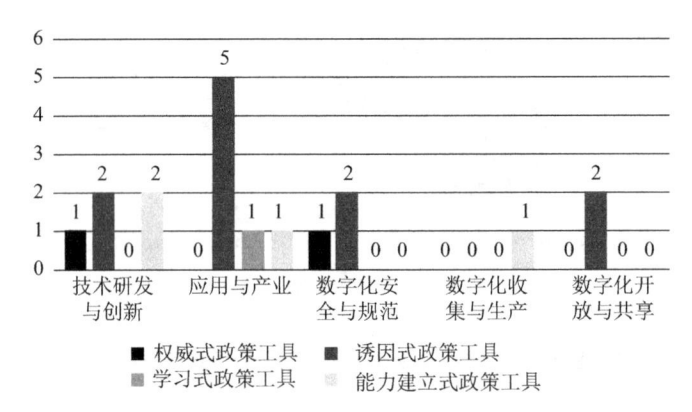

图 80-7 数字出版产业政策工具类型与政策作用交叉统计

资料来源：公开资料整理。

五、数字出版产业政策中存在的问题及建议

通过分析发现，在政策目标主体方面，政策对于企业和事业单位的关注则相对较少；在政策作用方面，有关数字化安全与规范、数字化开放与共享、数字化收集与生产的政策偏少；在政策工具方面，学习式政策工具、权威式政策工具、符号与劝告式政策工具较少。据此，本文提出如下建议。

（一）数字出版产业的质量有待提高，需要技术创新

加强网络传统出版产业的文明建设，整合新兴、传统出版企业单位、高校、科研院所等重点发展网络文学、游戏、动漫、音乐、数字图书、照片视频、网络教育、网络数字服务等。探索建立标准的数字化内容质量管理体系，完善数字化内容质量管理机制，加强对包含多种形式的数字化内容产品的审核控制能力，加强数字出版产业的治理能力和治理体系建设[7]。在质量管理体系的建立方面，传统的数字内容出版商和新兴的出版企业必须加强合作，在共同优势的基础上建立

内容行业标准的长期合作机制。

(二)加强数字出版产业人才培养

从数字出版人才的劳动力角度来看，行业不仅需要基础编辑人才和规划信息技术应用人才，还需要基于新媒体人才、复合材料等类型的管理、创意、营销等人才。这种对人才的需求与传统编著发行有很大的区别，从根本上区别于传统编辑发行的流程和组织形式，同时也区别于现有编著标题序列中的编著、标题评价标准和评价程序。新时代，阻碍发展的主要问题在于我国数字出版行业的结构和发展模式，也就是新兴的数字出版行业和传统的数字出版行业之间的结构和发展模式以及现有的数字出版企业的管理问题，需要完善人才团队的培训和评估机制。因此，迫切需要激发新活力，使数字出版产业领域改革等多因素的生产力和生产关系的数字出版产业，有效提高劳动生产力和发展能力，打造优质中国数字出版行业。

(三)树立产权意识，注重产权保护，完善版权保护体系

版权是保护作者合法权益、维护著作权秩序、保护市场环境的基础。然而，在当前的法制建设过程中，还存在着许多有待完善和优化的地方。利用公众平台提高著作权保护知识水平，不断提高数字著作权保护执法水平，构建网络著作权监督体系。还需要在版权保护意识、版权贸易等方面进行更多的战略实践，必须特别重视优秀知识产权资源的保护，使电子出版物很难复制。

六、结语

本文以北京市颁布的18篇数字出版产业政策为样本，从政策目标主体、政策作用和政策工具三个维度分别研究，总结重要内容，分析其中存在的问题，并结合实际情况提供建议与参考。本文也存在一定的不足之处，在有关数字出版产业政策文本研究方面还需努力。

参考文献：

[1] 新闻出版总署关于加快我国数字出版产业发展的若干意见．新出政发〔2010〕7 号．

[2] 邱均平，邹菲．关于内容分析法的研究 [J]．中国图书馆学报，2004，30（2）：12-17．

[3] 范梓腾，谭海波．地方政府大数据发展政策的文献量化研究——基于政策"目标—工具"匹配的视角 [J]．中国行政管理，2017（12）：46-53．

[4] 张会平，郭宁，汤玺楷．推进逻辑与未来进路：我国政务大数据政策的文本分析 [J]．情报杂志，2018（3）：152-157．

[5] 蒋天骥，张瑶，周庆山．基于文本量化分析的我国地方政府大数据产业政策的完善策略研究 [J]．现代情报，2021，41（2）：132-140+161．

[6] 赵迎红，张筠浩，徐宏毅．基于内容分析的中国文化产业政策的有效性实证研究 [J]．新闻知识，2018（3）：40-45．

[7] Ingram S. H. .Behavioral Assumptions of Policy Tools[J]. The Journal of Politics，1990，52（2）：510-529．

八十一　城市商业银行竞争力评价指标体系构建

沈彤[1]

摘要：随着全球经济的快速发展，现代金融行业逐渐成为整个国民经济的中心，并且为其他行业的发展做出了重大贡献。城市商业银行市场份额日渐扩大，综合竞争实力也不断增强。然而，自金融危机以来，我国经济下行压力逐步加大，同时越来越多的外资银行也进入我国市场，互联网金融发展得如火如荼，这些都加剧了整个银行业激烈竞争的局面。因此，面临如此激烈的外部环境和自身变革的双重压力，如何对城市商业银行竞争力进行评价对金融行业至关重要。本文基于城市商业银行竞争力的评价原则和城市商业银行竞争力的构成要素，建立城市商业银行竞争力评价指标体系[1]。

关键词：城市商业银行；竞争力；指标体系

一、背景及意义

中国金融业的稳定与繁荣，不仅关系社会进步，也能促进经济发展。而银行业作为其重中之重，自1993年金融体制改革以来，中国银行业经历了一系列改革，银行业所发挥的作用更为关键。

---

[1] 沈彤，女，会计硕士，研究方向：会计制度与会计实务。

根据 2021 年中国产业信息网公布的数据，到 2020 年末，中国银行类金融机构总资产和总负债情况如表 81-1、表 81-2 所示。可以看出，虽然城市商业银行资产总量数据相对并不高，但是其 2020 年和 2019 年资产同比增长率分别为 10.03% 和 18.68%；同比负债增长率分别为 10.07% 和 9.89%，均位于前列，其巨大的发展潜力远超大型商业银行。因此，为了进一步提升城市商业银行竞争力，并且以此促进我国银行业发展，如何准确地了解城市商业银行的优劣势，并客观、科学地分析城市商业银行竞争力便具有重要现实意义。

表 81-1　2018—2020 年中国银行类金融机构资产细分　　单位：亿元

年份	大型商业银行	股份制商业银行	城市商业银行	农村金融机构	其他类金融机构
2018	3,882,260.00	1,839,750.00	1,217,959.00	1,360,371.00	2,091,979.00
与上年同比增长率	18.38%	8.58%	18.68%	7.97%	-13.34%
2019	4,595,900.00	1,997,653.00	1,445,500.00	1,468,729.00	1,812,947.00
与上年同比增长率	10.26%	12.22%	10.03%	9.94%	7.72%
2020	5,067,248.00	2,241,722.00	1,590,552.00	1,614,712.00	1,952,981.00

资料来源：中国产业信息网。

表 81-2　2018—2020 年中国银行类金融机构负债细分　　单位：亿元

年份	大型商业银行	股份制商业银行	城市商业银行	农村金融机构	其他类金融机构
2018	3,575,889.00	1,709,684.00	1,217,959.00	1,256,076.00	1,896,921.00
与上年同比增长率	18.24%	9.67%	9.89%	7.82%	-14.62%
2019	4,228,213.00	1,874,931.00	1,338,357.00	1,354,256.00	1,619,610.00
与上年同比增长率	10.11%	10.22%	10.07%	10.14%	7.67%
2020	4,655,756.00	2,066,472.00	1,473,064.00	1,491,585.00	1,743,788.00

资料来源：中国产业信息网。

二、城市商业银行竞争力评价指标体系构建原则

（一）全面性原则

全面性原则蕴含了两层含义，一是评价内容的全面性，二是指标类型的多样性。

该评价指标体系应该对银行在不同领域、不同组成部分的各种要素进行全方面的评估，如资源要素、能力要素以及环境要素等。这意味着不仅要评估财务相关指标，还要评估各种非财务指标，如市场份额、新产品创新数量和人员素质等。

（二）可操作性原则

由于所选指标数据应基于实际考虑，且易于获取，因此最好从本行的每日统计数据表或本行提供的年度和季度报告中获取和收集相关指标[2]。对于一些不能直接获得的指标数据，计算方法应简单易操作。遵循这一原则不仅可以提高评价活动的效率，扩大评价应用的普遍性，而且可以降低评价活动的成本。

（三）可比性原则

竞争力体现的是一个比较过程，而可比性原则就保证了城市商业银行评价指标体系纵向可比和横向可比。因此，研究我国城市商业银行竞争力选取相对指标时应遵循可比性原则。

三、城市商业银行竞争力影响因素分析

通过翻阅相关资料文献，并结合国内城市商业银行特性，参考了国内外城市商业银行竞争力评价体系，本文认为城市商业银行主要以资源、能力和环境因素作为其重要的构成要素。

（一）资源要素是城市商业银行竞争力体系的基础

资源要素包括城市商业银行可以控制的固定资产、人力资源和其他资源。资源要素有助于城市商业银行的建立和运营，为城市商业银行之间的竞争创造机会，

从而制约和影响城市商业银行竞争力的构成和提升[3]。

城市商业银行的资源主要由两部分组成,即有形资源和无形资源。

(1)有形资源。

有形资源要素是物质和人力的总和。物质资源中主要选择资产总额、机构总数和资产增长率,人力资源中选择人员总数,共四个指标。

选择上述四个指标的原因主要是：资产不仅反映了银行的规模,也在一定程度上反映了银行的实力。而人力资源决定着城市商业银行将物质资源转化为现实的能力。因此,它也是城市商业银行生存和发展的决定性因素之一。

(2)无形资源。

无形资源中主要选择品牌效应、企业文化作为考查指标。

本体系所选择的品牌效应和企业文化是无形资源中对内和对外两个重要的方面。品牌效应反映了城市商业银行的品牌被公众认可的程度,也是城市商业银行现有客户群规模的反映。企业文化体现了本行的内部发展潜力。独特的、优秀的、统一的企业文化能够使上下共同努力谋求城市商业银行的发展,自然成为城市商业银行竞争力的有机组成部分[4]。

(二)能力要素是城市商业银行竞争力体系的核心

能力要素是城市商业银行竞争力的核心。因此,能力要素应充分体现银行的特征。

能力要素要想充分体现商业银行的特征,应该要包括价值创造能力、抗风险能力、流动性管理能力、发展能力和组织管理能力这五个指标。

(1)创值能力。

创值能力包括净利润总额、资产报酬率、净利润增长率、人均利润率、营业费用率、利息回收率以及银行价值,共七个指标。在选择指标时,既选择了体现城市商业银行经营收益绝对数的净利润总额、银行价值的数量指标,也选择了反映利润率、费用率和增长比率的多项指标,体现了全面性原则[5]。

(2)抗风险能力。

城市商业银行的抗风险能力主要是对银行中的安全性进行评价。现阶段,我国银行业正常运行主要考虑两个方面:资本充足率和资产安全性。因此,指标的选择也是基于这样的考虑,不仅要评价资产充足率、不良贷款率,还要估计不良贷款可能的损失率。

(3)流动性管理能力。

流动性管理能力是对商业银行流动性的评价。其包括三个比率:流动性比率、贷存款比率和现金资产比率。所谓流动性,是指城市商业银行支付和偿还所有应付账款,满足各种资产需求的能力。银行需要有在不损失价值的情况下灵活变现的能力,并有足够的资本储备来满足各种负债。以上三个指标就是对商业银行这种能力的评价。

(4)发展能力。

发展能力的评价主要包括存款增长率、存款总额、非利息收入占比、银行卡交易总额、电子化程度及产品创新数量,共六个指标。

一方面,由于经济发展迅速,现在社会各级企业对贷款的需求非常之大,贷款的发放量已经不能很好地反映银行的市场发展和占有情况,因此发展能力的评价中并未选择关于贷款的相关指标。而另一方面,从银行月月为员干制定的揽存指标即可看出银行对资金需要的迫切,吸纳的资金越多,占领的市场则越大,银行的运作才能更加游刃有余,发展的实力才会越雄厚。因此,选择上述六个指标来评价城市商业银行竞争力中的发展能力[6]。

(5)组织管理能力。

组织管理能力也是城市商业银行竞争力的不可或缺的部分。行之有效的组织管理是保证和充分发挥城市商业银行竞争力的重要基础和保证。组织管理主要评价城市商业的公司治理结构、公司层级管理效率和人员素质三项指标。

对公司治理结构的评价主要看是否是规范的股份制企业、看其组织结构设置与国际性商业银行的组织结构设置的差距,这主要由专家评价法实施评价。公司层级管理效率的评价也是如此。人员素质评价可以选择本科以上员工占比来反映，也可以选择专家给商业银行的人员结构评分的方法考核。

（三）环境要素是城市商业银行竞争力体系的依托

每个企业的生产经营活动都取决于特定的社会、经济和文化环境。城市商业银行的社会特征和城市商业银行提供金融产品与服务的服务性特征，关系到关注和制约城市商业银行的各种行为。另外，货币不仅是城市商业银行所经营的商品，也是工商企业之间交易的工具。因此，从工商企业的活动到宏观经济状况的一切都会影响到城市商业银行之间的竞争。此外，考虑到城市商业银行的债务水平高和风险性高可能影响到城市整体经济发展的稳定性，政府将不可避免地对城市商业银行采取一些不同的政策和程序。比如，限制城市商业银行的进入和推出政策及限制城市商业银行业务范围等。

城市商业银行环境要素是对商业银行经营管理的外部约束。任何城市商业银行的业务规划、决策、实施等业务管理活动都是在不断变化的社会经济环境中进行的。本文主要对宏观环境和微观环境进行评价。

（1）宏观环境。

宏观环境主要评价城市商业银行所在城市的经济发展以及城市商业银行受国家政策的影响。

（2）微观环境。

考察微观环境的主要指标应该是城市商业银行的横向竞争状况和公众认可度。选择横向竞争状况是因为其他城市商业银行的经营活动会直接对本行开展经营活动和获取利润构成挑战。而公众认可度主要是根据城市商业银行在当地的亲和力来判断获得客户的难度，可以通过问卷调查进行评估。

综上，城市商业银行竞争力评价指标体系初建结果如表81-3所示。

表81-3　城市商业银行竞争力评价指标体系

城市商业银行竞争力评价指标体系			
资源类指标	有形资源	资产总额	
		机构总数	
		资产增长率	
		员工总数	
	无形资源	品牌效应	
		企业文化	
能力类指标	创值能力	净利润总额	
		资产报酬率	
		净利润增长率	
		人均利润率	
		营业费用率	
		利息回收率	
		银行价值	
	抗风险能力	资本充足率	
		不良贷款率	
		估计贷款损失率	
	流动性管理能力	流动性比率	
		贷存款比率	
		现金资产比率	
	发展能力	存款增长率	
		存款总额	
		非利息收入占比	
		银行卡交易总额	
		电子化程度	
		产品创新数量	
	组织管理能力	公司治理结构	
		公司层级管理效率	
		人员素质	

续表

城市商业银行竞争力评价指标体系	环境因素类指标	宏观环境	经济发展状况
			政策影响程度
		微观环境	横向竞争状况
			公众认可度

资料来源：作者整理。

四、总结

根据评价的城市商业银行不同，指标还可以有所增减。比如，不同规模间城市商业银行相比较则多取其中的比率指标以减少规模造成的不可比性，加入外资银行作为比较对象时，环境指标中可加上本地化程度等有针对性的评价指标。总之，本文提出的是全面建立评价指标体系的主要框架和基本思想，对不同的评价活动还需要做细微的调整以进一步提高评价活动的有效性。

参考文献：

[1] 屈荣荣，韦省民.中国城市商业银行竞争力评价的实证分析[J].金融经济，2013(18)：53-56.

[2] 叶顺.农村商业银行竞争力研究[D].沈阳：辽宁大学，2019.

[3] 李格格.商业银行国际竞争力评价体系研究[D].杭州：浙江大学，2019.

[4] 郝宇曼.我国商业银行竞争力实证分析[J].中国集体经济，2018(20)：4-5.

[5] 魏雨婷.中国商业银行国际竞争力研究[J].商场现代化，2017(12)：226-227.

[6] 许桂红，孙晓蕊.我国商业银行竞争力评价研究[J].现代商贸工业，2021，42(19)：89-90.

八十二　出版产业新动能培育的国际比较

朱明静[①]

摘要：在借鉴相关出版业书籍和论文的基础上，本文对英国、美国、日本、韩国在数字出版方面相关的政策和做法进行调查研究，从而为我国出版产业新动能的发展提出相关的建议和意见。

关键词：数字出版；出版产业新动能；国际出版

一、出版产业新动能的内涵与发展

新动能表示的是一种新的推动经济发展的能量，同时它也代表了一种新技术。伴随着网络技术的飞速发展，出版的外延也在不断变化。网络文学、网络游戏、有声书、电子书、短视频、大众知识服务及网络书店共同组成了数字出版平台，对传统出版业造成了巨大的冲击。

本文所论述的出版产业新动能主要是指数字化，并通过阐述全球出版产业总体发展概况，详细介绍世界发达国家出版产业发展现状，描述全球出版产业发展态势，从而总结出不同国家出版产业发展的相似点与不同点。在阐述数字出版对传统出版行业发展带来冲击的同时，思考数字出版与传统出版之间如何深度融合，共同发展。

[①] 朱明静，女，会计硕士，研究方向：资本运营。

出版产业属于一个国家的文化产业，而文化则代表了国家的软实力。出版产业对于一个国家的文化发展与传播来说，具有不可替代的地位。对于任何一个产业来说，创新都是驱使其不断进步的动力。文化创新就是出版企业发展的新动能。出版企业要想在新一波数字化浪潮中脱颖而出，就需要在内容、产品、技术、业态、经营模式和管理等方面进行创新。

现如今，科技和文化产业紧密结合，科技的创新和发展为文化产业的繁荣与发展提供了坚实的基础和条件。数字创意产业的发展赋予出版产业发展新活力，并成为很多国家新兴的战略发展方向和推动经济成长的新引擎。

而全球数字创意产业也已经形成了以亚洲、欧洲和美洲为代表的三足鼎立的局面。以英国、美国为代表的发达国家已步入发展成熟期，总体发展速度呈稳定放缓趋势。

在数字时代，VR等新一代革命性科技的出现，将数字创意产业推升至新高度，催生出一批潜力极强的发展热点。另外，消费需求的升级也推动了数字创意装备和创新设计产业的发展，智能可穿戴设备、智能家居、VR/AR等产品种类不断丰富。此外，突如其来的新冠疫情促进了数字产业的应用和改进创新，加速刺激以数字创意产业为代表的新一轮产业数字化变革，这对于数字创意产业而言是一个新的发展拐点。

二、出版产业新动能的国际比较

（一）英国

英国的出版业不论是在文化还是在商业方面均处于世界顶尖水平（表82-1），为英国和世界经济繁荣做出了贡献。从脍炙人口的《哈利波特》系列书籍到促进科技思想发展进步的学术类的期刊杂志，英国出版业都有不俗的表现。

励讯、培生、英富曼、牛津大学出版社、剑桥大学出版社和布鲁姆斯伯里出版社是英国出版机构，本部分以剑桥大学出版社为例，介绍其相关的发展战略。

剑桥大学出版社主要出版专业书刊、教科书、试题、工具书等，在澳大利亚、纽约和西班牙等几十个国家和地区成立了分支机构，在全球出版业50强中排名第50位。

表82-1　2018年英国部分出版机构在全球出版业排名情况

排序	出版企业	国家
1	励讯	英国/荷兰
2	培生	英国
16	英富曼	英国
18	牛津大学出版社	英国
50	剑桥大学出版社	英国
52	布鲁姆斯伯里出版社	英国

资料来源：鲁迪格·维申巴特内容与咨询研究公司。

《金融时报》曾评论剑桥大学出版社为"数字出版的先驱"。该社将剑桥大学图书馆约600万册图书扫描成电子书，并与微软、谷歌等公司开展电子书出版业务。发挥出剑桥大学顶尖学府的极大优势。该社在2018年7月推出适用于高等教育行业的电子教科书，从而为全世界教师、学生和机构提供多样化及价格低廉的图书的进程迈出重要一步。

英国的数字文化创意产业能够取得这样的成绩与政府的引导和战略路径密不可分。在数字创意产业方面，英国政府采取的引导和推动措施主要包含以下几个方面的内容。第一，运用政策扶持和推动创意产业的发展。2009年是英国数字经济的开局之年，在这之后的每年间，英国政府都会发布报告来宣布数字经济的政策。政策和产业良性互促，相辅相成。第二，采取多措施解决融资问题，采取公共投资和私人投资结合的方式获取资金；培养人才也是推进数字创意产业发展的重要一环，创意来源于人的智慧，国家的数字创意产业也需要相应的人才进行建设、推进。第三，结合文化智库和数据库的建设，能够提供权威的建议和数据指标等信息，使产业政策的制定更有针对性。

（二）美国

自数字出版逐渐普及以来，电子书出版一度成为热门话题，发展迅速。业内曾有评论称，纸质书最终将被电子书取代。然而，电子书市场在2013年达到顶峰后市场份额日渐缩小，纸质图书市场份额却在慢慢恢复。其主要原因除了读者更偏向具有仪式感的纸质图书外，还有美国的ISBN标准是以传统出版商出版的图书书目为主，亚马逊销售的电子书未必都有对应的ISBN码相匹配，这就意味着有大量的电子书未被纳入统计。所以，仅根据当前的统计数据判断电子书日益衰落为时尚早。当前美国出版市场上，专业出版已基本实现了数字化，教育出版正全面实现数字化过渡，而大众出版商正努力延缓数字化进程。

根据图82-1，我们可以知道美国居民还是有相当一部分人只愿意阅读纸质书，这也说明了传统纸质书具有独有的不可替代性。

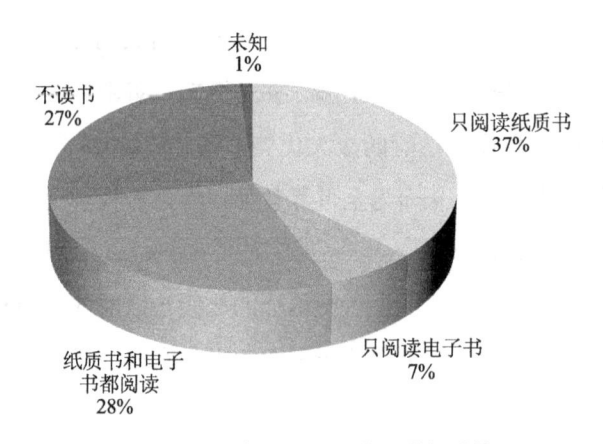

图82-1 2018年纸质书、电子书阅读情况

资料来源：皮尤研究中心。

就美国整个数字出版产业而言，虽然电子书市场不尽如人意，但是有声读物市场却风生水起。此处提到的有声书是指随着电子设备发展、信息采集技术成熟而发展起来的可下载有声书。据美国有声书出版商协会数据显示，57%的听众表示有声书帮助他们"阅读"更多图书，获取更多信息。

除此之外，美国一些出版机构也在不断探索开创新的销售模式。此处以企鹅兰登书屋为例，2018年，加拿大著名瑜伽服装品牌lululemon与其合作，在纽约建立一个小型图书馆，那里有1,000多本企鹅兰登书屋提供的书籍。这类书主要讲的是自我提升和自我修养的内容，图书馆还配备了听有声书的设备。此外，它的特点是在日常生活中提供现场音乐会和免费瑜伽课。

（三）日本

2010年以后，日本政府积极推进"酷日本"战略，日本每年主办的东京书展也成了国际图书出版业发展的风向标。然而，自2017年以来，东京书展已经关闭。日本的电子出版主要分为电子图书、电子漫画、电子期刊三个领域。

如图82-2所示，日本电子出版市场规模在不断扩大，尤其是漫画市场，众所周知，日本的漫画在全球属于别具一格的特色产业。

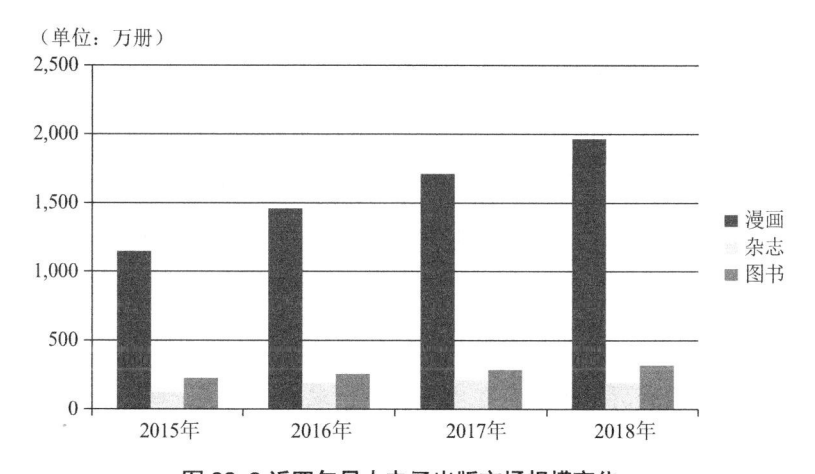

图82-2 近四年日本电子出版市场规模变化

资料来源：全国出版协会出版科学研究所《出版指标年报2019年版》。

在书店的经营方面，有些书店面临倒闭破产，有些书店调整经营方式。书店经营开始走向多元化、生活化，今井书店和有邻堂分别在鸟取和东京开起了新业态店铺，除图书外还兼营居酒屋、美容室等业务。这些创意尝试为书店在互联网时代寻找新的机会和突破口，打开了新局面。由此看来，未来书店将是一种生活方式的载体，以书为主体，叠加其他相关文化艺术领域的商品，实现阅读、文化、生活的融合。

"二次元"是用来形容日本特色动漫产业的网络流行语，其出版业也将此运用到人机交互中，为客户设计符合其偏好的二次元形象，以此达到良好的人机交互体验，形成具有动漫特色的营销模式。

（四）韩国

韩国出版业在2018年保持着一定的发展态势。出版数量增加，零售渠道较为稳定；受益于教育制度改革，教材教辅市场活跃；"图书年"活动在全国普遍开展，读者的阅读热情得到了一定的保护。但即便如此，纸质内容的受欢迎程度和购买渠道已经发生了不可逆转的变化，电子书及网络书店将成为未来一段时间推动出版业发展的重要力量。

韩国电子书租借、订阅相关服务模式和新的电子出版模式一度成为热议话题，图书定价制度的改进、电子书作者的版权保护、公开透明的利益分配等问题还需要解决。电子书书店为了避免图书定价制带来的不利，推行长期租借（10年以上）这一全新的图书租借方式。由于图书是租借的，并不适用于图书定价值，所以电子书价格可以自由决定，这样一来，电子书与纸质图书相比在价格上的优势十分明显。

目前，韩国出版界认识到，在出版供大于求的时代，一些出版社为了吸引更多读者，应深入研究电子书制作形式、营销方式，不断摸索创新电子出版模式。

有声书读物作为与电子书同期发展起来的数字出版产品，其相关技术在不断进步。韩国最大的信息门户网站NAVER运用文本双螺旋，研发出了将文字文本转换成语音的电子书应用软件。另外，韩国书通出版社推出"百名演员共读我们的文学"有声读物，聘请著名演员朗读韩国近现代短篇小说。

通过图82-3可以看出，韩国居民主要休闲活动中，看电视、网上冲浪和玩游戏占据了相当大一部分比例，这也与社会的发展密不可分。娱乐活动变得多种多样，人们不仅可以通过书本了解世界，更可以在电视、网络中了解到最新动态。另外，游戏产业的迅速发展也在一定程度上影响了出版产业的盈利。因为我们知道，人的时间是有限的，他把精力投入在哪里，时间就分配到哪里。玩游戏的时间多了，认真地静下心来看书的时间就相应少了。

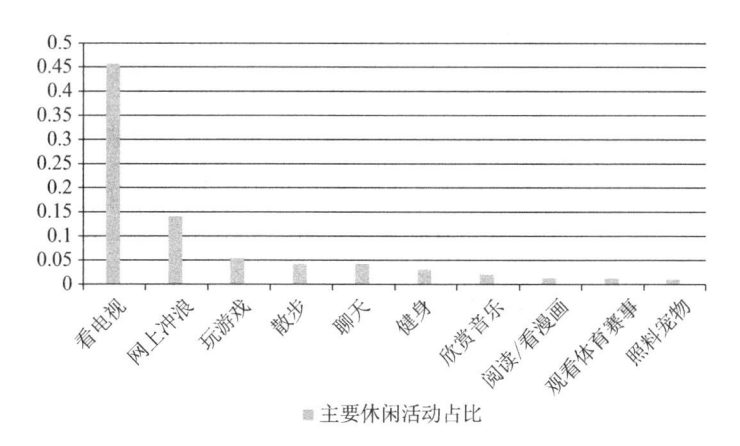

图 82-3　2018 年韩国国民主要休闲活动

资料来源：韩国出版文化协会，《2019 年韩国出版年鉴》。

因此，韩国政府认识到了要将符合其国民所喜好的新媒体网络技术融合到出版产业中，制定一系列扶持出版产业发展新技术的政策规章，建立有活力、有潜力的文化产业基地。投入经费培养专门的人才，进行相关内容领域的创新和开发，并进入国际市场来不断发展进步。

三、对我国培育出版产业新动能的启示

综观英、美、日、韩四个国家，虽然其各自的数字出版发展程度不同，但我们也可以发现它们在发展过程中存在的共同点，进而从中获得对我国出版产业新动能发展的一些启示。

（一）政府多鼓励和积极引导数字文化产业的发展

我们知道，出版产业属于文化产业的一部分，而国家文化传播，特别是出版产业发展对于国家品牌形象的建立有着不可替代的地位。所以，根据前文可以发现，政府出台一系列相关的政策和文件对于促进出版产业的发展具有重要的意义。不论是人才培养、政策优惠，还是文化基地建设和相应基金的设立，都展示出了政府对于出版产业新动能发展的大力扶持。

由于英国、美国、日本、韩国这四个国家都是资本主义国家，其出版市场自身运作已经十分成熟。所以出版产业的发展主要是以市场调节为主，行业法规和自律为辅。我国作为社会主义国家，数字出版企业实行准入行政许可制，且出版企业以大型企业为主，中小型企业发展较为困难。因此，针对我国的国情，可以对中小型出版企业提供一定的税收减免政策，鼓励中小出版企业在数字出版方面进行创新。

（二）继续探索电子书和有声书市场发展机遇

虽然数字出版的外延在随着计算机技术的进步不断扩展，但其发展离不开电子书和有声书的现有市场规模。电子书和有声书虽然处于早先一批数字出版发展起来的市场，但它们仍存在着广泛的发展空间。因此，我国出版企业在不断开阔创新新的数字出版产品市场的同时，也不能忽视已有的电子书和有声书市场，应当在电子书和有声书中继续开拓和发现市场机遇，从而为其他新兴数字出版产品提供经验思路和方法，也能更好地在国际出版新动能培育的时代潮流中取得一席之地。

（三）不断加强和完善数字出版相关法律建设

要重视数字出版的版权保护。在美国、韩国，对于盗版行为均认定为刑事犯罪，这足以表明美韩对打击盗版的决心和零容忍态度。但是目前我国不论是传统出版还是数字出版都存在着严重的盗版问题，侵害了正版产品的权益，从而阻碍了其进一步的发展。

另外，对于网络文学、网络游戏以及手机出版中的暴力、黄色、低俗内容也应严厉打击。因此，面对数字出版物形态的多样性，我国的数字版权法律保护范围也需要随之更新和拓展。

(四) 精准把握目标用户需求

在英国和美国，其教辅书籍昂贵是一个存在已久的问题，也不利于文化知识的传播。前文所提到的英国剑桥大学出版社利用其特有的剑桥大学图书馆资源，生产教辅电子书，正是其为学生群体及其他对教材类图书有需要的用户所作出的一项贡献，同时也能因此获得相应的利润。另外，不论是日本将"二次元"形象引入数字出版产品还是韩国聘请著名演员朗诵小说，这都表明了迎合读者需求设计数字产品的重要性和趋势性。因此，在我国供给侧结构性改革的大背景下，出版产业要关注不同年龄阶段的用户需求，针对有购买力的用户，相应地开发出符合用户心中所想的出版产品。在出版细分市场领域深入挖掘，掌握精准目标市场定位，从而使出版产业新动能创造出更大的效力。

参考文献：

[1] 张岩，范冬雨，等. 2018年英国出版业发展报告[R]. 北京：中国书籍出版社，2020.

[2] 王展鹏主编. 英国蓝皮书：英国发展报告2018—2019[R]. 北京：社科文献出版社，2019.

[3] 张晴. 2018年美国出版业发展报告[R]. 北京：中国书籍出版社，2020.

[4] 中国工程科技发展战略研究院. 中国战略性新兴产业发展报告2021[R]. 北京：科学出版社，2020.

[5] 秦石美，朱华. 2018年日本出版业发展报告[R]. 北京：中国书籍出版社，2020.

[6] 时晨. 人工智能驱动下的日本出版业创新实践[J]. 编辑之友，2019(10)：107-112.

[7] 宣海林，李铎. 出版业供给侧改革的日本样本及启示 [J]. 科技与出版，2018(7)：51-55.

[8] 叶子. 2018 年韩国出版业发展报告 [R]. 北京：中国书籍出版社，2020.

[9] 陈文倩. 我国数字出版产业政策研究 [D]. 武汉：武汉理工大学，2013.